# 龙泉年鉴

# LONGQUAN YEARBOOK

# 2021

龙泉市地方志研究室 编

方志出版社
Publishing House of Local Records

## 图书在版编目（CIP）数据

龙泉年鉴. 2021 / 龙泉市地方志研究室编. —北京：方志出版社，2021.12

ISBN 978-7-5144-5114-6

Ⅰ. ①龙… Ⅱ. ①龙… Ⅲ. ①龙泉—2021—年鉴 Ⅳ. ①Z525.54

中国版本图书馆 CIP 数据核字(2021)第 275694 号

责任编辑：刘方圆
责任校对：刘玉霞
责任印制：梅中英
出 版 者：方志出版社
地　　址：北京市朝阳区潘家园东里 9 号（国家方志馆 4 层）
邮　　编：100021
网　　址：http://www.zgfzcb.cn
发　　行：方志出版社图书营销中心（010-67110500）
印　　刷：丽水市旺盛印刷有限公司
开　　本：889 毫米×1194 毫米　1/16
印　　张：22.25 印张　插页：1.5 印张
字　　数：860 千字
版　　次：2021 年 12 月第 1 版
印　　次：2021 年 12 月第 1 次印刷
定　　价：180.00 元

## 龙泉市地方志编纂委员会



## 《龙泉年鉴（2021）》编辑部

# 编辑说明

一、《龙泉年鉴》是由中共龙泉市委、龙泉市人民政府主办，龙泉市地方志研究室负责编纂的综合性地方年鉴，每年编纂出版一卷，《龙泉年鉴（2021）》是每年一鉴的第四卷。

二、本卷年鉴以马克思列宁主义、毛泽东思想、邓小平理论、“三个代表”重要思想、科学发展观、习近平新时代中国特色社会主义思想为指导，坚持辩证唯物主义和历史唯物主义的立场、观点和方法，实事求是记述龙泉地情和史实，全面、客观、真实地反映2020年龙泉市政治、经济、文化、社会发展及生态文明建设的基本情况，充分发挥存史资政，为现实社会服务的作用，为广大读者了解和研究龙泉提供信息资料。

三、本卷年鉴记载时期为2020年1月1日至2020年12月31日，凡在文中未特别注明年份，均为2020年。

四、本卷年鉴分类编辑，除特载、专辑、附录外，其他类目均采用条目体。全卷分为36个类目，共设204个分目，收录1002个条目。

五、本卷年鉴文体、称谓、数字、纪年、标点符号、计量单位等均按国家颁布的有关规定书写，农田土地面积沿用“亩”为计量单位。

六、本卷年鉴由市直单位、乡镇（街道）和驻龙泉企事业单位提供初稿，经龙泉年鉴编辑部编辑，返回原单位复审确认，报龙泉市人民政府批准后出版。年鉴中图片、数据均由各撰稿单位提供。由于各部门（单位）统计口径、方法不同等原因，致使同一项目数据有不一致现象，书中未全部作统一处理，请读者在使用时参照龙泉市统计部门发布的统计公报和统计年鉴斟酌采用，建议以各级统计部门发布的数据为准。

2020年4月10日，浙江省委书记、省疫情防控工作领导小组第一组长车俊（右一）到龙泉调研，前往凤阳山国家级自然保护区考察生态保护和百山祖国家公园创建情况，并向龙泉市和官埔垟村负责人发放百山祖国家公园龙泉片区集体林地地役权证、不动产证　　（梁　臻/供图）

2020年4月10日，浙江省委书记、省疫情防控工作领导小组第一组长车俊（左一）到龙泉浙大中学检查开学准备工作情况　　（梁　臻/供图）

2020年4月10日，浙江省委书记、省疫情防控工作领导小组第一组长车俊（左一）到国镜药业公司检查企业复工复产情况 （梁 臻/供图）

2020年1月3日，全国暨浙江省文化科技卫生“三下乡”集中示范活动启动仪式在龙泉市竹垟畲族乡举行，农业农村部副部长张桃林（中）出席并宣布活动启动 （杨震山/供图）

2020年1月3日，全国暨浙江省文化科技卫生"三下乡"集中示范活动启动仪式在龙泉市竹垟畲族乡举行，农业农村部副部长张桃林（中）在活动现场　　（杨震山/供图）

2020年7月23日，浙江省委常委、政法委书记王昌荣（左三）到龙泉市调研社会矛盾纠纷调解工作　　（蔡远寿/供图）

2020年12月7日至8日，全国人大华侨委员会委员，原浙江省人大常委会党组书记、副主任王辉忠（左一）到龙泉调研文化产业发展和基层人大代表联络站建设工作（林欣颖/供图）

2020年5月8日，浙江省政协副主席张泽熙（左二）一行到龙泉调研文化特色小镇建设工作（杨震山/供图）

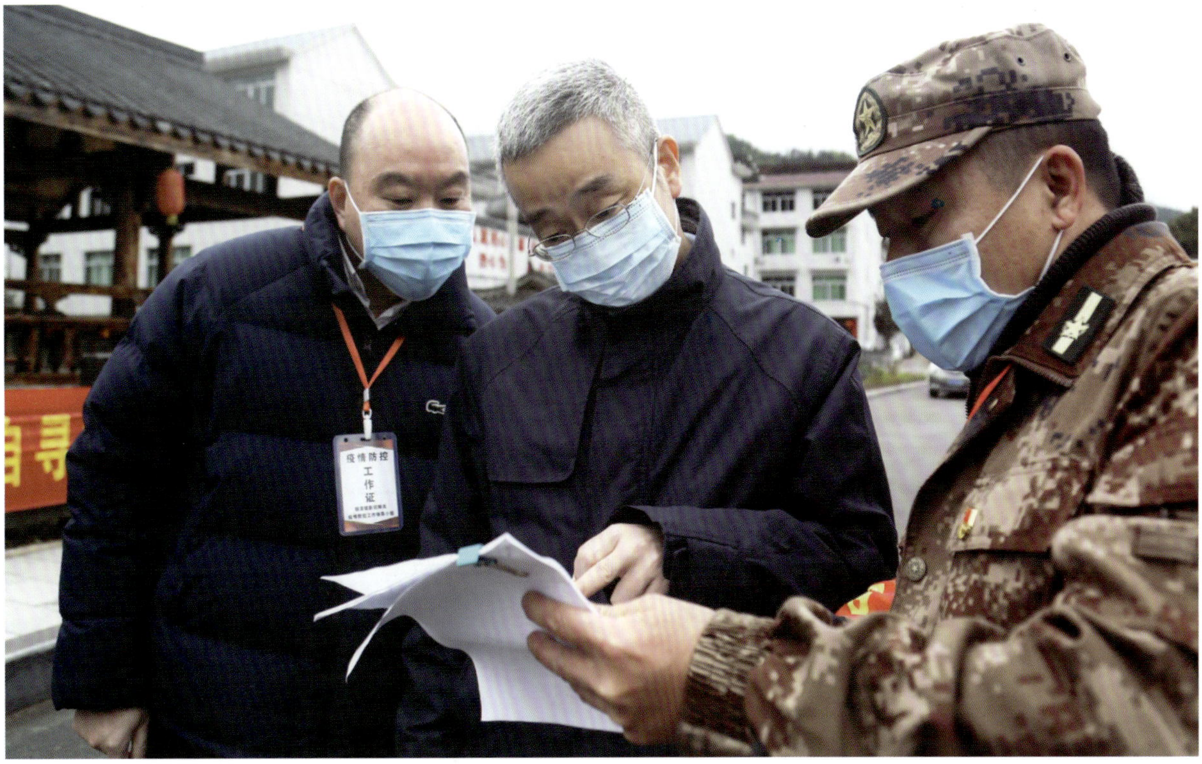


2020年2月4日，丽水市委书记胡海峰（中）到龙泉调研，先后赴剑池街道芳野村、锦溪镇下锦村、住龙镇建平村等地督查疫情防控工作落实情况（戴昕律/供图）

2020年9月27日，首条通往龙泉的铁路——衢宁铁路（浙江段）正式运营通车，龙泉市在站前广场举行通车仪式（张有钢/供图）

2020年12月11日，第三届世界青瓷大会在龙泉市开幕。图为丽水市委书记胡海峰宣布大会开幕（戴昕律/供图）

2020年12月11日，丽水瓯江山水诗路启动启航仪式在龙泉市举行。丽水市委书记胡海峰（右二）宣布丽水瓯江山水诗路开启通航（戴昕律/供图）

2020年7月1日，丽水市人大常委会党组书记、主任虞红鸣（前右二）到龙泉市调研青瓷小镇省级特色小镇建设、丽西500千伏输变电工程等项目推进情况（林欣颖/供图）

2020年1月2日，丽水市委副书记李锋（左一）带队到龙泉开展深化“三服务”、助推“开门红”活动（林欣颖/供图）

2020年9月15日，丽水市委常委、纪委书记、监委主任方文军（左二）到龙泉调研村社换届和清廉村居建设工作

（崔建霞/供图）

2020年9月10日，丽水市副市长杨秀清（前左二）率调研组一行到龙泉调研，考察龙泉特色农业全产业链发展模式及灵芝产业发展情况

（叶　萍/供图）

2020年10月25日，西湖大学校长、中国科学院院士施一公（前左二）带领西湖大学专家团队到龙泉考察汽车空调产业发展情况（崔建霞/供图）

2020年5月26日，浙江省水上运动管理中心主任、皮划艇奥运冠军孟关良（左一）一行到龙泉考察皮划艇训练场地，为浙江省皮划艇运动员寻找合适的训练水域（崔建霞/供图）

2020年10月15日，龙泉市委十四届九次全体（扩大）会议暨"聚焦'重要窗口' 聚力龙泉复兴"学习实践活动动员会召开 （崔建霞/供图）

2020年10月30日，龙泉市举行纪念中国人民志愿军抗美援朝出国作战70周年纪念章颁授仪式 （林　熠/供图）

2020年11月5日，庆祝中国共产党成立100周年献礼剧《我们的新时代之因为有家》在龙泉市小梅镇大窑村举行开机仪式 （叶　萍/供图）

2020年12月18日，“不灭窑火”纪中窑开窑仪式在龙泉市小梅镇金村村举行，著名导演、制片人张纪中全程参与 （季子恒/供图）

2020年2月1日，龙泉市召开新型冠状病毒感染肺炎疫情防控工作会议，学习贯彻浙江省、丽水市有关肺炎疫情联防联控工作会议精神，部署落实疫情防控各项工作

2020年2月8日，党员干部群众坚守在疫情防控一线。图为高速公路检查点　（曹龙根/供图）

2020年2月，锦溪镇中心卫生院9名被抽调到集中隔离点防控工作的医生申请入党

（项望旺/供图）

2020年2月，防疫宣传 （张有钢/供图）

2020年3月31日，群众夹道欢迎援鄂医护人员凯旋　　（张有钢/供图）

2020年3月31日，龙泉市四套班子领导出席欢迎仪式　　（张有钢/供图）

2020年9月27日，丽水市委书记胡海峰（中）参加衢宁铁路龙泉站通车　　（戴昕律/供图）

2020年9月27日，群众自发前来庆祝衢宁铁路开通　　（张有钢/供图）

2020年9月27日9时57分，火车开进龙泉市站　（张有钢/供图）

2020年10月，龙泉火车路线沿途风景　（张有钢/供图）

2020年12月10日，“倾青饰界”青瓷饰品暨“龙泉娜妮”伴手礼创意展在西街历史文化街区“龙泉娜妮”创客空间首次亮相 （张有钢/供图）

2020年12月10日，在上茶街举行的“BEAUTY LIFE·上茶街造物创意集”大型集市活动 （张有钢/供图）

2020年12月11—31日，“天下龙泉·匠心开物”2020国际陶瓷艺术大展在龙泉市青瓷展览展示中心展出

（张有钢/供图）

2020年12月11—31日，第二届“中国的杯子”创意设计大赛成果展在龙泉市青瓷展览展示中心展出

（张有钢/供图）

# 目　　录

## 特　　载



## 专　　辑



## 大　事　记



## 市情概览

## 龙泉市人民代表大会



## 龙泉市人民政府

## 政协龙泉市委员会



## 中共龙泉市纪律检查委员会 龙泉市监察委员会

## 民主党派　工商联



## 人力资源和社会保障



## 人民团体



## 法　治

## 军　事



## 教　育



## 卫生健康

## 文化　旅游　体育



## 农业农村

## 水利水电　气象



## 林　业



## 工业　经济开发区

## 经济　商贸



## 财政　税务



## 金融管理

## 经济管理



## 交　　通



## 网络 大数据

## 报刊　广播　电视



## 城乡建设与管理



## 自然资源管理和规划



## 环境保护



## 科学技术

## 社会生活



## 乡镇　街道

## 人物　名录



## 表格索引

# 特　　载

## 聚焦“重要窗口”　聚力龙泉复兴
## 奋力打造一座独具匠心的文化名城

### ——在市委十四届九次全体（扩大）会议暨“聚焦‘重要窗口’、聚力龙泉复兴”学习实践活动动员会上的报告

（2020年10月15日）

中共龙泉市委书记　吴松平

这次市委全会暨“聚焦‘重要窗口’、聚力龙泉复兴”学习实践活动动员会，是在全市庆祝撤县设市30周年、纪念“绿水青山就是金山银山”理念提出15周年之际，是在全面推进疫情防控常态化、奋力决胜高水平全面建成小康社会的关键节点上召开的，具有特殊而重要的意义。会议的主要任务是：高举习近平新时代中国特色社会主义思想伟大旗帜，深入学习贯彻习近平总书记考察浙江重要讲话精神，全面贯彻落实省委十四届七次全会、丽水市委四届八次全会决策部署，以忠实践行“八八战略”、奋力打造“重要窗口”的使命担当，回顾总结龙泉撤县设市30年来各项事业发展所取得的成就，动员全市上下聚焦“重要窗口”、聚力龙泉复兴，奋力打造一座独具匠心的文化名城，全面推动各项事业从今往后迈出更大的崭新步伐，让“好龙泉”焕发出新时代的生机与活力。

下面，我代表市委常委会，向全会作报告。

### 一、砥砺奋进三十载，同心铸就龙泉复兴的坚实基础

1990年12月26日，国务院批准龙泉撤县设市，这是龙泉发展史上具有里程碑纪念意义的重大事件，自此翻开了龙泉历史的新篇章，开启了龙泉发展的新纪元。三十年来，历届市委团结带领全市广大干部群众，坚定不移保护绿水青山这个“金饭碗”，持续擦亮青瓷宝剑两张“金名片”，大兴艰苦奋斗之风，高扬干事创业之帆，奋划担当作为之桨，推动各项事业不断取得新进步。1990—2019年，龙泉地区生产总值从3.3亿元增加到142.6亿元，按可比价计算增长15.8倍；财政总收入从0.4亿元增加到15.1亿元，增长38倍；人均地区生产总值从1261元增加到59468元。1990年，城镇住户家庭收入1782元，农村住户纯收入771元；2019年城镇常住居民人均可支配收入48439元，农村常住居民人均可支配收入23459元。30年披荆斩棘、锐意进取、励精图治，龙泉迎来了高水平全面建成小康社会、开启高水平建设社会主义现代化的光明前景。

30年来，我们以坚如磐石的决心践行生态文明理念，趟出了绿色发展

的崭新道路。我们始终坚持发展第一要务，保持生态优先、绿色发展的战略定力，举生态旗、走生态路、吃生态饭，不断把生态优势转化为经济优势、发展优势、竞争优势。撤县设市之初，市委提出“拓通道、优环境、扩总量、奔小康”、实施“二次创业”的战略部署。2005 年以来，历届市委立足龙泉发展实际，先后作出了实施“生态立市、工业强市、旅游兴市”发展战略、“创造美好新龙泉”、打造“活力龙、幸福泉”、升级版“好龙泉”、美丽幸福好龙泉等系列战略部署，有力推动了绿色发展、生态富民、科学跨越。特别是近年来，市委团结带领全市广大干部群众以厉行“丽水之干”担纲“丽水之赞”，创新实施了一系列践行“两山”理念的重要思路、改革举措、实践行动，推动龙泉全面迈上高质量绿色发展新路。如今的龙泉，生态农业提档升级，“中国黑木耳之乡”“中国灵芝核心产区”等一批“国字号”品牌闻名遐迩；生态工业扩量转型，获评中国汽车（空调）零部件制造基地、户外休闲用品产业基地、中国电商百佳县（市）等称号，龙泉工业园区升格为省级经济开发区；现代服务业迅猛发展，全域旅游阔步前进，创成 4A 景区 3 个、3A 景区 7 个，三次产业结构从 1990 年的 44.9:25.7:29.4 调整为 2019 年的 10.7:36.5:52.8。

30 年来，我们以统筹协调的理念推进城乡融合发展，建设了生态宜居的美丽家园。我们始终坚持统筹城乡发展的基本方略，协同推进新型城镇化和城乡一体化发展，联动实施美丽城区、美丽城镇、美丽乡村建设，龙泉的天更蓝、山更绿、水更清、地更净、空气更清新。中心城区按照“北居南工”布局，实施“东拓西进”工程，创成国家级生态示范区、国家森林城市、国家园林城市、国家卫生城市、省级生态市和环保模范城市，建成区面积由 1990 年的不到 4 平方公里扩展到 2019 年的 15.6 平方公里，常住人口城镇化率从不足 30%提升到 64%。坚持用景区化理念建设美丽城镇、美丽乡村，成功入选首批省级新时代美丽乡村建设示范县，累计创成省级小城镇环境综合整治样板点 8 个，建成国家森林乡村 10 个、省级美丽宜居示范村 24 个、美丽乡村特色精品村 12 个。持续深化“千村示范、万村整治”工程，开展“五水共治”“五气共治”“六边三化三美”“垃圾革命”“厕所革命”等系列生态治理行动，守住绿水青山，筑牢生态屏障，2010—2013 年生态环境状况指数（EI）连续 4 年蝉联全省第一，入围全国百佳“深呼吸小城”，荣膺“中国天然氧吧”称号，三夺治水“大禹鼎”。如今的龙泉，一座座美丽小镇、一处处美丽乡村镶嵌于绿水青山之间，与山水田园和谐共生，成为人民安居乐业、幸福生活的美好家园。

30 年来，我们以面向世界的视野弘扬区域特色文化，擦亮了青瓷宝剑的金字招牌。我们始终坚持放大格局弘扬龙泉特色文化，深入挖掘深厚的历史文化底蕴，龙泉荣膺国家历史文化名城、全国文化先进县（市）、中国陶瓷历史文化名城等称号。2006 年，龙泉青瓷传统烧制技艺、龙泉宝剑传统锻制技艺双双入选首批“国家非遗”。2009 年，龙泉青瓷传统烧制技艺成为全球陶瓷类唯一的“人类非遗”。龙泉窑大窑—金村遗址入选“海上丝绸之路·中国史迹”世界文化遗产申报名单，被列为全国第三批国家考古遗址公园。先后举办了十一届龙泉青瓷龙泉宝剑文化旅游节、两届世界青瓷大会，成功举办了联合国大厦巡展、“天下龙泉·龙泉青瓷与全球化”特展、故宫龙泉青瓷回家展等系列活动，龙泉青瓷成为 G20 杭州峰会国礼、连续六次入选世界互联网大会礼品。大力培育剑瓷产业，青瓷产业、宝剑产业被列入省十大历史经典产业，龙泉青瓷小镇和龙泉宝剑小镇双双列入省特色小镇创建名单。如今的龙泉，剑瓷文化产品、文化产业、文化经济迭代发展，特色竞争优势加快形成，发展动能不断积蓄，正以更加开放、更加立体、更加自信的姿态展现历史文化名城的别样风采。

30 年来，我们以敢为人先的锐气深化改革开放创新，激发了加快发展的新兴动能。我们始终坚持深化改革促发展。以“最多跑一次”改革为牵引，率先推进让百姓坐拥绿水青山、赢得金山银山的关键性改革，集体林权制度改革成为全国样本，“国镜药业模式”入选全国生态产品价值转化典型案例。我们始终坚持扩大开放促发展。坚定实施交通先行战略，实现从困在山上向村村通跨越，从低等级公路向国省道纵横交织跨越，从公路时代向高速时代、铁路时代跨越的“三大历史性跨越”；主动接轨大上海、融入长三角，与上海奉贤区和宝山区、杭州萧山区、嘉兴秀洲区等地建立战略合作关系；持续深化国际合作，与韩国康津郡等 5 个城市缔结友好关系。我们始终坚持全面创新促发展。背靠浙大，联姻高校，发展龙泉，与浙江大学、浙江农林大学等科研院校市校合作持续深化；高标建成汽车空调产业创新服务综合体，龙泉青瓷宝剑技师学院成为国家级高技能人才培训基地；科技进步统计监测和数字经济发展综合评价跃居丽水首位。如今的龙泉，各领域改革纵深推进，全方位开放格局基本形成，集成式创新活力不断增强，迎来了前所未有的大开放、大发展、大跨越的黄金机遇期。

30年来，我们以人民至上的理念不断增进民生福祉，实现了人民生活的全面改善。我们始终坚持把保障和改善民生作为一切工作的出发点和落脚点，坚定扛起富民惠民安民的历史重任。先后实施“百亿富民工程”“欠发达乡镇奔小康”“低收入农户收入倍增计划”“大搬快聚、富民安居”等务实举措，全面消除集体经济薄弱村和农村家庭年人均收入8000元以下现象，农民收入增幅连续13年保持两位数增长，全省26县发展实绩考核连续5年列入第一档次。坚持不懈办好年度民生实事，创成国家义务教育基本均衡县（市）、省教育强县（市）、省教育基本现代化县（市）；新人民医院投入使用，省市县乡四级医疗融合体、县域医共体更加便民惠民，社会保险、社会救助、社会福利等社会保障体系不断健全完善；建成青瓷博物馆、文化馆、图书馆、大剧院、青少年宫等标志性公共文化设施，获评全省农村文化礼堂建设工作先进县（市）；水电路讯等城乡基础设施日臻完善，群众生活品质明显提升。纵深推进“平安龙泉”“法治龙泉”建设，被中央综治委授予2009—2012年度“全国平安建设先进县（市）”荣誉称号，连续15年获省“平安县（市）”称号，勇夺全省首批“一星平安金鼎”。特别是今年以来，面对新冠肺炎疫情和严峻复杂外部环境的叠加影响，我们与时间赛跑、与疫情斗争，成为全省11个无疫情县（市、区）之一。如今的龙泉，人民生活芝麻开花节节高，正以自己的勤劳智慧，创造幸福和美新生活，满怀信心迈向高水平全面小康社会。

30年来，我们以久久为功的韧劲全面加强党的建设，凝聚了奋斗实干的强大合力。我们始终坚持把加强党的建设作为推动各项事业发展的根本保证，坚持不懈用党的创新理论武装头脑、指导实践、推动工作。扎实开展“三讲”教育、保持共产党员先进性教育活动、深入学习实践科学发展观活动、党的群众路线教育实践活动、“三严三实”专题教育、“两学一做”学习教育、“不忘初心、牢记使命”主题教育，引导和激励广大党员干部以理想之光照亮奋斗之路，用信仰之魂创造美好未来。旗帜鲜明地树立“丽水之干”的实干导向，以浙西南革命精神鼓舞激励斗志，在高质量绿色发展主战场上锻造一支高素质专业化干部队伍。坚持全面从严治党，坚决贯彻中央八项规定精神，持之以恒正风肃纪，以踏石留印、抓铁有痕的劲头整治“四风”，实践“四种形态”。市委自觉加强自身建设，充分发挥总揽全局、协调各方作用，支持和保障人大、政协依法依章程履行职责，领导深化群团改革，牢牢把握意识形态工作领导权，巩固和发展最广泛的爱国统一战线，促进民族乡村加快振兴。如今的龙泉，政治生态山清水秀，全市上下汇聚起了齐心协力、众志成城的强大合力，形成了万众一心、团结奋斗的大好局面。

三十年的奋斗创业，是一部气势恢宏的豪迈交响；三十年的发展历程，是一幅波澜壮阔的历史画卷。我们应当深深牢记，这些成绩的取得，得益于党中央、省委和丽水市委的坚强领导、亲切关怀，得益于历届市委领导班子的继往开来、接续奋斗，得益于社会各界的积极参与、鼎力支持，得益于龙泉人民的团结一心、不懈努力。在此，我代表市委，向所有关心和支持龙泉改革发展的各级领导、社会各界人士，向曾经为这片土地奉献智慧、倾注心血、洒下汗水的老领导、老党员、老同志，向亲历三十年创业并为之付出辛勤劳动的全市广大干部群众，致以最崇高的敬意和最衷心的感谢！

当前，我们正处于世界百年未有之大变局和中华民族伟大复兴战略全局的历史交汇期。世界百年未有之大变局，既存在挑战，更充满机遇；中华民族伟大复兴战略全局，既鼓舞人心，更催人奋进。我们应当始终坚信，龙泉是个人杰地灵的好地方，有着山清水秀的好生态、享誉世界的好文化，有着一心向党的好群众、一心为民的好干部,有着接续创业的好基础、精诚团结的好氛围，有着加快发展的好机遇、蓬勃发展的好势头。只要我们始终听党话、跟党走，心往一处想、劲往一处使，一张蓝图绘到底、一任接着一任干，就一定能够闯出一条“绿水青山就是金山银山”的金光大道，就一定能够交出一份忠实践行“八八战略”、奋力打造“重要窗口”的高分答卷，就一定能够实现龙泉复兴、再创龙泉辉煌，让“好龙泉”焕发出新时代的生机与活力！

## 二、豪迈开启新征程，精彩书写“忠实践行‘八八战略’、奋力打造‘重要窗口’”的龙泉复兴时代答卷

当前，我们既要决战决胜高水平全面建成小康社会，实现第一个百年奋斗目标，又要乘势而上开启高水平全面建设社会主义现代化新征程，向第二个百年奋斗目标进军。为抢抓新机遇、绘好新蓝图、实干大担当、聚力大发展，市委决定，在前期深入学习《习近平谈治国理政》系列著作、习近平总书记系列重要讲话，组织开展“答好龙泉发展六问”研讨会，精心编制“十四五”规划、国土空间规划的基础上，启动开展“聚焦‘重要窗口’、聚力龙泉复兴”学习实践活动。

(一)为什么要开展学习实践活动?

这不是一时兴起、心血来潮,而是市委把握时代使命、立足龙泉实际、顺应群众期盼作出的慎重决定,旨在进一步统一思想、凝聚共识、汇聚合力,切实增强全市上下聚焦“重要窗口”、聚力龙泉复兴的政治自觉、思想自觉和行动自觉。

这是对标对表新目标新定位的一次学习大实践。习近平总书记在浙江考察时赋予我省建设“重要窗口”的新目标新定位。省委十四届七次全会就努力建设新时代全面展示中国特色社会主义制度优越性的重要窗口作出了决议。省委袁家军书记强调要忠实践行“八八战略”,奋力打造“重要窗口”。丽水市委四届八次全会提出要努力打造全面展示浙江高水平生态文明建设和高质量绿色发展两方面成果和经验的重要窗口。我们开展学习实践活动,就是要引导全市广大干部群众深刻把握“重要窗口”的内涵要求、核心要义,创新思维、振奋精神,更加坚定不移践行“绿水青山就是金山银山”理念,决战决胜高水平全面建成小康社会,昂首阔步迈向现代化建设新征程。

这是立足新起点、抢抓新机遇的一次观念大接轨。站在“绿水青山就是金山银山”理念提出15周年和龙泉撤县设市30周年新的历史节点上,我们不仅迎来了生态文明兴起、文化繁荣兴盛、健康时代来临等时代机遇,更迎来了长三角一体化发展、衢宁铁路通车、国家公园即将创成三大历史性机遇。长三角一体化发展是国家大战略。随着全省域全方位融入长三角一体化,龙泉的生态优势、后发优势、比较优势将更为凸显,使我们更有条件深度参与区域产能布局调整、生产力区划重构、产业梯度转移及创新转型,为我们实现后来居上、变道超车、追赶跨越创造了可能。衢宁铁路通车是龙泉置县以来具有里程碑、划时代意义的大盛事,让龙泉一跃成为长三角、海西区重要节点城市,将带来不可估量的人流、物流、商流、信息流和资金流,重塑优化龙泉经济发展格局。国家公园体制试点是习近平总书记亲自谋划、亲自部署、亲自推动的重大改革,国家公园是代表国家形象的金名片、促进价值转化的金钥匙、可以世代传承的金饭碗,必将释放政策、品牌、社会、生态、民生等多重叠加效应,有效提升龙泉作为“绿水青山就是金山银山”理念先行实践地、国家公园理念萌发地的知名度和影响力。我们开展学习实践活动,就是要引导全市广大干部群众站在新起点,抢抓新机遇,顺势而为、乘势而上,奋力开创高质量绿色发展新局面。

这是肩负新使命、顺应新期盼的一次思想大洗礼。龙泉素有“处州十县好龙泉”之美誉,历史上的龙泉无比辉煌。宋朝巅峰时期的龙泉,是宋代人文高地、“海丝之路”起点和全球制造之都,市场繁华、百业兴旺、文化繁荣、名人辈出。改革开放初期,龙泉“木头经济”风生水起,1978—1990年间,GDP总量基本都处于丽水第2位,占丽水比重均在两位数以上,住龙是全省首个农民年人均收入超千元的乡镇。进入90年代后,龙泉GDP陆续被赶超,如今更是前方青田、缙云标兵渐远,后方遂昌、松阳追兵将至。回望历史、反观现实,对标先进、查找差距,复兴龙泉、再创辉煌成为29万龙泉人民最为热切的期盼,挥之不去的情结。我们开展学习实践活动,就是要引导全市广大干部群众切实增强忧患意识、危机意识、赶超意识,奋起直追、奋发图强、奋力赶超,决不沉浸在往昔的辉煌中,决不躺在舒适区睡大觉,决不输给这个时代,致力重现“处州十县好龙泉”的辉煌盛景,不断满足龙泉人民对美好生活的向往。

(二)学习实践活动的重点是什么?

市委确定这次学习实践活动的主题为“聚焦‘重要窗口’,聚力龙泉复兴”。

“重要窗口”是习近平总书记赋予我省面向全国、面向世界、面向未来更高的角色定位,是从国内与国际两个大局、发展与安全两件大事、当前和长远两个时期作出的深远战略考量,是“八八战略”的延续与升华,是我省向第二个百年奋斗目标进军、迎来更加美好明天的动力源泉,也是龙泉高质量绿色发展的战略指引、走向全面复兴的行进航标。

“龙泉复兴”是龙泉人民魂牵梦萦的发展梦想,既根植过去,又立足现在,更指引未来。“复”不是简单的复制,纯粹的复古,外来的复刻,复的是根植于龙泉深厚土壤的精神、境界、格局,复的是精益求精、勇于变革、包容大气的精气神,并使之内外为龙泉人民的气质灵魂,外化为龙泉城市的价值品位。“兴”不是无源之水、无本之木,而是基于龙泉的特色资源、特色优势,在传承弘扬中不断革故鼎新、守正出新,锻长板、补短板、扬优势,实现生态兴、经济兴、文化兴、城市兴、交通兴、百姓兴。

“聚焦‘重要窗口’”与“聚力龙泉复兴”是全局与局部、整体与部分的关系。“聚焦‘重要窗口’”是“聚力龙泉复兴”的高标定位,“重要窗口”将浙江全省域的发展层次、工作要求提升到前所未有的高度,“龙泉复兴”是把自身“小窗口”放在“重要窗口”建设的大棋局中去谋划落实,对标最高最好最优,做到思想聚焦、行动聚焦、力量聚焦,推动龙泉实现全领域、全方位、全过程复兴。“聚力龙泉复兴”是“聚焦‘重要窗口’”的创新实践，通过站位全局谋划一域发展，按照“全省域都是主角、全方位都要展示”的要求，推动全市域各方面工作齐头并进、蓬勃发展，勇当“高水平建设和高质量发展重要窗口”的模范生，以龙泉一域之光为“重要窗口”全局增光添彩。

围绕“聚焦‘重要窗口’，聚力龙泉复兴”主题，这次学习实践活动要重点把握三个方面：

1.奋力打造一座独具匠心的文化名城

——“独具”是立足我们拥有的龙泉青瓷传统烧制技艺“人类非遗”陶瓷类世界唯一、龙泉宝剑传统锻制技艺“国家非遗”全国少有、百山祖国家公园全国十中有一、国家历史文化名城全省十中有一等独特资源，精研细植龙泉青瓷龙泉宝剑比较优势，全面打响“青瓷宝剑、天下龙泉”品牌，培育别有韵味的城市品质，成就不一样的龙泉精彩。

——“匠心”是一种情怀、一种担当、一种境界，是龙泉青瓷龙泉宝剑经久不衰、成就经典的制胜秘诀和不二法门，充分展现了龙泉匠人巧妙绝伦的精妙构思、巧夺天工的精湛技艺，集中体现了龙泉人民创新求变的进取心态、追求卓越的价值取向，这必将深刻融入经济社会发展、干部队伍建设、百姓生产生活等方方面面，有效激发龙泉人民创业创新创造热情，变压力为动力，变平凡为非凡，以“绿起来”首先带动“富起来”进而加快实现“强起来”。

——“文化名城”植根于文化，但并不局限于文化，其充分体现了辩证唯物主义的重点论、“八八战略”蕴含的优势论。它是一座蕴含“精益求精的工匠精神、勇于变革的创新精神、包容大气的开放精神”的气质之城，是一座融合“美丽环境高颜值、经济发展高质量、特色文化高品位、人民生活高品质、商贸服务高水平、县域治理高效能”的现代之城，也是一座与世界对话的精彩城市。

2.奋力推进“六兴六高”的战略任务

当前和今后一个时期，加快发展仍然是第一要务。要始终坚持加快发展不动摇，牢固树立“不进则退、慢进也是退”的理念，全面推进“六兴六高”，发挥比较优势，培育特色优势，争创竞争优势，努力在高质量发展前提下实现必要适度的高速度增长，促进 GDP 与 GEP 协同较快增长、GEP 向 GDP 高效转化。

——兴生态文明，推动美丽环境高颜值。生态文明建设是关系龙泉长远发展的根本大计。生态兴则经济兴、城市兴、文明兴。要坚定不移实施生态立市发展战略，坚持人与自然和谐共生，像对待生命一样对待生态环境，像保护眼睛一样保护生态环境，坚定不移走生产发展、生活富裕、生态良好的文明发展道路，让绿色成为龙泉最动人的色彩。要打造全域最美生态。把百山祖国家公园精心绘就成高远、深远、平远的山水大画卷，并以国家公园的理念和标准，提标打造全省大花园典型示范县，有效促进美丽城市、美丽城镇、美丽乡村与美丽河湖、美丽田园、美丽公路等有机相融、各美其美、美美与共，全力打造万山滴翠、层林尽染、鱼翔浅底、繁星闪烁的诗画龙泉。要严守生态环保底线。严格落实“三线一单”硬约束，严把准入门槛，全力抓好中央、省市环保督察问题整改，统筹打好蓝天、碧水、净土、清废“四大战役”和垃圾、厕所“两大革命”，联动推进山水林田湖草系统治理，坚决筑牢长三角生态屏障，确保生态环境质量持续领跑全省。要践行生态文明理念。大力培育践行生态文化，积极倡导节约适度、绿色低碳、文明健康的生活方式和消费模式，坚决反对奢侈浪费和不合理消费，深入开展创建节约型机关、绿色家庭、绿色学校、绿色社区和绿色出行等行动，让生态文明理念深入人心。

——兴绿色产业，推动经济发展高质量。现代化生态经济体系是高质量绿色发展的强大引擎。要坚持产业为纲、项目为王，深入践行“绿水青山就是金山银山”理念，全方位推进“生态经济化、经济生态化”，促进多业态融合发展，着力构建高质量绿色发展的现代化产业体系。突出生态赋能，积极培育大健康产业。充分依托空气清新、水质清冽、土壤清洁、气候清爽、环境清幽的资源优势，深入探索生态产品价值实现机制，持续壮大基于生态优势的“竹茶菌蔬”等健康农业，大力发展生物医药、健康食品加工、水经济等健康制造业，加快发展休闲康养产业。突出创新赋能，积极培育大智造产业。以高端化、绿色化、智能化为导向，持续深化“亩均论英雄”改革，扎实推进“腾笼换鸟”“机器换人”，大力发展汽车零部件、工程机械、高性能泵阀等精密智造产业，加快发展新能源、新材料等新兴产业。突出文化赋能，积极培育大文旅产业。坚定不移实施文旅兴市发展战略，突出城市旅游、景区运维，精致打造“一剑钟情·从瓷开始”城市旅游风景线，精心开发“不灭窑火”体验游、“海丝瓷源”探秘游、“红色经典”研学游等乡村旅游精品线，切实提升旅游产品供给品质和旅游服务质量，大力发展全域型、内涵型、开放型、创新型、体验型“五型”文化旅游业，全力争创省文旅产业融合试验区、省全域旅游示范县(市)和景区城。

——兴剑瓷经典，推动特色文化

高品位。剑瓷文化是龙泉最亮眼、最具代表性的黄金品牌，是独一无二的专属标签。要把剑瓷文化作为最大特色、最大潜质，一手抓剑瓷文化弘扬、一手抓剑瓷产业发展，做深做实剑瓷文化"深化""物化""转化"工作，加快推动剑瓷文化走向世界各地、走进千家万户。要推进剑瓷文化系统研究。依托剑瓷文化研究院、故宫博物院龙泉窑研究中心、丽水学院中国青瓷学院等平台资源，结合时代特征深入研究和发掘提炼剑瓷的核心文化内涵、抽象表达外延，重点开展剑瓷与全球化、剑瓷与新时代和剑瓷与生活美学等方面研究。要打造剑瓷文化标志产品。坚持组团式开发、抱团式发展，有机融合剑瓷元素、历史场景、乡愁记忆，将散落的文化遗址、产业园区、特色景区串点成线、串珠成链，聚力打造城市文化客厅、大窑龙泉窑国家考古遗址公园、青瓷文化创意园、青瓷小镇、宝剑小镇、西街历史文化街区、省级青瓷文化旅游度假区"一厅两园两镇两区"剑瓷文化旗帜性项目。要壮大剑瓷特色产业。深入开展龙泉青瓷龙泉宝剑历史经典产业振兴行动，聚焦科技研发、创意设计、人才培育"前端"精准发力，品牌塑造、市场拓展、销售管理"后端"持续给力，推动剑瓷文化产业向"微笑曲线"两端延伸，着力构建更趋多元、更富活力、更具特色的剑瓷文化经济形态和经济体系。

——兴公园城市，推动人民生活高品质。公园城市让生活更美好。要坚持公园营城理念，加快推动生产生活生态相宜、自然经济社会相融，更高层次更高水平彰显生态之美、人文之美、和谐之美。要精心构建"一园一带三景群"城乡格局。按照"严格控制区+辐射带动区+联动发展区"三级全域联动发展理念，以百山祖国家公园为生态绿核，以瓯江山水诗之路为发展纽带，以瓷韵文化景群、红色文化景群、生态文化景群为联动圈层，全域打造自然生态与特色文化相得益彰的最美大花园。要精心塑造"一江三城"城市形态。坚持以水为脉、以山为骨、以文为魂，构建绿水体验带+青山感知廊，在主城区文化城的基础上，挺进西南，谋划建设健康城、智造城，串起城市文脉、品质生活、发展引擎，实现"人、城、境、业"高度和谐统一。要精心绘就花园乡村美丽图景。高起点编制实施花园乡村建设标准，联动推进乡村规划提升、美丽城镇创建、美丽林相改造、人居环境整治、农民增收致富、古村复兴示范、农村金融改革、农业特色品牌建设、乡村人才培育集聚、乡村现代化治理"十大工程"，积极探索公园城市的乡村表达，为全省乃至全国乡村振兴趟出新路、作出示范、提供样板。

——兴综合交通，推动商贸服务高水平。交通是经济发展的"生命线"。要以砸锅卖铁的决心实施交通先行战略，加快构划区域发展快行线。突出外联畅通。坚持"东拓、西进、南延、北伸"，以目前建成的衢宁铁路、龙浦高速、龙庆高速，谋划建设的通用机场、温武吉铁路、义龙高速、金龙城际铁路为主脉络，加快构建现代综合立体交通体系，争取早日实现龙泉至省会城市公路"3小时交通圈"、铁路"2小时交通圈"。突出内联高效。以城市中轴线剑川大道南北延伸线串联南城、北城，以城市西环线G528畅联主城区、国家公园、火车站场，与绕城东线、环城北线、环城南路共同形成城市交通闭环；高标准建设"四好农村路"和美丽经济交通走廊，切实将交通线打造成美丽风景线、历史人文线、产业发展线和生态富民线，加快实现城区至一般乡镇"30分钟交通圈"、偏远乡镇"60分钟交通圈"。突出服务高效。以火车站场、客运中心为核心区，加快谋划建设汽车城、电商产业园、物流中心，大力发展科技、金融等现代服务业，着力构建社会化、专业化、信息化的商贸物流服务体系，有效实现与周边城市的发展联动、经济互动、要素流动，致力打造电子商务、商贸物流区域性节点城市。

——兴民生事业，推动县域治理高效能。民生是最大的政治。要坚持以人民为中心的发展思想，倾心倾力发展民生事业、高质高效推进社会治理，确保与全省同步实现"两个高水平"。坚持教育优先发展战略，落实立德树人根本任务，大力开展教育提质行动，扎实推进普通高中多元特色发展，深入实施学前教育精准补短和初中"壮腰"工程，争取早日创成全国义务教育优质均衡发展县；深度推进产教融合，深化建设龙泉青瓷宝剑技师学院，致力打造区域性职业教育中心。坚持把卫生健康现代化作为战略先手棋，扎实推进人民医院创"三乙"、中医院创"二甲"，不断深化"省市县乡"四级医疗融合体和医共体建设，加快推动医疗资源整合、人才聚合、服务融合，升级建设高品质健康龙泉。针对突发的公共卫生安全领域突出问题，加快实施公共卫生基础设施补短工程，改革完善重大疫情防控救治体系、重大疾病预防控制体系、重大疾病医疗保险和救助制度。加强养老服务体系建设，推动养老事业健康发展。深入开展群众性精神文明创建活动，不断提升群众文明素养和社会文明程度。坚持"利民为本、法治为基、整体智治、高效协同"理念，健全党建统领、"五治"融合的基层治理体系，持续深化社会矛盾纠纷调处化解"最多跑一地"改革，加快建设"花园云·城市大脑"，着力构建"一中心四平台一网格”上下贯通、左右协调的基层社会治理新模式，不断深化平安龙泉、法治龙泉建设，推进县域治理体系和治理能力现代化。

3.奋力激发“一路两化”的澎湃动能

聚焦“重要窗口”，聚力龙泉复兴，打造一座独具匠心的文化名城，必须紧扣落实新发展理念、构建新发展格局，立足发展阶段、突出发展重点，以“一路两化”澎湃动能推动高质量绿色发展。

“一路”即突出用好跨山统筹、创新引领、问海借力三把“金钥匙”，坚定不移走开放创新之路。

开放创新是新发展理念的两大要素，是通往繁荣发展的光明大道。纵观龙泉发展历程，因开放而兴、因创新而盛，龙泉最辉煌的时代就是最具开放、最富创新的时代。正因开放创新，我们赢得了“处州十县好龙泉”的美誉，成就了“木头经济”时期的全省首个农民人均收入超千元乡镇，开创了高速时代经济发展的“最快速度”。近观龙泉近年实践，开放创新是推动龙泉经济社会高质量绿色发展的强劲动力。正因开放创新，我们赢得了全省26县发展实绩考核“五连优”，形成了“小山城、大科技”龙泉模式，叫响了“天下龙泉”城市品牌。我们必须坚定不移走开放创新之路，以开放反制逆全球化，以创新激发内生驱动力，努力让开放成为龙泉的鲜明标签，让创新成为龙泉的鲜明特征。

要全方位开放。围绕加快推进国际化，积极响应“一带一路”倡议，依托驻外文化和旅游机构总部（筹）、故宫博物院，全要素、全周期、全领域运营“天下龙泉”平台，策划举办系列彰显世界影响、凸显中国魅力、展现龙泉特色的高品质巡展，加快推动剑瓷文化走出国门、走向世界、走进人心，致力重现“青瓷之路-开放之路”辉煌。围绕加快一体化进程，主动融入长三角、接轨海西区，深入开展招商引资、招才引智、争取项目、争取资金“两招两争”活动，加快推动龙泉优质农产品、优质文化产品“走出去”，域外优质客源、优质社会资源“引进来”。按照丽水“一带三区”发展新格局，以建设世界非遗文化传承区、国家公园建设先行区为目标，加快构建环国家公园文创大走廊，建设文创特色小镇群，打造龙庆经典文创聚落区主中心。大力弘扬龙泉人精神，有效发挥异地商会作用，积极感召乡贤回乡创业，不断优化营商环境，发展壮大“回归经济”，全面促进龙泉经济和“龙泉人经济”融合发展。

要融合式创新。大力推进科技创新，坚持背靠浙大、联姻高校、发展龙泉，建成运营汽车空调、青瓷宝剑、森林经济等产业创新服务综合体，加快建设汽车空调产业工程师协同创新中心，健全完善产业“一院一园一基金一政策”和企业“科研在外地、生产在本地”创新机制，全力营造“政策最贴心、服务最暖心、环境最舒心”创新生态，加快打造浙西南科创基地，依靠创新驱动、技术进步、高素质人才激发强大内生动力。大力推进文化创意，坚持创造性转化、创新性发展，跳出文化看文化、立足文化化文化，掌握运用综合集成、迭代升级、久久为功的方法，聚力推动艺术瓷与日用瓷协同发展、高端刀剑与日用刀剑同步开发、剑瓷技艺传承与剑瓷文化弘扬齐头并进，争取艺术瓷引领风潮、日用瓷超越欧洲。大力推进制度创设，突出改革破题、创新制胜，以“最多跑一次”改革撬动社会最关注、群众最期盼、发展最急需的重大改革，争创“市场有效、政府有为、企业有利、百姓受益”的体制机制新优势，实现制度设计更趋完备、制度运行更加有效。

“两化”即精准把握发展阶段性特征，突出新型工业化、新型城镇化“双轮驱动”。

工业化是实现现代化不可逾越的阶段。在当前发展阶段和经济发展水平下，没有工业的现代化，就没有一个地区经济的现代化。当前，我省已整体步入工业化后期，丽水已整体进入工业化中后期，但我市尚处在工业化中期，必须坚定不移实施工业强市发展战略，把生态工业高质量发展作为实现龙泉复兴的根本战略选择，确定为推动经济在高质量发展前提下实现必要适度高速度增长的持续发力重点，加快推进以平台“二次创业”为重点的新型工业化，坚持数字化、信息化与工业化深度融合，实现工业经济“从有到好、从好到优、从优到强”。

域内要整合提升一个开发区。加快推动省级经济开发区和安仁、塔石、查田、八都、上垟五个乡镇功能区整合提升，切实发挥开发区经济建设主战场、主平台、主引擎作用。大力实施大企业培育和“低散乱”企业整治，集中力量、集聚资源、集成服务，加快打造标杆性企业和标志性产业。大力培育数字经济，坚持“产业数字化、数字产业化”发展方向，深入实施数字经济发展行动计划，全力推动网红经济、平台经济、总部经济等新产业新业态蓬勃发展。

域内要拓展再谋一个开发区。深入实施“工业东进”，适时启动“工业西拓”，将发展空间往兰巨方向拓展，谋划打造大智造、大健康、大文旅等产业发展新平台，有效实现与百山祖国家公园、火车站场、通用航空机场等区域抱团开发、联动发展。

域外要合作共建一个开发区。突出问海借力、借梯登高，携手上海奉贤区、杭州萧山区、嘉兴秀洲区等协作区域发展“飞地经济”，合力共建萧山—龙泉科创园、秀洲—龙泉智造园、平湖—龙泉产业园，谋划建设奉贤—龙泉双创园，共同打造新时代山海协作升级版。

城镇化是现代化的必由之路，一头连着工业化，一头连着农业农村现代化，是加速产业转型、促进消费升级的有效抓手，是推动乡村振兴、城乡融合的有力支撑。当前，我市正处在快速城镇化中后期，必须秉承“人民城市人民建、人民城市为人民”理念，坚持“不以规模拼大小、要以品质论高低”原则，加快推进以人为核心的新型城镇化，加速推动城乡相向而行、融合发展。

要促进人口双向流动。突出以人为本，以更大力度实施“大搬快聚、富民安居”工程，把城镇化与壮大产业规模、调整产业结构、促进就业创业有机结合起来，让进城农民搬得下、稳得住、富得起。以更优政策推进乡村振兴“两进两回”行动，深化农村综合改革，盘活闲置资源资产，促进人口、技术、资金等资源要素回流农村，推动城乡一体化发展。

要促进城市品质提升。突出品质导向，全面实施名城提质“1139”工程，护好棋盘山、九姑山、凤凰山“城市绿心”，激活瓯江“一江好水”，勾画瓯江绿道线、城市外环线、城市中轴线“城市主脉”，打造城东新城、龙泉火车站、西街历史文化街区等“九大区块”，实现生产空间集约高效、生活空间宜居适度、生态空间山清水秀。

要促进人人共享发展。突出共享理念，以省示范文明城市创建、国家卫生城市复评为契机，加快建设基础设施、住房保障、公共公益、美化绿化“四大板块”，全面提升教育功能、医疗功能、商贸功能、生态功能“四大功能”，努力创造多元化就业渠道，打造人人都具出彩机会、人人都享品质生活、人人都有归属认同的城市。

（三）学习实践活动怎么组织开展？

市委已制定出台《关于开展“聚焦‘重要窗口’、聚力龙泉复兴”学习实践活动的意见》。全市各乡镇（街道）、各部门要按照《意见》要求，站在为龙泉人民谋幸福、为龙泉谋复兴的高度，充分认识开展此次活动的重要性，一级带一级、一环扣一环，确保活动层层深入、步步精彩。

1.要紧扣目标，对照要求开展学习实践活动。这次学习实践活动旨在凝聚人心、汇聚共识、集聚力量。各乡镇（街道）、各部门要紧扣“抢抓新机遇、绘好新蓝图、实干大担当、聚力大发展”的目标要求，深入学、用心悟、笃实行，切实将思想和行动统一到市委市政府的决策部署上来，加快汇聚起推动龙泉劈波斩浪、砥砺前行的磅礴伟力，把龙泉复兴的美好远景图落地为美丽实景图。

2.要围绕主题，突出重点开展学习实践活动。各乡镇（街道）、各部门要围绕奋力打造一座独具匠心的文化名城、奋力推进“六兴六高”的战略任务、奋力激发“一路两化”的澎湃动能、奋力打造一支匠心干部队伍等要求，勇于自我革命，敢于直面问题，坚决破除一切不合时宜的思想观念和体制机制弊端，坚决摒弃惯性思维和传统路径依赖，坚决向思想僵化宣战、向为官不为亮剑、向作风顽疾开刀，对思想观念、体制机制、营商环境、服务效能等进行全方位、系统性、重塑性变革。

3.要浓厚氛围，用好载体开展学习实践活动。要坚持传统媒体和新兴媒体齐联动，广泛开展全方位、多角度、立体式宣传，营造部门协同、全民参与的浓厚氛围。要精心组织开展一轮学习研讨、一轮走访调研、一批典型选树、一轮全民献计、一轮短板查摆、一轮规划问计、一轮项目攻坚、一轮干部比选、一轮环境优化，努力形成一批标志性硬核成果。

4.要高效有序，把握步骤开展学习实践活动。这次学习实践活动从10月中旬开始，到12月底结束，分宣传发动、学习实践、总结提升三个阶段。各乡镇（街道）、各部门要突出目标导向、问题导向和效果导向，边学边查边改，梳理出推动龙泉复兴的十大创新实践、制约龙泉复兴的十大负面现象、助力龙泉复兴的十大发展良策，全面理清工作思路，建立健全常态长效机制。要注重虚实结合，把推动加快发展作为活动的出发点和落脚点，实现“两不误”“两促进”。

5.要强化保障，精心督导开展学习实践活动。学习实践活动领导小组及其办公室，要加强系统谋划，实行专班运作，扎实做好组织协调、指导督导等工作。各乡镇（街道）、各部门党组织要切实履行本单位学习实践活动的领导责任，对照目标要求，明确职责分工，狠抓任务落实，确保时间、精力和措施“三到位”。主要领导是活动第一责任人，要亲自抓、带头学、主动查、认真改，身体力行作表率。

## 三、实干担当大作为，打造一支全面厉行“丽水之干”、堪当龙泉复兴重任的匠心干部队伍

事业成败，关键在人。当前，大力弘扬践行浙西南革命精神，加快锻造一支在格局、素质、能力、作风等方面与全面厉行“丽水之干”、堪当龙泉复兴重任要求相匹配的匠心干部队伍，是摆在我们面前一项重要而紧迫的任务。

（一）要铸就干部队伍匠心特质。当前，全市干部在思想观念、能力作

风上主流是好的，但与匠心要求相比，一些干部不适应、不匹配问题仍然较为突出。要铸就“五种匠心特质”：全力铸就绝对忠诚、赤诚为民的匠心情怀，坚决破除“对党不忠诚、对人民不负责”的虚伪表现；全力铸就严谨细致、精益求精的匠心品质，坚决破除“差不多就行、过得去就好”的敷衍态度；全力铸就开放大气、开拓创新的匠心胸怀，坚决破除“开放格局小、创新意识弱”的狭隘眼界；全力铸就勤勉敬业、实干奋进的匠心担当，坚决破除“担当落实差、执行效率低”的萎靡作风；全力铸就无私奉献、甘于寂寞的匠心境界，坚决破除“干事缺激情、工作缺耐心”的浮躁心态。各乡镇(街道)、各部门党组织，特别是党组织主要负责人，要有真抓的实劲、敢抓的狠劲、善抓的巧劲、常抓的韧劲，带出一支忠诚干净、担当作为的匠心干部队伍，带出一片风清气正、山清水秀的政治生态。

(二)要树立实干实绩鲜明导向。实现龙泉复兴发展梦想，靠的就是干部的担当作为。要坚持党管干部原则，贯彻新时期好干部标准，始终把政治标准放在第一位，以发展论英雄、凭实绩用干部，激励广大干部始终保持奋进姿态、创造性张力，想干事、能干事、干成事，在新时代新征程中展现新担当新作为。要大胆地用。突出事业为上、以事择人，识人察人看担当、选人用人重作为，大胆重用实干担当、实绩突出的干部，坚决不用不担当、不作为的干部，让敢担当善作为的干部有舞台、受褒奖。大胆重用解决实际问题能力强的干部，特别是奋战在基层战斗一线、项目建设一线、“两招两争”一线、破难攻坚一线、信访维稳一线的一线干部，引导干部到火热的改革发展稳定一线百炼成钢。大胆重用优秀年轻干部，谁有本事谁来，谁有潜力谁干，谁先成才谁先上，既综合比选“排队”，也果断淘汰“掉队”，还允许破格“插队”，让工作实绩突出的优秀年轻干部有前途、有奔头。大胆重用老实人，特别是不唯上、不唯书、只唯实的人，思想务实、生活朴实、作风扎实的人，诚实守信、言行一致、表里如一的人，坚决淘汰“官油子”。在坚持政治标准的前提下，更加注重在急难险重一线考察干部，在干中识才、干中辩才、干中用才，尤其是对那些在关键时刻、重大任务面前豁得出来、冲得上去的干部，要及时发现出来、合理使用起来。要坚决地调。对不担当、不作为的干部，该免的免、该调的调、该降的降，推动能上能下成为常态，让不作为慢作为的干部让位子、受警醒。在调整重点对象上，对那些不作为、慢作为的，作风漂浮、热衷搞花拳绣腿的，消极懈怠、萎靡不振的，不愿负责、不敢碰硬的，都要坚决处理、果断调整。在畅通“下”的渠道上，综合采取调离、改任非领导职务、免职、降职等方式，对不适宜、不适应岗位的干部，按照规定程序，进行组织调整。在考用结合上，把考核结果与干部的选拔任用、评先评奖、问责追责等挂起钩来，切实解决干与不干、干多干少、干好干坏一个样问题。要该容的容。严格按照“三个区分开来”要求，全面落实《关于深化完善容错纠错机制的实施细则》，出台实施《受处理处分干部教育管理使用办法》，该容的大胆容，不该容的决不容。对于给予容错的干部，只要端正思想、改正错误、作出积极贡献，该表扬的表扬、该评优的评优、该起用的起用，让他们卸下“包袱”、轻装上阵。要惩戒诬告、诽谤、陷害行为，防止好干部被“污名化”，旗帜鲜明为敢于担当的干部说公道话、撑腰鼓劲，全力营造“领导带头担当、干部为事业担当、组织为干部担当”的良好氛围。

(三)要创新激励保障工作机制。大力弘扬“唯实惟先、善作善成”的团队文化，加快构建系统完备、科学规范、精准高效的激励保障机制，有效推动干部队伍理念创新、方式转变、作风提升。要建立健全“八大机制”：建立健全赛马比选机制，比选竞争一批优秀年轻干部提任副科级、比选竞争一批优秀副科级干部提任乡镇正职、比选竞争一批乡镇优秀年轻副科级干部赴任市直重点部门，促成年轻干部加快历练成长，并出台《进一步规范领导干部提前退出领导岗位若干意见》，切实解决干部队伍年龄结构老化问题；建立健全比学赶超机制，持续用好生态经济大追赶、文化旅游大融合、“抓项目扩投资”百日攻坚行动等工作载体，让干部在经济主战场扛重活、打硬仗、锻成才；建立健全干部评议机制，组织开展匠心干部大评选、局长作风大家评活动，对涉企涉工涉农涉民的重点部门单位负责人开展评议，选树正反典型，注重结果运用，以评促改、以评促廉；建立健全高效执行机制，深入开展执行力建设行动，大力推行“现场办、马上办”的一线作风，督促干部执行任务不讲条件、不找借口、不搞选择、不打折扣，特别是主要领导干部不能高高在上、凌空蹈虚，不能只挂帅不出征、只打雷不下雨，以钉钉子的精神抓好执行落实；建立健全动态督查机制，充分利用纪委专项督查、“两办”联合督查、“龙泉聚焦”电视问政等方式，实行项目化落实、销号式管理，构建“清单+台账+考评”的闭环式管理工作推进体系，督促干部勤为、能为、善为；建立健全综合考评机制，持续用好领导干部政治素质考察、干部实绩评星、干部一线跟踪考评等制度，精准考评识别干部，让能者上、优者奖、庸者下、劣者汰；建立健全关爱激励机制，全面落实担当作为好干部选树、受处理处分干部教育管理使用、公务员职务职级并行等机制，给予干部政治上激励、工作上支持、待遇上保障、心理上关怀；建立健全常态监督机制，构建完善纪律监督、监察监督、派驻监督、巡察监督“四个全覆盖”的监督网络，扎实推进精准监督、主动监督、动态监督、立体监督，深化运用监督执纪“四种形态”，让干部习惯在聚光灯下工作、在玻璃房里办公，做勤政廉政、干净干事的表率。

干部干部，干字当头，既要深谋远虑干，又要只争朝夕干。当前，已进入决战决胜“全年红”的关键时期，各乡镇（街道）、各部门要紧盯“力争实现丽水市委市政府综合考核优秀、全省26县发展实绩考核‘六连优’”目标，突出抓好“两规”编制、精准服务企业365行动、第三届世界青瓷大会、秋冬季疫情防控、村社组织换届等重点工作，冲锋冲刺、决战决胜，以“两战都要赢、全面高质量”的高分报表实现龙泉复兴良好开局。

同志们，三十载弹指一挥间，复兴重任今朝担在肩。站在新的起点上，让我们更加紧密地团结在以习近平同志为核心的党中央周围，在省委、丽水市委的坚强领导下，与时代同行、与人民同心，聚焦“重要窗口”、聚力龙泉复兴，加快建设一座独具匠心的文化名城，高质量谱写忠实践行“八八战略”、奋力打造“重要窗口”的龙泉崭新篇章！

# 高扬“丽水之干”奋斗旗帜　凝聚“龙泉复兴”行动伟力 开启高水平全面建设社会主义现代化新征程 奋力打造一座独具匠心的文化名城

## ——在市委十四届十次全体(扩大)会议暨“聚焦‘重要窗口’、聚力龙泉复兴”学习实践活动总结会上的报告

（2021 年 1 月 18 日）

中共龙泉市委书记　吴松平

这次市委全会的主要任务是：以习近平新时代中国特色社会主义思想为指导，全面贯彻党的十九大和十九届二中、三中、四中、五中全会精神，深入学习贯彻习近平总书记考察浙江重要讲话精神，坚决落实省委十四届八次全会、丽水市委四届九次全会、市委十四届九次全会和各级经济工作会议精神，回顾总结 2020 年工作，研究部署“十四五”重点任务和 2021 年主要工作，听取市委常委会工作报告，审议通过《中共龙泉市委关于制定龙泉市国民经济和社会发展第十四个五年规划和二〇三五年远景目标的建议》，动员全市上下高扬“丽水之干”奋斗旗帜，凝聚“龙泉复兴”行动伟力，牢固树立“没有实现加快发展也是一种风险，没有追求实现加快跨越式发展的意识、决心和胆略更是极端危险”的理念，开启高水平全面建设社会主义现代化新征程，奋力打造一座独具匠心的文化名城，让“好龙泉”焕发出新时代的生机与活力。

下面，我代表市委常委会作工作报告。

### 一、奋战 2020，全面夯实龙泉复兴新基础

刚刚过去的 2020 年是极不平凡的一年。面对深刻复杂变化的国际国内形势，特别是突如其来的新冠肺炎疫情，市委常委会认真贯彻落实中央、省委和丽水市委重大决策部署，以“聚焦‘重要窗口’、聚力龙泉复兴”学习实践活动为引领和动力，全面厉行“丽水之干”，高效统筹疫情防控和经济社会发展，创新实施争先创优行动暨“生态经济大追赶”“文化旅游大融合”活动，经济持续稳定恢复，“十三五”圆满收官，高水平全面建成小康社会胜利实现。预计全年地区生产总值增长 3%左右，获得了“三个全省唯一”的好成绩，即全省 26 县发展实绩考核连续 5 年列入第一档次，系全省唯一；县级财政管理绩效综合评价连续 3 年荣获优秀等次，系全省唯一；低收入农户增收工作连续 2 年获省政府督查激励，系全省唯一。

**（一）过去的一年，是奋楫扬帆开新篇的一年。**市委常委会认为，站在龙泉撤县设市 30 周年的新起点上，必须抢抓新机遇、顺应新期盼、扛起新使命，用实干奋斗托举龙泉复兴梦。

对标对表“重要窗口”的新目标新定位，立足新发展阶段、贯彻新发展理念、构建新发展格局，以精准锚定龙泉发展历史方位为目标，发出振聋发聩的“龙泉发展六问”，先后召开了《习近平谈治国理政》第三卷专题学习交流会、市委常委扩大会、答好“龙泉发展六问”研讨会等系列会议，开展了龙泉撤县设市 30 周年回顾

展、“奔向铁路时代、开启发展新篇”大家谈、“十四五”规划和国土空间规划全民问计等系列活动，高规格组织党政代表团赴长三角、海西区学习考察，广泛汇聚起聚焦“重要窗口”、聚力龙泉复兴，奋力打造一座独具匠心的文化名城的思想共识和强大合力。

召开市委十四届九次全会暨“聚焦‘重要窗口’、聚力龙泉复兴”学习实践活动动员会，全景回顾了龙泉撤县设市30年来经济社会发展取得的历史性成就，发出了聚焦“重要窗口”、聚力龙泉复兴，奋力打造一座独具匠心的文化名城的动员令。全会明确龙泉复兴要奋力打造一座独具匠心的文化名城，奋力推进“六兴六高”的战略任务，奋力激发“一路两化”的澎湃动能，奋力锻造一支全面厉行“丽水之干”、堪当龙泉复兴重任的匠心干部队伍，为龙泉未来大跨越发展、全方位复兴构建起“四梁八柱”。

组织开展“聚焦‘重要窗口’、聚力龙泉复兴”学习实践活动，精心设计学习研讨、走访调研、典型选树、全民献计、短板查摆、规划问计、项目攻坚、干部比选、环境优化、成果形成“十个一”载体，环环相扣、步步深入、层层递进地推动学习实践活动走实走心，系统梳理出推动龙泉复兴十大创新实践、制约龙泉复兴十大负面现象、助力龙泉复兴十大发展良策“三个十”成果，创造性开展优秀干部综合比选、局长作风大家评、“抓项目扩投资”百日攻坚等活动，营造起“实干担当、争先创优”的干事创业浓厚氛围，实现了学习实践活动和推动加快发展“两不误、两促进”。

（二）过去的一年，是逆风前行迎大考的一年。市委常委会认为，统筹抓好疫情防控和经济社会发展，既是一次大战，也是一次大考，必须坚持生命至上、人民至上，紧紧依靠全市党员干部群众以非常之举应对非常之事，确保“两手都硬、两战皆赢”。

第一时间成立疫情防控领导小组和实体化运作指挥部，建立战时指挥体系，科学统筹、精准施策、靠前指挥，在丽水率先设立高速公路、省际道路出口防疫检查点，对村（社区）实行封闭式管理，并根据形势变化，迭代升级“精密智控+硬核管控+全员自控”机制，外防输入、内防扩散，倾心倾力稳侨助侨暖侨，慎终如始抓好常态化疫情防控，成为全省11个疫情零病例的县（市、区）之一。

在有效防控疫情的前提下，坚持因时而异、顺势而为，组织开展争先创优行动暨“生态经济大追赶”活动，全力以赴推进复工复产、复市复学。在丽水率先出台实施《抗疫助企•暖春行动二十一条意见》，深入开展“五减”“两直”专项行动，创新推行派企服务长、助企服务员、健康指导员、服务直通车、巡回体检车“一长两员两车”和“口罩银行”“口罩商铺”等硬核举措，扎实做好“六稳”工作，全面落实“六保”任务，累计为企业减负8.1亿元、减少融资成本7600万元，企业产能恢复率持续走在全省前列。抢抓政策“窗口期”，大力推进招商引资、招才引智、争取项目、争取资金“两招两争”工作，固定资产投资增长7.9%，成功引进大项目12个，提前完成省市县长工程目标。新增列入省重点项目3个，争取竞争性分配资金超9亿元，龙商鞋产业链工程项目获中央专项债4亿元。

回顾艰苦卓绝的抗疫历程和逆势挺进的经济社会复苏之路，全市党员干部群众团结一心、勇毅前行，用实际行动彰显了“龙泉复兴”的行动伟力，辉耀了浙西南革命精神的时代光芒，生动诠释了“伟大抗疫精神”。

（三）过去的一年，是积势蓄力快发展的一年。市委常委会认为，加快发展仍是第一要务，必须充分发挥生态、文化等资源优势，全力推进生态经济化、经济生态化，加快构建现代化生态经济体系。

高规格召开全市生态工业高质量发展大会，把生态工业确立为发展主攻方向，部署开展生态工业高质量绿色发展倍增行动。全面启动平台“二次创业”，按照“整合、转型、赋能、开放、改制”十字方针，优化提升“以经济开发区为核心、相关乡镇工业功能区为支撑、小微企业园为补充”的发展平台。规上工业增加值增幅位居丽水前列，获评全省淘汰落后产能和“腾笼换鸟”工作考核先进县（市）。“两化”融合发展指数排名跻身全省第二梯队，数字经济发展综合评价指数位居丽水首位，芳野小微企业园成为省数字示范园区。经济开发区入选全省五金汽配产业链“链长制”试点，获评全省美丽示范园区。

创新开展“文化旅游大融合”活动，出台实施促进消费扩容提质意见，在上海成立龙泉文化旅游推广中心，牵头发布瓯江山水诗路旅游联盟宣言，与全省11个零病例区县共同成立安心游“零零联盟”，设计推出“一剑钟情•从瓷开始”万人游龙泉等活动，全力推动文旅产业复苏回暖，获评中国县域旅游发展潜力百强县（市），创成省级全域旅游示范县（市）。成为全省文旅产业融合试验区，入选全省青瓷文化传承生态保护区创建和龙泉青瓷文化山地休闲度假发展试点。龙泉青瓷成为首批“浙江文化印记”，龙泉宝剑、“不灭窑火”入选全省文化和旅游IP库，市博物馆获评国家二级博物馆，龙泉青瓷宝剑商城平台年销售额达到2.8亿元。

出台实施聚力补齐“三农”发展短板确保与全省同步高水平全面建成小康社会的意见，高质量推动生态精品农业发展，连续三届获评全省“河姆渡杯”粮食生产先进县，创成全省首批农业绿色发展先行市。建成全省最大高山蔬菜集约化育苗中心，入选中国特色农产品优势区创建，“龙泉灵芝”成为全国名特优新产品。试种成功黑木耳液体菌种，作为全省唯一黑木耳主产基地县参与发布《作水宣言》，承办全省食用菌菌棒工厂化现场推进会。

(四)过去的一年，是乘风破浪立潮头的一年。市委常委会认为，龙泉发展既要“问海借力”、也要苦练内力，必须坚定不移走开放创新之路，以借力的机动赢得更多发展的主动。

高规格举办“问海借力•沪享龙泉”健康生活畅享季和“天下龙泉•匠心开物”第三届世界青瓷大会等活动，在韩国首尔、西班牙马德里中国文化中心设立海外“龙泉青瓷展示角”，龙泉特色文化知名度和影响力持续提升。建成投用衢宁铁路龙泉市站，龙泉人民迎来“铁路时代”。携手打造山海协作升级版，秀洲—龙泉智造园建成投用，萧山—龙泉科创园、平湖—龙泉产业园建设有序推进。

全面建成汽车空调产业创新服务综合体，成功申报丽水市级青瓷刀剑、森林经济产业创新服务综合体，R&D 经费占 GDP 比重跃居丽水首位，创新指数跻身全省第二档次，科技创新月度指数排名全省第 7。顺利举办“创新引领 智汇龙泉”人才科技峰会，入选全省汽车空调产业工程师协同创新中心试点，龙泉青瓷宝剑技师学院成为国家级高技能人才培训基地。

“最多跑一次”改革和政府数字化转型不断深化，各项指标持续走在丽水前列。百山祖国家公园创建通过评估验收，入选中国改革年度十佳案例。在全国率先开展国家公园集体林地地役权改革，颁发全国第一本集体林地地役权证，该项改革和公益林信息化管理一并入选全国首批集体林业综合改革试验典型案例。资源配置市场化改革纵深推进，获评全国公共资源交易百强县。

(五)过去的一年，是内外兼修提品质的一年。市委常委会认为，品质城乡不仅要外在美，还要里子实，必须坚持以人为核心，不断提升城乡品质，实现生态高颜值和生活高品质的有机统一。

大花园建设工作获省政府督查激励通报，入选全省大花园示范县建设十大优秀典型案例。生态环境质量综合指数全省最优，生态环境公众满意度位居全省第二，创成省级生态文明建设示范县(市)和全国生态建设示范县(市)。成为全省首批水生态环境示范试点县，住溪、梅溪入选全省“美丽河湖”。瓯江绿道主体贯通，兰巨宏山休闲绿道获评全省最美绿道。

名城提质“1139”工程稳步实施，城东综合体初见雏形，西街历史文化街区展露新貌，江滨北岸凤起路、宝剑小镇七星井等区块完成征收，九姑山改造提升、绕城东线建设全速推进，通过国家卫生城市复评，创成省AAAA景区城和省示范文明城市。入选省级资源循环利用试点城市创建，云和—龙泉天然气管道工程投入使用。上垟镇、宝溪乡、竹垟畲族乡创成 AAAA 景区镇，宝溪乡成为美丽城镇省级样板。

获评全省实施乡村振兴战略优秀县(市、区)，入选全省“一事一议”助推美丽乡村项目建设单位，以全省第 1 的成绩获区域协调财政专项激励。携手阿里巴巴共建数字乡村，落地开工全省首个县域数字化公共服务平台。建成启用丽水首个综合性农村饮用水县级统管平台，实现农村饮用水达标提标“全兜底”。

(六)过去的一年，是倾情为民谋福祉的一年。市委常委会认为，改善民生是一切工作的出发点和落脚点，必须坚持以人民为中心，坚定扛起富民惠民安民的历史责任，不断满足人民对美好生活的向往。

专题部署以“两不愁三保障”为基本要求的高水平全面小康攻坚工作，联动推进低收入农户精准脱贫和消除集体经济薄弱村专项攻坚，实现“8000 以下”、“两不愁三保障”突出问题、集体经济薄弱村的“三个清零”，脱贫攻坚取得决定性胜利。切实推进东西部扶贫协作，龙泉•昭化农村电商扶贫模式成为全国样本。实现城镇新增就业 3369 人，登记失业率 1.84%。

深入开展教育提质行动，高考总上线人数喜获“十连升”。坚持开放办学，与杭州建兰中学、翔宇教育集团、启文教育集团等开展托管合作。突出产教融合，正式设立龙泉青瓷宝剑技师学院。深化合作办医，创新推进“省市县乡”四级医疗融合体和医共体建设，获评全省县域医共体建设成效十大突出集体。中医院迁建、公共卫生应急救治中心、公共卫生综合服务中心等项目建设有序推进。全面推广全民健康补充医疗保险“浙丽保”。

召开市委全面依法治市委员会会议，切实加强《宪法》《民法典》学习宣传，全面启动全国法治政府建设示范市创建。召开全市建设“平安龙泉”暨政法信访工作会议，不断优化党建统领“一中心四平台一网格”社会治理模式，连续十五年获评省级“平安县(市、区)”，勇夺全省首批一星“平安金鼎”。连续两年获评国家级“三无县”。

(七)过去的一年，是凝心聚力铸忠诚的一年。市委常委会认为，抓好党建是最大的政绩，必须以永远在路上的执着，坚定不移推进全面从严治党，持续营造山清水秀的政治生态。

坚持把党的政治建设摆在首位。召开"不忘初心、牢记使命"主题教育总结大会，组织开展以"牢记嘱托担使命、革命精神赋新篇"为主题的红色教育和党建调研活动，推动形成"不忘初心、牢记使命"长效机制，教育引导党员干部增强"四个意识"、坚定"四个自信"、做到"两个维护"。深入实施基层组织力提升工程，建立党建指数考评机制，扎实推进"六星争创"。全面高质量、全程高质量完成村社组织换届，100%落实"一肩挑"。突出实干实绩导向，提拔重用了一批担当作为好干部。驰而不息抓好省委巡视反馈问题后续整改落实，选人用人专项检查反馈意见整改工作得到省委组织部充分肯定。

充分发挥党委"总揽全局、协调各方"作用。专题听取市人大常委会、市政府、市政协、市法检两院党组工作汇报。严格落实党管意识形态主体责任。支持市人大及其常委会依法履职，出台实施《关于高水平推进新时代人大工作和建设的意见》，支持开展重大民生关切的法律监督和工作监督。支持市政协发挥专门协商机构作用，出台实施《关于新时代改进和加强人民政协工作的实施意见》，支持开展重点提案办理"请你来协商"等活动。全力打响"文化统战"品牌，加快构建大统战工作格局。统筹推进群团工作。召开市委党管武装工作会议、议军会议，加强退役军人工作，扎实推进"双拥"共建。

召开市纪委十四届六次全会，不断深化全面从严治党"四责协同"机制，加快构建政治生态评价体系，持续推进清廉龙泉建设。严格落实中央八项规定精神及其实施细则和省委"36条办法"，严肃纠治形式主义、官僚主义，开展违规收礼、餐饮浪费和烟票等专项整治和"会所歪风"整治"回头看"。成立专项督查组，精准落实服务民营经济10项举措。完善巡视巡察上下联动监督网，完成22家单位的政治生态"画像"。一体推进不敢腐、不能腐、不想腐，巩固和发展了反腐败斗争压倒性胜利。

打铁必须自身硬。市委常委会高度重视加强自身建设，坚持以上率下、率先垂范，始终把学深悟透习近平新时代中国特色社会主义思想作为重要政治任务，带头贯彻中央、省委和丽水市委重大决策部署，带头旗帜鲜明讲政治，带头执行民主集中制，带头弘扬践行浙西南革命精神，带头严格执行中央八项规定精神，带头厉行"丽水之干"推进高质量绿色发展，示范带领全市党员干部群众实干奋斗、争先创优。

大疫大考之下，龙泉能取得上述成绩来之不易。这是以习近平同志为核心的党中央坚强领导的结果，是上级党委正确领导、科学决策的结果，是全市党员干部和广大群众勠力同心、实干奋斗的结果，也是同志们在各自岗位上担当尽责、积极工作的结果。我代表市委常委会，向同志们表示衷心感谢!

同时，我们也清醒认识到工作中还存在一些问题和不足，集中表现为发展不平衡不充分问题仍较为突出，城乡发展不够协调，交通等基础设施配套相对落后，重点领域关键环节改革任务依然艰巨，生态环保、民生保障、社会治理、安全生产、防灾减灾等领域还存在薄弱环节。对于这些问题，我们必须高度重视，认真研究、切实解决。

## 二、奋进"十四五"，昂首迈向龙泉复兴新征程

"十四五"时期，是龙泉在高水平全面建成小康社会之后，乘势而上开启高水平全面建设社会主义现代化新征程的首个五年。制定好"十四五"规划建议，事关龙泉长远发展，事关龙泉未来前景，具有重大的战略意义。

市委对"十四五"规划建议起草工作高度重视，提交全会审议的《中共龙泉市委关于制定龙泉市国民经济和社会发展第十四个五年规划和二〇三五年远景目标的建议》稿，已广泛征求了方方面面意见建议，并经市委常委会审议。从意见征求情况来看，大家一致认为，建议稿全面落实上级精神、顺应群众期盼、符合龙泉实际、具有地方特色，是指引我市高水平推进社会主义现代化建设，全方位推动龙泉复兴的好建议。

龙泉复兴是龙泉人民魂牵梦萦的发展梦想，是一项宏大长远的系统工程，也是一场旷日持久的接力赛、耐力赛。我们必须坚定一种矢志不渝的复兴信念，绘好一张接续递进的复兴蓝图，探出一条符合市情的复兴路径，深入实施"生态立市、工业强市、文旅兴市"发展战略，系统实施龙泉复兴"1369"战略行动，奋进"十四五"，迈向新征程，切实把龙泉复兴的美好蓝图变成美丽实景。下面，我就龙泉复兴"1369"战略行动向全会作说明。

"1"指一大目标愿景，即富民强市。市委常委会认为，胸怀世界百年未有之大变局和中华民族伟大复兴战略全局"两个大局"，这是我们谋划工作的基本出发点。中华民族伟大复兴战略全局是推动大变局的关键变量，其目标愿景就是要实现国家富强、民族振兴、人民幸福。我们要把龙泉复兴发展梦想融入中华民族伟大复兴战略全局中，立足新发展阶段、贯彻新发展理念、构建新发展格局，聚焦高质量发展、竞争力提升、现代

化先行，锚定富民强市之的，勇闯开放创新之路，探寻跨越追赶之道，接续递进、求是挺进、奋勇前进，加快推动龙泉全领域、全方位、全过程复兴。

富民强市是龙泉复兴的目标愿景，也是龙泉人民的共同夙愿。我们要牢记中国共产党人为中国人民谋幸福、为中华民族谋复兴的初心和使命，坚持以人民为中心，顺应龙泉人民对美好生活的向往，立足“生态是最大优势、文化是最大特色、发展是最重任务”的基本市情，以厉行“丽水之干”全力办好自己的事、全面做强自己，精彩书写践行“绿水青山就是金山银山”理念的时代答卷，奋力推动GDP和GEP“两个较快增长”，努力以“绿起来”带动“富起来”实现“强起来”，不断促进人的全面发展、龙泉人民的共同富裕，让“好龙泉”焕发出新时代的生机与活力。

开放创新是推进龙泉复兴、实现富民强市的必由之路。我们要以思想“破冰”引领发展突围，高举开放创新的大旗，把开放作为融入服务新发展格局的重要牵引，把创新置于现代化建设全局的核心地位，以全方位开放抢抓跨越追赶新机遇，以融合式创新激发跨越追赶新动能，奋力闯出一条彰显时代特色、顺应群众期盼、符合山区实际的现代化发展之路，让开放成为龙泉的鲜明标签，让创新成为龙泉的鲜明标识。

跨越追赶是推进龙泉复兴、实现富民强市的必然选择。我们要遵循经济规律、自然规律和社会规律，坚持生产力最高标准、生产力可以跨越发展，积极抢抓重大战略机遇期、科技创新突破期，主动顺应我市新型工业化加速增长期、新型城镇化加快发展期，科学应对资源要素稀缺加剧期，牢固树立“没有实现加快发展也是一种风险，没有追求实现加快跨越式发展的意识、决心和胆略更是极端危险”的理念，坚持科创为要、产业为纲、项目为王，加快推动高质量跨越式发展，把龙泉培育成全省新发展格局中的新增长点。

“3”指三大历史使命，即坚决扛起“开启高水平全面建设社会主义现代化新征程，为争创社会主义现代化先行省赋能助力”“创新实践‘绿水青山就是金山银山’理念、争当‘高水平建设和高质量发展重要窗口’模范生”“加快高质量跨越式发展，奋力打造一座独具匠心的文化名城”的历史使命。市委常委会认为，时代召唤使命，使命成就梦想。面对新形势、新机遇、新挑战，必须坚决扛起“三大历史使命”，用奋斗照亮发展新征程，以实干托起龙泉复兴梦。

坚决扛起“开启高水平全面建设社会主义现代化新征程，为争创社会主义现代化先行省赋能助力”的历史使命。省委十四届八次全会发出了“忠实践行‘八八战略’、奋力打造‘重要窗口’，争创社会主义现代化先行省”的动员令，龙泉拥有顶级的生态和世界级的文化，要在确保与全省同步开启高水平全面建设社会主义现代化新征程的基础上，努力在文化建设现代化、生态文明建设现代化等方面先行一步，为争创社会主义现代化先行省赋能助力，以龙泉一域之光为全省大局增光添彩。

坚决扛起“创新实践‘绿水青山就是金山银山’理念、争当‘高水平建设和高质量发展重要窗口’模范生”的历史使命。丽水市委四届八次全会提出要打造高水平建设和高质量发展重要窗口，龙泉是丽水唯一的县级市，地域面积最大、资源禀赋最优、特色文化最显，要充分发挥比较优势、培育特色优势、争创竞争优势，创新实践“绿水青山就是金山银山”理念，争当“高水平建设和高质量发展重要窗口”的模范生。

坚决扛起“加快高质量跨越式发展，奋力打造一座独具匠心的文化名城”的历史使命。市委十四届九次全会号召全市上下聚焦“重要窗口”、聚力龙泉复兴，奋力打造一座独具匠心的文化名城，龙泉必须把自身“小窗口”放到全省乃至全国的“大棋局”中去谋划，对标最高最好最优，聚焦思想行动力量，加快高质量跨越式发展，全面推动各项事业从今往后迈出更大的崭新步伐。

“6”指六大战略安排，即谋定龙泉复兴的战略目标、战略要求、战略任务、战略引擎、战略抓手、战略保障。市委常委会认为，龙泉复兴涵盖经济社会方方面面，贯穿改革发展稳定各个环节，必须坚持系统观念、运用系统方法，切实加强前瞻性思考、全局性谋划、战略性布局、整体性推进。

在战略目标上，奋力打造一座独具匠心的文化名城。立足得天独厚的文化、生态禀赋，将匠心深刻融入经济社会发展、干部队伍建设、百姓生产生活等方方面面，加快打造一座蕴含“精益求精的工匠精神、勇于变革的创新精神、包容大气的开放精神”的气质之城，一座融合“美丽环境高颜值、经济发展高质量、特色文化高品位、人民生活高品质、商贸服务高水平、县域治理高效能”的现代之城，一座与世界对话的精彩城市。

在战略要求上，奋力加快高质量跨越式发展。坚持“发展服从于保护，保护服务于发展”的理念，突出生态优先、绿色发展，全力推动经济在高质量发展前提下实现必要适度的高速度增长，做到“绝对高质量”与“相对高速度”有机统一；坚定“发展阶段不可逾越，发展阶梯可以跨越”的决心和意志，创造性谋划实施一批重大改革、重大项目、重大平台、重大政策，全力推动龙泉整体发展方式和发展水平的跨越式重塑和迭代，做到遵循普遍规律客观性和把握发展阶段特殊性的有机统一。

在战略任务上，奋力推进“六兴六高”工作重点。坚持加快高质量跨越式发展第一要务不动摇，兴生态文明，推动美丽环境高颜值；兴绿色产业，推动经济发展高质量；兴剑瓷经典，推动特色文化高品位；兴公园城市，推动人民生活高品质；兴综合交通，推动商贸服务高水平；兴民生事业，推动县域治理高效能。

在战略引擎上，奋力激发“一路两化”澎湃动能。突出用好跨山统筹、创新引领、问海借力三把“金钥匙”，坚定不移走开放创新之路。精准把握发展阶段性特征，加快推进以平台“二次创业”为重点的新型工业化和以人为核心的新型城镇化，努力实现规模速度的攀升、质量效益的提升、发展路径的跃升。

在战略抓手上，奋力抓好十个方面重大举措。谋定用好“牵一发动全身”的“关键落子”，打响“天下龙泉”品牌，打造浙西南科创基地、龙泉青瓷龙泉宝剑文化圣地、践行国家公园理念生态高地，实施生态工业高质量绿色发展倍增行动、有效投资倍增行动、文化名城提质扩容行动、新时代乡村振兴行动、富民惠民安民行动、“党建提质、能力提升”行动。

在战略保障上，奋力打造一支堪当龙泉复兴重任的匠心干部队伍。实施“固本培元铸忠诚”工程，激励广大干部铸就“五种匠心特质”。树立实干实绩鲜明导向，激励广大干部保持奋进者姿态、创造性张力。弘扬唯实惟先、善作善成的团队文化，建立健全创新激励保障“八大机制”，有效推动干部队伍理念创新、方式转变、作风提升。

“9”指九大重点任务，即大抓开放创新，加快融入新发展格局；大抓新型工业化，加快推进平台“二次创业”；大抓新型城镇化，加快促进城乡融合发展；大兴绿色产业，加快推动经济发展高质量；大兴剑瓷经典，加快推动特色文化高品位；大兴公园城市，加快推动人民生活高品质；大兴综合交通，加快推动商贸服务高水平；大兴生态文明，加快推动美丽环境高颜值；大兴民生事业，加快推动县域治理高效能。市委常委会认为，加快高质量跨越式发展仍是第一要务，必须紧扣“一路两化”和“六兴六高”九个方面重点，突出聚敛思维、强化战略聚焦，谋划实施十项“牵一发动全身”“落一子全盘活”，具有突破性、创新性、标志性、引领性、个性化和显示度的战略抓手。

打响“天下龙泉”品牌。开放是繁荣发展的必由之路。要按照“走入‘一带一路’、融入长三角、接入海西区”的思路，突出一体化、走向全球化，系统谋划运营涵盖经济、社会、文化、生态、商贸等全领域、全视角、全方位的“天下龙泉”品牌，持续推动龙泉高品位文化产品、高质量生态产品走向世界各地、走进千家万户。

打造浙西南科创基地。创新是引领发展的第一动力。要以超常规力度推进招才引智，坚持背靠浙大、联姻高校、发展龙泉，系统谋划建设集总部经济、科创研发、检验检测、工匠培育、品牌营销、国际合作、创业孵化、创新服务等功能为一体的创业创新平台，联动推进科技创新、文化创意、制度创设，致力营造“政策最贴心、服务最暖心、环境最舒心”的创业创新生态，努力打造营商环境最优市和浙闽赣三省边际区域创新创业人才高地。

打造龙泉青瓷龙泉宝剑文化圣地。青瓷宝剑文化是龙泉的黄金品牌和专属标签。要坚定不移实施文旅兴市发展战略，坚持把龙泉青瓷龙泉宝剑作为最大特色、最大潜质，一手抓文化弘扬、一手抓产业发展，做深做实深化、物化、转化工作，形成更多硬核研究成果、特色文化产品、标志文化产业，构建更趋多元、更富活力、更具特色的文化经济形态和经济体系，加快建设龙庆经典文创聚落区主中心、全省青瓷文化传承保护区、文旅融合示范县，全力打造世界级经典文创高地。

打造践行国家公园理念生态高地。生态是龙泉最大的优势。要坚定不移实施生态立市发展战略，突出人与自然和谐共生，深入践行生态文明理念，严守生态环境保护底线，联动打造全域最美生态，高站位建成百山祖国家公园魅力窗口，高质量打造瓯江山水诗路产业带“耀眼明珠”，串珠成链建设“多彩廊道”，竭力建成浙江大花园建设典型示范县和生态产品价值实现先行区。

实施生态工业高质量绿色发展倍增行动。制造业是制胜未来的核心关键。要坚定不移实施工业强市发展战略，聚力推进以平台“二次创业”为重点的新型工业化，扎实开展生态工业高质量绿色发展倍增行动，力争工业总量、工业空间、工业投资、企业培育、自主创新“5个翻番”，有效推动数字化、信息化与工业化深度融合，实现工业经济“从有到好、从好到优、从优到强”。

实施有效投资倍增行动。投资是驱动龙泉发展的强劲动能。要精心谋划更多高能级战略平台和旗帜性项目，下非常之功开展“两招两争”，扎实推进新型基础设施、新型城镇化和交通、水利等“两新一重”项目建设，加快构建外联畅通、内联快捷、服务高效的现代化综合交通和商贸物流体系，致力打造电子商务和交通商贸区域性节点城市。

实施文化名城提质扩容行动。美丽宜居是文化名城的品质要求。要突出公园营城理念，坚持以山为骨、以水为脉、以文为魂，扎实开展名城扩容"挺进西南"行动和名城提质"1139"工程，加快推进以人为核心的新型城镇化，系统推动城乡空间优化、功能重构、形象再造、品质升级，精心构建"一园一带三景群"城乡格局和"一江三城"城市形态，加快实现生产生活生态相宜、自然经济社会相融，更高层次更高水平彰显生态之美、人文之美、和谐之美，倾力打造长三角公园城市人居福地。

实施新时代乡村振兴行动。乡村振兴是实现共同富裕的战略支撑。要大力实施乡村振兴"两进两回"行动和"大搬快聚、富民安居"工程，坚持政策、金融、人才协同发力，引导工商资本、乡贤和新青年"上山下乡"，吸引各类生产要素加快向乡村流动、在乡村整合、为乡村服务，有效促进农业高质高效、乡村宜居宜业、农民富裕富足，努力为全省乃至全国乡村振兴趟出新路、作出示范、提供样板，全力争创农业农村现代化先行县(市)。

实施富民惠民安民行动。民心是最大的政治。要自觉践行以人民为中心的发展思想，不断健全城乡居民收入持续稳定增长保障机制、人的全生命周期民生服务供给机制、优质公共服务资源统筹共享机制，持续完善为民办实事长效机制，致力推动县域治理体系和治理能力现代化，让人民群众的获得感成色更足、幸福感更可持续、安全感更有保障。

实施"党建提质、能力提升"行动。党建是最大的政绩。要组织实施"固本培元铸忠诚"工程，健全党委"统领全局、协调各方"的体制机制，不断深化法治龙泉、平安龙泉、清廉龙泉建设，全面提升党的建设质量。持续实施"组织力提升工程"，致力打造"剑瓷红"党建品牌。加强匠心干部队伍建设，致力破解干部理念、境界、落实的"天花板"，切实提高干部的创新力、担当力、执行力，不断提升干部现代化建设能力。

## 三、奋斗新一年，同心开创龙泉复兴新局面

2021年是中国共产党建党100周年，也是"十四五"开局之年、现代化新征程开启之年，做好今年工作具有特殊重要性。

2021年工作总体要求是：坚持以习近平新时代中国特色社会主义思想为指导，全面贯彻党的十九大和十九届二中、三中、四中、五中全会精神，全面落实中央、省委和丽水市委各项决策部署，坚持稳中求进工作总基调，高扬"丽水之干"奋斗旗帜，凝聚"龙泉复兴"行动伟力，深入实施"三市并举"发展战略，系统实施龙泉复兴"1369"战略行动，组织开展"匠心铸城、实干复兴"跨越追赶和"党建提质、能力提升"活动，加快融入新发展格局，加快推动高质量跨越式发展，加快建设一座独具匠心的文化名城，聚力开创龙泉复兴新局面，全力争当"高水平建设和高质量发展重要窗口"模范生，努力为争创社会主义现代化先行省赋能助力，让"好龙泉"焕发出新时代的生机与活力，以优异成绩庆祝建党100周年。

按照"绝对高质量、相对高速度"的要求，初步考虑新一年主要经济指标要确保高于丽水9县(市、区)、全省26个加快发展县的平均水平，力争进入各序列第一方阵。具体指标的设定既要凸显高质量绿色发展的特色追求，注重改进总量性指标与结构性指标的匹配性；又要突出争先创优、跨越追赶的迫切需要，敢于确定"用尽全力跳起来摘桃子"的目标。

新的一年，要突出抓好六方面重点工作：

(一)大抓开放创新，加快融入新发展格局。要突出全方位开放和融合式创新，坚持以开放创新深度融入和服务新发展格局。一要全面深化对外开放。系统推广"天下龙泉"品牌，依托故宫博物院、驻外文化和旅游机构总部，高品质举办龙泉青瓷龙泉宝剑"一带一路"沿线国家巡展、中心城市会展，谋划设立日本、新加坡、比利时、西班牙海外"龙泉青瓷展示角"，在英国、法国举办"听瓷语 观世界"龙泉青瓷特展，持续推动龙泉特色文化"走出去"。高规格举办世界青瓷大会，谋划举办世界刀剑大会、世界文化名城论坛等系列活动，持续提升"天下龙泉"影响力和美誉度。二要提标打造科创基地。深入实施创新驱动发展战略，扎实推进产业创新服务综合体、检验检测、市校合作、工匠培育、创业创新五大平台建设，健全完善产业"一院一园一基金一政策"和企业"科研在外地、生产在本地"创新模式，加快打造高端要素集聚、创新活力迸发、体制机制灵活的浙西南科创基地。突出抓好工程师协同创新中心建设，力争实现专业团队入驻量增长20%以上，企业难题专家揭榜、科研成果企业揭榜"双向揭榜"总量翻番。扎实开展高新技术企业、科技型企业"倍增"行动，推动创新链和产业链精准适配、高效融合。三要升级建设"飞地"平台。突出问海借力、借梯登高，创新产业、科创、消薄等"飞地"模式，大力推动观念接轨、项目接轨、产业接轨、科技接轨、人才接轨、金融

接轨，携手打造山海融通共赢的命运共同体。谋划建设钱塘新区“生态补偿特别合作区”，确保投入运营秀洲—龙泉智造园、奉贤—龙泉双创园，完成萧山—龙泉科创园、平湖—龙泉产业园主体建设。

（二）狠抓产业引育，不断积聚跨越新动能。要坚定生态优先、绿色发展战略定力，全方位推进生态经济化、经济生态化，着力构建现代化生态经济体系。一要建设高端平台。以前瞻眼光和大胆魄力推进平台一体规划和体系重塑，加快推动经济开发区和安仁、查田、八都等乡镇功能区整合优化提升，加快推进塔石鞋艺小镇、安仁昌文区块等产业平台和小微企业园建设，加快实现平台向高能级跃升、产业向高端化迈进。二要培育主导产业。坚持生态赋能、创新赋能、文化赋能，组织实施生态产业扩量提质行动，培育壮大大智造、大健康、大文旅和新兴产业“三大一新”产业，加快推动产业链、供应链、创新链、消费链融合。重点推进生态工业高质量绿色发展倍增行动，持续壮大精密制造、时尚产业，特别要抢抓生态化、数字化发展时代风口，大力发展医药健康产业，积极培育数字经济、电商经济、水经济、新能源等新经济，加快走出一条高端化、智能化、绿色化深度融合的新型工业化发展之路。突出抓好经济开发区省级五金汽配产业“链长制”试点，建成投用园区数字化管理平台和汽配云大数据服务中心。三要打造标杆企业。大力实施大企业培育战略计划，联动开展“凤凰行动”“雏鹰行动”和小微企业成长计划，确保新增5亿元以上企业1家，亿元以上企业3家，净增“小升规”10家以上。下大力气推进“亩均论英雄”改革和“低散乱”企业整治，确保亩均增加值、亩均税收持续较快增长。深化拓展“三服务”，扎实开展全程服务、精准服务、联动服务，确保为企业减负5亿元以上。四要扩大有效投资。启动实施有效投资倍增行动，固定资产投资增长12%以上，科技投资、工业投资、交通投资、城市投资增幅高于全社会固定资产投资。大力开展招商引资、招才引智、争取项目、争取资金“两招两争”行动，把精干力量派出去招商招才、优秀干部挂上去争项争资、机制改革深下去引资引智，以更多“好大高”项目、“高精缺”人才和高端要素资源有效支撑跨越追赶发展。建立健全项目常态化攻坚和精准化保障机制，稳步实施国企国资和投融资体制改革，加快推进全域土地综合整治和宅基地复垦，高效推动丽西500千伏输变电工程、国镜药业二期等重大项目建设。

（三）精抓公园城市，精心绘制最美大画卷。要突出公园营城理念，致力营造“人、城、境、业”和谐统一的人居环境，实现美丽城乡和自然生态相得益彰、交相辉映。一要力促城市扩容升级。启动开展名城扩容“挺进西南”行动，高标谋划建设生态产品价值实现机制创新平台，加快构建瓯江+文化城+健康城+智造城“一江三城”城市形态，持续提升城市首位度。扎实推进“大搬快聚、富民安居”工程，迭代升级配套政策，切实提升城市人口承载力。以砸锅卖铁的决心实施交通先行战略，重点围绕生产力布局打造畅通高效交通网，确保开工建设龙泉东互通、G528西街至小梅段改建、仙居至庆元公路下庄儿至兰头段等重大交通项目，尽最大努力争取开工建设一类通用机场，全速推进汽车城、电商中心、物流中心等项目建设，有效实现百山祖国家公园、城南火车站场、通用航空机场等区域联动发展。二要力促名城赋能提质。深入实施名城提质“1139”工程，精致打造瓯江两岸，加快推进城东综合体、西街历史文化街区、城市文化客厅等城市核心区块组团开发，启动5A景区城创建，创成全省首批大花园典型示范县。有序实施城市更新和“微改造”，加快推动凤起路、七星井等区块开发建设，谋划启动水南区块有机更新，系统推进老旧小区改造和未来社区、花园邻里中心建设，争创“无违建县”，创成全省首批无废城市和省级资源循环利用示范城市。三要力促城乡融合发展。大力实施乡村振兴“两进两回”行动，积极引导人才、科技、资金、项目等资源回流农村，有效打通农民下山进城、产业上山发展双向通道。组织开展花园乡村创建和乡村十大激活行动，为乡村激活力、提实力、增魅力，全力争创新时代美丽乡村先行县（市）。

（四）深抓剑瓷经典，持续提升特色竞争力。深挖青瓷宝剑文化内涵，持续擦亮青瓷宝剑“金名片”，全力建设龙庆经典文创聚落区和全省青瓷文化传承保护区，加快打造龙泉青瓷龙泉宝剑文化圣地。一要做大文化产业。深入开展剑瓷历史经典产业振兴三年行动，联动实施科技攻关、文创造梦、人才兴业、品牌培育、市场拓展、管理升级六大工程，加快推动文化产业走向“微笑曲线”两端，持续壮大支撑发展特色新动能，力争剑瓷规上产值、税收、外贸出口均增长15%以上，剑瓷电商销售额增长25%以上，龙泉青瓷宝剑商城平台销售额突破3亿元。二要做特文化平台。有机融合剑瓷元素、历史场景、乡愁记忆，精致打造城市文化客厅、大窑龙泉窑国家考古遗址公园、青瓷文化创意园、青瓷小镇、宝剑小镇、西街历史文化街区、省级青瓷文化旅游度假区“一厅两园两镇两区”剑瓷文化特色化平台，争取年底前完成宝剑小镇（一期）开发，加快推进青瓷工业地产（二期）、青瓷小镇产业园（一期）等项目建设。三要做强文化经济。充分释放经典文化“溢出效应”，将散落的文化遗址、产业园区、特色景区串点成线、串珠成链，聚力推进“文化+研学”“文化+创意”“文化+旅游”融合发展，加快打造富有产业实力、充满创意活力、蕴含文化魅力的瓯江山水诗路，让诗路旺在实景里。下大力气做强城市旅游和乡村漫游，着力破解龙泉山、青瓷小镇、宝溪竹建筑等景区运维难题，做精“一剑钟情•从瓷开始”城市旅游精品线，做火“瓷源探秘”“山水寻踪”“不灭窑火”等乡村漫游线，做响“天空越野”“龙泉论剑”等文体品牌。

（五）实抓民生福祉，聚力推进治理现代化。坚持以人民为中心，扎实开展富民惠民安民行动，完善为民办实事长效机制，精心办好省市县乡四级民生实事，加快打造人民幸福美好家园。一要致力做好富民文章。深入实施“农民收入万元新增”工程，集成推广“一亩山万元”等十大科技富民模式，精准实施“幸福菜单”“万人万元”绿色扶贫，持续巩固提升“三个清零”成果，确保农民人均可支配收入增幅持续走在丽水前列。实施积极就业政策，高效落实社保降费等硬核举措，实现就业需求和用工需求精准衔接、无缝对接。二要全力做好惠民文章。坚持教育优先发展战略，大力开展教育提质行动，全力推进全国义务教育优质均衡发展市创建。坚持开门办学，创新实践强校联盟办学和托管办学模式。突出产教融合、校企合作，高质量建设龙泉青瓷宝剑技师学院。加强“三医联动”“六医统筹”，持续深化“省市县乡”四级医疗融合体和医共体建设。推进中医药传承创新发展，开展中医治未病健康行动。全面实施公共卫生体系建设三年行动计划。深化文化惠民，大力弘扬社会新风尚，提标打造新时代文明实践中心（站、所），统筹推进城市书房、农村文化礼堂、精品农家书屋建设，努力创作更多精品力作，不断提升群众文化获得感。三要竭力做好安民文章。常态化抓好疫情防控，坚决打赢冬春季疫情防控攻坚战，不断深化“源头查控+硬核隔离+精密智控”工作机制，着力堵漏洞、补短板、固根基，以工作的确定性应对风险的不确定性。持续推进平安龙泉、法治龙泉建设，健全完善“党建统领、整体智治”体系，大力提升“一中心四平台一网格”智能化水平，勇争省平安县（市、区）“十六连冠”，力夺二星级平安金鼎。加快打造“花园云•城市大脑”，全面应用“城市治理事件一张图”“非现场执法”“智慧市政管理”三大平台，让城市治理更加人性化、智慧化。

（六）重抓从严治党，全面推动党建高质量。坚持将党的领导作为战胜一切困难、推进一切事业的根本保证，全面加强党的领导，持续提升党的建设质量。一要突出政治建设。深入实施“固本培元铸忠诚”工程，持续完善“不忘初心、牢记使命”长效机制，不断增强“四个意识”、坚定“四个自信”、做到“两个维护”。不断健全党委“统领全局、协调各方”的体制机制，引导和激励全市上下同心创业、实干复兴，切实把党的政治优势转化为发展胜势。突出抓好党的十九届五中全会精神宣传贯彻和庆祝中国共产党建党100周年系列活动，谋划开展“庆百年、开新局、创新业”等主题活动。二要夯实基层党建。全面贯彻新时代党的组织路线，深入实施“组织力提升工程”，切实把各级党组织锻造成堪当领导龙泉复兴和现代化建设重任的坚强战斗堡垒。特别要抓好市乡两级党代会各项工作，有序推进乡镇班子换届。三要打造匠心队伍。聚焦破解干部思想、境界、落实的“天花板”，启动开展“创新力、担当力、执行力”三力提升行动，开展首届“天下龙泉•匠心人才”评选等活动，激励广大干部走出舒适区、步入赛车道。四要加强作风建设。把作风建设摆在突出位置来抓，锲而不舍落实中央八项规定精神及其实施细则和省委“36条办法”，驰而不息推进正风肃纪反腐，持续开展作风建设大家评等活动，大力纠治形式主义、官僚主义。五要深化清廉建设。落实全面从严治党“四责协同”机制，健全完善“清廉指数”政治生态评价体系，持续深化清廉龙泉建设，致力打造与绿水青山相协调的清廉生态系统，以良好的政治生态保障高水平现代化事业全面健康发展。

同志们，征途漫漫，惟有奋斗。“好龙泉”复兴大业落肩我辈，这是历史的重托，我们当发奋努力，真抓实干。让我们高扬“丽水之干”奋斗旗帜，以非一般的精神状态干出非一般的发展热潮，实现非一般的高质量跨越式发展，大步迈向高水平全面建设社会主义现代化新征程，为奋力打造一座独具匠心的文化名城，加快实现龙泉复兴发展梦想而不懈奋斗！

# 政府工作报告

## ——在龙泉市第十六届人民代表大会第五次会议上

## （2021 年 3 月 9 日）

龙泉市人民政府代市长　翁志鸿

## 一、2020 年工作回顾和“十三五”发展成就

2020 年极不平凡。面对外部环境的深刻变化，特别是突如其来的新冠肺炎疫情，在上级党委、政府和市委的坚强领导下，我们忠实践行“八八战略”、坚定厉行“丽水之干”，以“聚焦‘重要窗口’、聚力龙泉复兴”学习实践活动为引领和动力，深入开展生态经济大追赶、文化旅游大融合活动，统筹推进“两手硬、两战赢”，经济运行呈现“全面回升、企稳向好”的积极态势。GDP 增长 3.0%；固定资产投资增长 7.9%；城镇居民人均可支配收入增长 4.2%。特别是规上工业增加值增长 6.3%、社会消费品零售总额增长 8.1%、服务业增加值增长 5.7%、农村居民人均可支配收入增长 8.6%，增幅均处于丽水前列。县级城市环境空气质量综合指数全省第一，水质达标率实现“三个 100%”，有望夺得“五水共治”大禹鼎银鼎。民生实事全面完成。荣获“三个全省唯一”好的成绩，即全省 26 县发展实绩考核连续 5 年列入第一档次；县级财政管理绩效综合评价连续 3 年荣获优秀等次；低收入农户增收工作连续两年获省政府督查激励。各项工作争先创优，连续两年获得丽水市综合考核优秀等次。

（一）疫情大考勇夺高分。坚持生命至上、人民至上，严格落实精密智控常态化机制，成为全省 11 个零病例的县（市、区）之一。争分夺秒抓复工复产，帮扶企业强实力、减负担、渡难关，在丽水率先出台实施《抗疫助企•暖春行动二十一条意见》，创新推行“一长两员两车”服务机制，全面推进“五减”行动和精准服务企业“365”行动，争取中央“两直”资金和省级惠企利民资金 3.9 亿元，累计为企业减负 8.5 亿元、降低企业融资成本 1.04 亿元，企业难题办结率 91.5%，产能恢复走在全省前列。省市县长工程和省、丽水重点项目年度任务全面完成，新增列入省重点项目 3 个。争取竞争性分配资金 12.5 亿元；债券资金 15 亿元，为历史最高，并争取抗疫特别国债 2.05 亿元。以全省第一的竞争评比成绩获得区域协调财政专项激励。

（二）开放合作积极有为。衢宁铁路正式通车，龙泉人民翘首以盼的“铁路梦”成为现实，温武吉铁路纳入国家《长三角地区交通运输更高质量一体化发展规划》，杭深（广）高铁通道金华至龙泉段（金龙城际）纳入全省铁路网中长期布局规划。全面接轨大上海、融入长三角，高质量举办“问海借力•沪享龙泉” 健康生活畅享季活动，成立龙泉（上海）文旅推广中心、剑瓷设计创意研发中心、产业创新孵化中心。积极打造山海协作升级版，秀洲—龙泉智造园建成投用，萧山—龙泉科创园、平湖—龙泉产业园建设有序推进，与萧山、秀洲、杭州湾新区共建乡村振兴示范点。大力推进“两招两争”，引进项目 48 个，其中“孔山回归工程”“鹤思生产线”等亿元以上大项目 12 个，实际利用市外内资 26.5 亿元，完成全年计划 132%。推出 2020“人才新政”，举办“创新引领 智汇龙泉”人才科技峰会，培育引进各类紧缺人才 398 人。积极拓市场稳外贸，组织网上广交会、进博会等 30 余场。

（三）改革创新快步向前。研发经费支出占生产总值比重跃居丽水首位，科技进步统计监测综合评价丽水

第一。全面建成汽车空调产业创新服务综合体，汽车空调产业工程师协同创新中心入选全省试点，龙泉青瓷宝剑技师学院成为国家级高技能人才培训基地，认定国家高新技术企业24家。深入推进“最多跑一次”改革，企业投资项目全过程审批“最多80天”实现率100%。在全国率先开展国家公园集体林地地役权改革。国镜药业模式入选全国生态产品价值转化典型案例。资源配置市场化改革纵深推进，获评全国公共资源交易百强县。八都镇成为丽水唯一的省级综合行政执法体制改革试点乡镇。

（四）产业升级提档加速。部署开展生态工业高质量绿色发展倍增行动，全面启动工业平台“二次创业”。统筹推进投资扩量、空间拓展、低效整治、培强育大，工业投资同比增长5.5%；新拓展工业空间525亩，盘活低效闲置用地554亩，建成小微园5个；整治低散乱企业50家，获评全省淘汰落后产能和“腾笼换鸟”工作考核先进县（市）；新增规上工业企业21家。战略性新兴产业、高新技术产业、数字经济核心产业制造业增加值分别增长11.5%、10.5%、23.5%，数字经济发展综合评价丽水第一，“两化”融合发展指数跻身全省第一梯队。经济开发区入选全省五金汽配产业链“链长制”试点，获评全省美丽示范园区。

（五）名城提质富有成效。大力推进名城提质“1139”工程，实施年度项目34个，完成投资32亿元，创成省4A景区城和省示范文明城市。城市更新步伐加快，城市文化客厅开工建设，城东综合体顺利推进，西街历史文化街区分步改造，城南火车站场投入使用，上茶街二期建成运营，三江口综合整治加快推进，留槎洲水环境综合整治工程开工建设，南秦原国镜药业周边区块、江滨北岸凤起路区块等完成征收。城市综合承载能力不断增强，新建改造污水管网13.1公里，建设雨水管网6.6公里，云和—龙泉天然气管道工程投入使用，城区5G网络实现全覆盖，入选省级资源循环利用试点，通过国家卫生城市复评。打通东茶路、龙福路，塔石隧道、剑川隧道通车，322国道安仁至西街段完工，市域交通内循环更加畅通。

（六）乡村振兴成果丰硕。高质量推动生态农业发展，建成省级“五园”示范基地6个，在全省率先成功试种黑木耳液体菌种，“龙泉灵芝”“龙泉四季豆”“龙泉茄子”成为全国名特优新产品，“龙泉农师”品牌投入使用，入选中国特色农产品优势区，成为全省首批农业绿色发展先行市。创成新时代美丽乡村76个、花园乡村25个，上垟镇、宝溪乡、竹垟乡创成4A景区乡镇，宝溪乡获评美丽城镇省级样板。争取省级历史文化保护利用项目村14个。上凉亭二期建成竣工，欣南家园、美林公馆建设有序推进，完成“大搬快聚”4316人。建成启用丽水首个综合性农村饮用水县级统管平台，让农村百姓喝上了“放心水”。获评全省实施乡村振兴战略优秀县。

（七）剑瓷特色品质彰显。全力推广“天下龙泉”品牌，精心举办“天下龙泉·匠心开物”第三届世界青瓷大会，在韩国首尔、西班牙马德里设立海外“龙泉青瓷展示角”，龙泉青瓷成为首批“浙江文化印记”，剑瓷文化知名度和影响力持续提升。剑瓷产业规上产值增长15%、出口增长38%，剑瓷商城平台年销售额达2.8亿元。全力推动文旅产业复苏回暖，推出“一剑钟情·从瓷开始”万人游龙泉等活动，丽水瓯江山水诗路在龙泉启航，入选全省文旅产业融合试验区、全省文化传承生态保护区和山地休闲度假发展试点，创成省级全域旅游示范县（市）。

（八）生态质量持续优化。生态环境公众满意度位列全省第二。百山祖国家公园创建通过体制试点评估验收。大花园建设工作获省政府督查激励通报，入选全省大花园示范县建设十大优秀典型案例。发布“三线一单”生态环境分区管控方案，创成省生态文明建设示范市和省清新空气示范区。成为全省首批水生态环境示范试点县，住溪、梅溪获评全省“美丽河湖”。兰巨宏山休闲绿道获评全省最美绿道。岩樟乡“白云深处又见桃源”风景线获评全省美丽乡村风景线。龙渊街道、剑池街道、八都镇、小梅镇创成“无违建乡镇（街道）”。

（九）民生福祉稳步增进。坚持财力有一分增长，民生就多一分改善。实现“两不愁三保障”突出问题、家庭人均年收入8000元以下情况、集体经济薄弱村“三个清零”，低收入农户收入增长16%。城镇新增就业3369人，登记失业率1.84%。坚持开放办学，引进启文、翔宇教育集团和杭州建兰中学，稳妥有序推进托管合作，高考总上线人数实现“十连升”。深化合作办医，与温州医科大学建立战略合作关系，公共卫生应急救治中心、公共卫生综合服务中心等项目全面推进。全民健康补充医疗保险“浙丽保”有力推广。道太乡创成国家卫生乡镇。锦溪镇创成省级农村文化礼堂建设示范乡镇。城北乡养老服务中心获评“全国敬老文明号”。查田镇人民调解委员会获评全国模范单位。住龙镇获评全国无障碍环境达标镇。

（十）政府治理加快提效。坚持“整体智治、唯实惟先”理念，建立“清单式落实、跟踪式推动、销号式验收”工作推进机制，组织开展“抓项目扩投资百日攻坚”等比拼活动，实现工作成效与执行力建设双提升。政府数字化转型进一步加快,“材料电子化率”“掌上办实现率”等六大指标持续走在丽水前列。着力构建“大安全、大应急、大减灾”体系,各类事故起数、死亡人数同比均下降37.5%,勇夺全省首批一星“平安金鼎”。深化法治政府建设,行政诉讼发案量同比下降36.9%。廉洁政府建设全面加强,认真落实中央八项规定精神,持续推进正风肃纪,压减一般性支出1.26亿元,“三公”经费下降22.4%。龙泉市志第二轮修编通过终审。顺利完成第七次人口普查。

各位代表!2020年主要目标任务的完成,标志着“十三五”胜利收官。这五年,是龙泉经济社会发展大步向前、发展质量全面提升的五年。我们深入贯彻落实习近平新时代中国特色社会主义思想,大力弘扬践行浙西南革命精神,高水平全面建成小康社会取得决定性成就。地区生产总值由99.4亿元增加到147.2亿元,年均增长6.8%,人均GDP逼近1万美元重要关口;一般公共预算收入由7.1亿元增加到9.2亿元,年均增长5.1%;社会消费品零售总额由46.6亿元增加到72亿元,年均增长10.3%;城镇居民、农村居民人均可支配收入分别由34130元、15906元增加到50473元、25476元,年均分别增长8.1%、9.9%,农村居民收入增幅持续保持全省前列。生态环境状况指数连续五年全省领先。获评全国“两山”发展百强县。

五年来,我们全力激发内生动力,创新发展水平进一步提升。研发经费支出年均增长38.8%,占生产总值比重由0.73%提高到2.06%。成立浙江大学龙泉创新中心等5个校地联创载体,高新技术企业由44家增加到72家,科技型中小企业由54家增加到150家,新增省级企业研究院和省高新技术企业研发中心18个,引进各类人才1400余名。大力推动创新平台建设,汽车空调产业创新服务综合体建设模式成为全省典型,产业创新服务中心获评全国中小企业公共服务示范平台。“企业投资项目‘零审批’”“生态公益林信息化管理”“异地搬迁安置小区‘市场化+’”“特色产业农合联”“探索建立现代县级财政制度”等一批创新典型涌现而出、亮点纷呈。

五年来,我们全力统筹城乡建设,协调发展水平进一步提升。创成国家森林城市、国家园林城市、国家卫生城市,荣膺“中国天然氧吧”称号。城镇化率由58%提高到65%以上,改造城中村78万平方米,建成城市花海、龙渊公园、迎宾大道等一批城市建设标志性项目,成为丽水首座国家历史文化名城。创成省新时代美丽乡村示范县,建成省级以上美丽宜居示范村、历史文化保护利用村等106个,完成“大搬快聚”27188人,占农村户籍人口14%。建成覆盖19个乡镇(街道)的一体化供水工程,获评省农村饮用水达标提标行动成绩突出县。行政村客运通达率100%,农村生活污水治理成为全国样板,获评全国农村人居环境整治成效明显激励县。“一江贯全城、大环通小环、连景又连村”的瓯江绿道网基本成型。获评省无违建创建先进县。

五年来,我们全力壮大生态经济,绿色发展水平进一步提升。规上工业增加值年均增长8.8%,产业结构进一步优化,高新技术产业、装备制造业、战略性新兴产业占比分别提高至44.5%、33.9%、19.7%,国镜药业迁建、三田产业园、千束二期等一批重点工业项目竣工投产,获评中国汽车空调零部件制造先进基地。药、茶、蔬产业产值年均分别增长17.1%、11.4%、7.4%,竹、菌十亿级全产业链基本成型,获评中国十大最美茶乡,连续三届获评省粮食生产先进县。实施剑瓷产业振兴三年行动计划,青瓷小镇、宝剑小镇列入省级特色小镇培育名单,产业园、创客园、科创园、文化园等产业平台相继建成使用,剑瓷产业集聚发展迈出扎实步伐,营业收入突破20亿元,成为省文化产业重点市。全域旅游形成“一心两核四区”功能布局,旅游总收入年均增长33.3%。

五年来,我们全力扩大合作交流,开放发展水平进一步提升。企业产品出口180余个国家和地区,生产企业出口年均增长8%。引进城市文化客厅、城东城市综合体、中国龙泉鞋城等大项目60个,实际利用市外内资155亿元。全面推进山海协作工程,“飞地”经济卓有成效,签约山海协作类招商项目71个,到位资金65亿元,开展“市校合作”项目600余个。与文化和旅游部中外文化交流中心建立全面战略合作关系,成立故宫博物院龙泉窑研究中心,大窑龙泉窑成为国家考古遗址公园。剑瓷巡展走进联合国等重要国际组织以及30余个“一带一路”沿线国家和地区,连续举办世界青瓷大会、青瓷宝剑文化旅游节,剑瓷出口额年均增长40%,获评中国青瓷公园、中国陶瓷名城。外快内畅通道日趋完善,全面开启铁路时代,龙浦高速竣工通车,实现公路总里程数、高速公路总里程数、高速公路互通数三个丽水第一。东西部扶贫协作和对口支援工作考核获优秀等次。

五年来,我们全力加强民生保障,共享发展水平进一步提升。始终把民生作为最大的政治、最大的政绩。政府民生类支出年均增长13.4%,五年支出总量较“十二五”增长2.7倍。低收入农户收入增幅连续九年保持在14%以上。创成省教育基本现代化县，新增教学用房23万平方米。新建人民医院投入使用，创新开展“省市县乡”医疗融合体建设，县域就诊率由55.3%提高到84.6%，人均预期寿命81.15岁，高于全省2.02岁。“三馆一院四书房”总接待量突破600万人次，建成农村文化礼堂121座。基本养老保险、基本医疗保险参保率分别达到99.17%、99.65%，最低生活保障实现城乡同标。办成了中小学空调进教室、“一蛋一奶”营养餐等一批群众关注的民生实事。连续15年获评省平安县（市）。国防动员、后备力量建设、退役军人服务、双拥共建等工作取得新成绩，人武、关工委、工会、共青团、妇联、侨台、科协、老年体协、移民、气象、工商联、文联、地方志、档案、民族、宗教、慈善、残联、红十字、外事、社会科学、统计等工作持续加强。

各位代表，“十三五”期间取得的成绩来之不易，这是市委正确领导、全市人民奋进拼搏的结果。在此，我代表市人民政府，向全市人民以及广大建设者，向人大代表、政协委员，各民主党派、工商联、人民团体和社会各界人士，向驻龙部队、武警官兵和驻龙各单位，向所有关心支持龙泉发展的朋友们，表示衷心的感谢和崇高的敬意！

在取得成绩的同时，我们也清醒的认识到，在前进的道路上仍然面临着许多困难和问题：对标打造全省新增长极和高质量跨越式发展的要求，经济增长的内生动力还不强，产业层次还不够高，支柱产业集群化发展不够快、带动效应不够明显。土地、资金等资源要素供需矛盾突出，要素保障任务艰巨。对外开放大通道尚未全面打开，交通等基础设施仍然是制约经济高质量发展的重要因素。产业、政策、人才、科技等竞争优势不够突出。城乡发展还不够协调，教育、医疗、养老等公共服务与群众期盼还有不小差距。政府部门及干部队伍创业创新能力还需大力提升。我们一定严肃认真对待这些短板、困难和问题，采取切实有效的措施努力加以解决。

## 二、“十四五”时期奋斗目标和主要任务

“十四五”时期，是龙泉在高水平全面建成小康社会之后，乘势而上，开启高水平全面建设社会主义现代化新征程的首个五年。根据中共龙泉市委《关于制定龙泉市国民经济和社会发展第十四个五年规划和二〇三五年远景目标的建议》，市政府编制了《龙泉市国民经济和社会发展第十四个五年规划和二〇三五年远景目标纲要（草案）》，提请大会审议。经本次大会批准后，市政府认真组织实施。

“十四五”时期经济社会发展的指导思想是：以习近平新时代中国特色社会主义思想为指导，深入贯彻党的十九大和十九届二中、三中、四中、五中全会精神，统筹推进“五位一体”总体布局，协调推进“四个全面”战略布局，坚持党的全面领导，坚持以人民为中心，坚持新发展理念，坚持系统观念，坚持稳中求进工作总基调，创新实践“绿水青山就是金山银山”理念，以忠实践行“八八战略”、奋力打造“重要窗口”的使命担当，高扬“丽水之干”奋斗旗帜，凝聚“龙泉复兴”行动伟力，深入实施“三市并举”发展战略，系统实施龙泉复兴“1369”战略行动，加快融入新发展格局，加快高质量跨越式发展，加快构建以“生态经济化、经济生态化”为显著特征的现代化生态经济体系，加快推进县域治理现代化，加快促进全市人民走向共同富裕，加快推动实现经济行稳致远、社会安定和谐、人民美好生活，奋力打造一座独具匠心的文化名城，聚力开创龙泉复兴新局面，努力开启高水平全面建设社会主义现代化新征程，让“好龙泉”焕发出新时代的生机与活力。

“十四五”时期经济社会发展的主要奋斗目标是：在高质量发展前提下实现必要适度的高速度增长，生产总值（GDP）和生态系统生产总值（GEP）实现“两个较快增长”。GDP增速处于丽水第一方阵，规模总量力争达到220亿元以上，人均GDP力争突破10万元，GEP实现高效转化，研发经费支出占生产总值比重达到3%，工业产值280亿元以上，文旅产业增加值占GDP比重20%以上，常住人口城镇化率达70%，居民收入增长持续快于经济增长，城乡发展差距持续缩小，努力打造浙江大花园建设典型示范区、生态产品价值实现先行区、浙西南开放创新高地、世界级经典文化圣地、长三角公园城市人居福地、区域性交通商贸重地、人民幸福美好家园。

各位代表，奋斗创造美好生活，实干铸就复兴梦想。确定这个目标，是基于我们贯彻落实省委、省政府提出的山区县要成为全省新增长极的要求，牢固树立丽水市委提出的“没有加快发展也是一种风险，没有追求跨越式发展的意识、决心和胆略更是极端危险”的理念，“用尽全力跳起来摘桃子”。体现出市委、市政府积极有为的精神状态和奋力争先的责任担当，也是对龙泉百姓热切期盼实现高质量跨越式发展的积极回应。为实现上述目标，重点要做好十项任务：

（一）加快全面开放，主动融入发展新格局。加快融入一体化。实施“天下龙泉”品牌影响力提升行动，积极参与长三角产业链补链强链固链行动，建设长三角生态安全农产品供应地，深度融入长三角生态文化旅游

圈。加快统筹区域合作。全面落实丽水“一带三区”发展规划，全力打造龙庆经典文创聚落区主中心。全面促进消费。增强消费对经济发展的基础性作用，社会消费品零售总额达到100亿元。扩大有效投资。形成市场主导的投资内生增长机制，固定资产累计投资突破400亿元。

（二）推进改革创新，激发跨越发展新动能。高标定位打造“科创+特色产业”的浙西南科创基地。大力培育创新主体。实施新一轮高新技术企业、科技型中小企业“双倍增”行动。全面激发人才创新创业活力。全力打造人才生态最优县（市）和浙闽赣边际区域创新创业人才高地。构建最优创新创业生态。推进人才科技体制改革，构建“产学研用金、才政介美云”十联动创新创业体系。全面深化各领域改革。以数字化改革撬动重大改革，加快国资国企、现代财税金融体制等改革步伐。营造一流营商环境。深化最多跑一次改革，打造浙西南营商环境最优县（市）。

（三）培育“三大一新”，提升产业融合新高度。积极培育大健康产业。健康医药产业产值达到50亿元，康养产业增加值达到50亿元。积极培育大智造产业。精密制造产业产值达到100亿元以上，创意时尚产业产值达到100亿元以上，新兴产业规上产值达到30亿元。积极培育大文旅产业。文旅产业增加值达到30亿元。大力发展数字经济。以数字化赋能、绿色化转型、集群化强链为引领，推进数字经济与实体经济深度融合。

（四）着力平台创业，推进生态工业新跨越。推进平台“二次创业”。形成省级经济开发区为主体，八都、安仁、查田三个工业功能区协同，若干个小微企业园配套的工业平台新布局，加快推进工业“东拓西进”。促进工业提质升级。力争亿元以上企业达到50家，规上工业企业达到200家，上市企业实现零的突破，形成一批“专精特新”小巨人和制造业单项冠军企业（产品）。实施生态工业高质量绿色发展倍增行动。实现生态工业“五个翻番”，即规上工业产值、工业增加值、规上研发费用、亩均增加值、亩均税收五个指标实现翻番。

（五）突出名城扩容，开拓城镇发展新空间。构建“一园一带三景群”城乡格局。建设具有国家公园特色的休闲小镇，沿瓯江山水诗路构建人口集聚带和核心产业带，联动建设“青瓷文化景群”“红色文化景群”“生态文化景群”。精心塑造“一江三城”城市形态。以一江串三城，谋划打造“文化城”“健康城”“智创城”。匠心促进城市品质提升。深入实施名城提质“1139”工程，不断提升城市首位度、辨识度、共享度、精致度。致力发展城市服务业。以发展大商贸服务大民生，培育一批骨干现代物流企业，打造电子商务、商贸物流区域性节点城市。坚持共享理念建设宜居环境。打造人人都具出彩机会、人人都享品质生活、人人都有归属认同的城市。

（六）弘扬剑瓷经典，谱写文化繁荣新乐章。重塑剑瓷经典新辉煌。着力构建更趋多元、更富活力、更具特色的剑瓷文化经济体系，剑瓷产业增加值占GDP比重5.5%以上。保护利用传统文化。打造一批乡村民俗体验基地和民俗文化村，打响地域特色文化品牌。深入弘扬践行浙西南革命精神。大力传承红色基因，积极推动“红绿”融合发展。大力提高社会文明程度。构建覆盖县乡村三级的新时代文明实践体系。提升公共文化服务水平。丰富公共文化产品和服务供给。

（七）大兴生态文明，打造美丽生态新标杆。高水平建设大花园最美核心区。积极构建国家公园全域联动发展格局。努力把瓯江山水诗路建设成“魅力人文带、黄金旅游带、美丽生态带、富民经济带、合作开放带”。创新生态产品价值转化实现机制。深入推进GEP核算和应用，积极拓宽实现路径，高效推动生态资产、生态产品交易。统筹推进山水林田湖草生态系统修复。实施瓯江流域生态系统修复工程，提升森林生态系统质量，加强生物多样性保护力度。构建科学高效智慧的生态环境治理体系。实施最严格的生态空间管控制度，健全生态环境监管防控体系，创新生态保护补偿机制。

（八）建设美丽花园，打造乡村振兴新样板。高质量振兴现代乡村产业。打造一批现代乡村产业示范带、现代农业园区、特色农业强镇，新建一批农业产业融合发展示范园。精心绘就花园乡村美丽图景。开展花园乡村创建，每年选择2—5个乡镇进行连片打造，择优选择25—30个村进行组团培育。加快推进城乡融合发展。全面推动乡村基础设施升级完善，推进城乡基本公共服务优质均衡配置，全力争创农业农村现代化先行县（市）。

（九）强化基础支撑，构建“五网”融合新设施。构建立体多元的综合交通网。力争实现龙泉至省会城市公路“3小时交通圈”、铁路“2小时交通圈”。加快实现城区至一般乡镇“30分钟交通圈”、偏远乡镇“60分钟交通圈”。构建泛在融合的信息设施网。加快5G、工业互联网、大数据中心等应用推广，打造花园云（城市大脑）。建设绿色清洁的能源设施网。加快实施220千伏以上主干网输变电工程，提高天然气管网覆盖范围和密度。构建美丽安全的水利设施网。高标准建设防洪安全保障网，高水平建设水资源配置网。构建循环高效的资源环境设施网。统筹布局垃圾、污水、危废等处理设施网。

（十）改善民生事业，共创美好幸福新生活。扎实推动城乡居民共同富裕。实施“十村示范、百村联动”强村计划，建立解决相对贫困长效机制，多渠道提高城乡居民收入。大力推进教育现代化建设。力争创成全国义务教育优质均衡发展市、全国学前教育普及普惠市，职业教育水平达到全省前列。加快建设健康龙泉。扎实推进人民医院创“三乙”，中医院创“二甲”，县域就诊率达到90%以上。完善社会保障体系。加快“大救助”体系建设，提升住房、养老等社会保障服务水平，完善退役军人服务保障工作。争创安全发展新局面。高水平建设平安龙泉、法治龙泉、清廉龙泉，努力打造全国最平安县（市），夺取更高星级平安金鼎。

## 三、全力以赴做好“十四五”开局之年工作

今年是中国共产党建党100周年，是“十四五”开局之年、现代化新征程开启之年，更是掀起龙泉复兴高潮大势的奋斗之年。今年政府工作的总体要求是：坚持以习近平新时代中国特色社会主义思想为指导，全面落实中央、省委和丽水市委各项决策部署，坚持稳中求进工作总基调，高扬“丽水之干”奋斗旗帜，以“双招双引”为战略性先导工程，凝聚“龙泉复兴”行动伟力，深入实施“三市并举”发展战略，系统实施龙泉复兴“1369”战略行动，组织开展“匠心铸城、实干复兴”跨越追赶和“党建提质、能力提升”活动，加快融入新发展格局，加快推动高质量跨越式发展，加快建设一座独具匠心的文化名城，聚力开创龙泉复兴新局面，全力争当“高水平建设和高质量发展重要窗口”模范生，努力为争创社会主义现代化先行省赋能助力，让“好龙泉”焕发出新时代的生机与活力，以优异成绩庆祝建党100周年。

综合考虑各方面因素，建议2021年经济社会发展主要预期目标为：地区生产总值增长8.5%以上，GDP和GEP实现“两个较快增长”；规上工业增加值增长12%以上；研发经费支出占生产总值比重达到2.2%；财政收入增长与经济增长基本同步；城乡居民收入增速高于经济增速，农民收入增幅保持丽水前列；投资总量较快增长，投资结构持续优化；城镇新增就业人数、单位生产总值能耗等指标完成上级下达任务，生态环境状况指数保持全省前列。

围绕上述要求和目标，市政府将坚决扛起“龙泉复兴”使命担当，重点抓好六方面工作：

（一）坚决守好疫情防控底线。始终坚持“把人民群众生命安全和身体健康放在第一位”，慎终如始抓好疫情防控，严格落实“精密智控+硬核管控+全员自控”的常态化防控机制，严格抓好入境、返乡人员健康管理，强化重点场所、农村地区、城乡结合部等重点区域防控工作。严格冷链物防闭环管控，稳妥有序推进重点人群疫苗应接尽接，深入开展爱国卫生运动，完善重大疫情防控救治、应急指挥体系和医疗物资保障机制，进一步扎严织密公共卫生防控网，力争保持零病例。

（二）以复兴之势大开放、大创新。坚持用好跨山统筹、创新引领、问海借力三把“金钥匙”，加快积聚新活力、澎湃新动能，积极争当“双招双引”排头兵。

致力“双招双引”引领带动。坚持把“双招双引”作为开局之年“一号工程”，以非一般的决心、力度、功夫加以推进。

全面打响招商引资攻坚战。以非常之力实施“七大招引行动”，实行专班实体运作，围绕突破重大战略项目、深耕细分产业领域、大胆发力未来产业的主攻方向，算好“家底账”、绘好“招商图”、建实“项目库”、明确“任务书”，集成出台最优招商政策包，强化招商政策刚性兑现。建立重大战略项目“一对一”盯引清单，实施重大招商项目“揭榜挂帅”，坚持全域联动、全员参与，着力壮大“回归经济”。瞄准金台温甬、长三角、珠三角、海西区等招商市场，紧盯汽车（空调）零部件、工程机械、新能源、水饮料等行业领军企业，建立北上广“双招双引”联络站，派出精干力量驻点招商，高频率在重点目标地区举办精准推介会，积极探索“基金招商”“平台招商”“飞地招商”“代理招商”等新模式。以全新的理念构建高效、专业、统一的招商工作全闭环推进体系，建立跟踪对接、研判决策、服务保障“扁平化”管理模式，实施招商绩效评价和赛马比拼机制。通过努力，引进亿元以上大项目10个，实现项目签约30个，总部经济企业10家，力争实际利用市外内资23亿元以上。

全面推动招才引智大升级。组织开展“智汇龙泉”系列人才招引活动，创新柔性引才机制，力争新引进各类人才1000人以上，博士、硕士等高层次人才40人以上，新入选“绿谷精英”项目10个。着眼于“借脑借智”，持续深化校企合作，全面推进与浙江大学新一轮战略合作，与中国计量大学、杭州电子科技大学等联动开展科研创新，完成市校合作项目60个。充分发挥院士之家、科创飞地等引才效应，力争工程师协同创新中心专业团队入驻量增长20%以上，积极申报院

士工作站、博士后工作站。深入探索人才创业创新全生命周期“一件事”改革，优化人才服务“四大工程”，擦亮“暖心服务”品牌，组织开展首届“天下龙泉·匠心人才”评选活动。

致力开放合作紧密互动。突出文化引领“走出去”，谋划举办海外“听瓷语 观世界”龙泉青瓷特展，深化推动海外“龙泉青瓷展示角”项目。谋划举办世界青瓷大会、世界刀剑大会、世界文化名城论坛等系列活动，着力提高“天下龙泉”品牌影响力。突出深化山海协作工程，全力抢抓省“飞地”新政机遇，大力谋划建设钱塘新区“生态补偿特别合作区”，全速推进萧山—龙泉科创园、平湖—龙泉产业园建设，高效运营秀洲—龙泉智造园、奉贤—龙泉双创园。高标准落实“一带三区”发展规划，积极打造龙庆聚落发展区，谋划建设龙泉—庆元“产业飞地”“文创飞地”“人居飞地”。突出打造浙西南物流中心城市，开工建设综合电商中心、交通物流快递服务中心，完成交通智慧物流港项目选址，积极构建高水平商贸物流服务体系，实现服务业增加值增长10%。突出构建融入外循环大通道，加快推进G25龙泉东互通改建工程；持续跟进温武吉铁路项目前期，加快可研和初步设计；力争义龙(庆)高速完成线位论证；积极对接杭深(广)高铁通道金华至龙泉段，争取列入国家《中长期铁路网规划》和《长三角地区多层次轨道交通规划》，交通投资增长15%以上。

致力创新要素集成联动。积极打造创新高地，全面推进浙西南科创基地创建，统筹抓好“五大平台”建设，联动创建森林经济、青瓷产业创新服务综合体，丰富构建众创空间、小微企业创新孵化园等“微创平台”。高效集成创新服务，深入整合创新服务综合体、工程师协同创新中心、科技“飞地”等平台功能，为企业提供全方位的“技术超市”服务，力争企业难题专家揭榜、科研成果企业揭榜的“双向揭榜”总量实现翻番。大力培育创新主体，深入推进高新技术企业、科技型企业“双倍增”行动，新增国家高新技术企业6家、省科技型中小企业19家，实现规上研发费用增长15%，高新技术产业投资增长15%以上、增加值增长12%以上。

致力深化改革一体推动。以数字化改革为牵引，初步构建一体化智能化公共数据平台，全面推进“五个综合应用”。围绕优化营商环境主题，加快推进“一件事”集成改革，推出“创业一件事”专窗，推进公共资源交易系统改革和用地审批“多审合一、多证合一”改革，实现营商服务再升级。以市场化为导向推进国有企业改革，健全“六大集团”企业法人治理结构，支持国资企业做强做大，加快推动城投、旅投、水投、交投、剑瓷公司等市场化转型发展。深入推动农村产权制度改革与“金融活水进村”工程紧密携手，新增涉农贷款10亿元以上。推进与丽水政策性融资担保公司一体化合作，力争融资担保余额达1.5亿元以上，服务企业和农户200户以上。积极探索生态产品价值实现机制，建立市级“两山”公司，启动运营“森林银行”，实现GEP核算市乡村三级全覆盖。深化综合执法改革，推进“综合查一次”模式，以执法提效为企业减负。

（三）以复兴之势强工业、强城镇。坚持把新型工业化和新型城镇化作为壮大产业经济、城市经济的发力重点，打造驱动加速新引擎。

加快生态工业跃上新能级。扎实推进生态工业高质量绿色发展倍增行动，做大产业扩税源。倾尽全力强平台，全面推进工业平台整合提升，加快塔石鞋艺小镇、安仁昌文区块、上垟黄渡区块等平台建设，新建续建五金汽配、竹木加工等小微园12个，拓展工业空间1300亩。全面推进“低散乱”整治“六大行动”，力争完成“低散乱”企业整治30家，盘活低效用地300亩，“标准地”供地600亩，亩均增加值增长12%，亩均税收增长7.5%。倾尽全力强链条，紧密融合产业链、投资链、创新链、消费链，力争精密制造、健康医药、经典时尚三大主导产业产值均增长13%，战略性新兴产业、装备制造业增加值均增长13%，数字经济核心产业制造业增加值增长15%。加大制造业项目招引和建设力度，工业投资增长12%以上。实施“数字赋能工程”和“绿色智造工程”，完成重点技改投资4亿元，推广工业机器人50套，改造全自动生产线、智能化车间12个，规上劳动生产率增长7%以上。抓好开发区省五金汽配产业“链长制”试点，投入运营数字化管理平台和汽配云大数据服务中心。紧跟市场需求和新型消费导向，积极搭建线上贸易平台，力争生产企业出口增长10%以上。倾尽全力强企业，深入实施大企业培育战略计划，联动开展“凤凰行动”“雏鹰行动”和小微企业成长计划，致力培育“专精特新”小巨人和单项冠军、隐形冠军企业，力争实现培育亿元以上企业3家、5亿元以上企业1家。始终把服务企业作为政府工作的职责所在，继续开展精准服务企业“365”行动，切实抓好“五减”等惠企政策落地，为企业减负5亿元以上，新增制造业贷款增长12%以上，提供转贷服务15亿元以上，力争企业难题化解率90%以上，满意率95%以上，让企业家安心搞经营、舒心办企业、放心谋发展。

加快城市建设跃上新能级。秉持

“公园营城”理念，精致规划、精心建设、精细管理、精准服务，让城市功能更加齐全完善，让城市生活更加舒心舒适。

大力开启城市扩容新篇章。实施名城扩容“挺进西南”行动，高标谋划建设生态产品价值实现机制创新平台，坚持聚智聚力、系统集成、一体推动，全力打造龙泉经济社会发展新增长极。突出规划引领，科学编制平台总体规划，联动编制区块综合交通、产业经济、人口布局、市政配套等专项规划，促进“多规”有机衔接、深度融合。突出交通先行，以交通布局带动发展布局，完成绕城东线一期，加快推进绕城西线暨528国道西街至兰巨段改建工程、仙居至庆元公路下庄儿至兰头段等重大交通项目，努力争取一类通用机场开工建设。突出点位带动，加快城南火车站场、百山祖国家公园周边、现代农业园区、炉田区块等西南区域重要点位开发建设，启动兰巨撤乡设街道，充分发挥以点带面、板块联动效应。突出集聚推动，深入实施“大搬快聚富民安居”工程，加快建设欣南家园、兰巨生态居住小区，确保完成异地搬迁3300人以上。

奋力跑出城市提质新速度。积极推进城市更新，深入实施名城提质“1139”工程，加快城东综合体、城市文化客厅、西街历史文化街区等城市核心区块建设。稳妥推进老旧小区改造，加快凤起路、七星井等区块开发，启动“未来社区·水南区块”项目，有序推动留用地“以房换地”。统筹推进中山东路、江滨北路等路网改造，完善“三山”基础设施，全面竣工留槎洲水环境综合整治工程和黄灌防洪堤景观工程。积极开展金沙溪周边排污整治、一号码头周边外立面改造等城市美化行动。精心推动文化注入，高品质抓好剑池路文旅商业区改造，注重“微改造”式提升，精细实施瓯江两岸、城区主干道、街头节点等剑瓷文化物化项目。智慧管理城市运行，丰富“花园云(城市大脑)”功能，全面应用“城市治理事件一张图”“非现场执法”“智慧市政管理”三大平台。开展“文明示范街”创建，实施“安家工程”，让城市井然有序又充满生活气息。

加快项目投资跃上新能级。启动实施“有效投资倍增”行动，以常态化大会战、大攻坚全速推进“丽西500KV输变电工程”“国镜药业二期”“浙闽赣汽车城”等重大项目，固定资产投资增长12%。全力以赴强化要素保障。千方百计争项争资，积极抢抓政策窗口期，谋深建实项目库，谋划亿元以上大项目30个，大力争取中央专项债和预算内资金，竞争性分配资金增长20%以上。加大政策支持争取力度，突出抓好与上级“十四五”重点规划对接，全力抢抓山区26县高质量跨越式发展新政机遇，争取一批优质项目列入省级以上项目库，确保省重点项目3个，省市县长工程4个。积极拓宽融资渠道，深化推进投融资体制机制改革，加大政策创新、模式创新、机制创新，着力提升国企投资重点项目和市场化融资能力，力争项目建设市场化融资40亿元以上。全力争取要素指标，大力推进全域土地综合整治与生态修复工程，力争西街、兰巨整治项目开工建设。加强农村建设用地盘活利用，力争完成宅基地复垦800亩，尽最大努力保障土地、资金、环保等要素需求。

(四)以复兴之势美乡村、美生态。大力实施乡村振兴“两进两回”行动和乡村振兴十大激活行动，力争创成全省首批大花园典型示范县，加快构建融合发展新格局。

着力夯实乡村基础。积极打造新时代美丽乡村先行县，以“绣花针”的功夫留住乡村岁月痕迹和田园气息，创成新时代美丽乡村36个、花园乡村25个，建设历史文化村31个。力促市域内联高效，完成322国道八都至上垟段、村沈线改造一期，开工建设322国道安仁段改建、227省道上垟岙隧道及连接线工程，完成农村公路大中修105公里、改善提升100公里。深化农村饮用水达标提质行动，开工建设竹垟一级水库和住龙、岭根水厂水源工程，完成乡镇供水站提质项目。加强农村生活垃圾分类收运体系建设，改造提升垃圾中转站10个，实现回收利用率45%以上、资源化利用率90%以上。推进“数字乡村”建设，推动“互联网+政务服务”向乡村延伸覆盖。

努力做优农业产业。立足提升规模效益、品牌效益、技术效益，促进农业增效、农民增收。实施重要农产品保质保量工程，农林牧渔业增加值增长2.5%以上。守护好“米袋子”和“菜篮子”，深入推进农村乱占耕地建房问题专项整治行动，坚决制止耕地非农化、非粮化，播种粮食面积17.6万亩，种植蔬菜面积11万亩，加快标准化万头以上规模养殖场建设，确保重要农产品价稳质优。实施“竹茶菌蔬”全产业链提升工程，加快推进种植业“五园”示范基地、“600”绿色有机农林产品基地、茶叶加工优化改造、灵芝综合开发等项目，新增茶叶提效基地5000亩、中药材基地2000亩、中蜂成熟蜜生产基地10个，提升打造茶菌蔬等标准化基地20个以上。做特灵芝养生文化园、农旅科普休闲园等康养型农业综合体。实施省农业特色产业数字化发展示范项目，推进数字农业工厂、数字农旅融合园等建设，建成数字化食药用菌全产业链，着力打造智能化高山种苗产业带。拓展数字农业公共服务平台功能，建成食用菌电商平台和冷链物流系统，在上海、温州等地设立龙泉农产品集散中心。

全力呵护生态环境。启动创建国家生态文明建设示范市，严格落实“三线一单”硬约束，实施生态环境分区管控体系，高质量完成国土空间规划编制。开展“林长制”试点，持续推进“一村万树”创建行动，完成国土绿化、美丽森林等1.5万亩，全力做好松材线虫防治。全面落实“河湖长制”，启动大贵溪、道太溪、安仁溪、均溪综合治理。严厉打击非法采砂和侵占河道行为，营造优美水生态系统。推进“无违建县”创建，深入开展“存量违建亮剑清零”行动，实现“无违建乡镇（街道）”全覆盖。深化推动“污水零直排区”建设，以壮士断腕的决心，加快塔石金岗不锈钢行业、安仁泵阀产业整治提升。推进农业“肥药两制”，推广绿色防控技术5.5万亩以上，促进农业废弃物资源化循环利用。率先开展“零碳县”创建，力争创成全省首批“无废城市”。从讲政治的高度，坚决抓好中央环保督察问题和长江经济带问题整改，严守生态环保底线，让绿色成为龙泉发展最动人的色彩。

（五）以复兴之势育剑瓷、育文化。统筹推动文化产业、文化平台、文化经济齐头并进、多点开花，持续擦亮青瓷宝剑“金名片”，展现剑瓷龙泉新风采。

提升特色文化传播力。推进省文化传承生态保护区创建，实施“文化基因解码工程”，深入挖掘整理剑瓷、水运、农耕等特色文化核心内涵和抽象表达，谋划建设龙泉窑国家考古遗址公园博物馆，精心构建“天下龙泉”融媒体平台。大力促进文化交流，积极组织文创企业参加杭州茶博会、厦门茶博会、深圳文博会等系列会展，高品质举办龙泉剑瓷传承与创新上海巡展、“天下龙泉”城市品牌“一城一主题”推广活动。深化与故宫博物院在文创开发、学术研究等方面合作。携手衢宁铁路沿线城市，开展文旅交流活动，举办各类巡展会展12次以上。实施文创大师入驻龙泉计划，积极发挥名家工作室在文化艺术界的影响力。深化与世界陶瓷之路联盟、世界各地陶瓷刀剑产区的合作交流，加快推动“海上丝绸之路”联合申遗。

提升剑瓷产业支撑力。深入推进剑瓷产业振兴行动，力争剑瓷规上产值、税收、外贸出口均增长15%以上，文化产业增加值占GDP比重超过8.9%。着力建平台，全面推进剑瓷“一厅两园两镇两区”组团开发、抱团发展，加快青瓷产业园二期、青瓷小镇产业园建设，力争完成宝剑小镇一期。着力育主体，推动100家以上企业入驻青瓷产业园一期和青瓷小微企业孵化园，力争实现“小升规（限）”2家、“个转企”20家以上。推动剑瓷公司多元化发展，在杭州等中心城市设点运作。着力拓市场，大力培育剑瓷经济新业态，强化剑瓷商城销售龙头引领作用，鼓励企业发展跨境电商、直播带货等新模式，开发“天下龙泉”专属产品30款，实现商城平台销售额突破3亿元，剑瓷电商销售额增长25%以上。着力提品质，办好办强龙泉青瓷宝剑技师学院，深化与中国美院、景德镇陶瓷大学等合作，实施文创人才兴业计划，全面推动剑瓷产业产品研发、智能改造、人才培育。

提升文旅业态吸引力。谋划创建AAAAA景区城，积极推进省文旅产业融合试验区、山地休闲旅游发展试点建设，旅游产业增加值占GDP比重达到9.9%。丰富景区景点，充分发挥国家公园品牌“溢出效应”，谋划建设国家公园体验环线、文创大走廊，加快打造屏南天空越野小镇、龙南农耕文化小镇、兰巨氧吧长寿小镇，布局建设国家公园徒步基地、骑行基地、露营基地，打造中国最美户外运动天堂。精致建设瓯江山水诗路，坚持串珠成链，着力打造省“珍珠”项目，联动推进瓯江源养生文化度假区、瓯江沿线名人故居、瓯江绿道慢行系统等一批项目建设。着力打造青瓷文化旅游度假区，提升龙泉山、青瓷小镇、宝溪竹建筑景区运营能力，加快宝溪水文化园建设，推动住龙全国红色旅游示范小镇创建，优化提升一批A级景区。丰富赛事活动，打响“江南之巅·天空越野赛”品牌，推出“不灭窑火”升级版，常态化开展“乡村漫游节”“小城艺术周”等文旅活动。丰富游玩模式，开设龙泉旅游专列，推广“一剑钟情·从瓷开始”城市游、瓯江山水诗路游等精品线，做火“瓷源探秘”“山水寻踪”等乡村漫游线。开工建设龙泉市站旅游集散换乘中心，加快打造“数字”文旅。

（六）以复兴之势优民生、优治理。改善民生没有终点，只有连续不断的新起点。坚持雪中送炭，不搞雨后送伞，办好民生实事、小事、难事，加快丰富全民共享新成果，让龙泉老百姓有更多的获得感、幸福感、安全感。

全力推动富民增收。实施“农民收入万元新增”工程，推动脱贫攻坚与乡村振兴有效衔接，确保共同富裕路上一个都不掉队。着力推动经营性收入和工资性收入较快增长，深化“八个万元”行动，开展“万人万元”绿色扶贫车间、“幸福菜单”等特色项目，农村居民人均可支配收入增长10%，低收入农户收入增长12%以上。高效推进村级集体经济巩固提升三年行动计划，持续提升村级“造血”功能。实施积极的就业政策，常态化举办“线上+线下”人力资源交流活动，建立就业困难人员、“零就业”家庭“一对一”

帮扶机制，开展就业技能免费培训1800人次以上，实现“零就业”家庭清零，城镇登记失业率控制在3%以内。实施一批促消费活动，激发社会消费活力。基本养老保险、基本医疗保险参保率分别巩固在98.5%、99%以上。

全力完善公共服务。深入推进教育提质行动，推动全国义务教育优质均衡发展市创建。实施学前教育第四轮三年行动计划，培育初中强校2所，加快第五中学新建工程和第二中学、第四中学扩建工程。深化联盟办学，做优名校托管和城乡学校共同体建设，推动优质教育资源辐射共享。大力推进校企合作、产教融合，深入推进与杭州、宁波等地名师结对工程，加强教育人才引进和培育。着力打造高品质健康龙泉，携手温医大开展学科合作和人才培养，持续提升医联体、医共体建设。健全公立医院综合改革绩效评价和运行监测机制，推动“检查检验同质化”等“互联网+医疗服务”项目向基层延伸。加快中医院迁建、公共卫生应急救治中心、公共卫生综合服务中心、精神病专科医院、中医馆等建设。统筹推进文化、体育、养老、助残等社会事业发展，加强精神文明建设，加快推进体育中心落地建设，常态化开展公益性文体活动，建成“智慧养老”服务平台，推进“残疾人之家”建设，投入使用“安泽园”生态公墓。认真办理好十件民生实事。

全力升级社会治理。深化社会矛盾纠纷“最多跑一地”改革，深入推进安全生产三年行动专项治理，深入开展道路交通、消防、地质灾害、食品安全、网络诈骗等专项整治行动，持续完善应急管理、灾害风险监测预警等体制机制。加强信用体系建设，严守不发生区域金融风险底线。全面做好村社组织换届“后半篇”文章，强化“三治融合”，提升村域治理现代化水平。力争省平安县（市、区）“十六连创”，力夺二星“平安金鼎”。启动“八五”普法，推进民法典有效实施。做好国防动员、后备力量建设、退役军人服务、双拥共建等工作。重视人武、关工委、工会、共青团、妇联、侨台、科协、老年体协、移民、气象、工商联、文联、地方志、档案、民族、宗教、慈善、残联、红十字、外事、社会科学、统计等工作。

各位代表！加强政府自身建设是一项基础性工程。我们将牢牢铸就“五种匠心特质”，着力提升政府治理现代化水平，努力打造人民满意政府。一是坚持忠诚为本。深入开展党史学习教育，增强“四个意识”、坚定“四个自信”、做到“两个维护”，不断提高政治判断力、政治领悟力、政治执行力。紧扣民心这个最大政治，坚决落实以人民为中心的发展思想，始终牢记政府面前“人民”二字。二是坚持实干为重。牢固树立政府就是抓落实的理念，积极开展“匠心铸城、实干复兴”跨越追赶行动，强化系统观念、系统方法，坚持指标化、项目化、闭环化、协同化推进工作任务，步步为营、年年有成，积小胜为大胜，努力让群众看到变化，得到实惠。着力推进数字政府综合应用，加快政府服务向“一体化”转变。三是坚持绩效为要。坚持政府过紧日子，让企业和群众过好日子。大力推进节支挖潜，健全财政政策体系和资金管理机制，通过压一般、保重点，集中财力办大事，把有限资金用在刀刃上，确保每一分钱花得其所、用得安全。四是坚持法治为先。推进创建全国法治政府建设示范县，强化决策法定程序的刚性约束，严格规范公正文明执法，依法依规开展行政调解，严格政务公开。五是坚持廉政为基。严格落实全面从严治党主体责任，坚持党员领导干部带头履行“一岗双责”，严格执行中央八项规定精神，健全厉行节约长效机制，“三公”经费支出压减10%，严格遵守廉洁自律各项规定，坚决不触底线，不碰红线、不碰高压线，做干净干事、清正廉洁的表率。

各位代表！山再高，往上攀，总能登顶；路再长，走下去，定能到达。站在新的历史起点上，让我们紧密团结在以习近平同志为核心的党中央周围，在中共龙泉市委的坚强领导下，与党同心、与时代同步、与人民同行，大步迈向高水平全面建设社会主义现代化新征程，为奋力打造一座独具匠心的文化名城，加快实现龙泉复兴发展梦想而努力奋斗！

# 龙泉市人民代表大会常务委员会工作报告

## ——在龙泉市第十六届人民代表大会第五次会议上

（2021 年 3 月 9 日）

龙泉市人民代表大会常务委员会主任　叶砭仙

### 2020 年工作回顾

2020 年是高水平全面建成小康社会和“十三五”规划的收官之年，也是龙泉撤县设市 30 周年和衢宁铁路通车之年。一年来，市人大常委会高举习近平新时代中国特色社会主义思想伟大旗帜，深入学习习近平法治思想和关于坚持和完善人民代表大会制度的重要思想，在中共龙泉市委的坚强领导下，以“聚焦‘重要窗口’、聚力龙泉复兴”学习实践活动为引领和动力，全面厉行“丽水之干”，用心用力用情答好时代和人民赋予的答卷，高水平推进新时代人大工作和建设。

全年共召开常委会会议 7 次、主任会议 13 次，听取和审议“一府一委两院”专项工作报告 16 个，开展执法检查 2 次，开展专题调研 4 次，作出决议决定 9 个，提出审议意见 21 个，督查办结代表建议、批评意见 169 件，较好地完成了市十六届人大四次会议提出的各项任务。

一、坚持正确方向，在贯彻党委决策部署中找准人大定位

一年来，市人大常委会始终在政治上思想上行动上同以习近平同志为核心的党中央保持高度一致，树牢“四个意识”、坚定“四个自信”、做到“两个维护”。

（一）旗帜鲜明讲政治。坚持把政治建设放在首位。进一步完善常委会党组理论学习制度。及时学习习近平总书记浙江考察重要讲话精神，学习省委、丽水市委、龙泉市委重要会议精神。认真履行全面从严治党和意识形态工作主体责任，严格落实党风廉政建设责任制。认真执行重大事项请示报告制度，全年提请市委研究人大工作 4 项，确保党的领导贯穿全市人大工作各方面和全过程。协助市委组织召开市委人大工作会议，出台《中共龙泉市委关于高水平推进新时代人大工作和建设的意见》。

（二）群策群力赢“两战”。2020 年是极不平凡的一年，面对突如其来的新冠肺炎疫情，市人大常委会深入学习贯彻习近平总书记关于疫情防控工作的重要讲话和指示批示精神，坚决落实中央和省委、丽水市委、龙泉市委部署，认真贯彻省、丽水市人大常委会关于依法全力做好新冠肺炎疫情防控工作的决定，全力支持政府采取临时性应急管理措施，推动我市疫情防控在法治轨道上运行。充分发挥人大的制度和职能优势，以战时思维和状态多举措推动疫情防控。常委会班子成员积极深入乡镇、村社一线，走进企业、项目建设现场，及时协调解决问题，督促政策措施落地落实，全力助推疫情防控和复工复产；各级人大代表充分发挥岗位优势，参与联防联控，踊跃捐款捐物，带头复工复产，用实际行动汇聚起战“疫”的代表力量；机关党员干部纷纷下沉社区一线，参与疫情防控志愿服务，共筑抗疫坚强防线。

（三）围绕中心作表率。完善出台龙泉市人大常委会《讨论重大事项的规定》等文件，进一步规范重大事项讨论决定程序，细化重大事项决定权的范围和内容，切实增强决定重大事项的针对性和实效性。审议通过龙泉市 3 个历史文化街区保护规划的决议，在制定相应的配套政策、保护好历史文化街区的原真性等方面提出建议意见，切实维护规划的权威性和严肃性。围绕“八联八促”“创文创卫”等中心任务，深入一线发力，联系 6 个重点项目和 12 家重点企业，推动解决

最急、最忧、最盼的问题，不断把市委的助企暖春举措落实到最基层。着眼生态经济、文旅产业提质升级、乡村振兴等全局战略，适时开展执法检查、专项督查、专题调研，不断在对标对表市委重大决策中推进人大工作。

（四）实践活动出成果。坚持“党有所指，我有所向”。继续巩固“不忘初心、牢记使命”主题教育实践活动成果，认真书写“龙泉发展六问”答卷，扎实开展“聚焦‘重要窗口’聚力龙泉复兴”学习实践活动。切实提高知、信、行合一能力，进一步增强守初心、担使命的思想自觉和行动自觉。全力汇聚“奋力打造一座独具匠心的文化名城”思想共识和强大合力。

（五）依法任免有担当。坚持任前法律知识考试和任前审查，把好干部“入门关”，常委会依法任免 66 人次，圆满实现了党委人事安排意图。出台《关于落实宪法宣誓制度的若干规定》，并对辖区内宪法宣誓制度贯彻实施情况进行督查，全年共组织宪法宣誓 83 人次。进一步强化干部任后监督，出台《龙泉市人民代表大会常务委员会任命的政府组成部门负责人履职工作评议办法（试行）》，对发改局、自然资源和规划局、水利局、农业农村局、应急管理局、统计局等部门主要负责人开展履职工作评议，督促依法行权、勤勉履职。

各位代表，工作千万条，党的领导第一条。只要我们自觉讲党性，始终以党的旗帜为旗帜，以党的方向为方向，以党的意志为意志，人民代表大会制度就能焕发出无限生机，人大工作就能在新时代发展的进程中迸发出不竭动力。

二、注重监督实效，在“重要窗口”建设中贡献人大力量

一年来，常委会围绕全市经济社会发展大局，综合运用多种方式，不断加强和改进监督工作，力求做到重点更突出、成效更明显。

（一）聚焦小康社会建成和“十四五”规划纲要编制。推进高水平全面建成小康社会，开启社会主义现代化建设新征程，编制好我市“十四五”规划及二〇三五远景目标纲要至关重要。常委会以此为重点开展监督工作，精心组织调研，听取和审议高水平全面建成小康社会指标完成情况、“十三五”规划纲要执行情况和“十四五”规划纲要编制情况。分析汇总“十三五”时期经济社会发展的瓶颈问题，围绕事关“十四五”时期经济社会发展大局的重大问题和人民群众关心关注的热点难点问题，要求政府抢抓机遇，紧抓“六兴六高”任务，不断夯实高质量发展基础。

（二）推动社会高效治理。按照全省“一盘棋”要求，站在打造社会治理领域重大标志性成果和推进“重要窗口”的高度，创新社会治理，省市县三级联动开展社会矛盾纠纷调处化解“最多跑一地”改革专项监督，推进矛调中心、大调解体系建设，强化矛盾联动共治，进一步推动治理能力现代化。开展社区建设和疫情防控工作调研，督促政府出台《龙泉市关于进一步激励关爱城市社区建设及专职社区工作者的十条举措》。听取和审议养老服务体系建设情况报告，督促政府积极发挥主导作用，科学建设养老机构、人才队伍，加快推进医养融合健康发展。

（三）护航经济稳健运行。常委会坚持正确监督、有效监督，聚焦改革发展中的重点难点依法开展监督工作，全力推进经济社会发展。一是加强经济运行监督。围绕落实市人代会确定的目标任务，密切关注经济运行，听取和审议了 2020 年上半年经济社会发展情况和下半年政府主要工作的报告，审议了 2020 年上半年国民经济和社会发展计划执行情况的报告，针对存在问题，提出了抢机遇、抓投资、防风险，全面实现全年目标任务等审议意见。二是加强财政预决算监督。持续加强对财政预算编制、执行、调整、绩效和决算的审查监督，听取和审议 2020 年 1—6 月预算执行情况的报告、2020 年度财政预算调整情况的报告、2020 年度地方政府债务限额的报告，听取政府化解隐性债务风险工作的报告，并作出相关决议决定。督促抓好财源建设、优化支出结构、提高资金效益、防范化解债务风险。听取和审议国有资产管理情况的综合报告和专项报告，督促健全完善管理制度，提高效益。听取和审议 2019 年度财政预算执行和其他财政收支情况审计工作报告，全面落实审计查出突出问题整改情况向人大常委会报告制度，推动审计查出问题的整改落实。三是加强绿色产业发展监督。听取和审议数字经济发展情况报告，分析信息基础设施建设、产业融合发展程度和产业发展要素支撑等方面存在的不足，在产业培育、政策扶持、科技创新等方面提出新要求，推动“数字经济”高质量发展，全力推进“数字经济”一号工程。开展食用菌产业发展情况专项监督，剖析产业发展瓶颈，提出加强政策导向、提升菇林培育、加快菌材替代技术研究推广等对策建议，推动传统产业转型升级，促进农业产业发展、农民致富增收。

（四）紧盯热点保障民生。常委会坚持把维护和实现广大人民群众利益、保障和改善民生作为人大工作的出发点和落脚点。针对新冠肺炎疫情发生后显现出的社会经济问题，及时开展新冠肺炎疫情防控和复工复产工作专题监督，并组织代表视察公共卫生服务体系建设，系统检视医疗卫

生等方面存在的短板。提出在创新完善，提升公共卫生应急能力，加强基础设施建设、人才队伍建设等方面下功夫。听取和审议公共租赁住房管理工作情况报告，推动公共租赁住房保障能力、分配供给小区管理等方面进一步提升。组织代表视察农村饮用水安全情况，连续四年跟踪监督农村饮用水达标提标工作。四年来，全市累计投入资金3.88亿元，完成611个农饮水项目建设，全面提升了18.1万农村居民饮用水条件，成为丽水率先实现农村饮用水达标提标“全兜底”的县市。这张优异的成绩单，正是我们对“人民至上”理念的最好回应。

（五）促进民主法治建设。常委会聚焦治理能力提升、推进民主法治建设。开展《中华人民共和国动物防疫法》和《浙江省动物防疫条例》“一法一条例”执法检查和野生动物保护情况专题调研，推动基层防疫队伍建设、提升执法监督水平；开展《中华人民共和国公共文化服务保障法》和《浙江省公共文化服务保障条例》“一法一条例”执法检查，建议落实政府主体责任，通过加大产业投入、完善保障机制，进一步提升文化自信，推动公共文化事业发展。依法监督司法工作，听取和审议市检察院民事行政检察工作情况报告，强化法律监督、完善协作机制，进一步维护司法公信力、增强监督实效，积极促进我市检察机关民事行政检察工作水平。加强规范性文件备案审查，全年共对市政府制定出台的20件规范性文件进行备案审查；高度重视人大信访工作，共接到来信来访52件，并做好转办督办工作。

各位代表，不忘来路，方得始终。我们由人民选举产生，只有对人民负责，为人民尽责，才能不负重托；我们受人民监督，只有依法履职，担当作为，才能不负众望。

三、突出代表地位，在依法保障代表履职中彰显人大优势

常委会不断深化代表工作，厚植人大工作根基，努力满足人民群众对人大工作的新期待。

（一）高质量提升履职能力。一是加强学习培训。在代表中开展“聚焦‘重要窗口’、聚力龙泉复兴”学习实践活动，发挥代表优势，凝聚代表智慧，为龙泉复兴献计献策。共收集各级人大代表《关于笋竹产业的建议》《支持养老服务业加快发展的建议》等建议49篇，优选20篇参评龙泉复兴十大良计。组织年度人大履职能力培训，人大干部通过培训学习增强了责任意识，拓宽了工作视野，提升了履职水平。二是加强制度建设。2020年，建立常委会领导与列席常委会会议代表座谈机制，落实市人大代表列席人大常委会会议、代表述职、常委会组成人员联系代表等制度。进一步密切了常委会与代表、代表与选民之间的联系。全年共组织常委会领导与列席常委会会议代表座谈3次，共有24位代表列席了常委会会议，共有40位代表进行了述职活动，全市人大代表向选区选民述职工作已全面完成。同时有针对性地开展代表教育工作，对个别代表存在的苗头性问题及时予以关注，通过约谈、走访等方式进行帮助教育。三是加强平台打造。全年完成8个乡镇街道规范化代表联络站建设并通过丽水验收。探索实施“365”运行机制，打造“代表有话说”特色品牌，提高代表履职活动质效，助推人大“重要窗口”建设。截至目前，全市代表联络站共组织学习培训71次，组织视察调研121次，组织代表走访接待选民5313人次，结对困难群众764户，收集意见建议574件，解决落实500件。

（二）高质量办理代表建议。常委会盯牢办前、办中、办后三个时间节点，用好重点督办、联合督办、舆论督办三个办法，做好与专项工作、工委工作、代表活动三个结合。重点落实“主任督办”制度、办理单位“一把手”负责制度、“三见面”制度，积极促进代表建议高质量办理。市十六届人大四次会议上，收到代表建议168件，闭会期间收到代表建议1件，合计169件，实现了代表建议办结率、满意率两个100%。

（三）高质量推动民生实事。市十六届人大四次会议对市政府2019年度“十件民生实事”项目实施情况进行了满意度测评，测评结果良好。2020年，常委会抓实抓牢“跟、督、评”三个环节，两次组织开展实事项目跟踪监督，梳理反馈了35个问题及67条建议意见，有力助推了政府民生实事项目顺利实施、按期完成。听取和审议了市政府2020年度“十件民生实事”项目完成情况和2021年民生实事项目谋划情况的报告。同时，关注乡镇（街道）民生实事项目票决制度落实情况，强化资金保障，落实2020年度乡镇（街道）民生实事项目建设资金860万元，引导乡镇（街道）将项目资金真正用在“刀刃上”。

各位代表，千变万变，主体不变。常委会将始终尊重代表主体地位，努力找准差距，补齐短板，不断改进方法，提高服务水平，为代表依法履职创造更好的条件，让代表的主体作用得到更充分发挥。

四、强化履职尽责，在全面加强自身建设中展示人大形象

常委会机关按照“唯实唯先、善作善成”的干部队伍建设目标，更好发挥“两个机关”作用，激发创造力，不断提升服务大局的能力和水平。

（一）突出政治建设。始终把党的

建设放在突出位置。制定和完善《中共龙泉市人大常委会党组议事规则(试行)》。坚持完善常委会党组理论学习制度、会前学法制度，丰富学习内容；持续推动习近平总书记关于坚持和完善人民代表大会制度的重要思想进党校。根据市委部署，组织人大常委会机关党员干部积极投身疫情防控、群防群治和应急保障工作，发挥党员先锋模范作用。指导市人大常委会机关党组、党支部开展标准化建设，对“三会一课”、组织生活会等方面作出了明确要求。一年以来，共召开人大常委会党组民主生活会1次、党组会议6次、党组理论学习会12次。

(二)激励干事创业。常委会和机关干部积极参与重点项目建设，人大系统干部在国家公园创建、衢宁铁路、青瓷小镇、凤起路区块、南秦国镜药业区块征迁等项目建设主战场奋勇争先，勇于担当。积极参与脱贫攻坚工作，认真落实机关结对、干部结对扶贫。参与社区共建，并在其中真抓实干，善作善成。重视机关老干部工作，密切联系，主动关怀，努力为老干部提供热情优质的服务。

(三)传播人大声音。及时发布人大决议、决定，将常委会工作始终置于人大代表、人民群众和社会各界的有效监督之下,充分发挥新闻媒体作用，及时报道常委会的重要会议、重大活动和创新举措，大力宣传人大代表先进事迹。一年来，共有100多篇人大信息被省、丽水市相关媒体刊发。

(四)指导基层实践。加强乡镇街道人大建设。全面落实省委、丽水市委、龙泉市委高水平推进新时代人大工作和建设的意见，切实加强对乡镇人大、街道人大工委的指导，明确工作职责，不断提高我市人大工作的整体水平。积极贯彻落实《浙江省街道人大工作条例》，全面推行街道居民议事会制度。指导各乡镇街道人大组织召开人代会和街道居民议事会。组织召开乡镇街道人大工作例会，促进新时期基层人大工作交流，形成全市人大工作“一盘棋”。积极参与村社组织换届选举，推动依法选举，依法维护人民权利。

各位代表，一木难为林，众志方成城。常委会工作的开展和进步，得益于市委的坚强领导，饱含着常委会组成人员和全体人大代表、人大工作者的辛勤付出，离不开“一府一委两院”的积极配合，源自全市人民以及社会各界的理解与支持。在此，我谨代表市人大常委会向大家表示崇高的敬意和衷心的感谢！

回顾过去一年，我们也清醒地看到，常委会工作与新时代人大工作新要求和人民的期望还存在一定差距，主要表现在：行使重大事项决定权还需增强，刚性监督方式运用较少，人大工作数字赋能有待突破，代表作用发挥仍显不足，常委会及机关自身建设有待深化等。这些都需要我们高度重视，切实解决。

## 2021年工作主要任务

2021年是中国共产党成立100周年，是实施“十四五”规划的开局之年。立足新发展阶段，贯彻新发展要求，构建新发展格局，对人大工作提出了新要求。市委十四届十次全会审议通过的《关于制定龙泉市国民经济和社会发展第十四个五年规划和二〇三五年远景目标的建议》，明确了今后一段时期我市经济社会发展的指导思想、重要原则、基本理念和工作目标。新的起点、新的征程、新的目标、新的要求，需要人大工作有更大的作为。

今年，市人大常委会工作的总体要求是：坚持以习近平新时代中国特色社会主义思想为指导，深入学习贯彻习近平法治思想、习近平总书记关于坚持和完善人民代表大会制度的重要思想，全面贯彻党的十九大和十九届历次全会以及省委、丽水市委、龙泉市委全会精神，高扬“丽水之干”奋斗旗帜，凝聚“龙泉复兴”行动伟力，围绕系统实施龙泉复兴“1369”战略行动、组织开展“匠心铸城、实干复兴”跨越追赶和“党建提质、能力提升”活动的部署要求，着力交出履职高分报表，为加快建设一座独具匠心的文化名城，聚力开创龙泉复兴新局面提供有力的法治保障，展现人大担当作为。

一、落实新要求，始终坚持正确方向

坚持党的领导，围绕聚焦“重要窗口”、聚力龙泉复兴，把各项新任务落地生根。人大工作的重大问题、重要事项及时向市委请示报告，确保市委决策部署落实到人大工作的各方面、全过程。

(一)依法行使监督权。要突出监督重点、改进监督方式、加大监督力度、注重监督实效，着力提升审议报告、专题调研、集体视察、执法检查、备案审查等工作水平。加强对审议意见的跟踪督办，逐步推进办理情况报告提交人大常委会会议表决，推进专题询问和工作评议，改进监督工作，增强监督实效。

(二)依法行使重大事项决定权。要进一步落实《龙泉市人大常委会讨论决定重大事项的规定》，把听取审议“一府一委两院”工作报告及专项报告、审查批准计划和预算等作为行使重大事项决定权的重点。加强对政府重大决策的监督，促进决策的民主性、科学性。

(三)依法行使任免权。不折不扣地实现党委人事意图，依法任免干部。坚持执行“宪法宣誓”制度，继续落实政府组成部门负责人履职工作评议办法，形成依法任免的地方国家机关工作人员“任前考法、任职表态、任时宣誓、任期述职、任后监督”的长效机制，督促被任命的干部知敬畏、尊法规、敢担当、尽责任、善作为。

二、树立新理念，推动“十四五”战略决策落到实处

紧扣市委的决策部署，抓住“一府一委两院”重点工作、民生热点问题开展监督，精准发力，组合施力，推动经济社会高质量发展。

（一）紧扣绿色发展。推动“十四五”战略举措落实落地，特别关注科技创新发展部署。听取和审议国民经济和社会发展计划以及执行情况的报告。审查批准财政决算、预算调整、政府债务限额，加强财政预算执行、国有资产管理、审计工作及审计查出问题整改情况的监督。听取和审议龙泉市国土空间总体规划编制情况的报告，开展美丽城镇建设情况调研，继续落实环境状况和环境目标完成情况报告制度。继续关注生态产业发展，听取和审议茶产业发展情况的报告。

（二）紧扣法治建设。认真开展省、丽水市人大数字经济促进条例、民营企业发展促进条例、劳动保障监察条例、粮食安全保障条例、生活垃圾管理条例等法律法规联动执法检查工作。听取和审议“七五”法治宣传教育情况报告，作出“八五”法治宣传教育决议。听取和审议年度法治政府工作情况报告。

（三）紧扣民生改善。不断完善民生实事项目代表票决制，开展重大民生实事工程视察，听取和审议2020年政府民生实事项目完成情况报告并开展满意度测评，认真审议2021年全市民生实事候选项目方案。跟踪监督养老服务体系建设审议意见落实情况。组织代表视察民政殡葬工作、畲族文化传承发展情况。

三、激发新活力，加强换届指导和代表履职保障

常委会将继续牢固树立代表主体意识，加强和改进代表工作，更好地支持和保障代表依法履职。

（一）依法做好县乡人大换届选举工作。按照《宪法》和《地方组织法》的规定，今年我市将开展县乡两级人大换届选举工作，这是全市人民政治生活中的一件大事。常委会将切实贯彻新修订的《地方组织法》《选举法》《代表法》，严肃执行人大换届工作法规，在市委的领导下，担负起县乡人大换届选举的法定责任。协助党委把好代表候选人的政治关、素质关、结构关。坚持党的领导，充分发扬民主，严格依法选举，确保换届选举风清气正。

（二）保障代表依法履职。密切常委会组成人员与代表、代表与群众的联系，深化与列席常委会会议代表座谈机制，完善常委会组成人员联系代表制度，拓宽代表对人大工作的参与面。全面完成规范化代表联络站建设，推进网上代表联络站建设，畅通代表联系群众的渠道。认真审议代表议案、督办代表建议，督促代表意见建议办理由“满意度”向“落实率”转变。继续优化在龙的省和丽水市人大代表的服务工作。

（三）不断提升代表素质。探索代表学习培训的有效办法，推进代表参与产业发展、城市建设等活动。探索代表履职的激励、监督措施，建立不称职代表退出机制，推荐履职优秀的代表参加连选。

四、谋求新作为，全力助推龙泉复兴

2021年是本届市人大常委会任期的最后一年，加强自身建设尤为重要。市人大常委会将继续围绕中心不动摇，紧扣“奋力锻造一支全面厉行‘丽水之干’、堪当‘龙泉复兴’重任的匠心干部队伍”新要求，加强“两个”机关建设。

（一）理论武装上求真。坚持落实人大常委会党组理论学习、常委会会前学法、机关集体学习等制度。认真开展党史学习教育，积极开展庆祝中国共产党成立100周年相关活动。坚定理想信念，增强“四个意识”，厚植政治素养、法治思维、履职质量。加强常委会组成人员及机关干部两支队伍建设，推进培训精准化、多样化和专业化。

（二）作风建设上求实。严格执行从严管党治党规定，认真落实党风廉政建设责任。在制度建设上下功夫，进一步实现机关事务管理规范、精细。在重点项目、“三服务”等工作中做实事、解难事。

（三）能力提升上求效。深入开展调研，有效监督，为决策、为发展、为民生提供有价值的意见。推动人大综合数字化转型，成立人大常委会机关宣教中心，加强信息宣传工作。增进与“一府一委两院”的沟通协调，以及对专工委和机关工作的领导。加强对乡镇、街道人大的工作指导，深入贯彻落实街道人大工作条例。积极探索经济开发区人大工作。加强与上级人大、县区人大之间的联系。

各位代表、同志们，扬帆起航凌云志，中流击水正当时！“十四五”规划蓝图已经绘就，新的征程已经起航，我们的使命艰巨而光荣。让我们紧密团结在以习近平同志为核心的党中央周围，在中共龙泉市委的坚强领导下，高扬“丽水之干”奋斗旗帜，为大步迈向高水平全面建设社会主义现代化新征程、奋力打造一座独具匠心的文化名城、加快实现龙泉复兴发展梦想贡献人大力量，以优异成绩庆祝建党100周年！

# 中国人民政治协商会议第九届龙泉市委员会常务委员会工作报告

## ——在政协第九届龙泉市委员会第五次会议上

（2021年3月8日）

龙泉市政协主席　刘赤波

### 2020年工作回顾

2020年是极不寻常的一年，我市在统筹疫情防控和经济社会发展的大疫大考中取得了重大胜利成果，如期实现了与全省同步高水平全面建成小康社会重要战略目标。在中共龙泉市委的坚强领导和市人大常委会、市政府的大力支持下，市政协及其常委会认真贯彻落实中共十九大和十九届历次全会、各级党委政协工作会议精神，以“聚焦‘重要窗口’、聚力龙泉复兴”学习实践活动为引领和动力，全面厉行“丽水之干”，坚持团结和民主两大主题，坚持建言资政和凝聚共识双向发力，坚持思想政治引领和广泛凝聚共识相互贯通，充分发挥专门协商机构作用，助推助力实现“两手硬，两战赢”，圆满完成市政协九届四次会议确定的各项工作任务，为全面夯实龙泉复兴坚实基础作出了积极贡献。

一、把稳航向，党对政协工作的全面领导更加坚强

市政协常委会始终旗帜鲜明讲政治，坚定不移跟党走，自觉接受和服从党的领导，确保政协事业沿着正确的政治方向砥砺前行。

（一）政治建设全面强化。始终把坚持党对政协工作的绝对领导作为第一要求，树牢“四个意识”、坚定“四个自信”、坚决做到“两个维护”，切实在思想上政治上行动上同以习近平同志为核心的党中央保持高度一致，坚定不移地用习近平新时代中国特色社会主义思想武装头脑、指导实践，确保政协工作始终沿着正确的方向笃定前行。自觉接受市委领导，做到重大事项及时请示、重要活动及时汇报、重要精神及时传达，做到市委有号召、政协有行动，市委有部署、政协有落实，真正把党的领导贯穿于政协工作全过程和各方面。

（二）贯彻党委政协工作会议精神扎实有效。协助召开市委政协工作会议，配合市委研究出台《中共龙泉市委关于新时代加强和改进人民政协工作的实施意见》，明确了做好新时代人民政协工作的总体要求，为今后政协效能发挥提供了遵循和支持。市政协党组第一时间组织认真学习各级党委政协工作会议精神，深刻领会精髓要义，推动会议精神层层学深悟透。丽水市委督查室下发《关于丽水市委政协工作会议精神落实情况专项督查的情况通报》后，市委吴松平书记两次作出重要批示，市委办第一时间印发了《关于落实省委、丽水市委和龙泉市委政协工作会议主要任务分工方案》，切实推动相关整改工作真正取得实效。

（三）政协系统党建工作持续深化。市政协党组充分发挥领导核心作用，团结带领政协委员坚决贯彻落实党的路线方针政策和市委重大决策部署。制定下发《市政协党组2020年度工作要点》，努力把党的主张转化为市政协各参加单位、各党派团体和全体政协委员的共识，推动党的决策部署在政协组织中落到实处。对市政协党组成员联系专委会、联络组和市政协党组成员联系联络组党员委员、党员委员联系党外委员进行调整完善，确保党的组织对党员委员和党的工作对政协委员“两个全覆盖”。努力

提高政协党员干部思想政治修养和政策理论水平，增强政协党员干部担当精神和责任意识，以政协党员干部的榜样行动团结和影响党外人士，凝聚和调动社会一切积极因素为新时代中国特色社会主义建设事业服务。

二、精准建言，围绕中心履职尽责更加有效

市政协常委会全面贯彻落实市委重要决策部署，坚持突出协商主责主业，深入协商议政，广泛建言资政，28 个专题协商计划全面完成。

（一）协商效果明显提升。市政协九届四次会议上，全体政协委员认真听取并协商讨论了“一府两院”工作报告，就如何加强全市政治、经济、文化、社会和生态文明建设，与市党政领导面对面协商，并开展了“有效防控疫情，提升公共卫生事件处置能力”“促进竹木加工产业转型升级”“扎实推进美丽城镇建设”3 场专题协商活动，提出建议意见 30 余条，并形成专题协商建议书，取得良好成效。全年还分别围绕“以名城提质为抓手，推动城市旅游发展”和“助力社会矛盾纠纷化解，实现‘最多跑一地’”专题开展“请你来协商”活动，形成具有较高价值的协商建议书，得到市委吴松平书记和市政府翁志鸿代市长的高度肯定。组织开展了“全面接轨衢宁铁路，加快推进美丽幸福好龙泉建设”“请你来协商”活动并形成常委会建议案，提出的七个方面建议得到了市党政主要领导的充分肯定和相关职能部门的积极采纳。市政协多场专题协商活动被省政协公众号同心苑报道，阅读量均在 1 万人次以上，3 次登上同心苑“一周热文榜”前 10 名。

（二）协商形式更加丰富。由“三办”联合印发了《政协龙泉市委员会 2020 年度协商计划》，明确了年度协商主题和要求。各专委会围绕电商行业发展、城区老旧小区污水管网改造、留槎洲水上公园提质改造等 10 余个社会发展和民生热点问题，组织政协委员深入研究，广泛论证，在与市政府相关部门协商过程中，从不同角度提出了深层次的意见建议，促进了相关问题的解决。积极组织开展“委员会客厅”活动，“剑瓷龙泉政协委员会客厅”就剑瓷行业疫情防控及复工复产情况组织开展协商交流活动，会客厅成员、剑瓷行业协会代表与相关部门单位负责人面对面沟通，提出切实可行的建议措施，有效推动了剑瓷行业复工复产。“委员会客厅”举办的“剑瓷元素融入城市建设”专场协商中，政协委员讨论热烈，意见建议切实可行，得到了省、丽水市政协充分肯定和从业人员普遍好评。聚焦“我市‘十四五’规划编制”“生态产品价值实现机制”“兰巨乡拟撤乡设街道”“社区网格化治理模式”等专题，协商式征求相关界别政协委员意见 10 余次，收集建议意见 200 余条。

（三）协商平台渐趋完善。在搭建好常态化协商平台的基础上，制定“请你来协商”“6+X”年度协商计划，在把好选题策划关、调查研究关、活动组织关、成果转化关的同时，不断提升“请你来协商”平台工作的效果和影响。配合市委制定《龙泉市政协“请你来协商”平台建设工作实施意见》，从制定协商计划、规范协商模式、完善评价体系、统一协商品牌等方面着力推动“请你来协商”平台常态规范运行和可持续发展。全面形成了以“请你来协商”平台为主轴，全会协商、常委会协商、主席会议协商为重点，专题协商、对口协商、界别协商为常态的协商议政新格局。坚持“重要工作情况通报机制”，在常委会会议、主席会议上邀请市政府领导和市直有关部门主要负责人到会通报半年度全市经济社会发展、公共卫生服务项目建设、百山祖国家公园创建、扶贫领域突出问题整改暨“两不愁三保障”、生态环境保护、党风廉政建设和反腐败工作等情况，有效拓展了政协委员知情明政平台，激发了履职热情，推动了相关重要工作落实和完成。

三、关注民生，服务大局助推发展更加务实

市政协常委会围绕党政中心工作，坚持把察民情、解民困、惠民生贯穿于履职尽责的各领域和各环节，做到矢志不渝围绕中心、服务大局砥砺前行，助推助力全市经济发展和社会进步。

（一）助力打赢“两战”出实招。历史上所罕见的新冠肺炎疫情发生以来，市政协认真落实上级政协和市委有关“两手都要硬，两战都要赢”的各项决策部署，第一时间发出《倡议书》，制定《积极助力做好新冠肺炎疫情防控工作实施方案》。主席会议成员和机关全体干部走乡进村驻企开展“三服务”40 余次，协调解决基层在疫情防控和复工复产中面临的困难 20 余项。全体政协委员积极响应号召，主动投身人员排查、卡点管控、志愿服务、后勤保障等工作，特别是医疗卫生界别政协委员始终奋战在抗疫一线主战场和最前沿，彰显了政协委员的责任担当和履职风采。政协委员及各参加单位累计捐款捐物 300 余万元。聚焦“统筹推进疫情防控和复工复产复学复市”开展专题调研，提出具体可行的建议和意见，助力打赢疫情防控阻击战和发展总体战。

（二）专项民主监督有实效。市政协九届四次会议以来，共收到以提案形式提出的建议意见 158 件，立案 151 件，并案后为 104 件，提案办复率 100%。按照“做深前期、做实中期、做优后期、做强期末”的分期推进法，积极探索提案工作新机制，继续实行党政领导共同领办政协重点提案制度，组织开展重点提案办理民主评议，有效推动了提案的办理和落实。根据省政协统一部署，结合龙泉实际制定实施方案，持续深入开展“城乡生活垃圾分类处理”“高水平全面建成小康社会补短板”和“社会治理领域‘最多跑一地’”三级政协联动专项集体民主监督，共开展民主监督活动20余次，提出意见建议180余条，并分别形成了专项集体民主监督报告，有力推动了相关工作落实和完成。积极组织政协委员参与“局长作风大家评”“省示范文明城市创建”“城区小学新生招生摇号”“公益诉讼检察开放日”等民主监督活动30余次，提出150余项具体建议和意见。

（三）情系社会民生办实事。针对群众反映强烈的“僵尸车治理”难题开展专题协商，促成公安交警、综合执法、建设、街道、社区等部门单位通力合作，有效推动僵尸车治理工作。为解决中小学校门口拥堵问题，市政协通过重点提案督办推动相关部门开展现场整治，拥堵现象得到明显好转。与丽水市政协联合到住龙镇开展送“送卫生下乡”活动，丽水各大医院及疾控部门的专家们为村民作疫情防控知识、应急救护知识的健康讲座，并举办了现场义诊活动。先后到查田、砖石、八都、小梅等乡镇（街道）开展“送教育、文化、科技、法律下乡”活动，受益对象达3000余人次。

四、凝聚共识，团结奋进磅礴伟力更加强劲

市政协常委会充分发挥人民政协的特色和优势，画好“同心圆”，扩大“朋友圈”，汇聚“正能量”，为全市经济社会高质量发展汇聚起磅礴伟力。

（一）团结联谊协作全面拓展。坚持民主协商、平等议事、求同存异原则，健全落实与各民主党派、工商联、无党派人士、社会团体和各族各界人士联系制度，不断巩固和扩大爱国统一战线。积极走访异地龙泉商会，为龙泉籍在外人士回乡创业牵线搭桥，提供支持和帮助。不断深化对外交流合作，全年共接待外地政协来龙考察活动67批741人次，配合省、丽水市政协来龙调研10余次。全年共收集社情民意信息180余篇，编发《社情反映》专报12期，被丽水市政协录用34篇，其中《疫情防控特殊时期，建议给中小学校配备防疫医护人员》被全国政协办公厅综合采用，《加强疫情防控志愿者的培训指导》得到丽水市政府吴晓东市长的批示，《弘扬剑瓷特色，兴办民间博物馆》等多篇社情反映得到市党政主要领导批示和有关职能部门采纳。积极开展理论研究，获得丽水市政协理论研究成果三等奖2项。

（二）助推中心工作成果丰硕。按照市委中心工作要求，市政协主席会议成员认真做好“八联八促”工作，确保所联系乡镇、村、社区圆满完成脱贫攻坚、行政村规模调整、后进村整顿转化、村（社）组织换届选举等重点工作任务。同时，继续主动深入一线，所直接负责和联系领衔的重点项目成效明显。衢宁铁路如期开通运行，龙泉正式迈入铁路时代，站前广场区块配套项目建设已进入收尾阶段；温武吉铁路前期工作持续推进，可望在“十四五”期间尽快开工建设；凤起路区块“二次”征收全面完成；西街历史文化街区保护利用项目成效明显；瑞垟引水工程（一期）、氧吧长寿小镇、宝剑小镇、龙泉溪治理二期、梅溪综合治理等重点工程项目均进展顺利。

（三）文化文史工作亮点纷呈。持续推出《今日龙泉》文史专版，刊登“三亲”文章，已出刊6期，刊发文章、图片25篇（幅）。配合省、丽水市政协做好《小康路上的政协人》《同心抗疫》《卫生印记》等文史资料征集报送工作，报送稿件10余篇，其中《朵朵小菌菇 盛开小康路》被2020年第三期《浙江省文史资料》“全面小康”专栏选用。选送12件作品参加丽水市政协系统第14次书画作品联展，《千年名邑——中国龙泉》被推荐参加丽水市第26次社科优秀成果评选。龙泉一中模拟政协委员团队在第七届全国青少年模拟政协活动中再次荣获多项大奖。

五、守正创新，政协系统自身建设更加严实

市政协常委会坚持把强化自身建设作为履职能力建设的重要基础性环节，不断适应时代要求，健全履职机制，强化履职保障，使政协工作焕发出了蓬勃生机和旺盛活力。

（一）深入开展“聚焦‘重要窗口’，聚力龙泉复兴”学习实践活动。根据市委统一部署，认真开展“聚焦‘重要窗口’，聚力龙泉复兴”学习实践活动，极大地激发了政协系统全体人员履职尽责的责任意识和开拓创新的进取精神。主席会议成员深入基层走访调研，认真查摆存在问题，全面剖析症结成因，精心撰写心得体会，以实际行动推动学习实践活动走深走实。广泛发动政协委员开展“我为龙泉献一计”活动，征集金点子30余条，入选全市“发展良策”2条，刊发社情反映专刊3期，“坚持综合交通枢纽建设先行 全力打造浙闽赣三省边际中心城市”“融入长三角、接轨海西区的专题考察报告”等相关调研成果均得到市党政主要领导高度重视和相关职能部门普遍认同。

（二）切实加强委员队伍建设。充分发挥政协组织智力密集、人才荟萃的独特优势，组建“应用型智库”，为市委、市政府科学民主决策积极献计出力。组织开展“书香政协·文化龙泉”政协委员读书活动，组织部分政协常委、联络组长赴浙江红船干部学院学习培训，切实提高委员素质，努力打造一支“懂政协、会协商、善议政，守纪律、讲规矩、重品行”的政协委员队伍。配合市委理论学习中心组活动安排，邀请省政协常委、省城乡规划设计院院长陈桂秋开展《新型城镇化与未来城市》专题讲座。全年共组织开展“委员之家”系列活动7次。完善政协委员履职情况综合评价办法，促进全体政协委员做好“委员作业”。

（三）着力强化政协机关建设。市委选任了市政协专委会主任2名，副主任8名，进一步加强了市政协组织建设，充实了政协工作力量。成立了市政协专委会党小组，专委会的基础性作用得到较好发挥。正式上线“智慧政协”系统，政协委员提交提案、反映社情民意信息以及政协委员履职考核与评价等实现全流程自动化、信息化、无纸化，真正做到“让数据来跑腿，让履职更高效”。坚持严管与厚爱相结合，努力提高政协机关干部的思想政治素质和服务保障能力。

各位委员，市政协一年来各项工作取得的成绩，是中共龙泉市委坚强领导的结果，是市人大常委会、市政府和社会各方面大力支持的结果，也是市政协各党派团体、各参加单位、各位政协委员以及全体政协机关干部共同努力的结果。在此，我代表市政协常委会表示衷心的感谢!

同时，我们也清醒认识到，与做好新时代人民政协工作的要求和广大人民群众的期望相比，工作中还存在一些不足之处，主要是：“两个薄弱”问题还未得到根本解决；专门协商机构作用发挥还不够充分；凝聚共识工作的实效性还有待增强；政协委员整体素质尚需提升等等。我们将在今后的工作中给予高度重视，切实加以改进和解决。

## 2021年工作任务

2021年是“十四五”开局之年，是我国全面建设社会主义现代化国家新征程开启之年，也是九届市政协履职的收官之年。做好新一年的政协工作使命光荣、意义重大。市政协工作的总体要求是：以习近平新时代中国特色社会主义思想为指导，按照“学习新思想、携手新时代、聚焦高质量、服务高水平、画好同心圆”要求，坚持团结和民主两大主题，认真履行政治协商、民主监督、参政议政职能，高扬“丽水之干”奋斗旗帜，凝聚“龙泉复兴”行动伟力，围绕系统实施龙泉复兴“1369”战略行动，充分发挥专门协商机构作用，充分释放人民政协制度效能，殚精竭虑干出新时代人民政协新样子，为加快建设一座独具匠心的文化名城，聚力开创龙泉复兴新局面贡献政协智慧和力量。

围绕上述工作思路和目标，主要做好五个方面工作。

一、把握时代要求，充分发挥政协组织的思想引领作用

（一）持续深化理论学习。坚持把学习贯彻各级党委全会和政协工作会议精神引向深入，持续在学懂弄通做实上下功夫，做到学思用贯通、知信行统一。健全市政协党组理论学习中心组学习、主席会议集体学习、常委会专题学习等制度，做到引领带动学、深入持续学、常态长效学，切实把加强思想理论武装转化为政协委员履职的激情、推进工作的动力和解决问题的法宝。

（二）把牢正确政治方向。要坚持把党的领导贯穿于政协全部工作之中，确保党的各项决策部署在政协得到全面贯彻和坚决落实。始终牢记人民政协是一个政治组织，政协委员是政治身份，必须毫不动摇打牢共同的政治基础，承担共同的政治责任，始终围绕市委中心工作履职尽责，确保政协工作始终与市委同心同德、同向同行、同频共振。

（三）切实强化党建引领。紧紧围绕加强新时代政协系统党的建设总要求，把政协党组的领导核心作用、机关党组织的战斗堡垒作用、党员委员的先锋模范作用进一步凸显出来。认真履行全面从严治党主体责任，严明政治规矩，深化正风肃纪，把管党治党要求贯穿于政协工作全过程和各领域，切实以党建工作的高质量推动政协工作提质增效。

二、倾力服务大局，充分发挥专门协商机构的独特独有作用

（一）进一步丰富协商内容。着重就“‘十四五’规划纲要”“文化名城建设”“电商（物流）行业发展”“农村养老服务体系建设”等重点难点问题组织政协委员开展全面广泛深入的调查研究，提出更多具有针对性和可操作性的对策建议。坚持围绕市委、市政府的重大决策、重要工作和事关民生领域的重点问题分层次开展全会协商和其他各种行之有效的专门协商，为市委市政府科学决策凝聚各方面的智慧和力量。

（二）进一步完善协商形式。完善现有协商渠道，搭建好常态化协商平台，持续推进常委会会议协商、主席会议协商、对口协商、提案办理协商等多种形式组合协商议政。深化“请你来协商”平台建设，进一步健全“6+X”协商平台体系，努力将其打造成政协工作的“重要窗口”。以“厚植社会主义协商民主文化”为主线，不断营造“愿协商、敢协商、善协商”的协商环境，涵育“公正理性、求真务实、平等互信、开放包容”的协商文化，努力推动基层政协协商工作程序化、制度化、规范化。

（三）进一步提升协商质量。坚持先调研后协商，经常深入基层一线，

多方倾听百姓呼声，多花时间深入调研，多动脑筋思考分析，努力使提出的建议意见符合客观实际，顺应群众意愿，具有科学性和可操作性。加强协商过程中政协委员和部门单位的交流互动，使协商成果更具针对性和实效性。探索采用“现场协商”“网络协商”“远程协商”等新方式和新办法，大力推动省、市、县三级政协贯通协同的“指尖上的协商民主”，切实提升县(市)级政协协商参与度和影响力。

三、注重精准发力，充分发挥民主监督职能的助推助力作用

(一)认真组织开展集体民主监督。根据省政协统一部署，认真围绕“深入推进美丽大花园建设、努力打造美丽中国先行示范区”，开展省、市、县三级政协联动专项集体民主监督。充分发挥民主监督在推进工作落实中的积极作用，把事关改革发展稳定大局、群众切身利益和社会普遍关注的热点难点问题作为监督工作重点，强化措施，确保监督落实到位。

(二)持续有效深化提案办理监督。坚持“量质并举”，提升提案质量，进一步健全完善提案提出、办理、落实、反馈机制。认真遴选重点提案，重点向民生领域倾斜，进一步深化党政领导共同领办重点提案制度，推动提案办理协商常态化。继续组织开展重点提案办理民主评议，评议结果向社会公开。继续落实提案办理“回头看”制度，切实提高提案办理实效和满意度。

(三)着力增强提升监督整体效果。坚持多种民主监督形式并用，不断增加监督性议题比重，将监督贯穿于政协履职各个方面。继续探索政协民主监督与其他各种监督形式组合发力，切实提高政协民主监督刚性与效果。要在平等协商、相互尊重中形成合力，善于运用民主的方式和讨论的办法，设身处地多提建设性意见，不靠说了算，而靠说得对、说得准，使政协协商式监督发挥应有效能。

四、坚持以民为本，充分发挥政治协商制度的凝心聚识作用

(一)切实关注民生福祉。坚持把维护人民群众的根本利益作为工作的出发点和落脚点，做到工作重心下移，围绕人居环境、就医就学、转移就业等老百姓关心的热点难点工作，听民意、解民忧、惠民生，努力推出一批看得远、谋得实、提得准的调研成果，为市委市政府决策提供参考。进一步增强社情反映问题的针对性和时效性，促成社情民意信息有回音、有落实、有效果，做到广聚民意、广纳良策。

(二)广泛凝聚社会共识。把广泛凝聚共识作为政协履职的中心环节，切实担负起把党的决策部署落实下去、把各方面的智慧和力量凝聚起来的工作职责。持续建好用好“委员会客厅”，更好发挥会客厅对党外知识分子、非公有制经济人士、新的社会阶层人士等团结引领作用。根据省政协部署，积极开展“民生议事堂”活动，推进政协工作向基层延伸，促进政协协商与基层协商相衔接、与社会治理相结合。

(三)积极汇聚各方合力。牢牢把握新时代人民政协的职责使命，加强与社会各界的团结联合，推动发展充满活力的政党关系、民族关系、宗教关系、阶层关系、海内外同胞关系，奋力将政协“朋友圈”越拓越广，“同心圆”越画越大。继续组织开展“五送下乡”“百名政协委员联系帮扶百户低收入农户”和“献真情、解民忧、暖人心”等活动，鼓励和支持政协委员参与各类社会公益慈善和志愿服务活动。

五、强化自身建设，充分发挥政协队伍的先行样板作用

(一)着力提升委员整体素质。强化政协委员责任担当，增强政协委员“是荣誉更是责任”意识，增强政治定力，严守纪律规矩，锤炼道德品行，提升能力素养，推动政协委员教育培训常态化和全覆盖。加强政协委员履职考核的动态管理和结果运用，激发政协委员履职的积极性和主动性，交出新时代政协委员履职的高分报表。在市委领导下做好政协换届工作，对本届政协委员五年履职成效进行评估，根据有关规定做好留任政协委员推荐。

(二)健全完善制度机制建设。严格执行常委会会议、主席会议工作规则，完善和落实联络组向主席会议、专委会向常委会会议、常委会向全会逐级报告工作制度，努力形成职责清晰、程序规范、关系顺畅、运行高效的政协工作机制。进一步强化政协委员服务管理，充分发挥“智慧政协”系统作用，推进“数字政协”建设，让委员思想在线、智慧在线、联系不断线。

(三)全面强化机关保障作用。切实加强市政协专委会、联络组和参加单位建设，注重发挥老干部作用，持续着力破解县级政协基础工作和人员力量“两个薄弱”问题，坚持严管与厚爱相结合，激励和约束相并重，加强机关干部队伍建设，努力在实践中锤炼政治强、能力强、服务强、作风强的政协机关干部队伍，为政协履职提供坚强的组织保障。

各位委员，各位同志！实干托起梦想，奋斗成就未来，新时代人民政协事业正处于一个继往开来、大有可为的历史时期。让我们更加紧密团结在以习近平同志为核心的党中央周围，在中共龙泉市委的坚强领导下，抢抓机遇、和衷共济、开拓进取，为阔步迈进高水平全面建设社会主义现代化新征程、奋力打造一座独具匠心的文化名城、加快实现龙泉复兴发展梦想作出新的更大贡献！

# 专 辑

## “聚焦‘重要窗口’ 聚力龙泉复兴”学习实践活动

**【概况】** 2020年10月至2021年1月，龙泉在全市上下组织开展“聚焦‘重要窗口’ 聚力龙泉复兴”学习实践活动。通过近三个月的学习实践活动，全市广大党员干部进一步统一了思想认识，提振了发展信心；进一步明确了目标路径，理清了发展思路；进一步开阔了工作格局，形成了发展合力；进一步转变了工作作风，提高了发展效能。全市上下切实增强了“聚焦‘重要窗口’ 聚力龙泉复兴”的政治自觉、思想自觉和行动自觉，汇聚起聚力“龙泉复兴”的磅礴伟力，为奋力打造一座独具匠心的文化名城，实现跨越式高质量发展，开启高水平全面建成社会主义现代化新征程注入了强劲动能。

2020年10月15日，中共龙泉市委印发《关于开展“聚焦‘重要窗口’ 聚力龙泉复兴”学习实践活动的意见》（龙委发〔2020〕17号），成立了以龙泉市委书记吴松平任组长，龙泉市委副书记、市长翁志鸿任第一副组长，龙泉市委常委诸葛春杰任常务副组长，熊勇军、雷超、徐达伟、雷蕾、廖卫民、郑建青、周吾灿、邹海亮等龙泉市委常委任副组长的“聚焦‘重要窗口’ 聚力龙泉复兴”学习实践活动领导小组，领导小组下设综合组、宣传组、督导组、典型选树组、调研组，专门抽调精干力量进行集中办公。

活动期间，龙泉市委从龙泉发展阶段和全局出发，提出“龙泉发展六问”的课题，并按照“出题—议题—论题—解题”的基本思路，先后召开专题学习交流会、市委常委扩大会、答好“龙泉发展六问”研讨会、市委十四届九次全会，审时度势作出“聚焦‘重要窗口’、聚力龙泉复兴，奋力打造一座独具匠心的文化名城”的动员部署，为龙泉未来发展指明了方向、找准了路径、明确了任务、激发了动能、凝聚了合力。龙泉市委书记吴松平多次听取筹备工作汇报，并对学习实践活动的开展提出建设性指导性意见。龙泉市委常委会专题听取学习实践活动筹备情况汇报，并对活动的实施方案进行专题研究。各牵头部门多次优化完善学习实践活动“十个一”子方案，确保活动扎实有效。

**【学习实践活动动员会】** 2020年10月15日，龙泉市委十四届九次全体（扩大）会议暨“聚焦‘重要窗口’、聚力龙泉复兴”学习实践活动动员会召开。龙泉市委书记吴松平在会上发出动员令，号召全市上下聚焦“重要窗口”、聚力龙泉复兴，奋力打造一座独具匠心的文化名城，全面推动各项事业从今往后迈出更大的崭新步伐，让“好龙泉”焕发出新时代的生机和活力。龙泉市委副书记、代市长翁志鸿主持会议。叶砝仙、刘赤波等龙泉市副处以上领导出席会议。

**【活动特色】** 高标准设计。精心设计了“十个一”▲活动载体，多元运作典型选树、规划问计、项目攻坚、干部比选、环境优化等形式丰富的专项行动，切实将活动作为推进各项工作的有效抓手，实现学习实践活动与推进工作“两不误”“两促进”。注重全会精神贯彻，精心设计学习研讨、典型选树等活动，推动全市党员干部学深悟透全会精神；注重问计问需于民，精心设计全民献计、规划问计等活动，推动全市党员干部共谈时代使命，共谈城市发展，共谈担当作为，共同谋深谋实重大平台、重大项目、重大政策、重大改革；注重重点工作推进，精心设计项目攻坚、环境优化等活动，快速销号一批攻坚事项与攻坚项目，推动一批重点工作、重点项目落地见效；注重匠心队伍建设，精心设计干部比选、作风评比等活动，推动全市党员干部转思想、转作风、提能力，形成实干大担当、聚力大发展的强大合力。

高质量推进。坚持实绩实效导向，建立了"一周一指南、一周一例会、一周一小结、一周一简报""四个一"工作机制，有效保障学习实践活动有序进行。全市动员大会召开后，各单位坚持把开展学习实践活动作为现阶段极其重要的政治任务来抓实抓好，第一时间建立活动组织，制定活动方案，迅速掀起学习热潮；注重虚实结合，始终把推动发展作为活动的出发点和落脚点；强化效果导向，推动学习实践活动取得实实在在的成效。活动办坚持"每个环节有方案，每个节点有提示，每个步骤有要求"的原则，发出每周工作指南10期、重点工作提示单6份，确保学习研讨有主题、短板查摆有对照、工作落实有目标。

高态势宣传。活动紧扣主题、围绕重点，开展全方位、多角度、立体式的宣传，实现横向到边，纵向到底，营造人人知晓、人人关注的浓厚氛围，形成全市上下共谋复兴、共话发展的强大声势。活动办开设学习实践活动简报，建立信息快报制度和定期通报制度，全市各单位累计上报信息560篇，择优编发简报32期106篇，形成一批可复制、可借鉴、可推广的成功经验和典型做法。在"声、屏、报、网、微"五大宣传平台，设立"聚焦'重要窗口'聚力龙泉复兴"专栏，通过"评论员文章""大家谈""学习心得体会选登""融入长三角、接轨海西区考察活动考察报告选登""实践活动十大创新实践典型案例解读"等子栏目，择优刊发评论员文章6篇、领导干部学习心得体会20篇、考察报告11篇，单位主要负责人100余人次参与"大家谈"。加强内外宣联动，开展了一系列深度报道，其中，《今日龙泉》报纸刊登报道221篇，龙泉广播电视台播出243条；"天下龙泉"App、微信公众号、抖音短视频等新媒体发布1413条，累计阅读量超过2200万/人次，形成了强大的宣传合力。

高要求督导。建立10个学习实践活动督导组，严格按照"高标准、严要求、强督导、重实效"的要求，对全市83家单位实现全覆盖督导、全过程督导。各督导组通过日常督导、专项督查、随机抽查等方式，全面深入了解活动情况，及时掌握单位活动动态，全程参与活动各个环节，及时反馈活动过程中的好做法和存在的问题，避免单位学习实践活动跑偏走向，确保与市委步调一致、同频共振。同时，建立督导组定期评估工作制度，以《督导组工作反馈单》的形式，对各单位学习实践活动推进情况、学习实践活动重点环节开展情况及总体成效情况进行总结评价。经评估，全市83家单位学习实践活动开展情况优秀率达100%。

▲"十个一"活动载体：开展一轮学习研讨，开展一轮走访调研，开展一批典型选树，开展一轮全民献计，开展一轮短板查摆，开展一轮规划问计，开展一轮项目攻坚，开展一轮干部比选，开展一轮环境优化，形成一批活动成果。

【活动成效】　凝聚大共识，思想认识有了新统一。通过学习实践活动，广大党员干部和群众深入学、用心悟、笃实行市委全会精神，开启了一轮思想政治大洗礼，使聚焦"重要窗口"、聚力龙泉复兴，奋力打造一座独具匠心的文化名城成为全市上下的思想共识。全市各单位组织开展专题研讨学习249场次，主动深入基层宣传全会精神739场次。各级党员干部和群众通过个人学、集中学、跟进学，进一步加深理解、领会全会精神核心要义，在学思践悟、知行合一过程中，对标对比、深思深悟，不断凝聚实现龙泉复兴的思想自觉和行动自觉，进一步增强推动龙泉发展的使命感和紧迫感，进一步激发实现龙泉复兴的自信力和源动力。

激励大担当，干部作风有了新转变。通过学习实践活动，广大党员干部通过对照正反典型、对照身边榜样、对照先进经验，找差距、摆问题、补短板，进一步敲响作风警钟，树立赶超思维，激励鞭策党员干部进一步实干担当、奋勇争先。坚持刀刃向内、主动亮剑，开展"'局长'作风大家评"，首次对政府工作部门及其他重要涉企、涉民部门的124名单位副职进行社会公开评议，对评议得分排名末5位的参评干部予以通报公示，给予约谈或作出岗位调整处理。坚持树立实干实绩导向，创新干部提拔使用机制，比选竞争一批优秀年轻干部担任副科级、一批优秀副科级干部提任乡镇正职、一批乡镇优秀年轻副科级干部赴市直重点部门任职，共提拔重用"五个一线"担当作为好干部29名，有效营造起"实干担当、争先创优"的浓厚干事创业氛围。同时，各单位主要负责人，纷纷在当地媒体亮相，谈思路、谈发展，倒逼领导干部敢担当、敢创新、敢领导、敢表率。

形成大合力，精神面貌有了新改善。通过学习实践活动，广大党员干部深入基层访民情、听民意、问民需、解民忧，将热爱龙泉、奉献龙泉、发展龙泉的热情转化为干事创业的实际行动。全市各单位积极主动服务基层，累计1960人次深入联系企业、乡镇(街道)、村(社)等开展走访服务,为基层解决问题544个。聚焦企业开办、行政审批、政务服务等20个领域,全面推进营商环境优化,罗列影响营商环境优化提升的堵点难点95个,重点提升"办事效率""保障水平""转换效益"等三方面的突出问题33个。广大干部群众,港澳台同胞、海外侨胞、乡贤志士等社会各界力量积极参与龙泉复兴全面献计活动,共6000余人次参与献计献策,1041人次参与网络投票,征集各类"良计"(发展良策)348条。全市各级党员干部精神面貌焕然一新,服务水平进一步提升,工作效率进一步提高,全市上下凝聚起干事创业的强大合力。

促进大发展,各项工作有了新推进。通过学习实践活动,各单位结合年度工作目标,查进度,定措施,攻难题,抓冲刺,引领广大党员干部主动担当作为,有效激发奋力实现龙泉复兴的干事激情。紧盯26个加快发展县(市区)考核优秀、丽水年度综合考核优秀两大目标任务,坚持把活动开展与推进重点工作、重点项目相结合,将高质量推进项目攻坚当作"一号课题",合力推进118个重点项目和308个重点事项攻坚,依法依规完成江滨北岸凤起路区块土地和房屋征收工作,成功举办"天下龙泉·匠心开物"为主题的第三届世界青瓷大会,高质量全面完成村社组织换届。龙商鞋产业链工程项目获中央专项债4亿元、三大景区运营难题有效破解等捷报频传,促进有效投资,增强发展后劲。全市年度各项工作得到有效落实,切实以"两战都要赢、全面高质量"的高分报表为龙泉复兴打造良好发展开局。

绘就大蓝图,工作思路有了新拓展。通过学习实践活动,广大党员干部进一步拓宽视野,开拓格局,结合"两个规划"的谋划制定,进一步明确工作思路。全市上下紧扣奋力打造一座独具匠心的文化名城、奋力推进"六兴六高"▲的战略任务、奋力激发"一路两化"▲的澎湃动能、奋力打造一支匠心干部队伍等要求,进一步找准位置,明确目标,理清路子。市委、市政府主要领导分别率领党政代表团赴上海、杭州、宁波等长三角发达地区和福州、宁德、南平等海西区主要城市,学习中国经济升级版新经验,召开考察活动交流研讨会、市委理论学习中心组专题学习会,巩固外出考察调研活动成果,并注重将考察成果提升转化成推进工作的具体思路。组织开展"十四五"规划、国土空间规划编制专题座谈会14次,广泛征求各单位、社会各界的意见建议,在深入学习领会党的十九届五中全会精神的基础上,谋深谋实我市"十四五"规划和国土空间规划,努力让龙泉人民的美好愿景变成美丽实景。

▲"六兴六高":兴生态文明,推动美丽环境高颜值;兴绿色产业,推动经济发展高质量;兴剑瓷经典,推动特色文化高品位;兴公园城市,推动人民生活高品质;兴综合交通,推动商贸服务高水平;兴民生事业,推动县域治理高交通。

▲"一路两化":"一路"即突出用好跨山统筹、创新引领、问海借力三把"金钥匙",坚定不移走开放创新之路。"两化"即精准把握发展阶段性特征,突出新型工业化、新型城镇化"双轮驱动"。

【学习实践活动总结大会】 2020年1月18日,龙泉市委十四届十次全体(扩大)会议暨"聚焦'重要窗口'、聚力龙泉复兴"学习实践活动总结会举行。龙泉市委常委会主持会议。市委书记吴松平代表市委常委会作工作报告,并作总结讲话。翁志鸿、叶硋仙、刘赤波、蓝景芬等龙泉市副处以上领导出席会议。会议审议通过了《中共龙泉市委关于制定龙泉市国民经济和社会发展第十四个五年规划和二〇三五年远景目标的建议》,动员全市上下高扬"丽水之干"奋斗旗帜,凝聚"龙泉复兴"行动伟力,牢固树立"没有实现加快发展也是一种风险,没有追求实现加快跨越式发展的意识、决心和胆略更是极端危险"的理念,开启高水平全面建设社会主义现代化新征程,奋力打造一座独具匠心的文化名城,让"好龙泉"焕发出新时代的生机与活力。 (游继华 陈 宇)

# 统筹疫情防控和经济社会发展

【概况】 2020年，全国新冠肺炎疫情发生后，龙泉市坚决贯彻落实习近平总书记重要讲话和指示批示精神，按照浙江省委、丽水市委“两手都要硬，两战都要赢”等决策部署，统筹推进疫情防控和复工复产。实施交通检查点、小区（村）规范化管理等举措，建立每日调度、每日会商等6项制度，下发文件153个、交办单143个，发布通告29个，实施集中隔离医学观察769人，解除757人，居家隔离医学观察25534人，全部解除。2020年，龙泉未发现新型冠状病毒肺炎确诊和疑似病例，交出了“两手都硬、两战皆赢”的高分报表，成为全省11个疫情零病例县（市、区）之一。龙泉市卫生健康局获评浙江省抗疫先进集体，李晓珍、刘胜、何莉洁3人获浙江省抗疫先进个人称号，受到浙江省委表彰。

【构筑疫情防控坚实堤坝】 1月21日，龙泉市成立以龙泉市委书记王顺发、市长吴松平为双组长龙泉市新型冠状病毒感染肺炎疫情防控工作领导小组，下设办公室和医疗卫生组、交通关卡组、市场监管组、后勤保障组、信息宣传组、属地管理组“一办六组”开展疫情防控工作。同日，抽调交通、公安、卫健等部门360余名干部，在龙泉高速出口、省际道路交界、县际道路交界处设置交通检查点，对返（来）龙车辆和人员进行严格检查、登记和体温测量，并抽调主题教育办及卫健局9名干部到办公室负责具体工作。随着国内外疫情发展和防控形势变化，防境外输入压力持续增大，专门成立海外疫情防控工作组，下设华侨信息排摸工作专班、管控工作专班、救治疾控工作专班、大数据工作专班等4个专班，建立重点国家疫情研判、境外返龙人员底数排查等八项机制，抽调27名干部聚力攻坚，配齐配强工作力量。

【硬核管控】 龙泉市委市政府率先在市内高速公路和省道出口设置10个检查点，抽调45名副科级干部、192名年轻干部以及相关部门800多人充实到各检查点，严格落实测体温、问来去和留信息、快速大数据比对等“2+X”查验举措。各检查点共检查车辆47686辆、测温118597人、登记转运发热人员121人、劝返市外车辆1321辆2397人。强化细化“十个一”举措，全面推广使用“浙江健康码”，实行“一码一测一口罩”出行管理制度，形成“乡自为战、村自为战、楼自为战”“硬管控”模式。加强居家观察对象管理，组建一名驻村干部、一名网格员、一名医务人员、一名公安民警“四个一”工作专班，落实每天上门测温两次、微信视频“签到”、张贴福字“封条”、视频监控等措施，对

2020年1月22日，疫情防控值班人员在龙泉南高速出口对来往车辆进行登记

（陈志萍／供图）

2020 年 2 月 20 日，龙泉市卫健局对新中医院迁建工程进行疫情防控指导

（彭慧敏 / 供图）

所有武汉返乡人员建立“湖北返乡人员健康服务群”，切实加强心理疏导和生活服务。建立“属地乡镇（街道）+机关事业单位+大数据” 三管齐下排摸机制，发挥海外同乡会平台作用，排查各类信息 4 万多条，登记华人华侨 2075 人，录入境外返浙侨胞底数摸排数据 2429 条。

全力以赴做好劝返、接运、隔离、安全、帮扶“五篇文章”。发出《致海外龙泉侨胞疫情防控的温馨提示》，把劝留作为重中之重的工作。对拟返龙境外人员落实“一对一”责任干部，安排专车闭环接回；返龙后采取“一律集中隔离 14 天”措施，并组织卫健、消防、应急等部门专项检查组对集中隔离等医学观察点开展安全检查。在丽水市率先创新推出“三对一”模式，即派出三名医学专家（一名医生负责健康答疑、一名疾控专家负责防疫宣传、一名卫健局专家负责政策解读），入驻海外华侨微信群，实行 24 小时值守制度，随时回应华侨各类疑问。坚持守望相助，向欧洲龙泉同乡总会、西班牙巴塞罗那龙泉同乡会及海外华侨寄送一次性医用口罩 2.28 万只；向友好姐妹城市意大利卡里市、匈牙利道包什市捐赠口罩合计 5 万只。

【铁保平安】 龙泉市委组织部出台《进一步激励关爱一线党员干部和医务工作者在疫情防控中担当作为的十二条举措》，激励一线党员干部和医务工作者担当作为、奋力抗“疫”。2020 年，龙泉市 1000 多个基层党支部、1.7 万多名党员冲锋在前、表率当先，指挥部和各大交通检查点均成立临时党支部，48 名一线干部向党组织递交“火线”入党申请书。400 多名医护人员主动递交请战书，3 名医护人员驰援武汉，2 名医护人员进驻丽水市新冠肺炎集中治疗点，9 名医护人员驰援丽水集中隔离医学观察点，1 名疾控人员驰援嘉善抗疫支援队，1 名检验人员 2 次支援新疆核酸检测。

龙泉市卫生健康局设立集中隔离医学观察点 8 个，建立 46 家公办医疗机构和 2 家民营医院发热预检分诊制度，龙泉市人民医院专门腾出 7 个病区 97 个病房用于发热等呼吸道症状患者隔离治疗和留观，收治患者 161 人，全部解除。核酸检测抽样 1035 人（1232 人次），结果均为阴性，其中 3 月 31 日在丽水市率先开展湖北来（返）龙人员免费核酸检测，并通过“运营商数据排摸+高速省际检查点排摸+宾馆酒店落地排摸+‘小门’扫码排摸”方式，加强无症状感染者排摸工作。对未纳入隔离治疗和医学观察的患者，由责任医生进行为期一周电话随访。同时，出台预防疫情消毒工作指南汇编，对各类场所消毒56570平方米。

抓好市场供应和监管，从严查处哄抬物价等违法违规行为，共处理价格投诉举报 53 件。疫情防控期间，农贸市场、超市、药店、加油站等不停业，免费配送、在线采购等多种服务方式覆盖 13 个社区、100 多个村。强化正面宣传引导，在电视、APP、微信公众号、网站推出原创、转载报道 13742 篇次，处置网上涉疫情敏感舆情 53 起，教育训诫 320 人。建立督导检查机制，市纪委组织开展监督检查 2019 人次，检查单位、村（社区）和卡点 4869 个，督促落实整改问题 782 个，下发交办单 41 个，重点问题销号 74 个，通报 12 起，问责 73 人。

【复工复产】 指挥部成立企业（项目）复工复产工作专班，下设综合组、数据组、督查组三个组，抽调工作人员 11 人。建立企业(项目)复工复产一天一碰头、一天一报告、一天一汇总、一天一通报、一天一督查、一天一会商、一天一交办“七个一制度”，优化工作流程、提高工作效率。每天收集汇总、分析、研判相关数据，实时掌握企业复工复产工作动态，每天通报 4 期，报送有关市领导、市直部门和乡镇（街道）。

率先在丽水建立 “一长两员两车”服务机制，从 30 多个单位、19 个乡镇(街道)选派754名派企服务长和驻企服务员帮扶企业,落实“战疫助企、暖春行动”服务直通车3辆,入企宣传,现场办公。派企服务长、驻企服务员服务企业1.8万余人次,收集联系问题973件,其中服务企业类问题580件、服务群众类问题174件、服务基层类问题219件,解决966件,办结率99.28%。卫生健康局从各医疗卫生单位选派177名驻企健康指导员,入企服务4275家次,入企服务6116人次,发现问题557个,发放宣传资料18750份,协助培训员工18589人,2月至4月,组织协调2辆巡回诊疗车,将“流动医院”开进企业,主动上门提供免费三项医学检查服务。针对企业复工防疫物资紧缺问题,该市提前谋划、多渠道协调保障,开设“口罩银行”和“口罩商铺”,为复工企业提供口罩30余万只,额温枪500把,消毒液原液11.7吨(可稀释消毒液360吨)。同时,为增加口罩供应渠道,指导3家企业转产口罩,截至12月已生产口罩150万只。

推行企业审批“零上门”机制,通过采取“网上办、掌上办、预约办、代理办”等服务模式,为企业(项目)提供“零距离”审批服务,2月以来,为企业办理经营范围变更等涉企事项11500多件。充分发挥基层治理力量,建立475个“红色网格”,每个网格均建立“七个一”联防联控机制,为企业复工复产提供疫情防控坚实保障。守住企业大门,运用大数据手段,以“一图一码一指数”为抓手,通过对动态信息“线上匹配”“轨迹跟踪”,实现“一人一码”“数据闭环”,把关监督企业防疫和复工复产工作,实施精准、严密、智慧点穴式管控;压实行业和属地责任,以行业牵头管理、属地责任制方式对该市企业(项目)复工复产工作按部门、乡镇(街道)进行责任分工,动态跟踪企业(项目)人员返岗率、复产用电指数等关键指标,对进度滞后牵头单位和乡镇(街道)进行重点交办。

出台《“战疫助企、暖春行动”二十一条意见》及其补充意见,配套完善《进一步激励关爱一线党员干部和医务工作者在疫情防控中担当作为的十二条举措》《全市政法机关服务保障企业复工复产八条措施》,以及外地员工返岗补助等政策,对外地员工包车返龙最高给予100%补助,在外地员工返岗集聚区域,鼓励企业包车、拼车、派专车等形式,打通外地员工返岗“最后一公里”。深入实施减税、减费、减租、减息、减支“五减”行动,多举措、全方位推动一、二、三产企业协同复工复产,全年为企业落实减负政策8.58亿元,本级财政兑现各项工业扶持政策13175.2万元,减免各类税费5.24亿元。各金融机构制定出台差异化疫期助企惠企金融服务政策,为受疫情影响企业和重点保障企业增加授信9223万元,为企业办理转贷15.4亿元。举办首届网络招聘会,通过人力资源市场微网站、PC网站、小程序、公众号四端融合移动信息平台,近200家企业线上提供2000多个岗位,收到求职简历720多份,信息浏览量80余万次。返岗复工期间,从省外接回员工300多人,全市121家规上工业企业返岗率达99.77%,位居丽水市第一。

2020年,龙泉市谋划2021年重点项目59个(省重点3个、丽水重点20个),总投资320亿元,年度投资66.7亿元。其中,续建项目34个,年度计划投资43.4亿元;新建项目25个,年度计划投资23.3亿元,包括龙商鞋产业链回归工程、宝剑小镇·风情一条街、500千伏丽西输变电工程、双枪生态产业园等大项目。同时,狠抓农业生产保供,以农资企业、农民专业合作社为依托,收集分析农资供求信息,指导农资经营企业做好化肥、种子、饲料等农资产品采购、调运、储存、供应等工作,储备化肥1800余吨、农药10余吨、种子2.5万多公斤。制定疫情防控期间春耕备耕和农业生产恢复技术方案,针对龙泉茶叶、食用菌、蔬菜等产业提出农技举措40多条。组建8支服务分队,深入生产一线开展分类指导,为农业企业、种植养殖大户以及农民解决生产实际问题300多个,并为城北乡、岩樟乡等地村民送去有机肥、生物肥、大豆种子等农资。 (彭慧敏)

# 第三届世界青瓷大会

【概况】 2020年12月10—12日，由中国工艺美术协会、中国陶瓷工业协会、浙江省文化和旅游厅、浙江省经济和信息化厅、中共丽水市委、丽水市人民政府主办，中共龙泉市委、龙泉市人民政府承办的第三届世界青瓷大会在龙泉成功举办。大会以“天下龙泉·匠心开物”为主题，分“瓷韵匠心·论道篇”“雨过天青·品瓷篇”“好物大赏·乐购篇”“天下龙泉·赓续篇”四大篇章，共30项子活动，其中包括6场论坛沙龙、10场展览展销、10场体验互动、4场其他活动。本次节会组织协调有序、办会模式新颖、群众参与度高、宣传维度广、社会评价优，多维度探究龙泉青瓷国际化、生活化，宽领域汇集大师名家新理念、新思想，全方位打响“天下龙泉”品牌，办成一届“独具匠心、别具风采，非常出新、特别出效，好评如潮、各界满意”盛会。活动吸引了人民日报、新华社、中央电视台等30余家主流媒体前来报道，刊发159篇报道，新华社、新华网、上海日报还推出英文、日文报道。央视、人民网、凤凰网等平台对开幕式和瓯江山水诗路启动仪式等10余场活动开展联动直播，点击量突破1000万人次。“天下龙泉 匠心开物”微博话题和抖音话题总阅读量超过4.2亿，跟评讨论达2.4万条。

【开幕式】 12月11日，第三届世界青瓷大会在龙泉市开幕。丽水市委书记胡海峰宣布大会开幕。浙江省政府副秘书长蔡晓春，浙江省人大环境与资源保护委员会主任委员林健东，浙江省侨联主席连小敏，浙江省委宣传部副部长葛学斌，浙江省文化和旅游厅副厅长叶菁，浙江省经信厅二级巡视员戴迪荣，丽水市委常委、宣传部部长任淑女，丽水市人大常委会副主任戚永远，丽水市政协副主席汤家友等领导出席。丽水市副市长卢彩柳主持开幕式。龙泉市委书记吴松平，龙泉市委副书记、代市长翁志鸿为龙泉文化名城建设高级顾问颁发证书。叶砊仙、刘赤波、蓝景芬等龙泉市领导参加。

出席开幕式的领导嘉宾还有：中国工程院院士、浙江大学教授、博导朱利中，中国工程院院士、温州医科大学校长李校堃，加拿大健康科学院院士、温州医科大学副校长宋伟宏，世界陶瓷科学院院士、新型陶瓷与精细工艺国家重点实验室主任、清华大学校务委员会委员潘伟等院士专家；中国工艺美术协会常务副会长张红、中国陶瓷工业协会名誉副理事长傅维杰等中工美、中陶协的陶瓷专家；阿根廷驻华大使馆官员奥诺米娜、以色列驻上海总领事馆总领事助理约瑟夫等驻华使领馆嘉宾；文化和旅游部中外文化交流中心、故宫博物院嘉宾；全国有关陶瓷产区领导、大师、企业代表；清华大学、浙江大学、复旦大学、中国美院、景德镇陶瓷大学等高校专家学者。

开幕式上，联合国教科文国际陶瓷学会主席托比恩·卡瓦斯伯，故宫博物院院长王旭东，韩国艺术文化团体总联合会会长李范宪等国际嘉宾和领导纷纷发来视频，向第三届世界青瓷大会召开表示祝贺并致辞。蔡晓春、任淑女、奥诺米娜、李校堃在会上分别致辞。

龙泉青瓷龙泉宝剑“三化”成果展示和发布是开幕式的重头戏。现场，通过视频展示了青瓷宝剑“三化”成果、发布了“天下龙泉”城市品牌。故宫博物院上台发布《天下龙泉——龙泉青瓷与全球化》展览图录(卷三、卷四)和2021版《故宫龙泉日历》；丽水学院中国青瓷学院发布浙江省科学进步奖——金宏瓷厂“面向龙泉青瓷柔性生产关键技术研发与产业化”成果；同济大学发布龙泉青瓷宝剑物化与智慧化成果；上海文筑国际发布龙泉青瓷品牌重塑及青瓷跨界设计成果。

开幕式上，还举行了“中国陶瓷行业特有工种职业技能鉴定基地”“中国国际陨石科技文化产业联盟龙泉创新研发基地”“微拍堂龙泉青瓷宝剑服务站”，以及中国首位“普利兹克建筑奖”获得者、中国美术学院建筑艺术学院院长王澍等5位“文创名家工作室”授牌仪式；为市场开拓奖、浙江省首届青瓷宝剑技能大赛获奖者颁奖；举行龙泉文化名城建设高级顾问聘任仪式，聘请李校堃等 10 位院士、专家为“龙泉文化名城建设高级顾问”。同时，北京故宫文化传播有限公司、良渚博物院、上海博物馆、浙江省博物馆、上海宝库文化发展股份有限公司分别与龙泉市政府签订战略合作协议；举行了龙泉青瓷线上线下销售 8000 万元项目等战略合作协议和项目签约仪式。

**【2020 国际陶瓷艺术大展】** 12 月 11 日上午，“天下龙泉·匠心开物”——2020 国际陶瓷艺术大展在龙泉市青瓷展览展示中心拉开帷幕。来自国际陶瓷界的专家学者代表，中工美、中陶协、故宫博物院、浙江省工美、浙江省创意设计协会、景德镇陶文旅集团、文筑国际的领导和嘉宾，清华大学、中国美院、景德镇陶瓷大学的高校专家学者，国内各窑系大师专家代表，以及叶硋仙、刘赤波、蓝景芬等龙泉市副处以上领导出席开展仪式。

6500 平方米面积的展馆囊括了“瓷的边界”——TXC•Sunday morning@ 龙泉国际陶艺邀请展、青瓷重塑•观照时代之美跨界艺术成果展、“融合•视象”——第二届“中国的杯子”创意设计大赛成果展、“香远•溢青”——青瓷香器主题展、72 ㅅ青年实验场等五大主题展览，以及国际陶瓷纪录片展播。

“瓷的边界”——TXC •Sunday morning@ 龙泉国际陶艺邀请展，云集了中国、德国、韩国、日本、印度、美国等 20 多个国家 200 多名知名艺术家的作品，通过“龙泉瓷+当代陶艺+雕塑+装置+综合材料”的呈现方式，以传统龙泉窑作品为引线，展示国际文化背景下，对陶瓷特别是青瓷艺术的不同理解与创作思维，旨在激发观众用开放的视角来探索超越瓷材料自身想象的未来和希望，为龙泉青瓷当代艺术发展提升新高度，为龙泉青瓷产业发展提供新动力。

2020 年 12 月 11 日，“瓷的边界”国际陶艺邀请展 （市委宣传部 / 供图）

2020 年 12 月 11 日，“香远•溢青”——青瓷香器主题展 （市委宣传部 / 供图）

青瓷重塑•观照时代之美跨界艺术成果展，邀请坂茂、王澍夫妇，马岩松、张永和、张纪中、陈晓卿、马家辉、赵赵、周宸宸、蒋晟等 10 位当代生活美学家，与 5 位龙泉本土青瓷艺人合作，共同创作烧制 10 组跨界作品，通过名家跨界融合方式扩大龙泉青瓷品牌在不同领域的影响力。

“融合•视象”——第二届“中国的杯子”创意设计大赛成果展，聚焦创意创新，集中展示了 160 件优秀作品。龙泉深化与浙江省创意设计协会合作，倡导“传统技艺”与“创新设计”双向融合，发掘挖掘当下新生代原创力量，搭建交流与合作桥梁，打造“中国的杯子”创意设计大赛品牌。自活动启动以来，有 27 个省 60 所高校 800 多件参赛作品入选。此次大会期间，还同时举办了 2020 第二届“中国的杯子”创意设计开发者大会，探讨杯子发展新可能，推进龙泉青瓷融合化、创意化、国际化发展。

“香远•溢青”——青瓷香器主题展，展出了 100 件最具代表性青瓷香器，通过实景香席等陈设方式，在木质案台上摆放官窑香炉、青铜器型香炉，配以干莲蓬等装饰，想象渺渺香烟，凸显宁静古典氛围，提高观众情景感。

72 ㅅ青年实验场，28 位具有创作力和观念突破性的青年艺术家，通过声音装置、影像、行为艺术、陶艺、雕塑、陶瓷绘画等形式展现多重艺术交融，感受由此激发的艺术思考与艺术实践的诗性历练。同时，举办艺术家工作营，进行8场灯工玻璃、版画、瓷艺体验表演以及进口设备和专业书籍博览等活动，邀请当地陶艺师、国际陶艺家共同以龙泉窑传统作品和技法为创作素材，创作独具风格的作品。

【瓯江山水诗路启动启航仪式】 12月11日，丽水瓯江山水诗路启动启航仪式在龙泉市举行。丽水市委书记胡海峰宣布丽水瓯江山水诗路开启通航。浙江省政府副秘书长蔡晓春，浙江省侨联主席连小敏，浙江省委宣传部副部长葛学斌，浙江省文旅厅副厅长叶菁，浙江省经信厅二级巡视员戴迪荣，丽水市委常委、宣传部部长任淑女，丽水市人大常委会副主任戚永远，丽水市副市长卢彩柳，丽水市政协副主席汤家友等出席。龙泉市领导吴松平、翁志鸿等参加。

瓯江山水诗路是浙江省重点打造“四条诗路”中的一条，主要以自然生态山水、文化古村和非遗技艺为载体，充分展现“山水诗源、东南秘境”的文化印象。作为浙江第二大江，瓯江发源于龙泉市与庆元县交界的百山祖西北麓锅帽尖，自西向东流，贯穿整个浙南地区，流经丽水、温州等市，山水诗鼻祖谢灵运更是为浙江留下了不少千古绝唱。启动启航仪式上，丽水的10艘花船集中在瓯江巡游，直观展示各地山水资源、非遗文化等特色。同时，举行了丽水瓯江山水诗路重要项目签约，发布了《瓯江山水诗路旅游联盟宣言》，致力把“瓯江山水诗之路”建设成为魅力人文带、黄金旅游带、美丽生态带、富民经济带和合作开发带，打造成“重要窗口”标志性成果。

【主旨论坛】 12月10日下午，“从初心到匠心”——第三届世界青瓷大会主旨论坛举行。中国陶瓷工业协会名誉副理事长、龙泉荣誉市民傅维杰，翁志鸿、叶硋仙等龙泉市副处以上领导出席；龙泉市委副书记蓝景芬主持。

论坛上，龙泉市委副书记、代市长翁志鸿，景德镇陶瓷大学常务副校长、国际陶瓷协会会员吕品昌，北京故宫文化传播公司董事长、总经理刘辉，世界陶瓷科学院院士、新型陶瓷与精细工艺国家重点实验室主任、清华大学校务委员会委员潘伟，景德镇陶文旅集团党委书记、董事长刘子力等领导专家，围绕“合作与机遇”“传承与创新”，聚焦打造一座独具匠心的文化名城，从自身专业的角度出发，分别作题为《初心守护民族瑰宝 匠心打造文化名城——在合作与创新中全面打响天下龙泉青瓷品牌》《活态的传统——青瓷文化的传承与创新》《基于IP文创产品研发》《特种陶瓷行业发展》《坚守、开放、聚拢、产品》等主旨演讲。演讲内容涉及文化与创意融合、文化与旅游融合、文化与科技融合，带给现场听众一场场生动精彩、耳目一新的思想文化盛宴，为大家开阔了眼界，拓宽了思路，丰富了路径，对龙泉青瓷走出国门、走向世界、走进人心起到积极助推作用，为龙泉打造一座独具匠心的历史文化名城凝聚起智慧与力量。

【陶瓷论坛】 12月11日下午，“生态与角色——陶瓷论坛”在龙泉青瓷博物馆报告厅举行。国际陶艺学会（IAC）中国区理事万里雅、丽水职业技术学院党委书记梁忆南、艺术上海总策划顾之骅、上海民生现代美术馆馆长甘智漪、暨南大学客座研究员冯玮瑜、涂思美育创始人陈柯伊，分别以《边界与中心》《模糊语言与龙泉青瓷的创新之路》《艺术商业平台的力量》《管理“艺术”难吗》《梅子青青正当时——浅析古代龙泉窑瓷器的市场趋势》《围绕IP布局儿童美育——以〈你好呀！故宫〉为例》等为主题发表演讲，通过分享新可能，引发新思考，激发新力量。

【产业发展论坛】 12月12日，数字文化和旅游产业创新发展论坛举行，探索数字经济格局下文化和旅游融合发展之路。中外文化交流中心主任、文化和旅游部海外文化设施建设管理中心主任段周武，中外文化交流中心副主任刘红革等领导和嘉宾出席论坛。北京清美文博国际文化科技有限公司首席运营官徐道升，上海优刻得科技公司董事长季昕华，北京一年又一年科技文化发展有限公司董事长刘国际，御品瓷坊负责人、浙江省人大代表王武，瞰世（天津）文化传媒有限公司董事长、天津市文化演出协会副秘书长、网络文化协会副秘书长杨光宇，龙泉宝剑厂有限公司董事长张叶胜，龙城旅行社总经理毛海英围绕论坛主题发表了演讲，深度探索分享新时代下旅游产业的新数据、新技术、新业态、新模式、新整合。

【系列学术交流活动】 12月11—12日，2020年度龙泉青瓷传统烧制技艺与审美标准学术研讨会暨“不灭窑火”大家一起烧龙窑评比活动在宝溪乡溪头村举行。来自故宫博物院、南海1号博物馆、四川宋瓷博物馆，以及中央财经大学、复旦大学、浙江大学、中国美术学院、浙江师范大学、景德镇陶瓷大学、丽水学院等单位的20余名专家学者通过为期两天的考察交流，详细了解龙泉青瓷传统烧制技艺保护传承情况，为新时代龙泉青瓷的传承发展把脉开方。12日举行的学术研讨会由复旦大学教授、龙泉荣誉市民沈岳明主持，龙泉青瓷传统龙窑烧制技艺研究会会长张晞介绍了“人类非遗”龙泉青瓷传统烧制技艺保护传承近况，复旦大学教授郑建明作《南宋龙泉青瓷之美》主旨发言，探讨龙泉青瓷的美学内涵。随后，专家学者们结合各自科研领域和考古发现，围绕龙泉青瓷传统烧制技艺的复原保护、技术创新、宣传推广，以及龙泉青瓷审美标准的历史沿革、转型定型、美学传承等展开研究讨论。最后，浙江省非物质文化遗产保护中心项目部主任许林田作学术总结。

12 月 11 日，“电•定新未来”——龙泉直播电商产业峰会举行，陶瓷手艺人、电商平台、机构、供应链等领域嘉宾到会畅聊直播经济发展前景，结合陶瓷文化传承与创新、产业经济融合与发展，为线上达人、直播店铺、新媒体机构赋能，为线下陶瓷商家及个人提供转型新思路，打造直播创业新方向。峰会上，抖通文化 MCN 机构负责人魏来，青瓷艺术家汤忠仁，微拍堂事业部总经理边易，陶溪川基地运用方今日网红 COO、陶溪川直播基地负责人王士玉，青年新锐陶瓷设计师周馨，湖南小奶帽科技有限公司董事长孙晨等嘉宾进行了主题演讲，为直播在产业发展、品牌塑造等方面提供新思考、新智慧。活动当天，还举行了“龙泉市网红人才联盟”成立大会、“龙泉市直播电商人才孵化基地”揭牌仪式、“龙泉市网红人才联盟”授牌仪式。

12 月 12 日，2020 第二届“中国的杯子”创意设计开发者大会召开，来自全国各地的专家学者齐聚一堂，探讨杯子发展的新可能，推进龙泉青瓷融合化、创意化、国际化发展。《文化交流》执行总编辑刘凡力、景德镇陶瓷大学陶瓷美术学院副教授丁传国、英国拉夫堡大学设计与创意艺术学院研究员徐捷、上海国际创意城市智库秘书长潘瑾、艺集网 CEO 泮星，分别作《中国杯子的世界符号》《日用陶瓷创新设计的文化导向》《基于文化遗产的创意设计产业发展路径》《从城市创意开发的全球之路》《大数据环境下艺术人才的主业教育和发展》的主旨演讲。

12 月 12 日上午，“瓷乡重读——传统材料当代演绎与乡村振兴”主题沙龙在宝溪乡竹建筑群举行。沙龙采用主题演讲与圆桌论坛相结合形式，邀请了不同领域的专家学者围绕“传统材料的当代演绎对于场域变化”“以艺术赋能乡村振兴”“传统材料与时尚生活”等主题，从政策、商业、艺术、产业等多重视角出发展开讨论，挖掘新时代下青瓷文化的承载形式与对外传播的实践。大家通过讲述亲身经历，分享实际案例，用通俗易懂的语言阐述传统材料的当代演绎与乡村振兴的发展理念，激发了宝溪乡下一步的发展思路。宝溪作为具有代表性的瓷乡，将立足乡村的实际情况，结合实际经验，从人文精神的角度，更加注重瓷乡传统材料的运用和打造，以多元化、国际化的发展理念助力乡村振兴。

**【西街历史文化街区系列活动】**“天下龙泉•龙泉窑‘碗事’”专题展。12 月 10 日上午，“天下龙泉•龙泉窑‘碗事’”特展暨作品集首发仪式在西街历史文化街区龙泉书画院举行。本次特展以“一个碗一个故事，一组碗一段历史”为主题，从海量的青瓷作品中遴选出了 96 件不同时代、不同品种、不同质地的代表性龙泉窑青瓷碗作品，全方位探索传统青瓷文化的保护、传承、弘扬和发展。展品分为古代部分和当代部分展出。除了展览以外，市文联还精心制作了作品集，邀请了省内部分作家，针对每一件作品书写文章，将龙泉窑青瓷碗以书面的形式展示出来，让初学者能够有所了解，并给一些研究的学者提供一定的研究材料，从更深更广更好的角度把龙泉青瓷艺术作品展现出来。

“倾青饰界”青瓷饰品暨“龙泉娜妮”伴手礼创意展。12 月 10 日，“倾青饰界”青瓷饰品暨“龙泉娜妮”伴手礼创意展在西街“龙泉娜妮”创客空间首次亮相，丰富、直观、全面地展示了龙泉深厚的历史文化底蕴、独特的青瓷文化和龙泉女性的特色成果。“龙泉娜妮”创客空间是龙泉创业女性作品展示展销的崭新平台，也是创业女性交流学习互动的独特空间，这里有

2020 年 12 月10 日，“天下龙泉•龙泉窑‘碗事’”专题展　（市委宣传部 / 供图）

2020 年 12 月10 日,“龙泉娜妮”伴手礼创意展　　（市委宣传部 / 供图）

巧手“娜妮”匠心设计的青瓷饰品,有勤劳“娜妮”用心培育的生态农产品,有创意“娜妮”精心制作的手工产品,将成为龙泉创业女性魅力示范的“重要窗口”。现场还有丰富多彩的“千年守艺 匠心如初”西街风情活动,通过“糖香四溢”“巧夺天工”“能织巧匠”“闲情雅致”“跃然纸上”等十一艺的形式在老街上重现,唤醒老街记忆。

“潮玩·无界”龙泉青瓷宝剑文创主题季。12 月 10 日,“潮玩·无界”文创主题展在西街 61 号“阅自在”开展。首季内容为龙泉青瓷宝剑文创主题季活动,主打“天下龙泉”青瓷品牌,共收集青瓷文创产品 230 余件,涵盖历届世界互联网青瓷大会作品,包括王武、雷慧仙、叶芳、黄顺明、汤忠仁等多名本土青瓷艺人的代表作品;宝剑以“人生六把剑”为重点,展销相关宝剑类的衍生产品 30 余件;文创引入故宫博物院、良渚博物馆的系列产品;书籍方面,主要为与青瓷相关的内容,如《龙泉窑通鉴》《中国古代瓷器鉴定》《越窑通鉴》《初青》等,全方位、立体化展现龙泉青瓷及龙泉宝剑的历史文化变迁以及其独具艺术风格的工艺。

【文化创意活动】 BEAUTY LIFE·上茶街造物创意集。12 月 10 日,“BEAUTY LIFE·上茶街造物创意集”大型集市活动在上茶街开展。活动分为“哪壶都开”“娜妮秀秀”“江湖好见”“弦外知音”“小哥大歌”五大板块,通过茶艺表演、水袖汉服、古筝演奏、民谣演出等各类典雅艺术,强化集市互动性、文化性。该活动打破了传统集市的常规感,现场 200 多个摊位,集结了景德镇陶溪川与龙泉本土的 200 名优质商户,他们携两地特色文化与丰富业态,通过全新的跨界联合模式,构建了一个集非遗展示、国风市集、精彩演出于一体,新鲜、刺激、好玩的大型集市,实现线下集市升级。

Shopping 直播万物节。12 月 10—12 日,Shopping 直播万物节在青瓷展览展示中心开启,来自景德镇陶溪川、龙泉当地的 100 多位主播,共同在线上直播销售龙泉青瓷。该活动借助陶溪川直播基地、建阳乐佛公司等直播平台流量加持,通过“网红+电商+直播+集群”模式整合网红主播资源,线下打造了 20 个精品直播间,提供给直播商户进行现场售卖与线上直播。活动期间,还以“头部主播+主播”走播形式分赴上茶街、西街、宝溪等地现场直播带货,三天完成青瓷直播销售超 1000 万元。

“世界青瓷·鼓舞东方”大型演出。12 月 11 日晚,“世界青瓷·鼓舞东方”大型演出在上垟镇举行。上海鼓舞东方表演团队带来了一场精彩绝伦的文化盛宴,《大宋之韵》《牛气十足》《瓯江水涛》《丽人行》等 15 个鼓舞节目,将青瓷的文化精髓、龙泉的历史底蕴与高昂的磅礴鼓声相结合,悦耳动听、气势磅礴。上海鼓舞东方表演团队还特意编排了一首青瓷鼓秀《千

2020 年 12 月10 日,BEAUTY LIFE·上茶街造物创意集　　（市委宣传部 / 供图）

2020 年 12 月10 日，Shopping 直播万物节商家正在直播　（市委宣传部 / 供图）

青瓷，重点展示龙泉青瓷文化内涵、历史沿革和烧制技艺，呈现不同形态、不同观念和不同制作技术的作品，给人以酣畅淋漓的视觉享受，感受到龙泉青瓷绚烂至极、归于平静的大雅魅力，体会龙泉青瓷展品意蕴无限的密语。2020 年，龙泉市借力中外文化交流中心，深化战略合作，选定首尔海外中国文化中心设立"龙泉青瓷展示角"，推出青瓷跨界艺术设计海外"出走计划"等国际营销组合拳，吹响非遗海外号角，多角度展现人类非遗魅力。　（张俊杰　柯土荣）

年青瓷梦》，用最具东方特色的鼓声、动静结合的艺术形式，传播青瓷文化，展现青瓷魅力。

**【龙泉青瓷海外推广展】** 12 月 24 日，作为海外"龙泉青瓷展示角"启动后的首个展览活动，"丝路记忆——NICE Choice 文创海外推广展"之龙泉青瓷展在韩国首尔中国文化中心线上线下精彩亮相。展览以"与 china 对话，与世界同行"为主题，通过线上、线下同步展出 45 件美轮美奂的"龙泉青瓷展示角"精美作品，包括摹古经典器物、艺术青瓷、现代日用

2020 年 12 月24 日，韩国首尔龙泉青瓷展示角　（市委宣传部 / 供图）

# 衢宁铁路建成通车

【概况】 9月27日,龙泉迎来了自公元759年置县以来里程碑式、具有划时代意义的大好事——首条通往龙泉的铁路衢宁铁路正式运营通车,实现了龙泉老百姓千百年来翘首以盼、孜孜以求的“铁路梦”。

当天上午,衢宁铁路(浙江段)龙泉市站通车仪式在站前广场举行。丽水市委书记胡海峰出席,丽水市委副书记、市长吴晓东宣布衢宁铁路龙泉市站开通,虞红鸣、陈瑞商、杜兴林、楼志坚等丽水市领导出席。龙泉市委书记吴松平致辞,叶砫仙、刘赤波等龙泉市副处以上领导参加。

衢宁铁路龙泉段全长65公里,创下了长三角区域铁路最高桥在龙泉、全线铁路里程最长在龙泉、站房面积最大在龙泉、政策处理任务最重在龙泉的4个纪录。建设期间,龙泉广大干部群众和广大铁路建设者大力弘扬践行浙西南革命精神,以忠诚使命的思想自觉、求是挺进的行动自觉、植根人民的政治自觉,全面厉行“丽水之干”,10个月完成2年政策处理任务,实现了变不可能为可能、变可能为现实,刷新了龙泉速度,创造了龙泉历史。

衢宁铁路历经5年建设,北起浙江省衢州市,向南途经浙江丽水境内四个县(市)、福建省南平市,终至福建省宁德市,线路全长379公里,为国铁Ⅰ级客货共线单线电气化铁路,设计时速160公里。衢宁铁路的建成开通,彻底改变了遂昌、松阳、龙泉、庆元四县(市)没有铁路的历史。

【项目前期】 2014年11月,龙泉市成立龙泉市衢宁铁路指挥部,承担衢宁铁路龙泉段项目前期、政策处理、建设协调等工作职能。2017年7月,衢宁铁路指挥部和火车站前区块建设指挥部合并为龙泉市衢宁铁路及站前区块综合建设指挥部(以下简称“指挥部”)。

衢宁铁路龙泉段沿线民情错综复杂,政策处理难度极大,在全线14个县(市、区)中任务最重,从几个数字就可见一斑:丽水市境内铁路总长度159公里,其中龙泉段线路总长就有65公里,占比41%;除松阳2014年开工的先建段外,遂昌、松阳、庆元三县土地征收任务总计为1714亩,而龙泉一个市任务就有近2000亩,占丽水段的54%;丽水段一共4个严重制约进度的重点控制性工程,龙泉占了3个;丽水段30个先行开工点中,龙泉12个。5年来,指挥部以强烈的责任感,全力督促和指导沿线各乡镇(街道)开展政策处理、大小三改和工作站前区块建设等任务。调查核实、补偿分配、土地处理、迁建动员,指挥部啃下一块又一块“硬骨头”,取得了可喜的成绩:2016年8月10日,衢宁铁路龙泉段全面完成红线内126幢房屋征收协议签订工作,率先完成房屋征收任务;2016年10月底,基本完成衢宁铁路龙泉段政策处理工作。预期两年的征收任务仅用10个月就全面完成,创造了龙泉市重大项目建设完成政策处理工作的最快速度。

【项目建设】 2015年11月,衢宁铁路龙泉段开工。衢宁铁路龙泉段境内地形复杂,维度非常大,有22座隧道工程、40座桥梁。5年来,建设人员克服种种困难,加班加点赶进度。主体工程22座隧道工程中最长的隧道——安民隧道13.9公里于2019年8月打通;40座桥梁工程基础部分于2020年3月完成,全线铁路铺轨工作于2020年5月结束,8月开始通电,全线铁路于9月27日正式开通。

为解决铁路沿线人员通行、农田灌溉、排洪疏浚等问题,指挥部多次组织九景衢铁路浙江公司、铁四院、施工单位、铁路沿线所涉及的乡镇(街道)及村等相关单位踏勘现场,确定三改有125处,另还有施工方直接委托龙泉市政府实施的33处,共计158处,目前已全部完成。

【龙泉市站】 为了以最畅交通、最美环境、最好姿态拥抱火车时代,龙泉市积极完善相关配套设施。站前区块基础设施工程(一期)为铁路站房重要配套工程，龙泉地方投资量非常大，站前主要市政道路剑川大道工程概算总投资3.79亿元，站前广场工程概算总投资3.07亿元，货场东通道概算总投资0.49亿元，概算总投资为7.35亿元。2019年9月5日，站前广场工程土建标段开工建设，截至2020年，站前广场综合建设工程，匝道桥及落客平台、公共卫生间、临时停车场已投入使用，地下空间、商业用房、大台阶等主体结构已完成；通过参建各方努力，下穿衢宁铁路的两座桥梁已完成。

尤其值得一提的是，龙泉市站火车站房的规模确定经历了二次更改。考虑到衢宁铁路的客流量，刚开始的规划是从3000平方米扩大到5000平方米。后来不断有好消息传来，温武吉铁路要过龙泉，龙泉市领导明确要“二站合一”(衢宁铁路和温武吉铁路同站)，2020年，经多次对接，站房扩建到8000平方米，并给温武吉铁路预留了线位。　　　(季　鑫　彭祖平)

# 决胜高水平全面建成小康社会

【概况】 2020年，龙泉市深入实施低收入农户高水平全面小康计划、“大搬快聚、富民安居”和消除集体经济薄弱村行动计划等强村富民工程，高水平全面建成小康社会取得决定性成就，农村居民人均可支配收入达到25476元，同比增长8.6%，增幅位居丽水第二；城乡居民收入比1.98:1，首次缩小到2以下；低收入农户人均可支配收入增幅连续九年保持在14%以上，达到12397元，全省26县发展实绩考核“五连优”，低收入农户增收工作连续2年获浙江省政府督查激励。

【“两不愁三保障”突出问题清零】 2020年，龙泉市政府建立龙泉市扶贫工作专班，统一协调推进脱贫攻坚各项任务，“两不愁三保障”(不愁吃、不愁穿，住房安全保障、义务教育保障、医疗保障及饮用水安全保障)突出问题全面清零。严格落实低收入农户危旧房改造救助机制，完成农房信息录入登记55299户，鉴定并治理改造C级危房324户、D级危房21户、无房户5户，完成率100%，落实即时救助机制，做到发现一户，改造一户。落实学前教育资助、义务教育阶段营养餐资助、蛋奶工程、寄宿生生活补助、非寄宿生生活补助、民族教育券资助、雨露计划等政策，累计救助困难学生15549人次，救助金额达720万余元，及时解决7名残疾学生辍学问题。落实低收入人群家庭医生签约服务机制，低收入人群基本医疗服务实现覆盖率100%。低收入农户全部纳入基本医疗保险、大病保险、医疗救助、低收入农户医疗补充政策性保险等保障范围，实现困难人员资助参保应保尽保，医疗救助应助尽助。圆满完成农村饮用水达标提标行动，农村饮用水达标覆盖率达到100%，供水保证率达到95%，水质达标率达到95%。制定出台低收入农户减免水费60吨/年惠民政策，26户未通自来水的低收入农户全部解决饮水问题，实现农村居民人人有水喝、家家喝好水工作目标。

【“8000以下”农户清零】 2020年，龙泉市实施常态化动态发现机制、渐退机制、救助机制，做到“应保尽保”，低收入农户人均可支配收入达到12397元，实现该市范围内农户年家庭人均可支配收入8000元以下情况全面清零。市乡村三级联动全面开展低收入农户摸底调查工作，共排查出“8000以下”农户27户54人，家庭年人均收入8000—9240元易滑落“8000以下”对象203名，并逐户逐人有针对性落实帮扶措施。2020年，全市为该部分群体捐赠物资200余万元，介绍就业岗位320余个，解决实际问题6100余项。针对其他低收入农户，全体副处级以上领导结对19个乡镇(街道)包干帮扶，4018名干部“一帮一、一帮多、多帮一”帮扶；创新推出集帮扶手册、政策“一本通”、幸福清单等于一体“小康挂历”3000余份，将帮扶“九要诀”、扶贫“三十六问”、增收“七十二计”等载于挂历之上，实现扶贫政策进村入户，实际问题现场咨询。全年统筹落实扶贫资金8200余万元，组织实施种养加等“短平快”菜单式扶贫项目120个，1700户低收入农户拓宽收入来源，八都竹产业小微园成功入选省级综合扶贫试点项目。组织实施“菜单式”扶贫产业增收项目，2050户低收入农户年均增收达6000元。16.85兆瓦光伏小康工程发放分红1047万元，其中向75个村发放分红每村5万元，向低收入农户发放小康红包每人460元。低保补助标准从770元/人•月提高到850元/人•月，连续4年保持增长10%以上。全年临时救助困难群众7430人次，发放补助资金978万元；连续12个月发放价格补贴，低收入农户人均收益1200元/年。

【集体经济薄弱村清零】 2020年，龙泉市深入实施消除集体经济薄弱村行动计划，持续巩固和扩大村集体经济薄弱村“清零”战果，该年底，龙泉市236个行政村集体经济年总收入10583.36万元、经营性收入4789.87

万元;164个集体经济巩固村全部实现村集体经济年总收入20万元以上且经营性收入10万元以上;72个集体经济相对薄弱村中实现年总收入20万元以上且经营性收入10万元以上村53个,村集体经济年总收入超100万元以上行政村12个,经营性收入50万元以上行政村7个。推广"双增"项目竞争扶持机制,实行"一村一策"工作机制,统筹财政资金4500余万元,扶持乡镇级联建项目15个、村级单建项目28个,实现每年增收580余万元。建立"1+19+236"强村公司结构模式,实施小微企业园标准厂房项目、屋顶光伏联建项目、水电站投资入股等系列项目,以市场化运作模式推动全市行政村共同增收。该年,全市投入资金2.17亿元,建设项目30个并投入正常运行,实现年收益2230万元。深化山海协作、村企结对、结对帮扶等合作机制,打造内外联动、资源互补、合作共赢增收共同体,确保消薄不返薄,充分运用"问海借力"金钥匙,投资1.49亿元,抱团实施"飞地"项目2个,186个行政村年均增收8万元。充分借助帮扶单位财力、人力、物力支持,实施物产中大集团"两基地一平台"、温州机场集团"百亩大棚"等村企结对项目52个,每年为结对村增收315万元。 (陈东贵)

# 大 事 记

## 1月

1日　龙泉市举行《故宫龙泉日历》百名大师签售会活动。《故宫龙泉日历》是故宫博物院在2020年出版的纪念版日历，也是紫禁城建成600周年、故宫博物院成立95周年的献礼，通过排版古今龙泉青瓷、龙泉宝剑和风光景点、历史古建等图片文字，向全世界展现龙泉优秀地域文化。当天，作品入选《故宫龙泉日历》的近百名龙泉青瓷艺人、龙泉宝剑艺人、摄影大师，齐聚龙泉青瓷博物馆，热心为购买日历的市民签名。

2日　由浙江省文联党组书记、副主席、书记处常务书记陈瑶带队的浙江省文联文艺志愿者服务小分队走进岩樟乡，开展“我们的中国梦”——文化进万家活动，为当地群众送上了一场丰富的“文化大餐”。

2日　丽水市委副书记李锋来龙泉开展深化“三服务”、助推“开门红”活动，龙泉市委书记王顺发、龙泉市委副书记翁志鸿参加座谈或陪同调研。

2日　丽水市委常委、纪委书记、监委主任方文军来龙泉开展“服务企业、服务群众、服务基层”活动，王顺发、吴松平、刘赤波、郑建青等龙泉市领导陪同。

3日　全国暨浙江省文化科技卫生“三下乡”集中示范活动启动仪式在龙泉市竹垟畲族乡举行，农业农村部副部长张桃林出席并宣布活动启动。农业农村部科教司司长廖西元，浙江省农业农村厅厅长林健东、副厅长唐冬寿，丽水市委副书记李锋，以及王顺发、翁志鸿等龙泉市领导参加。浙江省政府副秘书长蒋珍贵主持活动仪式。

3日　农业农村部副部长张桃林深入竹垟畲族乡、上垟镇、兰巨乡开展调研，详细了解龙泉农业农村现代化和全面实施乡村振兴战略情况。

3日　围绕“金融支持实体经济”主题，龙泉市委副书记、市长吴松平带领相关部门负责人深入广力工程机械有限公司、创新汽车空调有限公司开展“深化‘三服务’、助推开门红”活动，并出席全市金融工作座谈会。

2日至3日　龙泉市委书记王顺发先后赴安仁镇、兰巨乡、竹垟畲族乡、上垟镇开展深化“三服务”、助推“开门红”活动，协调解决各类难题，并督办“不忘初心、牢记使命”主题教育开展以来梳理的各类问题。

1月　浙江省农业农村厅公布了浙江省农业绿色发展先行市与示范区认定名单，龙泉市入选浙江省农业绿色发展先行县，兰巨乡、竹垟畲族乡、屏南镇、小梅镇入选省级农业绿色发展示范区。

1月　浙江省城镇环境整治工作领导小组美丽城镇建设办公室发布通知，确定169个入选浙江2020年度美丽城镇建设样板创建名单，龙泉市住龙镇、宝溪乡入选文旅特色型样板。

1月　经浙江省商品交易市场及农贸市场提升发展工作领导小组考核评审和浙江省政府同意，龙泉市剑池综合开发市场、龙都综合市场被认定为2019年度浙江省放心农贸市场。截至2020年1月，龙泉市9家农贸市场中已有7家进入浙江省放心农贸市场行列。

6日　龙泉市委书记王顺发主持召开十四届市委第62次常委会会议，传达学习丽水市委人大工作会议、丽水市委政协工作会议精神，讨论研究《中共龙泉市委关于高水平推进新时代人大工作和建设的意见》

《中共龙泉市委关于新时代加强和改进人民政协工作的实施意见》《龙泉市低收入农户高水平全面小康计划》等。龙泉市人大常委会主任叶砝仙、龙泉市政协副主席陈吉明列席会议。

6日　龙泉市委副书记、市长吴松平，龙泉市政协主席刘赤波带队赴四川省广元市昭化区考察，全面对接新一年帮扶工作。广元市副市长、昭化区委书记陈正永，昭化区政协主席石含玖，昭化区委副书记杜非等参加活动。龙泉市领导何登新、徐怀坤、廖旭青一同参加。

6日　丽水市“乡村振兴、丽水先行”2019年度工作总结会召开，表彰了一批“2019优秀新时代乡贤”，龙泉市李能福、项世平、叶圣益、毛有文、李绛、陈砝根、李震、程大伟、连伟明、杨炳长等10人榜上有名。他们当中，既有企业家、扶贫慈善家，又有传统文化保护者、农旅融合推动者等。

7日　龙泉市委书记王顺发主持召开龙泉市委常委会选人用人专题民主生活会，代表龙泉市委常委会作班子对照检查，并带头作个人对照检查。龙泉市人大常委会主任叶砝仙、龙泉市政协副主席陈吉明列席会议。

7日　龙泉市委副书记、市长吴松平，龙泉市政协主席刘赤波带队赴四川成都中铁二院对接温武吉铁路项目规划前期有关事项，全力争取支持，加快项目推进。中铁二院集团公司总经理朱颖、副总经理魏德勇等参加座谈会。龙泉市领导何登新、徐怀坤、廖旭青一同参加。

8日　中央“不忘初心、牢记使命”主题教育总结大会召开，王顺发、吴松平、叶砝仙、刘赤波、翁志鸿等龙泉市副处以上领导参加。

9日　浙江省“不忘初心、牢记使命”主题教育总结大会、丽水市“不忘初心、牢记使命”主题教育总结大会先后召开，王顺发、吴松平、叶砝仙、刘赤波、翁志鸿等龙泉市副处以上领导参加。

9日　龙泉市“不忘初心、牢记使命”主题教育总结大会召开。丽水市委第十二巡回指导组组长刘炳亮，龙泉市委书记王顺发出席会议并讲话。龙泉市委副书记、市长吴松平主持。叶砝仙、刘赤波、翁志鸿等龙泉市副处以上领导参加。

10日　龙泉市委十四届八次全体(扩大)会议举行。龙泉市委书记王顺发代表龙泉市委常委会作工作报告，吴松平、叶砝仙、刘赤波、翁志鸿等龙泉市副处以上领导参加。会议审议通过《中共龙泉市委关于认真学习贯彻党的十九届四中全会精神高水平推进县域治理现代化的决定》，回顾总结去年工作，研究部署2020年任务。

10日　2020年春运正式启幕。2020年春运从1月10日开始至2月18日结束，春运期间预计全市道路、水路将完成旅客运输量31.85万人次，较去年均略有下降。

10日　2020年“人才之春”走进医共体“鸥水相依•情满龙泉”文艺晚会在龙泉大剧院举行。从四方而来，扎根龙泉、奉献龙泉的优秀人才，与恪尽职守的医护人员联袂同欢，献上一个个精彩的节目，充分展现出龙泉人才的良好精神风貌，营造了“重才、用才、爱才、惜才”的良好氛围。

13日　安仁镇召开第十三届四次党代会。龙泉市委书记王顺发参加会议并讲话。

13日　“青色与众”亚洲国际陶瓷交流营展在龙泉青瓷博物馆开展。此次展览汇集了韩国及我国台湾地区、龙泉本土艺术家作品，中国美术学院、韩国弘益大学、韩国国立传统文化大学、台南艺术大学等高校师生作品，不仅向大众展示了世界陶瓷的价值观与审美观，也展示了龙泉青瓷青色之美。

14日　龙泉市举行竹木产业协会2019年会暨第四届“龙韵杯”国际(龙泉)竹木产品创新设计大赛颁奖大会。龙泉市委书记王顺发参加并致辞。会上，还举行新增理事单位授牌仪式，龙泉市公安局——竹木产业协会“警商驿站”正式揭牌。

14日　龙泉市委书记王顺发带队赴环球时代影城、苍松农贸市场等地开展春节前安全生产检查工作。

14日　龙泉市委书记王顺发前往西街街道，就西街国家历史文化街区保护利用开展专题调研。龙泉市政协副主席曹新民陪同调研。

14日　龙泉市乡镇(街道)农产品直销中心揭牌运营。龙泉市委书记王顺发参加揭牌仪式。

15日　龙泉市委书记王顺发率队赴丽水军分区走访慰问，向部队官兵们送上新春的问候和祝福。

16日　龙泉市举行老干部经济社会发展情况通报会和老干部迎春茶话会，龙泉市委书记王顺发向老干部通报2019年龙泉市经济社会发展情况和2020年工作思路。

17日　龙泉市委书记王顺发，龙泉市委副书记、市长吴松平参加龙泉宝剑行业协会年会和温州龙泉商会年会。

16日至17日　上海奉贤区委常委、宣传部长徐卫，区委常委、副区长顾耀明率考察团到龙泉考察对接，就进一步深化合作进行座谈交流。王顺发、熊勇军、诸葛春杰、王凡、黄国勇等龙泉市领导陪同考察。

18日　龙泉市委副书记、市长吴松平带队赴综合信息指挥中心、城区瓶装液化气综合配送中心等地开展节前安全生产检查。

17日至21日　王顺发、吴松平、叶砝仙、刘赤波、翁志鸿等龙泉市四套班子领导带领有关部门负责人，分别走访慰问在龙泉实职副处(县)以上离退休干部、抗战时期离休干部。

17日至21日　王顺发、吴松平、叶砝仙、刘赤波、翁志鸿等龙泉市四套班子领导分组走访慰问困难党员和群众。

21日　丽水市委常委、纪委书记、监委主任方文军一行来龙泉检查平安建设和安全生产工作，走访慰问困难群众，并看望信访干部。

21日　龙泉市召开全市领导干部会议，传达学习浙江省"两会"及丽水市委经济工作会议精神。龙泉市委书记王顺发出席并讲话，龙泉市委副书记、市长吴松平主持，叶砝仙、刘赤波等龙泉市副处以上领导参加。

21日　龙泉市委书记王顺发主持召开乡镇(街道)党政正职座谈会，吴松平、叶砝仙、刘赤波等龙泉市副处以上领导参加。

21日　龙泉市举行2020年春节团拜会。龙泉市委书记王顺发出席并讲话，龙泉市委副书记、市长吴松平主持，叶砝仙、刘赤波、翁志鸿等龙泉市副处以上领导参加。

21日　龙泉市部署新冠肺炎防控各项工作，成立疫情防控指挥部，并在全市高速出口、省际、县际道路设立交通检查点对入境车辆和人员进行全面排查检测。

21日　龙泉市委书记王顺发赴高速出口等疫情防控检查点，督导检查疫情防控工作。

23日　王顺发、叶砝仙、刘赤波、翁志鸿等龙泉市领导分组检查落实节日值班和疫情防控工作，看望慰问节日期间坚守岗位的工作人员以及医院住院病人。

24日　除夕夜，王顺发、叶砝仙、刘赤波等龙泉市副处以上领导分别带队走上街头，深入里弄小巷，以平安志愿者的身份，开展平安大巡防活动。

24日　除夕夜，王顺发、吴松平、叶砝仙、刘赤波、占雅静等龙泉市领导带队分组赴各交通检查点慰问驻守在一线的执勤干部。

25日　正月初一，龙泉市召开新型冠状病毒感染肺炎疫情防控工作会议，学习贯彻浙江省、丽水市有关肺炎疫情联防联控工作会议精神，分析研判当前面临的形势，部署落实疫情防控各项工作。龙泉市委书记王顺发出席会议并讲话，龙泉市委副书记、市长吴松平主持。

25日　龙泉市委副书记、市长吴松平赴龙泉高速出口慰问检查点执勤人员，督导检查疫情防控工作。

26日　龙泉市委书记王顺发主持召开龙泉市委常委会扩大会议，传达学习习近平总书记在中央政治局常委会会议上的重要讲话精神以及近期上级关于新型冠状病毒感染的肺炎疫情防控工作系列重要会议精神，听取龙泉市疫情防控工作汇报，研判疫情防控形势，对下一步工作进行再强调再部署再动员。龙泉市委副书记、市长吴松平作工作部署，叶砝仙、刘赤波等龙泉市副处以上领导参加。

26日　龙泉市委书记王顺发赴万家惠超市检查民生供应保障和疫情防控情况。

27日　龙泉市召开市新型冠状病毒感染肺炎疫情防控工作领导小组视频会议，传达贯彻中央、浙江省、丽水市有关疫情防控会议精神和龙泉市委常委扩大会议精神，听取疫情防控有关工作汇报，研究部署全市疫情防控工作。龙泉市委副书记、市长吴松平出席会议并讲话，龙泉市委副书记翁志鸿主持。

27日　龙泉市政府召开第42次常务会议。传达贯彻中央、浙江省、丽水市有关疫情防控会议精神和龙泉市委常委扩大会议精神，听取龙泉市政府领导疫情防控"三服务"工作走访情况、疫情防控工作进展情况汇报。

28日至30日　龙泉市委副书记、市长吴松平深入城市社区和乡村基层，以明察与暗访相结合的方式，督查指导疫情防控工作。

29日　龙泉市委书记王顺发赴疫情防控物资生产关联企业，实地调研防疫物资供应保障情况。

29日　龙泉市委副书记、市长吴松平赴龙泉东高速出口慰问卡点执勤人员，督导检查疫情防控工作。

30日　龙泉市委书记王顺发会同龙泉市人武部部长葛基传，携带野战帐篷等慰问物资，慰问安仁、八都、龙泉等高速公路出口防疫检查点执勤人员，督导检查疫情防控工作。

30日　龙泉市委书记王顺发赴剑池街道武潭村蔬菜生产基地、市生猪定点屠宰场方鑫肉食品有限公司、宏山蔬菜生产基地、万家惠超市、农产品直销中心等地，实地调研检查蔬菜、生猪、大米等主要农产品市场供应和物价情况。

30日　龙泉市委副书记、市长吴松平赴小梅镇、查田镇慰问基层疫情防控工作人员，督导检查疫情防控工作。

31日　龙泉市委副书记、市长吴松平赴龙泉高速出口慰问检查点执勤人员，督导检查疫情防控工作。

## 2月

2日　龙泉市委副书记、市长吴松平先后赴龙渊街道、剑池街道，深入农贸市场、超市、药店、住宅小区等地，看望慰问奋战在疫情防控一线的工作人员，督查指导疫情防控工作。龙泉市领导张长山、黄国勇、杨洪斌陪同。

**3日** 龙泉市委书记王顺发赴龙泉丰晟配送有限公司现场协调解决企业的进货渠道、线上服务、物资配送等问题，打通上下游供应链。

**3日** 龙泉市委副书记、市长吴松平赴破石街道、剑池街道的社区和居民小区调研检查基本民生情况和疫情防控情况。

**4日** 丽水市委书记胡海峰来龙泉调研，先后赴剑池街道芳野村、锦溪镇下锦村、住龙镇建平村等地督查疫情防控工作落实情况。

**4日** 龙泉市委书记王顺发赴南秦农产品批发市场等地，仔细询问粮油蛋肉菜等物资的货源调度和补充，并与企业、蜂鸟义工协会一线服务人员深入交流，了解配送供应链的实际运转情况。

**4日** 龙泉市委副书记、市长吴松平赴安仁镇、道太乡调研检查基本民生情况和疫情防控情况。

**6日** 王顺发、吴松平、叶砝仙、刘赤波、翁志鸿等龙泉市四套班子领导先后深入宝溪乡、上垟镇、锦溪镇、住龙镇、剑池街道等地，以暗访的形式督查全市疫情防控工作，实地检查居家隔离硬管控等各项举措落实情况，并看望慰问奋战在疫情防控一线的工作人员。

**6日** 龙泉市出台《关于“战疫助企·暖春行动”二十一条意见》。该政策针对受疫情影响、生产经营遇到困难的企业和参与防疫物资生产的相关企业，从惠企减负、创新支持等五方面21条实施帮扶，预计可为企业降低成本超亿元。

**8日** 龙泉市疫情防控工作视频会议召开，视频连线各乡镇（街道），听取疫情防控工作和督查情况汇报，分析研判疫情防控形势，部署下步疫情防控工作。龙泉市委书记王顺发讲话，龙泉市委副书记、市长吴松平主持，叶砝仙、刘赤波、翁志鸿等龙泉市疫情防控指挥部全体成员参加。

**8日** 龙泉市委副书记、市长吴松平赴万家惠超市、大润发超市等地检查民生供应保障和疫情防控情况。

**9日** 龙泉市委副书记、市长吴松平赴上垟镇调研检查基本民生情况和疫情防控情况。

**11日** 丽水市委常委、纪委书记、监委主任方文军来龙泉督导疫情防控工作，先后赴高速出口交通卡点、丰晟农产品配送中心、国镜药业、防控指挥部、乡镇农产品直销中心、梅子初青酒店（集中隔离点）、剑池街道水南社区等地进行检查。王顺发、吴松平、郑建青等龙泉市领导陪同。

**11日** 龙泉市委书记王顺发主持召开十四届龙泉市委第63次常委会会议，传达习近平总书记在中央全面依法治国委员会第三次会议上关于依法防控疫情的重要讲话精神和省委常委会、丽水市委常委会会议精神，听取龙泉当前疫情防控工作情况汇报，部署疫情防控和企业（项目）开复工有关工作。叶砝仙、刘赤波、张长山、黄国勇、杨洪斌等龙泉市副处以上领导列席会议。

**12日** 龙泉市委书记王顺发，龙泉市委副书记、市长吴松平走访慰问部分龙泉籍援鄂、援丽和一线医务人员家属。

**13日** 龙泉市委副书记、市长吴松平深入农村一线督查指导疫情防控和农业稳产保供工作，龙泉市副市长黄国勇陪同。

**15日** 龙泉市指挥部召开全市疫情防控和复工复产工作视频会议，传达贯彻浙江省、丽水市疫情防控指挥部视频会议精神，部署疫情防控和复工复产工作，确保“两手都要硬、两战都要赢”。龙泉市委书记王顺发讲话，龙泉市委副书记、市长吴松平作工作部署。

**15日** 龙泉市委副书记、市长吴松平赴龙泉高速出口慰问检查点执勤人员，并赴“110”指挥中心视频连线慰问各卡口执勤值班组。

**15日** 龙泉市再次发布《关于全力开展“战疫助企、暖春行动”建立派企服务长和驻企服务员机制的通知》，创新建立派企服务长、驻企服务员和“服企直通车”机制，把服务更加直接高效地落到企业急需处，以高质量的服务最大限度帮助企业渡过难关。

**17日** 龙泉市委书记王顺发赴高速龙泉出口、龙泉东出口等一线督导疫情防控工作，并走访调研企业复工复产及物流保障等工作。

**17日** 龙泉市委副书记、市长吴松平赴城东综合体项目、破石鞋产业回归园项目、破石应急隧道工程等地调研项目复工情况和疫情防控情况。

**18日起** 龙泉市实行企业开复工“备案+承诺+负面清单”制度，企业在做好疫情防控各项准备工作后，仅需通过线上系统填报企业信息和承诺书，经所在乡镇（街道）备案后，即可开工。

**2月** 为保障复工后企业正常生产秩序，龙泉市建立企业签约医生服务机制，让医疗服务人员进企业，担当协调员、联络员、指导员，全力帮助企业做好疫情防控和复工复产。

**19日** 龙泉市委书记王顺发赴浙江龙泉经济开发区，走访调研企业疫情防控和复工复产工作。

**19日** 龙泉市委副书记、市长吴松平赴破石金岗工业园区奔际不锈钢、铭锋管道等企业调研复工复产和疫情防控情况。

20日　龙泉市召开疫情防控和复工复产工作会议，视频连线各乡镇（街道），传达学习浙江省委常委会扩大会议、丽水市委常委会扩大会议精神，听取疫情防控和复工复产工作情况汇报，研究部署下步工作。龙泉市委书记王顺发讲话，龙泉市委副书记、市长吴松平主持并部署工作。

20日　龙泉市委副书记、市长吴松平深入安仁、砼石工业园区等地督导疫情防控和复工复产工作。

25日　龙泉市委书记王顺发主持召开龙泉市委常委会扩大会议，视频连线各乡镇（街道），传达贯彻中央、浙江省委有关会议精神，部署龙泉市统筹推进新冠肺炎疫情防控和经济社会发展工作。吴松平、叶砝仙、刘赤波、翁志鸿等龙泉市副处以上领导参加。

26日　龙泉市委副书记、市长吴松平开展城市品质提升、城市旅游发展专题调研。

26日　浙江省经济和信息化厅发布《2019年浙江省区域两化融合发展水平评估报告》，龙泉两化融合发展水平总指数为67.79，比2018年提高3.2，首次进了浙江省二类地区。

27日　丽水市委副书记、市长吴晓东来龙泉调研疫情防控和复工复产情况，龙泉市委书记王顺发，龙泉市委副书记、市长吴松平陪同调研。

27日　龙泉市疫情防控"口罩银行""口罩店铺"正式营业。"口罩银行"是针对已购买口罩但还没到货的企业，通过"限期无息"的形式，帮助企业复工提供临时性口罩周转，保证企业顺利开工复产，等企业采购的口罩收到后，再要求企业将口罩还回来，有效进行资源配置。"口罩店铺"是针对没买到口罩的企业，由龙泉市疫情防控指挥部后勤保障组组织采购后，按成本价销售给企业。

28日　龙泉市召开涉外疫情防控工作部署视频会议，传达丽水市疫情防控工作视频连线会会议精神，部署龙泉涉外疫情防控工作。

28日　龙泉市政府召开第43次常务会议。审议《龙泉市人民政府关于划定高污染燃料禁燃区的通告》《龙泉市畜禽养殖禁养区划分调整方案》。

2月　浙江省商务厅公布了2019年度"浙江出口名牌"名单，龙泉市浙江能福旅游用品有限公司榜上有名，是丽水市唯一一家新增企业。

## 3月

2日　龙泉市召开疫情防控和经济社会发展工作会议，视频连线各乡镇（街道），传达贯彻浙江省委常委会会议和丽水市疫情防控工作视频会议精神，听取有关工作汇报，深入研判疫情形势，部署龙泉疫情防控和经济社会发展工作。龙泉市委书记王顺发讲话，龙泉市委副书记、市长吴松平主持，翁志鸿、徐达伟等龙泉市领导出席会议。

2日　龙泉市委副书记、市长吴松平开展城市品质提升城市旅游发展专题调研。

2日　龙泉市向欧洲龙泉同乡总会（总商会）捐赠一批医用物资。龙泉市委副书记、市长吴松平代表市委市政府将这批物资移交到欧洲龙泉同乡总会（总商会）相关负责人周恩良手中。

3日　龙泉市委书记王顺发，龙泉市委副书记、市长吴松平开展疫情防控和经济社会发展有关工作。

4日　王顺发、吴松平、叶砝仙、刘赤波等龙泉市四套班子领导深入浙江龙泉经济开发区开展"三服务"活动，召开企业家问计座谈会，面对面问政于企、问计于企、问需于企。

5日　龙泉市委书记王顺发开展疫情防控和经济社会发展有关工作。

5日　龙泉市委副书记、市长吴松平赴银鑫竹业有限公司、产业创新服务综合体、网智信息电商园等地，实地考察数字产业化和产业数字化发展情况。同时召开座谈会，听取龙泉市新经济发展情况汇报，并就疫情防控工作和公共场所免费WiFi、5G基站建设等事宜作了研究部署。

3月　浙江省委省政府发文通报表彰2019年度全省实施乡村振兴战略优秀单位名单，龙泉市榜上有名。

3月　国家林业和草原局相继公布了第一批第二批国家森林乡村名单，龙泉有10个乡村上榜，其中，西街街道白云岩村、八都镇章府会村、上垟镇源底村、小梅镇金村村、屏南镇周铺垟村入选第一批名单，住龙镇住溪村、兰巨乡官埔垟村、宝溪乡溪头村、城北乡东书村、竹垟畲族乡罗墩村入选第二批名单。

3月　浙江省林业局、省民政厅、省卫生健康委员会、省中医药管理局联合公布了2019年度浙江省森林康养基地，这也是浙江四部门联合命名的首批省级森林康养基地，龙泉市泉灵谷森林康养基地上榜。

6日　龙泉市委书记王顺发主持召开龙泉市委审计委员会第二次会议，深入学习习近平总书记关于审计工作的重要指示精神，认真贯彻落实中央、浙江省委、丽水市委审计委员会有关会议精神，审议通过《2020年审计项目计划》，听取2019年全市审计工作主要情况和2020年审计工作总体安排情况汇报。

6日　龙泉市委书记王顺发，龙泉市委副书记、市长吴松平开展疫情防控和经济社会发展有关工作。

6日　龙泉市召开应急管理、安

全生产、消防工作电视电话会议，龙泉市委副书记、市长吴松平出席会议并讲话。会上，还签订了2020年度应急管理、安全生产和消防工作目标管理责任书。

**9日** 龙泉市委书记王顺发，龙泉市委副书记、市长吴松平开展疫情防控和经济社会发展有关工作。

**10日** 龙泉市委书记王顺发深入小梅镇、兰巨乡、西街街道等乡镇(街道)的田间地头、涉农企业，调研指导春季农业生产等工作。

**10日** 衢宁铁路浙江龙泉段铺轨工程正式开始。

**11日** 龙泉市委书记王顺发开展疫情防控和经济社会发展有关工作。

**13日** 龙泉市委副书记、市长吴松平主持召开龙泉市政府党组会议，学习贯彻习近平总书记重要讲话、重要指示精神，以及上级有关疫情防控和经济社会发展系列会议精神、领导讲话精神等。龙泉市政府党组会议结束后，吴松平主持召开龙泉市政府第44次常务会议，审议《龙泉市"生态经济大追赶"活动实施方案》等议题。

**13日** 龙泉市召开创建百山祖国家公园百日会战动员大会。龙泉市委副书记、市长吴松平在会上作动员部署，丽水国家公园创建办负责人廖永平应邀出席。

**16日** 龙泉市委书记王顺发主持召开十四届龙泉市委第64次常委会会议，传达学习习近平总书记在决战决胜脱贫攻坚座谈会上的重要讲话精神以及浙江省委常委会会议精神、十九届中央纪委四次全会和浙江省纪委十四届五次全会精神，听取《龙泉市"生态经济大追赶"活动实施方案》制定情况汇报、《龙泉市城市文化客厅招商方案》制定情况汇报等。龙泉市人大常委会主任叶砝仙、龙泉市政协主席刘赤波列席会议。

**17日** 龙泉市委书记王顺发开展疫情防控和经济社会发展有关工作。

**18日** 龙泉市委书记王顺发赴小梅镇、岩樟乡，走茶园、访茶农、问茶情，专题调研茶叶产业发展情况。

**19日** 龙泉市委副书记、市长吴松平先后来到佳宝生物科技有限公司、渊健生物药业有限公司、山茶润生物科技有限公司等企业，实地考察健康农业、健康制造业和健康服务业发展情况，并就疫情防控工作和灵芝加工、医药流通等事宜作了研究部署。

**3月** 龙泉市政府分别召开座谈会，就2020年《政府工作报告》向部分党代表、人大代表、政协委员和老干部征求意见建议。龙泉市委副书记、市长吴松平出席会议并讲话。

**17日** 龙泉市市场监管局工作人员将新核发的食品生产许可证送到龙泉市良昌食品厂负责人手中，这是自3月1日新版食品生产许可管理办法正式施行以来，龙泉市发出的首张新版食品生产许可证。

**20日** 丽水市政策性融资担保有限公司入驻龙泉签约暨挂牌仪式举行，标志着龙泉市正式开启政策性融资担保业务。仪式上，该公司与龙泉市人民政府签订业务合作协议，与龙泉农村商业银行、龙泉民泰村镇银行签订融资担保业务合作协议。

**23日** 龙泉市委书记王顺发开展疫情防控和经济社会发展有关工作。

**24日** 龙泉市委书记王顺发主持召开十四届龙泉市委第65次常委会会议，传达贯彻习近平总书记在中央政治局常委会会议上的重要讲话精神、上级有关会议及文件精神，听取人大常委会、政府、政协、法院、检察院党组2019年度工作汇报，讨论研究公务员职级晋升方案。龙泉市人大常委会主任叶砝仙、龙泉市政协主席刘赤波列席会议。

**25日** 龙泉市委书记王顺发先后来到城东交通枢纽提升改造工程、础石鞋产业链回归项目、火车站站房工程及站前广场建设现场，实地调研重点项目推进及安全生产措施落实等情况，并现场为企业送服务、解难题。

**25日** 浙江省水利厅、发改委、财政厅、生态环境厅、住建厅、卫健委六部门联合印发了《浙江省水利厅等六部门关于表扬在农村饮用水达标提标行动工作中成绩突出县和个人的通报》，龙泉市获评2019年度农村饮用水达标提标行动成绩突出县(市)。

**27日** 龙泉市委书记王顺发代表龙泉市委市政府及29万名龙泉人民向友好城市匈牙利道包什市捐赠3万只口罩，用实际行动支援当地抗击疫情。

**31日** 龙泉市纪委十四届六次全体(扩大)会议召开。龙泉市委书记王顺发出席会议并讲话，龙泉市委副书记、市长吴松平主持，龙泉市委常委、纪委书记郑建青作工作报告。叶砝仙、刘赤波、翁志鸿等龙泉市副处以上领导参加。

**31日** 龙泉市召开创建省级生态文明建设示范市工作动员会，龙泉市委副书记、市长吴松平在会上作动员部署。

## 4月

**1日** "一剑钟情·从瓷开始"龙泉人游龙泉活动在龙泉青瓷博物馆启动，龙泉市文化和广电旅游体育局现场推荐了10条龙泉旅游精品线路，并宣布将向市场投放3000万元旅游大礼包，这其中包含1000万元旅游业重振专项经费，500万元文化旅游发展专项资金，价值200万元的

“旅游消费券”以及价值205万元的景区、酒店、民宿“旅游消费红包”等。这标志着龙泉市文旅融合年度大戏正式拉开帷幕，也是龙泉紧抓文旅行业转型窗口期，用丰富供给促进消费回补和潜力释放的有力举措。

**2日** 龙泉市委副书记、市长吴松平开展文化旅游工作专题调研，并乘车沿着城市旅游精品线路一路行、一路看，详细了解龙泉宝剑厂、龙泉青瓷博物馆、西街国家历史文化街区等七大景点的规划设计和项目建设情况，现场研究解决存在问题。

**2日** 龙泉市委副书记、市长吴松平主持召开龙泉市政府党组会议，学习贯彻中央政治局会议精神、习近平总书记在浙江考察的重要讲话精神，以及浙江省委、丽水市委、龙泉市委常委会扩大会议精神。龙泉市政府党组会议结束后，吴松平主持召开龙泉市政府第45次常务会议，审议《“花园云•城市大脑”建设工作“一办一平台X应用Y制度”工作机制》《衢宁铁路龙泉段临时用地复垦项目建设和管理实施办法（试行）》《龙泉市南秦原国镜药业周边区块征收补偿方案补充意见》。

**3日** 龙泉市委书记王顺发主持召开龙泉市委常委会扩大会议，传达贯彻习近平总书记在浙江考察时的重要讲话精神，以及浙江省委、丽水市委常委会扩大会议精神。吴松平、叶砝仙、刘赤波、翁志鸿等龙泉市副处以上领导参加。

**3日** 龙泉市宣传思想工作会议召开。会议以习近平新时代中国特色社会主义思想为指导，深入学习党的十九届四中全会、浙江省委十四届六次全会、丽水市委四届七次全会精神，贯彻落实浙江省、丽水市宣传思想工作会议和龙泉市委十四届八次全会精神，总结回顾2019年全市宣传思想文化工作情况，分析当前形势，部署2020年重点工作。

**7日** 王顺发、吴松平、叶砝仙、刘赤波等龙泉市四套班子领导，连续第4年集体专题调研教育卫生工作。

**9日至10日** 浙江省委书记、省疫情防控工作领导小组第一组长车俊乘高铁赴温州、丽水调研，传递习近平总书记在浙江考察时对广大干部群众的亲切关怀和殷切期望。在龙泉期间，车俊先后到龙泉浙大中学、国镜药业公司，检查开学准备工作和企业复工复产情况。随后，车俊前往龙泉凤阳山自然保护区，考察生态保护和百山祖国家公园创建情况，并向龙泉市和官埔垟村负责人发放百山祖国家公园龙泉片区集体林地地役权证、不动产证，这也是全国首张国家公园集体林地地役权证。

**10日** 龙泉市在人民广场举行普及文明好习惯暨公筷公勺倡议活动，旨在深化“垃圾分类”“文明出行”“文明就餐”“文明旅游”等十大文明好习惯实践活动，引导全市广大人民群众讲文明话、办文明事、做文明人、创文明城。

**12日、15日** 龙泉市以最高礼遇欢迎第一批驰援武汉的龙泉市人民医院医护人员何莉洁、张思敏和第二批驰援武汉的龙泉市人民医院医生刘胜平安凯旋。王顺发、吴松平、叶砝仙、刘赤波、翁志鸿、雷超、王凡、占雅静等龙泉市四套班子领导，家属代表，医护人员代表，机关单位代表以及社会各界热心人士参加欢迎仪式。

**13日** 龙泉市委书记王顺发主持召开龙泉市委常委会扩大会议，传达贯彻中央政治局常委会会议精神和浙江省委书记车俊在龙泉调研期间重要指示精神。吴松平、叶砝仙、刘赤波、翁志鸿等龙泉市副处以上领导参加。

**13日** 龙泉市召开十四届龙泉市委第七轮巡察工作动员部署会。龙泉市委书记王顺发讲话，龙泉市委常委、组织部长雷超传达十四届浙江省委第九轮巡视工作动员部署会和四届丽水市委第七轮巡察工作动员部署会精神，并宣读十四届市委第七轮巡察组组长、副组长授权名单和任务分工。

**14日** 龙泉市委书记王顺发参加浙江省建设平安浙江工作会议，并代表龙泉市捧回全省首批“一星平安金鼎”。

**14日** 龙泉市委副书记、市长吴松平主持召开龙泉市政府党组会议，学习贯彻中央政治局常务委员会会议精神，浙江省委书记车俊在温州、丽水考察调研时的讲话精神，以及浙江省、丽水市和龙泉市委有关会议精神。龙泉市政府党组会议结束后，吴松平主持召开龙泉市政府第46次常务会议，审议《政府工作报告》、国民经济和社会发展计划报告、财政预算报告、环境状况和环境保护目标完成情况报告等。

**14日** 龙泉市委副书记、市长吴松平赴银隆不锈钢有限公司、松信汽车空调有限公司等地开展生态工业发展专题调研。当天下午，吴松平还出席了砩石区块基础设施配套工程金岗三期项目和市政一期项目开工仪式并宣布项目开工。

**15日** 龙泉市公安工作会议召开。会议深入贯彻落实习近平总书记在浙江考察时的重要讲话精神和浙江省委书记车俊在龙泉调研期间的重要指示、各级政法工作会议和公安厅（局）长会议、丽水市公安工作会议精神，总结2019年公安工作，分析当前形势，部署2020年工作。

**16日** 丽水市人大常委会党组书记、主任虞红鸣到龙泉调研数字经济发展情况。王顺发、吴松平、叶砹仙等龙泉市领导陪同调研或参加座谈。

**16日** 龙泉市举行2020年防汛防台应急演练，首次运用“花园云·城市大脑”应急指挥平台，模拟处置主汛期龙泉可能出现的洪涝及地质灾害等多种情况。

**17日** 龙泉市委书记王顺发主持召开龙泉市委财经委员会第二次会议，深入学习贯彻中央、浙江省委和丽水市委财经委员会系列会议精神，听取财经相关工作汇报，研究部署当前和今后一个时期龙泉市财经相关工作，确保实现“两手硬、两战赢”。吴松平、翁志鸿等龙泉市委财经委员会组成人员参加会议，龙泉市人大常委会主任叶砹仙、龙泉市政协主席刘赤波列席会议。

**19日** 龙泉市望瓯文化发展有限公司举行成立仪式，标志龙泉市与景德镇市的合作又迈出重要一步。龙泉市委书记王顺发致辞，龙泉市委副书记、市长吴松平主持，叶砹仙、刘赤波、翁志鸿等龙泉市四套班子领导，景德镇市国资委、陶文旅集团、上海建筑设计研究院等相关负责人参加。会上，景德镇陶瓷文化旅游集团旗下的全资国有企业——景德镇陶邑文化发展有限公司与龙泉市旅游投资发展股份有限公司签订股东合作协议，双方将加强区域合作统筹，深入挖掘剑瓷文化，共同打造文化旅游产业带。

**20日** 龙泉市委书记王顺发主持召开十四届龙泉市委第66次常委会会议，传达学习中央政治局常委会会议精神，听取龙泉市第十六届人民代表大会第四次会议和中国人民政治协商会议第九届龙泉市委员会第四次会议筹备情况和机构设置有关情况汇报，讨论人大、政协、政府、法院、检察院工作报告，讨论研究《龙泉市文化旅游大融合活动实施方案》。龙泉市人大常委会主任叶砹仙、龙泉市政协主席刘赤波列席会议。

**21日至23日** 龙泉市代表团参加中国人民政治协商会议第四届丽水市委员会第四次会议。会议听取和审议政协第四届丽水市委员会常务委员会工作报告，听取和审议政协第四届丽水市委员会常务委员会关于丽水市政协四届三次会议以来提案工作情况的报告，选举高波、王顺发为政协第四届丽水市委员会副主席等。

**24日** 龙泉市创建省示范文明城市工作推进会召开，回顾总结前期工作，研究分析存在问题，围绕5月省里调研测评对创建工作进行再安排再部署。龙泉市委副书记翁志鸿出席会议并讲话。

**24日** 龙泉市召开扶贫开发领导小组会议暨低收入农户全面摸底调查动员会，贯彻落实中央、浙江省委、丽水市委各级扶贫工作要求，重点部署龙泉市低收入农户全面摸底调查工作。龙泉市委副书记翁志鸿主持会议并讲话。

**22日至24日** 龙泉市代表团参加丽水市第四届人民代表大会第五次会议。会议审查、批准丽水市2019年国民经济和社会发展计划执行情况的报告及2020年国民经济和社会发展计划，审查、批准丽水市2019年市本级预算执行情况的报告及2020年市本级预算，审议丽水市2019年环境状况和环境保护目标完成情况的报告，决定2020年丽水市民生实事项目等。

**26日至28日** 中国人民政治协商会议第九届龙泉市委员会第四次会议召开，会议听取和审议政协第九届龙泉市委员会常务委员会工作报告，听取和审议政协第九届龙泉市委员会常务委员会关于九届三次会议以来提案工作情况的报告，列席龙泉市第十六届人民代表大会第四次会议，听取并讨论政府工作报告及其他有关报告，选举徐东华为政协第九届龙泉市委员会副主席等。

**27日至29日** 龙泉市第十六届人民代表大会第四次会议召开，会议听取和审查龙泉市人民政府工作报告，审查、批准龙泉市2019年国民经济和社会发展计划执行情况的报告及2020年国民经济和社会发展计划，审查、批准龙泉市2019年预算执行情况的报告及2020年预算，选举陈有南、叶伟玲为龙泉市人大常委会副主任，葛基传为龙泉市人大常委会委员，决定2020年龙泉市“十件民生实事”项目等。

**26日** 龙泉法院在龙泉市“五水共治”工作领导小组(河长制)办公室挂牌成立浙江省首个驻市河长制办公室巡回审判点，实现河道水生态领域的预防、处置、审判、修复一体化。

**30日** 龙泉市委副书记、市长吴松平主持召开党组会议暨第47次常务会议，学习贯彻近期上级系列会议精神，统筹推进疫情防控和经济社会发展工作，分析一季度经济形势，部署二季度经济工作。审议《龙泉市2020年东西部扶贫协作主要任务指标及帮扶项目责任分解清单》《龙泉市助力昭化区开展消费扶贫补助实施办法》《2020年度政府工作报告重点工作责任清单》。

**30日** 龙泉市召开扫黑除恶专项斗争领导小组全体(扩大)会议，深入贯彻落实浙江省扫黑除恶专项斗争视频推进会及丽水市扫黑除恶专项斗争领导小组全体(扩大)会议精神，部署龙泉市推进扫黑除恶“十大专项行动”和迎接中央特派督导工作，确保收官之年扫黑除恶专项斗争取得全胜。龙泉市委副书记、政法委书记翁志鸿出席会议并讲话。

## 5月

6日　龙泉市召开建设“平安龙泉”暨政法信访工作会议，视频连线各乡镇（街道），深入贯彻落实浙江省建设平安浙江工作会议以及各级政法工作会议精神，动员全市上下以高度的政治自觉和行动自觉推进平安龙泉建设。丽水市政协副主席、龙泉市委书记王顺发讲话，龙泉市委副书记、市长吴松平主持，叶砝仙、刘赤波等龙泉市副处以上领导参加，龙泉市委副书记翁志鸿作工作部署。

6日　龙泉市委农村工作会议召开，全面贯彻落实中央、浙江省委及丽水市委农村工作会议精神，回顾总结2019年“三农”工作成效，研究部署2020年“三农”工作任务。丽水市政协副主席、龙泉市委书记王顺发作批示要求，龙泉市委副书记翁志鸿出席会议并讲话。

6日　龙泉市政府召开第48次常务会议，审议《龙泉市城市公共交通经营管理考核奖补办法》《安仁镇溪西溪东工业园区泵阀企业“补链延链强连”整治改造提升实施方案》。

6日　翁志鸿、叶学明、童巧隽、陈惠锋等龙泉市副处以上领导分五组走访慰问了部分纳税大户、十强工业企业及有关行业企业代表，鼓励企业要坚定高质量发展信心，真抓实干做大做强，为决战决胜高水平全面建成小康社会多做贡献。

8日　浙江省政协副主席张泽熙一行来龙泉调研文化特色小镇建设工作。丽水市政协副主席朱山华，龙泉市政协主席刘赤波参加。

8日　龙泉市委常委会扩大会议暨2020年一季度经济运行分析会、“生态经济大追赶”活动点评会召开，深入贯彻落实浙江省二季度工作动员部署会等系列会议精神，分析龙泉一季度经济形势，点评“生态经济大追赶”活动开展情况，研究部署下步工作。龙泉市委书记王顺发主持会议并讲话，龙泉市委副书记、市长吴松平部署下阶段工作，叶砝仙、翁志鸿等龙泉市副处以上领导参加。

8日　丽水市政协副主席、龙泉市委书记王顺发主持召开十四届龙泉市委第67次常委会会议，传达浙江省委组织部关于龙泉市选人用人问题立项督查反馈意见，研究浙江省委组织部关于龙泉市选人用人问题立项督查反馈意见整改人事方案。龙泉市人大常委会主任叶砝仙、龙泉市政协主席刘赤波列席会议。

8日　丽水市百山祖国家公园创建办负责人廖永平一行来龙泉调研，就龙泉市创建百山祖国家公园工作进行指导。

8日　龙泉台信汽车空调有限公司拿到了医用口罩产品的医疗器械注册证和生产许可证，这是龙泉市首家取得医用口罩注册证的生产企业。

9日　龙泉市委副书记、市长吴松平到八都镇、西街街道开展包乡走村“三服务”，专题调研农民增收工作。其间，吴松平还就疫情防控和基层组织建设有关工作进行督查指导。

9日　浙江省发改委通报2019年度全省扩大有效投资优秀单位，龙泉市成为丽水地区唯一上榜县，将在浙江省重大产业项目、浙江省公共建设投资计划、中央预算内资金安排上获得优先支持。

12日　国际护士节，王顺发、吴松平、叶砝仙、刘赤波等龙泉市领导分两组到龙泉市人民医院、中医院，看望慰问一线护理人员。随后，龙泉市还召开表彰大会，对援鄂援丽护士、五星级护士、丽水市级抗疫先进等进行了现场颁奖。

12日　龙泉市委常委会扩大会议召开，传达贯彻4月29日、5月6日中央政治局常委会会议精神，以及浙江省委常委、纪委书记、监委主任许罗德在丽水考察调研时的讲话精神。丽水市政协副主席、龙泉市委书记王顺发主持并讲话，吴松平、叶砝仙、刘赤波、翁志鸿等龙泉市副处以上领导参加。

12日　龙泉市委理论学习中心组召开专题学习会，围绕习近平总书记在浙江考察时的重要讲话精神，再学习、再升温、再提高。丽水市政协副主席、龙泉市委书记王顺发主持并讲话，吴松平、叶砝仙、刘赤波、翁志鸿等龙泉市委理论学习中心组成员参加。

12日　浙江日报报业集团县级融媒体中心共享联盟龙泉工作站在龙泉市融媒体中心挂牌，标志着龙泉市媒体融合发展再迈新步伐。

5月　龙泉市一批重2吨、货值7.36万元的食用明胶经丽水海关龙泉办检验检疫合格评定顺利出口孟加拉国，该食用晚胶由浙江嘉德利生物科技有限公司生产，也是丽水市首次出口食用明胶。

14日　南秦原国镜药业周边区块土地和房屋征收工作总结大会召开。丽水市政协副主席、龙泉市委书记王顺发出席并讲话，龙泉市委副书记、市长吴松平主持，叶砝仙、刘赤波、翁志鸿等龙泉市副处以上领导参加。该项工作自启动以来，仅用42天就完成483户签约，实现签约率100%，创造了征收签约的南秦速度。

14日　龙泉市政府与中国移动通信集团浙江有限公司丽水分公司签订新基建（5G）战略合作协议，双方将在5G网络、大数据、工业互联网等“新基建”和应用领域建立全面战略合作伙伴关系。龙泉市委副书记、市长吴松平出席签约仪式。

**15日** 龙泉市委副书记、市长吴松平赴行政服务中心、综合信息指挥中心等单位开展政府数字化转型专题调研。龙泉市委常委、常务副市长熊勇军参加。

**15日** 龙泉市统战工作会议召开，回顾总结2019年工作，部署当前和下阶段工作。

**16至17日** 贵州省黔西南州册亨县委书记詹丹志带队到龙泉，考察龙泉食用菌产业链发展情况。丽水市政协副主席、龙泉市委书记王顺发，龙泉市副市长黄国勇陪同考察。

**18日** 丽水市政协副主席、龙泉市委书记王顺发带队开展高水平全面建成小康社会补短板三级政协联动专项集体民主监督。刘赤波、熊勇军、占雅静、童巧隽等龙泉市领导参加。

**18日** 龙泉市召开"两招两争"大追赶推进会，动员全市上下全面紧起来、动起来，全力以赴招商招才，争项争资，加压奋进，决战决胜，确保如期完成全年既定的各项目标任务。丽水市政协副主席、龙泉市委书记王顺发讲话，龙泉市委副书记、市长吴松平主持并部署工作，叶砝仙、刘赤波等龙泉市副处以上领导参加。

**18日** 龙泉市召开南秦七星井区块土地和房屋征收工作总结会议。丽水市政协副主席、龙泉市委书记王顺发出席并讲话，龙泉市委副书记、市长吴松平主持，叶砝仙、刘赤波等龙泉市副处以上领导参加。南秦七星井区块自2019年9月启动征收工作以来，截至4月14日，已圆满完成区块内计划征收116户的征迁工作，实现了评估率、签约率、腾空率100%。

**5月** 龙泉市卫健局向陈伟中医诊所负责人颁发了中医诊所备案证，该证是龙泉市深化放管服改革以来发出的首张中医诊所备案证，办理时间由原来的30个工作日缩短到申请、发证两个环节，一次性交清材料，现场即可办结。

**5月** 浙江省生态环境厅公布了全省第一批水生态环境示范试点县名单，龙泉市名列其中，成为丽水市唯一上榜的县。

**5月** 经浙江省中小学心理健康教育指导中心办公室组织评审委员会评审，2020年浙江省中小学心理健康教育示范点建设项目学校名单正式出炉，龙泉市南秦教育集团上榜。

**19日** 龙泉市召开争先创优行动暨"生态经济大追赶"活动月度点评会，龙泉市委副书记、市长吴松平出席并讲话。

**19日** 浙江省体育局党组书记、局长郑瑶带队到龙泉开展"三服务"调研。丽水市副市长卢彩柳参加调研。

**20日** 因"2020520"谐音"爱你爱你我爱你"，成为新人们眼中寓意美好的"好日子"，当天，龙泉市登记领证的新人多达103对。

**20日至22日** 龙泉市委副书记、市长吴松平带队赴福建宁德、建阳和江西黎川等衢宁铁路沿线城市进行学习交流。

**20日** 龙泉市委教育工作领导小组第三次全体会议召开，总结2019年教育工作成果，部署2020年工作要点，审议《龙泉市2020年度义务教育阶段学校招生实施办法》，研究有关工作，确保龙泉市义务教育阶段学校招生平稳有序。龙泉市委副书记、市委教育工作领导小组组长翁志鸿主持会议并讲话。

**21日** 龙泉市召开村社组织换届准备工作"六大行动"任务推进会。会议传达学习了上级相关会议、文件精神，总结前期工作推进情况，分析研判存在问题，研究部署下步工作，为全市村社组织换届工作打好准备战。龙泉市委副书记翁志鸿参加会议并讲话。

**21日** 龙泉市召开家庭教育工作推进会，推动《浙江省家庭教育促进条例》的贯彻落实，加快形成家庭教育社会支持格局。

**22日** 龙泉市政府残工委全体会议暨龙泉市残联主席团会议召开。会议回顾总结2019年全市残疾人工作，分析研判当前工作面临的形势，安排部署2020年工作任务。

**25日至26日** 景德镇陶文旅集团董事长刘子力携中国工程院院士崔愷，全国工程勘察设计大师张杰，全国工程勘察设计大师、总建筑师周恺，以及来自北京、天津、上海、江西的建筑界大咖到龙泉，为龙泉市提升城市品质、全域打造一座山水与文化和谐相融的风雅之城"传经送宝"。丽水市人民政府党组成员、副市长楼志坚，龙泉市领导王顺发、吴松平、翁志鸿等分别参加考察。

**26日** 龙泉市委理论学习中心组召开专题学习会，特邀丽水市委常委、丽水军分区司令员赵存志作题为《当前世界格局走向及我国安全形势分析与思考》专题讲座。丽水市政协副主席、龙泉市委书记王顺发主持，吴松平、叶砝仙、刘赤波、翁志鸿等龙泉市委理论学习中心组成员参加。

**26日** 浙江省政府办公厅印发通报，对2019年落实有关重大政策措施真抓实干、取得明显成效的9个设区市、57个县（市、区）予以督查激励。龙泉市"推进大花园建设成效明显县（市、区）""打好低收入百姓增收攻坚战、深入实施低收入农户高水平全面小康计划工作主动、成效明显县"两项工作上榜，其中，低收入农户增收连续2年获浙江省政府激励，系全省唯一。

**26日** 浙江省水上运动管理中心主任、皮划艇奥运冠军孟关良一行到龙泉考察皮划艇训练场地，为浙江省皮划艇运动员寻找合适的训练水域。

**27日** 龙泉市召开百山祖国家公园创建月度点评会，并就具体创建工作进行了研究部署。龙泉市委副书记、市长吴松平出席并讲话。

**28日** 王顺发、吴松平、翁志鸿等龙泉市领导先后到部分幼儿园、小学开展“六一”慰问活动，向全市少年儿童致以节日祝福。

**28日至29日** 《龙泉市志(1989—2010)》初审志稿评审会召开，来自浙江省、丽水市的相关专家对志稿进行了评审。

**29日** 龙泉市创建省示范文明城市工作市民观察团成立。200位市民作为观察团首批成员，将通过实地巡访、明察暗访，及时发现问题，积极反映社情民意，助力龙泉创建浙江省示范文明城市。

**29日** “上垟寻瓷•梦回宝溪”省级旅游度假区、双AAAA景区乡村漫游节开幕，这也标志着2020年龙泉乡村文化漫游节正式开启。来自杭州、温州、丽水、庆元等地的400多位游客相聚龙泉，领略自然山水魅力，品味龙泉青瓷文化。龙泉市人大常委会主任叶砹仙致辞并宣布漫游节开幕。

**5月** 龙泉市全面完成百山祖国家公园龙泉集体林地地役权改革的权籍调查指界落界工作，为后续集体林地所有权和地役权确权登记、百山祖国家公园龙泉片区集体林地地役权证明发放奠定坚实基础。

**5月** 第三批浙江省“万人计划”人选名单发布，龙泉市朝兴苑徐凌入选传统工艺领军人才，浙江东度文化创意有限公司叶芳入选青年拔尖人才，其中叶芳是丽水市首位入选该类别的人才。

**5月** 由丽水市交通局、丽水市发改委牵头的仙居至庆元公路龙泉下庄儿至兰头段工程可行性研究报告审查会在龙泉市召开，标志着仙居至庆元公路龙泉段主线工程于年底开工建设又迈进了实质性的一步。浙江省、丽水市、龙泉市有关部门和设计单位负责人及特邀专家等参加会议。

**5月** 根据上级相关要求和龙泉市委市政府工作部署，龙泉市组建了工业、投资、出口、消费、建筑业和房地产业、农业、科技、政策和要素保障、督查指导9个专班，充分发挥专班化运作的高效、联动优势，进一步强化责任、细化分工，补齐短板、大抓提升，全面吹响经济发展号角，加快推进经济高质量回升。

## 6月

**1日** 龙泉市召开全市领导干部会议，传达贯彻全国“两会”精神，研究部署学习宣传贯彻工作。丽水市政协副主席、龙泉市委书记王顺发主持会议并讲话，吴松平、叶砹仙、刘赤波、翁志鸿等龙泉市副处以上领导参加。

**2日** 瓯江流域生态司法协作机制启动仪式在龙泉市举行，丽水市龙泉、莲都、青田、缙云、云和及温州市鹿城、龙湾、瓯海、乐清、永嘉等10家法院在办案办公平台在线签订《关于构建瓯江流域生态司法保护协作机制的意见(试行)》，标志着浙江省首个以流域为体系的跨区域生态司法协作机制正式建立。丽水市政协副主席、龙泉市委书记王顺发，丽水市中级人民法院党组书记、院长蒋卫宇出席启动仪式并致辞。

**3日** 浙江省人大常委会委员、教科文卫委员会主任委员金兴盛一行到龙泉开展《浙江省学前教育条例》审议意见落实情况跟踪检查。丽水市人大常委会副主任戚永远，龙泉市人大常委会主任叶砹仙、龙泉市副市长占雅静等参加检查。

**4日** 龙泉市委副书记、市长吴松平带队深入乡镇(街道)开展防汛工作专项检查，并主持召开乡镇(街道)防汛视频连线会议，要求各地压紧压实防汛责任，切实加强值班备勤，确保安全度汛。龙泉市委常委、常务副市长熊勇军参加检查。

**4日至5日** 丽水市人大社会建设工作座谈会在龙泉召开。会议学习传达贯彻全国“两会”精神，总结交流丽水市及各县(市、区)人大社会建设委履职情况，研究谋划新一年工作思路和举措。丽水市人大常委会副主任朱继坤，龙泉市人大常委会主任叶砹仙，丽水市人大社会建设委组成人员，各县(市、区)人大常委会分管领导及社会建设专(工)委负责人等参加会议。

**5日** 百名工艺美术师龙泉剑瓷作品爱心拍卖会作品捐赠证书颁发仪式暨“龙泉剑瓷新力量”奖学金、助学金发放仪式在龙泉市中等职业学校举行。活动现场，为149名无偿捐赠作品的新阶层剑瓷艺人颁发了捐赠证书，为30名剑瓷专业优秀学生以及13名昭化学生分别颁发了“龙泉剑瓷新力量”奖学金、助学金。

**8日** 吴松平带队赴本土久久、天赐龙泉青瓷、启森竹木工艺品公司等地专题调研竹木、剑瓷、农产品等产业领域平台经济发展情况。

**8日至9日** 嘉兴市秀洲区委副书记、区长刘德威带队到龙泉考察对接山海协作工作。双方签订了关于共建乡村振兴示范点合作、屋顶分布式光伏发电项目、小黄牛养殖项目及科技合作等协议。丽水市政协副主席、龙泉市委书记王顺发，龙泉市委副书记、市长吴松平，龙泉市委常委、常务副市长熊勇军等参加。

**10日** 龙泉市人民政府与阿里

巴巴（中国）软件有限公司签订数字乡村建设合作协议。根据协议内容，双方此次合作将围绕高山蔬菜和菌菇两大类产品，从重点基地数字化种植生产开始，通过龙泉市农业电商数字化公共服务体系，夯实特色农业的电商产业基础，降低电商门槛，实现产业规模和品牌的共同发展，并通过数字治理支撑和规范产业发展不断扩展实现对更多业务领域的支持。仪式上，还为阿里乡村电商学院龙泉实训基地揭牌，宁波市供销社与龙泉市供销社签署两地农合联合作意向书。

**9 日至 10 日** 2020 年丽水市“消薄”业务培训会在龙泉市召开。

**10 日** “龙泉市退役军人之家”在龙泉市退役军人事务局挂牌成立。

**11 日** 在浙江省、丽水市生活垃圾治理攻坚大会视频会议结束后，龙泉市立即召开全市生活垃圾治理攻坚会，研究部署生活垃圾治理工作。丽水市政协副主席、龙泉市委书记王顺发出席会议并讲话。

**6 月** 龙泉市委副书记、市长吴松平带队专题调研竹木、剑瓷、农产品等产业领域平台经济发展情况。

**6 月** 龙泉市退役军人事务局联合龙泉市康安养老服务有限公司开展全市退役军人“大走访、大调查”活动，主动为退役军人和优抚对象办实事、办好事。

**6 月** 由龙泉市人民政府主办，龙泉市经济商务局、浙江远大国际会展有限公司承办的 2020 年浙江（龙泉）出口网上交易会（汽配专场）首站台湾站活动举行，这是龙泉市举办的首场出口网上交易会，16 家龙泉汽车零部件企业参加。

**6 月** 是第 19 个全国“安全生产月”，龙泉市结合实际制定了活动清单，陆续开展“学习贯彻习近平总书记关于应急管理、安全生产重要论述”“主播走现场”“组织由安全生产专家、安全监管干部组成的宣讲团开展百团进万企”“应急管理、安全生产微党课活动”“排查整治进行时专项行动”深化安全宣传“五进”工作等活动。

**11 日至 12 日** 龙泉市委副书记、市长吴松平带队赴上海奉贤区等地对接长三角一体化工作。期间，吴松平还带队赴杭州西子集团、云尚格力电器有限公司开展招商工作。

**11 日** 龙泉市城市基层党建工作会议召开，深入学习贯彻浙江省委关于加强新时代城市基层党建工作的相关意见，全面推进城市基层党建工作补短板攻坚季行动，分析当前龙泉城市基层党建工作面临的形势及问题，研究部署下阶段工作任务。

**12 日** 龙泉市机关党建工作推进会召开，深入学习贯彻习近平总书记在中央和国家机关党的建设工作会议上的重要讲话精神，落实机关党组织管党治党主体责任，总结交流机关党建工作经验，研究部署下一阶段工作。

**12 日** 龙泉市顺风实验学校、丽水市文元学校、丽水外国语实验学校、丽水吉时雨学校等 4 所民办初中招生电脑随机派位摇号在龙泉市教育局举行。2020 年，龙泉市义务教育阶段的公办、民办学校首次实行同步招生，公办民办学校同步报名、同步开展录取、同步注册学籍。根据相关规定，4 所民办初中核定面向龙泉招生计划共计 467 名学生，其中龙泉市顺风实验学校共招生 450 名。

**13 日** 中国文化和自然遗产日，龙泉市特别策划了“剑瓷龙泉·云播天下”世界非遗和老字号直播活动。丽水市政协副主席、龙泉市委书记王顺发，龙泉市委副书记、市长吴松平携龙泉 11 位非遗传承人、老字号掌门人走进直播间，邀全国网友一同来龙泉感受剑乡瓷都的迷人魅力。

**15 日** 砝石区块基础设施配套工程一期项目开工暨鞋产业链回归工程项目启动仪式在砝石街道集镇以西地块举行。丽水市政协副主席、龙泉市委书记王顺发宣布开工，龙泉市委副书记、市长吴松平讲话，刘赤波、熊勇军等龙泉市领导出席。

**15 日** 龙泉市综合行政执法局首创“执法蓝 TV”活动，为困难摊贩直播带货。

**17 日至 24 日** 第 127 届广交会首次在线上举办。龙泉市 5 家企业参展企业通过“云”端直播，吸引了委内瑞拉、马来西亚、哥伦比亚、丹麦等地的客商前来合作洽谈。

**22 日** 龙泉市召开全市领导干部会议，传达学习浙江省委十四届七次全体（扩大）会议精神，研究部署贯彻落实意见。丽水市政协副主席、龙泉市委书记王顺发主持会议并讲话，刘赤波、翁志鸿等龙泉市副处以上领导参加。

**23 日** 龙泉市委政协工作会议召开。丽水市政协副主席、龙泉市委书记王顺发出席并讲话，龙泉市委副书记、市长吴松平主持，刘赤波、翁志鸿等龙泉市副处以上领导参加。

**23 日** 龙泉市召开争先创优行动暨“生态经济大追赶”活动月度点评会。龙泉市委副书记、市长吴松平出席会议并讲话。

**24 日** 丽水市政协副主席、龙泉市委书记王顺发主持召开十四届龙泉市委第 68 次常委会会议，传达《关于对龙泉市巡视整改情况回访检查的反馈意见》，传达贯彻丽水市委书记胡海峰在全市扶贫工作暗访督查情况报告上的批示以及近期赴各地暗访督查“两不愁三保障”工作时的讲话要求，听取龙泉市扶贫工作情况汇报等。龙泉市政协主席刘赤波、龙泉市人大常委会副主任叶学明列席会议。

24日　龙泉市委副书记、市长吴松平主持召开龙泉市政府党组会议暨第49次常务会议，学习贯彻浙江省委十四届七次全体(扩大)会议精神，审议《关于促进消费扩容提质进一步激发消费潜力的实施意见》《关于进一步稳定外贸发展的若干意见》等，研究了法治政府建设、市区既有住宅加装电梯等其他事项。

24日　龙泉市召开选情复杂村(社区)换届准备工作推进会，研究部署龙泉市选情复杂村社近期工作，扎实有力推进选情复杂村社换届准备工作。

29日至30日　在"七一"来临之际，王顺发、吴松平、叶砝仙、刘赤波、翁志鸿等龙泉市四套班子领导分组看望慰问部分老党员和因公牺牲的党员家属，为他们送去节日的祝福，带去组织的关怀和温暖。

29日　龙泉市召开法治龙泉(法治政府)建设第一次点评会暨法治政府示范创建动员部署会，贯彻落实上级相关会议精神，分析法治龙泉(法治政府)建设工作短板，研究部署龙泉市创建"全国法治政府建设示范县"相关工作。龙泉市委副书记、政法委书记、市委全面依法治市委员会办公室主任翁志鸿出席会议并讲话。

29日　浙江省人民政府发文，同意在龙泉市中等职业学校的基础上设立龙泉青瓷宝剑技师学院。这意味着，经过四年筹建，龙泉人家门口的大学，丽水市第一所技师学院正式成立。这对龙泉教育事业以及龙泉青瓷宝剑行业的进一步发展意义非凡。

30日　龙泉农村饮用水集镇水厂集中通水仪式在乡镇供排水运维中心举行，标志着龙泉市农村饮用水达标提标工作全面完成。浙江省水利厅副厅长冯强宣布通水，浙江省世行办副巡视员周伟群出席活动，丽水市政协副主席、龙泉市委书记王顺发致辞，龙泉市委副书记、市长吴松平主持，叶砝仙、刘赤波等龙泉市副处以上领导参加。

## 7月

1日　丽水市人大常委会党组书记、主任虞红鸣到龙泉市调研青瓷小镇省级特色小镇建设、丽西500千伏输变电工程等项目推进情况，并召开座谈会。吴松平、叶砝仙等龙泉市领导参加调研。

1日至2日　杭州市对口支援和区域合作局党组成员、二级巡视员马佩龙一行，到安仁镇张畈村调研萧山—龙泉山海协作共建乡村振兴示范点建设工作。

2日　龙泉市委人大工作会议召开。丽水市政协副主席、龙泉市委书记王顺发出席并讲话，龙泉市委副书记、市长吴松平主持，叶砝仙、刘赤波、翁志鸿等龙泉市领导参加会议。

2日　龙泉市委全面深化改革委员会召开第二次会议，丽水市政协副主席、龙泉市委书记王顺发主持并讲话。会议听取了2019年改革工作、政务服务2.0建设、优化营商环境、创建百山祖国家公园百日攻坚等工作情况汇报，审议并原则通过了《中共龙泉市委全面深化改革委员会2020年工作要点》《2020年龙泉市深化"最多跑一次"改革推进"放管服"工作要点》。

2日至3日　宁波杭州湾新区管委会副主任史建范率队到龙泉市考察，对接交流山海协作工程工作。龙泉市委副书记、市长吴松平出席相关活动。在2日举行的工作联席会议上，双方签订了《2020年度推进山海协作工程合作协议》《宁波杭州湾新区—龙泉市科技合作协议书》，宁波杭州湾新区管委会向龙泉市人民政府捐赠2020年度乡村振兴示范点建设资金110万元，宁波杭州湾新区开发建设有限公司、宁波海创集团有限公司各向龙泉市慈善总会捐赠慈善资金25万元。在八都镇松渠村，举行山海协作乡村振兴示范点揭牌仪式。

7月　浙江省文化和旅游厅、浙江省林业局联合发文公布了首批16家省级山地休闲度假发展试点单位，龙泉青瓷文化山地休闲度假发展试点成功入选。

3日　丽水市政协副主席、龙泉市委书记王顺发主持召开龙泉市委全面依法治市委员会第二次会议，深入贯彻落实习近平总书记关于全面依法治国的重要论述，传达学习中央、浙江省委、丽水市委有关会议精神，研究部署龙泉市全面依法治市工作。吴松平、翁志鸿等龙泉市领导出席。

6日　龙泉市召开创建省示范文明城市工作推进会暨迎接国家卫生城市复审动员会。龙泉市委副书记、市长吴松平出席会议并讲话，龙泉市委副书记翁志鸿通报了浙江省示范文明城市创建和国家卫生城市复审有关情况。

7日至10日　龙泉市1540名考生踏入考场，迎来2020年高考。和往年有所不同的是，2020年浙江省高考语文、数学、外语与选考科目考试首次同期进行，单独考试招生文化考试与职业技能理论考试也将同期进行。龙泉市在龙泉一中和中等职业学校设考点。

2日　丽水市政府正式发文《丽水市人民政府关于表彰雷建松等5位见义勇为先进人物的决定》，龙泉市住龙镇龙星村村民雷建松被记二等功，并授予"丽水市见义勇为勇士"称号，颁发奖金3万元。

9日　龙泉市召开防汛工作会

议，丽水市政协副主席、龙泉市委书记王顺发视频连线各乡镇（街道），迅速贯彻落实丽水市防汛工作电视电话会议精神，对下步防汛防台抗灾工作进行再部署、再落实。

**9日** 丽水市政协副主席、龙泉市委书记王顺发走进浙江国镜药业，为企业党员上党课。

**9日** 丽水市政协副主席朱山华带领丽水市委督查组，到龙泉市开展贯彻落实丽水市委政协工作会议精神情况专项督查，并召开座谈会。龙泉市政协主席刘赤波陪同。

**11日** 龙泉市委副书记翁志鸿、龙泉市副市长杨洪斌深入城北乡、道太乡等受暴雨侵袭较重的乡镇实地查看灾情，看望慰问受灾群众，指导灾后重建工作。

**13日** 龙泉市委副书记、市长吴松平带队走访杭州佰富向上创业小镇。浙江省电子学会智能制造专委会秘书长、富士康工业富联华东区总监、佰富向上联合创始人刘金钰，向上创业控股集团总裁裘宁敏陪同。

**13日至15日** 浙江省示范文明城市调研组对龙泉市创建工作进行了调研、检查。

**13日** 2020年优秀年轻干部培训班开班，45名“85后”优秀年轻干部将进行为期一个月的培训学习。

**14日** 丽水市政协副主席、龙泉市委书记王顺发深入道太乡受暴雨灾害较重的外垟村外翁自然村、荷上畈村、新和村新地口自然村、供村等地，实地查看暴雨灾情和抗灾救灾情况，慰问受灾群众，现场办公指导灾后重建工作。

**14日** 龙泉市委副书记、市长吴松平到联系乡镇八都镇开展包乡走村活动，并到砩矿公司和千束公司开展“三服务”活动，调研了溪坪区块竹木加工小微园项目推进情况。

**15日** 创建省示范文明城市工作调研反馈会召开，丽水市政协副主席、龙泉市委书记王顺发出席会议并作工作汇报，吴松平、叶砿仙、刘赤波、翁志鸿等龙泉市领导参加。

**15日至16日** 浙江省发展规划研究院调研组到龙泉开展百山祖国家公园全域联动发展专项规划调研，为推进百山祖国家公园自然资源科学保护和合理利用，助力龙泉加快打通“两山”转换通道“把脉开方”。

**16日** 丽水市政协副主席、龙泉市委书记王顺发继续深入龙渊街道、城北乡等受暴雨灾害较重地区走访慰问，开展现场办公，指导灾后重建工作。

**16日** 丽水市政府调研百山祖国家公园创建工作座谈会在龙泉市召开。丽水市委常委、常务副市长杜兴林，龙泉市委副书记、市长吴松平出席会议。

**17日** 龙泉市委副书记、市长吴松平主持召开龙泉市政府党组会议暨第50次常务会议，学习贯彻《中共中央国务院关于加快推进社会治理现代化开创平安中国建设新局面的意见》，听取减灾委关于“7•9”灾后重建相关工作汇报，审议《关于“问海借力•沪享龙泉”健康生活畅享季活动总体方案》等，研究了生态保护红线调整等其他事项。

**7月** 龙泉市举行2020年度青年创业贷款授信仪式，龙泉团市委联合龙泉农商银行服务青年创业创新，授信贷款2.75亿元，促进资金进乡村，青年回农村，为乡村振兴和经济发展注入青春动能。龙泉市委副书记翁志鸿出席并发放授信牌。

**7月** 龙泉市召开2020年美丽城镇建设工作推进会，对美丽城镇建设工作进行再部署、再落实。龙泉市委副书记翁志鸿出席会议并讲话。

**20日** 龙泉市召开党政主要领导干部经济责任审计进点会。浙江省审计厅党组成员、省经责办主任高占江，丽水市委常委、组织部长方健忠讲话。丽水市政协副主席、龙泉市委书记王顺发，龙泉市委副书记、市长吴松平分别就任职期间的经济责任履行情况进行述职。叶砿仙、刘赤波、翁志鸿等龙泉市副处以上领导参加。

**20日至21日** 龙泉市政协九届二十四次常委会召开。丽水市政协副主席、龙泉市委书记王顺发出席会议并讲话，龙泉市政协主席刘赤波主持会议，翁志鸿等龙泉市领导应邀出席会议，龙泉市政协副主席、秘书长及常委会其他组成人员参加。其间，与会人员实地视察了衢宁铁路龙泉段及站前广场建设，围绕“关于全面接轨衢宁铁路，加快推进美丽幸福好龙泉建设的建议”重点提案办理开展了“请你来协商”活动，审议通过了《关于全面接轨衢宁铁路，加快推进美丽幸福好龙泉建设的建议案（草案）》。

**21日** 以“丽水之赞 龙泉实践”——从下山脱贫到全面建成小康社会为主题的习近平总书记“绿水青山就是金山银山”理念提出15周年暨丽水大花园建设研讨会在龙泉市召开，会上对外发布了8个浙江大花园建设研究重点课题。浙江省社科联党组书记、副主席郭华巍，丽水市政协副主席、龙泉市委书记王顺发出席会议并讲话。四川省巴中市委常委、副市长陈军波，龙泉市委副书记、市长吴松平作交流发言。龙泉市人大常委会主任叶砿仙，以及浙江省专家学者，丽水市、巴中市、龙泉市等地相关单位的领导和嘉宾参加会议。

**21日** 龙泉市委理论学习中心组学习（扩大）会召开，浙江省委十四届七次全会精神宣讲团成员，浙江省人民政府咨询委员会会员，浙江大学、中国美术学院特聘教授，浙江省委党校智库专家胡坚应邀作《我们的窗口将给世界一份精彩》专题报告。叶砝仙、翁志鸿等龙泉市委理论学习中心组成员参加。

21日 在国家电影局和浙江省电影局宣布低风险地区影院可以有条件复工的通知后，龙泉市中影环幕国际影城、环球时代影城2家电影院恢复开门营业。经过近180天的漫长等待之后，电影院的大银幕终将再次鲜活起来。

23日 浙江省委常委、政法委书记王昌荣到龙泉市调研社会矛盾纠纷调解工作。浙江省委政法委常务副书记朱晨，浙江省司法厅厅长马柏伟，丽水市委书记胡海峰，丽水市委副书记、政法委书记李锋，丽水市政协副主席、龙泉市委书记王顺发，龙泉市委副书记、政法委书记翁志鸿参加调研。

23日 丽水市政协副主席、龙泉市委书记王顺发主持召开十四届龙泉市委第69次常委会会议，传达学习习近平总书记在中央政治局第二十一次集体学习时的重要讲话精神和浙江省委常委、政法委书记王昌荣在龙泉调研期间指示精神等，研究讨论《龙泉市教育、卫生下属相关事业单位领导人员选拔任用工作操作办法（试行）》《中共龙泉市委落实丽水市委意识形态工作责任制重点检查反馈意见的整改方案》等。龙泉市人大常委会主任叶砝仙、龙泉市政协主席刘赤波列席会议。

23日 在国务院、浙江省政府和丽水市政府廉政工作会议之后，龙泉市委副书记、市长吴松平立即主持召开廉政工作会议，就政府系统党风廉政建设和反腐败工作进行强调部署。

24日 龙泉市召开生态工业高质量发展大会，丽水市政协副主席、龙泉市委书记王顺发出席并讲话，龙泉市委副书记、市长吴松平主持。叶砝仙、刘赤波等龙泉市领导出席。

24日 龙泉市委副书记、市长吴松平主持召开百山祖国家公园创建迎验攻坚部署会，对创建工作进行再动员、再部署。

24日以来 在"八一"建军节即将到来之际，丽水市政协副主席、龙泉市委书记王顺发，龙泉市委副书记、市长吴松平，龙泉市人大常委会主任叶砝仙等龙泉市四套班子领导，分组走访慰问了驻龙部队、人武部、军队离休干部和武警中队，给他们送上节日问候和祝福。

27日 龙泉市委常委会扩大会议暨上半年经济形势分析会召开，传达学习习近平总书记在企业家座谈会上的重要讲话精神，通报、点评龙泉市"争先创优"6月工作情况，全面分析上半年经济形势，研究部署下阶段工作。丽水市政协副主席、龙泉市委书记王顺发主持会议并讲话，龙泉市委副书记、市长吴松平部署下阶段工作，叶砝仙、刘赤波等龙泉市领导参加。

27日 浙江省低收入农户高水平全面小康攻坚推进会暨扶贫结对帮扶团组长会议召开。龙泉市委副书记翁志鸿在龙泉分会场作典型发言，介绍龙泉市低收入农户高水平全面小康攻坚的经验做法。浙江省委副书记郑栅洁点赞龙泉扶贫工作力度大、举措实、效果好，要求各地学习借鉴。

28日 龙泉市政府召开第51次常务会议，传达贯彻丽水市委书记胡海峰到龙泉暗访督查"两不愁三保障"工作时的指示精神，听取2020年龙泉市扶贫工作推进情况汇报，研究部署下步脱贫攻坚相关工作，审议《2020年龙泉市江滨北岸凤起路区块旧城改造项目土地和房屋征收工作实施方案》《关于成立龙泉市江滨北岸凤起路区块旧城改造项目土地和房屋征收指挥部的通知》《关于龙泉市留用地开发模式（试点）的通知》等。

30日 丽水市政协副主席、龙泉市委书记王顺发率队走访慰问丽水军分区，共叙军地鱼水情。丽水市委常委、丽水军分区司令员赵存志与王顺发一行进行座谈交流。

30日 龙泉市召开十四届龙泉市委第八轮巡察工作动员部署暨巡察整改推进会，学习贯彻中央、浙江省委和丽水市委有关巡视巡察新精神、新要求，安排部署龙泉市第八轮市委巡察任务和第七轮巡察整改工作。十四届市委第八轮巡察共组建4个市委巡察组，对龙泉市委宣传部、市委统战部、市综合行政执法局、市公安局、道太乡、城北乡、龙泉一中、浙大中学8家单位党组织开展政治巡察，其中，龙泉市公安局为丽水市委提级交叉巡察对象。

30日 随着最后一批集体林地所有权不动产权证书和集体林地地役权登记证明的发放和办理完成，百山祖国家公园龙泉片区集体林地地役权证登记发放工作圆满完成，这标志着龙泉率先在全国探索完成国家公园集体林地地役权改革工作。

31日 嘉兴·秀龙山海智造园在秀洲国家高新区瑞丰街东侧开园，这是浙江省首个在国家级高新区落地的山海协作"飞地"项目，也是龙泉市首个完工的"飞地"项目。秀洲区委书记吴燕，区委副书记、区长刘德威，以及吴松平、叶砝仙、刘赤波等龙泉市领导参加开园仪式并揭牌。

31日 "时代与经典"龙泉青瓷龙泉宝剑精品展、"一代龙泉"8090青年艺术展开展仪式在上海中心举行。吴松平、叶砝仙、刘赤波等龙泉市领导出席。中国作家协会副主席、著名作家叶辛，宝库文化创始人兼CEO柳费国等嘉宾，以及徐朝兴、陈阿金、沈新培、胡兆雄、陈爱明、郑国荣等龙泉剑瓷大师参加。“时代与经典”龙泉青瓷龙泉宝剑精品展是一次76位龙泉青瓷与龙泉宝剑浙江省级以上大师潜心制作的龙泉传统手工艺作品的亮丽展示，“一代龙泉”8090青年艺术展则对话新青年、筑梦新生活，展示了85件现代和当代龙泉青瓷的年轻创造，两场展览可谓是一场“前浪”与“后浪”的对话和碰撞。

**31日**　备受文化艺术界瞩目的“问道龙泉·艺术与生活”主题论坛在上海中心举行。中国作家协会副主席、著名作家叶辛，龙泉市委常委、市政府党组成员诸葛春杰，中国工艺美术大师陈阿金，中国陶瓷艺术大师陈爱明等4位嘉宾围绕龙泉文化、龙泉艺术进行一场精彩的对话，并与大众进行了交流探讨。宝库匠心馆馆长叶柏风主持论坛。

## 8月

**1日**　“铭记光辉历史·开创强军伟业——庆祝中国人民解放军建军93周年主题展览”启动仪式在龙泉市图书馆举行。该主题展览聚焦人民军队发展壮大的历史，精选了抗日战争、解放战争、抗美援朝、中越边境自卫还击作战、社会主义建设和改革开放时期，书信、证件、纪念章、邮票、粮票等多种实物，结合文字介绍，充分展示了人民军队从无到有、从弱到强，一步一个脚印向前迈进的历程。

**2日**　“问海借力·沪享龙泉”健康生活畅享季活动在上海国际会议中心正式启动。丽水市委常委、常务副市长杜兴林，奉贤区委常委、副区长顾耀明致辞，丽水市政协副主席、龙泉市委书记王顺发作宣传推介。龙泉市领导吴松平、叶砝仙、刘赤波分别为龙泉（上海）青瓷宝剑设计创意研发中心、产业创新孵化中心、文化旅游推广中心授牌。

**2日**　“一剑钟情、从瓷开始”上海市民互动打卡活动在上海国际会议中心举办。活动精心设计了“龙泉之窗”文旅线路沙画推介、“康养龙泉”体验馆、“品瓷论剑”雅集、“心归山海”展示、市场主体路演推介、“龙泉大礼包”打卡互动等6个打卡点，通过营造沉浸式青瓷美学生活和健康养生体验的实景氛围，吸引了大波上海市民和来沪游客前来打卡体验。

**2日**　在“问海借力·沪享龙泉”健康生活畅享季活动中，龙泉市供销合作社联合社和阿里数字乡村联合推出了“山选好物·满满干货”龙泉特产山珍干货网络营销活动，在淘宝、浙江新闻App、央视移动网、斗鱼、触电新闻App、百度App、微博、今日头条8个直播平台同时开播，累计吸引了119.1万名网友观看，仅淘宝线上销售龙泉菌菇产品就达1.2万单，销售额35万多元。

**3日**　龙泉（上海）产业创新孵化中心、龙泉（上海）文化旅游推广中心揭牌仪式在上海湾谷科技园天域生态总部举行。

**5日**　龙渊街道第一届居民议事会第一次会议顺利召开，这是龙泉市探索街道居民议事制度，增强基层自治能力作出的有益举措。龙泉市人大常委会主任叶砝仙参加会议。

**6日**　龙泉市委副书记、市长吴松平，龙泉市政协主席刘赤波带队开展衢宁铁路（龙泉段）建设工作专题调研，指导做好铁路通车前各项准备工作。

**6日**　龙泉市委理论学习中心组召开专题学习会，特邀浙江大学光华法学院教授、博士生导师张谷作《中华人民共和国民法典》专题辅导。龙泉市委副书记、市长吴松平等龙泉市委理论学习中心组成员参加。

**6日**　龙泉市召开2020年度市委政法委员会第二次全体（扩大）会议，传达学习上级相关会议、文件精神，交流政法各单位上半年工作情况，研究部署下阶段工作。龙泉市委副书记、政法委书记翁志鸿出席会议并讲话。

**6日**　龙泉市扫黑除恶专项斗争领导小组第二次全体（扩大）会议暨反邪教工作会议召开，传达贯彻上级会议精神，推进下阶段相关工作。龙泉市委副书记、政法委书记翁志鸿出席会议并讲话。

**6日**　龙泉市举行2020“龙泉红”杯第四届斗茶赛，42家参赛企业、84个产品参与角逐。最终，龙泉市阳光茗茶专业合作社获得名优红茶系列金奖，刘保香茶叶店、深山茶叶专业合作社获得大众红茶系列金奖，梅川手制、深山茶叶专业合作社获得野生红茶系列金奖，金福茶叶有限公司获得名优绿茶系列金奖，安青山茶叶专业合作社大众绿茶系列金奖，地阳红生态农业有限公司荣获乌龙茶系列金奖。

**7日**　丽水市政协副主席、龙泉市委书记王顺发主持召开龙泉市委常委会扩大会议，传达贯彻习近平总书记近期系列重要讲话精神，传达贯彻落实丽水市委四届八次全体（扩大）会议精神，听取龙泉市“两不愁三保障”工作、江滨北岸凤起路区块旧城改造项目土地和房屋征收工作情况汇报。

**7日下午**　江滨北岸凤起路区块旧城改造项目土地和房屋征收工作部署会召开。龙泉市委副书记、市长吴松平出席会议并讲话。龙泉市政协主席、凤起路区块旧城改造项目土地和房屋征收指挥部总指挥刘赤波作动员部署。龙泉市人大常委会主任叶砝仙等龙泉市领导出席会议。龙泉市委副书记翁志鸿主持会议。

**9日** 《钱江源—百山祖国家公园总体规划(2020—2025)》评审会在杭州召开。来自中国工程院、中国科学院生态环境研究中心等单位的7位专家组成评审组,一致同意《总体规划》通过评审。钱江源—百山祖国家公园包括凤阳山—百山祖国家级自然保护区等7个自然保护地及其连接地带,涉及龙泉、庆元、景宁三县(市)。

**10日** 百山祖国家公园创建办检查组到龙泉,通过听取汇报、查阅台账、查看现场等方式,对百山祖国家公园龙泉片区创建工作进行评估预检,查找不足,指导整改,为迎接9月上旬最终评估验收做准备。

**11日** 丽水市农村饮用水管理规范创建和决胜三年行动销号工作现场会在龙泉市召开,来自各县(市、区)水利、建设、卫健、生态环境等部门的相关负责人和专家参加了会议。

**11至13日** 浙江省爱卫办组织专家对龙泉市国家卫生城市巩固工作进行复查,并于13日上午召开反馈会。会上,复查组专家结合现场考核评估情况进行了意见反馈,并通报了考核评分,龙泉市顺利通过了国家卫生城市省级复查。吴松平、翁志鸿等龙泉市领导参加反馈会。

**14日** 龙泉市在兰巨乡官浦垟村举行首批林地地役权补偿收益质押贷款发放仪式。"益林贷"是龙泉在全省首创的与国家公园创建相关联的林业普惠金融产品,将林地地役权补偿收益权等作质押担保,对依法设立林地地役权的供役地的企业和自然人实施授信贷款,有效解决企业和林农融资难、贷款难等问题。

**14日** 杭州市第七人民医院与龙泉市第三人民医院签署医疗合作协议,并举行技术协作医院揭牌仪式。

**14日至17日** 丽水市政协副主席、龙泉市委书记王顺发深入龙渊、道太、城北、岩樟等乡镇(街道),对全市村社组织换届工作准备情况进行专题调研。

**18日** 丽水市政协副主席、龙泉市委书记王顺发带队在龙泉开展社会治理领域"最多跑一地"改革三级政协联动专项集体民主监督,并召开汇报会听取龙泉市委关于矛盾纠纷调处化解中心建设情况汇报。丽水市政协民主监督组成员、龙泉市政协主席刘赤波,龙泉市委副书记、政法委书记翁志鸿等参加会议。

**19日** 龙泉市第三个"中国医师节"庆祝大会在龙泉市大剧院召开。龙泉市委副书记、市长吴松平出席活动并致辞,叶砝仙、刘赤波、翁志鸿等龙泉市副处以上领导参加。大会表彰了2019年度"新时代美丽幸福好龙泉·十大好医护暨华佗奖"、2019年度"双下沉两提升"特殊贡献人员、逆行出征抗疫优秀医护、坚守抗疫一线优秀医师。

**18日至19日** 在浙江省委宣传部副部长、省电影局局长葛学斌的带领下,由中国美术学院建筑艺术学院院长王澍等组成的专家组到龙泉市调研龙泉青瓷传统烧制技艺传承与创新工作,为加快推动龙泉青瓷文化"深化、物化、转化"工作、青瓷产业走向现代化把脉开方。吴松平、诸葛春杰、雷蕾等龙泉市副处以上领导参加调研或出席座谈会。

**19日** 龙泉市召开第七次全国人口普查县级综合试点培训会,标志着龙泉市第七次全国人口普查县级综合试点工作启动。

**20日** 龙泉市委召开全市领导干部会议,宣布浙江省委、丽水市委关于龙泉市委、市政府主要领导职务调整的决定。根据决定,吴松平任中共龙泉市委书记;免去王顺发的中共龙泉市委书记、常委、委员职务;提名翁志鸿为龙泉市市长候选人;提议吴松平不再担任龙泉市市长职务。丽水市委常委、组织部部长方健忠作讲话,丽水市委组织部部务会议成员、干部一处处长潘林珠宣读浙江省委、丽水市委干部任免文件,吴松平、翁志鸿先后发言。

**20日** 全省加快推进村级农村物流服务点建设工作现场会在龙泉市召开。与会人员还学习了龙泉市"多元化、多渠道、多功能"的农村物流服务点运行模式。

**21日** 浙江省委办公厅、浙江省人民政府办公厅对2019年度全省26县发展实绩考核结果进行通报,龙泉市考核结果为优秀档次,这是龙泉市自2015年、2016年、2017年、2018年连续考评优秀基础上的"五连优",也是全省唯一实现"五连优"的县。

**24日** 龙泉市十六届人大常委会第二十五次会议召开。会议经审议和表决,先后通过决定:任命翁志鸿为龙泉市人民政府副市长,接受吴松平辞去龙泉市人民政府市长职务的请求,翁志鸿代理龙泉市人民政府市长职务。

**25日** 龙泉市委书记吴松平,市委副书记、代市长翁志鸿带队重走习近平总书记当年走过的路,重温艰苦卓绝的浙西南革命斗争史,并对全市党建工作进行系统调研。

**25日** 吴松平、翁志鸿、雷超等龙泉市领导看望慰问了龙泉市正处级离退休干部。

**25日** 浙江省食用菌菌棒工厂化生产技术现场推进培训会在龙泉市召开。

**26日** 龙泉市城市文化客厅项

目开工奠基仪式在剑池街道原国镜药业地块举行。龙泉市委书记吴松平宣布开工，龙泉市委副书记、代市长翁志鸿主持开工奠基仪式，景德镇陶文旅集团董事长刘子力讲话，刘赤波等龙泉市领导出席。

**27日** 龙泉市委理论学习中心组召开专题学习会，学习《习近平谈治国理政》第三卷。龙泉市委书记吴松平主持会议并讲话。龙泉市委副书记、代市长翁志鸿及市委理论学习中心组其他成员出席。会上，熊勇军、雷超、叶学明、童巧隽等龙泉市领导作交流发言。

**28日** 由庆元县四套班子主要领导带领的党政考察团到龙泉市考察交流，并召开“一带三区”龙庆经典文创区发展座谈会，共商两地跨山统筹合作发展大计。吴松平、翁志鸿、刘赤波等龙泉市领导陪同考察并出席座谈会。

**28日** 四川省广元市昭化区举行了龙泉市社会捐建实验小学“剑瓷楼”启用仪式。昭化区委副书记、区长龙兆学，昭化区人大常委会主任贾小玲，龙泉市人大常委会主任叶砝仙参加仪式。

**28日** “爱上钱塘江”大型跨省融媒体行动第三站到龙泉。该活动是杭州市第四届钱塘江文化节系列内容之一，以钱塘江中心为轴，途经600多公里，历时3个月，陆续走进钱塘江流域7座城市，通过推出融媒体系列新闻主题报道，展示“钱塘江诗路”的时代价值，讲好诗路故事，打响诗路品牌，深化“诗画浙江”品牌定位和文化内涵。

**29日** 龙泉市首台既有住宅加装电梯开工仪式在同心•江南花苑举行，标志着龙泉市加装电梯工作正式进入施工阶段。

**31日** 龙泉市委书记吴松平主持召开十四届龙泉市委第70次常委会会议，学习贯彻习近平总书记关于加强党的政治建设和选人用人工作重要论述，以及中央、浙江省委、丽水市委相关精神。龙泉市人大常委会主任叶砝仙、龙泉市政协主席刘赤波列席会议。

**31日** 龙泉市委副书记、代市长翁志鸿主持召开龙泉市政府党组会议，传达学习浙江省委十四届七次全会精神、浙江省委常委会会议暨省推进长三角一体化发展工作领导小组会议精神、丽水市委四届八次全会精神等。龙泉市政府党组会议结束后，翁志鸿主持召开龙泉市政府第52次常务会议，听取龙泉市党政主要领导干部经济责任审计工作有关情况汇报、《2020年1—7月行政诉讼案件和行政复议情况专题汇报》，审议《2020年龙泉市房屋征收重置价格等相关补偿标准》《龙泉市“三线一单”生态环境分区管控方案》。

**8月** 龙泉市首家婴幼儿照护服务指导中心揭牌成立。该中心主要服务内容包含3岁以下婴幼儿照护服务工作实施推进、人员培训、日常管理、指导评价、督导考核等工作。

## 9月

**1日** 龙泉市南大洋小学、城东小学、江南幼儿园3所新建学校（幼儿园）在新学期正式投入使用。

**3日** 龙泉市政府与杭州建兰中学合作办学签约仪式在龙泉市第二中学举行，标志着龙泉市深化基础教育改革又迈出了实质性的一步。会上，杭州建兰教育集团龙泉二中正式揭牌仪式，并向杭州建兰中学校长饶美红颁发了龙泉市人民政府教育顾问聘书，向杭州建兰中学正校级调研员马志坚颁发了杭州建兰教育集团龙泉二中校长聘书。龙泉市委副书记、代市长翁志鸿，龙泉市副市长占雅静出席签约仪式。

**3日** 龙泉市召开2020年征兵定兵工作会议。

**9月** 浙江省工业转型升级领导小组公布了2019年度浙江省淘汰落后产能和“腾笼换鸟”工作考核先进地方名单，龙泉市获“先进县（市、区）”称号，这是继2014年度后龙泉市再次获得此项荣誉。

**3日至4日** 丽水市政协秘书长、办公室主任座谈会在龙泉市召开。龙泉市政协主席刘赤波参加会议。

**4日** 龙泉市委副书记、代市长翁志鸿带队检查指导涉水领域安全工作。

**4日** 龙泉市委副书记、代市长翁志鸿赴金岗工业园区污水处理厂、不锈钢生产企业等地专题调研中央生态环境保护督察相关工作。龙泉市委常委诸葛春杰、龙泉市副市长杨洪斌参加调研。

**5日** 2021年《故宫龙泉日历》首发签售仪式在龙渊公园举行，23位青瓷大师进行现场签售，场面火爆，首发当天限量售书500本全部售完。

**5日** 百山祖国家公园（龙泉）大赛驿站项目建设完工并投入使用。

**6日** 浙江省发展改革委、浙江省自然资源厅联合下发2020年浙江省重点建设项目调整名单，G25长深高速（丽龙段）龙泉东互通改建工程、仙居至庆元公路龙泉下庄儿至兰头段工程被列入2020年浙江省重点交通、邮电项目，322国道龙泉安仁段改建工程被列入2020年浙江省重点建设预安排项目。

**7日** 国家林草局组织中咨公司、北京林业大学、中科院、国家林草局规划院和经研中心等单位组成专家组，到龙泉市对钱江源——百山祖国家公园体制试点情况进行了验收评估，吴松平、翁志鸿、叶砝仙等龙泉市陪同实地踏查。

**8日** 龙泉市举行高水平建设医联体工作推进会暨健康龙泉顾问聘请•医联体合作协议签约仪式。会上，龙泉市人民政府与丽水市中医院签订战略合作协议，丽水市中医院与龙泉市人民医院签订中医专科合作框架协议，丽水市中医院“江伟华浙江省名老中医专家”龙泉工作站揭牌，并聘请主任医师、教授、博士生导师毛伟敏为健康龙泉顾问，聘请丽水市中医院党委副书记、院长邱伟文，丽水市人民医院党委委员周小庆为龙泉市人民医院名誉院长。龙泉市委书记吴松平出席会议并讲话，翁志鸿、叶砝仙等龙泉市副处以上领导出席活动。

**8日** 龙泉市政府与启文教育集团合作办学签约仪式在江南小学举行，向启文教育集团董事长韩宝平颁发了龙泉市人民政府教育顾问聘书，向原丽水市实验学校校长、浙派名校长、浙江省政府兼职督学刘必水颁发了启文教育集团江南小学总校长聘书。龙泉市委副书记、代市长翁志鸿，龙泉市副市长占雅静出席签约仪式。

**7日至9日** 第36个教师节前夕，吴松平、翁志鸿、叶砝仙、刘赤波等龙泉市副处以上领导，分别带队前往龙泉市中职校、龙泉一中、浙大中学、龙泉二中等学校，走访慰问一线教师，向他们致以节日问候。

**9日** 龙泉市举行“立德树人奋进担当、教育脱贫托举希望”第36个教师节庆祝大会，并隆重表彰了2019年度新时代美丽幸福好龙泉•十大模范教师暨“孔子奖”获得者。吴松平、翁志鸿、叶砝仙等龙泉市领导参加大会。

**10日** 龙泉市在温州医科大学茶山校区同心楼举行龙泉市人民政府与温州医科大学、温州医科大学与四川科伦药业股份有限公司战略合作签约仪式。中国工程院院士、温州医科大学校长李校堃，温州医科大学党委副书记陈培根，四川科伦药业股份有限公司总经理刘思川，龙泉市吴松平、占雅静等市领导出席签约仪式。

**10日** 龙泉市召开老干部经济社会发展情况通报会，龙泉市委副书记、代市长翁志鸿向老干部们通报了今年上半年经济社会发展情况。

**10日** 丽水市副市长杨秀清率调研组一行到龙泉调研，考察龙泉特色农业全产业链发展模式及灵芝产业发展。

**11日** 2020年省级扶贫结对帮扶龙泉团组会议在龙泉市召开。浙江省农业农村厅厅长、扶贫办主任王通林出席会议并讲话，浙江省农业农村厅副厅长、扶贫办副主任刘嫔珺主持，丽水市副市长杨秀清致辞，龙泉市委书记吴松平作扶贫工作汇报，龙泉市委副书记、代市长翁志鸿，龙泉市副市长黄国勇参加会议。会上，桐乡市与龙泉市签订了乡村振兴示范点共建协议、浙勤集团与龙泉市总工会签订了职工疗休养合作意向书、嘉兴市秀洲区东兴奶牛场与锦溪镇签订了奶牛养殖合作框架协议。

**12日** 龙泉市举行2020年度新兵欢送仪式，龙泉市委书记吴松平出席并讲话。

**14日** 龙泉市委书记吴松平主持召开龙泉市委常委会（扩大）会议，传达学习浙江省委书记袁家军在浙江省委党校2020年秋季学期开学典礼上的讲话精神，研究部署龙泉市贯彻落实意见。翁志鸿、叶砝仙、刘赤波等龙泉市副处以上领导参加。

**15日** 丽水市委常委、纪委书记、监委主任方文军到龙泉调研村社换届和清廉村居建设工作，吴松平、诸葛春杰、郑建青等龙泉市领导参加。

**15日** 龙泉市委书记吴松平带队赴础石街道金岗工业园区实地督导检查中央环保督察问题整改落实情况，并现场办会，研究部署相关工作。

**15日** 龙泉市举行2020年乡村振兴专场公益招聘会，16家企业为各乡镇（街道）务工人员提供了120余个就业岗位。

**15至16日** 丽水市政协副主席汤家友带领政协委员，以及丽水市中心医院、丽水市人民医院等多家医院的心血管内科、消化科等科室专家，到龙泉市住龙镇开展送卫生下乡活动，为基层群众送医送药送健康。

**16日** 丽水市第23届全国推广普通话宣传周活动启动仪式暨龙泉市语言文字规范县创建工作动员会在东升小学举行。

**9月** 财政部通报了2019年度县级财政管理绩效综合评价结果，龙泉市以93.9的高分位列浙江省第一名，获得中央财政资金奖励。自2017年起，龙泉市已连续三年获此表彰。

**18日** 龙泉市第九届未成年人道德文化节在南秦小学启动。

**9月** 2020年度面向援鄂一线卫生技术人员专项选拔丽水市138人才工程培养人员入选名单公布，龙泉市人民医院呼吸与危重症医学科副主任、医务科科长助理刘胜入选第一层次培养人员。

**19日** 2020年“最美诚信浙江人”发布典礼在杭州举行，龙泉市安仁镇季山头村村民季明善、季子娥夫妻榜上有名。

**19日至22日** 2020年浙江省气排球节比赛在龙泉市举行。

**21日** 龙泉市委书记吴松平主持召开十四届龙泉市委第71次常委

会会议，传达学习贯彻习近平总书记近期系列重要讲话精神及中央、浙江省委、丽水市委相关会议精神，研究有关单位机构设置、职数调整方案，听取村（社区）组织换届工作情况汇报和《关于进一步开展"以房换地"工作的实施方案》有关情况汇报等。龙泉市人大常委会主任叶砝仙、龙泉市政协主席刘赤波列席会议。

21 日　龙泉市召开村（社区）组织换届工作领导小组第二次会议，学习贯彻上级村（社区）组织换届有关会议精神，研究部署龙泉市村（社区）组织换届工作，审议了《龙泉市村（社区）组织换届工作督导制度》《龙泉市村（社区）组织换届工作高质量评价指标》等相关文件。龙泉市委书记、龙泉市村（社区）组织换届工作领导小组组长吴松平出席会议并讲话。

21 日至 22 日　龙泉市委书记吴松平主持召开龙泉市委理论学习中心组（扩大）学习会暨答好"龙泉发展六问"研讨会。会议邀请浙江省发展规划研究院专家开展了"新时代、新机遇、新发展"主题讲座，听取了龙泉市"十四五"规划和国土空间规划编制情况汇报。全市副处级以上领导围绕答好"龙泉发展六问"，着眼大局谈思路，聚焦中心谈担当，交流思想谈体会，为龙泉发展献计献策。

23 日　龙泉市委副书记、代市长翁志鸿，龙泉市政协主席刘赤波带队专题调研衢宁铁路龙泉市站站前区块建设工作，检查指导铁路通车前各项筹备工作。熊勇军、郑建青、雷蕾、何登新、杨洪斌等龙泉市领导参加。

23 日　龙泉市委副书记、代市长翁志鸿主持召开"生态经济大追赶"活动 9 月份点评会。

23 日　丽水市人大常委会副主任邹培书带队到龙泉开展《浙江省华侨权益保护条例》执法检查。

25 日　萧山区委副书记、区长章登峰率萧山党政代表团到龙泉考察，围绕打造新时代山海协作升级版，与龙泉共商发展大计。在龙泉期间，两地签署了山海协作妇联联盟框架协议，萧山向龙泉援赠 2020 年度乡村振兴建设资金 330 万元、结对乡镇（街道）帮扶资金 220 万元，并共同参加了安仁镇张畈村山海协作乡村振兴示范点开工仪式。龙泉市委书记吴松平，龙泉市委副书记、代市长翁志鸿等龙泉市领导参加。

27 日　首条通往龙泉的铁路——衢宁铁路（浙江段）正式运营通车，龙泉市在站前广场举行了隆重的通车仪式。丽水市委书记胡海峰出席，丽水市委副书记、市长吴晓东宣布衢宁铁路龙泉市站开通，虞红鸣、陈瑞商、杜兴林、楼志坚等丽水市领导出席。龙泉市委书记吴松平致辞，叶砝仙、刘赤波等龙泉市副处以上领导参加。

27 日　中央第三生态环保督察组进驻龙泉市进行第二轮督察。

27 日　龙泉市公共卫生综合服务中心、龙泉市公共卫生应急救治中心（人民医院传染病防治中心）新建工程项目集中开工。龙泉市委副书记、代市长翁志鸿宣布开工，叶砝仙、刘赤波等龙泉市领导参加。

27 日　龙泉市委副书记、代市长翁志鸿在瓯江文化休闲康养中心（鼎丰•壹城）B 区块二期工地，实地查看 VR 安全体验馆，详细了解安全生产管理和安全生产责任落实情况。

28 日　"一剑钟情•从瓷开始""天下龙泉"品牌列车首发仪式在上海南站举行，近 200 名沪籍游客专程登上"天下龙泉"品牌列车，开启了长达 3 天的龙泉之旅。

28 日　龙泉市委副书记、代市长翁志鸿主持召开龙泉市政府党组会议，学习贯彻近期习近平总书记系列讲话精神及浙江省委省政府、丽水市委市政府相关会议精神。龙泉市政府党组会议结束后，翁志鸿主持召开龙泉市政府第 53 次常务会议，听取《关于 2019 年度机关事业单位年终考核奖发放方案相关情况汇报》，审议《龙泉市城乡生活垃圾分类攻坚行动实施方案》《龙泉市关于进一步激励关爱城市社区建设及专职社区工作者的十条举措》等。

29 日　龙泉市召开乡镇（街道）工作汇报会，龙泉市委书记吴松平出席会议并讲话，龙泉市委副书记、代市长翁志鸿主持会议。

30 日　全市村（社区）组织换届工作领导小组第三次会议召开，研究全市村社组织换届工作，审议换届有关文件和相关事宜，研究部署下阶段换届工作，为村社换届全面启动做好准备。

30 日　第六个烈士纪念日。吴松平、翁志鸿、叶砝仙、刘赤波等龙泉市副处以上领导同社会各界代表一起，来到革命烈士陵园，向人民英雄敬献花篮，深切缅怀革命先烈，传承弘扬革命精神。

30 日　龙泉市委书记吴松平主持召开龙泉市委财经委员会第三次会议，听取党政主要领导干部经济责任审计情况、第二轮第二批中央生态环保督察情况汇报等，龙泉市人大常委会主任叶砝仙、龙泉市政协主席刘赤波列席会议。

30 日　龙泉市委书记吴松平赴白云岩景区、应急指挥中心等地检查指导国庆中秋节前安全生产工作，龙泉市委常委、常务副市长熊勇军陪同。

30 日　龙泉市举办企业家协会"迎中秋"茶话会，吴松平、翁志鸿、叶砝仙、刘赤波等龙泉市四套班子领导参加。

## 10月

10月　浙江省特镇办公布了2019年度省级特色小镇考核结果，龙泉青瓷小镇、龙泉宝剑小镇两个省级创建小镇均列良好等次，龙泉汽车空调小镇列省级培育类小镇优秀等次。

10日　龙泉市乡村振兴工作推进会暨农业农村重点工作部署会召开，龙泉市委副书记、代市长翁志鸿出席会议并讲话。

11日起　龙泉市第七次全国人口普查进入入户摸底登记阶段，该项工作将持续至12月10日。

12日　龙泉市委书记吴松平主持召开十四届龙泉市委第72次常委会会议，传达学习贯彻习近平总书记近期系列重要讲话精神及中央、浙江省委、丽水市委相关会议精神，审议《龙泉市2020年度乡镇（街道）、部门综合考核办法》《高质量做好村（社区）组织换届选举工作的实施意见》等。龙泉市人大常委会主任叶砭仙、龙泉市政协主席刘赤波列席会议。

12日　龙泉市委副书记、代市长翁志鸿主持召开龙泉市政府党组会议，传达贯彻习近平总书记在2020年秋季学期中央党校中青年干部培训班开班仪式上的重要讲话精神，浙江省委副书记、省长郑栅洁在浙江省“十四五”规划相关领域专家和企业家座谈会上的讲话精神等。龙泉市政府党组会议结束后，翁志鸿主持召开龙泉市政府第54次常务会议，审议“抓项目扩投资”百日攻坚行动方案、加快集聚高层次科技创新创业人才推动高质量绿色发展的意见、低收入农户高水平全面小康攻坚行动实施方案等议题。

13日　龙泉市委武装工作会议暨龙泉市国动委第二十二次全体会议召开，龙泉市委书记、市人武部党委第一书记、市国动委第一主任吴松平出席会议并讲话，龙泉市委副书记、代市长翁志鸿主持。

13日　龙泉市召开村（社区）组织换届工作会议，龙泉市委书记、市村（社区）组织换届工作领导小组组长吴松平出席会议并讲话，龙泉市委副书记、代市长翁志鸿主持。

14日　浙江省委副秘书长、省档案局局长刘芸一行到龙泉专题调研档案工作。龙泉市委常委诸葛春杰陪同。

14日　龙泉市政府任命国家机关工作人员宪法宣誓仪式举行，12名被龙泉市政府任命的国家机关工作人员集体向宪法庄严宣誓。

14日　龙泉市举行首届法治监督员聘任仪式，50名来自社会各界的法治监督员受聘上岗。

15日　龙泉市委十四届九次全体（扩大）会议暨“聚焦‘重要窗口’、聚力龙泉复兴”学习实践活动动员会召开，回顾总结龙泉撤县设市30年来各项事业发展所取得的成就，动员全市上下聚焦“重要窗口”、聚力龙泉复兴，奋力打造一座独具匠心的文化名城，全面推动各项事业从今往后迈出更大的崭新步伐，让“好龙泉”焕发出新时代的生机与活力。龙泉市委书记吴松平代表龙泉市委常委会作工作报告，龙泉市委副书记、代市长翁志鸿主持，叶砭仙、刘赤波等龙泉市副处以上领导出席会议。

16日　剑瓷龙泉政协委员会客厅举行剑瓷元素融入城市建设“请你来协商”活动。丽水市政协副主席丁绍雄，龙泉市政协主席刘赤波等参加。

16日至17日　龙泉市委书记吴松平带领相关部门负责人以及青瓷大师、企业家代表，赴福建省厦门市、德化县等地考察，学习借鉴德化陶瓷文化产业发展和厦门茶博会先进经验。雷蕾、黄国勇等龙泉市领导参加考察。

16日　十余名龙泉市人大代表、政协委员走上街头，联合视察省示范文明城市创建工作，并开展座谈交流，为“创城”工作建言献策。

16日　龙泉市迎来首趟福建旅游铁路专列，500余名福建游客在龙泉进行为期两天的“一剑钟情·从瓷开始”之旅。

17日　由龙泉市卫生健康局、银龄互助爱心协会共同主办的2020年“敬老月”系列活动在龙渊公园举行。

18日　龙泉市政府党组书记、代市长翁志鸿主持召开龙泉市政府党组第十五次（扩大）会议，认真学习贯彻龙泉市委十四届九次全体（扩大）会议暨“聚焦‘重要窗口’、聚力龙泉复兴”学习实践活动动员会精神。

18日　龙泉市委副书记、代市长翁志鸿赴龙渊街道调研村（社区）组织换届工作，并慰问了龙渊街道结对帮扶户。

19日　龙泉市委书记吴松平先后赴龙南乡、安仁镇督导龙泉市委十四届九次全体（扩大）会议暨“聚焦‘重要窗口’、聚力龙泉复兴”学习实践活动动员会精神学习贯彻情况。熊勇军、邹海亮等龙泉市领导参加督导。

21日　龙泉市委副书记、代市长翁志鸿督查督办剑川大道北段市政工程区块、城市文化客厅等联系项目，现场协调解决重点难点问题，督促项目加快建设。龙泉市副市长张长山、杨洪斌参加督查。

21日至23日　龙泉市委书记吴松平带队赴九姑山基础设施配套提升改造工程、城东综合体等城市重点项目建设现场，围绕推进新型城镇化开展专题调研。翁志鸿、张长山、黄国勇等龙泉市领导分别参加调研。

10月　浙江省发展改革委公布

浙江省2020年省级资源循环利用示范城市(基地)试点名单,龙泉市被列入省级资源循环化利用示范城市试点(创建类)。

**10月** 龙泉市全面推开财政电子票据改革工作,标志着沿袭数十年的纸质财政票据将逐步退出历史舞台,取而代之的是更为便捷、有效的电子化票据。

**23日** 浙江省助力决战决胜脱贫攻坚推进会暨东西部扶贫协作奖表彰大会在杭州召开。浙江省委常委、常务副省长冯飞在会上点赞了龙泉市东西部扶贫协作工作，对龙泉、昭化共同创新推行“地里种菌、坡上种药、林下跑鸡、稻田游鱼、空中飞蜂、园区共建、全网电商”七大立体产业发展模式助农增收和关注关爱老、弱、妇、幼“四大”贫困群体脱贫工作的做法及在“甜蜜区长”龙泉挂职昭化区副区长廖旭青带领下两地所取得的脱贫成效给予了充分肯定。

**25日** 西湖大学校长、中国科学院院士施一公带领西湖大学专家团队到龙泉考察汽车空调产业发展情况,并走访龙泉青瓷宝剑大师。

**26日** 龙泉市“创新引领 智汇龙泉”人才科技峰会在龙泉市产业创新服务中心开幕,龙泉市委书记吴松平致辞,龙泉市委副书记、代市长翁志鸿主持,叶砝仙、刘赤波等龙泉市副处以上领导出席开幕式。峰会期间,9位优秀人才围绕自身专业特长、项目情况、市场前景等进行了精彩的项目路演，行业涵盖新能源汽车、现代农业、生物医药、智能物联等。同时举行了“汽车空调配件的未来发展趋势”主旨论坛、“功能食品与未来发展趋势”主旨论坛。

**26日** 龙泉市委组织部在人才科技峰会上重磅推出2020“人才新政”——《关于加快集聚创新创业人才、奋力推进一座独具匠心的文化名城建设的实施意见》,以更高规格、更足诚意、更优服务的人才政策,进一步优化全市人才发展生态,加快集聚创新创业人才,为龙泉复兴提供人才科技支撑。

**26日** 龙泉市委书记吴松平主持召开十四届龙泉市委第73次常委会,传达学习贯彻习近平总书记近期系列重要讲话精神及中央、浙江省委、丽水市委相关会议精神,审议《关于开展2020年龙泉市低收入农户高水平全面小康攻坚行动的实施方案》《龙泉市国有企业退休人员社会化管理工作实施方案》等。龙泉市人大常委会主任叶砝仙、龙泉市政协主席刘赤波列席会议。

**26日** 浙江省商务厅公布浙江省开发区产业链“链长制”试点示范和试点单位名单,浙江龙泉经济开发区被列为五金汽配产业链“链长制”试点单位。

**27日至28日** 浙江省政府教育督查组到龙泉,对龙泉市政府2019年度履行教育职责情况进行实地督查。

**27日** 龙泉市举行2020年退役军人返乡欢迎大会，龙泉市委书记、市人武部党委第一书记、市国动委第一主任吴松平出席活动并讲话。

**27日** 龙泉市委书记吴松平主持召开龙泉市委国家安全委员会全体会议，传达贯彻浙江省政法机关维护国家政治工作会议精神，听取龙泉市国安工作情况汇报等。翁志鸿、雷蕾、邹海亮、葛基传等龙泉市领导参加。

**27日** 龙泉市委书记吴松平主持召开龙泉市委外事工作委员会第二次会议,传达学习浙江省委、丽水市委外事工作委员会第二次会议精神，听取龙泉市2019年以来外事工作情况和下步工作重点汇报。翁志鸿、诸葛春杰等龙泉市领导参加。

**27日** 龙泉市委书记吴松平主持召开龙泉市委对台工作领导小组会议,传达学习丽水市委对台领导小组会议和丽水市对台工作会议精神，听取龙泉市2019年以来对台工作情况和下步工作安排汇报等，诸葛春杰、占雅静等龙泉市领导参加。

**27日** 龙泉市工程机械行业协会成立，并召开第一次会员大会,选举产生第一届理事会会长、副会长、秘书长、理事。

**29日** 龙泉市政府与上海翔宇教育集团合作办学签约仪式在龙泉浙大中学举行， 龙泉市向卢志文颁发了龙泉浙大中学总校长聘书。龙泉市委副书记、代市长翁志鸿出席签约仪式并讲话。

**29日至30日** 龙泉市委书记吴松平带队赴础石街道鞋产业链回归工程、龙泉青瓷产业园以及毅力、金创、新劲、置信等企业开展新型工业化专题调研。翁志鸿、诸葛春杰、占雅静等龙泉市领导参加。

**30日** 龙泉市村社党组织换届正式进入选举阶段。

**30日** 龙泉市隆重举行纪念中国人民志愿军抗美援朝出国作战70周年纪念章颁授仪式,龙泉市委书记吴松平出席并讲话。

**30日** 龙泉市第五中学新建工程项目正式开工。龙泉市委副书记、代市长翁志鸿参加开工仪式并宣布开工。

**10月** 龙泉市税务局出台《关于发挥税收职能助力龙泉复兴的工作举措》,推出36条涵盖生态、经济、文化、城市、交通、民生等领域的税收新政策,从更高格局、更深层次、更广范围、更大力度发挥税收职能作用,助推龙泉高质量发展。

**10月** 经实地核查、专家评审，浙江龙泉经济开发区顺利通过浙江省2020年省级循环化改造试点园区验收,并获优秀等次。

## 11月

**2日** 龙泉市召开全市领导干部会议,传达学习贯彻党的十九届五中全会精神和浙江省、丽水市有关会议精神,研究部署贯彻落实意见。龙泉市委书记吴松平主持会议并讲话,龙泉市委副书记、代市长翁志鸿传达有关会议精神,叶砝仙等龙泉市副处以上领导参加会议。

**2日** 浙江省政府印发《关于命名第四批省级生态文明建设示范县(市、区)的通知》,龙泉市成功创成省级生态文明建设示范市。

**3日** 龙泉市召开"十四五"规划和国土空间规划问计座谈会,听取社会各界的意见和建议。吴松平、熊勇军、张长山等龙泉市领导参加座谈。

**3日** 龙泉市委副书记、代市长翁志鸿主持召开龙泉市政府党组会议暨第55次常务会议,传达贯彻党的十九届五中全会精神及浙江省、丽水市相关会议精神,组织学习《最高人民法院关于审理行政协议案件若干问题的规定》。

**3日** 龙泉市政府召开第55次常务会议,学习《最高人民法院关于审理行政协议案件若干问题的规定》,听取关于认购上海—龙泉科创园(文创园)项目资产有关情况的汇报、平湖—龙泉"飞地经济"产业园一期建设项目工作方案情况的汇报,审议《龙泉市南秦区块安置房、凤起路区块项目融资相关事项》等。

**3日** 国家林草局印发《集体林业综合改革试验典型案例》(第一批),龙泉市实行公益林信息化管理入选社会化服务典型案例,成为全国首批16个有典型意义的案例之一。

**3日** 龙泉市在杭州举行"龙泉农师"区域公用品牌发布会,现场宣布"龙泉农师"品牌正式入驻盒马鲜生。浙江省供销社党委委员、理事会副主任张建,阿里巴巴副总裁李少华,龙泉市副市长黄国勇等出席发布会。

**4日** 龙泉市委书记吴松平主持召开龙泉市委常委会扩大会议暨2020年三季度经济形势分析会、"生态经济大追赶""文化旅游大融合"点评会,传达上级有关会议精神和浙江省委书记袁家军在丽水考察时的指示精神,通报丽水市综合考核有关情况和26县发展实绩考核有关情况,观看"生态经济大追赶"活动和"文化旅游大融合"活动点评视频等。龙泉市委副书记、代市长翁志鸿作工作部署,叶砝仙、刘赤波等龙泉市副处以上领导参加。

**4日** 龙泉市举行项目谋划现场大比武活动,由龙泉市发改局牵头谋划的风光水储生物质一体化智慧绿色能源项目和龙泉市水利局牵头谋划的龙泉市均溪三级水库改建工程荣获大比武一等奖。龙泉市委副书记、代市长翁志鸿出席会议并讲话。

**4日至10日** 第三届中国国际进口博览会在上海举行,龙泉市南宋哥窑、玉德青瓷2家老字号企业入驻"非遗暨中华老字号"展区,其中南宋哥窑《守幸》《纳福》两件青瓷作品还成功入选第三届进博会非遗、老字号联名款衍生品并成为该项目服务商。同时,国镜药业、三田集团、博威空调等企业及龙泉市人民医院、龙泉市中医院等医疗机构参会,意向签约额达170万美元。

**5日** 龙泉市委理论学习中心组(扩大)学习会召开,邀请浙江省城乡规划设计研究院院长陈桂秋作题为《新型城镇化与未来城市》的专题讲座。吴松平、叶砝仙、刘赤波等龙泉市委理论学习中心组成员参加。

**5日** 庆祝中国共产党成立100周年献礼剧《我们的新时代之因为有家》在龙泉市小梅镇大窑村举行开机仪式。该剧由知名导演吕行执导,作家候蓓担任编剧,知名影视剧演员谭松韵、白敬亭参演。

**6日** "龙泉论剑——聚焦新时代产业融合发展"专题研讨会在龙泉国际大酒店举行,十多位文化、体育、旅游、文创等领域的专家学者,积极为龙泉体育产业、剑瓷产业发展建言献策。

**7日至9日** 由浙江省人力社保厅、丽水市人民政府主办的浙江省首届青瓷宝剑技能大赛暨丽水市第二届"绿谷工匠"技能大赛(青瓷、宝剑)、龙泉市2020年青瓷宝剑职业技能大比武在龙泉市举行,共有来自省内各地的100多位青瓷、宝剑行业选手参加。

**7日** 2020长三角"龙泉论剑"武术大赛开赛。龙泉市委书记吴松平出席并致辞。

**7日** "不忘初心·匠新同行"2020百名工艺美术师龙泉剑瓷作品爱心拍卖会在福建厦门举行。近200名来宾踊跃竞拍,最终成交额为106.01万元。

**8日至11日** 龙泉市委书记吴松平率领党政代表团赴上海、杭州、宁波等长三角地区考察张江科技城、杭州梦想小镇、麟沣生物科技等高新技术企业及平台,了解平台建设、产业集聚、企业发展、技术创新、产品研发、成果转化等方面情况。叶砝仙、雷超、郑建青、周吾灿、张长山、余华明、徐东华、陈惠锋等龙泉市副处以上领导参加考察活动。

**11月** 国网龙泉市供电公司出台聚力"龙泉复兴"21条攻坚举措,涵盖电网建设、绿色能源、电力设施景观改造、用电服务等领域，全力服务地方经济社会发展。

**10日** 龙泉市创建省示范文明城市迎检攻坚誓师大会召开，龙泉市委副书记、代市长翁志鸿出席会议并讲话。

**11日** 欧洲龙泉同乡总会(总商会)以网络连线的方式举行换届会议，产生新一届欧洲龙泉同乡总会(总商会)班子成员。龙泉市委书记吴松平以视频的形式祝贺欧洲龙泉同乡总会(总商会)换届会议成功举行，叶砝仙、刘赤波等龙泉市领导也发表祝贺。

**11日** 丽水市深化“三位一体”改革现场会在龙泉市召开。浙江省供销社理事会副主任张建到会指导，丽水市委副书记李锋主持会议并讲话，丽水市副市长杨秀清作工作部署。翁志鸿、刘赤波等龙泉市领导分别参加会议和调研。

**11日** 龙泉市中蜂产业服务(销售)中心成立，旨在进一步提高全市蜂产品质量，增创品牌，拓展市场，推动龙泉市蜂产业持续快速健康发展。

**11月** 龙泉市民族中学被评为浙江省2019—2020年节约型公共机构示范单位。

**12日** 在第三届全国公共资源交易平台整合高峰论坛上，发布了首届全国公共资源交易百强县榜单，龙泉市榜上有名，成为浙江省3个获奖的县(市、区)之一。

**13日** 浙江省抗击新冠肺炎疫情总结表彰大会在省人民大会堂隆重举行，龙泉市4名个人和1个集体受表彰。龙泉市委书记吴松平在分会场为龙泉市全省抗疫先进个人和集体颁奖，翁志鸿、叶砝仙等龙泉市领导参加分会场。

**11日至14日** 龙泉市委副书记、代市长翁志鸿率领党政代表团实地考察福建省福州市、宁德市、南平市等海西区主要城市，学习八闽大地的先进经验和创新成果，探寻“山海协作”新路径，在推进浙闽地区高质量发展上谋求新的合作机遇。刘赤波、诸葛春杰、徐达伟、雷蕾、黄国勇、杨洪斌、占雅静、连浩松、熊树生等龙泉市副处以上领导参加考察活动。

**15日** 龙泉市委书记吴松平带队深入住宅小区、里弄小巷、农贸市场，实地督导省示范文明城市创建工作。雷蕾、张长山、杨洪斌等龙泉市领导参加督导检查。

**16日** 浙江省委副书记、省长郑栅洁赴龙泉市调研，走访陈砝根青瓷工作室、沈广隆剑铺，详细了解龙泉剑瓷文化传承及历史经典产业发展等情况，随后赴凤阳山国家级自然保护区调研，察看生态环境保护成效，深入了解国家公园创建的思路和做法。浙江省政府秘书长陈新、浙江省发展改革委主任孟刚、浙江省财政厅厅长尹学群、浙江省文化和旅游厅厅长褚子育，丽水市委书记胡海峰，丽水市委副书记、市长吴晓东以及龙泉市领导吴松平、翁志鸿等陪同调研。

**17日** 龙泉市召开森林防灭火工作专题部署会，贯彻落实“11•13”丽水市政府约谈会会议精神，研究部署龙泉市森林防灭火工作。龙泉市委副书记、代市长翁志鸿参加会议并讲话。

**17日** 龙泉市组织文艺工作者赴四川省广元市昭化区开展“浙江龙泉•四川昭化”文化走亲活动，给当地群众送去了一场龙泉特色、精彩纷呈的文化视听盛宴。

**18日至20日** 第九届长三角地区中小学班主任大赛在上海市崇明区举行，龙泉二中叶丽芬老师、龙泉一中陈宣何老师分别拿下初中组一等奖、高中组二等奖的好成绩，实现了丽水战队长三角一等奖零的突破。

**19日** 四川省巴中市人大常委会主任魏文通带队人大考察团，到龙泉考察交流美丽乡村建设、剑瓷文化产业发展等工作。丽水市人大常委会副主任朱继坤，龙泉市人大常委会主任叶砝仙陪同考察。

**20日** 龙泉市委书记吴松平主持召开全市领导干部会议，传达学习贯彻浙江省委十四届八次全体（扩大）会议精神和浙江省委副书记、省长郑栅洁在龙泉考察调研时的指示精神。翁志鸿、叶砝仙、刘赤波、蓝景芬等龙泉市副处以上领导参加会议。

**20日** 龙泉市委书记吴松平主持召开书记专题会议，传达学习了丽水市巡察工作会议暨四届丽水市委第九轮巡察工作动员部署会精神，听取了龙泉市公安局党委提级（交叉）巡察情况、十四届龙泉市委第八轮7家单位巡察情况、2020年度村(社区)党组织巡察情况汇报，审议了《十四届龙泉市委第九轮巡察工作计划》。

**20日** 丽水市第五届两新党建好故事讲演活动在龙泉大剧院举行，来自丽水九县(市、区)的两新党务工作代表和13支参赛队伍齐聚龙泉，共同唱响两新党建好故事。龙泉市委副书记、代市长翁志鸿出席并致辞。

**23日** 龙泉市召开融入长三角、接轨海西区考察活动分组交流研讨会，交流总结考察成果，聚焦“重要窗口”、聚力龙泉复兴，为奋力打造一座独具匠心的文化名城凝聚发展共识。吴松平、翁志鸿、叶砝仙、刘赤波、蓝景芬等龙泉市副处以上领导分别在各组参加讨论。

**23日至24日** 第七届世界互联网大会在浙江乌镇举行，龙泉青瓷艺人王武的《家园》、叶芳的《视•界》、陈勇的《粉青釉菱花式经瓶》、张浩的《路路亨通》4款龙泉青瓷作品入选大会定制礼品，这也是龙泉青瓷第7次入选世界互联网大会定制礼品。

**11 月** 全省大花园示范县建设典型案例评选结果揭晓，龙泉市《打造剑瓷大花园、促进古城文旅兴》入选优秀典型案例。

**25 日** 龙泉市委书记吴松平检查指导第三届世界青瓷大会筹备工作。

**25 日** 龙泉市委副书记、代市长翁志鸿到兰巨乡通用机场备选场址之一上淤区块，调研通用机场项目选址工作。龙泉市人大常委会主任叶砝仙、龙泉市副市长杨洪斌参加调研。

**25 日** 浙江省文化和旅游厅组织专家组赴龙泉市开展为期两天的浙江省文旅产业融合试验区考核验收工作。

**25 日** 龙泉市第三家应急安全（消防）宣教体验馆在浙江龙泉经济开发区揭牌成立。

**26 日** 龙泉市政协召开“以名城提质为抓手，推动城市旅游发展”专题协商会，听取龙泉市政府关于名城提质工作情况的通报、龙泉市政协调研组专题调研情况的通报，委员们围绕主题积极发言，找短板、出主意、提建议，建设局、文广旅体局、交通运输局等相关单位负责人一一回应。龙泉市委书记吴松平、龙泉市政协主席刘赤波参加会议。

**27 日** 龙泉市委书记吴松平主持召开龙泉市委常委会召开第 74 次会议，传达学习贯彻习近平总书记近期系列重要讲话精神及中央、浙江省委、丽水市委相关会议精神，研究意识形态工作，听取第三届世界青瓷大会筹备情况汇报等。龙泉市人大常委会主任叶砝仙、龙泉市政协主席刘赤波列席会议。

**27 日** 龙泉市举行 2020 年旅游饭店服务技能大赛，来自全市各酒店的 9 支代表队、60 名选手参加比赛，全面展示龙泉市旅游饭店从业人员的服务技能、服务水准和服务风采。

**30 日** 第三届世界青瓷大会组委会在丽水举行新闻发布会，宣布第三届世界青瓷大会将于 12 月 10 日至 12 日在龙泉市举办。丽水市政府副秘书长叶祖平，龙泉市委书记吴松平，龙泉市委常委、宣传部长雷蕾出席发布会，并作情况介绍；丽水市委宣传部副部长、市委网信办主任蓝海主持发布会。

**11 月** 龙泉市农业农村局从东北引进的黑木耳液体菌种，通过在八都镇三年多时间的实验，终于在 15.5 厘米×37 厘米的短棒中试种成功。液体菌种具有时间短、成本低、污染少、适合机械化操作等特点，适合未来食用菌发展趋势。

## 12 月

**1 日** 龙泉市委副书记、代市长翁志鸿主持召开龙泉市政府党组会议暨第 56 次常务会议，传达贯彻习近平总书记在中央全面依法治国工作会议上的重要讲话精神，组织学习《保障农民工工资支付条例》，审议《关于推进 3 岁以下婴幼儿照护服务发展的实施意见》《龙泉市与丽水市政府性融资担保一体化合作方案》等。

**1 日** 龙泉市召开十四届龙泉市委第九轮巡察工作动员部署会，学习贯彻中央、浙江省委和丽水市委有关巡视巡察新精神、新要求，安排部署龙泉市第九轮市委巡察任务。十四届龙泉市委第九轮巡察共组建 5 个市委巡察组，对龙泉市委政法委、团市委、老干部局、市场监督管理局、机关事务保障中心、八都镇、医药资产管理总公司 7 家单位党组织开展政治巡察，对失地农民保险工作、教育系统财务（工程）开展专项巡察，其中，八都镇为丽水市委提级（交叉）巡察对象。

**1 日** 是第 33 个世界艾滋病日。龙泉市疾控中心、龙泉市人民医院医共体等单位，在市人民广场开展艾滋病防治知识微信有奖问答、咨询、现场检测、健康宣教等宣传活动。

**2 日** 龙泉市召开冬春季疫情防控工作部署会，通报国务院、浙江省、丽水市疫情防控工作督查情况，传达浙江省委书记袁家军在浙江省委常委会专题研究冬春季疫情防控工作上的讲话精神，部署龙泉市冬春季疫情防控工作。龙泉市委副书记、代市长翁志鸿出席会议并讲话。

**2 日** 由文化和旅游部主办的 2020“中国—摩洛哥”旅游文化年中摩旅游论坛召开，龙泉市作为参会城市之一，参加了线上“中国—摩洛哥”旅游论坛和旅游推介环节。

**3 日** 龙泉市委副书记、代市长翁志鸿赴江滨北岸凤起路区块，实地调研征收工作，现场协调解决问题，并看望慰问奋战在一线的工作人员。

**3 日** 龙泉市委政法委员会第三次全体（扩大）会议召开，通报前阶段全市政法工作开展情况，研究部署下阶段各项任务举措。龙泉市委副书记、政法委书记蓝景芬出席会议并讲话。

**3 日** 龙泉市扫黑除恶专项斗争领导小组第三次全体（扩大）会议召开，传达学习了上级有关会议精神，研究部署下阶段相关工作。龙泉市委副书记、政法委书记蓝景芬出席会议并讲话。

**3 日** 浙江省文化和旅游厅组织专家组到龙泉市开展浙江省 AAAA 级景区城评定验收工作。

**3 日** 龙泉市举行 2020 年农产品旅游地商品包装设计大赛，经过专家评审，江浙顶峰茶、畲小妹山茶油蜂蜜包装、龙泉三宝（大礼盒）等 14

个农产品包装设计作品分别获得一、二、三等奖。

**3日至4日** 浙江省副省长陈奕君到龙泉市督导中央生态环境保护督察整改工作。吴松平、翁志鸿、杨洪斌等龙泉市领导陪同。

**4日** 龙泉市在市人民广场举办以“深入学习宣传习近平法治思想、大力弘扬宪法精神”为主题的“12•4”国家宪法日普法宣传广场活动。

**4日** 龙泉市召开综合行政执法事项划转事权交接会。龙泉市公安局、教育局、林业局等14家业务主管部门与龙泉市综合行政执法局现场签订《龙泉市综合行政执法事项划转协定书》。自2020年12月16日起，龙泉市范围内的15个领域20个方面共300项综合行政执法事项（行政处罚事项）划转至龙泉市综合行政执法局行使，相关业务主管部门不再行使已划转的行政处罚权。

**5日** 龙泉市委副书记、代市长翁志鸿检查指导第三届世界青瓷大会筹备工作。诸葛春杰、雷蕾、黄国勇等龙泉市领导参加。

**6日** 龙泉市在安仁镇张畈村开展村（居）民委员会换届选举市级观摩活动。

**7日至8日** 全国人大华侨委员会委员，原浙江省人大常委会党组书记、副主任王辉忠到龙泉调研文化产业发展、基层人大代表联络站建设和使用情况等工作。丽水市人大常委会主任虞红鸣，龙泉市人大常委会主任叶砭仙陪同调研。

**8日** 海外首家“龙泉青瓷展示角”在韩国首尔中国文化中心落成启动。中国驻韩国使馆文化参赞兼首尔中国文化中心主任王彦军、龙泉市委书记吴松平、首尔中国文化中心副主任云峰、首尔中国文化中心副主任李少鹏在线出席活动，韩国艺术文化团体总联合会会长李范宪、韩国文化遗产国民信托理事长兼韩国博物馆协会名誉会长金宗圭、首尔市钟路区厅长金永椶为活动发来视频贺词。

**10日** “从初心到匠心”——第三届世界青瓷大会主旨论坛举行。龙泉市委副书记、代市长翁志鸿，景德镇陶瓷大学常务副校长、国际陶瓷协会会员吕品昌，北京故宫文化传播公司董事长、总经理刘辉，世界陶瓷科学院院士、新型陶瓷与精细工艺国家重点实验室主任、清华大学校务委员会委员潘伟，景德镇陶文旅集团党委书记、董事长刘子力等领导专家，围绕“合作与机遇”“传承与创新”等主题发表主旨演讲。

**10日** 龙泉市在瓯江绿道兰巨宏山段启动“2020天下龙泉•浙江最美绿道”毅行活动，龙泉市政协主席刘赤波参加活动并宣布开幕。

**10日** “天下龙泉•龙泉窑‘碗事’”特展暨作品集首发仪式在西街历史文化街区龙泉书画院举行。本次特展以“一个碗一个故事，一组碗一段历史”为主题，从海量的青瓷作品中遴选出了96件不同时代、不同品种、不同质地的代表性龙泉窑青瓷碗作品，全方位探索传统青瓷文化的保护、传承、弘扬和发展。

**10日** “倾青饰界”青瓷饰品暨“龙泉娜妮”伴手礼创意展在西街历史文化街区“龙泉娜妮”创客空间首次亮相，丰富、直观、全面地展示了龙泉深厚的历史文化底蕴、独特的青瓷文化和龙泉女性的特色成果。

**10日** “潮玩•无界”文创主题展在西街61号“阅自在”开展，首季内容为龙泉青瓷宝剑文创主题季活动。

**10日至12日** 龙泉市在上茶街举行“BEAUTY LIFE•上茶街造物创意集”大型集市活动，通过“哪壶都开”“娜妮秀秀”“江湖好见”“弦外知音”“小哥大歌”五大板块，诠释和演绎本次世界青瓷大会“天下龙泉•匠心开物”的主题。龙泉市委副书记蓝景芬等领导出席开集仪式。

**10日起** 龙泉市启用新版食品生产许可审批系统，标志着食品经营许可证今后将不再提供原纸版证书，步入电子证书时代。

**11日** 第三届世界青瓷大会在龙泉市开幕。丽水市委书记胡海峰宣布大会开幕。浙江省政府副秘书长蔡晓春，浙江省人大环境与资源保护委员会主任委员林健东，浙江省侨联主席连小敏，浙江省委宣传部副部长葛学斌，浙江省文化和旅游厅副厅长叶菁，浙江省经信厅二级巡视员戴迪荣，丽水市委常委、宣传部长任淑女，丽水市人大常委会副主任戚永远，丽水市政协副主席汤家友等领导出席。丽水市副市长卢彩柳主持开幕式。吴松平、翁志鸿、叶砭仙、刘赤波、蓝景芬等龙泉市领导参加。

**11日** 丽水瓯江山水诗路启动启航仪式在龙泉市举行。丽水市委书记胡海峰宣布丽水瓯江山水诗路开启通航。浙江省政府副秘书长蔡晓春，浙江省侨联主席连小敏，浙江省委宣传部副部长葛学斌，浙江省文旅厅副厅长叶菁，浙江省经信厅二级巡视员戴迪荣，丽水市委常委、宣传部长任淑女，丽水市人大常委会副主任戚永远，丽水市副市长卢彩柳，丽水市政协副主席汤家友等出席。吴松平、翁志鸿等龙泉市领导参加。仪式上，还举行了丽水瓯江山水诗路重要项目签约，发布了《瓯江山水诗路旅游联盟宣言》。

**11日** “天下龙泉•匠心开物”——2020国际陶瓷艺术大展在龙泉市青瓷展览展示中心拉开帷幕。此次展会汇集了德国、韩国、日本等20多个国家和地区200多名艺术家的作品，囊括了“瓷的边界”——TXC·Sunday morning@龙泉国际陶艺邀请展、青瓷重塑·观照时代之美跨界艺术成果展、“融合·视象”——第二届“中国的杯子”创意设计大赛成果展、“香远·溢青”——青瓷香器主题展等4大主题展览以及国际陶瓷纪录片展播。

**11日** “世界青瓷·鼓舞东方”大型演出在上垟镇举行，来自上海鼓舞东方表演团队带来了一场精彩绝伦的鼓乐文化盛宴。龙泉市人大常委会主任叶砍仙、龙泉市荣誉市民陈久棣等领导、嘉宾与当地群众一起观看了这场演出。

**11日** 龙泉市举行“生态与角色——陶瓷论坛”，艺术家、策展人、IAC中国区理事万里雅，文化学者梁忆南，策展人、艺术上海总策划顾之骅，金融学家、上海现代民生美术馆馆长甘智漪，作家、收藏家、艺术家、暨南大学客座研究员冯玮瑜，教育学家、涂思美育创始人陈柯伊等与会嘉宾，通过分享新可能，引发新思考，激发新力量。

**11日** 龙泉市在宝溪乡溪头村举行“不灭窑火”大家一起烧龙窑活动，首次尝试邀请景德镇陶溪川直播团队、网红主播对开窑活动进行全程直播，并配合非遗集市直播售卖龙窑作品。

**11日** 龙泉市举行2020“电·定新未来”直播电商峰会。陶瓷手艺人、电商平台、机构、供应链等领域嘉宾到会分享，共同探寻直播电商与文化、产业、经济等融合发展以及直播经济的未来趋势。其间，还举行了“龙泉市直播电商人才孵化基地”揭牌仪式、“龙泉市网红人才联盟”授牌仪式。

**11日至12日** 2020年度龙泉青瓷传统烧制技艺与审美标准学术研讨会在宝溪乡溪头村举行，来自故宫博物院、南海1号博物馆、四川宋瓷博物馆，以及中央财经大学、复旦大学、浙江大学、中国美术学院、浙江师范大学、景德镇陶瓷大学、丽水学院等单位的20余名专家学者，结合各自科研领域和考古发现，围绕龙泉青瓷传统烧制技艺的复原保护、技术创新、宣传推广，以及龙泉青瓷审美标准的历史沿革、转型定型、美学传承等展开研究讨论。

**12日** 龙泉市在宝溪乡溪头村举行“瓷乡重读——传统材料当代演绎与乡村振兴”主题沙龙活动，邀请不同领域的专家学者围绕“传统材料的当代演绎对于场域变化”“以艺术赋能乡村振兴”“传统材料与时尚生活”等主题，分享实际案例，用通俗易懂的语言阐述传统材料的当代演绎与乡村振兴的发展理念。

**12日** 2020第二届“中国的杯子”创意设计开发者大会在龙泉市召开，来自全国各地的专家学者齐聚一堂，探讨杯子发展的新可能，推进龙泉青瓷融合化、创意化、国际化发展。

**12日** 龙泉市举行数字文化和旅游产业创新发展论坛，各地旅游业界代表、数字领域专家学者、文化企业代表共聚一堂，深度探索分享新时代下旅游产业的新数据、新技术、新业态、新模式、新整合，探索数字经济格局下文化和旅游融合发展之路。中外文化交流中心主任、文化和旅游部海外文化设施建设管理中心主任段周武，中外文化交流中心副主任刘红革出席论坛。

**12日** 龙泉市委书记吴松平会见前来龙泉参加第三届世界青瓷大会的阿根廷驻华大使馆一等秘书奥诺米娜一行。

**12日** 陈玲娟女士史料暨四库全书史料捐赠仪式活动在浙江大学龙泉分校旧址会议室举行。原浙大龙泉分校第一任主任陈训慈先生胞妹陈玲娟女士委托其子赵一新，向龙泉市文化和广电旅游体育局、龙泉青瓷博物馆捐赠陈训慈先生部分手稿影印件及影像资料，这些资料对浙大龙泉分校创办史研究、《四库全书》藏书地础石街道季边村金家祠堂建设研究都具有非常高的学术价值。

**14日** 龙泉市委书记吴松平主持召开十四届龙泉市委第75次常委会会议，传达学习贯彻近期习近平总书记系列重要讲话精神、上级有关会议精神、浙江省副省长陈奕君在龙泉考察调研时的指示精神和丽水市委书记胡海峰在龙泉考察调研时的指示精神，听取浙江国镜药业二期厂房建设项目工作情况汇报等。龙泉市人大常委会主任叶砍仙、龙泉市政协主席刘赤波列席会议。

**14日** 龙泉市委副书记、代市长翁志鸿主持召开龙泉市政府党组会议暨第57次常务会议，传达贯彻近期习近平总书记系列重要讲话精神和上级有关会议精神，审议《做好被征地农民参加基本养老保险工作实施方案》。

**14日** 国家卫生健康委、全国老龄办联合发布《关于表彰2020年全国“敬老文明号”和全国“敬老爱老助老模范人物”的决定》，龙泉市城北乡养老服务中心、兰巨乡大赛村官田自然村村民汤思莲分别荣获全国“敬老文明号”、全国“敬老爱老助老模范人物”称号。

**14日至15日** 浙江省语言文字规范化县创建验收专家组对龙泉市创建浙江省区域语言文字规范化县工作进行评估验收。经过实地检查、查阅相关档案和听取工作汇报后，专家组一致同意龙泉市通过浙江省区域推进语言文字规范化县创建工作评估验收。

16日 随着道太乡安平村换届选举工作落下帷幕,龙泉市249个村社全面完成村(居)委会换届选举工作。

17日 龙泉市举行《龙泉市志(1989—2010)》志稿终审会。经过认真评议,终审验收委员会一致同意通过终审。龙泉市委副书记、代市长、市地方志编纂委员会主任翁志鸿,浙江省、丽水市方志办专家,龙泉市地方志编纂委员会成员、相关单位负责人参加会议。

17日 嘉兴·秀龙山海智造园首笔投资收益1000万元到账,其中,493万元为龙泉98个集体经济薄弱村的投资收益分红。嘉兴·秀龙山海智造园是龙泉市首个完工的“飞地”产业园,也是是全省首个在国家高新区建设的“消薄飞地”,500万元收益尾款也将于近期到账。

18日 嘉兴市委书记张兵率嘉兴市党政代表团来丽水考察,对接交流山海协作工作,期间考察了龙泉宝剑厂有限公司、陈砝根青瓷工作室和锦溪镇下锦村乡村振兴示范点,丽水市委书记胡海峰及我市吴松平、翁志鸿陪同。

18日 龙泉市委书记吴松平调研凤起路区块土地和房屋征收工作,看望慰问奋战在一线的征收干部。刘赤波、诸葛春杰、雷超、郑建青、邹海亮、张长山、占雅静等龙泉市领导参加调研。

18日 “不灭窑火”纪中窑开窑仪式在龙泉市小梅镇金村村举行,著名导演、制片人张纪中全程参与。丽水市政协副主席王顺发,龙泉市人大常委会主任叶砝仙出席活动。

17日至18日 龙泉市委理论学习中心组专题学习会暨龙泉市委市政府务虚会召开,深入学习贯彻党的十九届五中全会、浙江省委十四届八次全会、丽水市委四届八次全会等上级系列会议精神,回顾总结2020年工作,深入研讨长三角、海西区学习考察情况,全面谋划“十四五”规划和明年思路、目标、举措。龙泉市委书记吴松平主持会议并讲话,龙泉市委副书记、代市长翁志鸿就明年经济工作重点作发言,叶砝仙、刘赤波、蓝景芬等龙泉市四套班子领导参加。

18日 莱茵花园富景苑J座1单元的加装电梯完成验收,成为龙泉市首台竣工验收的既有住宅加装电梯。

12月 丽水市集中消毒餐饮具智慧管理系统在龙泉市同步上线,卫生执法人员通过电子眼、云数据实现集中对消毒餐饮具的“智能追溯+社会监督+远程执法”新模式,来保障市民的舌尖上的安全。

12月 浙江省水利厅、浙江省治水办(河长办)公布了浙江省2020年度美丽河湖名单,龙泉市住溪、梅溪双双入选,榜上有名。

20日 青瓷小镇产业园项目开工奠基仪式在上垟镇木岱口黄渡谷户区块举行。龙泉市人大常委会主任叶砝仙出席仪式并宣布开工。青瓷小镇产业园项目总投资达2.1亿元,建成后,预计可容纳企业10多家,新增就业岗位4000多个,年产值可达3亿元,年新增税收3000万元以上。

20日 龙泉市首家梦幻青瓷体验馆开馆。该体验馆位于龙泉青瓷博物馆内,以“天下龙泉、海丝之路”为主题,以寻瓷探路为主线,通过现代科技与千年青瓷文化的融合,给游客带来不一样的沉浸式体验,

21日 中国博物馆协会正式公布了全国第四批国家二级博物馆名单,龙泉市博物馆名列其中,成为丽水市第二家国家二级博物馆。

12月 龙泉市机动车尾气固定遥感监测系统正式投入运行,全市初步形成机动车冒黑烟智能识别系统和固定遥感检测系统组成的机动车尾气排放立体监控体系。

21日 浙江省人民政府教育督导委员会办公室公布了2020年浙江省一级幼儿园名单,龙泉市滨江幼儿园榜上有名。

21日 龙泉市举行第三十一期龙泉人文大讲堂暨《丽水市文明行为促进条例》宣讲会,邀请浙江博翔律师事务所执业律师叶家红详细解读条例,进一步促进条例的宣传学习,增强广大群众的法治意识,提升公民文明素质和社会文明水平。

22日 龙泉市召开26县发展实绩考核工作汇报会,对26县发展实绩考核工作进行再部署、再落实。龙泉市委副书记、代市长翁志鸿出席会议并讲话,龙泉市委副书记蓝景芬主持会议。

22日 “微笑邻里·欢乐社区”龙泉市第十三届社区邻居节活动在剑池街道水南社区绿苑小区举办。

22日至24日 中汽协专家组到龙泉复审“中国汽车(空调)零部件制造基地”。

23日 龙泉市管领导干部学习贯彻党的十九届五中全会精神轮训班开班,龙泉市委书记吴松平作开班动员和主题报告。

25日 龙泉市在龙泉市体育馆组织开展新冠肺炎疫情防控联合演练。

26日 “岁月如歌”庆祝龙泉撤县设市三十周年文艺晚会在龙泉大剧院精彩上演。龙泉市委书记吴松平出席会议并致辞,龙泉市委副书记、代市长翁志鸿主持,叶砝仙、刘赤波等龙泉市副处以上领导参加。

26日 “春风又绿江南岸——龙泉青瓷再出发”百名龙泉青瓷工匠作品展在丽水市博物馆举行。龙泉市委副书记、代市长翁志鸿参加并致词。开展仪式后,还举行了“龙泉青瓷30

年”论坛，中国工艺美术大师、国家级非物质文化遗产项目（龙泉青瓷烧制技艺）代表性传承人徐朝兴，中国陶瓷大师卢伟孙，学者周晓峰先后在论坛上发言。

**26日** 庆祝龙泉“撤县设市30周年”书画摄影展暨百名书画爱好者现场展示活动在人民广场举行。

**28日** 龙泉市召开全市领导干部会议，传达学习贯彻中央、浙江省委经济工作会议，浙江省、丽水市领导干部会议，丽水市委四届九次全体（扩大）会议精神，以及《冬春季新冠肺炎疫情健康防护措施指引》文件精神。龙泉市委书记吴松平主持会议并讲话，龙泉市委副书记、代市长翁志鸿传达有关会议精神。叶砝仙、刘赤波、蓝景芬等龙泉市副处以上领导参加。

**28日** 龙泉市召开乡镇（街道）工作汇报会，龙泉市委书记吴松平出席会议并讲话，龙泉市委副书记蓝景芬主持。

**12月** 浙江省文化和旅游厅公示了浙江省文化和旅游IP库名单，龙泉市的龙泉宝剑、“不灭窑火”2个项目成功入选。

**12月** 丽水市生态环境保护局龙泉、云和、景宁等三家分局在安仁镇举行了瓯江流域联动联防机制建设合作签约仪式，标志着丽水市首例区域生态环保联动联防机制正式启动。

**28日** 龙泉市公安机关岁末年初治安大巡防活动正式启动。民警将通过车巡和步巡相结合的方式，对学校、党政机关、广场、商圈市场等重点部位开展常态化武装巡逻。

**29日** 龙泉市委书记吴松平主持召开十四届龙泉市委第76次常委会会议，传达学习贯彻近期习近平总书记系列重要讲话精神和中央、浙江省委、丽水市委相关会议精神，听取2020年度“局长作风大家评”活动评议结果汇报和第三届世界青瓷大会总结汇报等。龙泉市人大常委会主任叶砝仙、龙泉市政协主席刘赤波列席会议。

**29日** “银耀之江”浙江老干部活动中心艺术团志愿服务文艺演出在龙泉市举行。浙江省委老干部局副局长王晖玲，丽水市委常委、组织部长方健忠出席，龙泉市委书记吴松平致辞，龙泉市委副书记、代市长翁志鸿主持。

**30日** 龙泉市政府与中国农业银行丽水分行签署战略合作协议。吴松平、中国农业银行丽水分行行长金仁樟出席签约仪式并致辞。

**30日上午** 龙泉谢氏骨伤科医院迁建项目举行开工奠基仪式。该项目选址于松溪路与53省道交叉口西南侧，总投资2.1亿元，设骨伤科、中医内科、西医内科等科室，工程建设期为三年。

**31日** 龙泉市举行城市基层党建品牌大比拼活动，来自全市各社区的13位党委书记依次上台，介绍品牌项目，展示做法成效。经过激烈的角逐，剑池街道大沙社区获得一等奖；剑池街道水南社区、南大洋社区获得二等奖；西街街道西新社区、剑池街道南秦社区、龙渊街道金乐社区获得三等奖。

# 2020年十件民生实事

1. 教育提质工程。开展幼儿园放学后托管，实现有放学后刚性托管需求幼儿园全覆盖；推进城乡幼儿园补短提升，省一二级幼儿园覆盖面达60%以上；实现乡镇公办中心幼儿园全覆盖，公办园覆盖面达28%以上，新增幼儿园学位180个；建成浙江省心理健康教育示范点1个；中小学校心理健康教育专兼职教师配备率达100%，心理健康教育课程开设率达100%，心理高危学生筛查及心理高危学生结对帮扶率达100%。

2. 医疗卫生服务提升工程。加强3岁以下婴幼儿照护服务工作，新增1家3岁以下婴幼儿照护服务机构，新增托位25个；对重点人群开展流感疫苗自愿免费接种2600人以上，开展高危人群大肠癌筛查1500人以上；开工建设龙泉市公共卫生应急救治中心，谋划打造集疾控中心、妇计中心、龙泉市红十字医院等为一体医疗综合体。

3. 农村饮水安全提升工程。全面完成农村饮用水达标提标三年行动计划，实施古井水源保护工程，提升6.3万农村居民饮用水标准。

4. 交通便民工程。新改建公交站点2个，新建美丽经济交通走廊90公里以上，新建农村港湾式停靠站35个。

5. 食品安全工程。培育发展放心消费单位600家、无理由退货承诺单位100家，建设城乡放心农贸市场2家；改造提升农村家宴“放心厨房”6家，建成中小学和等级幼儿园“智能阳光厨房”15家。

6. 敬老服务工程。新增乡（镇街道）级居家养老服务中心6个，社区嵌入式养老护理机构1家；完成养老护理员职业技能培训全覆盖，家庭照护者培训300人次以上；完成生活困难老人家庭适老化改造60户。

7. 名城提质工程。完成九姑山绿道8公里建设；完成上茶街二期改造提升；完成剑川大道城市中轴线国大、广济街、周际三个节点改造提升；建成三江口区块堰坝1座、栈道260米，城东商业综合体（Mall）结顶，完成龙商鞋产业链回归工程—塔石区块基础设施配套工程一期项目建设；加快老旧小区改造提升，对龙泉市符合条件加装电梯既有住宅做到“能加、愿加则尽加、快加”。

8. 文旅惠民工程。推出“一剑钟情·从瓷开始”龙泉人游龙泉、万人游龙泉等系列活动；发放“旅游消费券”200万元，龙泉市旅游景区对全国医护人员及其直系亲属实行门票免费优惠，其他游客实行门票半价优惠；新建农村文化礼堂35个，提升2个，培育4个；送书下乡1万册。

9. 爱心助学工程。重点资助应届高中毕业大学新生低保、残疾、单亲等贫困学子不少于200人；低保普高大学新生助学率达100%。

10.“大搬快聚、富民安居”工程。全市完成“大搬快聚 富民安居”4000人。

# 市情概览

## 历　史

**【概况】** 龙泉市历史悠久，牛门岗出土文物证明，早在新石器时代，龙泉土地上就有人类活动。东晋太宁元年(323)，属永嘉郡松阳县，置龙渊乡。唐武德三年(620)，因避高祖李渊讳，改龙渊乡为龙泉乡。唐乾元二年(759)，建立龙泉县，县治地黄鹤镇(今龙渊街道)。北宋宣和三年(1121)，诏天下县镇凡有“龙”字皆避，龙泉县改为剑川县。南宋绍兴元年(1131)，复名龙泉县。南宋庆元三年(1197)，析龙泉县之松源乡及延庆乡部分地设置庆元县。明洪武三年(1370)，庆元县并入，洪武十三年(1380)十一月复置庆元县。清承明制未变，属浙江省处州府。

1949年5月13日，龙泉解放。1958年11月，庆元县并入。1973年7月复建庆元县，至1975年8月，龙、庆二县开始分署办公。1990年12月26日，经国务院批准，撤销龙泉县，设立龙泉市(县级市)，仍属丽水地区行政公署。2000年5月，撤销丽水地区，设立地级丽水市，原丽水地区管辖的县级龙泉市由浙江省人民政府直辖，其行政管理委托丽水市人民政府代管。

**【历史名人】** 龙泉人杰地灵，英才辈出。宋朝天圣至咸淳251年间，龙泉一县就出进士248名。历史上涌现众多政治家、文学家、思想家和能工巧匠。北宋政治家何执中，官至宰相，“虽居富贵，未尝忘贫贱时”；同知枢密院事管师仁一生为官，廉洁奉公，政绩卓著；南宋永嘉学派主要代表和集大成者叶适，思想博大精深，成为温州模式和温州精神源头活水；南宋龙泉诗人叶绍翁的诗句“春色满园关不住，一枝红杏出墙来”成为千古绝唱；明初章溢，辅佐朱元璋开国立业，与刘伯温等被称为“四先生”。

**【菇民文化】** 龙泉是世界香菇发源地，自古被誉为“菇民之乡”，民国13年(1924)就出版了香菇栽培专辑《菇业备要全书》。在世代的香菇生产过程中，菇民为了防止盗贼和野兽的侵扰，在自卫中练就了“凳花”“扁担功”等独特的菇民防身术。特色菇民美食有黄粿、蒸粉皮、泥鳅豆腐、紫苏鱼头、土豆饼、灰碱粽等。这些习俗和美食，共同记载着龙泉人民勤劳的香菇种植历史，是菇民文化流传的活历史。香菇砍花技艺、菇民防身术已被列入丽水市、浙江省非物质文化遗产代表作名录。

**【剑瓷文化】** 龙泉因剑得名，凭瓷生辉，是中国青瓷之都、中国宝剑之邦和国家历史文化名城、国家文化先进市，自古就有“处州十县好龙泉”的美誉。龙泉窑是中国制瓷史上时间最长、影响最大窑系之一。龙泉宝剑凭借“坚韧锋利，刚柔并寓，寒光逼人，纹饰巧致”四大特色被公认为剑中之魁。2006年6月，龙泉宝剑锻制技艺与龙泉青瓷烧制技艺双双被列入首批国家“非遗”。2009年，龙泉青瓷传统烧制技艺入选“人类非遗”，成为全球陶瓷类首个入选“人类非遗”的陶瓷类项目。近年来，龙泉做深做实剑瓷文化“深化、物化、转化”文章，独一无二的剑瓷文化被赋予新的生命力。中国青瓷小镇成为住建部第一批中国特色小镇和浙江省“十大示范特色小镇”，龙泉宝剑小镇入选第二批浙江省特色小镇创建名单。大窑龙泉窑入选国家考古遗址公园，龙泉青瓷文化省级旅游度假区获批设立，龙泉青瓷烧制技艺、龙泉宝剑锻制技艺入选首批国家传统工艺振兴目录。

**【浙西南革命老区】** 龙泉是革命老根据地县，浙西南革命老区所在地的中心区域。1934年9月，中国工农红军北上抗日先遣队在龙泉开展活动。1935年，刘英、粟裕率领的中国工农红军挺进师在宝溪乡溪头村打响入浙第一仗，从此拉开了红军挺进师进入浙江开展革命斗争，建立浙西南革命根据地的帷幕。红军挺进师每到一处，都把群众组织和发动起来，建立党的地方组织，领导开展“打土豪，分田地”和反“围剿”斗争，让劳苦人民情绪大为振奋，有力推动了新的革命高潮到来。从1935年至1942年，龙泉先后成为中共龙浦县委、中共龙遂县委、中共浙西南特委、中共处属特委的驻地；中共浙江省委第一部电台设在龙泉，中共处属第一次党员代表会议在龙泉召开，中共处属特委在龙泉举办基层干部训练班。龙泉留下刘英、粟裕、宗孟平、许信焜、张麒麟等革命先辈足迹，洒下方志富、洪家云、李重才、欧阳道等无数革命烈士鲜血。1988年，浙江省人民政府批准龙泉为革命老根据地县。2011年4月1日，龙泉披云山苏维埃旧址被列入全国红色旅游经典景区名录。重要革命遗址有龙泉市革命烈士陵园、龙浦县苏维埃政府旧址、上田战斗纪念馆、仓砝红军挺进师政委会会议旧址，水塔、湖住溪革命纪念碑亭，浙西南特委（处属特委、闽浙边委）驻地遗址，溪头战斗、凤阳山战斗遗址等。

【西街历史文化街区】 龙泉西街起源唐朝，格局富有特色，是“一街一渠”景致的代表。西街街区滨于龙泉溪北岸，东西走向，西起拔云桥，东至新华街，全长1417米。街区两边店铺多为二层木结构，挑楼外悬，雕窗镂栏。弄堂里巷民居，粉墙黛瓦，雕梁画栋，砖雕木刻，飞檐翘角，错落有致。作为传统商业街区，保留有打铁铺、古玩店、理发店、草药铺、点心铺、杆秤铺等民间老行当，是龙泉古城昔日繁华历史见证，也是新时代文化龙泉建设重要工程。

2018年，龙泉市全面启动西街历史文化街区保护利用工作，采取“不停业、不封街、不大拆、不大建，市场化、渐进式、微改造”的方式，循序渐进地修复、活化、培育，让西街焕发出新时代的光彩。2020年，第三届世界青瓷大会期间，“千年守艺•匠心如初”西街风情活动吸引数万游客观光游览，成为龙泉新晋“网红打卡地”，周边县（市、区）党政代表团多次到街区考察学习。 （胡春风）

## 地　理

【地理位置】 龙泉市位于浙西南浙闽边境，是浙江省进入江西、福建主要通道，素有“瓯婺八闽通衢”“驿马要道、商旅咽喉”之称。地处北纬27°42′—28°20′、东经118°42′—119°25′之间，东与云和县、景宁畲族自治县毗邻，南与庆元县相连，西与福建省浦城县交界，北与遂昌县、松阳县相接，东西宽70.25公里，南北长70.80公里，总面积3059平方公里。

【地形地貌】 龙泉是“九山半水半分田”的山区县（市），海拔500米以上的中、低山占龙泉市面积69.2%，丘陵占27.9%，河谷平原占2.9%。武夷山系分二支从龙泉西南部逶迤入境，西北支为浙江省中部主干山脉仙霞岭主体部分，经闽浙赣交界枫岭，龙遂交界九龙山，直向东北展开；东南支从福建省戴云山开始，越过闽江经鹫峰山，直达闽浙边境向东北延伸到龙泉东南部，称洞宫山脉。境内崇山峻岭，层峦叠嶂，襟带众流，枕山带水。海拔千米以上山峰有730余座，其中境内凤阳山国家级自然保护区主峰黄茅尖海拔1929米，为长三角第一高峰。

【江溪湖泊】 龙泉是瓯江、闽江、钱塘江（乌溪江）“三江源头”。瓯江发源于龙泉与庆元交界的百山祖西北麓锅冒尖，自龙泉西南向东北贯穿而过后流入云和，境内流长125千米。西北部住溪，是钱塘江水系乌溪江源流。西部宝溪，是福建闽江水系支源流。位于龙泉溪下游的紧水滩电站水库即仙宫湖，面积34.3平方公里，是丽水市最大的人工湖泊。

## 环　境

【生态宜居福地】 龙泉是国家级生态示范区、国家森林城市、国家园林城市、国家卫生城市、国家重点生态功能区、浙江省生态市和环保模范城市，全省首批大花园示范县、浙江省生态文明示范县。全市森林覆盖率达84.42%，$PM_{2.5}$平均浓度为18微克/米$^3$，较上年下降2微克/米$^3$，同比下降10%，位列浙江省第二，有“中国天然氧吧”“百佳深呼吸小城”之称。环境空气质量综合指数2.03，全年环境空气优良天数比例100%，均列浙江省第一。可吸入颗粒物（$PM_{10}$）年平均浓度为30微克/米$^3$，位列浙江省第二。生态环境质量综合指数浙江省最优，生态环境公众满意度位居浙江省第二。

龙泉市内溪流纵横，是瓯江、闽江、乌溪江三江源头，地表水环境功能区水质达标率、跨行政区域交接断面水质达标率和集中式饮用水水源地水质全部达到地表水Ⅱ类标准，达标率保持100%，其中岩樟溪集中式饮用水水源地水质达到Ⅰ类标准，跨行政区域交接断面（龙泉—云和）年均水质达到Ⅰ类标准，四次夺得“五水共治”大禹鼎，率先在丽水九县（市、区）夺得大禹银鼎。

龙泉是“长寿之乡”，80—89岁老人9120位，长寿率为3146/10万；90—99岁老人1069位，长寿率为368.8/10万；百岁以上老人27位，百岁长寿率为9.3/10万，3项指标均高出“世界长寿之乡”国际标准。

【气候特征】 2020年，龙泉市平均气温19.1℃，比历年值偏高1.1℃；年极端最低气温-4.3℃，出现在12月31日；年极端最高气温39.4℃，出现在8月14日。终霜日出现在2月19日；初霜日出现在12月8日。春季日平均气温稳定通过10℃初日出现在2月11日；秋季日平均气温稳定低于22℃初日出现在9月19日。年总降水量1633.7毫米，比历年值偏多0.9%；年日照总时数1376.9小时，比历年值偏少15.1%。

2020年，龙泉市1—2月气温异常偏高，但2月出现大范围寒潮天气。3—5月，多次出现局地暴雨天气，强对流天气多发。5月29日，龙泉进入梅汛期降水集中期，7月18日出梅，历时50天；梅汛期降水集中期持续时间长，部分过程暴雨强度强，造成较明显洪涝灾害。6—8月，气温显著偏高；秋季降水前多后少，9月出现大范围秋季暴雨过程，秋汛突现。10—11月，受长时间多晴少雨天气影响，部分地方出现较明显气象干旱。12月，出现大范围严寒天气。

龙泉市位于中亚热带季风气候区，四季分明，春早夏长，雨量丰沛，温暖湿润，无霜期长。因地形复杂，海拔高低悬殊，气候随海拔高度呈垂直分布，光、温、水地域差异明显，具有明显山地立体气候。海拔800米以下区域属亚热带湿润季风气候，海拔800米以上区域近于暖温带湿润季风气候。

## 资源 · 物产

【土地资源】 2020年，龙泉市土地总面积304417.55公顷，各地类情况为：耕地面积25535.84公顷，占全市总面积的8.39%，其中水田19876.2公顷，占全市总面积的6.53%；旱地5659.64公顷，占全市土地面积1.86%。园地面积1499.45公顷，占全市土地总面积0.49%，其中果园897.55公顷，占全市土地面积0.29%；茶园460.08公顷，占全市土地面积0.15%；其他园地141.82公顷，占全市土地面积0.05%。林地面积257446.87公顷，占全市土地总面积84.57%，其中有林地247549.73公顷，占全市土地面积81.32%；灌木林地2132.8公顷，占全市土地面积0.7%；其他林地7764.34公顷，占全市土地面积2.55%。其他草地2617.66公顷，占全市土地面积0.86%。城镇村及工矿用地4969.56公顷，占全市土地总面积1.63%，其中城市1022.3公顷，占全市土地面积0.34%；建制镇287.73公顷，占全市土地面积0.09%；村庄3511.31公顷，占全市土地面积1.15%；采矿用地108.92公顷，占全市土地面积0.04%；风景名胜及特殊用地39.3公顷，占全市土地面积0.01%。交通运输用地2306.69公顷，占全市土地总面积0.76%，其中公路用地1503.67公顷，占全市土地面积0.49%；农村道路803.02公顷，占全市土地面积0.26%。水域及水利设施用地5286.12公顷，占全市土地总面积1.74%，其中河流水面3199.84公顷，占全市土地面积1.05%；水库水面1772.97公顷，占全市土地面积0.58%；坑塘水面83.56公顷，占全市土地面积0.03%；内陆滩涂171.14公顷，占全市土地面积0.06%；沟渠38.08公顷，占全市土地面积0.01%；水工建筑20.53公顷，占全市土地面积0.01%。其他土地4755.36公顷，占全市土地总面积1.56%，其中设施农用地31.47公顷，占全市土地总面积0.01%；田坎4573.38公顷，占全市土地总面积1.5%；裸地150.51公顷，占全市土地总面积0.05%。

【矿产资源】 2020年，龙泉市境内已探明地下矿藏有铅锌、铁矿、金银、萤石、叶蜡石、石英、大理岩、瓷土等。2020年底保有资源储量，其中：铁矿储量1502.64千吨，金矿储量634.07千克，铅锌储量35030.52吨，铜矿储量46.793千吨，萤石储量632.27千吨，硫铁矿储量318.8千吨，叶蜡石储量780.39千吨，石英储量1223.27千吨，方解石储量301.83千吨，陶瓷土主要分布于上垟瓷土矿三个矿段，储量891千吨。截至2020年底，龙泉市有探矿权4宗，勘查项目2宗，采矿权18宗，大型矿山1家，中型矿山4家，地下开采矿山10家，露天矿山8家。其中，国有矿山1家，有限责任公司17家，2020年，年产矿石总量267.44万吨，同比上涨664%，年产值29056.42万元，同比减少4.3%，利税总额9475.35万元，同比减少26%。主要矿山有浙江佳和矿业集团有限公司龙泉铅锌矿、龙泉市砩矿有限责任公司八都萤石矿、龙泉市龙阳矿业有限公司铁矿、龙泉市金诚矿业有限公司，其他矿山企业规模较小。

【森林资源】 龙泉市素有“浙南林海”之称，为中国南方重点林区县（市），是浙江省最大林区县（市）之一。2020年，该市森林面积385.58万亩，森林覆盖率84.42%，林木蓄积量达2166.2万立方米，境内有凤阳山国家级自然保护区，浙江省级野生动植物自然保护小区16个，浙江省级森林公园1个。现有毛竹林4.03万公顷，立竹量9570.9万株，是浙江省第二大竹乡。林权流转7.5万公顷，全省流转面积最多、流转率最高。建成浙江省级以上重点公益林11.5万公顷，占林地面积43.5%，其中国家级公益林6.6万公顷，浙江省级公益林4.9万公顷。登记在册古树5452株，古树群

128处，其中一级保护古树415株，二级保护古树1538株，三级保护古树3499株。

龙泉市森林资源丰富，特色林产品种类多，竹砧板、胶合板、竹家居、竹木玩具、竹木太阳伞等竹木制品广泛应用于群众日常生活，香菇、木耳、灵芝、厚朴、茯苓、笋干等林特产在国内外久负盛名，珍贵树种、棘胸蛙、苗木、蜜蜂、三叶青、铁皮石斛等为特色产业发展迅速，是"中国竹木户外休闲用品产业基地""中国特色竹乡""中华灵芝第一乡""中国黑木耳之乡""中国茶文化之乡""全国重点产茶县""中国棘胸蛙之乡"等，龙泉灵芝、龙泉灵芝孢子粉被列入国家地理标志产品保护，龙泉黑木耳被列入国家生态原产地产品保护。

【水力资源】 2020年，龙泉市年降水量为1833.76毫米，水资源总量为34.2038亿立方米，产水模数为111.8万米$^3$/平方千米，低于多年平均值。人均年拥有水资源量为13744立方米，城乡人均用水量35.8立方米，农灌亩均用水量255.41立方米。万元GDP用水量为55.57立方米，水资源利用率2.39%。龙泉市溪流纵横，水能蕴藏量相当丰富，水力理论蕴藏量为38万千瓦，可开发水电装机容量28.1万千瓦。2020年，农村水电站在运行97座（含在建2座），总装机容量22.128万千瓦，安装水轮发电机组224台，全年上网发电量46213.62万千瓦时。

【动植物资源】 龙泉市拥有多种珍稀、濒危植物及特有属种、模式植物、经济植物。龙泉植物属于华东植物区系，与毗邻华南、华中、西南以及日本、北美植物区系关系密切，以中亚热带地区成份最多，南亚热带地区成份次之，热带、温带地区成份也有一定数量分布。

龙泉有种子植物、苔藓植物、蕨类植物和真菌等3560种，其中种子植物1800余种（木本植物101科、317属、941种），苔藓植物28科、46属、61种，蕨类植物27科、10属、160种，真菌16目、75属、153种。龙泉有珍稀濒危保护植物28种，占全省50%，药用植物1385种，其中一级重点保护植物有红豆杉、南方红豆杉、钟萼木、莼菜4种，二级保护植物有香果树、福建柏、鹅掌楸、蛛网萼、白豆杉、华东黄杉、厚朴等18种。境内凤阳山国家级自然保护区，被植物学界称为华东地区古老植物的摇篮、天然珍稀动植物园。

龙泉有野生动物1330余种，其中兽类50余种，鸟类100余种，爬行类50余种，两栖类20余种，鱼类80余种，昆虫类1025种，国家重点保护珍稀动物有近60种。一级保护动物有金钱豹、云豹、黑麂、黄腹角雉等，二级保护动物有豺、黑熊、水獭、猕猴、大小灵猫、鸳鸯、鹰、娃娃鱼等。

## 人口·民族

【人口概况】 2020年，龙泉市总户数99511户，总人口288847人，其中男性147065人，女性141782人；城镇人口97997人，乡村人口190850人。全市人口出生率7.7‰，死亡率7.36‰，人口自然增长率为0.34‰。

【民族概况】 2020年，龙泉市有畲、回、苗、满、土家、彝、壮、侗族等28个少数民族，人口13503人，占龙泉市总人口4.7%。少数民族以畲族为主，呈"大散居，小聚居，交错杂居"特点，部分畲族人员仍用畲语为日常交流用语，能唱山哈歌。设民族乡1个，民族村19个，民族中学1所。

## 行政区划

【概况】 2020年，龙泉有龙渊、剑池、西街、塔石4个街道；八都、小梅、查田、上垟、屏南、安仁、锦溪、住龙8个镇；兰巨、宝溪、龙南、道太、城北、岩樟、竹垟7个乡。龙泉市行政村规模调整后，行政村由444个变为236个，完成行政村更名131次，新增更换门牌27704块。

【地名工作】 2020年，引入"互联网+"模式，将地名与互联网有机结合，推动龙泉剑瓷文化宣传，助力全域旅游。有序推进地名志撰写。与庆元以及福建省浦城、松溪县等浙闽边际县，进行平安边界互访。联合松阳、遂昌、云和、景宁，开展县界堪界活动。该年，完成地名证明10件，地名命名9件，道路命名22条。

## 国民经济和社会发展

【概况】 2020年，龙泉市实现地区生产总值（GDP）147.15亿元，同比增长3%。其中，一产、二产、三产分别实现增加值16.18亿元、51.13亿元和79.84亿元，分别增长2.2%、0.1%和5.7%。三次产业比重调整为11.0:34.7:54.3。

2020年，全年实现财政总收入14.64亿元，同比下降2.9%。其中：一般公共预算收入实现9.17亿元，同比下降6.3%；一般公共预算支出50.60亿元，同比下降11.7%。该年，民生支出39亿元，占全部支出77.1%，其中，社会保障和就业支出6.34亿元，同比下降11.8%；文化旅游体育与传媒支出1.44亿元，同比增长20.5%；科学技术支出1.05亿元，同比增长1.4%；卫生健康支出5.54亿元，同比下降17.3%。

## 2020年龙泉市行政区划表

表1

| 乡镇(街道)名称 | 面积(平方千米) | 户籍人口(人) | 行政村数(个) | 社区数(个) | 村民小组数(个) | 行政村(社区)名称 |
|---|---|---|---|---|---|---|
| 全市合计19个 | 3059 | 289786 | 236 | 13 | 2796 | — |
| 龙渊街道 | 85 | 31059 | 15 | 5 | 140 | 临江村、小白岸村、村头村、石马村、一村、四村、三村、沙潭村、张村、二村、竹坑村、菜村、梧桐口村、五村、砬步村<br>社区:城东、东升、大洋、金乐、贤良 |
| 西街街道 | 67 | 21573 | 11 | 3 | 114 | 河村、联新村、七村、周村、宫头村、河平村、河星村、九村、新民村八村、白云岩村<br>社区:清风、西新、白云 |
| 剑池街道 | 41 | 23307 | 11 | 4 | 99 | 周际村、水南村、张仁村、宏山村、吴岭村、茶坦村、石武村、南秦村、曾家村、宏阳村、芳野村<br>社区:水南、南秦、南大洋、大沙 |
| 硋石街道 | 109 | 8909 | 11 | 1 | 104 | 秋丰村、季边村、瞿源村、枣山村、南弄村、垟畈村、李山头村、上坞村、炉地垟村、黄土村、山际口村<br>社区:金岗 |
| 八都镇 | 143 | 25280 | 22 | — | 235 | 枫锦村、安田村、石川村、樟溪村、一村、章府会村、青山村、四村、高大门村、吴公村、双溪口村、松际村、小窖村、长安村、松渠村、东音村、大坦村、野窖村、白角村、溪坪村、署网村、龙竹村 |
| 上垟镇 | 162 | 17315 | 12 | — | 165 | 花桥村、供建村、木岱口村、五都楼村、双际村、源底村、双源村、五都垟村、木岱村、生源村、泗源村、昌岗村 |
| 小梅镇 | 98 | 12529 | 14 | — | 100 | 台湖村、梅一村、大梅村、半边月村、毛山头村、孙坑村、梅三村、郑边村、大窑村、梅二村、大梅口村、黄南村、骆庄村、金村 |
| 查田镇 | 123 | 17157 | 17 | — | 156 | 隆丰村、溪口村、小砻坑村、查三村、查四村、小查田村、查二村、下保村、竹舟村、横坑村、赵麻圩村、查一村、东皇村、茶丰村、大青坑村、大樟村、墩头村 |
| 屏南镇 | 285 | 10062 | 9 | — | 117 | 均溪村、顺合村、合兴村、金何、琉盘村、坪田村、周铺垟村、瓯江源村、瑞垟村 |
| 安仁镇 | 208 | 19278 | 14 | — | 254 | 金蝉湖村、胜利村、项边村、安严村、安福村、大丘另村、广田村、大舍村、天平村、黄砬村、刘坊村、安仁口村、张畈村、叶山头村 |
| 锦溪镇 | 162 | 10970 | 10 | — | 148 | 黄永村、下锦村、吴林村、新锦村、百里村、岭根村、中锦村、肖庄村、岭上村、上锦村 |
| 住龙镇 | 269 | 6220 | 6 | — | 81 | 龙星村、红星村、建平村、住溪村、碧龙村、建明村 |
| 兰巨乡 | 156 | 18047 | 18 | — | 179 | 蜜蜂岭村、豫章村、大巨村、南山村、大赛村、炉田村、砬湖店村、五梅垟村、大汪村、梅垟村、独田村、砬湖村、安吉村、下沙桥村、官浦垟村、桐山村、净信村、仙仁村 |
| 宝溪乡 | 151 | 7791 | 6 | — | 85 | 溪头村、宝鉴村、高塘村、高山村、龚岭村、溪源田村 |
| 龙南乡 | 212 | 21541 | 15 | — | 221 | 黄万岱村、龙溪村、蛟垟村、东峰村、五星村、竹川村、建兴村、建龙村、凤阳村、兴川村、粗溪村、坞坑村、大垟村、下田村、周庄村 |
| 道太乡 | 351 | 15092 | 19 | — | 263 | 王庄村、大白岸、仙源村、夏安村、安平村、荷上畈村、黄金坑村、际头村、凤山村、新和村、大地村、雁川村、供村、雁溪村、锦安村、和兴村、双平村、外洋村、源口村 |
| 岩樟乡 | 101 | 4079 | 4 | — | 56 | 柳山头村、郑庄村、坑源底村、岱岭村 |
| 城北乡 | 233 | 11850 | 14 | — | 183 | 季岱村、双溪村、金黄鹤村、上田村、方西源村、川溪村、新宏村、东莱村、河里村、大贵溪村、河坑塘村、吴岱村、麻垟桥村、东书村 |
| 竹垟畲族乡 | 103 | 7750 | 8 | — | 96 | 五四村、盖竹村、罗墩村、良溪村、山溪口村、金田村、后排岭村、际上村 |

【居民消费价格】 2020年，龙泉市居民消费价格总指数(CPI)102.6，比上年下降0.8个百分点。

【农业和农村建设】 2020年，龙泉市围绕创建绿色发展先行市、打造中国特色农产品优势区目标，多措并举推进农业供给侧结构性改革，实施农业八大产业提质增效行动，加大茶菌蔬主导产业和蜂果药牧渔特色产业培育。

该年，实现农业总产值25.26亿元，同比增长6.7%，扣除价格因素，实际同比增长2.3%。农林牧渔业发展均较为稳定，其中：农业产值15.08亿元，同比增长2.5%；林业产值4.75亿元，与上年持平；畜牧业产值4.86亿元，同比增长31.2%；渔业产值0.34亿元，同比增长7.6%。

粮食总产量为7.06万吨，同比增长5.0%。农作物总播种面积22.45千公顷，同比增长4.8%，其中粮食播种面积为11.97千公顷，同比增长4.8%；果用瓜种植面积0.22千公顷，同比增长4.9%；药材种植面积0.47千公顷，同比增长10.2%；油料种植面积0.77千公顷，同比增长80.4%；蔬菜种植面积7.03千公顷，同比增长3.9%；花卉面积0.07千公顷，同比减少5.7%。

食用菌产业总产量14257吨，同比增长3.8%，实现产值5.23亿元，同比减少0.9%。茶叶总产量2327吨，同比增长6.6%，产值1.82亿元，同比减少2.4%。山地蔬菜播种面积10.55万亩，同比增长3.9%，实现产值3.1亿元，同比减少1.3%。

生猪出栏为8.82万头，同比减少18.9%；家禽出栏135.44万羽，同比减少20.2%。猪牛羊肉产量0.75万吨，同比减少23.3%；禽蛋产量0.04万吨，同比增长45.7%；牛奶产量0.001万吨，同比减少97.8%。

2020年龙泉市居民消费价格变动情况表(上年=100)

表2

| 项目名称 | 龙泉市 |
|---|---|
| 居民消费价格总指数 | 102.6 |
| 食品烟酒 | 106.9 |
| 衣着 | 99.3 |
| 居住 | 100.6 |
| 生活用品及服务 | 100.1 |
| 交通和通信 | 98.4 |
| 教育文化和娱乐 | 102.7 |
| 医疗保健 | 101.0 |
| 其他用品和服务 | 104.3 |

2020年龙泉市主要农产品产量一览表

表3

| 产品名称 | 绝对数(万吨) | 同比增长(%) |
|---|---|---|
| 粮　食 | 7.06 | 5.0 |
| 油　料 | 0.20 | 214 |
| 其中:油菜籽 | 0.07 | 195.9 |
| 食用菌 | 1.43 | 3.8 |
| 其中:香菇 | 0.23 | -29.1 |
| 蔬　菜 | 16.62 | 5.2 |
| 茶　叶 | 0.23 | 6.6 |
| 园林水果 | 0.83 | 6.9 |
| 其中:柑橘 | 0.26 | 0 |
| 猪牛羊肉 | 0.75 | -23.3 |
| 禽　蛋 | 0.04 | 45.7 |

【工业和建筑业】 2020年，龙泉市工业增加值37.52亿元，同比增长3.1%，占GDP比重达25.5%。其中，规模以上工业增加值同比增长6.3%。规模以上工业企业121家，亿元以上企业23家。

该年，规模以上工业总产值同比增长1.3%，23家亿元企业产值占规模以上工业总产值49.3%；实现规模以上工业新产品产值率36.2%，比上年提升1.6个百分点；利润总额同比下降4.1%。规模以上工业中，"一优三特"产业工业总产值同比增长2.8%，占全部工业总产值50.8%。其中：汽车零部件产业工业总产值同比增长4.6%，竹木制品加工业同比增长2.9%，农副食品加工业同比下降15.3%，青瓷宝剑制造业工业总产值同比增长15.1%，战略性新兴产业工业总产值同比增长6.2%。

"一区四园"规模以上工业总产值同比增长1.4%，高于规模以上平均水平0.1个百分点，占全市规模以上工业总产值的90.4%。

2020年龙泉市规模以上工业主导产业发展情况一览表

表4

| 行业名称 | | 同比增长(%) |
|---|---|---|
| | 全市 | 1.3 |
| 一优 | 汽车零部件制造 | 4.6 |
| 三特 | 竹木制品加工 | 2.9 |
| | 农副食品加工 | -15.3 |
| | 青瓷宝剑制造 | 15.1 |
| 一新 | 战略性新兴产业 | 6.2 |

2020年龙泉市规上工业结构性指标对比一览表

表5

| 指　　标 | 增速(%) |
|---|---|
| 高新技术增加值 | 10.5 |
| 装备制造业增加值 | 8.7 |
| 战略性新兴产业 | 11.5 |
| 新产品产值 | 6.1 |

2020年龙泉市规模以上工业企业主要产品产量一览表

表6

| 产品名称 | 计量单位 | 产量 | 同比增长(%) |
|---|---|---|---|
| 阀门 | 吨 | 39313 | 7.2 |
| 纸制品 | 吨 | 56740 | 0.6 |
| 泵 | 台 | 21946 | 3.4 |
| 锌金属含量 | 吨 | 1574 | 10.5 |
| 家具 | 件 | 3020866 | 384.5 |
| 铅金属含量 | 吨 | 1251 | 9.5 |
| 冷冻蔬菜 | 吨 | 429 | -13.7 |
| 铁矿石成品矿 | 吨 | 104724 | 38.8 |
| 气体压缩机 | 台 | 738438 | 1.4 |
| 萤石 | 吨 | 75907.9 | -2.2 |
| 自来水生产量 | 万立方米 | 1347.6 | 7.9 |
| 商品混凝土 | 立方米 | 608746.5 | 28.0 |
| 石灰 | 吨 | 55.9 | -67.8 |
| 人造板 | 立方米 | 118174.1 | 1.7 |
| 钢材 | 吨 | 70912.3 | 16.2 |
| 竹地板 | 平方米 | 1808594 | 14.1 |

高新技术增加值、装备制造业增加值、战略性新兴产业增加值和新产品产值较上年同期均有所提升。

从主要产品产出情况看，该市17种主要产品产出量同比“13升3降”，其中家具、铁矿石成品矿、商品混凝土生产量幅度较快，而石灰生产量下滑程度较大。

实现建筑业总产值55.55亿元，同比增长3.1%。房屋建筑施工面积172.87万平方米，同比增长16.9%，其中新开工面积87.73万平方米，同比增长18.4%。全市拥有资质建筑企业43家，应交增值税1.41亿元，同比下降25%。

【固定资产投资和房地产业】 2020年，龙泉市固定资产投资同比增长7.9%，比丽水平均水平(6.7%)高1.2个百分点。民间投资同比增长0.4%，占固定资产投资54.6%。三次产业同比分别增长56.5%、5.9%、8.1%，分别占固定资产投资1%、22.5%、76.5%。交通投资，同比增长15.5%；高新技术产业投资，同比增长26.8%；项目民间投资(不包括房地产投资)，同比下降5.6%；生态环保、城市更新和水利设施投资，同比增长1.3%。

房地产开发投资13.56亿元，同比增长10.6%，其中住宅投资12.66亿元，同比增长18.4%。商品房销售面积21.74万平方米，同比增长6.4%，其中，住宅销售面积21.44万平方米，同比增长6.2%。商品房销售额25.78亿元，同比下降10.3%，其中住宅销售额25.25亿元，同比下降10.6%。

【国内贸易】 2020年，龙泉市实现社会消费品零售总额71.42亿元，同比增长8.1%，比丽水平均水平高8.5个百分点。其中：限额以上消费品零售总额8.46亿元，同比增长8.4%。按销售所在地分，城镇消费品零售额58.02亿元，同比增长13.6%，乡村消费品零售额13.4亿元，同比下降10.7%。按消费形态分，商品零售额 64.62 亿元，同比增长 8.1%，餐饮收入额 6.8 亿元，同比增长 7.9%。

【对外经济】 2020 年，龙泉市鼓励企业以线上线下各类展会开拓国际市场，组织企业参加网上广交会、上海法兰克福汽配展、上海艾歌展等展会，其中，组织企业 150 家(次)参加浙江出口商品网上交易会 30 余场，同时举办浙江省首个县(市)级汽配专场网上交易会。引导企业继续深耕欧美主流市场，巩固提升市场份额，深化开拓"一带一路"新兴市场，引导企业增加核心竞争力，注册境外商标、美国 UL、欧盟 CE 等产品认证，提高出口产品质量、技术含量和品牌化程度。该年，实现进出口总额 20.3 亿元，其中出口 20.29 亿元，实际利用外资 20 万美元。

【交通运输、邮电和旅游】 2020 年，龙泉市交通运输、仓储和邮政业增加值 4 亿元，同比增长 7%。境内等级公路里程 2650.341 公里，其中：高速公路里程 88.676 公里。

2020 年，邮政业务收入 6095.5 万元，同比增长 14.1%。快递业务收入 10997.88 万元，同比增长 25.86%，快递业务总量 1464.25 万件，同比增长 16.15%。电信业务收入 19717 万元，同比增长 4%。年末固定电话用户 18353 户，移动电话用户 278650 户。年末互联网用户(含宽带用户) 108299 户，比上年末增长 2.7%。

2020 年，旅游总收入 124.4 亿元，同比恢复 92.9%，过夜游客数同比恢复 98.4%。入选浙江省级全域旅游示范县、省级 AAAA 级景区城、省首批文旅产业融合试验区，龙泉青瓷文化生态保护区入选浙江省级文化传承生态保护区创建名单，龙泉青瓷文化山地休闲度假发展试点入选浙江省首批山地休闲度假发展试点名单。国际大酒店顺利通过银树叶级绿色旅游饭店评定、红豆林酒店通过银鼎级特色文化主题饭店评定、金沙温泉酒店通过银桂级品质饭店评定。截至 2020 年底，有 A 级旅游景区 11 家，其中 AAAA 级 3 家，AAA 级 7 家，AA 级 1 家；星级饭店 7 家，其中三星级 4 家，二星级 2 家，一星级 1 家；银鼎级特色文化主题饭店 2 家；银树叶级绿色旅游饭店 7 家；银桂级品质饭店 1 家；旅行社 13 家，其中四星级 2 家，三星级 3 家。

**2020 年龙泉市境内等级公路里程情况一览表**

表7

| 指　标 | 2020年(公里) | 同比增长(%) |
|---|---|---|
| 境内等级公路里程 | 2650.341 | 2.39 |
| 其中：高速 | 88.676 | 0 |
| 一级 | 2.399 | 0 |
| 二级 | 160.301 | 1.5 |
| 三级 | 107.783 | 18.4 |
| 四级 | 1025.753 | 4.34 |
| 准四级 | 1265.429 | 0 |

【金融和保险】 2020 年，龙泉市金融机构本外币各项存款余额 229.21 亿元，余额同比增长 8.11%；本外币各项贷款余额 196.36 亿元，余额同比增长 14.55%。贷款比年初增加 24.94 亿元，存贷比 85.67%。

2020 年，龙泉市财产险保费收入 1.87 亿元，同比下降 4.6%；赔款支出 1.03 亿元，同比增长 28.8%。人身险(剔除万能险)保费收入 3.01 亿元，同比增长 0.2%，累计给付支出 0.46 亿元，同比增长 9.1%。

【教育和科技】 2020 年，龙泉市中等职业教育学校 1 所，招生 1213 人，在校生 3418 人，毕业生 948 人。普通高中学校 2 所，普通高中招生 1260 人，在校生 3797 人，毕业生 1247 人。初中学校 6 所，招生 2716 人，在校生 7957 人，毕业生 2875 人，初中毕业升高中段比例为 98.61%，比上年提高 0.09 个百分点。普通小学 31 所，招生 2605 人，在校生 15658 人，毕业生 2778

**2020 年龙泉市金融机构存贷款情况一览表**

表8

| 指　标 | 年末数(亿元) | 同比增长(%) |
|---|---|---|
| 各项存款余额 | 229.21 | 8.11 |
| 其中：住户存款 | 157.84 | 11.60 |
| 非金融企业及广义政府存款 | 71.10 | 2.29 |
| 各项贷款余额 | 196.36 | 14.55 |
| 其中：住户贷款 | 146.89 | 11.85 |
| 非金融企业及机关团体贷款 | 49.46 | 23.37 |

人；小学毕业生升学比例达100%，初中入学率、巩固率均为100%。幼儿园45所，在园幼儿7614人，省等级幼儿园幼儿覆盖率达96.38%。

中等职业教育专任教师254人，生师比13:1，专任教师学历合格率为96.85%，比上年上升0.02个百分点，双师型教师占专业课教师比例为88.14%，比上年增加0.14个百分点；普通高中专任教师303人，比上年增加3人；义务教育专任教师1768人，比上年减少6人；幼儿园专任教师504人，比上年减少49人，幼儿教师学历合格率为100%。

2020年，该市依托浙江省龙泉汽车空调产业创新服务综合体、浙江大学龙泉创新中心、中国计量大学龙泉科创中心、杭州电子科技大学龙泉创新中心等载体，成功创建龙泉市汽车空调产业工程师协同创新中心省级试点，系丽水市唯一。12月底，协同中心已入驻专家团队23个，集聚来自浙江大学、浙江工业大学、杭州电子科技大学、中国计量大学、西安交通大学、天津中汽研及汽车空调企业225名工程师，现已对企业亟须攻关19个技术难题进行"张榜招贤"，其中9个难题已经成功揭榜。深化市校合作，在与浙江大学深度合作的基础上，推进与杭州电子科技大学合作，校地双方在第九届"智汇丽水"人才科技峰会开幕式上成功签约，共建杭州电子科技大学龙泉创新中心，同时杭电与三田集团校企合作结出硕果，双方签订300万元产学研合作协议。

2020年，获得浙江省级以上科技项目立项137项、丽水市级科技项目立项6项。其中，国家中小企业公共服务示范平台1个、浙江省第一批现代服务业与先进制造业深度融合试点1个、省级中小企业公共服务示范平台1个、省级服务型制造示范平台1个，国家高新技术企业认定24家（新认定9家，重新认定15家）、省级科技型中小企业21家，省重点研发计划项目1个、省级新产品试制计划项目66个、省级企业研究院2家、省级高新技术企业研发中心2家、丽水市级产业创新服务综合体1个。争取浙江省科技发展专项资金479.1万元，下达科技专项资金5045.7万元。该年，高新技术产业增加值同比增长10.5%，组织科技特派员项目33个，其中工业11个、农业项目22个（省级14个、丽水市5个、省团队科技特派员项目3个）。

2020年，龙泉市专利申请量2044件，同比增长29.7%，其中发明专利224件，同比增长77.8%；专利授权量为1551件，同比增长32.9%，其中发明专利37件，同比下降2.6%。

**【文化、卫生和体育】** 2020年，龙泉市举办天下龙泉巡回展"天下龙泉——龙泉青瓷·龙泉宝剑传承与创新展""青色与众——亚洲国际陶瓷交流营展"、"不灭窑火"龙泉青瓷传统烧制作品展、"龙行万里——海上丝绸之路与龙泉青瓷展"、"一剑钟情·从瓷开始"龙泉青瓷龙泉宝剑文化交流展等大型展览活动。与文旅部中外文化交流中心签订战略合作协议，在《中外文化交流》月刊每期宣传龙泉"非遗"项目及"非遗"传承人；与中宣部五洲传播公司合作拍摄"听瓷语·观世界——探秘龙泉青瓷春节线上互动体验展活动"项目；在韩国首尔、西班牙马德里的中国海外文化中心设置"龙泉青瓷展示角"。举办瓯江山水诗路启动启航仪式、"岁月如歌"庆祝撤县设市三十周年文艺晚会、第五届小城文化艺术周等大型活动。

举办32场乡村文化漫游节，20场"不灭窑火"传统龙窑烧制活动，举办"何氏寻亲拜祖""龙庆景毗邻乡村第十一届香菇文化节暨龙台两地共祭菇神吴三公""绍翁文化"等传统民俗活动，开展"戏曲进校园""艺术嘉年华""文化直通车"等文化培训活动。加强全市575支业余文体团队建设，开展文艺团队评星定级工作。开展送戏下乡115场，送书下乡1.8万多册，送展览培训191次，引进高雅艺术剧目5场，新建城市书房3处。

启动文化基因解码工程，围绕剑瓷文化、华严文化、红色文化等标志性文化元素开展解码，推动文化基因解码成果转化运用，龙泉青瓷文化传承生态保护区入选浙江省级文化传承生态保护区创建名单，龙泉青瓷博物馆入选国家二级博物馆名单，龙泉宝剑、"不灭窑火"成为省文旅IP。提升"不灭窑火"龙窑开窑活动仪式感和互动性，推进大窑龙泉窑国家考古遗址公园建设，正式发布2021年《故宫龙泉日历》，用文化基因讲好龙泉故事。

举办2019浙江省"龙泉论剑"传统武术大赛并入选"2020年度浙江省体育产业发展资金项目库"，越野跑（屏南越野小镇）入选"2020年浙江省运动休闲旅游优秀项目"，环浙骑游·瓯江山水诗路龙泉总决赛暨第三届江南之巅天空骑行挑战赛入选"2020年丽水市重点培育品牌体育赛事名录库"，龙泉市体育公园入选"2020年丽水市运动休闲示范场馆"。建设完成12个小康体育村升级工程以及4个百姓健身房、3个多功能运动场、1个游泳池项目建设，为群众健身活动开展提供更多途径。争取到2020年浙江省五人制足球冠军联赛（浙西赛区）、2020年浙江省气排球节、"环浙·登顶11峰"、2020丽水市老年人乒乓球交流活动等大型体育赛事的举办权，举办2020“全民健身日”暨全民健步走活动、2020年龙泉市“工会杯”全民篮球联赛、“桃源杯”绿色骑行自行车赛、2020天下龙泉•浙江最美绿道毅行活动、健身活动站点社会体育指导员骨干展示活动等群众体育赛事活动45场，举办太极拳(剑)培训、社会指导员培训等公益培训12次，体育事业发展基础不断夯实。

2020年，全市有医疗卫生机构228家，执业医师(执业助理医师)911人，执业护士726人，核定床位数1208张。公开招聘68人，引进人才61人，定向培养60人。

【人民生活和社会保障】 2020年，城镇常住居民人均可支配收入50473元，同比增长4.2%；农村常住居民人均可支配收入25476元，同比增长8.6%。城乡居民人均消费性支出分别达33197元、19533元，分别同比增长-0.3%、2.3%。

失业人员再就业1632人，其中困难人员137人，城镇登记失业率为1.84%。开展就业创业培训2100人，创业培训733人。各类养老保险参保人数21.3万余人，工伤保险参保人数达6.5万人。企业离退休人员基本养老金实现“十六连调”，企业离退休人员调资后人均月养老2550元。在册低保7094户、10456人。

【资源、环境和社会安全】 2020年，龙泉市拥有林业用地397.3万亩，其中毛竹林面积60.5万亩。陆域自然保护区面积15171.4公顷，陆域自然保护区面积占土地面积比例5%。湿地面积3102.11公顷，湿地保护率75.44%。全市森林面积达385.6万亩，森林覆盖率84.42%，森林蓄积量2063.3万立方米，林木蓄积量2166.2万立方米、年增量92.8万立方米。

建成住龙镇省级森林休闲养生小镇、龙泉市泉灵谷森林康养基地、宝溪乡特色小镇、兰巨乡仙仁村、住龙镇红星村西井村、龙南乡建兴村大庄村等特色村，申报国家森林村庄10个。百山祖国家公园通过评估验收，凤阳山—百山祖区块被纳入浙江省国家公园“一园两区”框架，进入首批国家公园设立序列，入选中国改革年度十佳案例。入选全国集体综合改革试验区(33个)，浙江仅丽水和龙泉入选。开展公益林数字化管理工作，100%完成所有权公益林数字化管理工作。

深入开展建设施工、道路交通、危险化学品、消防、特种设备、烟花爆竹、“三场所两企业”等行业领域安全专项治理工作，该年，行政处罚29起，处罚金额46万余元。

该年，规模以上工业能源消费总量12.7万吨标准煤，同比增长0.8%。单位规上工业增加值能耗0.6899吨标准煤/万元，单位规上工业增加值能耗降低率5.1%。 (陈文贵 梅 丹)

2020年龙泉市城镇、农村居民消费结构一览表

表9

| 消费类别 | 城镇消费占比(%) | 农村消费占比(%) |
|---|---|---|
| 1.食品烟酒 | 27.4 | 28.8 |
| 2.衣着 | 9.1 | 8.1 |
| 3.居住 | 27.8 | 19.6 |
| 4.生活用品及服务 | 4.9 | 5.3 |
| 5.交通通信 | 10.5 | 15.1 |
| 6.教育文化娱乐 | 10.6 | 13.9 |
| 7.医疗保健 | 7.0 | 7.2 |
| 8.其他用品和服务 | 2.7 | 2.0 |

## 群众性精神文明创建活动

【概况】 2020年，龙泉市全面推进新时代文明实践提质升级，召开龙泉市新时代文明实践中心建设现场推进会，串点成线打造全域性文明实践站所。深挖资源优势，特色打造“红色住龙”“善好八都”“幸福畲乡”及西街街道“家社区”开放式等平台。推进“点线面”立体化布局，充分利用好实践中心、所、站、点，重点下沉理论宣传、文化、科技科普、健身体育、卫生健康等服务平台资源，逐步建立纵向涵盖市乡村三级、横向辐射机关和企事业单位的全覆盖新时代文明实践网络。打造新时代文明实践智慧云平台，建成剑池街道、八都镇等示范文明实践云站所2家。全年开展文明实践活动5980余次，参与约26万人次，惠及43.9万人次。

完善以理论宣讲(政策解读)、产业技术、文化下乡、健康养身、普法法援、文明出行、敬老助幼、生态环保、扶贫帮困、平安便民十支队伍为主的龙泉“小清泉”志愿服务队，制定服务菜单，提供志愿服务项目59个。组织开展普及文明好习惯暨公筷公勺倡议行动启动仪式、“万朵鲜花送文明”等文明实践志愿服务活动，与交警大队联合举办“创文明交通、治秩序乱象”暨秋冬季道路交通安全整治百日会战启动仪式，承办浙江省文明办

"圆梦小康、文明出行"文艺巡演。

组织"文明餐桌、抵制浪费"大行动，全市上下积极践行响应。竹垟畲族乡实行"微信报餐制"，兰巨乡政府食堂常态化开展"分餐制"，各大酒店推出量身定制小分量套餐、分餐制等做法，倡导文明用餐，减少铺张浪费情况。邀请道德模范、身边好人等先进典型，为"十大文明好习惯"宣传代言。精心设计融入龙泉青瓷元素的公筷公勺，由12家文明单位带头众筹捐赠公筷，龙泉"两会"代表委员带头践行"公筷行动"，助力"公筷公勺"走入千家万户。

该年，成功创建浙江省示范文明城市，创成全国文明村2个，省级文明村4个、文明单位4家、文明校园1个、文明家庭2户，丽水市级文明单位3家、文明村镇8个、文明校园1个、文明家庭25户，另有170余家文明村镇、文明单位通过浙江省、丽水市级复评。

【创建浙江省示范文明城市】 2020年，龙泉市构建"193"工作体系，成立由党政主要负责人担任双组长的领导小组，下设9个专项工作组。多次召开工作推进会、培训会、攻坚会，印发《关于社区共建单位参与城区网格精细化管理的工作方案》，将建成区划分为92个网格，由市领导、市直单位结对联系、包干负责，合力共建。公安、建设、综合执法、交通、卫健、教育、相关街道等单位明确分工、各司其职，老兵志愿者、蜂鸟义工队等社会各阶层志愿者以及社区工作者积极参与。在当地的广播、电视、报纸、新媒体开设文明城市创建专栏专题，刊播公益广告，制作发放《市民文明手册》《文明创建宣传折页》和宣传环保袋等宣传资料，引导市民崇尚文明、践行文明。全面加强信用体系建设。垃圾资源协同化处理工程投入运行。启动实施"剑瓷文化点亮文明创建"行动，把剑瓷元素有机融入城市各重要节点。举办第十三届社区邻居节，策划推出"文明健康、有你有我""讲文明、树新风"等主题宣传。设立"秀文明、晒陋习"曝光台，发布99期，曝光3000余人。开展文明小巷、文明楼道等文明细胞创建活动，打造家风家训、慈孝文化等主题小巷、楼道12条。新增景观小品、道旗、大型户外喷绘等形式的公益广告1500余处。在图书馆等7处公共文化场馆布设道德模范等先进典型专题展览，在华楼街打造道德模范事迹公益展示一条街。

【打造"最美龙泉人"品牌】 2020年，龙泉市发布"龙泉好人"41例，其中11例荣登"丽水好人"榜，6例荣登"浙江好人"榜。在当地媒体、公共场馆持续开展"龙泉好人"、战"疫"典型人物、温情故事、感人瞬间等主题宣传，引领全社会形成崇德向善良好风尚。落实先进典型帮扶礼遇制度，帮扶困难道德模范等先进人物25人。授予"龙泉市民防应急救援队"等5个组织"2019年度优秀志愿服务组织"荣誉称号，授予丁白梅等43名志愿者"2019年度优秀志愿者"荣誉称号。开展"万朵鲜花送雷锋"等活动，组织志愿者为身边的活雷锋送慰问和祝福。

【未成年人思想道德建设工作】 健全政府、学校、家庭、社会"四位一体"工作体系，推出线上"家家讲堂"，开讲31场，惠及4000余人。加强校园周边环境、网吧和文化市场监管整治。"公民道德宣传日"主题活动覆盖所有中小学校，举办第九届"未成年人道德文化节"，精心设置"创文明城""做一个有道德的人""崇礼尚礼"等主题，选树"新时代好少年"10名。深入开展"春泥计划"活动，组织龙泉"小清泉"志愿服务队走进"春泥课堂"和乡村学校少年宫开展文明实践活动。疫情期间，利用"云上课堂"等形式，面向留守儿童开展学业辅导、爱心医疗、素质拓展等暑期实践体验活动。 （张俊杰）

## 平安龙泉建设

【概况】 2020年，龙泉市接警44031起，同比增长-10.05%；立刑事案件866起，同比上升11.6%，万人刑事发案数仅为27.9，低于浙江省、丽水市平均水平；未发生重大群体性事件、重大安全生产事故、两抢案件、重大交通事故和重大亡人消防事故，生产安全事故起数同比分别下降37.5%，道路交通死亡人数同比下降7.4%，火灾事故同比下降12.5%，入户盗窃零增长，刑事发案、传统侵财型案件发案分别同比下降17.77%、34.12%；群众安全感满意度98.33%，高于全省平均水平，荣获浙江省首批"一星平安金鼎"，实现省级"平安县(市、区)"十六连创，被评为丽水"综治优秀市"。

【维稳安保】 龙泉市委常委会每季度听取维稳工作汇报，在重要节点维稳安保等级响应期间，市委书记吴松平，市委副书记、市长翁志鸿，市委副书记、市委政法委书记蓝景芬等领导多次(批示)部署维稳安保工作，主持召开会商研判会。市四套班子领导深入一线指导维稳安保工作，并每天轮流到信访局值班接访。各乡镇(街道)、有关单位协作配合，突出工作重点、狠抓措施落实，严格落实"零报告"等制度，共同完成各级"两会"、十九届五中全会等重点时段维稳安保任务，保障第三届世界青瓷大会、村（社）组织换届选举等重大活动（重要工作）顺利举行。

【扫黑除恶】 龙泉市扫黑办牵头各成员单位全面推进“六清”（线索清仓、逃犯清零、案件清结、伞网清除、黑财清底、行业清源）行动，分别于4月30日、8月6日、12月3日三次召开扫黑除恶专项斗争领导小组（扩大）会议，研究部署扫黑除恶专项斗争工作。全年办理九类涉恶案件31起，刑事拘留88人，逮捕28人，移送起诉88人，提起公诉5件5人，判决8件17人。出动执法人员2万余人次，检查各类经营单位9000余家（次），其中对娱乐场所开展集中统一清查6次，出动警力1100余人次，检查120余家，责令整改各类安全隐患18处；针对办案过程中发现的行业领域突出问题，发出“三书一函”2件，推动行业乱象整治。通过张贴海报、发放宣传册、悬挂横幅、文艺演出等方式，开展扫黑除恶专项斗争常态化宣传。

【深化基层治理】 市委政法委会同相关职责单位深化基层基础，因地制宜推进党建统领“一中心四平台一网格”建设，创新打造共建共治共享“网格+警务”共同体基层治理模式，得到时任丽水市委副书记、政法委书记李锋批示肯定。统筹推进“雪亮工程”、智安小区、义警工作站等建设，打造以“12345”热线“一个号码对外”综合性便民服务热线平台，深化“二防三控四联”、铁路护路联防等工作，深化“网格+警务”、社区微治理等机制，深入推进八都镇“大综合一体化”行政执法改革试点（全省38个之一、丽水唯一）建设，提升基层社会治理能力。突出网格员基层治理作用，6名网格员因在疫情防控中表现突出被火速提拔为村党支部副书记，得到浙江省委政法委充分肯定，2名网格员获评2020年浙江省第三届“优秀网格员”。

【矛盾纠纷排查化解】 市委政法委组织相关职责单位深化多元化矛盾纠纷解决机制，健全完善矛调中心运行机制和配套机制，推广浙江省矛调协同应用系统，强化矛调中心建设，切实推进矛调纠纷化解“最多跑一地”。7月23日，浙江省委常委、政法委书记王昌荣一行到龙泉调研，对龙泉市新时代调解工作与矛调中心规范化建设给予充分肯定。9月25日，龙泉市委书记吴松平代表龙泉在浙江省县级社会矛盾纠纷调处化解中心建设互学互比第二次交流会暨治理重复信访交办会上作题为《聚焦律师调解“三化”建设 打造新时代调解工作样本》交流发言。推进乡镇综治中心建设，创新打造八都镇“4+X”联调模式、安仁镇“永和说事”等一批本土特色调解工作平台，从突发事件处置、山林纠纷治理、心理防护等多个领域，探索推广龙泉“矛调八法”，《浙江法制报》对该做法进行专题报道。

【平安志愿者大巡防】 常态化开展平安志愿者每日常态化大巡防和市直机关党员干部每周三固化参与集中平安大巡防，在春节前后，市四套班子领导还会分别带队开展大巡防。市委政法委继续与浙江龙泉民泰村镇银行开展合作，为优秀平安大巡防志愿者制定额度更高、利率更低、时限更长的“平安贷”；为平安志愿者购买大巡防人身意外伤害保险；组织开展“十佳志愿者”评选、实行巡防队伍荣誉管理等方式；深化毗邻村联合巡防、同区域村与社区联合巡防等大巡防基层工作站建设；完善平安志愿者大巡防重点区域图，健全突发情况大巡防预案和平安志愿者应急联动指挥等机制。2020年，该市开展平安大巡防4万余人次。

【固本强基】 推进平安建设工作，全力整改浙江省平安办两轮暗访检查发现的11个场所19个问题。该年，市平安办牵头组织开展督查检查5次，检查各类场所190余家（次），排查并督促整治各类隐患问题80多项。开展平安建设百日攻坚行动，制定实施方案，集中力量开展重点领域专项检查整治工作；注重源头治理和风险防控，完成重大决策风险评估工作62项，无因风险评估不到位产生不稳定问题。坚持开展正风肃纪行动，深入学习贯彻政法工作条例，组织政法系统干部、平安建设重点部门和乡镇（街道）分管领导约370人，分5批赴杭州财经大学参加2020年龙泉市政法系统学习贯彻习近平新时代中国特色社会主义思想暨政法干部综合素能提升培训班，提升平安建设队伍整体战斗力；研究制订平安建设集中宣传活动方案，发动全市各乡镇（街道）、市直各单位，通过发布微信平安建设知识竞答、推送“平安三率”微信推文、循环播放宣传短视频、定制发放平安宣传材料、投放平安建设宣传标语、播报平安宣传倡议、组织平安宣传文艺巡演、开展大型集中平安宣传活动等方式进行广泛宣传，努力营造浓厚平安龙泉建设氛围。 （周雪梅）

# 中国共产党龙泉市委员会

## 综　　述

**【概况】** 2020年，龙泉市委面对深刻复杂变化国际国内形势，特别是新冠肺炎疫情，认真贯彻落实中央、省委和丽水市委重大决策部署，以"聚焦'重要窗口'、聚力龙泉复兴"学习实践活动为引领和动力，全面厉行"丽水之干"，统筹疫情防控和经济社会发展，创新实施争先创优行动暨"生态经济大追赶""文化旅游大融合"活动，交出"两手都硬、两战皆赢"高分报表，成为全省11个疫情零病例县（市、区）之一，"十三五"圆满收官，全面建成小康社会取得决定性成就，全年地区生产总值增长3%，获得"三个全省唯一""一个全省第一""三个丽水第一"骄人战绩。"3个全省唯一"：全省26县发展实绩考核连续5年被列入第一档次，系全省唯一；县级财政绩效综合评价连续3年荣获财政部优秀等次，系全省唯一；低收入农户增收连续2年获省政府激励，系全省唯一。"1个全省第一"：县级城市环境空气质量综合指数全省第一。"3个丽水第一"：数字经济发展综合评价，丽水第一；R&D经费占GDP比重，丽水第一；科技进步统计监测综合评价，丽水第一。

**【学习实践活动】** 立足新发展阶段、贯彻新发展理念、构建新发展格局，以精准锚定龙泉发展历史方位为目标，召开《习近平谈治国理政》第三卷专题学习交流会、市委常委扩大会、答好"龙泉发展六问"研讨会等系列会议，开展龙泉撤县设市30周年回顾展、"奔向铁路时代、开启发展新篇"大家谈、"十四五"规划和国土空间规划全民问计等系列活动，高规格组织党政代表团赴长三角、海西区学习考察。召开龙泉市委十四届九次全会暨"聚焦'重要窗口'、聚力龙泉复兴"学习实践活动动员会，全景回顾龙泉撤县设市30年经济社会发展取得历史性成就，发出聚焦"重要窗口"、聚力龙泉复兴，奋力打造一座独具匠心的文化名城的动员令。明确龙泉复兴要奋力打造一座独具匠心的文化名城，奋力推进"六兴六高"战略任务，奋力激发"一路两化"澎湃动能，奋力锻造一支全面厉行"丽水之干"、堪当龙泉复兴重任的匠心干部队伍，为龙泉未来大跨越发展、全方位复兴构建起"四梁八柱"。组织开展"聚焦'重要窗口'、聚力龙泉复兴"学习实践活动，精心设计学习研讨、走访调研、典型选树、全民献计、短板查摆、规划问计、项目攻坚、干部比选、环境优化、成果形成"十个一"载体，系统梳理出推动龙泉复兴十大创新实践、制约龙泉复兴十大负面现象、助力龙泉复兴十大发展良策"三个十"成果，创造性开展优秀干部综合比选、局长作风大家评、"抓项目扩投资"百日攻坚等活动，营造起"实干担当、争先创优"干事创业浓厚氛围，实现学习实践活动和推动加快发展"两不误、两促进"。

**【疫情防控和经济社会发展】** 第一时间成立疫情防控领导小组和实体化运作指挥部，建立战时指挥体系，科学统筹、精准施策、靠前指挥，在丽水率先设立高速公路、省际道路出口防疫检查点，对村（社区）实行封闭式管理，并根据形势变化，迭代升级"精密智控+硬核管控+全员自控"机制，外防输入、内防扩散，倾心倾力稳侨助侨暖侨，慎终如始抓好常态化疫情防控，成为浙江省11个疫情零病例县（市、区）之一。在疫情防控前提下，坚持因时而异、顺势而为，组织开展争先创优行动暨"生态经济大追赶"活动，推进复工复产、复市复学。在丽水率先出台实施《抗疫助企·暖春行动二十一条意见》，深入开展"五减""两直"专项行动，创新推行派企服务长、助企服务员、健康指导员、服务直通车、巡回体检车"一长两员两车"和"口罩银行""口罩商铺"等硬核举措，扎实做好"六稳"工作，全面落实"六保"任务，为企业减负8.1亿元、减少融资成本7600万元，企业产能恢复率持续走在全省前列。抢抓政策“窗口期”，大力推进招商引资、招才引智、争取项目、争取资金“两招两争”工作，固定资产投资增长7.9%，成功引进大项目12个，提前完成省市县长工程目标。新增列入省重点项目3个，争取竞争性分配资金超9亿元，龙商鞋产业链工程项目获中央专项债4亿元。

【现代生态产业】 召开龙泉市生态工业高质量发展大会，把生态工业确立为发展主攻方向，部署开展生态工业高质量绿色发展倍增行动。全面启动平台“二次创业”，按照“整合、转型、赋能、开放、改制”十字方针，优化提升“以经济开发区为核心、相关乡镇工业功能区为支撑、小微企业园为补充”发展平台。规上工业增加值增幅位居丽水前列，获评全省淘汰落后产能和“腾笼换鸟”工作考核先进县(市)。“两化”融合发展指数排名跻身浙江省第二梯队，数字经济发展综合评价指数位居丽水首位，芳野小微企业园成为省数字示范园区。经济开发区入选全省五金汽配产业链“链长制”试点，获评全省美丽示范园区。创新开展“文化旅游大融合”活动，出台实施促进消费扩容提质意见，在上海成立龙泉文化旅游推广中心，牵头发布瓯江山水诗路旅游联盟宣言，与全省11个零病例区县共同成立安心游“零零联盟”，设计推出“一剑钟情·从瓷开始”万人游龙泉等活动，推动文旅产业复苏回暖，获评中国县域旅游发展潜力百强县（市），创成省级全域旅游示范县(市)。成为全省文旅产业融合试验区，入选全省青瓷文化传承生态保护区创建和龙泉青瓷文化山地休闲度假发展试点。龙泉青瓷成为首批“浙江文化印记”，龙泉宝剑、“不灭窑火”入选全省文化和旅游IP库，龙泉青瓷博物馆获评国家二级博物馆，龙泉青瓷宝剑商城平台年销售额达到2.8亿元。出台实施聚力补齐“三农”发展短板确保与全省同步高水平全面建成小康社会的意见，推动生态精品农业发展，连续三届获评全省“河姆渡杯”粮食生产先进县，创成全省首批农业绿色发展先行市。建成浙江省最大高山蔬菜集约化育苗中心，入选中国特色农产品优势区创建，“龙泉灵芝”成为全国名特优新产品。试种成功黑木耳液体菌种，作为浙江省唯一黑木耳主产基地县参与发布《柞水宣言》，承办浙江省食用菌菌棒工厂化现场推进会。

【开放创新】 高规格举办“问海借力·沪享龙泉”健康生活畅享季和“天下龙泉·匠心开物”第三届世界青瓷大会等活动，在韩国首尔、西班牙马德里中国文化中心设立海外“龙泉青瓷展示角”，龙泉特色文化知名度和影响力持续提升。建成投用衢宁铁路龙泉市站，龙泉人民迎来“铁路时代”。携手打造山海协作升级版，“秀洲—龙泉”智造园建成投用，“萧山—龙泉”科创园、“平湖—龙泉”产业园建设有序推进。全面建成汽车空调产业创新服务综合体，成功申报丽水市级青瓷刀剑、森林经济产业创新服务综合体，R&D经费占GDP比重跃居丽水首位，创新指数跻身浙江省第一档次，科技创新月度指数排名浙江省第7。顺利举办“创新引领 智汇龙泉”人才科技峰会，入选全省汽车空调产业工程师协同创新中心试点，龙泉青瓷宝剑技师学院成为国家级高技能人才培训基地。“最多跑一次”改革和政府数字化转型不断深化，各项指标持续走在丽水前列。百山祖国家公园创建通过评估验收，入选中国改革年度十佳案例。在全国率先开展国家公园集体林地地役权改革，颁发全国第一本集体林地地役权证，该项改革和公益林信息化管理一并入选全国首批集体林业综合改革试验典型案例。资源配置市场化改革纵深推进，获评全国公共资源交易百强县。

【城乡建设】 大花园建设工作获浙江省政府督查激励通报，入选全省大花园示范县建设十大优秀典型案例。生态环境质量综合指数浙江最优，生态环境公众满意度位居全省第二，创成省级生态文明建设示范县（市）和全国生态建设示范县(市)。成为浙江省首批水生态环境示范试点县，住溪、梅溪入选全省“美丽河湖”。瓯江绿道主体贯通，兰巨宏山休闲绿道获评全省最美绿道。名城提质“1139”工程稳步实施，城东综合体初见雏形，西街历史文化街区展露新貌，上茶街二期建成运营，江滨北岸凤起路、南秦原国镜药业周边、宝剑小镇七星井等区块完成征收，九姑山改造提升、绕城东线建设全速推进，通过国家卫生城市复评，创成浙江省AAAA景区城和浙江省示范文明城市。入选省级资源循环利用试点城市创建，云和—龙泉天然气管道工程投入使用。上垟镇、宝溪乡、竹垟畲族乡创成AAAA景区镇，宝溪乡成为美丽城镇省级样板。获评浙江省实施乡村振兴战略优秀县(市、区)，入选全省“一事一议”助推美丽乡村项目建设单位，以全省第一名的成绩获区域协调财政专项激励。携手阿里巴巴共建数字乡村，落地开工浙江省首个县域数字化公共服务平台。建成启用丽水首个综合性农村饮用水县级统管平台，实现农村饮用水达标提标“全兜底”。

【民生事业】 专题部署以“两不愁三保障”为基本要求的高水平全面小康攻坚工作，联动推进低收入农户精准脱贫和消除集体经济薄弱村专项攻坚，实现“8000以下”、“两不愁三保障”突出问题、集体经济薄弱村的“三个清零”，脱贫攻坚取得决定性胜利。切实推进东西部扶贫协作，龙泉•昭化农村电商扶贫模式成为全国样本。实现城镇新增就业3369人，登记失业率1.84%。深入开展教育提质行动，高考总上线人数喜获“十连升”。坚持开放办学，与杭州建兰中学、翔宇教育集团、启文教育集团等开展托管合作。突出产教融合，正式设立龙泉青瓷宝剑技师学院。深化合作办医，创新推进“省市县乡”四级医疗融合体和医共体建设，获评浙江省县域医共体建设成效十大突出集体。中医院迁建、公共卫生应急救治中心、公共卫生综合服务中心等项目建设有序推进。全面推广全民健康补充医疗保险“浙丽保”。召开龙泉市委全面依法治市委员会会议，切实加强《中华人民共和国宪法》《中华人民共和国民法典》学习宣传，全面启动全国法治政府建设示范市创建。召开龙泉市建设“平安龙泉”暨政法信访工作会议，优化党建统领“一中心四平台一网格”社会治理模式，连续15年获评省级“平安县（市、区）”，勇夺浙江省首批一星“平安金鼎”。连续两年获评全国信访工作“三无县”。

【党的建设】 坚持把党的政治建设摆在首位。召开“不忘初心、牢记使命”主题教育总结大会，组织开展以“牢记嘱托担使命、革命精神赋新篇”为主题的红色教育和党建调研活动，推动形成“不忘初心、牢记使命”长效机制，教育引导党员干部增强“四个意识”、坚定“四个自信”、做到“两个维护”。深入实施基层组织力提升工程，建立党建指数考评机制，扎实推进“六星争创”。全面高质量、全程高质量完成村社组织换届，100%落实“一肩挑”。突出实干实绩导向，提拔重用一批担当作为好干部。驰而不息抓好省委巡视反馈问题后续整改落实，选人用人专项检查反馈意见整改工作得到浙江省委组织部充分肯定。发挥党委“总揽全局、协调各方”作用。专题听取龙泉市人大常委会、市政府、市政协、市法检两院党组工作汇报。严格落实党管意识形态主体责任。支持市人大及其常委会依法履职，出台实施《关于高水平推进新时代人大工作和建设的意见》，支持开展重大民生关切的法律监督和工作监督。支持龙泉市政协发挥专门协商机构作用，出台实施《关于新时代改进和加强人民政协工作的实施意见》，支持开展重点提案办理“请你来协商”等活动。全力打响“文化统战”品牌，加快构建大统战工作格局。统筹推进群团工作。召开龙泉市委党管武装工作会议、议军会议，加强退役军人工作，扎实推进“双拥”共建。召开龙泉市纪委十四届六次全会，不断深化全面从严治党“四责协同”机制，加快构建政治生态评价体系，持续推进清廉龙泉建设。严格落实中央八项规定精神及其实施细则和浙江省委“36条办法”，严肃纠治形式主义、官僚主义，开展违规收礼、餐饮浪费、烟票等专项整治和“会所歪风”整治“回头看”。成立专项督查组，精准落实服务民营经济10项举措。完善巡视巡察上下联动监督网，完成22家单位政治生态“画像”。一体推进不敢腐、不能腐、不想腐，巩固和发展反腐败斗争压倒性胜利。

## 重要会议

【市委全体会议】 2020年1月10日，龙泉市委十四届八次全体（扩大）会议举行。龙泉市委书记王顺发代表市委常委会作工作报告。吴松平、叶砇仙、刘赤波、翁志鸿等副处级以上领导出席。会议坚持以习近平新时代中国特色社会主义思想为指导，深入贯彻党的十九届四中全会、中央经济工作会议精神，全面落实浙江省委十四届六次全会、浙江省委经济工作会议和丽水市委四届七次全会决策部署，审议通过《中共龙泉市委关于认真学习贯彻党的十九届四中全会精神高水平推进县域治理现代化的决定》，回顾总结上年工作，研究部署该年任务。

10月15日，龙泉市委十四届九次全体（扩大）会议暨“聚焦‘重要窗口’聚力龙泉复兴”学习实践活动动员会召开。龙泉市委书记吴松平代表市委常委会作工作报告。翁志鸿、叶砇仙、刘赤波、蓝景芬等副处以上领导出席。会议深入学习贯彻习近平总书记考察浙江重要讲话精神，全面贯彻落实浙江省委十四届七次全会、丽水市委四届八次全会决策部署，以忠实践行“八八战略”、奋力打造“重要窗口”使命担当，回顾总结龙泉撤县设市30年各项事业发展所取得的成就，动员全市上下聚焦“重要窗口”、聚力龙泉复兴，奋力打造一座独具匠心的文化名城，全面推动各项事业迈出崭新步伐，让“好龙泉”焕发出新时代生机与活力。

【全市领导干部会议】 2020年1月21日，龙泉市召开全市领导干部会议，传达学习浙江省“两会”及丽水市委经济工作会议精神。龙泉市委书记王顺发出席并讲话，市委副书记、市长吴松平主持，叶砇仙、刘赤波等副处级以上领导参加。

6月1日，龙泉市召开全市领导干部会议，传达贯彻全国“两会”精神，研究部署学习宣传贯彻工作。丽水市政协副主席、龙泉市委书记王顺发主持会议并讲话，吴松平、叶砭仙、刘赤波、翁志鸿等副处以上领导参加会议。

6月22日，龙泉市召开全市领导干部会议，传达学习浙江省委十四届七次全体(扩大)会议精神，研究部署贯彻落实意见。丽水市政协副主席、龙泉市委书记王顺发主持会议并讲话，刘赤波、翁志鸿等副处级以上领导参加会议。

11月2日，龙泉市召开全市领导干部会议，传达贯彻十九届中央五次全会精神和浙江省、丽水市领导干部会议精神。龙泉市委书记吴松平主持会议并讲话，市委副书记、代市长翁志鸿传达有关会议精神，叶砭仙等副处以上领导参加会议。

11月20日，龙泉市召开全市领导干部会议，传达学习贯彻浙江省委十四届八次全体(扩大)会议精神和浙江省委副书记、省长郑栅洁在龙泉调研时的指示精神，研究部署贯彻落实意见，动员全市上下创新思维、振奋精神，以忠实践行“八八战略”、奋力打造“重要窗口”使命担当，全面厉行“丽水之干”，推进龙泉复兴，加快跨越式发展，把龙泉培育成新的增长极，奋力打造一座独具匠心的文化名城，努力为争创社会主义现代化先行省提供更多实践范例。龙泉市委书记吴松平主持会议并讲话，翁志鸿、叶砭仙、刘赤波、蓝景芬等副处以上领导参加会议。

12月28日，龙泉市召开全市领导干部会议，传达学习贯彻中央经济工作会议、浙江省委经济工作会议、丽水市委四届九次全体(扩大)会议等会议精神，部署龙泉市冬春季新冠肺炎疫情防控工作。龙泉市委书记吴松平主持会议并讲话，市委副书记、代市长翁志鸿传达有关会议精神，叶砭仙、刘赤波、蓝景芬等副处以上领导参加会议。

【重要专题会议】 2020年5月6日，龙泉市召开建设平安龙泉暨政法信访工作会议，视频连线各乡镇（街道），深入贯彻落实浙江省建设平安浙江工作会议以及各级政法工作会议精神，动员全市上下以高度政治自觉和行动自觉推进平安龙泉建设，为龙泉市勇当“重要窗口”建设者维护者展示者保驾护航、助力添彩。丽水市政协副主席、龙泉市委书记王顺发讲话，市委副书记、市长吴松平主持，叶砭仙、刘赤波等副处以上领导出席，市委副书记、政法委书记翁志鸿作工作部署。

5月6日，龙泉市委农村工作会议召开。会议全面贯彻落实中央、浙江省委及丽水市委农村工作会议精神，回顾总结2019年“三农”工作成效，研究部署2020年“三农”工作任务。丽水市政协副主席、龙泉市委书记王顺发作出批示要求，市委副书记翁志鸿出席会议并讲话。

5月18日，龙泉市“两招两争”大追赶推进会召开，动员全市上下全面紧起来、动起来，招商招才，争项争资，加压奋进，决战决胜，确保如期完成全年既定各项目标任务。丽水市政协副主席、龙泉市委书记王顺发讲话，市委副书记、市长吴松平主持并部署工作，叶砭仙、刘赤波等副处以上领导参加会议。

7月24日，龙泉市生态工业高质量发展大会召开。会议总结龙泉市生态工业发展各项工作情况，研究部署下步工作任务。丽水市政协副主席、龙泉市委书记王顺发出席会议并讲话，市委副书记、市长吴松平主持，叶砭仙、刘赤波等市领导参加会议。

10月13日，龙泉市党管武装工作会议暨市国防动员委员会第22次全体会议召开。会议认真贯彻丽水市党管武装工作会议暨丽水市国动委第22次全体会议精神，研究部署新形势下加强龙泉市党管武装和国防动员工作任务，统筹龙泉市经济建设和国防后备力量建设协调发展。

## 市委办公室工作

【信息报道】 2020年，龙泉市委报道组(信息科)紧紧围绕市委、市政府中心工作，不断挖掘提炼全市中心工作中的好做法和新亮点，高质量完成龙泉市信息报道工作。该年报送信息1555条，丽水市级采用516条，浙江省级采用11条。在上级党报党刊发表新闻稿件300余篇，其中《浙江日报》发稿30篇，一版稿件2个，专版4个；《丽水日报》发稿270篇，头版头条12个，在全省县市区报道组中脱颖而出，被浙江日报报业集团评为“最佳报道组”，是丽水市唯一被表彰县(市、区)报道组。

【督查考核】 2020年，龙泉市委督查室(考核办)在全市范围内开展督查检查考核事项专项清理工作，印发《龙泉市2020年督查检查考核年度计划》，共39项。办理丽水市委重要事项交办单12件，报送《今日聚焦》、《每周聚焦》曝光问题整改情况4期。下发“复工复产”“一路两化”“党建工作”“瓯江绿道环境整治”等交办单70份，开展《今日聚焦》《每周聚焦》曝光问题整改情况、深改工作、派企服务等实地督查20余次。建立完善“三服务”工作机制，督促全市各部门单位切实开展“三服务”工作754件，办结750件，办结率99.46%。考核方面，制定下发《龙泉市2020年度乡镇(街道)综合考核办法》和《龙泉市2020年度部门综合考核办法》。围绕浙江省26县"六连优"和丽水市综合考核优秀等次目标，强抓浙江省、丽水市考核，重点突出龙泉市"争先创优行动""生态经济大追赶活动""文化旅游大融合活动"三大活动考核，通过发挥考核激励和约束作用推动市委、市政府重大决策和重要工作部署贯彻落实。龙泉在丽水市2020年度综合考核中取得优秀等次，实现2019年度、2020年度"两连优"。

【综合调研】 2020年，龙泉市委办政研室、调研科、综合科坚持以习近平新时代中国特色社会主义思想为指导，及时跟进学习各级党委重要会议和各级领导重要讲话精神，发挥以文辅政服务决策作用。做好龙泉市委重要文稿和各类会议文稿起草、修改、整理和把关等工作，起草、审核各类材料500余篇。开展日程安排、活动协调、文件办理工作，编写龙泉市委主要领导每周工作安排，撰写市委常委会会议、市委书记专题会议、市委常委会扩大会议、市委财经委员会会议等重要会议记录、纪要，审核把关市委主要领导活动新闻稿。围绕市委中心工作以及市委统筹安排调研课题，合理谋划开展调研工作，加强对该市经济社会发展重大问题调查研究，及时起草调研参考、活动致辞、决策参考等各类材料。

【档案执法监督】 2020年，龙泉市委严格贯彻执行档案法律法规和国家、浙江省、丽水市有关档案工作方针政策、决策部署，在加强档案业务指导培训工作同时，会同档案馆对45个单位开展档案执法检查工作，扎实提升市直单位、乡镇(街道)和行政村(社区)档案规范管理水平，并重点对疫情档案进行专项检查，完成该市90个部门单位、近110名档案管理人员档案基础业务培训工作。2020年，共创成浙江省示范数字档案室7家，浙江省规范数字档案室52家，数字档案室28家，100%完成省定目标。

【文秘、法规工作】 2020年，龙泉市委根据《关于持续解决形式主义突出问题为基层减负的若干措施》《关于试行"办文指数"评价的通知》等有关文件要求，着力规范办文办会审批流程，精简文件会议，提升工作质效。2020年，以龙泉市委、市委办名义发文389件，其中重点精简三类文件40件，同比下降11.1%；办理各级来文717件，办理领导批示件235件，其中上级领导批示件49件，本级群众来信批示件25件，工作部署类批示件161件。该年归档中央、浙江省、丽水市和本级文件876件。组织保障各类会议200余场，其中以龙泉市委、市委办名义举办大中型会议30场，同比下降6.3%。

扎实开展党的规范性文件备案审查工作，2020年度向丽水市委备案规范性文件17件，实现"零纠错"，有序开展规范性文件下备一级工作，提醒部门单位及时备案规范性文件。该年审核乡镇(街道)、市直单位党组织发文1100余件，审查乡镇(街道)上备规范性文件8件、提醒2件。根据浙江省委、丽水市委统一部署，出台《中共龙泉市委全面深化党务公开工作实施方案》，制定市委党务公开目录，在该市范围稳步推开党务公开工作。

【人事行政】 2020年，龙泉市委牵头制定浙江省、丽水市党政主要领导来龙泉调研，龙泉市党政考察团赴长三角、德化厦门、海西州调研等大型接待及考察方案40余个，指导接待副厅级以上领导及各项调研接待活动130多个，圆满完成各项接待任务。该年收发上级来龙泉报告170余批次，组织编发节假日、市领导非工作时间值班表10余次。按照规定做好人事、工资、档案等人事工作，严格按照选调程序通过全市选调新进工作人员5名。组织做好室务会议、干部夜学、主题党日、工会等活动，严格执行财政制度，做到规范采购、规范支出，确保办公室日常工作落实。

【深化改革】 2020年，龙泉市委持续推动改革突破见效，坚持把改革作为推动发展、解决问题"关键一招"，以"最多跑一次"改革撬动各领域事业向更高质量发展。通过"6个场景▲+18子项▲+X颗粒度事项"打造，强化治理服务供给与村(社区)治理需求匹配度，推动村(社区)治理体系现代化建设，打造以全面发展、绿色永续、智慧创新为引领，建设面向未来可持续发展理想村(社区)。动态更新上线清单，推进"网上办""掌上办"，确保机关内部100%非涉密事项实现"一窗受理、一网通办"。在原有基础上加快41件群众、企业"一件事"协同高效办理，提高网上办理率，梳理更多系统集成便民利企"一件事"，线下推进一窗办、就近办，线上加班实现会办、好办、愿办。巩固企业开办、用水用电用气报装、网络报装等改革成果，形成制度规范，推进"三服务"制度性建设，深入把脉企业发展动态需求，加快惠企直通车建设。完善和加强乡镇(街道)便民服务中心、村(社区)代办点建设，推动更多政务服务事项纳入基层便民服务中心，实现70%以上民生事项在乡镇(街道)可办。组织开展公共场所服务大提升体验式活动，重点抓好公共场所7个点位改造提升，实现服务便利化、职能协同化、功能智慧化、体验高级化、效能高效化。

▲ 6个场景：打造党建引领基层治理、矛盾纠纷调处“最多跑一地”、乡村文化供给、服务产业高质量发展、农村公共服务有效供给、美丽乡村共建共享六大场景。

▲ 18子项：1.建立书记负责制；2.完善评议评价机制；3. 全面推行村级小微权力清单制度；4.深化矛盾纠纷化解“最多跑一地”；5.打通基层治理服务“最后一公里”；6.打造特色草根调解；7.推动文化建设资源整合；8.推动文化供给方式整合；9.推进文化宣传阵地整合；10.探索建立农产品多渠道销售；11.建立可追溯农产品质量安全管理机制；12.全力盘活农村资源；13. 完善部门权责事项准入机制；14.打造有温度的“会客厅”；15.构建群团组织协同参与机制；16.构建农村两进两回通道；17. 完善生态保护机制；18.提升乡村人居环境。

**【台湾事务】** 2020年，龙泉市台办在新冠肺炎疫情和“反渗透法”双重叠加台海形势下，始终旗帜鲜明深入贯彻落实党的对台方针政策，努力发挥民间联系台胞台属桥梁与纽带作用，密切与旅台同乡会沟通联系，通过线上线下交流模式，服务好龙泉、台湾两地台胞台商，抓好年度各项工作落实。全年共接待来自北京、福建、湖州等地台商台青9批30余人次，寻求与龙泉青瓷、宝剑、香菇等特色产业的合作机会。

疫情期间，市台办着眼于“两岸一家亲”对台工作思路，与在龙泉的台胞、台商、陆配家属等建立常态化联系，为返回龙泉过春节陆配家属办理居住证，多方联系协助回家过春节陆配顺利返回台湾，同时积极助力台企复工复产，落实减税降费，为台干解决困难问题，不断深入联系。2020年3月，为支持疫情防控工作，龙泉台企——浙江台信汽车空调有限公司投资新生产线生产口罩，日产达8万只，产值逾千万。该台企2020年还在台湾合作成立汽车空调配套研发中心，为其大陆公司服务。

2020年4月18日，台胞在龙泉唯珍堂铁皮石斛基地参观考察　　（徐婷／供图）

2020年5月，龙泉市台办对接启动台湾青年来龙泉参加端午龙舟赛活动，后因疫情活动临时暂停。2020年5月，连线莺歌陶艺协会，对接启动“不灭窑火”——龙泉、台湾两地青瓷艺人同烧一龙窑项目。2020年8月13日，龙泉、台湾两地以线上交流形式共同举办两地共祭菇神吴三公活动，并将活动制成影像资料给双方参会人员共享，两地共有200余人参加此次盛会。

2020年11月，为助力龙泉地方特色产业发展，丽水叁拾伍艺舍总经理（台干）牵头与龙泉青瓷艺人进行对接交流，举办了新“青”年青瓷摄影艺术联展，通过摄影艺术家的镜头记录当代青瓷艺人创造创新的过程，讲述关于龙泉青瓷的“新”故事。

**【外事】** 2020年8月5日，“问海借力•沪享龙泉” 健康生活畅享季活动在上海举办，市委外办主动参与驻上海相关总领馆官员邀请工作，邀请到柬埔寨王国驻上海总领事馆事务官刘安娜等5名嘉宾参加活动，提高活动的国际化影响力。

10月28—31日，市委外办协助市科技局接待部分外国专家代表来龙泉参加学术休假活动，实地走访了解龙泉剑瓷、香菇文化，讲好龙泉故事，培养知龙爱龙人士，为龙泉发展注入新鲜血液与国际力量。

12月10—12日，第三届世界青瓷大会在龙泉市举行。市委外办接待了阿根廷驻华大使馆一秘奥诺米娜、以色列驻上海总领事馆总领事助理约瑟夫等嘉宾一行6人，让外宾充分感受世界非遗宝地、青瓷之都的文化魅力和绿色发展力。

2020年3月，龙泉市向意大利卡里市、匈牙利道包什市等2个国际友城分别捐赠防疫物资2万件和3万件。

2020年11月，市委外办收到希望缔结友好城市意愿的信件。在沟通交流后，市委办向丽水市外办、浙江省外办提出关于同意龙泉市与意大利卡里市建立友好交流关系申请，获得浙江省外办同意批复。

（叶云飞　蔡如葵）

## 组织工作

【概况】　2020年，全市组织系统在龙泉市委的正确领导下，在丽水市委组织部的精心指导下，高举习近平新时代中国特色社会主义思想伟大旗帜，深入学习贯彻习近平总书记考察浙江重要讲话精神，全面贯彻落实新时代党的组织路线，按照全国、全省、丽水市组织部长会议部署要求，聚焦主责主业，发挥职能优势，服务保障“两手硬、两战赢”，稳中求进，守正创新，推动组织工作取得了新的进步。

【党员队伍建设】　2020年，全市发展党员310名，其中火线发展8名，大专及以上学历和35周岁及以下分别达到74.84%、68.06%，高知群体14名，占比4.73%。通过大力实施学历提升计划，315名党员、166名入党积极分子和107名入党申请人参加高中提升班，107名党员参加大专提升班。继续实行党员“先锋指数”考评积分制管理办法，强化党员管理，2020年，开除党籍50名，党内警告46名，党内严重警告21名，撤销党内职务2名，留党察看4名。截至2020年，龙泉市有党的基层组织数1045个，党员19870名，其中预备党员310名，占1.56%；女党员5485名，占27.60%；少数民族党员529名，占2.66%，外出流动党员1098名，占5.532%。

【村(社)组织换届】　2020年，龙泉市始终把党的领导、发扬民主和依法办事贯穿换届选举全过程各方面，旗帜鲜明树立“干事选人”的导向，坚持组织引导和有序竞争相统一、坚持提高参选率和一次性成功率相统一、坚持依法依规和严明纪律相统一，高质量完成249个村社党组织换届工作，“一肩挑”人选实现比例100%，全面实现一村一年轻干部，大学生担任村组织书记提高10%，村社党组织书记新进比例达到39.7%，女性书记占比提高4.3%，村(居)民党员代表占比达42%。信访总量同比上届下降一半，实现省级以上零信访，切实做到了村社组织换届全程高质量、全面高质量。

【基层组织建设】　服务保障疫情防控和复工复产。2020年，疫情发生后，市委组织部第一时间组织发动全市党员干部奋战在疫情防控和复工复产一线，在龙泉市疫情防控指挥中心、重要交通检查点、社区等抗疫一线成立115个临时党支部，发动1.3余万名党员签订《党员承诺书》，践行“六个带头”▲职责；紧急抽调53名市管领导干部和200余名年轻干部组成精干力量，投身疫情防控一线；抽调276名科级干部担任派企服务长，385名专业干部任驻企服务员，建立“一班一长两员”机制，服务保障复工复产。建立一线医务人员及其家属十一个“一”▲服务保障工作机制，精准服务1380余次，帮助解决实际困难130余个。支持基层党组织抗击疫情，及时转拨下拨专项党费36.3万元，返还党员捐款资金108万元。组织全市各级党组织有序开展疫情防控捐款工作，募集18446名党员捐款208.8万余元，参与率达93.77%。

落实主题党日“互联共享”模式、深化主题党日月度质量评估制度、出台主题党日活动指导意见“三大举措”，对通报质量评估为“差”的128个党支部进行专项整治。创新党小组和党员责任区建设形式，全市249个村(社区)建立党小组1508个、划分党员责任区9443个，帮助解决困难2.61万件，落实精准扶贫举措1.13万项。

推行“党建质量指数”考评，运用“五色图”对党建工作完成情况进行分级定档，并作为乡镇（街道）党（工）委书记党建政绩考核重要内容、组织委员抓党建成绩直接评判标准，带动基层党建工作争先进位。2020年，有12个乡镇(街道)24名干部被谈话提醒。

▲“六个带头”：带头执行疫情防控要求，带头落实个人家人防护措施，带头配合防控工作，带头不信谣不传谣，带头做好群众思想工作，带头减少不必要的外出和聚会活动。

▲十一个“一”：成立一个工作组、实行“二对一”领导“包院”制、细化一张清单、组建一个专班、开展一次培训、建立一个档案、落实一个服务标准、组建一个工作群、定期一次上报、一日一会商和一周一督查。

【机关党组织建设】　2020年，龙泉市委直属机关工委坚持以“建设清廉机关、创建模范机关”(以下简称“双建”)为牵引，围绕“聚焦‘重要窗口’、聚力龙泉复兴”目标定位，推进机关党的建设工作。坚定不移把习近平新时代中国特色社会主义思想作为机关理论学习“第一议题”和党员干部教育培训核心课程，结合理论学习中心组、主题党日、“三会一课”、红色讲师团宣讲等形式组织集中学习，通过月指导、季督查、年考核，确保“第一议题”落到实处。严格落实党章条例、准则，研究出台《关于龙泉市直机关全面开展“建设清廉机关、创建模范机关”活动的实施方案》并推动落实，涌现出市公安局“剑瓷交警　红绿先锋”、市教育局“一心一室三行动”等

“双建”品牌。10月27日，机关工委“双建”工作主要做法代表丽水市在浙江省机关党建工作推进会上作书面交流。

按照党章、条例要求，规范机关党委集中换届工作。新换届17个机关党委（机关纪委）委员中，研究生学历2人、大学学历154人（含大专学历14人）、中专学历4人，大专以上学历占97.5%，与上届相比大专以上学历占比提高21.6%；160名委员中，平均年龄39岁，与上届相比平均年轻4.5岁，“85后”委员56人，占35%。从严把关并接收为预备党员112名，按期转正党员54名；收缴73个单位党费188.25万元，返还党费106.38万元；发放党员关爱基金13.30万元。在疫情期间，建立115个临时党支部，动员3394名机关在职党员通过“双联系、双报到”下沉社区92个网格和23个一线防控点，组织67个单位4518名机关（含国企、部分两新及退休党员）党员捐款58.42万元。

【两新党建工作】 2020年，龙泉市两新组织总数811个，其中非公企业451个，社会组织360个。全市两新党组织113个，其中党委2个、党总支2个、党支部109个，党员1715名。围绕“巩固深化、持续推进、规范提升”工作主线，以政治教育常态化、两个覆盖有效化、服务发展精准化、工作基础保障化“四化”建设为抓手，提升两新党组织党建强、发展强、服务强水平。深入开展“抗疫情、促发展、当先锋”行动，选派153名两新党建指导员服务企业1.8万余人次，两新成员单位为各类企业兑现相关政策经费7391.67万元，减负超1.9亿元，在服务“两战赢”中积极作为。讲述两新党建好故事，高规格承办丽水市第五届两新党建好故事讲演比赛，龙泉市荣获优秀组织奖，选送节目《心在一起》获一等奖，获评丽水市十大两新党建和党组织工作品牌各1个、丽水市“最具人气好故事”2个。深化“争双强、当先锋”组织力提升工程，建立“四个一”集体政治生日机制，赠送“红色加油包”929份。发展党员35名，新建实体支部8个，成立首家民办医院党组织。深化“六星争创”，评出四星支部22个，五星支部13个，六星支部6个，推动16个支部晋位升级。实施20个党建项目，组织12名新生代企业家赴市直部门挂职锻炼3个月。高标准、特色化打造浙西南科创基地、龙泉宝剑厂党建示范点。

【党员电教工作】 2020年，龙泉市在党员教育片拍摄推送、农村党员干部现代远程教育、站点建管学用等方面取得新发展。制作完成创业创新人才熊树生《十年》、道太乡供村小学独臂教师杨树长《单手撑起的天空》等短片，其中杨树长事迹在浙江省委组织部“之江先锋”抖音视频号、浙江电视台《党建播报》栏目展播；选送的“消薄”短片《“消薄”路上》入选全省党员教育片观摩交流活动微视频二等奖和“最佳策划”作品；配合浙江省委组织部完成拍摄制作三集系列电视片《一个都不能少》秀洲—龙泉山海协作有关片段，会同省里开展七集电视系列片《攻坚》、村社换届宣传片《选好一班人美丽一个村》（上中下）等融媒体展播工作。制定和完善加强党建电视制作工作机制，党建新闻报送取得新突破，党员人物杨树长被中组党建新闻《共产党员》栏目录用，青瓷人才卢伟孙被《党建好声音》才智访谈录用；浙江卫视《时代先锋》专题录用3篇；《党建播报》录用新闻及人物24条。针对龙泉市两新党建、人才自主评定、村干部履职贷款、党建质量指数五色图等业务工作开展宣传，增强党建新闻传播影响力。2020年，党员干部现代远程教育终端站点设备新置（更新）电脑13台，投影仪23台，整合查田镇、竹垟畲族乡远教广场2个。举办远教站点管理员培训班，提升管理员业务水平。

【干部队伍建设】 2020年，龙泉市研究调整干部10批次，涉及224人次，其中提任45人，转任重要岗位13人，平调交流65人，退出领导岗位41人。

坚持在“两战”中考察识别、激励关心党员干部。制定出台《关于在疫

2020年11月28日，龙泉市优秀年轻干部比选面试现场 （市委组织部／供图）

情防控阻击战一线考察识别领导班子和领导干部的通知》《疫情一线抽调干部跟踪考察管理细则》，将疫情防控与干部工作深度结合，深入开展防疫一线领导干部考察识别工作，建立一线历练培养年轻干部机制和一线巡回督查机制，考察组走访529个点位，参加相关会议88次，谈话了解920余人次。强化分析研判和结果运用，提出“四个一批”干部名单，即职级晋升一批、发文表彰一批、列入优秀年轻干部库培养一批、提拔使用一批。有9名优秀干部优先晋级，33名一线干部受到通报表扬，16名年轻干部被列入优秀年轻干部库培养历练，9名在疫情防控和复工复产一线表现优秀干部得到提拔或进一步使用。

创新开展干部综合比选。围绕匠心干部队伍建设，开展年轻干部综合比选，通过组织推荐、实地调研、无领导小组面试、集中面谈、互动交流、分析研判等环节选拔，推动该市年轻干部干中比、比中选。2020年，通过4场综合比选，选拔任用19名优秀干部。

【公务员工作】 2020年，龙泉市推进机关事业单位职业生涯全周期“一件事”改革，打通工资、社保、医保、编制实名制等系统，实现“数据网上跑、人员少跑腿”；启动公务员录用、转任、职务职级后续业务办理等9项业务，事业人员聘用、岗位变动后续业务办理等7项业务全流程线上办理，办理公务员“一件事”业务910件，事业“一件事”业务1231件。深化“阳光考录”机制，通过编制计划、报名与资格审查、考试、体检、考察、公示、审批等环节，从2617名考生中择优录用55名公务员、9名选调生；组织2020年机关事业单位公开选调（聘）考试，14个单位通过差额方式调（聘）24人。推进综合管理类公务员职级晋升，其中，市级层面晋升三级调研员16人、四级调研员54人、一级主任科员136人、二级主任科员118人，机关单位层面晋升三级主任科员181人、四级主任科员261人，指导公安局、法院、检察院等单位晋升61人。开展重点调研破解公务员留人难问题，《关于加快发展地区公务员留人难问题的思考》调研报告在全省公务员考录工作培训班上作交流发言（丽水市唯一）。做好公务员登记、调（转）任等工作，2020年，完成公务员登记99人次，录用55人，转任156人次，调任2人次，取消录用2人次，辞职1人次。

【干部教育培养】 2020年，龙泉市机关干部、企业职工、社会组织人员等均纳入全市干部培训网络，形成“大规模、全覆盖”干部教育培训新格局。党校教学中，理论教育和党性教育课程总量达到总课时73%，实现占比70%以上目标要求；党性教育课程总量达到总课时25%，实现占比20%以上目标要求。举办主体班次培训班30期，培训副科以上干部1600余人次，科级以下干部3000余人次，基层干部1000余人次，企业经营管理人员200余人次，专业技术人员3000余人次。12名处级领导、32名科级领导为学员传经授课，在各主体班次中，领导干部讲课课时比例达到总课时22%。重点抓好科级干部、优秀年轻干部等培训，对全市科级干部采取全覆盖轮训，全年参加培训不少于12天或90学时。坚持每年举办优秀年轻干部培训班，2020年度45名优秀年轻干部参加培训。深化“双五”平台建设，选派55名干部到国家、省级、丽水市级机关单位挂职锻炼，选派17名干部到四川省昭化区开展东西部扶贫协作锻炼，选派200余名干部到招商小分队、土地和房屋征收指挥部、信访等“三重一线”岗位进行锻炼，选派64名机关干部任后进村党组织和扶贫帮扶重点村党组织“第一书记”。

【干部监督管理】 2020年，龙泉市部署开展基层选人用人突出问题专项整治“回头看”暨深化巡视选人用人问题整改“六大专项行动”▲，对重点问题开展专项整治。以浙江省委巡视反馈选人用人问题整改为契机，规范细化干部选任工作流程，大力度推进超职数整改，及时处置不担当、不作为干部，整改消化26人次，降职或免职处理10人。疫情期间，联合市纪委监委建立容错纠错快速应答机制，针对十种情形开展容错纠错，14名基层一线干部被给予免责处理，该做法受到上级组织部门点赞并被浙江省委组织部调研报告采用。

2020年，龙泉市审核干部选任251人次，预审否决1人；严格执行领导干部个人有关事项一月一申报制度，收集900余人次有关事项申报情况；严格落实领导干部外出报告、操办婚丧嫁娶备案、出国境证件管理、离任经济责任审计等制度，备案领导干部外出报告600余人次。发挥组织监督、群众监督、社会监督、舆论监督作用，畅通“12380”监督举报电话，对6名干部信访反映问题进行核查，1名干部因信访反映问题属实被取消提任资格。

▲“六大专项行动”：不担当不作为专项督查行动、干部违规交流调动专项整治行动、出国（境）违规问题专项整治行动、深入整治借用人员问题清理行动、深化“三超两乱”整治行动、组织人事干部素质提升行动。

【人才工作】 2020年，龙泉市建立龙泉市委人才科技工作领导小组，人才、科技工作一起研究，共同推进。制定出台《关于加快集聚创新创业人才 奋力推进一座独具匠心的文化名城建设的实施意见》等政策，人才政策更加灵活、开放。举办“创新引领•智汇龙泉”人才科技峰会，邀请海内外61名高校院所专家教授汇聚龙泉，开展3个专场路演、2场论坛，为龙泉产业发展献计献策。加强对人才的政治引领、政治吸纳，在高知群体中发展党员16名。

龙泉市以招引高层次人才、创新型人才、紧缺性人才为重点，深化市校合作，通过各类线上线下招聘活动，引进各类急需紧缺人才428人，其中硕士研究生13人，柔性引进高校院所专家教授92人。组织申报项目引才，申报丽水市“绿谷精英”项目13个，入选9个；“龙泉菌师”项目再次入选浙江省“希望之光”资助项目；徐凌、叶芳入选浙江省高层次人才特殊支持计划，其中叶芳为目前丽水市唯一入选全省高层次人才特殊支持计划青年拔尖人才人员；入选138人才第一层次1人，“绿谷工匠”3人，“百博进百企”高层次人才9人。申报享受国务院政府特殊津贴专家人选1人（卢伟孙），申报浙江省高层次人才特殊支持计划人选3人（牟春雷、陈庆华、王武）。

2020年，成功创建龙泉市汽车空调产业工程师协同创新中心省级试点，系丽水市唯一。协同中心入驻专家团队23个，集聚213名工程师，对企业亟须攻关19个技术难题进行“张榜招贤”，其中9个难题已经成功揭榜。深入开展市校合作，与杭州电子科技大学签约，共建杭州电子科技大学龙泉创新中心。开展人才服务“四大工程”，推进112套人才公寓装修工作，举办“新龙泉人游龙泉”“青年人才联谊交友”“青年人才兴趣班”等活动12场次，打造“暖心服务”品牌。积极落实各项人才政策，兑现“绿谷精英”创业创新项目资金、人才津贴、住房租金补助、安家补助、人才专项奖励等1200余万元。（周昌勇）

## 宣传工作

【概况】 2020年是龙泉撤县设市30周年、“绿水青山就是金山银山”理念提出15周年，是奋力决胜高水平全面建成小康社会的关键之年，龙泉市宣传思想文化战线认真学习贯彻党的十九大和十九届二中、三中、四中、五中全会精神及全国、浙江省、丽水市宣传思想工作会议精神，全面落实牢牢掌握意识形态工作领导权总要求，深入实施宣传思想文化工作“九项工程”，各项工作取得新进展、新成效。

【新闻宣传和媒体融合】 2020年，深化重大主题宣传，紧紧围绕“学习贯彻党的十九届四中、五中全会精神”、全面建成小康社会、“重要窗口”建设等重大主题，精心组织“奔向铁路时代、开启发展新篇”“‘三敢三比’丽水之干大比拼”“浙江省文明城市创建”“创建百山祖国家公园”等主题报道，策划组织“聚焦‘重要窗口’聚力龙泉复兴”大家谈、“奔向铁路时代开启发展新篇”、聚焦龙泉“两会”等特色系列报道，全年推出新闻报道5000余篇（条），生动展示龙泉实践、龙泉成果、龙泉经验。

2020年，龙泉市新闻宣传多点联动，打好防疫攻坚“两战”双赢舆论战。新媒体抢占舆论新高地，以“天下龙泉”App、“掌上龙泉”微信为核心，构建本地唯一防疫权威发布平台，每天及时发布疫情通报；开展“新闻+舆情瞭望哨”工程，推出“记者调查”“权威发布”150余篇，及时跟进粮食蔬菜等民生物资供给、交通出行、复工复产等民生问题。暖新闻传递社会正能量，推出“记者蹲点手记”，真实讲述战“疫”一线点滴故事，推出暖心报道700余篇次，其中，#医警夫妻抗疫一线偶遇#登上新浪微博热搜，《怀孕警嫂手绘漫画致敬“战疫超人”》被新华网、人民网等各大主流媒体刊发报道。推出“复工复产”专题，深入企业一线，反映全市上下积极战“疫”、部门暖心助企，迅速恢复生产生活。同时，在抖音推出动态、科普、暖心等各类防疫宣传短视频65条，浏览量突破2500万人次，其中5条浏览量突破100万人次，23条突破10万人次，《宅家光荣》单条浏览量达470万人次；精心制作视频《你好，龙泉》，被新华社采用，阅读量53万+；推出H5作品《我承诺：防控疫情，从我做起！》，2小时转发量高达13.5万人次；推出“主播讲防疫”，录制方言类、科普类音视频12组，通过106块户外大屏（楼宇广告）、60余辆宣传车、1354个农村应急广播终端进行全方位宣传。

2020年，龙泉市融媒体中心与丽水日报报业传媒集团媒体深度融合“市县联盟”，打造广告经营共同体，借助上级主流媒体人才、平台优势，实现资金保障自我“造血”。挂牌成立浙江日报报业集团县级融媒体中心共享联盟龙泉工作站。“龙泉新闻”抖音号最高单条作品点击量突破470万人次。创新推出融媒体节目《小武会客厅》，对话国家非遗传承人、知名作家、复刻历史瑰宝青瓷匠人、普通志愿者等各界代表，讲述奋斗故事，传递发展声音。拓展“新闻+服务”，“天下龙泉”App推出空中课堂，开展中小学网课教育，注册用户提高3万+，下载量突破5万人次。

【对外宣传】 2020年，围绕市委、市政府中心工作，精心策划宣传主题，全年邀请中央、省级主流媒体60多批次到龙泉进行采访，在省级以上主流媒体平台刊播报道600余篇，人民日报(含客户端)刊发报道16篇；新华社发布通稿20篇；中央电视台8条；《浙江日报》29篇；浙江电视台28条，其中《浙江新闻联播》12条。

2020年，龙泉外宣工作亮点纷呈。开展“问海借力 沪享龙泉”大型宣传活动，在国家级、上海及浙江主流媒体共推送原创文章(短视频)120多篇(条)，视频直播4场，全网综合传播量达到2.35亿人次，新浪微博话题“问海借力 沪享龙泉”浏览量突破1.7亿人次，单条阅读量突破300万人次，跟评讨论超过1万条。开展第三届世界青瓷大会主题采访报道活动，邀请《人民日报》、新华社、中央电视台等30余家主流媒体前来报道，刊发159篇报道，新华社、新华网、《上海日报》还推出英文、日文报道，央视、人民网、凤凰网等平台对开幕式和瓯江山水诗路启动仪式等10余场活动开展联动直播，点击量突破1000万人次，“天下龙泉 匠心开物”微博话题和抖音话题总阅读量超过4.2亿人次、跟评讨论达2.4万条。在抖音、微信平台组织开展“创建百山祖国家公园”新媒体宣传，开设参与“创建百山祖国家公园”新浪微博话题，积极助力百山祖国家公园创建。与浙江卫视合作录制播出文旅节目《还有诗和远方》传承篇，节目播出当晚，59城收视率0.948%，冲上了同时段收视前三，创下节目开播以来最高收视率；话题“张绍刚泥人头像摔扁了”微博热搜榜第六，同时登陆抖音、快手、今日头条、QQ看点等平台热搜。做好《浙江日报》大型融媒体报道“接力——高水平全面建成小康社会”(秀洲—龙泉山海协作)宣传报道，几代协作者(见证人)重聚龙泉，讲述秀洲、龙泉山海协作成果，社会反响高，宣传效果好。

**【落实意识形态工作主体责任】** 2020年，龙泉市研究出台《2020年意识形态工作组织领导和责任分工》文件。坚持和完善季度意识形态(网络舆情研判)工作例会制度，市委常委会、常委扩大会议全年学习研究意识形态工作12次，结合市委巡察等，对乡镇(街道)和重点单位开展意识形态综合检查。新建35个农村文化礼堂，建立新时代文明实践中心1个，新时代文明实践所19个，在村(社区)设立新时代文明实践站点400余个。专题部署推进“扫黄打非”工作，西街街道西新社区成为省级“扫黄打非”进基层示范点。全市236个行政村、13个社区、45个行政单位、5家较大型民营企业完成“瞭望哨”布点工作。

2020年4月29日，习近平新时代中国特色社会主义思想进校园宣讲活动

(市委宣传部/供图)

**【理论武装】** 2020年，龙泉市印发《习近平新时代中国特色社会主义思想溯源工程实施方案》《2020年龙泉市党委(党组)理论学习中心组学习安排》，市委理论学习中心组集中学习28次、研讨交流5次，汇编《深入学习贯彻“习近平总书记在浙江考察时的重要讲话精神”专题学习会材料汇编》《答好“龙泉发展六问”研讨会交流材料》等材料，编发《干部学习参阅》12期，发放学习资料3.4万余册。全市各乡镇(街道)、部门单位围绕党的十九届五中全会和浙江省、丽水市全会精神，开展学习990余场次，推动学习贯彻习近平新时代中国特色社会主义思想往深里走、往心里走、往实里走。举办“决胜小康，奋斗有我；共享小康，幸福有我”龙泉市第十届微型党课比赛。组建市委宣讲团、社科宣讲团、剑瓷青宣讲团、民间文艺宣讲团等“十支宣讲团、百名宣讲员”，开展习近平新时代中国特色社会主义思想和党的十九届五中全会精神、“绿水青山就是金山银山”理念等各类主题宣讲活动720多场次，推出“剑瓷青年说”理论微宣讲视频10期。

**【专题学习会】** 2020年5月12日，市委理论学习中心组召开“深入学习贯彻习近平总书记在浙江考察时的重要讲话精神”专题研讨交流会。5月26日，邀请丽水市委常委、军分区司令赵存志作《当前世界格局走向及我国安全形势》专题辅导；7月21日，邀请浙江省委宣传部原常务副部长、省委十四届七次全会精神宣讲团专家胡坚作《我们的窗口给世界一份精彩》浙江省委十四届七次全会专题辅导；8月6日，邀请浙江大学光华法学院教授、民法典讲师团成员张谷作《中华人民共和国民法典》专题辅导；8月27日，市委理论学习中心组召开《习近平谈治国理政》第三卷专题学习交流研讨会；8月27日，邀请党的十八大新闻中心副主任、APEC会议新闻中心主任、北京市政府原新闻发言人王惠作《信息公开与新闻发布实务》意识形态工作专题辅导；9月21—23日，龙泉市召开《习近平谈治国理政》第三卷专题学习会暨答好“龙泉发展六问”研讨会；11月5日，邀请浙江省城乡规划设计研究院院长陈桂秋作《转型发展与未来城市》新型城镇化专题学习辅导。全年理论学习中心组开展集中学习28次。

【文化产业】 2020年，龙泉市组织申报丽水市艺术助推乡村振兴项目，兑现项目资金40万元用于助力乡村振兴工作。用好浙江省文化产业发展专项资金，文化产业企业惠民补助共兑付88.21万元。举办第二届“中国的杯子”创意设计大赛。举办国潮联盟“龙魄”对外发声国潮论道龙泉站活动，其重头戏——“围炉夜话”，就龙泉剑瓷文化与产品如何结合才能更好地应用于生活进行深度交流探讨。举办“问海借力·沪享龙泉”健康生活畅享季活动，整个畅享季期间，文创产品和农副产品销售额突破2000万元，全网综合传播量达到2.1亿人次。举办“天下龙泉 匠心开物”第三届世界青瓷大会，打造四大篇章三十项子活动，办成了一届“独具匠心、别具风采，非常出新、特别出效，好评如潮、各界满意”的盛会。组织剑瓷企业参加嘉兴文博会、深圳文博会、长三角文博会。

【文化事业】 2020年，龙泉市举办线上文化服务活动（送戏、讲座、展播展览等）172场，线上活动参与达到11.36万人次。指导举办乡村特色文化漫游节32场、乡村春晚4场，送电影下乡2800场，送戏下乡演出239场，送书下乡18604册。举办瓯江山水诗之路启动起航仪式、撤县设市30周年文艺晚会、“天下龙泉·迎春接福”活动、小城文化艺术周等大型文化活动，“灵韵瓯越·瓯江山水诗之路”中秋雅集、“七夕”灯会、“两山15年，我是见证者”摄影比赛、“龙泉撤县设市三十周年”主题摄影比赛、“我与龙泉30年”文学征文比赛等文化文艺活动，“天下龙泉·龙泉窑碗事”特展、庆祝龙泉“撤县设市30周年”书画摄影展、“全面小康·绿色光影”摄影大展等展览。对接及推进《家徽》《云霄之上》《春风又绿江南》《我们的新时代》等影视剧在龙泉完成取景拍摄。以龙泉剑瓷文化研究院为平台，推进剑瓷文化“深化”工作，开展龙泉宝剑礼仪文化、古代龙泉青瓷、现代龙泉青瓷、“海丝古镇”之“水上龙泉青瓷之路”研究等，编辑出版精品画册《天下龙泉·龙泉窑碗事》。

【宣传队伍建设】 2020年，龙泉市开展全市宣传思想文化战线“四力”教育，举办第六期新闻发言人培训班，邀请北京市政府原新闻发言人王惠老师作专题讲座，深入开展宣传干部

2020年9月30日，“灵韵瓯越·瓯江山水诗之路”中秋雅集活动 （市委宣传部／供图）

2020年12月26日，龙泉“撤县设市30周年”书画摄影展 （市委宣传部／供图）

“进礼堂上讲堂”活动。选优配齐网信中心主任、文化产业和文明实践指导中心副主任，文化产业和文明实践指导中心新招录公务员3名，融媒体中心满编招考事业编制人员4名，教育局引进初中思政教师3名。深化文联、社科联改革，完成文联下属协会换届，增强工作活力。推荐省“万人计划”人文社科领军人才1名，叶芳获评丽水市宣传思想文化系统“四个一批”人才，汤忠仁、周奕武获评丽水市首批“绿谷青英”。

**【农村文化礼堂建设】** 2020年，龙泉市扎实推进农村文化礼堂提质扩面，文化礼堂工作纳入龙泉市民生实事工程。组织召开农村文化礼堂工作现场推进会、设计方案评审会、星级评定工作落实等，新建农村礼堂35家，提升2家，培育4家。汇集民政、文联、妇联、农办、文旅委等十余个单位服务资源，推出《2020年度龙泉市农村文化礼堂服务菜单》。各文化礼堂结合新时代文明实践中心站建设，开展特色文明实践价值引领活动。推进龙渊街道石马村、砖石街道炉地垟村、兰巨乡大巨村文化礼堂个性化打造，彰显地方特色礼堂品牌。龙渊街道村头村、城北乡东书村获评全省五星级农村文化礼堂，八都镇溪坪村、八都镇安田村、上垟镇双源村上源、住龙镇建平村、锦溪镇吴林村、宝溪乡溪头村、城北乡上田村、龙南乡兴川村金川、岩樟乡坑源底村文化礼堂获评丽水市四星级文化礼堂。

2020年，砖石街道炉地垟村文化讲堂 （市委宣传部／供图）

**【社会主义核心价值观弘扬】** 探索新时代文明实践“龙泉路径”，注重特色文化融入，因地制宜将文明实践所、站、点“串连成线”，打造“全域性文明实践站所”；建立纵向涵盖市镇村三级、横向辐射机关、企事业单位的“布局合理、群众便利、出户可及”新时代文明实践网络；打造新时代文明实践中心智慧云平台，“智慧+”文明实践模式助力线上线下同屏共振。深化群众性精神文明创建，浙江省示范文明城市创建通过省测评验收并列入省示范文明城市公示；实施十大好习惯养成工程，邀请道德模范等先进典型为好习惯宣传代言，百家文明单位作出倡议、践行文明好习惯的承诺；精心设计一批融入青瓷元素的公筷公勺，动员人大代表、政协委员带头践行“公筷行动”，助力“公筷公勺”走入千家万户；开展文明单位、文明村镇、文明校园、文明家庭创建，全市评出100余家文明家庭，其中25户获评丽水市级文明家庭，组织开展文明家庭助力文明城市创建活动。打造“最美龙泉人”品牌建设，开展好人选树，推荐好人、防疫典型、志愿服务典型60余例，评选出龙泉好人34例，其中浙江好人6例，丽水好人11例，最美诚信浙江人1例。开展宣传推选2019年度学雷锋志愿服务先进典型活动，慰问奋战在抗疫一线的志愿者，发放慰问金1.74万元。开展公民道德宣传日主题活动，宣传发放《丽水文明行为促进条例》，举办第九届未成年人思想道德文化节，持续深化“春泥计划”，推进乡村学校少年宫建设。以“我们的节日”活动为契机，线上线下开展各类传统文化活动100余场次。

**【网络阵地和文化建设】** 守好网络阵地，营造安全清朗网络环境。把学习宣传贯彻习近平新时代中国特色社会主义思想和党的十九大精神作为工作主线，组织开设新浪微博“问海借力 沪享龙泉”话题，阅读量超过1.5亿人次，讨论近万条。微信作品《步履芳华——小康路上三双鞋》《龙泉碧龙：跨越85年的时空对话》获得丽水微信PK赛周冠军。第四届龙泉市网络文化活动季，征集到9个网络文化活动项目，其中“天下龙泉”微视频大赛，参赛视频300余个，阅读量500余万人次。“问政直通车”累计提问数688次，回复率100%。持续开展“清朗”专项行动，依法对12人作出行政处罚。开展网络安全宣传周活动，成立丽水市首支县级网络安全应急专家组，推出网络安全知识“进广场、进社区、进学校”、线上网络安全知识竞答、网络安全检查、应急演练等系列活动。严格落实网络安全责任，经常性开展网络安全检查，联合市公安局网安大队、市场监管局等部门开展大型户外广告屏专项检查。

【重要会议】 2020年1月13日，召开全市宣传思想文化系统务虚会意识形态工作例会。4月3日，召开宣传思想工作会议和意识形态专题例会，分析研判2020年第一季度意识形态等工作情况。8月21日，召开龙泉市第二季度意识形态工作例会暨新时代文明实践中心、农村文化礼堂建设工作推进会。7月20—21日，召开“丽水之赞 龙泉实践”从下山脱贫到全面建成小康社会——习近平总书记“两山”理念提出15周年暨丽水大花园建设研讨会，浙江省社科联党组书记、副主席郭华巍到场致辞，省内外社科专家、有关领导50多人齐聚龙泉，深刻阐述习近平总书记关于全面小康、“重要窗口”内涵、意义和实践路径。

【相关制度文件】 2020年3月10日，印发《关于开展2020年农村文化礼堂建设工作的通知》（龙宣〔2020〕4号），《中共龙泉市委宣传部2020年宣传思想文化工作要点》；3月23日，印发《中共龙泉市委宣传部党风廉政建设主体责任及2020年任务分工》（龙宣〔2020〕5号）；4月2日，印发《龙泉市宣传思想文化工作“九项工程”实施方案》（龙宣〔2020〕8号）；7月24日，印发《关于进一步推进清廉文化建设的实施意见》（龙宣〔2020〕12号）、《龙泉市2020年浙西南革命精神弘扬践行工作要点》（龙宣〔2020〕13号）；9月30日，印发《2020年度市直部门意识形态工作考核办法》（龙宣〔2020〕17号）、《2020年度乡镇（街道）意识形态工作考核办法》（龙宣〔2020〕18号）。7月28日，印发《2020年意识形态工作组织领导与责任分工》（龙委办发〔2020〕15号）、《中共龙泉市委落实丽水市委意识形态工作责任制重点检查反馈意见的整改方案》（龙委办发〔2020〕14号）；12月21日，印发《关于当前我市意识形态领域情况的通报》（龙委办发〔2020〕28号）、《关于2020年度意识形态工作主体责任落实情况的报告》（龙委〔2020〕29号）。 （柯土荣）

## 统战工作

【概况】 2020年，龙泉市委统战部强化文化统战引领作用，彰显统一战线法宝作用，发挥统战基层基础作用，不断提升龙泉统战工作的辨识度、参与度、贡献度，为建设一座独具匠心的文化名城贡献统战力量。该年，完成情况通报会、民主协商会、征求意见会10余次，开展乡镇（街道）统战工作调研30余次，走访统战工作领导小组成员单位20余次。所有行政村（社区）党组织设置专（兼）职统战委员。以打好“国内疫情阻击战、经济复苏保护战、海外疫情防控战”为抓手，全力投入疫情防控工作，龙泉市海外疫情防控组获评丽水市抗击新冠肺炎疫情先进集体。打响“文化统战”品牌，龙泉剑瓷新力量实践创新基地被列为省级新的社会阶层人士统战工作实践创新基地。以网络视频会议方式，圆满完成欧洲龙泉同乡总会（总商会）换届工作。

【文化统战工作】 2020年11月，在福建省厦门市举办百名工艺美术师龙泉剑瓷作品爱心拍卖会，募集并拍出龙泉市新的社会阶层剑瓷艺人无偿捐献作品81件，拍得爱心善款106.01万元。组织民主党派、无党派人士围绕“聚焦‘重要窗口’、聚力龙泉复兴”学习实践活动开展系列主题活动，通过召开学习动员会、专题研讨会等形式，充分凝聚民主党派、无党派人士专业智慧，为龙泉复兴建言献计。在民主党派、党外代表人士、非公经济、民族、宗教等统一战线领域（非公季）扎实开展弘扬践行浙西南革命精神活动，将东升小学“龙泉红色战斗纪念馆”与“同心?知联”走进校园关爱服务基地相结合，积极申报省级党外知识分子思想教育基地。举办竹垟泼水狂欢节、首届竹垟杨梅节，推出研学游、风情体验游、观光采摘游等旅游项目，打造“畲小妹”农文旅产品品牌。

【乡贤统战工作】 2020年，市委统战部规范新时代乡贤工作，筹备县级乡贤联谊组织建设，对接民政部门完成前期工作，推进村级乡贤联谊组织建设，该年新成立村级乡贤联谊组织37个，实现乡贤联谊组织全面延伸。推进乡贤回归工程，引导乡贤回村人数340余人，签订乡贤回归项目29个、协议投资额18亿余元，回归乡村实际投资3.9亿余元。开展优秀乡贤选树、乡贤宣讲员等活动，弘扬崇德向善良好风气。新建乡贤馆、乡贤廊等文化场地10余处。引导乡贤参与村社组织换届工作、与乡村治理、建言献策等，通过乡贤调解矛盾纠纷221件、建言献策205件，捐赠公益资金300余万元。

【基层统战工作】 2020年，市委统战部完善龙泉市统一战线各领域制度机制。立足服务国家治理体系和治理能力现代化，健全完善统一战线各类

2020 年 11 月 7 日，百名工艺美术师龙泉剑瓷作品爱心拍卖会　（市委统战部 / 供图）

领导小组，建立并落实统一战线代表人士建言献策"直通车"制度、政府与民主党派、无党派人士联系制度、党外特约人员聘请工作制度等。乡镇（街道）乡贤联谊组织开展"五好""八个有"▲标准组织创建活动。鼓励民主党派、工商联和无党派人士围绕中心工作、聚焦社情民意，积极建言献策。该年，民主党派、工商联、无党派人士通过"两会"等平台，提交人大建议 8 件、政协提案 65 件，其中大会发言 11 篇、重点提案 23 件；报送社情民意信息 57 篇。开展"以制度建设现代化推进市域治理现代化"等专项监督，并促进成果转化，出台《龙泉市推进基层治理场景集成打造实施方案》。

▲"五好"，即党建统领好、领导班子好、平台搭建好、作用发挥好、工作保障好；"八个有"，即有完善的组织领导体制，有常态的工作专班，有域内外全覆盖的组织网络，有一套科学的工作导图（导则、工作规范），有乡贤活动的年度计划，有为乡贤服务的行动计划，有乡贤教育培训行动计划，有乡贤反哺家乡招才引智、招财引资、光彩慈善、致富头雁等项目库行动计划。

【多党合作和党外知识分子工作】　2020 年，市委统战部开展"以制度建设现代化推进市域治理现代化"等专项监督，出台《龙泉市推进基层治理场景集成打造实施方案》，落实市委、市政府党员领导干部与党外代表人士联谊交友制度。在民主党派、党外代表人士、非公经济、民族、宗教等统一战线领域（非公季）扎实开展弘扬践行浙西南革命精神活动，打造党外知识分子浙西南革命精神教育基地，将东升小学"龙泉红色战斗纪念馆"与"同心?知联"走进校园关爱服务基地相结合，申报省级党外知识分子思想教育基地。

【非公有制经济和新的社会阶层统战工作】　2020 年，市委统战部落实党委政府与非公有制企业、商会联系"五大机制"，组织 12 名新生代企业家赴政府部门挂职锻炼，建立"商会之家"等阵地。制定《关于加强新时代民营经济统战工作支持民营企业发展的实施方案》。建立民营经济统战工作协调机制，强化部门间协作配合和沟通协调。引导民营经济开展脱贫攻坚工作，在福建厦门举办百名工艺美术师龙泉剑瓷作品爱心拍卖会，该实践创新做法成为浙江省民营经济统战工作优秀案例。开展清廉民企（商会）建设工作，浙江国镜药业有限公司、毅力汽车空调有限公司、安仁商会成功创建清廉民企（商会）示范单位。指导网联会规范化建设，创建网络人士统战工作实践创新基地。

【港澳台海外统战和侨务工作】　2020 年，海外疫情发生后，市委统战部第一时间成立海外疫情防控工作组，下设华侨信息排摸、管控、救治疾控、大数据工作四个专班，建立境外返回龙泉人员底数排查等 8 项机制，负责龙泉市海外疫情防控工作。依托精密智控，全程紧抓入境人员疫情防控链条，所有入境返回龙泉人员均平安抵达，本土未发现新型冠状病毒肺炎确诊病例、疑似病例、无症状感染者，实现疫情防控战时状态和常态化防控阶段性胜利。2020 年，积极开展《中华人民共和国归侨侨眷权益保护法》《浙江省华侨权益保护条例》等涉侨法律宣传工作，发放《中华人民共和国归侨侨眷权益保护法》《浙江省华侨权益保护条例》等涉侨法律宣册、折页 800 余份。

【民族工作】　2020 年，市委统战部落实民族资金 585 万元，安排项目 23 个，打造了畲族风情旅游线、"最美畲寨"特色村寨体验区、民族经济文化示范带。扎实开展"双百结对村"行动，落实帮扶项目 18 个，资金 327 万元。民族乡村振兴被纳入市委、市政府《关于落实农业农村优先发展总方针推动"三农"高质量绿色发展的若干意见》，竹垟畲乡风情旅游规划被纳入《龙泉市 2020 年度专项规划编制》，竹垟畲族乡夏日泼水季、竹垟畲族乡杨梅采摘节、金田村七夕孝义文化漫游节被纳入龙泉市 2020 年“乡村文化漫游节”总盘子。

【宗教工作】 2020 年，市委统战部严格采取宗教和民间信仰活动场所暂停开放、暂停一切宗教活动等措施，全市统战民宗系统巡查 1500 余人次，暂停宗教和民间信仰活动场所 350 多处，取消相关活动 200 余场。成立宗教活动场所疫情防控工作专班，在乡镇（街道）和各宗教活动场所建立疫情防控工作小组，落实宗教活动场所疫情防控上下联动协调机制，稳步推进宗教活动场所有序恢复开放工作。该市 21 处佛道教场所和基督教堂、天主教堂配备微型消防站。建立基层宗教干部教育培训制度，各乡镇（街道）以专题会议、主题党日活动等多种形式，开展村（社区）干部、农村党员教育培训，在 2020 年度“85 后”优秀年轻干部培训班中安排民族宗教专题。

【构建“大统战”工作格局】 2020 年，龙泉市委坚持统战工作“三个带头”“四个纳入”，市委常委会 7 次听取或研究统战工作，市委书记牵头召开全市统一战线“聚焦‘重要窗口’聚力龙泉复兴”学习实践专题会，市委领导与党外代表人士联谊交友、谈心谈话 20 余次，新时代统战工作政策理论解读被列入 2020 年龙泉市党委（党组）理论学习中心组，统战工作、宗教工作列入市管领导干部年度综合考核，统战工作列入市委党建工作领导小组 2020 年工作要点、2020 年宣传思想文化工作要点。制定 2020 年全市统战工作要点、领导小组成员单位 2020 年重点工作任务等文件，落实统一战线工作领导小组工作规则，专题召开市委统一战线工作领导小组会议，构架“大统战”工作链、责任链。健全完善统一战线各类领导小组，召开组统、宣统、新的社会阶层人士统战工作联席会议各 1 次。

【全面推行基层统战“十化工作法”】 2020 年，龙泉市制定出台《关于进一步加强乡镇（街道）统战工作的实施意见》，全面推行基层统战“十化工作法”，实现统战情况数据化、台账资料有形化、工作任务清单化、统战组织网络化、工作机制规范化、联络联谊常态化、参政议政多元化、统战文化阵地化、统战工作品牌化、统战队伍专业化。（练君燕 吴 哲）

## 机构编制管理

【概况】 2020 年，龙泉市委编办认真贯彻落实《中国共产党机构编制工作条例》和《浙江省机构编制监督检查办法》，严格按照机构编制法定化要求，建立健全各项工作制度，运用法治思维和法治方式维护机构编制严肃性和权威性，提升机构编制管理水平。该年市委机构编制委员会研究调整机构编制事项 22 项，核定行政事业单位用编计划 439 名，全市有行政机关 71 家（不含垂管的法院、检察院、税务局）、行政实有人员 1524 人，事业单位 377 家、事业实有人员 5523 人。

【事业单位改革】 2020 年，全面完成事业单位清理规范整合工作，列入清理规范整合范围事业单位由 250 家减少为 167 家，精简率达 33.34%，位列丽水市第一，超额完成浙江省下达精简 15%目标任务，通过精简整合盘活有限机构编制资源，优化事业单位布局结构，提高公益服务能力。4 月，完成“三定”印发，完成事业人员转隶 840 人，改革后事业单位 167 家完成登记工作。

【综合行政执法改革】 2020 年，市委编办组建完成市场监管、文化市场、交通运输、农业、生态环境保护五支综合行政执法队，五个领域综合行政执法实现“一个部门一支队伍”“一个领域一支队伍”，实现“事权分散”向“相对集中”转变，“多头执法”向“专业执法”转变。统筹设置执法队内设机构、专业执法中队（科室）、区域执法中队，确保执法人员编制重点用于执法一线，解决基层执法力量分散薄弱等问题，形成“综合行政执法+部门专业执法+联合执法”格局。

【自然资源体制改革】 2020 年，市委编办整合优化自然资源综合行政执法职责，全面整合土地、矿产、规划、测绘等执法职责，在原有国土资源执法监察队伍基础上组建自然资源执法队伍。科学机构设置，执法队伍实行“局队合一”执法体制，将各国土资源基层管理所统一更名为 XX 自然资源所，作为自然资源和规划局派出机构，纳入基层治理“四平台”管理，强化“最多跑一次”理念在基层实践。

【森林公安体制调整】 2020 年，市委编办开展森林公安体制调整、人员转隶工作，厘清公安局、林业局有关森林防火职责边界，调整优化机构职责与人员配置，在市公安局增加森林警察大队、市林业局增加森林防火科，推进资源力量整合和管理效益提升。

【其他领域改革】 2020 年，市委编办按程序批准设立龙泉市城市智慧治理中心，贯彻浙江省委书记袁家军提出要以整体智治理念推动县域治理现代化理念，整合组建龙泉市大数据发展中心（挂龙泉市综合信息指挥中心、龙泉市城市智慧治理中心牌子），紧跟数字化转型需要，实现数据整合全面化、信息采集智能化、基层治理平台化、联动指挥一体化。推进百山祖国家公园建设，划出行政编制1名、事业编制33名，并梳理权责清单。配合龙泉市社会矛盾纠纷调处化解中心（信访超市）建设，整合9个中心，入驻6家单位，助力实现矛盾纠纷调处化解“最多跑一地”。落实法治政府建设目标任务，常态化做好权责清单和公共服务事项清单动态调整工作等。

【机构编制管理】 2020年，市委编办每月将实名制库与社保养老库进行数据比对，更新人员信息3335条，准确掌握机构编制和人员调整变化情况，实名制数据库被作为“一件事协同办事平台”运行底库，为“一件事”办理提供源头数据支撑，在编制核准、计划审核、财政预算编制、公务员职级并行等工作中发挥重要作用。统筹用编计划管理，确保各类招录和政策性安置计划有编可用，该年核准用编计划439名，核准编外用工使用计划214名；规范股级职数审核，该年审批股级职数2671个；推进机关事业单位人员职业生涯全周期管理改革，办理入编登记1267人次、出编登记1208人次，变部门跑为网上跑，办理时限缩短至0.5个工作日，坚持编制前置审批管理，对事业单位登记相关业务办理不及时、人员转隶未到位、实名制信息不准确单位，不予办理机构编制业务，确保机构编制工作严肃性。

【编制周转管理】 2020年，市委编办通过调剂增加编制等方式解决重点领域结构性缺编问题，强化对党委政府中心工作保障，为推进农业发展、工业招商和重点项目建设，增加编制40余个解决重点领域结构性缺编问题，保障发展需求。出台《龙泉市事业单位编制周转管理办法》，建立“重要窗口建设、创新引领人才”两大编制周转池，推动“沉淀资源”转为“活的资源”，提升编制资源使用效益，提高机构编制服务保障能力和水平。

【事业单位登记】 2020年，全市办理事业单位法人设立登记27家，变更登记238家，注销登记48家，到期换领96家，机关、群团统一社会信用代码证书信息变更17家；4月，完成2019年度事业单位法人年度报告公示工作，公示率100%。推进事业单位登记全流程网上办，实现事业单位登记和机关、群团统一社会信用代码赋码“最多跑一次”，疫情期间发布《关于新型冠状病毒疫情防控期间做好事业单位法人登记和机关赋码工作有关事项的通知》，实行“受办不见面”。做好事业单位登记和档案材料分类、整理、归档、法人变更登记提醒工作，将事业单位登记管理工作纳入核准编制条件，综合考量年度报告公示、变更登记手续等工作，对发现问题整改不到位或应注销未注销事业单位及时废止其法人证书，暂缓研究其单位相关机构编制事项，倒逼事业单位增强自我约束力，强化监管实效。

【机构编制监督检查】 2020年，市委编办全面加强与巡察、组织、人力社保、审计等部门合作联动，配合做好线索共享、整改督促反馈工作，配合做好第七、八、九轮市委巡察和市自然资源和规划局、交警大队等25家部门专项审计工作及12家单位选人用人专项检查工作，梳理执行“三定”规定、权责清单调整、编外用工管理、股级职数管理、编制使用等5个方面49项违规问题，跟踪督促责任单位落实整改。根据上级编办要求，开展超编、超职数超规格配备领导干部、超权限设置机构、县级公安机关内设机构规格职数等问题自查自纠工作。开展事业单位改革绩效评估，推动主管部门和事业单位机构、职能、人员向深度融合转变。

【编外用工管理】 2020年，市委编办针对浙江省委巡视组指出“编外人员管理不规范”问题，召开巡视问题整改推进会议，督促7个重点单位上报《巡视整改落实工作责任表》，明确整改问题、整改措施、责任单位以及完成时限。加强对清理力度不到位单位指导工作，督促6家单位完成整改。同时做好总量控制“回头看”工作，健全编外人员实名报备管理，严格执行编外用工管理办法，完成机关事业单位编外用工实名制备案工作。

【基层治理创新】 2020年，市委编办主动理顺市乡关系，创新绘制“1+6+X”工作脉络图▲，梳理公布乡镇（街道）法定权力清单140项，编制统一流程图、办事指南，规范乡镇（街道）行政权力运行；出台《关于规范乡镇（街道）“属地管理”的实施意见》，制定乡镇（街道）“属地管理”69项清单，厘清乡镇（街道）和部门工作界面，助力基层减负增效。推进八都镇列入丽水市首个综合行政执法体制改革试点乡镇，率先设置八都镇综合行政执法队，梳理下放行政执法事项目录24个方面329项，完善机构编制人员管理体制，破解乡镇“看得见管不着”难题以及各职能部门“多头管、重复管、无人管”困境。经省司法厅审定，由八都镇政府相对集中行使行政处罚事项533项，实现“一支队伍管执法”。

▲“1+6+X”工作脉络图，“1”即1张市乡联动总脉络图，“6”即党建工作脉络图、审批服务脉络图、社会治

理脉络图、应急处置脉络图、绿色发展脉络图、农业发展脉络图6张专项工作脉络图,“X”张特色工作脉络图。

（林彤辉）

## 信访工作

【概况】 2020年,龙泉市信访总量批(件)9778次,其中来信391件,来访564批1737人次,网上信访1729件,受理来电5921件。基本实现“接访在县里”目标,县级登记走访量占比高达90%。信访件“按期受理率、按期答复率、回访核实率”达到三个100%,群众满意率达到98.2%,连续第三年创成浙江省“无信访积案县(市、区)”。

【机制建设工作】 2020年,龙泉市信访局推进社会矛盾纠纷调处化解中心机制建设,优化硬件条件,推行(常驻、轮驻、随驻)、即接即办机、教育疏导、会商研判、市领导值守接访、协调办事公开监督、考核管理八大运行机制。继续完善县、乡、村三级信访代办制度,丰富各代办点功能。建立“立体化”“全方位”依法整治新模式,将“控源头、清初访、查重访、化积案”作为突破口,着力规范信访行为。完善通报制度,对积案化解工作实行“月汇总、季通报、年考核”,推动积案化解工作提质增速。

（吴敦发）

## 党校工作

【概况】 2020年,龙泉市委党校坚持党校姓党,深入学习贯彻习近平新时代中国特色社会主义思想,坚持疫情防控和主责主业两手抓、两不误,以实际行动践行党校人初心使命,提升党校教育培训、科研咨政、队伍建设等各项工作水平。选派骨干教师参加挂职锻炼、外出考察、精品课评选等各项活动,鼓励教师参与各类研讨会、报告会,以开阔视野,增长见识,着力打造一支适应新时代干部教育培训要求的干部队伍,该年共组织教职员工参加各类教学、科研培训30人次以上。

【教育培训工作】 2020年,市委党校坚持“用学术讲政治”教学理念,丰富教学内容,改进教学方法,提升教育培训效果,基本形成以各类干部轮训培训为主,专题研讨、社会培训相结合,多层次、多渠道的办学格局。在课程设置方面,采取“社会实践——本地学习——异地培训——升华提炼”相结合“四段式”教学法,实现理论学习与社会实践紧密结合,全年共开发新教学专题14堂,获评丽水党校系统精品课程1堂。在培训资源方面,坚持“请进来”“走出去”相结合,建立特聘师资库,邀请各级领导、专家、教授为主体班学员授课,同时创造条件带领主体班赴浙江省委党校、浙江红船学院等地开展党性教育延伸培训。该年举办各类主体班次17期,培训2093人次,举办社会培训班次11期,培训743人次,深入基层开展理论宣讲21场,受众2040人次。

【科研咨政工作】 2020年,市委党校坚持“教研咨”一体化工作理念,以科研骨干集体攻关、成立科研智库联盟等举措,推进科研工作提质提效。高标准推进理论研究,组织教师申报浙江省委党校中特中心规划课题7项、立项4项,完成省级课题结题2项,市县课题结题29项。高要求开展咨政研究,在各类平台发表咨政文章5篇,1篇咨政建议被列为龙泉市政协重点提案。在防疫工作期间,党校教师发挥专业优势,围绕社区防疫、中小企业复产复工等疫情防控中的热点难点焦点问题,在值守和管控一线开展调查研究,针对社区精准防控,及时发现薄弱环节,提出改进意见建议,被社区、街道防控办采纳,其中1位教师撰写关于防疫工作咨政报告被列入龙泉“两会”发言,体现特殊时期党校人的政治担当。

（周一力）

## 老干部工作

【概况】 2020年,龙泉市有离休干部69人,有实职副处及以上离退休干部36人(其中2人为离休)。该年,市委老干部局围绕纪念抗战胜利75周

2020年7月13日,龙泉市“85后”优秀年轻干部培训班合影留念 （史卫文/供图）

年、纪念中国人民志愿军抗美援朝出国作战70周年等主题，开展“颂歌献小康，建言现代化”活动，引导老同志围绕打赢“三大攻坚战”、推进县域治理现代化等工作，积极建言献策、贡献智慧力量。完成浙江省民生实事项目——龙泉市老干部活动中心(老年大学)提升工程。

**【离退休干部服务】** 2020年，市委老干部局组织离退休党员开展习近平总书记在浙江考察重要讲话精神“一读三谈”(读习近平总书记在浙江考察重要讲话精神，谈学习体会、谈永葆青春、谈作用发挥)活动，并组织离退休干部线上收看学习《学好用好民法典》《弘扬伟大抗疫精神》《党的十九届五中全会辅导报告》《2021年经济形势展望和政策重点》4场专题报告会。9月，举办全市离退休党支部书记培训班，组织学习《关于推进离退休干部党支部规范化建设的指导意见》，规范离退休干部党支部建设。11月，在全市离退休干部党支部中开展标准化党支部评选，选出标准化离退休党支部5个，其中龙泉市二中退休支部被评为典型离退休干部党支部。积极助力“银耀之江”“十百千万”工程，挖掘出2个助力微故事及10名“最美助力之星”。

**【老干部积极助力疫情防控】** 龙泉市银龄志愿者积极投身疫情防控一线，退休干部邱有松编写疫情防控方言版顺口溜、三字经，走乡入户开展防疫知识宣传；退休干部周晓萍组织爱心小队，为社区、高速路口等值班点工作人员和志愿者送物资；退休干部周敏组建爱心宅急送，为居家隔离居民和行动不便的老人采购生活必需品；退休干部吴丽雅、张小燕奔波在疫情防控一线，为过往人员检测体温，引导正确防控知识。同时，以离退休党支部、协会、艺术团等团体为单位积极发动捐款捐物，退休教师沈建华发出捐献爱心款倡议书并带头捐款2800元，筹措捐款近10万元；91岁离休老党员邱洪春捐款3万元，退休党员李珍、付土养分别捐款1万元，等等。据不完全统计，疫情期间该市离退休老干部捐款23万余元。部分老干部还发挥特长优势，通过诗词、书法、绘画等形式，创作一批抗疫主题作品，如老年书画研究会成员创作的《众志成城抗疫情》《斩妖除疫》《武汉挺住　中国加油》等书画作品，传递对战胜疫情坚定信心。3月5日，市委老干部局组织开展“致敬最美银耀抗疫老干部志愿者”活动，走访慰问在疫情防控中表现突出的老干部志愿者代表邱有松、沈建华、周晓萍等。

**【落实老干部待遇】** 2020年，龙泉市完善离退休干部“四就近”(就近学习、就近活动、就近发挥作用、就近得

2020年12月29日，“银耀之江”浙江老干部活动中心艺术团志愿服务走进龙泉文艺晚会现场　（市委老干部局／供图）

2020年2月，银龄志愿者上街开展疫情防控宣传　（市委老干部局／供图）

到关心照顾创造条件）服务工作，开展“政府买单送服务”，为老同志发放居家养老服务券，组织志愿者上门为老同志送服务；出台《龙泉市关于进一步规范机关干部退休制度的通知》，从思想政治、政策待遇、身体健康等方面，落实对老干部的关怀激励；出台完善离休干部家庭医生服务制度，择优选取医生与离休干部建立“一对一”结对签约服务，为离休老干部上门提供健康管理服务。落实老干部“八个一”制度（组织一次老干部工作专题部署、开展一次走访慰问老干部、召开一个老干部座谈会、解决一批老干部工作中的问题、落实一些老干部工作政策、帮扶一些老干部困难、健全一个老干部组织、组织开展一些老干部活动），将各单位、乡镇（街道）“八个一”落实情况被列入全市组织工作考核体系。

2020 年度离退休老干部重要活动一览表

表10

| 序号 | 活动 | 时间 | 地点 | 人员 |
|---|---|---|---|---|
| 1 | 老干部迎春茶话会 | 1月16日 | 市政府 | 离退休干部 |
| 2 | 老干部经济社会发展情况通报会 | 1月16日 | 市政府 | 离退休干部 |
| 3 | | 9月10日 | 市政府 | 离退休干部 |
| 4 | 老干部读书会 | 10月23日 | 市政府 | 市直部门实职正科以上退休干部 |
| 5 | “走基层、看变化、促发展”活动 | 12月2日 | 塔石工业园区 | 实职副处以上退休干部 |
| 6 | “银耀之江”浙江老干部活动中心艺术团志愿服务走进龙泉文艺晚会 | 12月29日 | 大剧院 | 老年大学学员 |

【老干部活动中心（老年大学）提升工程】 2020 年，龙泉市完成浙江省民生实事项目——龙泉市老干部活动中心（老年大学）提升工程。新建成的活动中心（老年大学）在 10 月 29 日正式揭牌启用，坐落于龙渊公园东北角，总投资 755.4 万元，建筑面积 4085.13 平方米，设置综合教室、书画室、音乐室、舞蹈室、报告厅、棋牌室、会议室、档案室等。（廖舟莹）

## 党史方志工作

【概况】 2020 年，龙泉市委党史研究室（龙泉市地方志研究室）坚持以习近平新时代中国特色社会主义思想为指导，紧紧围绕服务经济社会发展和强化史志部门建设，以高质量完成“两全”目标为导向，发力攻坚完成《中国共产党龙泉历史》（第二卷）意见征求和考证修改、《龙泉年鉴（2020）》编撰出版、《龙泉市志（1989—2010）》终审等主业工作，指导做好革命遗址保护、修复和展馆展厅布展等主责工作，较为充分履行了编史修志、资政育人的职责使命。同时，党史方志工作被列入 2020 年度乡镇（街道）和部门综合考核（分值 1 分），强化党史方志工作质量和要求。

【党史二卷编撰】 加快推进《中国共产党龙泉历史》（第二卷）编写工作，在 2019 年初稿基础上，分送有关部门负责人和龙泉市及相关兄弟县党史专家征求意见，党史二卷编辑部对所征求的意见反复核实考证，修改和增补相关内容，筛选历史照片 40 余幅作为插图，形成 40 万字送审稿。

【《龙泉市志（1989—2010）》编纂】 全力冲刺《龙泉市志（1989—2010）》编纂工作，经过《龙泉市志》编辑部全体编纂人员的努力，5 月，市志通过初审；9 月，通过复审；12 月，通过终审。同步启动并完成《龙泉市志 1989—2010》出版印刷的政府采购工作，已顺利申请到书号。

【龙泉年鉴编撰】 扎实做好《龙泉年鉴（2020）》编纂工作，按照中指组下发的《地方综合年鉴编纂出版规定》，以及龙泉市社会经济发展的新变化、新成就，调整《龙泉年鉴（2020）》框架，适应机构改革，优化年鉴纲目。《龙泉年鉴（2020）》经梳理，共约 54 万字，设类目 39 个、分目 246 个、条目约 1067 个。

【革命遗址保护利用】 积极发挥职能作用，指导、协助有关乡镇（街道）做好革命遗址保护、修复和展馆展厅布展等工作。2020 年，道太乡下乾村红军墓修建完工；安仁镇支坪村新建革命英烈亭，黄桶村革命纪念廊建成并完成史料布展；竹垟畲族乡局下村修复烈士墓 7 座，红军亭 2 个，红军洞 1 个；为住龙镇红星村（水塔）中共处属特委纪念馆的展览内容资料提供及布展指导，于 6 月 30 日正式开馆。同时，助力农村文化礼堂建设，参与 6 个村文化礼堂方案内容的审改和资料补充。

【党史宣传教育】 针对疫情特殊形势，清明节期间，会同有关部门在龙泉市革命烈士陵园现场录制清明节专题视频，助力网上祭扫，宣讲龙泉革命历史。疫情好转后，党史干部通过到教育基地进行现场宣讲、集中上

党史辅导课、主题党日活动等形式，开展党史知识和革命优良传统教育，推进党史宣教进机关、进乡镇、进校园、进农村。（方永忠）

## 档案工作

【概况】 2020年，龙泉市档案馆有全宗卷194个，总卷数179609卷，总件数185127件，开放全宗160个，开放档案50092卷（件），获得“浙江省档案先进集体”称号。

【档案资源建设】 完成新一轮陈旧档案数字化修正鉴别项目，涉及婚姻、案卷、专题3个档案库，92个全宗，37.5413万条目录，63.1104万件原文，431.47GB；建立“农户类”“行政村类”土地确权电子档案专题库，接收土地确权电子档案6.2222万件，1485.1GB；接收12家单位存量档案数字化成果4.766万件，124.714GB；接收市委办、市府办、市农业农村局、市妇幼保健计划生育服务中心等单位文书档案、业务档案、会计档案30517卷、15378件，并消毒入库；开展新冠肺炎疫情防控工作档案资源征集工作；完成龙泉民国司法档案裱糊修复1205卷、6.8万页，累计完成8812卷、28万页。

【档案信息化建设】 完成市农业农村局2020年度“农村三资管理系统”“农村三资管理系统”电子档案、市人民医院2019年度病案电子数据、市自然资源和规划局2019年度土地利用总体规划数据库执行更新数据和土地利用现状备份，共11批次，61.97GB；登记69家单位2019年度档案管理情况；备份31家单位文书档案数字化成果，42批次，110.37GB。对接丽水市数据开放共享平台，上传开放档案目录2千余条；联通市级人员信息查询接口，校验查档人员身份证明1万余次；完善信息安全管理制度，整改近40T档案数据，全面更换存储介质，编制存储目录；执行24小时“线上”值班管理制度，开展网络巡查工作，排查网络设备安全隐患。

【档案宣传服务建设】 深挖馆藏照片档案资源，举办“档案见证小康路——庆祝龙泉‘撤县设市’30周年暨第十三个国际档案日图片展”，为市人民法院《史海遗珠 百年穿越》微电影提供拍摄素材。协助61家单位完成2019年度档案事业统计年报与档案管理情况填报、审核与系统录入工作；配合市委组织部走访4家机关单位开展人事档案规范化指导；参与起草《关于做好新型冠状病毒肺炎疫情防控文件材料收集归档工作的通知》（龙防控办〔2020〕136号），明确疫情防控文件材料归档范围、保管期限、移交接收业务规范等；联系疫情防控重点单位10家，开展“一对一”上门指导；窗口查档服务全年“零”投诉，4月份被评为“五星级”窗口，查档内容以婚姻记录、山林所有权为主，接待2450人次，查档6244卷（件）次，复印档案11782页，受理浙江档案服务网异地跨馆查档申请45人次。

（廖宗敏 张 静）

2020年6月9日，档案见证小康路——庆祝龙泉“撤县设市”30周年暨第十三个“6•9”国际档案日图片展

（潘世国／供图）

# 龙泉市人民代表大会

## 综　　述

【概况】 2020年，龙泉市人大召开常委会会议7次、主任会议13次，听取和审议“一府一委两院”专项工作报告16个，开展执法检查2次，开展专题调研4次，作出决议决定9个，提出审议意见21个，督查办结代表建议、批评意见169件，完成龙泉市十六届人大四次会议提出的各项任务。

## 重要会议

【十六届人大四次会议】 2020年4月27—29日，龙泉市十六届人大四次会议在龙泉大剧院召开，与会代表163名，列席人员58名。因新冠肺炎疫情防控需要，该次会议日期缩短、列席人员规模缩小。

会议听取和审查“一府两院”工作报告及市人大常委会工作报告，审查市发展和改革局关于龙泉市2019年国民经济和社会发展计划执行情况及2020年国民经济和社会发展计划草案的报告；审查、批准龙泉市2019年国民经济和社会发展计划执行情况的报告及2020年国民经济和社会发展计划；审查市财政局关于龙泉市2019年预算执行情况及2020年预算草案的报告；审查、批准龙泉市2019年预算执行情况的报告及2020年预算；审查市人民政府关于龙泉市2019年环境状况和环境保护目标完成情况的报告。会议依法选举陈有南、叶伟玲为龙泉市第十六届人民代表大会常务委员会副主任。会议收到代表团和代表提出涉及规划发展、商贸旅游、农林水利等8个方面建议168件，收到代表对政府工作提出产业发展、文化旅游发展、保障民生等方面意见建议近百条。大会全体会议代表票决出2020年十件民生实事项目。

【十六届人大常委会历次会议】 2020年1月19日，市十六届人大常委会第二十次会议召开。会议听取和审议市政府关于2019年龙泉市十件民生实事完成情况的报告，听取代表与选任工委关于2019年十件民生实事项目跟踪监督情况的报告；听取龙渊街道等4个街道人大工作情况及2020年工作计划报告。会议审议通过《关于选举龙泉市第十六届人民代表大会出缺代表资格审查报告》《关于补选龙泉市第十六届人民代表大会代表的决定》《龙泉市人民代表大会常务委员会讨论决定重大事项的规定》；研究决定市第十六届人民代表大会第四次会议召开时间及建议议程；通过有关人事任免和其他事项。

3月2日，市十六届人大常委会第二十一次会议于举行。会议学习传达近期党中央、全国人大、浙江省委、浙江省人大等系列相关会议精神。会议强调，要深入学习领会中央和浙江省委、丽水市委有关疫情防控会议精神，增强大局意识，把思想和行动统一到党中央和浙江省委、丽水市委统一部署上来；要贯彻落实全国、浙江省、丽水市人大有关会议精神，增强法治意识，把依法治市落实到全国、浙江省、丽水市人大有关决定上来；要立足人大工作职能特点，增强责任意识，统筹谋划2020年人大工作，推进龙泉市人大工作高水平发展。

4月20日，市十六届人大常委会第二十二次会议召开。会议听取市政府关于2020年十件民生实事候选项目情况的汇报；听取代表与选任工委关于第十六届人民代表大会第四次会议选举办法（草案）、民生实事项目代表票决办法（草案）的汇报；审议通过代表资格审查委员会关于选举的龙泉市第十六届人民代表大会出缺代表资格审查报告；听取市十六届人大四次会议筹备情况汇报；表决通过市十六届人大四次会议列席人员名单；征求市人大常委会、市人民政府、市人民法院、市人民检察院工作报告稿的意见；书面听取市发改局关于龙泉市2019年国民经济和社会发展计划执行情况及2020年国民经济和社会发展计划草案、市财政局关于龙泉市2019年预算执行情况及2020年预算草案、市人民政府关于2019年环境状况和环境保护目标完成情况的报告；表决通过人事任免及其他事项。

5月28日，市十六届人大常委会第二十三次会议召开。会议听取和审议市政府《关于龙泉市数字经济发展情况的报告》《龙泉市疫情防控和复工复产有关工作情况》，听取财经工委《关于龙泉市数字经济发展情况的调研报告》、教科文卫工委《关于龙泉市新冠肺炎疫情防控和复工复产工作的调研报告》，听取代表与选任工委关于街道工作委员会工作规则等4项制度的汇报。会议表决通过市人大常委会街道工作委员会工作规则等4项制度；组织开展会前学法活动。

7月28日，市十六届人大常委会第二十四次会议召开。会议听取和审议市长吴松平所作《龙泉市政府关于2020年上半年经济社会发展情况和下半年政府主要工作的报告》；听取和审议龙泉市政府关于西街等3个历史文化街区保护规划的编制情况说明、龙泉市贯彻落实《中华人民共和国动物防疫法》和《浙江省动物防疫条例》的报告、市人民检察院关于民事行政检察工作情况报告；听取市人大常委会财经工委关于龙泉市2020年上半年国民经济和社会发展计划执行情况的调研报告、农业与农村工委关于检查《中华人民共和国动物防疫法》和《浙江省动物防疫条例》实施情况的报告、监察和法制(内务司法)工委关于市人民检察院民事行政检察工作情况的调研报告；听取市自然资源和规划局、应急管理局主要负责人的履职工作报告，听取市人大常委会第一评议工作组关于市自然资源和规划局负责人履职情况的调研报告、市人大常委会第二评议工作组关于市应急管理局负责人履职情况的调研报告；听取和审查市政府关于龙泉市2020年1至6月预算执行情况的报告；书面听取4个人大街道工委2020年上半年街道人大工作的汇报；表决通过人事任免事项；组织开展会前学法活动。

8月24日，市十六届人大常委会第二十五次会议召开。会议表决通过有关人事任免，颁发任命书，进行就职宣誓。

9月25日，市十六届人大常委会第二十六次会议召开。会议审查批准市政府关于2019年决算的报告、2020年度地方政府债务限额的报告、2020年度财政预算调整方案的报告；听取和审议龙泉市政府关于2019年度财政预算执行和其他财政收支情况的审计工作报告，听取市人大财经工委的相关审查报告；听取和审议市政府关于公共租赁住房保障管理情况的报告，听取市人大常委会城建与环资工委的相关调研报告；听取和审议市政府关于贯彻落实《中华人民共和国公共文化服务保障法》和《浙江省公共文化服务保障条例》的报告，听取市人大常委会教科文卫工委的相关调研报告；听取发改局、统计局、水利局、农业农村局主要负责人个人履职报告，听取常委会履职评议组的评议报告，并进行满意度测评；通过人事任免及其他事项；组织开展会前学法。

11月30日，市十六届人大常委会第二十七次会议召开。会议听取和审议市政府关于食用菌产业发展情况的报告、听取市人大常委会农业与农村工委关于食用菌产业发展情况的调研报告；听取和审议市政府关于高水平全面建成小康社会指标完成情况暨"十三五"规划纲要执行情况及"十四五"规划纲要编制情况的报告，听取市人大常委会财经工委关于市政府高水平全面建成小康社会指标完成情况暨"十三五"规划纲要执行情况及"十四五"规划纲要编制情况的调研报告；听取和审议市政府关于2019年度行政事业单位国有资产管理情况的专项报告，审议市政府关于2019年度该市国有资产管理情况综合报告，听取市人大常委会财经工委关于2019年度行政事业单位国有资产管理情况的调研报告；听取和审议市政府关于社会矛盾纠纷调处化解"最多跑一地"改革情况的报告，听取市人大常委会监察和法制(内务司法)工委关于社会矛盾纠纷调处化解"最多跑一地"改革情况的调研报告；听取和审议市政府关于养老服务体系建设情况的报告，听取市人大常委会社会建设工委关于养老服务体系建设情况的调研报告；听取和审议市政府关于市十六届人大四次会议代表建议系统办理落实情况的报告，听取市人大常委会代表与选任工委关于市十六届人大四次会议代表建议、批评和意见督办工作情况的报告；听取和审议市政府关于授予周吾灿龙泉市荣誉市民的议案；通过人事任免及其他事项。

## 重要调研与视察活动

【概况】 2020年，龙泉市人大常委会组织市人大代表开展专题调研，围绕全市工作大局和人民关心热点难点问题，深入实际开展专题调研。

组织开展龙泉市公共卫生服务体系建设情况专项视察。实地考察龙泉市人民医院检测中心、市公共卫生应急救治中心(市人民医院传染病防治中心)项目建设现场、市卫生监督所、市公共卫生综合服务中心项目建设现场、市疾病预防控制中心；听取龙泉市政府关于龙泉市公共卫生服务体系建设情况的汇报，并就相关工作进行座谈交流。

组织开展社区建设和疫情防控工作调研。督促政府出台《龙泉市关于进一步激励关爱城市社区建设及专职社区工作者的十条举措》，开展龙泉市野生动物保护情况专题调研。督促政府及相关部门切实加强组织领导，加强野生动物保护，禁止非法野生动物交易；开展农村饮用水达标提标工作调研。实地考察农村供水工程，详细了解工程项目进展和农村饮用水水质、水价情况等，督促相关部门及时解决工作中难点问题。

## 人大监督

【经济发展监督】 2020年，龙泉市人大常委会聚焦改革发展中重点难点开展监督工作，推进龙泉经济社会发展。围绕落实市人代会确定目标任务，密切关注经济运行，听取和审议市政府关于2020年上半年经济社会发展情况和下半年政府主要工作的报告，审议2020年上半年国民经济和社会发展计划执行情况的报告，针对存在问题，提出抢机遇、抓投资、防风险，全面实现该年目标任务等审议意见。

加强对财政预算编制、执行、调整、绩效和决算审查监督，听取和审议2020年1至6月预算执行情况的报告、2020年度财政预算调整情况的报告、2020年度地方政府债务限额的报告，听取市政府化解隐性债务风险工作的报告，并作出相关决议决定。督促抓好财源建设、优化支出结构、提高资金效益、防范化解债务风险。听取和审议国有资产管理情况的综合报告和专项报告，督促健全完善管理制度，提高效益。听取和审议2019年度财政预算执行和其他财政收支情况审计工作报告，全面落实审计查出问题整改情况向人大常委会报告制度，强化审计监督作用。

听取和审议数字经济发展情况报告，分析信息基础设施建设、产业融合发展程度和产业发展要素支撑等方面存在不足，在产业培育、政策扶持、科技创新等方面提出新要求，推进“数字经济”一号工程，推动“数字经济”高质量发展。开展食用菌产业发展情况专项监督，剖析产业发展瓶颈，提出加强政策导向、提升菇林培育、加快菌材替代技术研究推广等对策建议，推动传统产业转型升级，促进农业产业发展、农民致富增收。

【司法领域监督】 2020年，龙泉市人大常委会开展《中华人民共和国动物防疫法》和《浙江省动物防疫条例》执法检查，推动基层防疫队伍建设、提升执法监督水平；开展《中华人民共和国公共文化服务保障法》和《浙江省公共文化服务保障条例》执法检查，建议落实政府主体责任，通过加大产业投入、完善保障机制，提升文化自信，推动公共文化事业发展；依法监督司法工作，听取和审议市检察院民事行政检察工作情况报告，强化法律监督、完善协作机制，维护司法公信力、增强监督实效，促进该市检察机关民事行政检察工作水平；加强规范性文件备案审查，对市政府制定出台的20件规范性文件进行备案审查；高度重视人大信访工作，接到来信来访52件，做好转办督办工作。

【民生保障监督】 2020年，龙泉市人大常委会坚持把维护和实现广大人民群众利益、保障和改善民生作为人大工作出发点和落脚点。针对新冠肺炎疫情爆发后的社会经济问题，及时开展新冠肺炎疫情防控和复工复产工作专题监督，组织代表视察公共卫生服务体系建设，系统检视医疗卫生等方面存在的短板。听取和审议公共租赁住房管理工作情况报告，推动公共租赁住房保障能力、分配供给小区管理等方面提升；听取和审议养老服务体系建设情况报告，督促政府发挥主导作用，科学建设养老机构、人才队伍，推进医养融合健康发展。跟踪监督农村饮用水达标提标工作，督促政府投入资金3.88亿元，完成611个农饮水项目建设，提升18.1万农村居民饮用水条件，成为丽水率先实现农村饮用水达标提标“全兜底”县(市)。

【票决项目监督】 2020年，龙泉市十六届人大四次会议对市政府2019年度“十件民生实事”项目实施情况进行满意度测评，测评结果良好。抓实抓牢“跟、督、评”三个环节，组织开展实事项目跟踪监督2次，梳理反馈35个问题、67条建议意见，助推政府民生实事项目顺利实施、按期完成。听取和审议市政府2020年度十件民生实事项目完成情况和2021年民生实事项目谋划情况的报告。关注乡镇(街道)民生实事项目票决制度落实情况，强化资金保障，落实2020年度乡镇(街道)民生实事项目建设资金860万元，引导乡镇(街道)将项目资金真正用在“刀刃”上。

## 人事任免

【概况】 2020年，龙泉市人大常委会坚持任前法律知识考试和任前审查，把好干部“入门关”，常委会依法任免66人次，实现党委人事安排意图。出台《关于落实宪法宣誓制度的若干规定》，对辖区内宪法宣誓制度贯彻实施情况进行督查，全年组织宪法宣誓83人次。强化干部任后监督，出台《龙泉市人民代表大会常务委员会任命的政府组成部门负责人履职工作评议办法(试行)》，对发改局、自然资源和规划局、水利局、农业农村局、应急管理局、统计局等部门主要负责人开展履职工作评议，督促依法行权、勤勉履职。

## 龙泉市十六届人大常委会任免情况一览表

表11

| 时间 | 姓名 | 职务(任职) | 职务(免职) | 发文号 |
|---|---|---|---|---|
| 2020年1月19日 | 周红英 | | 免去龙泉市人民检察院检察员职务 | 龙人大常〔2020〕2号 |
| 2020年1月19日 | 王长江等46人 | 任龙泉市人民法院人民陪审员 | | 龙人大常〔2020〕3号 |
| 2020年3月2日 | 蔡晓 | | 免去龙泉市人民法院审判员职务 | 龙人大常〔2020〕5号 |
| 2020年4月20日 | 叶新亚 | | 辞去龙泉市人民代表大会常务委员会副主任职务 | 龙人大常〔2020〕7号 |
| 2020年7月28日 | 叶新亚 | | 辞去龙泉市人民代表大会社会建设委员会主任委员职务 | 龙人大常〔2020〕18号 |
| 2020年8月24日 | 翁志鸿 | 任龙泉市人民政府副市长 | | 龙人大常〔2020〕25号 |
| 2020年9月24日 | 余华明 | 任龙泉市人民政府副市长(挂职) | | 龙人大常〔2020〕32号 |
| 2020年9月24日 | 季岩平 | 任龙泉市市场监督管理局局长 | | 龙人大常〔2020〕33号 |
| 2020年9月24日 | 罗新海 | | 免去龙泉市人力资源和社会保障局局长职务 | |
| 2020年9月24日 | 叶宪森 | | 免去龙泉市市场监督管理局局长职务 | |
| 2020年9月24日 | 李小龙 | | 免去龙泉市环境保护局局长职务 | |
| 2020年9月24日 | 黄明 | | 免去龙泉市人民法院副院长、审判委员会委员、审判员职务 | 龙人大常〔2020〕34号 |
| 2020年9月24日 | 曾利民等3人 | | 免去龙泉市人民法院审判员职务 | |
| 2020年9月24日 | 季芳萍 | 任龙泉市人民法院审判员 | | 龙人大常〔2020〕35号 |
| 2020年9月24日 | 熊晓红 | 任龙泉市人民检察院检察员职务 | | 龙人大常〔2020〕36号 |
| 2020年11月30日 | 李舜 | 任龙泉市人民政府副市长 | | 龙人大常〔2020〕48号 |
| 2020年11月30日 | 杨摄智 | 任龙泉市人民政府副市长(挂职) | | |
| 2020年11月30日 | 周吾灿 | | 免去龙泉市人民政府副市长职务 | |
| 2020年11月30日 | 季文峰 | 任龙泉市人大常委会办公室主任 | | 龙人大常〔2020〕49号 |
| 2020年11月30日 | 柳盛华 | 任龙泉市人大常委会监察和法制工委(内务司法)工作委员会主任 | | |
| 2020年11月30日 | 邓红华 | 任龙泉市人大常委会代表与选举任免工作委员会主任 | | |
| 2020年11月30日 | 潘思源 | 任龙泉市人大常委会础石街道工作委员会副主任 | | |
| 2020年11月30日 | 徐东华 | | 免去龙泉市人大常委会办公室主任职务 | |
| 2020年11月30日 | 周光明 | | 免去龙泉市人大常委会监察和法制(内务司法)工作委员会主任职务 | |
| 2020年11月30日 | 罗观荣 | | 免去龙泉市人大常委会代表与选举任免工作委员会主任职务 | |
| 2020年11月30日 | 吴德友 | | 免去龙泉市人大常委会础石街道工作委员会副主任 | |
| 2020年11月30日 | 林先龙 | 任龙泉市人民政府办公室主任 | | 龙人大常〔2020〕50号 |
| 2020年11月30日 | 叶伟林 | 任龙泉市财政局局长 | | |

续表11

| 时间 | 姓名 | 职务(任职) | 职务(免职) | 发文号 |
|---|---|---|---|---|
| 2020年11月30日 | 周光洪 | 任龙泉市人力资源和社会保障局局长 | | 龙人大常〔2020〕50号 |
| 2020年11月30日 | 付建伟 | 任龙泉市住房和城乡建设局局长 | | |
| 2020年11月30日 | 叶伟林 | | 免去龙泉市人民政府办公室主任职务 | |
| 2020年11月30日 | 林先龙 | | 免去龙泉市民政局局长职务 | |
| 2020年11月30日 | 吴小波 | | 免去龙泉市财政局局长职务 | |
| 2020年11月30日 | 周光洪 | | 免去龙泉市住房和城乡建设局（城乡规划局)局长职务 | |
| 2020年11月30日 | 付建伟 | | 免去龙泉市交通运输局局长职务 | |
| 2020年11月30日 | 吴新宇 | 任龙泉市人民法院副院长、审判委员会委员、审判员 | | 龙人大常〔2020〕51号 |
| 2020年11月30日 | 王庆生 | | 免去龙泉市人民法院副院长、审判委员会委员、审判员职务 | |
| 2020年11月30日 | 季红英 | | 免去龙泉市人民法院审判委员会委员职务 | |
| 2020年11月30日 | 王庆生 | 任龙泉市人民检察院副检察长、检察委员会委员、检察员 | | 龙人大常〔2020〕52号 |
| 2020年11月30日 | 吴新宇 | | 免去龙泉市人民检察院副检察长、检察委员会委员、检察员职务 | |
| 2020年11月30日 | 赵丽萍 | | 免去龙泉市人民检察院检察委员会委员、检察员职务 | |
| 2020年11月30日 | 熊勇军 | | 辞去龙泉市人民政府副市长职务 | 龙议〔2020〕9号 |

## 人大代表

【代表工作】 2020年，龙泉市人大常委会在代表中开展“聚焦‘重要窗口’、聚力龙泉复兴”学习实践活动，发挥代表优势，凝聚代表智慧，为龙泉复兴献计献策。收集各级人大代表建议49篇，优选20篇参评龙泉复兴“十大良计”。组织年度人大履职能力培训，人大干部通过培训学习增强责任意识，拓宽工作视野，提升履职水平。

建立常委会领导与列席常委会会议代表座谈机制，落实市人大代表列席人大常委会会议、代表述职、常委会组成人员联系代表等制度。密切常委会与代表、代表与选民之间联系。该年，组织常委会领导与列席常委会会议代表座谈3次，有24位代表列席常委会会议，有40位代表进行述职活动，全面完成市人大代表向选区选民述职工作。同时，有针对性地开展代表教育工作，对个别代表存在的苗头性问题及时予以关注，通过约谈、走访等方式进行帮助教育。

完成8个乡镇(街道)规范化代表联络站建设并通过丽水验收。探索实施“365”运行机制▲，打造“代表有话说”特色品牌，提高代表履职活动质效，助推人大“重要窗口”建设。2020年，代表联络站组织学习培训71次，组织视察调研121次，组织代表走访接待选民5313人次，结对困难群众764户，收集意见建议574件，解决落实500件。

盯牢办前、办中、办后三个时间节点，用好重点督办、联合督办、舆论督办“三个办法”，做好与专项工作、工委工作、代表活动“三个结合”。重点落实“主任督办”制度、办理单位“一把手”负责制度、“三见面”制度，促进代表建议高质量办理。市十六届人大四次会议上，收到代表建议168件，闭会期间收到代表建议1件，合计169件，实现代表建议办结率、满意率两个100%。

▲“365”运行机制：代表联络站“365”工作法，是以联络站实体常态化运行和网上代表联络站全天候运行为基础，实现联络站“周周有接待”“月月有活动”“季季有监督”“年年有述职”。打造三个平台：把代表联络站建设成为人大代表和议事员学习培训的平台、联系群众的平台、监督建言的平台；聚焦六个方面工作重点：聚焦联络站场所建设，全面提升硬件基础；聚焦运行机制完善，不断规范提升工作水平；聚焦建议意见征集，不断拓展民情民意来源渠道；聚焦民生实事票荐，不断

增强群众获得感幸福感；聚焦履职阵地延伸，更好发挥代表联络点功能；聚焦履职管理服务，更好发挥代表主体作用；发挥五大功能：努力将联络站建成代表和议事员与选民及群众之间的“连心桥”、反映民情民意的“直通车”、维护社会稳定的“减压阀”、履职能力提升的“加油站”和经济社会发展的“助推器”五大功能。

【街道人大工作】 2020年，龙泉市街道人大认真贯彻落实《浙江省街道人大工作条例》，出台《贯彻实施〈浙江省街道人大工作条例〉的工作方案》和《中共龙泉市人大常委会党组关于推行街道居民议事会制度的意见》，坚持目标导向、问题导向、效果导向，注重改革创新，狠抓工作落实，勇于破解难题，充分发挥人大街道工委作用。推行街道居民议事会制度，开展街道居民议事员培训，指导4个街道召开街道第一届居民议事会第一次会议。实行人大街道工委向常委会报告年度工作制度，听取和审议4个人大街道工委2020年工作情况和2021年工作计划的报告。

【乡镇人大工作】 2020年，市人大常委会加强乡镇人大建设，落实浙江省委、丽水市委、龙泉市委高水平推进新时代人大工作和建设意见，加强对乡镇人大指导，明确工作职责，提高龙泉市人大工作整体水平。指导乡镇开好一年2次的人代会，依法合理安排会期，着力提高会议质量。组织召开乡镇（街道）人大工作例会，促进新时期基层人大工作交流，形成全市人大工作“一盘棋”。参与村社组织换届选举，推动依法选举，依法维护人民权利。（黄　斌）

# 龙泉市人民政府

## 综　　述

【概况】　2020年，龙泉市政府忠实践行“八八战略”、坚定厉行“丽水之干”，以“聚焦‘重要窗口’、聚力龙泉复兴”学习实践活动为引领和动力，深入开展生态经济大追赶、文化旅游大融合活动，统筹推进“两手硬、两战赢”，经济运行呈现“全面回升、企稳向好”态势。地区生产总值增长3%，固定资产投资增长7.9%，城镇居民人均可支配收入增长4.2%。特别是规上工业增加值增长6.3%，社会消费品零售总额增长8.1%，服务业增加值增长5.7%，农村居民人均可支配收入增长8.6%，增幅均处于丽水前列。县级城市环境空气质量综合指数全省第一，水质达标率实现“三个100%”，夺得“五水共治”大禹鼎银鼎。民生实事全面完成。荣获“三个全省唯一”好成绩：全省26县发展实绩考核连续5年被列入第一档次；县级财政管理绩效综合评价连续3年荣获优秀等次；低收入农户增收工作连续2年获浙江省政府督查激励。各项工作争先创优，连续2年获得丽水市综合考核优秀等次。

【疫情防控】　2020年，龙泉市政府严格落实精密智控常态化机制，龙泉成为浙江省11个零病例的县（市、区）之一。争分夺秒抓复工复产，帮扶企业强实力、减负担、渡难关，在丽水率先出台实施《抗疫助企·暖春行动二十一条意见》，创新推行“一长两员两车”服务机制，全面推进“五减”行动和精准服务企业“365”行动，争取中央“两直”资金和省级惠企利民资金3.9亿元，累计为企业减负8.5亿元、降低企业融资成本1.04亿元，企业难题办结率91.5%，产能恢复走在全省前列。省市县长工程和浙江省、丽水重点项目年度任务全面完成，新增列入省重点项目3个。争取竞争性分配资金12.5亿元；债券资金15亿元，为历史最高，并争取抗疫特别国债2.05亿元。以全省第一的竞争评比成绩获得区域协调财政专项激励。

【开放合作】　2020年，衢宁铁路正式通车，龙泉人民翘首以盼的“铁路梦”成为现实，温武吉铁路被纳入国家《长三角地区交通运输更高质量一体化发展规划》，杭深（广）高铁通道金华至龙泉段（金龙城际）被纳入全省铁路网中长期布局规划。全面接轨大上海、融入长三角，高质量举办“问海借力·沪享龙泉”健康生活畅享季活动，成立龙泉（上海）文旅推广中心、剑瓷设计创意研发中心、产业创新孵化中心。积极打造山海协作升级版，秀洲—龙泉智造园建成投用，萧山—龙泉科创园、平湖—龙泉产业园建设有序推进，与萧山、秀洲、杭州湾新区共建乡村振兴示范点。大力推进“两招两争”，引进项目48个，其中“孔山回归工程”“鹤思生产线”等亿元以上大项目12个，实际利用市外内资26.5亿元，完成全年计划132%。积极拓市场稳外贸，组织网上广交会、进博会等30余场。

【改革创新】　2020年，龙泉市研发经费支出占生产总值比重为2.06%，跃居丽水首位，科技进步统计监测综合评价丽水第一。建成汽车空调产业创新服务综合体，汽车空调产业工程师协同创新中心入选浙江省试点，龙泉青瓷宝剑技师学院成为国家级高技能人才培训基地，认定国家高新技术企业24家。推出2020“人才新政”，举办“创新引领　智汇龙泉”人才科技峰会，培育引进各类紧缺人才398人。深入推进“最多跑一次”改革，企业投资项目全过程审批“最多80天”实现率100%。在全国率先开展国家公园集体林地地役权改革。国镜药业模式入选全国生态产品价值转化典型案例。资源配置市场化改革纵深推进，获评全国公共资源交易百强县。八都镇成为丽水唯一入选省级综合行政执法体制改革试点的乡镇。

【产业升级】 2020年，龙泉市政府部署开展生态工业高质量绿色发展倍增行动，启动工业平台“二次创业”。统筹推进投资扩量、空间拓展、低效整治、培强育大，工业投资同比增长5.5%；新拓展工业空间525亩，盘活低效闲置用地554亩，建成小微园5个；整治低散乱企业50家，获评全省淘汰落后产能和“腾笼换鸟”工作考核先进县(市)；新增规上工业企业21家。战略性新兴产业、高新技术产业、数字经济核心产业制造业增加值分别增长11.5%、10.5%、23.5%，数字经济发展综合评价丽水第一，“两化”(信息化与工业化）融合发展指数跻身全省第一梯队。经济开发区入选浙江省五金汽配产业链“链长制”试点，获评浙江省美丽示范园区。

【名城提质】 2020年，龙泉市政府扎实推进名城提质工程，实施年度项目34个，完成投资32亿元，创成浙江省AAAA景区城和浙江省示范文明城市。城市更新步伐加快，城市文化客厅开工建设，城东综合体顺利推进，西街历史文化街区分步改造，城南火车站场投入使用，上茶街二期建成运营，三江口综合整治加快推进，留槎洲水环境综合整治工程开工建设，南秦原国镜药业周边区块、江滨北岸凤起路区块等项目完成征收。城市综合承载能力增强，新建改造污水管网13.1公里，建设雨水管网6.6公里，云和—龙泉天然气管道工程投入使用，城区5G网络实现全覆盖，入选省级资源循环利用试点。打通东茶路、龙福路，砒石隧道、剑川隧道通车，322国道安仁至西街段完工，市域交通内循环更加畅通。

【乡村振兴】 2020年，龙泉市政府高质量推动生态农业发展，建成省级“五园”(放心菜园、生态茶园、精品果园、道地药园、特色菌园）示范基地6个，在全省率先成功试种黑木耳液体菌种，“龙泉灵芝”“龙泉四季豆”“龙泉茄子”成为全国名特优新产品，“龙泉农师”品牌投入使用，入选中国特色农产品优势区，成为浙江省首批农业绿色发展先行市。创成新时代美丽乡村76个、花园乡村25个，上垟镇、宝溪乡、竹垟乡创成AAAA景区乡镇，宝溪乡获评美丽城镇浙江省级样板。争取浙江省级历史文化保护利用项目村14个。上凉亭二期建成竣工，欣南家园、美林公馆建设有序推进，完成“大搬快聚”4316人。建成启用丽水首个综合性农村饮用水县级统管平台，让农村百姓喝上“放心水”。获评浙江省实施乡村振兴战略优秀县。

【剑瓷文化】 2020年，龙泉市政府全力推广“天下龙泉”品牌，精心举办“天下龙泉·匠心开物”第三届世界青瓷大会，在韩国首尔、西班牙马德里设立海外“龙泉青瓷展示角”，龙泉青瓷成为首批“浙江文化印记”，剑瓷文化知名度和影响力持续提升。剑瓷产业规上产值增长15%，出口增长38%，剑瓷商城平台年销售额达2.8亿元。推出“一剑钟情·从瓷开始”万人游龙泉等活动，丽水瓯江山水诗路在龙泉启航，入选浙江省文旅产业融合试验区、全省文化传承生态保护区和山地休闲度假发展试点，创成省级全域旅游示范县(市)。

【生态环境】 2020年，龙泉生态环境公众满意度位列浙江省第二。百山祖国家公园创建通过体制试点评估验收。大花园建设工作获浙江省政府督查激励通报，入选全省大花园示范县建设十大优秀典型案例。发布“三线一单”生态环境分区管控方案，创成浙江省生态文明建设示范市和浙江省清新空气示范区。成为浙江省首批水生态环境示范试点县，住溪、梅溪获评全省“美丽河湖”。兰巨宏山休闲绿道获评浙江省最美绿道。岩樟乡“白云深处又见桃源”风景线获评浙江省美丽乡村风景线。龙渊街道、剑池街道、八都镇、小梅镇创成“无违建乡镇(街道)”。

【民生福祉】 2020年，龙泉市实现“两不愁三保障”突出问题、家庭人均年收入8000元以下情况、集体经济薄弱村“三个清零”，低收入农户收入增长16%。城镇新增就业3369人，登记失业率1.84%。引进启文、翔宇教育集团和杭州建兰中学，推进托管合作，高考总上线人数实现“十连升”。深化合作办医，与温州医科大学建立战略合作关系，公共卫生应急救治中心、公共卫生综合服务中心等项目全面推进。全民健康补充医疗保险“浙丽保”有力推广，道太乡创成国家卫生乡镇，城北乡养老服务中心获评“全国敬老文明号”，查田镇人民调解委员会获评全国模范单位，住龙镇获评全国无障碍环境达标镇，锦溪镇创成省级农村文化礼堂建设示范乡镇。

【政府履职】 2020年，龙泉市建立“清单式落实、跟踪式推动、销号式验收”工作推进机制，组织开展“抓项目扩投资百日攻坚”等比拼活动，实现工作成效与执行力建设双提升。政府数字化转型加快，“材料电子化率”“掌上办实现率”等六大指标走在丽水前列。着力构建“大安全、大应急、大减灾”体系，各类事故起数、死亡人数同比均下降37.5%，勇夺浙江省首批一星“平安金鼎”。深化法治政府建设，行政诉讼发案量同比下降36.9%。廉洁政府建设全面加强，认真落实中央八项规定精神，推进正风肃纪，压减一般性支出1.26亿元，“三公”经费下降22.4%。龙泉市志第二轮修编通过终审。顺利完成第七次人口普查。

## 重要文件

**2020年重要文件一览表**

表12

| 龙政发文号 | 发文日期 | 标　　题 |
|---|---|---|
| 龙政发〔2020〕1号 | 2020-03-25 | 关于给予雷建松同志见义勇为行政奖励的决定 |
| 龙政发〔2020〕2号 | 2020-03-30 | 关于给予2019年龙泉市产业培育大比拼、项目建设大比武活动中成绩突出的集体、个人行政奖励的决定 |
| 龙政发〔2020〕3号 | 2020-03-30 | 关于给予26县发展实绩考核工作中成绩突出的集体、个人行政奖励的决定 |
| 龙政发〔2020〕4号 | 2020-03-30 | 关于给予2019年受国务院和省政府督查激励工作中成绩突出的集体、个人行政奖励的决定 |
| 龙政发〔2020〕7号 | 2020-06-30 | 关于印发龙泉市征收土地区片综合地价补偿标准暂行规定的通知 |
| 龙政发〔2020〕8号 | 2020-07-03 | 关于公布实施龙泉市2019基准地价更新成果的通知 |
| 龙政发〔2020〕12号 | 2020-09-03 | 关于给予百山祖国家公园龙泉分区最美护林员行政奖励的通报 |
| 龙政发〔2020〕13号 | 2020-09-29 | 关于印发龙泉市人民政府重大行政决策程序规定的通知 |
| 龙政发〔2020〕14号 | 2020-10-21 | 关于印发《龙泉市“三线一单”生态环境分区管控方案》的通知 |
| 龙政发〔2020〕15号 | 2020-10-21 | 关于印发龙泉市调整城镇土地使用税差别化优惠政策促进土地集约节约利用实施方案的通知 |

## 重要会议

【龙泉市政府常务会议】　2020年1月27日，龙泉市政府召开第42次常务会议。传达贯彻中央、浙江省、丽水市有关疫情防控会议精神和龙泉市委常委扩大会议精神，听取龙泉市政府领导疫情防控“三服务”工作走访情况、疫情防控工作进展情况汇报。

2月28日，龙泉市政府召开第43次常务会议。审议《龙泉市人民政府关于划定高污染燃料禁燃区的通告》《龙泉市畜禽养殖禁养区划分调整方案》。

3月13日，龙泉市政府召开第44次常务会议。审议《2019年度表彰奖励、行政奖励、通报表扬评选结果》《关于公布2019年度纳税大户的通报》《龙泉市“生态经济大追赶”活动实施方案》《土地整治项目奖补款等相关经费支付方式调整方案》《龙泉市2019基准地价更新成果》《龙泉市城市文化客厅项目招商方案》《龙泉市政策性融资担保公司组建方案》《龙泉市与丽水市政策性融资担保有限公司业务合作协议》，讨论研究龙祥观项目供地相关意见。

4月2日，龙泉市政府召开第45次常务会议。审议《“花园云•城市大脑”建设工作“一办一平台X应用Y制度”工作机制》《衢宁铁路龙泉段临时用地复垦项目建设和管理实施办法（试行）》《龙泉市南秦原国镜药业周边区块征收补偿方案补充意见》。

4月14日，龙泉市政府召开第46次常务会议。传达贯彻习近平总书记对安全生产工作作出的重要指示精神及上级相关会议精神，听取龙泉市安全生产形势分析报告。审议《2020年度政府工作报告》《关于龙泉市2019年国民经济和社会发展计划执行情况及2020年国民经济和社会发展计划草案的报告》《关于龙泉市2019年预算执行情况及2020年预算草案的报告》《关于龙泉市2019年环境状况和环境保护目标完成情况的报告》《龙泉市2020年政府投资项目计划》《龙泉市文化旅游大融合活动实施方案》《2020年龙泉市选商引资工作考核办法》。

4月30日，龙泉市政府召开第47次常务会议。学习贯彻上级系列会议精神，分析一季度经济形势，部署二季度经济工作。审议《龙泉市2020年东西部扶贫协作主要任务指标及帮扶项目责任分解清单》《龙泉市助力昭化区开展消费扶贫补助实施办法》《2020年度政府工作报告重点工作责任清单》。

5月6日，龙泉市政府召开第48次常务会议。审议《龙泉市城市公共交通经营管理考核奖补办法》《安仁镇溪西溪东工业园区泵阀企业“补链延链强连”整治改造提升实施方案》。

6月24日，龙泉市政府召开第49次常务会议。传达贯彻《关于对龙泉市巡视整改情况回访检查的反馈意见》（浙巡办通〔2020〕49号），传达贯彻《胡海峰书记在全市扶贫工作暗访督查情况报告上的批示》以及近期赴各地暗访督查“两不愁三保障”工作时的讲话要求，听取2020年龙泉市扶贫开发工作推进情况汇报，研究贯彻落实龙泉市委常委会部署意见的举措。审议《龙泉市区既有住宅加装电梯实施意见》《龙泉市征收土地区片综合价补偿标准暂行规定》《关于加快聚力补齐“三农”发展短板确保与全省同步高水平全面建成小康社会的若干意见》《龙泉市关于推进新时代民政事业高质量发展的实施意见》《关于促进消费扩容提质进一步激发消费潜力的实施意见》《关于进一步促进开放经济稳定增长的补充意见》《中国龙泉鞋城鞋产业辅料生产企业招商政策》，听取2020年上半年法治政府建设工作情况汇报。

7月17日，龙泉市政府召开第50次常务会议。听取龙泉市党政主要领导干部经济责任审计工作情况汇报、龙泉市减灾委关于2020年“7•9”灾后重建相关工作汇报，审议《“问海借力•沪享龙泉”健康生活畅享季活动总体方案》《龙泉市生态保护红线调整方案》。

7月28日，龙泉市政府召开第51次常务会议。传达贯彻丽水市委书记胡海峰到龙泉暗访督查“两不愁三保障”工作时的指示精神，听取2020年龙泉市扶贫工作推进情况汇报，研究部署下步脱贫攻坚相关工作。审议《2020年龙泉市江滨北岸凤起路区块旧城改造项目土地和房屋征收工作实施方案》《关于成立龙泉市江滨北岸凤起路区块旧城改造项目土地和房屋征收指挥部的通知》《关于龙泉市留用地开发模式（试点）的通知》。组织学习《关于嵊州市、桐乡市、乐清市、临海市有关领导干部在防范统计造假工作中失职失责问题的通报》（浙纪通〔2020〕8号）。

8月31日，龙泉市政府召开第52次常务会议。听取龙泉市党政主要领导干部经济责任审计工作有关情况汇报、《2020年1—7月行政诉讼案件和行政复议情况专题汇报》，审议《2020年龙泉市房屋征收重置价格等相关补偿标准》《龙泉市“三线一单”生态环境分区管控方案》。

9月28日，龙泉市政府召开第53次常务会议。听取《关于2019年度机关事业单位年终考核奖发放方案相关情况汇报》，审议《关于给予百山祖国家公园龙泉分区最美护林员行政奖励评选结果》《安仁镇安和小区、安欣小区异地搬迁脱贫小区处置整改方案》《关于龙泉市八都镇综合行政执法体制改革试点工作方案》《龙泉市城乡生活垃圾分类攻坚行动实施方案》《龙泉市溪北污水厂清洁排放提标项目（实施方案及财政承受能力论证报告评审）》《龙泉市江滨北岸凤起路区块旧城改造项目国有土地上房屋征收补偿方案》《龙泉市江滨北岸凤起路区块旧城改造项目征收集体土地房屋补偿方案》《龙泉市关于进一步激励关爱城市社区建设及专职社区工作者的十条举措》。

10月12日，龙泉市政府召开第54次常务会议。学习《浙江省民营企业发展促进条例》，审议《龙泉市生态经济大追赶——“抓项目扩投资”百日攻坚行动方案》《龙泉市“两山银行”实施方案》《关于加快集聚高层次科技创新创业人才推动高质量绿色发展的意见》《龙泉市国有企业退休人员社会化管理工作实施方案》《龙泉市调整城镇土地使用税差别化优惠政策促进土地集约节约利用实施方案》《关于开展2020年龙泉市低收入农户高水平全面小康攻坚行动的实施方案》。

11月3日，龙泉市政府召开第55次常务会议。学习《最高人民法院关于审理行政协议案件若干问题的规定》，听取关于认购上海—龙泉科创园（文创园）项目资产有关情况的汇报、平湖—龙泉“飞地经济”产业园一期建设项目工作方案情况的汇报，审议《龙泉市南秦区块安置房、凤起路区块项目融资相关事项》《关于提请授予周吾灿龙泉市荣誉市民的建议》《关于“大面积平板PECVD高端装备生产线设备生产线”“孔山重工回归”“年产4000万只合金浮动油封生产线”“年产3.7亿支一次性注射器及2亿支一次性输液器、10亿支一次性注射针及5亿支一次性输液针生产线”四个重大招商项目的“一事一议”政策》。

12月1日，龙泉市政府召开第56次常务会议。学习《保障农民工工资支付条例》，听取龙泉市建筑业提升和房地产管理政策文件有关情况汇报、第三届世界青瓷大会筹备工作情况汇报、浙江国镜二期厂房建设项目工作情况汇报，审议《关于推进3岁以下婴幼儿照护服务发展的实施意见》《龙泉市与丽水市政府性融资担保一体化合作方案》。

12月14日，龙泉市政府召开第57次常务会议。审议《做好被征地农民参加基本养老保险工作实施方案》。

**【龙泉市应急管理、安全生产、消防工作电视电话会议】** 3月6日，龙泉市召开应急管理、安全生产、消防工作电视电话会议，龙泉市委副书记、市长吴松平出席会议并讲话。会议通报了2019年度全市安全生产、消防安全工作情况和目标管理责任制考核结果，并就2020年应急管理工作提出建议；签订了2020年度应急管理、安全生产和消防工作目标管理责任书；部署了各行业领域疫情防控和春季森林防火等工作。

**【龙泉市创建百山祖国家公园百日会战动员大会】** 3月13日，龙泉市召开创建百山祖国家公园百日会战动员大会。龙泉市委副书记、市长吴松平在会上强调，要坚持以“丽水之赞”为引领和动力，深刻理解、深入践行习近平生态文明思想和“绿水青山就是金山银山”理念，以“尤为如此”的姿态坚定厉行“丽水之干”，当好“主力军”，建好“主战场”，坚决打赢百日大会战，为丽水创建百山祖国家公园贡献龙泉智慧、龙泉力量、龙泉经验。丽水国家公园创建办负责人廖永平应邀出席会议。会上，吴松平还和相关部门负责人签订百日会战目标管理责任状；自然资源和规划局等4家责任单位负责人作表态发言。

【龙泉市创建浙江省示范文明城市工作推进会】 7月6日，龙泉市召开创建浙江省示范文明城市工作推进会暨迎接国家卫生城市复审动员会，市委副书记、市长吴松平出席会议并讲话。市委副书记翁志鸿通报了浙江省示范文明城市创建和国家卫生城市复审有关情况。龙渊街道、剑池街道、建设局、市场监管局、综合行政执法局等单位作表态发言。

【丽水市政府调研百山祖国家公园创建工作座谈会在龙泉召开】 7月16日下午，丽水市政府调研百山祖国家公园创建工作座谈会在龙泉市召开。丽水市委常委、常务副市长杜兴林，市委副书记、市长吴松平出席会议。会议通报了国家公园体制试点评估验收指标体系及创建工作开展情况，涉及创建工作的10个乡镇汇报了工作进展情况、存在问题及下步建议，龙泉市、庆元县、景宁县分管负责人作补充汇报，与会人员还围绕如何推进创建工作进行发言，提出意见、建议。

【龙泉市政府廉政工作会议】 7月23日，在国务院、浙江省政府和丽水市政府廉政工作会议之后，龙泉市召开廉政工作会议，就政府系统党风廉政建设和反腐败工作进行强调部署。市委副书记、市长吴松平在会上强调，要认真贯彻落实各级廉政工作会议精神，全面对标建设“重要窗口”新目标新定位，压紧压实党风廉政建设和反腐败工作主体责任，全力打造勤廉政府，努力营造风清气正的经济社会发展环境。

【龙泉市百山祖国家公园创建迎验攻坚部署会】 7月24日下午，龙泉市召开百山祖国家公园创建迎验攻坚部署会，对创建工作进行再动员、再部署。市委副书记、市长吴松平在会上强调，要深入学习贯彻习近平总书记考察浙江重要讲话精神，认真落实浙江省委书记车俊到龙泉调研时的指示要求，创新实践“绿水青山就是金山银山”理念，坚定厉行“丽水之干”，以“核心区”的责任和担当冲锋冲刺、决战决胜，坚决打赢国家公园创建攻坚战，努力交出一份全面展示高水平生态文明建设重要窗口的高分答卷。

【国家卫生城市省级复查反馈会】 受浙江省爱卫会委托，8月11—13日，浙江省爱卫办组织专家对龙泉市国家卫生城市巩固工作进行复查，并于13日上午召开反馈会。市委副书记、市长吴松平，市委副书记翁志鸿等市领导参加反馈会。8月13日上午，复查组专家结合现场考核评估情况进行了意见反馈，并通报了考核评分，龙泉市顺利通过国家卫生城市省级复查。

【龙泉市老干部经济社会发展情况通报会】 9月10日，龙泉市召开老干部经济社会发展情况通报会。市委副书记、代市长翁志鸿出席会议，通报今年上半年经济社会发展情况，代表市四套班子对老干部们关心、理解、支持全市经济社会发展工作表示感谢。

【龙泉市乡村振兴工作推进会暨农业农村重点工作部署会】 10月10日，龙泉市召开乡村振兴工作推进会暨农业农村重点工作部署会，市委副书记、代市长翁志鸿出席会议并讲话。翁志鸿强调，要深入学习贯彻习近平总书记关于“三农”工作重要论述精神，主动对标“龙泉发展六问”要求，全面发力，精准施策，确保实现在全省山区26县发展实绩考核中“六连优”，完成农民增收、“大搬快聚”两大目标，全力推进“乡村振兴考核”“新时代美丽乡村创建计划”及“人居环境三年行动”三项创建工作。会议解读了2020年度乡村振兴考核办法，部署了乡村振兴、扶贫开发、“大搬快聚”、消除集体经济薄弱村、农村人居环境提升和新时代美丽乡村花园乡村创建等工作。

【龙泉市创建浙江省示范文明城市迎检攻坚誓师大会】 11月10日，龙泉市召开创建浙江省示范文明城市迎检攻坚誓师大会，市委副书记、代市长翁志鸿出席会议并讲话。翁志鸿指出，自启动浙江省示范文明城市创建工作以来，在全市上下共同努力下，城市环境面貌显著改善，城市管理水平不断增强，市民文明素质进一步提升，省示范文明城市创建工作成效显著。翁志鸿强调，测评大考在即，各部门、各乡镇(街道)要以“志在必得、战则必胜、创则必成”的信心和决心，实打实地抓工作，硬碰硬地抓整改，坚决打赢浙江省示范文明城市测评攻坚战。

【丽水市深化“三位一体”改革现场会在龙泉市召开】 11月11日，丽水市深化“三位一体”改革现场会在龙泉市召开。浙江省供销社理事会副主任张建到会指导，丽水市委副书记李锋主持会议并讲话，丽水市副市长杨秀清作工作部署。龙泉市委副书记、代市长翁志鸿，市政协主席刘赤波分别参加会议和调研。

【龙泉市森林防灭火工作专题部署会】11月17日，龙泉市召开森林防灭火工作专题部署会，贯彻落实“11·13”丽水市政府约谈会会议精神，研究部署龙泉市森林防灭火工作。市委副书记、代市长翁志鸿参加会议并讲话。翁志鸿强调，要充分认识当前森林防灭火工作的严峻形势，突出责任落实、实地巡防、管控督查、依法惩处、值班值守等工作重点，扎扎实实完成森林防灭火各项任务。

【龙泉市冬春季疫情防控工作部署会】 12月2日，龙泉市召开冬春季疫情防控工作部署会，通报国务院、浙江省、丽水市疫情防控工作督查情况，传达浙江省委书记袁家军在浙江省委常委会专题研究冬春季疫情防控工作讲话精神。市委副书记、代市长翁志鸿出席会议并讲话。翁志鸿强调，要坚持底线思维，深刻认识冬春季疫情防控的重要性、紧迫性和风险性，坚决克服麻痹思想、厌战情绪、侥幸心理、松劲心态，抓好系统防控、深化重点联防、提升战备能力、加强宣传引导，慎终如始做好冬春季疫情防控各项工作，坚决守牢来之不易的疫情防控成果。

【龙泉市举行《龙泉市志（1989—2010）》志稿终审会】 12月17日，龙泉市举行《龙泉市志（1989—2010）》志稿终审会。市委副书记、代市长、市地方志编纂委员会主任翁志鸿，副市长、市地方志编纂委员会副主任占雅静，浙江省、丽水市方志办专家，龙泉市地方志编纂委员会成员、相关单位负责人参加会议。经过认真评议，终审验收委员会一致认为：《龙泉市志（1989—2010）》终审稿指导思想正确、体例规范、内容全面、资料翔实、重点突出、点面结合、特色鲜明，是第二轮续修志书中的一部用功之作、创新之作。志书符合宪法及保密、档案、历史、经济、军事等方面法律、法规的规定，符合国家地方志指导小组《地方志书质量规定》和《浙江省市、县（市、区）地方志书审查验收和出版管理办法》的要求，同意通过终审。

【龙泉市26县发展实绩考核工作汇报会】 12月22日，龙泉市召开26县发展实绩考核工作汇报会，对26县发展实绩考核工作进行再部署、再落实。市委副书记、代市长翁志鸿出席会议并讲话，市委副书记蓝景芬主持会议。会议强调，要深入贯彻落实市委十四届九次全体（扩大）会议精神，把“聚焦‘重要窗口’ 聚力龙泉复兴”学习实践活动和26县发展实绩考核工作紧密结合起来，以决战决胜之势全力冲刺攻坚，坚决打赢26县发展实绩考核攻坚战，争创“六连优”。

## 重要活动

【龙泉市考察团赴四川昭化对接东西部扶贫协作工作】 2020年1月6日，龙泉市委副书记、市长吴松平，龙泉市政协主席刘赤波带队赴四川省广元市昭化区考察，对接2020年帮扶工作。广元市副市长、昭化区委书记陈正永，昭化区政协主席石含玖，昭化区委副书记杜非等参加活动。在龙泉·昭化2020年东西部扶贫协作第一次联席会议上，通报两地2019年东西部扶贫协作工作开展情况及2020年协作项目规划情况，举行脱贫攻坚帮扶和爱心捐赠仪式，双方签订生态产品价值实现机制合作协议签约仪式。期间，吴松平一行考察龙泉·昭化创业创新产业园、“丽水三宝”馆和昭化古城文旅项目。龙泉市领导何登新、徐怀坤、廖旭青参加。

【统筹推进疫情防控和经济社会发展工作】 1月21日，龙泉市成立以市委书记王顺发、市长吴松平为双组长的龙泉市新型冠状病毒感染肺炎疫情防控工作领导小组，下设办公室和医疗卫生组、交通关卡组、市场监管组、后勤保障组、信息宣传组、属地管理组“一办六组”开展疫情防控工作。该日，抽调交通、公安、卫健等部门360余名干部，在高速出口、省际道路交界、县际道路交界处设置交通检查点，对返回（到达）龙泉的车辆和人员进行严格检查、登记和体温测量，同时抽调主题教育办及卫健局9名干部到办公室负责具体工作。

1月23日上午，浙江省新型冠状病毒感染肺炎疫情防控工作视频会议召开，根据《浙江省突发公共卫生事件应急预案》，会议决定启动重大公共突发卫生事件一级响应。龙泉市迅速启动一级响应，全面动员，城、乡、村、小区联动，层层设卡把关。

1月25日，龙泉市召开新型冠状病毒感染肺炎疫情防控工作视频会议，部署“点线面结合、立体化防控”工作。抽调192名年轻干部，调配至该市各防疫检查点参与执勤。

1月28日，龙泉市新冠肺炎疫情防控指挥部印发《关于社区共建单位协助开展疫情防控工作的通知》，该日起至一级响应结束，市直各单位每天至少派出2名人员参与联系社区疫情防控工作。

2月1—2日，龙泉市新冠肺炎疫情防控指挥部连续发布第6号、第7号、第8号通知，对该市小区（村）实行卡口封闭式管理，对进入人员实行严格管控；对市区相关路段限行管制，减少人员流动。

2月4日，龙泉市新冠肺炎疫情防控指挥部交通关卡组开展交通警戒防控布线工作，对主要国省道、县道等公路沿线414公里进行警戒布线，严格控制龙泉境内国省道沿线村民出行。该日0时起，龙泉东(砝石)、安仁、八都3个高速出口关闭。成立大数据专班，抽调市府办、统计局、大数据发展中心等单位21人，实行集中办公，专业处理疫情防控各类数据，做到收集、处理、交办、反馈闭环管理。

2月6日，龙泉市印发《关于“战役助企、暖春行动”二十一条意见》，帮助受疫情影响生产经营遇到困难企业和参与防疫物资生产相关企业尽快复工复产。

2月9日，龙泉市新冠肺炎疫情防控指挥部增设企业(项目)开复工工作组，吴松平市长担任组长，熊勇军、诸葛春杰、张长山、黄国勇、杨洪斌、陈惠锋、连浩松等市领导担任副组长，下设重点项目、剑瓷企业等5个小组，具体负责指导该市各行业各领域有序开复工。该日，何莉洁、张思敏2名优秀护士驰援湖北。

2月10日，浙江省新冠肺炎疫情防控工作新闻发布会上，公布省里对各县(市、区)新冠肺炎疫情“五色法”风险评估情况，龙泉市被评估为低风险县(绿色)，全省仅12个。

2月18日，龙泉市新冠肺炎疫情防控指挥部成立“战疫助企、暖春行动”企业（项目)开复工工作专班，抽调11名干部实行集中办公，具体负责服务全市企业(项目)复工复产工作。该市公交线路恢复，高速、国省道除省际检查点外全部撤除。

【浙江省首张集体林地地役权证在龙泉发放】 2020年4月10日，龙泉市政府在兰巨乡官埔垟村给百山祖国家公园管理单位颁发一本全新证书——百山祖国家公园龙泉片区集体林地地役权证，为浙江省首次发放集体林地地役权证。权证颁发后，官埔垟村相应林地所有权仍归属集体，其地役权则属于国家公园管理单位。

根据国家公园体制试点评估意见，丽水凤阳山—百山祖等区域与钱江源整合为一个国家公园，而地役权改革是保护自然生态系统完整性和原真性需要，是实现自然资源资产统一管理有效途径。改革关键，是在不改变土地权属基础上，建立科学合理地役权补偿机制和共管机制，让农民得实惠。集体林地被纳入国家公园统一管理后，片区林农可获得每年每亩48.2元的补偿，还可通过林权抵押贷款获得创业资金，实现生态富民、绿色发展。国家公园管理单位可凭借地役权证行使管理权，禁止对林地进行开荒、开挖、流转等行为，禁止采伐、损坏等其他破坏环境行为，达到依法、规范、长效管理。

【高规格礼遇迎接三位驰援武汉医护人员回家】 2020年4月12日、15日，龙泉市在市行政中心举行欢迎仪式，迎接第一批驰援武汉的龙泉市人民医院护士何莉洁、张思敏和第二批驰援武汉的龙泉市人民医院医生刘胜平安凯旋。在欢迎仪式现场，王顺发、吴松平、叶砝仙、刘赤波、翁志鸿、雷超、王凡、占雅静等龙泉市四套班子领导，家属代表、医护人员代表、机关单位代表以及社会各界热心人士共同迎接“抗疫英雄”归来。

【龙泉市与阿里巴巴携手建设数字乡村】 2020年6月10日，龙泉市人民政府与阿里巴巴(中国)软件有限公司签订数字乡村建设合作协议，标志龙泉市与阿里巴巴开启数字乡村建设合作序幕。浙江省供销社党委委员、理事会副主任沈省文，龙泉市委副书记翁志鸿出席并致辞。丽水市供销社、宁波市供销社，以及阿里巴巴（中国）软件有限公司等领导和嘉宾出席签约仪式。

根据协议内容，双方此次合作将围绕高山蔬菜和菌菇两大类产品，从重点基地数字化种植生产开始，通过龙泉市农业电商数字化公共服务体系，夯实特色农业电商产业基础，降低电商门槛，实现产业规模和品牌共同发展，通过数字治理支撑和规范产业发展不断扩展实现对更多业务领域支持。仪式上，阿里乡村电商学院龙泉实训基地正式揭牌，宁波市供销社与龙泉市供销社签署两地农合联合作意向书。

【鞋产业回归工程45万平方米标准厂房建设暨制造业招商项目集中开工】 2020年6月15日，龙泉市鞋产业回归工程45万平方米标准厂房建设暨制造业招商项目集中开工仪式在砝石街道原下山脱贫小区地块举行。丽水市政协副主席、龙泉市委书记王顺发出席并宣布项目开工，市委副书记、市长吴松平致辞，叶砝仙、刘赤波等市领导参加。

鞋产业回归工程标准厂房一期项目和5个制造业招商项目总投资达28亿元，包括鞋产业回归工程45万平方米标准厂房项目、浙江嘉德利生物科技有限公司年产800吨吉利丁片及1000吨胶原蛋白肽生产线项目、浙江盛博休闲用品制造有限公司年产63万套旅游休闲用品生产线项目、龙泉市腾源新型建材有限公司年产30万立方米加气混凝土切块生产项目、浙江吉腾旅游用品有限公司年产3万件健身用品及2万件家具生产线项目和浙江勒芒贸易有限公司年产1亿只口罩及900吨熔喷布生产线项目。其中45万平方米标准厂房项目是鞋产业回归工程项目重要组成部分，规划用地面积约330亩，建成后可容纳152条整鞋生产线，总投资超过25亿元。6个项目建成投产达产后，预计可实现年产值100亿元以上，年上缴税收约5亿元以上，将为龙泉构建现代化生态经济体系注入强劲动力。

【龙泉农村饮用水达标提标工作全面完成】 2020年6月30日，龙泉市农村饮用水集镇水厂集中通水仪式在乡镇供排水运维中心举行，标志着龙泉全面完成农村饮用水达标提标工作。浙江省水利厅副厅长冯强宣布通水，省世行办副巡视员周伟群出席活动，丽水市政协副主席、龙泉市委书记王顺发致辞，市委副书记、市长吴松平主持，叶砝仙、刘赤波等副处以上领导参加。

此次通水包括锦溪、小梅、兰巨、八都4个供水项目，总投资1.73亿元，投产后日供水量将达到1.4万吨，服务总人口5.8万人。2018—2020年，龙泉市累计投入资金3.14亿元，完成647个农饮水项目建设，全面提升18.1万农村居民饮用水条件。龙泉市基本实现农村饮用水达标人口全覆盖、城乡供水一体化发展，成为丽水率先实现农村饮用水达标提标“全兜底”县(市)。

【嘉兴·秀龙山海智造园开园】 2020年7月31日，嘉兴·秀龙山海智造园在秀洲国家高新区瑞丰街东侧开园，这既是浙江省首个在国家级高新区落地的山海协作“飞地”项目，也是龙泉市首个完工的“飞地”项目。仪式上，两地共同为飞地产业园揭牌，总投资为8500万美元线性驱动系统研发生产项目、YM金属成型项目、航空新材料项目签约并入驻园区。秀洲区委书记吴燕，区委副书记、区长刘德威，龙泉市委副书记、市长吴松平，市人大常委会主任叶砝仙，市政协主席刘赤波等参加开园仪式。

【“问海借力·沪享龙泉”健康生活畅享季活动】 2020年8月2日，“问海借力·沪享龙泉”健康生活畅享季活动在上海国际会议中心正式启动。丽水市委常委、常务副市长杜兴林，奉贤区委常委、副区长顾耀明致辞，丽水市政协副主席、龙泉市委书记王顺发作宣传推介。龙泉市领导吴松平、叶砝仙、刘赤波分别为龙泉(上海)青瓷宝剑设计创意研发中心、产业创新孵化中心、文化旅游推广中心授牌。

本次活动由上海市奉贤区政府、丽水市政府主办，奉贤区委宣传部、龙泉市委市政府共同承办。活动以“问海借力·沪享龙泉”为主题，旨在全方位深度接轨上海、高质量融入长三角一体化发展，通过11个贯穿下半年主题系列活动，把龙泉高品质文化旅游产品、健康农特产品“推出去”，上海的游客、上海优质资源要素“引进来”，探索优势互补、功能联动、优势共享山海协作新路，争当长三角一体化发展“快马”。启动仪式上，涵盖基地建设、招商引资、人才科技、新农村建设、商务合作等多个领域11个项目进行集中签约。上海雪拉同投资公司总经理、道铭(龙泉)青瓷文化创意发展有限公司总经理张弥，文筑国际创始人、拾分之壹创始人马卫东在会上作发言。

【龙泉市举行第三个“中国医师节”庆祝大会】 2020年8月19日，第三个“中国医师节”庆祝大会在龙泉大剧院召开。龙泉市委副书记、市长吴松平出席活动并致辞，叶砝仙、刘赤波、翁志鸿等副处以上领导参加。大会表彰2019年度“新时代美丽幸福好龙泉·十大好医护暨华佗奖”、2019年度“双下沉两提升”特殊贡献人员、逆行出征抗疫优秀医护、坚守抗疫一线优秀医师，并举行新入职医生宣誓。会前，吴松平、翁志鸿等市领导还共同前往市人民医院、市中医医院、市疾控中心进行慰问，看望历届十大好医护(医师)、各级抗疫优秀代表、单位骨干等，向他们和所有医师致以节日问候和祝福。

【城市文化客厅项目开工建设】 2020年8月26日，龙泉市城市文化客厅项目开工奠基仪式在剑池街道原国镜药业地块举行。龙泉市委书记吴松平宣布开工，市委副书记、代市长翁志鸿主持开工奠基仪式，刘赤波等市领导出席。龙泉城市文化客厅是该市与景德镇陶文旅集团共同合作开发重点项目，总投资21.44亿元，项目定位为“剑瓷文化的国家名片、泛长三角的艺术客厅”，旨在传承和弘扬龙泉文化、创建经典文创区，项目建成后将进一步提升城市文化内涵、完善城市功能，形成城市新格局。

【“一带三区”龙庆经典文创区发展座谈会】 2020年8月28日，由庆元县四套班子主要领导带领的党政考察团到龙泉考察交流，并与龙泉召开“一带三区”龙庆经典文创区发展座谈会，共商两地跨山统筹合作发展大计。吴松平、翁志鸿、刘赤波等龙泉市四套班子领导参加考察并出席座谈会。

座谈会上，双方签订《“一带三区”龙庆经典文创区发展合作备忘录》《龙泉市—庆元县“十四五”规划合作框架协议》《龙泉市—庆元县文旅合作框架协议》三个重要文件。根据签订文件，两地将从联合推动区域产业协同共赢、国家公园协同共创、文化交流协同共荣、重大政策协同共谋、人才资源协同共育、基础设施协同共建、生态文明协同共进、长三角一体化发展协同共融等八个方面进行合作建设，合力建设世界非遗文化传承区、国家公园建设先行区，打造世界级龙庆经典文创区。

【龙泉二中与杭州建兰中学携手合作办学】 2020年9月3日，龙泉市政府与杭州建兰中学合作办学签约仪式在龙泉市第二中学举行。龙泉市委书记吴松平对此次签约表示祝贺并发来书面致辞。市委副书记、代市长翁志鸿，杭州建兰中学校长饶美红等出席签约仪式。

会上，双方举行合作办学签约仪式和“杭州建兰教育集团龙泉二中”揭牌仪式，向杭州建兰中学校长饶美红颁发龙泉市人民政府教育顾问聘书，向杭州建兰中学正校级调研员马志坚颁发杭州建兰教育集团龙泉二中校长聘书。接下来，建兰中学将不断整合优化教育资源，充分发挥优秀骨干教师的作用，推动两校在师资交流、资源互通、课程共享、管理共建、教学同步等方面实现无缝对接，促进龙泉市教育质量整体提升，让龙泉学子在家门口就能享受到杭州名校优质的教育资源。

【龙泉市江南小学与启文教育集团携手合作办学】 2020年9月8日，龙泉市政府与启文教育集团合作办学签约仪式在江南小学举行。龙泉市委书记吴松平对此次签约表示祝贺并发来书面致辞。市委副书记、代市长翁志鸿，启文教育集团董事长韩宝平等出席签约仪式。

会上，双方举行托管合作办学签约仪式，向韩宝平颁发龙泉市人民政府教育顾问聘书，向原丽水市实验学校校长、浙派名校长刘必水颁发启文教育集团江南小学总校长聘书。接下来，江南小学将委托启文教育集团进行管理，启文教育集团以自身资源优势、人才优势和理念优势，推动江南小学教育教学高质量快速发展。

【龙泉市高水平建设医联体工作推进会】 2020年9月8日，龙泉市举行高水平建设医联体工作推进会暨健康龙泉顾问聘请医联体合作协议签约仪式。龙泉市委书记吴松平出席会议并讲话，翁志鸿、叶砇仙等副处以上领导出席活动。会上，聘请主任医师、教授、博士生导师毛伟敏为健康龙泉顾问；聘请丽水市中医院党委副书记、院长邱伟文，丽水市人民医院党委委员周小庆为龙泉市人民医院名誉院长；为丽水市中医院“江伟华浙江省名老中医专家”龙泉工作站揭牌；龙泉市人民政府与丽水市中医院签订战略合作协议，丽水市中医院与龙泉市人民医院签订中医专科合作框架协议。

【第36个教师节庆祝大会】 2020年9月9日，龙泉市举行“立德树人奋进担当•教育脱贫托举希望”第36个教师节庆祝大会，吴松平、翁志鸿、叶砇仙等市领导参加大会，向广大教师和教育工作者致以节日祝福。大会隆重表彰2019年度新时代美丽幸福好龙泉•十大模范教师暨“孔子奖”获得者，市委书记吴松平，市委副书记、代市长翁志鸿上台为获奖者送上鲜花、颁发“孔子像”，对每一个获奖者致以90度鞠躬，表达市委、市政府对广大教师的诚挚感谢和崇高敬意，感谢他们为龙泉市教育事业辛勤付出。

【衢宁铁路（浙江段）龙泉市站正式通车】 2020年9月27日，衢宁铁路（浙江段）龙泉市站通车仪式在站前广场举行。丽水市委书记胡海峰出席，丽水市委副书记、市长吴晓东宣布衢宁铁路龙泉市站开通，虞红鸣、陈瑞商、杜兴林、楼志坚等丽水市领导出席。龙泉市委书记吴松平致辞，叶砇仙、刘赤波等龙泉市副处以上领导参加。市直单位、乡镇（街道）、参建单位、党代表、人大代表、政协委员等400多名社会各界代表参加通车仪式，众多市民自发到场参与，见证龙泉铁路时代到来。

【两大卫生健康新建项目集中开工】 2020年9月27日，龙泉市公共卫生综合服务中心、龙泉市公共卫生应急救治中心（人民医院传染病防治中心）新建工程项目在新交警大队下首集中开工。龙泉市委副书记、代市长翁志鸿宣布开工，叶砇仙、刘赤波等市领导参加仪式。

龙泉市公共卫生应急救治中心（人民医院传染病防治中心）项目按突发公共卫生事件应急处理要求及三乙综合性医院标准和人民防空要求，建设平战结合应急防控救治中心，主要建设内容包括急救中心、传染病门诊、住院部（隔离病房、负压病房、普通病房等）及公共卫生配套医技科室、行政管理用房、战备医院、200个地下车位等。项目建设工期为36个月，建成后将增加住院床位269张。龙泉市公共卫生综合服务中心新建工程建设地址在剑池街道水南村林户，占地面积约3.4公顷，建筑面积2.7万平方米，建设集疾控中心、妇计中心、龙泉市红十字医院为一体综合体，建设周期为36个月。

【"天下龙泉"品牌列车首发仪式】 2020年9月28日,"一剑钟情·从瓷开始""天下龙泉"品牌列车首发仪式在上海南站举行,近200名沪籍游客专程登上"天下龙泉"品牌列车,开启3天龙泉之旅。

在衢宁铁路开通运营之际,龙泉市接轨大上海,融入长三角,与上海铁路部门达成合作,打造品牌专列,为"天下龙泉"品牌传播注入强劲动力,实现"人类非遗"与"中国速度"强强联合。"天下龙泉"品牌列车由上海南站开往海宁、杭州、诸暨、金华、衢州、龙游、遂昌、松阳、龙泉、庆元等目的地,停靠站点密集且人流量大,多为龙泉旅游主要客源市场。"天下龙泉"品牌列车全车头片、海报、桌贴、品牌天幕等处,均体现出龙泉旅游元素。

【2020江南之巅天空越野赛】 2020年10月17—18日,"2020江南之巅天空越野赛"在龙泉市开跑,来自全国各地700余名选手参赛。大赛由龙泉市政府、宁波江南100体育文化公司主办,屏南镇、兰巨乡、丽水市千八体育有限公司承办。赛事组别分为终极100公里、高级组60公里、进阶组35公里,比赛通过国际天空跑联盟(China Skyrunning Association)官方授权,并获得国际越野跑协会(ITRA)赛事积分认证。

【"创新引领 智汇龙泉"人才科技峰会】 2020年10月26日,"创新引领 智汇龙泉"人才科技峰会在龙泉市产业创新服务中心开幕,该活动也是第九届"智汇丽水"人才科技峰会重要子活动之一。龙泉市委书记吴松平致辞,市委副书记、代市长翁志鸿主持,叶砝仙、刘赤波等副处以上领导出席开幕式。

开幕式上,对龙泉市杰出人才、十佳科技创新企业、十佳科技特派员、十佳科技工作者进行表彰;启动浙西南科创基地创建;为龙泉市汽车空调产业工程师协同创新中心揭牌;进行科技项目和龙泉市汽车空调产业工程师协同中心团队入驻代表签约,并发布龙泉市"人才新政"。来自中国汽车工业协会、高校院所领导专家、创业创新团队和人才代表及龙泉市产业首席专家、工业科技特派员、农业科技特派员等160余人参加活动。

【龙泉浙大中学与上海翔宇教育集团携手合作办学】 2020年10月29日,龙泉市政府与上海翔宇教育集团合作办学签约仪式在龙泉浙大中学举行。龙泉市委书记吴松平对此次签约表示祝贺并发来书面致辞。市委副书记、代市长翁志鸿出席签约仪式并讲话。会上,双方举行托管合作办学签约仪式,龙泉市向全国知名教育管理专家、上海翔宇教育集团总校长卢志文颁发龙泉浙大中学总校长聘书。

【第五中学新建工程项目】 2020年10月30日,第五中学新建工程项目正式开工。龙泉市委副书记、代市长翁志鸿宣布开工。第五中学新建工程项目位于大沙张家、曾家地块,后沙路东侧,与瓯江花园等居民区相邻。项目概算总投资3.3亿元,总用地面积约109亩,总建筑面积约7万多平方米。学校为九年一贯制寄宿学校,办学规模为66个班,其中小学24个班、初中42个班,计划于2022年秋季投入使用。建成后可分别增加小学学位840个、初中学位1680个,分流城区初中学校超规模办学学生,解决主城区教育资源紧缺难题。

【2020长三角"龙泉论剑"武术大赛】 2020年11月7日,2020长三角"龙泉论剑"武术大赛在龙泉举行,60支代表队、近1000名武术健儿一道论剑龙泉。龙泉市委书记吴松平出席并致辞。武术大赛由浙江省体育局指导,龙泉市人民政府主办,浙江省武术协会、浙江省华夏民生与公益研究院支持,龙泉市文化和广电旅游体育局承办。大赛不仅规模大、参赛人数多,且拳种设项广,包含武术套路各拳种、各流派拳术,器械(刀、剑类)项目,武术功法类,对抗搏击、技法对拆项目展示类和团体综艺项目等。

【项目谋划现场大比武】 2020年11月4日,龙泉市举行项目谋划现场大比武,推动项目谋深谋实谋细。龙泉市委副书记、代市长翁志鸿出席会议并讲话。23名乡镇(街道)、部门机关负责人围绕新兴产业、高端康养、文化旅游、基础设施和民生保障等领域,现场汇报比拼项目谋划方案,接受专家打分、点评。最终,市发改局牵头谋划的风光水储生物质一体化智慧绿色能源项目和水利局牵头谋划的均溪三级水库改建工程荣获大比武一等奖。

【浙江省首届青瓷宝剑技能大赛】 2020年11月7—9日,由浙江省人力社保厅、丽水市人民政府主办的浙江省首届青瓷、宝剑技能大赛暨丽水市第二届"绿谷工匠"技能大赛(青瓷、宝剑)、龙泉市2020年青瓷宝剑职业技能大比武在龙泉举行,本次大赛吸引来自省内各地100多名青瓷、宝剑行业选手参加。选手们就青瓷制作、宝剑制作两个项目六大工种展开角逐,此次比赛青瓷全能总分第一、第二名和宝剑全能总分第一名的参赛人员,获得"浙江省技术能手"荣誉称号。

【第三届世界青瓷大会主旨论坛】 2020年12月10日,"从初心到匠心"——

第三届世界青瓷大会主旨论坛举行。龙泉市委副书记、代市长翁志鸿，景德镇陶瓷大学常务副校长、国际陶瓷协会会员吕品昌，北京故宫文化传播公司董事长、总经理刘辉，世界陶瓷科学院院士、新型陶瓷与精细工艺国家重点实验室主任、清华大学校务委员会委员潘伟，景德镇陶文旅集团党委书记、董事长刘子力等领导、专家，分别从自身专业角度出发进行主旨演讲，带给现场听众一场场思想文化盛宴，为大家开阔眼界、拓宽思路、丰富路径，为龙泉打造一座独具匠心的历史文化名城凝聚起智慧与力量。

【第三届世界青瓷大会】 2020年12月11日，第三届世界青瓷大会在龙泉市开幕。丽水市委书记胡海峰宣布大会开幕。浙江省政府副秘书长蔡晓春、省人大环境与资源保护委员会主任委员林健东、省侨联主席连小敏、省委宣传部副部长葛学斌、省文化和旅游厅副厅长叶菁、省经信厅二级巡视员戴迪荣，丽水市委常委、宣传部部长任淑女，丽水市人大常委会副主任戚永远，丽水市政协副主席汤家友等领导出席。丽水市副市长卢彩柳主持开幕式。龙泉市委书记吴松平，市委副书记、代市长翁志鸿为龙泉文化名城建设高级顾问颁发证书。叶砝仙、刘赤波、蓝景芬等龙泉市领导参加。

本次大会由中国工艺美术协会、中国陶瓷工业协会、浙江省文化和旅游厅、浙江省经济和信息化厅、丽水市委、丽水市政府共同主办，市委、市政府承办。活动旨在响应“一带一路”倡议，认真贯彻落实省委十四届八次全会、丽水市委四届八次全会以及市委十四届九次全会精神，高水平展示龙泉青瓷宝剑文化“深化、物化、转化”工作成效和成果，加快建设一座独具匠心的文化名城，让“好龙泉”焕发出新时代生机与活力。

【丽水瓯江山水诗路在龙泉启航】 2020年12月11日，丽水瓯江山水诗路启动启航仪式在龙泉市举行。丽水市委书记胡海峰宣布丽水瓯江山水诗路开启通航。浙江省政府副秘书长蔡晓春、省侨联主席连小敏、省委宣传部副部长葛学斌、省文旅厅副厅长叶菁、省经信厅二级巡视员戴迪荣，丽水市委常委、宣传部部长任淑女，丽水市人大常委会副主任戚永远，丽水市副市长卢彩柳，丽水市政协副主席汤家友，以及龙泉市领导吴松平、翁志鸿等参加启航仪式。

瓯江山水诗路是浙江省重点打造“四条诗路”中的一条，主要以自然生态山水、文化古村和非遗技艺为载体，充分展现“山水诗源、东南秘境”文化印象。启动启航仪式上，丽水10艘花船集中在瓯江巡游，直观展示各地山水资源、非遗文化等特色。同时，举行丽水瓯江山水诗路重要项目签约，发布《瓯江山水诗路旅游联盟宣言》。

【环浙骑游百山祖国家公园龙泉总决赛】 2020年12月12—13日，2020环浙骑游百山祖国家公园龙泉总决赛暨第四届江南之巅天空骑行安豫线挑战赛在龙泉市举行，来自全国各地500余名骑友参赛。

浙江省交通运输厅、交通旅游导报、丽水市交通运输局、丽水市公路管理局等部门单位有关领导出席仪式。龙泉市委书记吴松平致辞，市委副书记、代市长翁志鸿主持，叶砝仙等市领导参加。启动仪式上，举行“2020环浙骑游百山祖国家公园最美安豫骑游精品线”授牌仪式。本次竞赛全程87公里，其中最高海拔1249.5米，与起点海拔落差近千米。经过激烈角逐，最终来自长沙顺时针车队施文通、宁波zeray梦想车队吴托、伊诺华轮胎车队廖彬彬、杭州三骑车队隽铭远分别获得男子公路精英组、大师组、女子组、进阶组的冠军。

【青瓷小镇产业园项目】 2020年12月20日，青瓷小镇产业园项目开工奠基仪式在上垟镇木岱口黄渡谷户区块举行。龙泉市人大常委会主任叶砝仙出席仪式并宣布开工。青瓷小镇产业园项目总投资达2.1亿元，项目总面积约747亩，建设场地面积约412.4亩，分两期实施。项目建成后，可容纳企业10多家，新增就业岗位4000多个，年产值可达3亿元，年新增税收3000万元以上，为解决该镇工业用地紧缺短板，促进青瓷产业转型升级和中国青瓷小镇发展注入强劲动力。

【百名龙泉青瓷工匠作品展】 2020年12月26日，“春风又绿江南岸——龙泉青瓷再出发”百名龙泉青瓷工匠作品展在丽水市博物馆举行，龙泉市委副书记、代市长翁志鸿参加并致辞。

该次展览展出展品113件，围绕“传承”“新生”“展望”三个主题，展示百名龙泉新生代青瓷工匠代表性作品。“传承”部分以当代龙泉青瓷复兴为视角，展示龙泉青瓷文化和技艺传承。“新生”部分以新生代龙泉青瓷技艺传承创新为视角，展示百名龙泉青瓷新生代工匠代表性作品。“展望”部分以“天下龙泉——龙泉青瓷全球化”为视角，展示未来龙泉青瓷发展趋势，以及“一带一路”背景下龙泉青瓷的历史担当。

【庆祝龙泉撤县设市三十周年文艺晚会】 2020年12月26日，“岁月如歌”庆祝龙泉撤县设市三十周年文艺晚会在龙泉大剧院精彩上演。龙泉市委书记吴松平出席会议并致辞，市委副书记、代市长翁志鸿主持，叶砳仙、刘赤波等副处以上领导参加。晚会分为序曲《时光印记》、第一篇章《往日情怀》、第二篇章《追梦岁月》、第三篇章《壮丽航程》、尾声《春色满园》五大部分、12个节目，叙述龙泉三十年沧海桑田，演绎乡音乡愁，品味剑瓷魅力，同时向所有为龙泉建设发展作出贡献的人致敬。

## 市政府办公室工作

【政务信息】 2020年，信息科围绕政府中心工作，聚焦提供决策参考、反馈工作落实、反映社情民情，发挥参谋助手作用，报送大量热点、亮点、特色信息，为领导提供有效信息服务，各项工作取得明显成效。该年上报信息1000多篇，被上级信息刊物录用580多篇，其中省级专报录用2篇，获浙江省政府领导批示1个，丽水市级专报录用22篇，获丽水市政府领导批示8个、交流1篇，其中主要领导批示3个。刊发《龙泉政务信息普刊》26期、《专报》25期、《交流》2期，获龙泉市政府领导批示15个，其中主要领导批示10个。龙泉市府办获评丽水市政务信息工作考核二等优秀单位，毛紫薇获评丽水市政务信息工作先进个人。

【信息公开】 2020年，信息公开中心通过龙泉政府网、政务公开平台、政务服务网及微信、政务微博等各种途径，主动公开政府信息1.8万余条，内容涵盖机构职能、行政审批及行政事项和行政处罚结果、政策法规、计划报告、城市改造、房屋土地征收、教育、医疗、文体事业、社会救助等与人民群众生产、生活以及经济社会发展紧密相关各类信息。该年，收到公民、法人和其他组织提出公开政府信息申请15件，申请方式包括网上申请、书信申请，15件依申请公开均在规定时间内办结；发生1件未经复议直接起诉的依申请件，最后以法院判处驳回诉讼请求告终。

【督查工作】 2020年，龙泉市府办督查工作以“互联网+督查”线上督查方式，结合书面督查、实地督查、绩效考核等，灵活运用多种督查方式，构建督查工作思维导图，明确“分类建账→分解立项→落实责任→明确时限→预警提醒→情况反馈→办结销号→情况通报→报呈市有关领导”全链条、闭环式管理流程，不断提高督查工作规范化、制度化、科学化水平。市府办制定出台《2020年督查办理效能考评办法》，明确考评细则，加强督查结果运用。该年下发重要事项交办单38件、专项督查交办单23件、《督查通报》3期、晾晒29期；开展实地督查14次，现场走访点位80余处。承办人大代表建议169件，所提问题得到解决或部分解决78件，占承办总件数46.15%，正在解决或已列入计划准备解决86件，占承办总件数50.9%；承办政协委员提案104件，提案所提问题已经解决或基本解决85件，占81.7%，比2019年提高15.7个百分点；正在解决或列入规划逐步解决17件，占16.3%；提案所提问题因客观条件或其他原因需以后解决2件，占2%。市政府领导领办10件人大建议和9件政协提案满意率均为100%。 （兰　玲　周毅俊）

## 机关事务保障

【概况】 2020年，龙泉市机关事务保障中心完成公务接待任务418批次8750余人次，其中省、部级领导19人次，厅级以上领导178人次。会议中心完成会务保障628场（次），其中200人以上大型会议33场（次）。持续巩固公务用车改革成果，该年保障市级会议、活动、调研、督查、应急等重要公务活动用车5920次，安全行驶140.9万公里。牵头龙泉行政事业单位和国有企业停车泊位对外错时开放管理工作，从6月30日开始，该市16家单位201个停车位实行向社会错时开放。2020年，丽水市机关事务工作业务培训现场会在龙泉市召开，在丽水全市推广龙泉机关大食堂和公务用车管理工作经验做法。

【疫情防控工作】 机关事务保障中心作为龙泉市行政中心主管部门，第一时间成立防控组织，及时部署工作，草拟《关于加强龙泉市行政中心疫情防控工作的通知》，以龙泉市委办、市府办名义下发通知，成立龙泉市行政中心疫情防控工作专班，工作专班秘书组设在市机关事务保障中心，并建立例会、检查等工作制度。落实场所全面消杀、严格出入管理、做好日常消毒、强化物资保障、落实主体责任等精准举措，行政中心实行“一码一测”长效化“守小门”制度，防疫消毒实行“公共区域每天1次，电梯每2小时1次，会议室一会2次，公务出车先消毒再入库”制度，高标准做好行政中心和机关食堂管控。疫情期间，为一线战斗医护工作人员、隔离点群众、疫情防控指挥部送餐2.5万余份；开通“助企直通车”12辆，保障疫情防控和复工复产用车620余车次。

【机关行政保卫】 2020年，龙泉市机关事务保障中心与信访局联合起草

《龙泉市行政中心异常上访应急处置预案》，以龙泉市委办、市府办名义正式发文实施，为依法、及时、有效、妥善处置行政中心异常上访行为提供依据。组织安保人员开展突发事件处置、意外临时急救、疫情防控等方面专业培训，增强应急处置和安全防护能力。严格执行接待登记、情况分析、信访联动“三项机制”，正确引导群众依法上访，实现市行政中心区域安全稳定。

【机关政务接待】 2020年，龙泉市机关事务保障中心政务接待工作认真贯彻落实中央八项规定及其实施细则精神，健全公务接待审批制度和“一函一票两单”财务报销制度，规范公务接待管理。精准规范把控保障重点和服务细节，充分挖掘本地优质食材和特色元素，确保在每次接待过程上做到精准服务又突出龙泉特色，更有效节约接待经费。圆满完成浙江省文化科技卫生“三下乡”、“问海借力•沪享龙泉”健康生活畅享季、“融入长三角•接轨海西区”考察、第三届世界青瓷大会等重要活动后勤保障工作。在第三届世界青瓷大会欢迎晚宴活动中，通过精心打磨宴会氛围营造、主宾区布置、食品原料采购、宴会菜点制作、现场台面服务、菜品菜名设计等各环节方案，用匠心打造出温馨舒适、高端大气、空前精彩晚宴氛围，得到与会领导和嘉宾赞扬肯定。

【公务用车管理】 2020年，龙泉市公务用车管理贯彻《党政机关公务用车管理办法》等有关规定，完善公务用车管理平台建设，推进“互联网+”公车保障模式，实行预约、派车网络化服务和车辆实时跟踪监管，推进公车保障智能化。严格实行“八统一”管理制度，配套落实日常监管、车辆加油维修、驾驶员报销等系列举措，控制车辆运行成本。深入推进企业化管理模式，规范公务用车驾驶管理，该年超三分之一驾驶员未出现违章情况。开展公务用车使用管理不规范问题专项整治，加强对党政机关公务用车和事业单位业务用车日常检查和指导，严格要求各单位按照《丽水市党政机关公务用车“正负面清单”》规定用车，及时纠正部分单位公车使用管理不规范问题。

【综合服务】 2020年，龙泉市机关事务保障中心综合服务工作以全程可控、服务优质为要求，建立健全后勤服务质量考核评价体系，稳妥推进安保服务，电梯、音响设备、会议表决设备维保，公务用车全省“一张网”和GPS系统等后勤服务项目社会化。定期开展安全隐患排查，落实日巡查和周例会制度，层层落实责任，认真抓好中央空调、消防、监控、强弱电、照明等系统维护保养工作，保障各类设施设备正常运转，扎实推进安全生产各项工作。对行政中心会议室进行功能性改造，升级原有会议室音视频设备及装饰，满足行政中心东副楼会议室高清视频会议交流及专用会议功能需求，提高视频会议效果和与会人员舒适度。加强日常培训，强化标准运作，提升会务服务规范化、精细化、专业化水平。

【机关食堂】 2020年，龙泉市机关食堂通过共享空间资源和统一运作管理，提高资源使用率、减少运营成本，高质量保障城区43家单位1148名干部职工及家属用餐、人武部民兵训练食宿、内外接待、大型应急用餐等工作任务，庆元、景宁、遂昌等地机关事务管理部门多次到龙泉市学习借鉴机关食堂管理模式。 （刘鹏程）

## 退役军人事务

【概况】 2020年，龙泉市退役军人事务局积极探索新形势下退役军人工作的特点和规律，充分发挥县乡村三级退役军人服务保障机构作用，努力践行“服务不缺位、保障全覆盖、尊崇有氛围、引领建新功”工作理念，基础工作持续夯实，服务管理能力持续提升，退役军人政策利好持续释放，拥军崇军氛围日益浓厚。

【拥军优属】 10月30日，龙泉市隆重举行纪念中国人民志愿军抗美援朝出国作战70周年纪念章颁授仪式，龙泉市委书记吴松平为参加过抗美援朝出国作战的14位老战士老同志佩戴“中国人民志愿军抗美援朝出国作战70周年”纪念章，表达向英雄学习、向英雄致敬之情。在春节、“八一”等重大节日，由市领导带队走访慰问丽水军分区、驻龙部队官兵、军休干部、优抚对象；市退役军人事务局，乡镇（街道）、村（社区）服务站、退役军人志愿者服务队，对一线工作退役军人、困难退役军人、中华人民共和国成立前参加革命工作老干部、企业军转干部、抗美援朝老兵、三属、边海防现役军人家属、荣立二等功以上退役军人、参战残疾军人等进行1000余次走访慰问。

【退役军人】 2020年，龙泉市村（社）组织完成换届后，担任村党支部书记的退役军人有27人、在村两委任职的有91人。组织推荐叶建东、季光松、吴晓平等多位优秀兵支书基层奋斗故事，彰显退役军人“退伍不褪色，实干创新业”作风，调动起退役军人创业建功、实现自身价值积极性；吴子敬荣获“浙江省模范退役军人”称号，张明跃获评“丽水市抗击新冠肺炎疫情先进个人”。10月27日，举办2020年退役军人返乡欢迎大会。组织发放抗美援朝出国作战70周年纪念章24枚。上门为荣获个人三等功的龙泉籍现役军人彭勇锋、项优杰、陈谊杰、李童彬送上喜报和奖金。

【优抚褒扬】 2020年，龙泉市退役军人事务局落实2020年度优抚对象抚恤优待补助自然增长机制，为291名农村籍义务兵父母、烈士遗属等安排免费体检。开展2020年残疾军人和其他优抚对象假肢矫形器助听器适配、巡回修理服务工作，受理申请42份；为1名因战致残人员联系假肢服务；协同民政部门为9名60周岁以上优抚对象提供家庭适老化改造。组织44名重点优抚对象到嘉兴荣军医院疗养。组织“致敬·2020清明祭英烈”代祭扫、“9·30”烈士纪念日敬献花篮仪式。

【“新时代枫桥式”退役军人服务中心（站）创建】 2020年，龙泉市退役军人事务局完成“示范型服务中心（站）”建设任务，其中市级退役军人服务中心1个，乡镇（街道）退役军人服务站12个，乡镇（街道）达标型服务站7个，村（社区）退役军人服务站完成84个，超过首批创建数量75个。龙泉市退役军人服务中心、安仁镇退役军人服务站、西街街道退役军人服务站被评为浙江省“新时代枫桥式退役军人服务中心（站）”。

【安置就业】 2020年，龙泉市退役军人事务局完成营职及以下军转干部、符合政府安排工作条件退役士兵、随军家属安置任务，做到军转干部进公务员队伍100%，符合政府安排工作条件退役士兵安置到国有企事业单位100%。完成接收自主择业军转干部、复员干部工作。联合组织、公安、人力社保、医保、人武部等多个部门，开展军人退役“一件事”工作，“一站式”办理返乡手续。联合有关部门统筹社会资源，为退役军人搭建就业创业服务平台，完成职业技能（提升）培训计划95人。

2020年9月30日，龙泉市举行烈士纪念日向革命烈士敬献花篮仪式

（市退役军人事务局/供图）

【优抚社会化】 2020年，龙泉市退役军人事务局在严格落实各项优抚政策基础上，开展优抚社会化工作，为优抚对象发放服务券。与龙泉市康安养老服务有限公司签订合作协议，探索建立“社会化服务项目+政府买单”退役军人优抚新模式，建立起政府主导推动、评估和监督，专业机构运作，社会力量参与优抚工作机制，将专项调查、安全检查、家政服务、优抚券使用、文体活动等优抚服务外包社会组织，满足退役军人个性化服务需求。2020年，开展上门服务3000余次，服务人员3000余人次。

【退役军人志愿者服务队】 2020年，龙泉市退役军人志愿者服务队成立，组织退役军人志愿者开展走访慰问、结对帮扶等活动，为困难退役军人、孤老及留守儿童、残障儿童等特殊群体送去温暖和关怀。年内，组织志愿者开展走访慰问高龄老人594人次、残疾军人160人次，开展植树、疫情防控、“六一”慰问、文明城市创建以及防汛救灾等志愿活动240余次，参加志愿服务人次840余人次，服务时长2200余小时。9月，龙泉市退役军人志愿者服务队在浙江省思想政治工作现场推进会上做交流。12月，被丽水市局作为“最佳志愿服务组织”推荐全省先进评比。（丁志萍）

## 行政审批工作

【概况】 2020年，龙泉市行政服务中心围绕“便民、利企”两大原则全面开展“最多跑一次”改革工作，全年办件717132件，通过浙江政务服务网和浙里办App办理件数为572939件，网办率达90.28%。

【政务服务 2.0】 2020 年，龙泉市行政服务中心推进“政务服务 2.0”事项推广线上应用工作，对 401 个 2.0 事项进行事项分解，提高“网上受理率”和“主动评价率”，各类事项实现率稳步提升并保持领先优势，跑零次实现率 99.77%、即办率 97.25%、承诺期限压缩比 98.87%、网上办事实现率达 98.14%、掌上办实现率 97.79%、材料电子化率 95.38%。根据政务服务 2.0 建设要求，市行政服务中心对“政务服务 2.0 大厅”进行升级改造，合理设置智能导服区、收件区、审批区、出件区、休闲区等服务区块，增设龙翔路 202 号（行政服务中心正对面）作为 24 小时自助服务区，为企业和群众提供 24 小时不间断自助服务。

【代办服务】 2020 年，龙泉市行政服务中心因地制宜划分便民服务类型，将各村分为标准型、简易型两种，其中重点沿线行政村、常住人口较多、业务量较大行政村设置为“标准型”，每周固定一天值班，其余由村干部或网格员随时代办；常住人口较少、代办业务量较小行政村设置为“简易型”，由村干部或网格员根据实际需求随时代办。在开发区设立企业服务中心，100%涉企事项开发区可提供代办服务，同时通过购买中介服务方式设立代办专窗，为企业提供全流程代办服务，该年为 54 家企业提供代办服务，其中 20 家为全程代办，得到企业主一致好评；市、乡、村三级代办员 707 名，代办件数达 1.2 万余件。

【网上中介超市】 2020 年，龙泉市行政服务中心依托丽水中介服务网上竞价系统，建立统一网上中介超市，编制行政审批中介服务事项清单，建立健全市场有序竞争、企业自主选择、中介规范服务、政府高效监管行政审批中介服务体系，业主在电脑前就可完成网上竞价工作。该年完成城乡项目竞价总数 1853 个，项目竞价成交平均用时 2.26 天，合计成交金额 3397.92 万元，合计降低金额 703.79 万元，降价率 19.11%，实现中介服务费用和时间双下降、质量和效益双提升。

【警医邮】 2020 年，龙泉市通过邮政、医院、交警紧密合作，推出“警医邮”，把邮政打造成为“让数据多跑路、让群众少跑腿”“互联网+”服务体系有机组成部分，满足群众对公共服务、政务服务需求日益便捷化、高效化需求。龙泉市在水南邮政支局、安仁邮政支局、八都邮政支局开通“警医邮”网点，群众通过“警医邮”邮政网点即可办理互联网窗口注册、互联网用户变更、违法业务处理、机动车抵押登记、机动车解除抵押登记、补换领机动车行驶证（C1、C2）、补换领机动车驾驶证（C1、C2）等交管业务。（张梦雅）

## 招标投标工作

【概况】 2020 年，龙泉市公共资源交易监督管理办公室和龙泉市公共资源交易中心严格执行丽水市招投标统一制度，完成公共资源交易项目 470 宗，交易金额达 603873.31 万元，其中：建设工程交易 143 宗，交易金额 329792.77 万元，节约资金 28079.76 万元；政府采购 231 宗，交易金额 34866.44 万元，节约资金 3958.45 万元；产权交易 87 宗，交易金额 2519.5 万元，增值 946.45 万元；其他交易 2 宗，交易金额 20961.66 万元，节约资金 2633.99 万元；增值服务交易 7 宗，交易金额 215732.95 万元，增值 5365.752 万元。龙泉市公共资源交易中心获评第三届全国公共资源交易平台整合高峰论坛暨首届全国公共资源交易百强县，系全省 2 个获此殊荣县（市、区）之一。

【电子化交易】 2020 年，龙泉市公共资源交易中心创新交易方式，拓宽电子化交易领域，推进“远程不见面开标系统”开发建设，所有政府采购项目、产权交易和市政房建施工项目均采用全流程电子化交易，工程除设计、监理、交通、水利项目不能采用电子交易外，其他项目均采用不见面开标，实现发布招标公告公示、提交投标文件、开标、评标、异议澄清补正、合同签订、文件归档等全流程电子化。2020 年 1 月起，全面推行政府投资项目工程保函代替保证金制。12 月底，60 宗工程建设项目实施不见面开标，投标企业数达 4212 家，节约投标人成本 311.69 万元；交易金额达 46261.18 万元，节约资金 3802.73 万元。

【招投标监管】 2020 年，龙泉市公共资源交易监督管理办公室和市公共资源交易中心通过标前、标中、标后一条龙监管，规范龙泉市招投标市场秩序。实行招标文件联合会审制度，扩大有效竞争，合理设定投标人资格条件，规范提出投标企业资质等级要求，扩大招标公告发布面，让潜在投标人参与竞争；在丽水率先推出电子化“不见面”开标工作，让投标人在电脑面前就可参与投标。同时采取远程评标、计算机辅助评标、“网上在线竞价”等措施，确保开标评标过程公正性；严把合同备案关、设计变更关、资金支付关、工程审计关等“四关”，切实发挥招标投标应有的作用。

【规范制度管理】 2020 年，龙泉市公共资源交易监督管理办公室以制度规范市场秩序，以制度规范日常管理，加强中介机构管理和小额项目管理。按照《加强政府性投资项目中介服务机构管理的若干意见》要求，继续通过入库制、淘汰制、考评制"三制"加强中介服务机构管理；通过《龙泉市小额建设项目招标管理办法（试行）》规范小额建设项目招标管理工作，通过"五个明确"（明确建设项目标准、明确项目招标方式、明确项目交易行为、明确项目结算标准、明确各方单位职责）加强小额建设项目监管；制订《龙泉市小额建设项目简易招标操作细则》《简化农村小额建设项目发包程序意见（试行）》和"两随机中标法"招标文件示范文本，规范小额建设项目招投标程序，预防腐败萌芽滋生，降低市场交易成本，提高工作效率。（张梦雅）

## 住房公积金管理工作

【概况】 2020年，龙泉市新增住房公积金开户单位107家，净增人数582人，实际正常缴存开户单位803家，实际缴存人数17276人；归集住房公积金42386万元，归集总额31.89亿元，住房公积金缴存余额109157万元；提取住房公积金35035万元，支取总额20.97亿元；发放住房公积金贷款463笔，金额16797万元，贷款发放总额20.77亿元，住房公积金贷款余额106084万元，存贷比97.18%；待分配增值收益期末数2068万元；上缴市财政廉租房补充资金524.28万元。龙泉市住房公积金连续十年荣获丽水市住房公积金管理目标考核一等奖，住房公积金服务窗口2020年八次被评为"五星级窗口"，连续四年获"年度优秀窗口"称号。

【疫情防控】 疫情期间，龙泉市公积金管理中心推出"线上办"和"预约办"等便民服务。出台实施住房公积金阶段性支持政策，企业单位经程序可申请住房公积金缓缴，在5%—12%之间自主确定缴存比例；住房公积金贷款未能正常还款不作逾期处理，缓缴期间缴存时间连续计算；租房提取住房公积金限额从800元/月上调至1000元/月，提取频次由每间隔12个月可提取一次调整为每间隔6个月可提取一次；未能在规定时限内办理提取和贷款业务，可延期至2020年6月30日办理。

疫情防控期间，单位职工主动前往社区报到，支持、配合、服从街道和社区组织疫情防控工作，参与摸底调查、宣传发动、居家留观人员管控服务、所在小区检查点值班等志愿服务。

【"最多跑一次"改革】 2020年，龙泉市公积金管理中心认真落实政府数字化转型工作，推进住房公积金"数据高铁"建设，推广应用政务服务2.0。深化住房公积金组合贷款、企业开办、机关事业单位人员职业生涯全周期管理等"一件事"集成办理。聚力"机关内部最多跑一次"改革，推动住房公积金业务"网上办"和"掌上办"，浙江政务服务网、"浙里办"App实现网上受理业务占比88%以上。推进住房公积金服务"跨省通办"和住房公积金长三角政务服务一体化工作，实现个人住房公积金缴存贷款信息共享，可出具贷款职工住房公积金缴存使用证明。推出商业银行住房按揭贷款按年约定提取服务，实现系统自动划转。（王 莎）

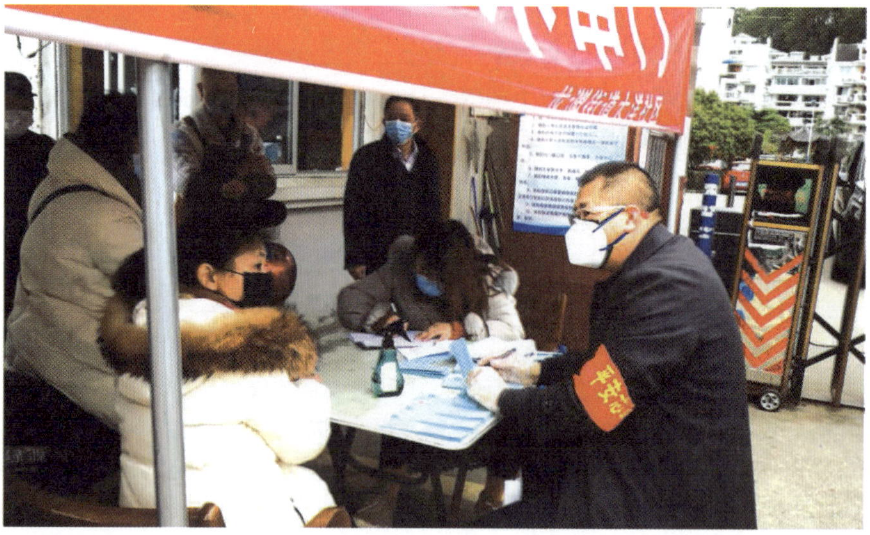

2020年2月8日，龙泉市公积金管理中心党员干部参加创美苑小区执勤（王 莎／供图）

# 政协龙泉市委员会

## 综　　述

【概况】 2020年，在龙泉市委的坚强领导和浙江省、丽水市政协的正确指导下，龙泉市政协及其常委会认真贯彻落实中共十九大和十九届历次全会、各级党委政协工作会议精神，以“聚焦‘重要窗口’、聚力龙泉复兴”学习实践活动为引领和动力，全面厉行“丽水之干”，坚持团结和民主两大主题，坚持建言资政和凝聚共识双向发力，坚持思想政治引领和广泛凝聚共识相互贯通，充分发挥专门协商机构作用，助推助力实现“两手硬，两战赢”，圆满完成市政协九届四次会议确定的各项工作任务，为全面夯实龙泉复兴坚实基础作出了积极贡献。

【协商议政】 市政协常委会坚持突出协商主责主业，深入协商议政，广泛建言资政，全面完成《政协龙泉市委员会2020年度协商计划》确定的28个专题协商计划。九届四次会议上，全体政协委员协商讨论“一府两院”工作报告，开展“有效防控疫情，提升公共卫生事件处置能力”“促进竹木加工产业转型升级”“扎实推进美丽城镇建设”3场专题协商活动，提出建议意见30余条。组织开展“全面接轨衢宁铁路，加快推进美丽幸福好龙泉建设”“请你来协商”活动形成常委会建议案，围绕“以名城提质为抓手，推动城市旅游发展”和“助力社会矛盾纠纷化解，实现‘最多跑一地’”专题开展“请你来协商”活动。围绕电商行业发展等10余个社会发展和民生热点问题开展对口协商。“剑瓷龙泉政协委员会客厅”就剑瓷行业疫情防控及复工复产情况组织开展协商交流活动，举办“剑瓷元素融入城市建设”专场协商中。聚焦“我市‘十四五’规划编制”“生态产品价值实现机制”“兰巨乡拟撤乡设街道”等专题，协商式征求相关界别政协委员意见10余次。形成以“请你来协商”平台为主轴，全会协商、常委会协商、主席会议协商为重点，专题协商、对口协商、界别协商为常态协商议政新格局。

【民主监督】 市政协九届四次会议以来，收到提案形式建议意见158件，立案151件，并案后为104件，提案办复率100%。实行党政领导共同领办政协重点提案制度，组织开展重点提案办理民主评议，推动提案办理落实。根据省政协统一部署，深入开展“城乡生活垃圾分类处理”“高水平全面建成小康社会补短板”和“社会治理领域‘最多跑一地’”三级政协联动专项集体民主监督，推动相关工作落实和完成。组织政协委员参与“局长作风大家评”“省示范文明城市创建”“城区小学新生招生摇号”“公益诉讼检察开放日”等民主监督活动30余次。针对“僵尸车治理”和中小学校门口拥堵难题开展专题协商，推动相关工作落实。开展“送卫生、教育、文化、科技、法律下乡”活动，受益对象达3000余人次。

【共建和谐】 市政协常委会围绕党政中心工作，助推全市经济发展和社会进步。落实上级政协和市委有关“两手都要硬、两战都要赢”各项决策部署，第一时间发出“倡议书”，制定《积极助力做好新冠肺炎疫情防控工作实施方案》，开展“三服务”40余次，协调解决困难20余项，政协委员及各参加单位累计捐款捐物300余万元，助力打赢疫情防控阻击战和发展总体战。市政协主席会议成员认真做好“八联八促”工作，确保所联系乡镇、村、社区圆满完成脱贫攻坚、行政村规模调整、后进村整顿转化、村(社)组织换届选举等重点工作任务。同时，深入一线，直接负责和联系领衔重点项目成效明显。衢宁铁路如期开通运行，龙泉正式迈入铁路时代，站前广场区块配套项目建设已进入收尾阶段；推进温武吉铁路前期工作，可望在“十四五”期间尽快开工建设；凤起路区块“二次”征收全面完成；西街历史文化街区保护利用项目成效明显；瑞垟引水工程（一期）、氧吧长寿小镇、宝剑小镇、龙泉溪治理二期、梅溪综合治理等重点工程项目均进展顺利。推出《今日龙泉》文史专版，配合省、丽水市政协做好《小康路上的政协人》《同心抗疫》《卫生印记》等文史资料征集报送工作，《朵朵小菌菇 盛开小康路》被2020年第三期《浙江省文史资料》“全面小康”专栏选用。

【自身建设】 市政协常委会适应时代要求，健全履职机制，强化履职保障，使政协工作焕发生机活力。开展“聚焦‘重要窗口’，聚力龙泉复兴”学习实践活动，激发政协系统全体人员责任意识和开拓创新进取精神。广泛发动政协委员开展“我为龙泉献一计”活动，征集金点子30余条，入选该市“发展良策”2条，刊发社情反映专刊3期。组建“应用型智库”，开展“书香政协·文化龙泉”政协委员读书活动，组织部分政协常委、联络组组长赴浙江红船干部学院学习培训，邀请省政协常委、省城乡规划设计院院长陈桂秋开展《新型城镇化与未来城市》专题讲座。该年组织开展“委员之家”系列活动7次。成立市政协专委会党小组，正式上线“智慧政协”系统，提高政协机关干部思想政治素质和服务保障能力。

## 重要会议

【九届四次全体会议】 2020年4月26—28日，政协第九届龙泉市委员会第四次会议在龙泉大剧院召开，与会应出席委员176名，实到委员165名，符合政协章程规定人数。因新冠肺炎疫情防控需要，该次会议日期缩短、列席人员规模缩小。

会议听取和审议政协第九届龙泉市委员会常务委员会工作报告；听取和审议政协第九届龙泉市委员会常务委员会关于九届三次会议以来提案工作情况报告；列席龙泉市第十六届人民代表大会第四次会议，听取并讨论政府工作报告及其他有关报告；补选徐东华为政协第九届龙泉市委员会副主席；审议通过政协第九届龙泉市委员会提案委员会关于九届四次会议提案审查情况报告；审议通过政协第九届龙泉市委员会第四次会议决议；审议通过政协第九届龙泉市委员会提案委员会关于九届四次会议提案审查情况报告。会议收到委员提案建议158件，经提案委员会审查立为提案104件。

【政协常委会】 2020年1月8日，九届二十次常委会会议召开，听取市政府关于2019年十件民生实事完成情况通报，听取市政府关于市政协九届三次会议以来提案办理情况通报，对2019年度部分重点提案办理工作进行民主评议，听取市政府《关于推进我市实施“乡村振兴”战略建议案》办理情况通报，通报2019年度政协工作先进集体和先进个人名单，通报市政协九届四次会议筹备方案，审议通过《关于授权政协第九届龙泉市委员会主席会议审议政协第九届龙泉市委员会第四次会议有关事宜的决定》（草案），其他事项。

4月9日，九届二十一次常委会会议召开，审议通过有关人事事项，协商讨论《政府工作报告（讨论稿）》，协商讨论《市人民法院工作报告（讨论稿）》、市人民检察院工作报告（讨论稿）》，协商讨论《龙泉市2019年国民经济和社会发展计划执行情况、2020年国民经济和社会发展计划（讨论稿）》，协商讨论《龙泉市2019年度预算执行情况及2020年预算（讨论稿）》，审议通过《政协第九届龙泉市委员会常务委员会工作报告》及报告人名单，审议通过《政协第九届龙泉市委员会常务委员会关于九届三次会议以来提案工作情况的报告》及报告人名单，审议通过市政协九届四次会议有关事项：①会议议程（草案）和日程；②会议秘书长、副秘书长名单；③选举办法（草案）；④邀请列席人员范围及名单，其他事项。

4月27日，九届二十二次常委会会议召开，听取各组讨论情况汇报，听取各专题协商组协商情况汇报，审议通过政协第九届龙泉市委员会第四次会议选举办法（草案），审议通过政协第九届龙泉市委员会第四次会议补选副主席候选人名单，审议通过选举大会总监票人、监票人名单（草案），其他事项。

4月28日，九届二十三次常委会会议召开，听取各组讨论情况汇报，审议通过政协第九届龙泉市委员会第四次会议提案审查情况报告（草案），审议通过政协第九届龙泉市委员会第四次会议决议（草案），其他事项。

7月20日，九届二十四次常委会会议召开，围绕“关于全面接轨衢宁铁路，加快推进美丽幸福好龙泉建设的建议”重点提案办理，开展“请你来协商”活动，围绕“高水平全面建成小康社会补短板”主题开展重点协商，围绕“城乡生活垃圾分类处理”主题开展重点协商。

9月11日，九届二十五次常委会会议召开，听取市政府关于2020年上半年龙泉经济和社会发展情况及下半年政府工作安排通报，听取百山祖国家公园创建工作情况通报，听取龙泉扶贫领域突出问题整改暨“两不愁三保障”相关情况通报，围绕“关于社会治理领域‘最多跑一地’改革工作”开展“请你来协商”活动。

11月26日，九届二十六次常委会会议召开，围绕“以名城提质为抓手 推动城市旅游发展”开展“请你来协商”活动，听取生态环境保护工作情况的通报，审议通过人事事项，部署市政协九届五次会议筹备工作，“书香政协·文化龙泉”委员读书活动启动仪式，其他事项。

【政协主席会议】 2020年2月17日，九届二十四次主席（扩大）会议召开，传达中央、浙江省、丽水市疫情防控会议精神，龙泉市疫情防控和复工复产工作视频连线会议精神，部署当前相关工作。

3月13日，九届二十五次主席（扩大）会议召开，听取市疫情防控指挥部关于龙泉疫情防控和复工复产有关情况汇报，听取大会秘书处各组关于市政协九届四次会议筹备情况汇报，协商讨论《中国人民政治协商会议第九届龙泉市委员会常务委员会工作报告（讨论稿）》《中国人民政治协商会议第九届龙泉市委员会常务委员会关于九届三次会议以来提案工作情况的报告（讨论稿）》，听取市委政协工作会议筹备情况汇报，讨论通过市政协党组2020年工作要点（讨论稿），其他事项。

3月31日，九届二十六次主席（扩大）会议召开，协商讨论市政协九届四次会议议程和日程（讨论稿）；会议秘书长、副秘书长建议名单（讨论稿）；会议选举办法（讨论稿）；邀请列席人员范围及名单（草案）；市委、市政府领导参加政协分组讨论安排建议（讨论稿）；大会发言目录（初稿）；常委会工作报告（讨论稿）及报告人建议名单、提案工作报告（讨论稿）及报告人建议名单，人事事项，协商讨论市政协九届二十一次常委会会议方案，其他事项。

4月20日，九届二十七次主席（扩大）会议召开，审议通过关于召开市政协九届四次会议的决定；市政协九届四次会议日程；提案提交截止时间；会议期间常务委员会组成人员值日安排；邀请在主席台就座领导名单，其他事项（疫情防控须知、十个严禁、委员排摸情况等）。

5月20日，九届二十八次主席（扩大）会议召开，协商通过政协第九届龙泉市委员会第四次会议专题协商建议书，协商讨论《政协龙泉市委员会2020年度协商计划》，协商通过“高水平全面建成小康社会补短板工作”三级政协联动专项集体民主监督活动实施方案，听取“城乡生活垃圾分类处理”专项民主监督工作部署，协商讨论市政协九届二十四次常委会会议方案，其他事项。

7月8日，九届二十九次主席（扩大）会议召开，协商讨论《关于“全面接轨衢宁铁路，加快推进美丽幸福好龙泉建设”的调研报告（征求意见稿）》，协商讨论《高水平全面建成小康社会补短板工作专项集体民主监督报告（征求意见稿）》，协商讨论《“城乡生活垃圾分类处理”专项集体民主监督报告（征求意见稿）》，听取2020年委员会客厅年度计划及活动开展情况汇报，听取2020年委员培训工作计划汇报，协商通过市政协2020年“五送下乡”活动方案（草案），协商讨论市政协九届二十四次常委会会议方案，协商通过市政协主席会议成员联系有关方面工作调整方案，传达市委政协工作精神，其他事项。

9月1日，九届三十次主席（扩大）会议召开，听取龙泉市公共卫生服务能力提升项目建设情况汇报，协商讨论《关于社会治理领域“最多跑一地”改革工作专项集体民主监督报告（征求意见稿）》，协商讨论市政协九届二十五次常委会会议方案，协商讨论《龙泉市政协“请你来协商”平台建设工作实施意见（代拟稿）》，协商讨论《关于落实市政协提案办理工作“一把手”责任制的通知（代拟稿）》，协商讨论《关于落实省委、丽水市委和龙泉市委政协工作会议主要任务分工方案（代拟稿）》，传达学习丽水市政协主席读书会精神（书面），其他事项。

10月16日，九届三十一次主席（扩大）会议召开，传达学习市委十四届九次全体（扩大）会议暨“聚焦‘重要窗口’聚力龙泉复兴”学习实践活动动员会精神，审议通过《关于在全市政协系统深入开展“聚焦‘重要窗口’聚力龙泉复兴”学习实践活动的实施意见》，围绕市委全会暨学习实践活动动员会精神作交流发言，刘赤波主席讲话。

11月20日，九届三十二次主席（扩大）会议召开，协商讨论新增补专委会副主任名单、暂停雷雨法履行委员职责事宜等人事事项，协商讨论《以名城提质为抓手 推动城市旅游发展（征求意见稿）》，听取2020年市政协委员履职能力提升培训情况汇报，审议通过《政协龙泉市委员会应用型智库实施意见（草案）》、《在全市政协系统开展“书香政协·风雅龙泉”委员读书活动实施方案（草案）》，讨论市政协九届常委会第二十六次会议方案，部署市政协九届五次会议筹备工作，学习贯彻十九届五中全会、省委十四届八次全会精神，其他事项。

## 专委会工作

【提案委员会】 2020年，提案委员会不断提升提案工作科学化、规范化水平。11月6日，召开市政协九届五次会议集体提案和大会发言征集座谈会，并印发《政协九届五次会议提案和大会发言选题参考目录》；11月11日，下发《关于征集市政协九届五次会议提案与大会发言文稿的通知》。市政协九届四次会议期间，收到提案158件。其中，大会召开前收到134件，大会期间收到23件，大会结束后收到1件。经审查，立案151件，并案处理后为104件，其中集体提案31件，委员个人提案73件，选出重点提案17件。提案均已办理完毕，提案人对提案办理过程和办理结果满意率分别为99%和98.1%。落实立案"四审制"，从当地经济发展、民生福祉、生态建设等方面筛选确定17个重点提案名单，在其中选出7件重点提案列入该年"请你来协商"工作计划。围绕"疫情防控""美丽城镇建设""接轨衢宁铁路""剑瓷元素融入城市建设""最多跑一地""名城提质"等开展专题协商议政，每个专题都形成《专题协商意见书》，提出意见建议45条，得到党政领导签批13次。8月初，召开2020年度重点提案协商部署会，对重点提案办理进行专题部署。会同市府办到建设局、农业农村局、民政局、交通运输局等办理大户单位，听取提案办理进展。与市府办督查室实行办前指导、办中督查、办后反馈，全程跟踪104件提案办理动态。市委办、市政府办联合下发《中共龙泉市委办公室龙泉市人民政府办公室关于落实市人大代表建议和市政协提案办理工作"一把手责任制"的通知》，市委督查室制定《龙泉市委督查室督查工作制度》，将提案办理工作"一把手"责任制规范化、制度化、具体化。在政协九届四次大会前一次政协常委会上，抽取《关于高质量打好精准"消薄"攻坚战的建议》等该年4件重点提案和上年1件复评重点提案进行民主评议打分。

【经济委员会】 2020年，经济委员会紧紧围绕《政协龙泉市委员会2020年度协商计划》，深入调研、积极配合、主动参与。5月17日，配合丽水市政协监督组到龙泉开展"高水平全面建成小康社会补短板"专项集体民主监督。7月9日，丽水市政协专题调研组来龙泉开展"生态产品价值实现机制"专题调研，经济委配合做好相关调研安排和会议准备工作。参与《促进我市竹木加工产业转型升级》《关于接轨衢宁铁路，加快推进美丽幸福好龙泉建设的建议》，围绕《高水平全面建成小康社会补短板工作》《关于助推我市电商行业高质量发展的建议》《以名城提质为抓手，助推城市旅游发展》等内容开展调研活动。经济委《关于促进我市民营实体经济发展》专题调研报告获丽水市政协2020年优秀调研成果三等奖。在大会期间，经济委牵头开展《促进我市竹木加工产业转型升级》专题协商，"以名城提质为抓手，助推城市旅游发展"的"请你来协商"活动，形成专题协商建议书报市政府。负责起草龙泉市"全面建成小康社会补短板工作"专项集体民主监督实施意见，开展"全面建成小康社会补短板工作"专项集体民主监督"请你来协商"活动，形成专项集体民主监督报告。11月13日，召开市政协经济委全体委员会议。12月3日，经济委召集部分政协委员召开讨论会，讨论征求龙泉市《国民经济和社会发展第十四个五年规划纲要》建议，并形成9个方面修改建议。

【农业和农村委员会】 2020年，农业和农村委员会围绕农业农村工作，开展民主监督、协商议政等工作。走乡入村深化"三服务"，加强对兰巨乡、岩樟乡等联系乡村帮扶指导工作，帮助梳理问题和困难，提出对策和建议。在九届四次会议现场上作《补齐美丽城镇短板，加快乡村振兴步伐》大会发言，《关于推进实施"乡村振兴"战略的调研报告》荣获丽水市政协系统优秀调研成果一等奖。市政协九届四次会议期间，农业和农村委员会负责组织协调"有效防控疫情，提升公共卫生事件处置能力""促进竹木加工产业转型升级""扎实推进美丽城镇建设"三个专题协商活动，向市政府报送市政协九届四次会议专题协商建议书。制定出台《龙泉市政协关于继续开展"城乡生活垃圾分类处理"三级联动专项集体民主监督的实施方案》，将龙泉市政协各联络组、各专委会以及在龙泉的浙江省、丽水市政协委员统筹编入6个民主监督组，协调各监督组在主席、副主席带领下相继赴各相应乡镇（街道）及城区点位开展多层次多形式的"城乡生活垃圾分类处理"专项集体民主监督活动。开展民主监督活动8次，参加省市县三级政协委员共72人次，召开座谈会8次，实地查看乡镇（街道）19个、村（社区）29个、垃圾处置站点和处理终端15个，提出意见建议35条。梳理分析和撰写"城乡生活垃圾分类处理"专项集体民主监督报告。组织开展"推进美丽城镇建设"的"请你来协商"活动；开展市领导领办重点提案"关于优化城乡公交线路的建议"办理协商活动；就加大扶持力度支持水果产业发展和加快城区老旧小区污水管网改造等工作开展对口协商活动。组织政协基层工作第六片组（龙渊、锦溪、岩樟）政协委员和乡镇分管政协工作领导以及专委会成员赴龙渊街道、八都镇、查田镇、锦溪镇、岩樟乡等地，开展"城乡生活垃圾分类处理""全面建成小康社会补短板"专项集体民主监督及美丽城镇建设调研等片组履职活动。

【社会法制和民族侨台委员会】 2020年，社会法制和民族侨台委员会积极履行法治建设、少数民族发展、宗教工作等方面职能。牵头开展"社会治理领域'最多跑一地'""高水平全面建成小康社会补短板"专项集体民主监督。通过实地调研、现场视察、召开座谈会，赴余杭、安吉考察等多种形式开展监督调研。围绕"助力社会矛盾纠纷化解 实现'最多跑一地'"开展"请你来协商"。对群众关注"中小学学校门口交通拥堵问题""城市'僵尸车'清理"等问题开展协商督办。参与"市域社会治理现代化国家试点工作"。8月下旬，与普法办联合开展市政协"送法下乡"活动暨开展"崇尚法典精神 共筑美好生活"主题"送法下乡"活动。参与"12·4"国家宪法日暨全国法制宣传日系列宣传活动。为少数民族乡村发展、宗教工作等建言献策，提交《"民族乡村振兴"精准帮扶的建议》《尽快完善崇仁寺用地相关手续的建议》等提案，参与丽水市政协"民族乡村振兴工作"课题调研。加强与统战、民宗、侨联、台联等部门联系，走访市内部分宗教团体和宗教活动场所，开展同宗教界人士友好交往交流，助力参与清修寺扩建项目开工；配合参与侨台有关工作和活动，走访港澳、台侨眷委员企业；与柘荣县、江山市、顺昌县等地政协，围绕少数民族乡村振兴与发展、宗教和侨台工作等广泛交流联谊。联系参与龙泉市政协侨台和少数民族宗教组相关履职活动，与联系村困难群众进行结对，开展帮扶慰问。组织专委会全体人员学习贯彻党的十九大、十九届五中全会和习近平总书记系列重要讲话精神，传达学习中央、浙江省、丽水市政协重要会议和文件精神，落实市政协相关工作部署，组织专委会成员参加2020年龙泉市政协履职能力提升班学习。该年提交大会发言1篇、社情民意4篇，其中3篇上报丽水政协，《服刑退休人员养老金停发机制存在漏洞养老保险金流失风险不容忽视》上报省政协。

【文化文史和学习委员会】 2020年，文化文史和学习委员会认真贯彻市政协九届四次会议精神，立足本职工作，做好文史资料征集编撰工作。与龙泉市融媒体中心合作，继续推出《今日龙泉》文史专版，已出刊6期"三亲"文章，刊发文章、图片25篇(幅)。配合浙江省、丽水市政协做好《小康路上的政协人》《同心抗疫》《卫生印记》等文史资料征集报送工作，报送稿件10余篇，其中《朵朵小菌菇盛开小康路》被2020年第三期《浙江省文史资料》"全面小康"专栏选用，全省仅10篇。选送12件作品参加丽水市政协系统第14次书画作品联展。《千年名邑——中国龙泉》文史专辑被推荐参加丽水市第26次社科优秀成果评选。开展"有效防控疫情，提升公共卫生事件处置能力——请你来协商"活动。10名委员针对存在问题与不足，提出提升公共卫生基础设施等方面建议，市卫健局、发改局、经商局等10余个部门积极回应，会后形成协商建议书交市政府办理。浙江省政协同心苑微信公众号对活动进行报道，阅读量达1万多人次。开展《加强传统村落保护与利用》年度课题调研，分别赴玉环、松阳等地考察学习，形成专题调研报告。联系做好市党政领导领办、分管副主席协办重点提案办理落实工作。参与"以名城提质为抓手，推动城市旅游发展"专题协商考察调研等活动，并在政协常委会上作交流发言。与丽水市政协联合到住龙镇开展送"送卫生下乡"活动；先后到查田、砝石、八都、小梅等乡镇(街道)开展"送文化、教育、卫生下乡"活动。组织委员参与创建浙江省级文明示范城市专项视察调研、龙泉五中新建工程总承包办学管理机构综合实力考察、城区小学招生政策征求意见及现场摇号监督等活动。撰写新闻报道和社情民意信息，被各级政协采用10篇，其中省级2篇，丽水市级3篇，1篇获龙泉市主要领导批示。

【委员工作委员会】 委员工作委员会着力提升委员履职能力，搭建委员履职"驿站"，加强委员管理服务。开展委员履职能力提升培训，组织委员赴浙江红船干部学院，围绕"弘扬红船精神、牢记初心使命"、新时代人民政协工作、《习近平谈治国理政》第三卷、社情民意信息等内容开展学习，参加"不忘初心·重走一大路"现场体验式教学。开展"声乐舞美组、书法绘画组、户外摄影组"等"委员素养提升小组"活动。开展"书香政协·文化龙泉"委员读书活动，赠阅《习近平谈治国理政》第三卷等必读书目，将《千年名邑——中国龙泉》等文史资料列入推荐书目。建立政协龙泉市委员会应用型智库，精选智库人才。将"剑瓷龙泉政协委员会客厅"作为新的履职平台和重要窗口，商议建立会客厅工作机制；引导带领会客厅成员开展调研，以大会发言形式向市政协提交《关于深化"剑瓷龙泉政协委员会客厅"创建的建议》，向丽水市政协高质建言《关于疫后丽水三宝产业发展的建议》等提案；开展委员会客厅跨界交流探索，赴东阳横店影视政协委员会客厅，开展剑瓷产业委员和影视文化产业委员互动交流活动，展现剑瓷等特色历史文化元素。利用会客厅平台邀请浙江省政协常委陈桂秋作题为《新型城镇化与未来城市》专题讲座。引导委员聚焦疫后“复工复产”“公共卫生”“工程机械”“剑瓷三化”“美丽城镇”等重大问题和重点工作。深入开展“聚焦‘重要窗口’聚力龙泉复兴”学习实践活动，组织委员开展调研，提议民生实事项目6个，献出发展良计9条，评出创新实践案例1个、负面典型案例2个。组织相关行业委员参加提案办理协商会、对口协商会等，推荐委员担任行风监督员、监察委特约监察员、化解信访案件专家库专家等，组织委员参加各类听证会、评议会、座谈会、约谈会等16次110余人次。市政协专门安排经费20余万元建立政协信息化系统，同步建立委员履职手机App。

## 重要调研活动

【重点调研课题】 2020年初，龙泉市政协制定协商计划，与市委办、市府办共同发文，对“全面接轨衢宁铁路，加快推进美丽幸福好龙泉建设”“以名城提质为抓手，推动城市旅游发展”“扎实推进美丽城镇建设”“切实解决中小学学校门口交通拥堵”“有效防控疫情，提升公共卫生事件处置能力”“加快推进我市物流行业发展”以及“促进竹木加工产业转型升级”等内容开展专题调研协商并形成协商意见书，推动相关重点工作开展和落实。

【市政协常委会建议案】 龙泉市政协组织开展“全面接轨衢宁铁路，加快推进美丽幸福好龙泉建设”专题调研，市政协常委会开展专题协商并形成协商意见书，就铁路经济机遇与挑战、综合交通体系完善、文旅产业提质发展、城市空间布局优化等方面，提出建设性意见和建议。

【调研活动】 9月17日，龙泉市政协开展“以名城提质为抓手，推动城市旅游发展”重点提案专题调研，市政协主席刘赤波参加。调研组一行实地察看了城市文化客厅项目、西街历史文化街区项目、留槎洲水环境综合整治工程、瓯江文化休闲康养中心（城市客厅）、城南火车站场区建设情况，认真听取各项目责任单位的情况汇报，详细解项目实施进度、存在困难和问题，以及下一步工作安排。市政协常委会开展专题协商并形成协商意见书，就“统筹城市发展布局、完善城市配套基础设施建设、加强景区开发和名城创建”等提出可行建议和意见，得到市政府和相关职能部门肯定采纳。

## 重点提案

龙泉市政协2020年度重点提案一览表

表13

| 序号 | 提案名称 |
|---|---|
| 1 | 关于完善龙泉市选商引资机制的建议 |
| 2 | 关于加快大企业培育 推进龙泉市生态工业跨越式发展的建议 |
| 3 | 关于提速乡村旅游 助推乡村振兴的建议 |
| 4 | 关于加快龙泉物流产业发展的建议 |
| 5 | 关于构建百山祖国家公园全域联动发展新格局的建议 |
| 6 | 关于大力推广企业数字化改造和精益化生产的建议 |
| 7 | 关于加快竹产业高质量绿色发展的建议 |
| 8 | 关于发展“飞地经济” 实现互利共赢的建议 |
| 9 | 关于加强旅游产品展示展销平台建设的建议 |
| 10 | 关于加强龙泉市“招才引智”推动“龙泉智造”的建议 |
| 11 | 关于构建“多元化”乡村基层治理新模式的建议 |
| 12 | 关于促进龙泉市乡贤回归工作的建议 |
| 13 | 关于加快城区人文景观对外开放 着力打造城市景区的建议 |
| 14 | 关于规范龙泉市城市地标命名的建议 |
| 15 | 关于加快推进城区老旧小区综合整治改造的建议 |
| 16 | 关于推进医养结合促进健康养老的建议 |
| 17 | 关于加快农村养老服务体系建设的建议 |
| 18 | 关于进一步推进龙泉市“以房换地”工作的建议 |
| 19 | 关于共建和谐文明交通的建议 |

# 纪检监察、巡察

## 综　　述

【概况】　2020 年，龙泉市纪委市监委协助市委深化浙江省委巡视整改、巡察工作专项检查整改工作，完成巡视整改回访检查反馈意见整改任务。紧扣“六稳”“六保”“三大攻坚战”、服务民营经济发展等重大部署，加强对全市生态经济大追赶、争先创优行动、减税降费等重点工作监督检查，确保政令畅通、令行禁止。

【疫情防控督查】　2020 年，龙泉市纪委市监委围绕打赢疫情防控阻击战，开展疫情防控督查，发现并督促整改问题 787 个，79 人因工作落实不力被问责，为“两手硬、两战赢”提供保障。在疫情防控关键时期，紧紧盯牢防疫工作重点环节，实行“一日一部署、一日一汇总、一日一反馈、一日一督查”“四个每日”机制，压紧压实防疫工作责任，对每日监督检查中发现的问题，开展分析研判，“靶向”提出意见建议，将问题以交办单形式反馈到各责任单位，实行销号管理，对弄虚作假、敷衍整改，坚决查处，构建监督检查、分析反馈、问题整改、追责问责监督管理闭环，督促各单位在立行立改中扎牢疫情防控网。

【清廉龙泉建设】　全域推进清廉龙泉建设，建立清廉龙泉建设工作联席会议和“一季一督查”工作机制，督促牵头单位持续推进清廉机关、清廉村居、清廉学校、清廉医院、清廉国企、清廉民企、清廉文化、清廉交通建设，建成清廉示范点 30 个。深挖剑瓷文化、红色文化等特色文化中的清廉元素，打造住龙红色文化教育群、八都“章溢馆”等一批主题鲜明、清廉文化教育基地。推进廉政风险防控标准化、规范化建设，打造林业项目审批领域廉政风险防控典型样本，形成廉政风险审查、防范、预警、治理、评估监督闭环。探索建立单位“清廉指数”政治生态评价体系，并定期公布政治生态考评排行榜，营造共建清廉浓厚氛围。

【扎实抓好专项治理】　市纪委市监委实现检举控告、初次举报、重复举报同比分别下降 36.3%、34.6%、68.7%，重复举报件 100%清淤、浙江省纪委交办“三多”件 100%办结，推进纪检监察职能“四进”矛调中心。强化“扶贫开发和扶贫协作”专项监督，深入督导“两不愁三保障”政策落实，对低收入农户入户核查实现全覆盖，发现并督促问题整改 182 个，处理 23 人。开展民生领域“微腐败”整治，查处侵害群众利益问题 16 起，处理 27 人，其中党纪政务处分 19 人。严肃村（社区）组织换届纪律，严格落实“十严禁”“十不准”要求，从严查处 6 名违反换届纪律党员。推进扫黑除恶专项斗争监督执纪问责工作，严查涉黑涉恶腐败问题，给予党纪政务处分 5 人。

2020 年 2 月，市纪委开展疫情防控督查　（赵虹菁／供图）

【深化作风建设】 市纪委市监委牵头抓好中央八项规定及其实施细则精神落实，紧盯上级纪委部署六类重点问题，坚持一月一主题进行专项督查、集中攻坚，查处违反中央八项规定精神问题8起，处理15人，其中党纪政务处分13人。深入贯彻“三个区分开来”要求，为14名党员干部进行澄清正名，对1名领导干部实施容错免责，为5家单位防控新冠肺炎疫情“事急从权”事项予以容错免责。开展三轮受处分处理干部回访教育考察工作，回访教育考察60人。组织开展“局长作风大家评”活动，对重要涉企、涉民部门124名单位副职进行公开评议，推动形成“实干担当、争先创优”干事创业良好氛围。

【提升基层监督质效】 市纪委市监委构建“委班子成员+委机关部门+派驻机构+乡镇（街道）纪检监察机构+巡察机构”五位一体基层片区协作机制，整合片区资源，实现“兵团作战”。制定《派驻机构工作办法》《派驻机构规范化履职工作手册》，提升派驻机构规范化履职能力。制定乡镇（街道）监察办履职清单、权力清单和责任清单以及30条“三转”负面清单，强化乡镇（街道）纪检监察工作规范化建设。率先在丽水市实现村（社区）监察工作联络站全覆盖，首批875名村（社区）监察工作联络站人员上岗监督，拓展延伸基层监督触角。

【强化监督执纪问责】 全市各级纪检监察组织党纪政务立案共147件，采取留置措施4人，移送司法机关15人。探索审查调查一体化建设，围绕线索处置、案查规范、协作配合等环节实行动态指导和监督。坚持受贿行贿一起查，建立全市行贿人员数据库，将“围猎”领导干部、存在行贿行为的9人列入黑名单。运用“四种形态”处理300人次，其中第一、第二、第三、第四种形态分别占比55.7%、23.7%、7.3%、13.3%。做深查办案件“后半篇文章”，组建“清廉公开课”讲师团，组织案件旁听“云庭审”，发挥清廉教育基地矩阵作用，常态化开展警示教育。

【从严加强队伍建设】 市纪委市监委全面推进“一体化、规范化、专业化”建设年活动，创新“1+X”全员培训模式，实现纪检监察干部培训全覆盖。加强上挂外派、实战练兵，在实训实干中提升专业能力，组织开展“最美纪检人”评选、主题征文和演讲比赛等活动。在全系统开展警示教育月活动，制定纪检监察干部“六带头”“十严禁”行为规范，开展“对标找差”“岗位风险点”排查和廉政谈话等活动，完善自身权力监督制约机制。

【首批村（社区）监察工作联络站成立】 2020年4月16日，龙渊街道20个村（社区）监察工作联络站成立，在龙泉市率先实现辖区内所有村（社区）监察工作联络站全覆盖。主要责任是监督三资管理、征地拆迁、土地审批、工程招投标等重点领域的权力运行，防止“小微权力”任性滥用。发挥“老百姓家门口的纪委监委”作用，加强对基层党员干部、公职人员监督，实现基层监察网络全覆盖，推动家门口的事在家门口解决。在4月20日前，全市各个行政村（社区）监察工作联络站全部成立。

## 重要会议

【龙泉市纪委全会】 2020年3月31日，龙泉市纪委十四届六次全体（扩大）会议召开，回顾总结2019年纪检监察工作，研究部署2020年任务。市委书记王顺发在会上强调，要认真贯彻中纪委、浙江省纪委、丽水市纪委全会精神，铸就龙泉“精神之剑”，坚定厉行“丽水之干”，贯彻全面从严治党，建设清廉龙泉，为建设新时代美丽幸福好龙泉、与全省同步高水平全面建成小康社会提供坚强保障。市委副书记、市长吴松平主持会议，叶砝仙、刘赤波等副处以上领导参加。市委常委、纪委书记、监委主任郑建青代表市纪委常委会作《坚定不移推进纪检监察工作高质量发展 为同步高水平全面建成小康社会提供坚强保障》工作报告。会议审议通过市纪委全会工作报告和全会决议。

【“不忘初心、牢记使命”主题教育总结大会】 1月10日，市纪委市监委机关召开“不忘初心、牢记使命”主题教育总结大会，深入学习贯彻中央、浙江省、丽水和龙泉市委主题教育总结会议精神，总结龙泉市纪委市监委机关主题教育开展情况，部署巩固深化主题教育成果有关工作。市委常委、纪委书记、监委主任郑建青出席会议并讲话。会议强调，要将“学”字长期坚持下去，将“改”字长期坚持下去，将“治”字长期坚持下去，将“严”字长期坚持下去，锤炼忠诚干净担当政治品格和高素质纪检监察干部队伍。

【“三化”建设年活动部署会】 4月10日，龙泉市纪检监察系统“一体化、规范化、专业化”建设年活动部署暨专项工作推进会召开。会议深入学习贯彻丽水市纪检监察系统“三化”建设年活动部署会会议精神，并对全市“三化”建设年活动进行系统谋划、全面部署。市委常委、纪委书记、监委主任郑建青出席会议并讲话。会议指出，开展“三化”建设年活动主要目的就是要精准解决当前纪检监察工作发展中存在问题和矛盾。要提高政治站位，认识“三化”建设重要性和紧迫感；坚持问题导向，找准找实“三化”建设中存在的突出问题；采取有力举措，扎实抓好“三化”建设年活动；勇于担当作为，确保“三化”建设年活动取得实效。

【“聚焦‘重要窗口’聚力龙泉复兴”学习实践活动动员会】 10月19日，龙泉市纪委市监委召开全市纪检监察系统“聚焦‘重要窗口’聚力龙泉复兴”学习实践活动动员会，部署学习实践活动相关工作。市委常委、市纪委书记、市监委主任郑建青出席会议并讲话。会上，机关4个党支部对开展“聚焦‘重要窗口’聚力龙泉复兴”专题学习讨论情况作学习交流发言。

【党委(党组)主要负责人述责评议会】 1月15日，龙泉市召开2019年度党委(党组)主要负责人述责评议会。评议会采取面对面、逐一述责评议方式，相关乡镇党委书记、部门单位党组书记集中“应考”述职述廉，每个“一把手”在规定5分钟内向全场20多名“考官”展示全年全面从严治党工作。汇报后，纪委委员对党政主要负责人进行质询、提问，压紧压实主体责任，推动全面从严治党往纵深发展。

【专题部署防疫监督工作】 1月31日，龙泉市纪委常委会专题学习传达中央、浙江省、丽水市等上级党委、纪委及龙泉市委关于疫情防控工作相关精神，总结前阶段防疫监督工作情况，对全市下阶段疫情防控监督工作进行部署。会议强调，全市纪检监察组织要提高认识，认清当前疫情严重性、复杂性、长期性，切实增强防控监督工作责任感和紧迫感。要强化监督执纪问责，为打赢疫情防控阻击战提供坚强纪律保障；要突出针对性，围绕市委市政府以及指挥部工作要求，抓好部门对上级精神贯彻落实监督；要注重点面结合，加强对指挥部交办“每日重点”开展督查；要坚持从严追责问责，严查防疫工作中形式主义和官僚主义，体现监督效果；要严明政治规矩、政治纪律，对不作为、慢作为纪检监察干部从严问责。

## 纪检监察工作

【丽水市领导检查疫情防控工作】 2020年2月11日，丽水市委常委、纪委书记、监委主任方文军到龙泉检查疫情防控和复工复产工作，看望慰问一线工作人员。市领导王顺发、郑建青陪同。方文军要求，各级各部门要把疫情防控和复工复产作为深化“三服务”主要任务，构筑群防群治严密防线，引导并支持和组织推动分区域、分行业、分时段、分类别逐步恢复企业生产，最大限度减轻疫情对经济社会发展影响。各级党组织要一以贯之地落实好中央、省委和丽水市委决策部署，坚决打赢疫情防控阻击战和发展总体战。各级纪检监察机关要主动履行职责，突出快速精准监督，为打赢疫情防控阻击战、发展总体战提供坚强纪法监督保障。

【集体廉政谈话】 2020年10月15日，市纪委市监委对新提任和新转任乡镇(街道)、部门单位“一把手”进行集体廉政谈话，市委常委、市纪委书记、市监委主任郑建青出席会议并讲话。会议强调，要知责，严格落实“四责协同”机制，党委要抓好辖区全面从严治党工作总体部署和推进落实，党委书记要落实好第一责任人责任，管好班子、带好队伍、作好表率；要明责，加强学习中央、浙江省委、丽水市委关于全面从严治党要求和规定，对照《党委(党组)落实全面从严治党主体责任规定》和市委主体责任清单具体内容，对号入座，责任落实；关键要尽责，增强履行主体责任自觉性和积极性，把责任尽到位、落到实处。

## 市委巡察工作

【概况】 2020年，龙泉市委分三轮对15个部门(单位)、7个乡镇(街道)、2个国企、107个村(社区)党组织进行政治巡察，对16家已巡察党组织开展回访检查和督查，对20家被巡察党组织进行整改量化评估，发现问题1424个，移交问题线索22件。通过问题整改，追责459人，其中党纪政务处分34人、留置4人、移送司法机关14人，清退款项155.16万元，完善制度113项。

【省委巡视整改情况回访】 3月26日至4月1日，浙江省委巡视第十回访检查组对龙泉市扶贫领域巡视整改情况及其他巡视反馈意见整改情况进行回访检查。6月2日，浙江省委巡视第十回访检查组向龙泉市委反馈巡视整改回访检查意见。

【“剑瓷廉韵”巡察工作品牌创建】 市纪委市监委积极探索建立融合政治生态监测预警、分析研判和协同治理新机制，围绕“政治忠诚、责任落实”等6项指数24项指标，对被巡察单位领导班子及其成员遵守六大纪律等情况进行监测研判，监测结果实行“红、黄、绿”三色动态管理，最后实行整改督办、领域治理。2020年，推动“红码”对象政治生态“复绿”1家，“黄码”对象政治生态“复绿”8家，促使基层政治生态不断修复净化。该品牌做法入选丽水市纪检监察系统十佳工作品牌。 (陈 宇 方丽君)

# 民主党派　工商联

## 民盟龙泉市基层委员会

【概况】　2020年，民盟龙泉市基层委员会有盟员103人，下设教育、医卫、科技、农业、文化等5个支部。民盟龙泉市基层委员会被民盟中央授予“盟务工作先进基层组织”、被民盟浙江省委会授予“抗击新冠肺炎疫情先进集体”、被民盟丽水市委会授予“2020先进基层组织”。

【参政议政】　2020年，民盟龙泉市基层委员会向龙泉市政协九届四次会议提交大会发言7篇，集体提案12件，个人提案10件。其中《关于有效提升我市公共卫生服务水平的建议》《关于更高质量推进剑瓷文化“三化”的建议》被评为优秀大会发言，《关于加快探索我市生态产品价值实现机制的建议》《关于切实解决中小学学校门口交通拥堵的建议》被评为优秀提案件。盟员政协委员向丽水市政协四届四次会议提交提案5件，盟员人大代表向丽水市四届人大五次会议提交建议3件。该年，报送社情民意信息49篇，其中浙江省政协录用1篇，浙江省委统战部录用1篇，民盟浙江省委会录用33篇，丽水市政协录用10篇。盟员雷丽亚、郑夏来撰写的《完善社会救助工作机制、强化困难群体兜底保障》入选民盟中央举办第十一届民生论坛并评为优秀论文；盟员吴敏、李青羽撰写的《关于发挥县级区域民盟组织参政党职能的研究》获民盟浙江省委会2020年度参政党理论研究课题二等奖。盟员郑夏来获评民盟浙江省委会反映社情民意工作先进个人，盟员李青羽、郑夏来、吴辉、叶龙英、庄承玲获评民盟丽水市委会参政议政工作先进个人。

【协商监督】　2020年，民盟龙泉市基层委员会组织盟员参加龙泉市委、市人大、市政府、市政协及统战部组织的民主监督及协商活动。10月，盟员吴敏参加龙泉市委十四届九次全会报告意见征求会，建言基本被采纳；12月，盟员李青羽、庄承玲、郑夏来参加龙泉市委征求意见座谈会，就龙泉市国民经济和社会发展第十四个五年规划和二〇三五年远景目标等提出切实可行的意见和建议。

【社会服务】　2020年疫情期间，民盟龙泉市基层委员会向浙江省红十字会捐款达8.9万元，盟员干部坚守一线，参与社区入户摸排、卡点值班防控等工作，撰写高质量社情民意稿件，为党委政府科学决策提供有益参考。民盟龙泉市基层委获评民盟浙江省委会“抗击新冠肺炎疫情先进集体”，盟员庄承玲、周永海、吴利花、包立芬获评民盟丽水市委会抗击新冠肺炎疫情先进个人。1月，组织民盟龙泉科技支部、医卫支部赴城北乡开展“送医疗、送科技”下乡活动；5月，开展“爱心认购”活动，发动全体盟员积极认购昭化蜂蜜；11月，组织民盟龙泉教育支部赴上垟镇中心小学开展送教活动，并联合科技支部参加国家宪法宣传周系列活动；12月，受民盟浙江省委会老龄委员会之托，赴市实验小学开展爱心助学活动。启动“民盟同心·名师服务站”云课堂送教活动，有针对性地打造“菜单式”云课程。（李思思）

## 龙泉市工商联(总商会)

【概况】　2020年，龙泉市工商联(总商会)下属异地商会20个，基层商会2个，海外商会1个。根据《龙泉市工商业联合会(总商会)深化改革实施方案》文件要求，深入推进工商联组织创新、工作创新、机制创新，加强会员发展工作，新发展会员企业11个，指导丽水龙泉商会筹建工作。高质量推进商会党建工作，成立龙泉市工商联(总商会)机关党委，指导成立龙泉市新生代企业家联合会党支部，指导建立10个商会工作支部，并选派党建指导员，强化商会党建工作针对性、提升党建工作实效性。

【助力疫情防控】　2020年，市工商联（总商会）向全市龙商、各异地（基层）商会发出倡议书号召共同抗击疫情，协助做好湖北返程人员摸排，开通热线电话，积极与各异地（基层）商会保持联系沟通。主动引导商会、会员企业捐款捐物，据不完全统计，截至2020年3月中旬，会员企业共募捐资金及各类物资共计374.85万元，其中捐款160.6万元，捐物折价214.25万元。疫情稳定后，班子成员带队深入本地100余家会员企业开展“三服务”活动，为企业排忧解难,支持企业安全有序复工复产。同时，赴温州、宁波、义乌、台州、上海等地，就疫情后两地会员企业复工复产情况进行调研。

【山海协作】　2020年，市工商联积极与四川广元市昭化区工商联、宁波市工商联对接，引导民营企业家参与“万企帮万村”结对帮扶、“千企结千村、消灭薄弱村”等专项工作，组织民营企业家到结对地区开展工作交流和公益帮扶行动。与上海奉贤区工商联缔结友好工商联，充分发挥各自优势，加强资源整合，形成工作合力。

2020年2月3日，五地商会联合捐赠防疫物资　　（吴昌发／供图）

2020年11月7日，龙泉市工商联组织会员企业家赴宁德学习培训　（周　熹／供图）

【企业家教育培训】　2020年，市工商联持续推行新生代企业家赴政府部门挂职锻炼。3月25日，召开新生代企业家到市直部门挂职工作座谈会，总结第一、二批挂职工作，听取挂职工作意见和建议；7月24日，召开第三批龙泉市新生代企业家赴市直部门挂职锻炼工作部署会，12名新生代企业家对口挂职局长助理为期4个月。11月7—10日，组织30多位会员企业家赴福建宁德市委党校学习培训，重点为《习近平在闽东的经济实践与理论贡献》等系列主题讲座。

【民企建设】　2020年，市工商联认真贯彻落实《推进清廉民营企业建设的实施意见》，扎实推进浙江国镜药业有限公司、浙江毅力汽车空调有限公司示范单位创建，打造清廉民企“龙泉样板”。确立安仁商会为清廉商会试点单位，指导安仁商会健全相关制度、规范会费管理及使用。推动商会成立监督小组，形成“商会+企业+清廉”良性机制，工作经验在浙江省纪检监察网站刊登。

【推进光彩事业】　2020年，市工商联实行“商会联乡镇”机制，广泛动员民营企业参与光彩事业。1月，武夷山龙泉商会组织开展春节慰问活动，给武夷山龙泉籍老前辈送温暖；2月7日，贵州龙泉商会前往道太乡源口村开展爱心助学活动；9月18日，义乌龙泉商会赴锦溪镇双岭小学开展爱心助学活动，向学校捐赠价值5万多元的教学及办公设备、文体用品、生活用品、书籍等，并向困难学生捐赠5000元慰问金。　（泮芳霞　王俩俩）

# 人力资源和社会保障

## 综　　述

【概况】　2020年，龙泉市招聘事业单位工作人员85人，组织多家企事业单位赴外参加人才招聘活动，引进各类人才458人。推荐申报各级技能大师工作室5家，建成浙江省博士后工作站1家。开展浙江省首届青瓷、宝剑技能大赛，分别在浙江省博物馆、江苏省扬州市博物馆、湖南省湘潭市博物馆举办龙泉青瓷宝剑传承与创新展。组织首届网络招聘会，为群众提供2000余个岗位。开通17辆免费“城乡就业巴士”，每个乡镇设立就业服务专员2名，达成就业意向70余人。开办各类职业技能提升培训47期。联合中国邮政银行创立“人社剑瓷贷”，发放创业担保贷款1564万元，贴息15.33万元。强化劳动监察与仲裁，依法查处各类劳动保障违法违规行为，完善劳动用工电子信息档案，建立数据库。切实做好社会保障，推进全民参保工作，2020年基本养老保险参保率达到99.17%。推进出生“一件事”、企业职工退休“一件事”、事业人员职业生涯全周期管理“一件事”改革工作，推进政务服务2.0应用，深化“最多跑一次”改革升级版，加快建立“互联网+人社”便民服务体系。

## 人事人才

【人才工作】　2020年，龙泉市人力社保局组织105家企事业单位先后赴武汉、西安、兰州等地参加人才招聘活动，共计为本地企事业单位引进各类人才458人，其中事业单位高层次人才42人。该年发放2019年度人才津贴157人，共97.9万元；安家补助32人，共28.2万元；高层次人才“专项奖励”7人，共45万元；2019年度符合享受紧缺人才对象113人，共67.8万元。帮助和指导各重点企业申报建立博士后工作站，建成浙江省博士后工作站1家，龙泉市人民医院医生刘胜成功入选138人才工程第一层次。完成第三批“百博入百企”考核，评定1家优秀，2家合格。推荐申报国务院政府特殊津贴技能人才3人、国家级技能大师工作室1家、浙江省技能大师工作室1家、丽水市技能大师工作室3家。

【人事工作】　2020年，全市共招聘事业单位工作人员85人。规范事业单位人员交流，机构改革人员转隶423人，清理规范整合324人，市内调动225人，市外调入19人，调出市外12人，解除合同23人，开除2人。受理职称评审574人，高级69人，中级282人，初级223人，已评审通过高级3人，中级120人，初级204人。根据年度考核结果，审核办理机关事业单位工作人员工资正常晋升5350人。根据工作人员职务（职称）变动及工龄认定等文件，审核办理机关事业单位工作人员职务（职称）变动工资调整2452人；调整特殊岗位津贴235人；核实新录用、调动人员工资和开具工资介绍信581人次。完成龙泉市人事工资管理信息平台、丽水机关内部协同办事平台、浙江省事业单位人事工资管理服务平台业务审核5000余件。

【事业人员职业生涯全周期管理“一件事”改革】　围绕事业单位公开招聘、调入、调出、岗位变动、解聘、开除、退休等7项人事业务，将后续经办出入编、养老保险、工伤保险、失业保险、社保卡等7项业务整合成“一件事”，依托浙江政务服务网，对全市事业单位正式在编人员实现职业生涯全周期管理全覆盖。相关业务办理时限从1至2个月压缩到1至2个工作日，全年办理“一件事”1452件，减少机关内部办事材料申请3000余份。

【龙泉青瓷宝剑品牌】　6月，“青出于蓝——2020龙泉青瓷传承与创新展”在浙江省博物馆孤山馆区精品馆开展，70余件剑瓷作品参展，30件作品被收藏；6月，在江苏省扬州市博物馆举办“剑瓷龙泉——中国龙泉青瓷宝剑传承与创新展”，160余件剑瓷作品以及扬州、龙泉出土的龙泉窑青瓷作品参展，20余件作品被收藏。12月，在湖南省湘潭市博物馆举办“剑瓷龙泉——中国龙泉青瓷宝剑传承与创新展”，150余件剑瓷作品参展，20余件作品被收藏。11月，浙江省首届青瓷、宝剑技能大赛暨丽水市第二届“绿谷工匠”技能大赛在龙泉举行，比赛分为青瓷制作和宝剑制作2个项目6大工种，经过激烈角逐，张守瑞、刘昌庭、郑高传三位选手分别获得青瓷组全能第一名、第二名、宝剑组全能第一名，同时评比出“浙江省技术能手”3名，“丽水市首席技师”2名，“丽水市技术能手”8名，“绿谷工匠”18名，龙泉市首席技师12名。

## 劳动就业

【概况】 2020年，龙泉市新增城镇就业人员3369人，城镇失业人员再就业1632人，困难人员再就业137人，城镇登记失业率为1.84%，实现零就业家庭动态清零。发放高校毕业生专职从事就业和社保公共服务岗位补贴71.84万元，发放高校毕业生就业补贴22.27万元，发放高校毕业生创业补贴18.6万元，发放见习补贴165万元。发放返岗包车补贴46.87万元，返还稳岗企业社保费补贴1967.59万元。为5家企业发放疫情期间非公企业招用市外到龙泉初次就业人员补贴8200元。

【特色工作】 举办“奇思妙想•创赢龙泉”创业创新大赛，联合中国邮政银行创立“人社剑瓷贷”，为高校毕业生、退役军人等重点群体提供全额贷款贴息，发放创业担保贷款1564万元，贴息15.33万元。举办茶艺师、育婴师、青瓷刻花技艺提升等培训47期，2410余人参训。新增高校毕业生见习基地6家，推荐高校毕业生就业见习243人。开发公益性岗位253个。

【劳动保障监察】 2020年，龙泉市劳动保障监察大队受理各类矛盾纠纷案件157件，涉及713人716.81万元。因欠薪立案并移送公安4起，涉及42人60余万元。6月，启用在建工程项目工资支付监管系统，通过工资支付监管平台发放工资项目53个。6月、11月，分别开展专项根治欠薪行动，对辖区内重点企业和在建项目实行全覆盖实地检查，涉及建设施工地53个、加工制企业58家、批发和零售企业32家、住宿和餐饮业企业21家、居民服务业企业12家。龙泉市劳动人事争议仲裁院立案166件，调解153件，调解成功率92.1%，仲裁调解率88%，仲裁结案率99.1%。

【战疫助企稳就业】 2020年，龙泉市出台《关于“战疫助企、暖春行动”二十一条意见》和《疫情期间支持企业用工十条意见》，举办首届网络招聘会，通过网上人力资源市场微网站、PC网站、小程序、公众号四端融合移动信息平台，提供2000余个岗位，信息浏览量80余万次。开通17辆免费“城乡就业巴士”，每个乡镇设立就业服务专员2名，从住龙、龙南等10余个乡镇接送200余人入厂求职，达成就业意向70余人。发出《留龙在龙就业创业倡议书》，通过龙泉话录制广播在各村镇播放，感召外地返乡人员、各村村民就近就业。返岗复工期间，全市121家规上工业企业返岗率达99.77%，位居丽水市第一。

【东西部扶贫劳务协作】 2020年，龙泉市组织10多家企业到四川昭化区乡镇（街道）开展招聘会7场，大型人力资源交流会1场，通过专车、专列接回昭化籍来龙返岗务工人员54人。7家企业设立爱心岗位27个，安排建档立卡户13人，在龙泉稳定就业建档立卡户还享受5000元交通生活补贴。中西部省份建档立卡人员在龙泉就业440人，结对四省新增就业240人。赴贵州兴义市、平塘县、三都县等地建立劳务协作关系，开辟劳务输入

2020年2月27日，龙泉市开通免费“城乡就业巴士” （周 飞/供图）

新渠道。《人民日报》对龙泉市开展东西部劳务协作进行专题报道。

2020 年 2 月，龙泉市组织企业到四川昭化区开展专场招聘会　（周　飞 / 供图）

## 社会保障

【养老保险】 2020 年，龙泉市基本养老保险参保率 99.17%，各类养老保险参保人数 21.33 万人，其中企业养老保险参保人数 9.64 万人，机关事业养老保险参保人数 1.23 万人，城乡居民养老保险参保人数 10.46 万人。完成各类参保人员待遇审核、调整和计发工作，审核办理企业职工正常退休 1412 人；完成 2020 年度企业退休职工调资工作，人数达 29806 人，月人均增资 129 元；完成 2020 年度机关事业单位退休职工调资工作，惠及 4220 人，月人均增资 252 元，调资后龙泉市机关事业单位离退休职工月平均养老金 6750 元。新冠肺炎疫情期间，积极对接财政、银行等部门，确保养老保险各项待遇按时足额发放到位，该年为 2966 家企业减免社保费 1.14 亿元，其中企业基本养老保费 10009 万元、失业保险费 381 万元、工伤保险 1012 万元。

【工伤保险】 2020 年，龙泉市工伤保险参保人数 6.51 万人，新增 1.2 万人。受理工伤认定申请 557 件，完成工伤认定 542 件，工伤发生率 0.93%，工伤认定零出错。聘请大华会计师事务所评估工伤保险基金安全性，发挥第三方审计作用。

【失业保险】 2020 年，龙泉市失业保险参保人数 2.53 万人，失业保险基金支出 2772 万元，其中包括失业保险金 421 万元，基本医疗保险费 87 万元，技能提升补贴 11 万元等支出。发放失业金 2835 人次，378.65 万元，发放失业补助金 395 人次，22.92 万元。

【最多跑一次改革】 2020 年，龙泉市新增电子社保卡 4.83 万张，新增实体社保卡 5382 张。受理“出生一件事”一站式联办业务 733 件。浙江龙泉农村商业银行、中国建设银行、中国邮政储蓄银行等 3 家社保卡合作银行开通网上申领及补换卡业务，实现“跑零次”。完成第三代社保卡加载公共交通功能前期准备工作。

2020 年，龙泉市人力社保局打通涵盖人力社保、医保、住房公积金管理等部门 14 个办事事项，将申请与职工基本养老保险参保人员退休审批相关联前置事项和后续事项实现部门联动办理。退休人员只需携带身份证、社保卡及养老手册前往社保窗口，同时填写联办申请表即可当场办结业务。通过改革，退休手续办理时间从 7 天缩减至 10 分钟。

【便民服务体系建设】 2020 年，龙泉市推进“互联网+人社”便民服务体系建设，使龙泉市民享受到新技术的便利。投入使用浙江省社保集中系统自助终端一体机，整合参保征缴、养老待遇、工伤待遇查询和证明打印等模块，实现 40 多项人社业务“扫码办”“刷脸办”。减少人社大厅窗口数量，设立网报自助办理区，实现社会保险网报系统办理业务。依托浙江政务服务网、浙里办 App，推进全程网办，开展社保业务经办标准化体系建设，为群众提供规范、便捷、高效服务。　（吴王颖）

# 人民团体

## 龙泉市总工会

【概况】 2020年，龙泉市有工会会员28898人，已建基层工会539家，其中独立建会514家；联合工会25家，覆盖基层单位378家。

【工会组建工作】 市总工会以“双覆盖百日攻坚”行动为抓手，将“党建带工建”专题列入龙泉市2020年两新党组织书记培训课程，推进工会组建工作。该年，实现25人以上单位应建尽建，同时新建汽车空调、不锈钢等企业工会6家，吸纳会员250余人，并对“新三宝”（农村电子商务、来料加工、农家乐与民宿）等重点领域已建工会进行巩固提升。

【职工精准帮扶】 全面梳理2016—2020年困难职工档案，精准帮扶受疫情影响低收入职工，唱好春送岗位、夏送清凉、秋送助学、冬送温暖“四季歌”。2020年，送清凉慰问700余人，帮扶困难职工32人次、帮扶资金13.94万元。完善职工医疗互助保障制度，深化“零次跑”改革，与民政、医保等单位实现网上联审联办，首次将职工生育医疗费用列入保障范畴，全年共兑付保障金1574人次63.16万元。

【职工疗休养】 市总工会积极引导，鼓励职工在市域内开展乡村休闲式疗休养活动，推动疫情防控常态化条件下龙泉文旅消费和经济社会发展，该年消费金额3370余万元。投入专项资金17万元，组织开展“拉动消费、劳模先行”、抗疫职工疗休养活动。2020年，有1.1万余名外地职工到龙泉开展疗休养活动，其中长三角一体化、山海协作等结对合作地工会团队161个、职工4600余人。成功创建2家浙江省职工疗休养基地，6家酒店被评选为丽水市级疗休养接待站。

【职工技能提升行动】 市总工会动员和组织国镜药业、三田、新劲、毅力等企业开展岗位练兵、劳动和技能竞赛，并组队参加丽水市“绿谷工匠”技能竞赛、“迎世赛·稳就业·促发展”2020年沪浙两地餐饮服务行业折花摆台技能邀请赛、丽水市级重点工程立功竞赛等技能比武活动。组织各基层工会开展“安康杯”系列安全竞赛活动，与龙泉行知职业技能培训学校联合举办育婴、家政培训班，培训人员达300余人。

【职工文体活动】 组织开展“工会杯”全民篮球联赛，37支队600余名运动员参加为期11天、百余场比赛，创下近年来单项比赛最大规模；开展“工会有约 缘来是你——浙工缘”青年职工交友联谊活动，为50余名企业单身青年职工搭建联谊平台；举办“时代新声”正能量视频音频作品征集展播活动，讴歌职工时代风采；协助龙泉市

2020年10月13日，龙泉市“工会杯”全民篮球赛开赛 （市总工会／供图）

太极拳协会开展“撤县设市”30周年职工群众太极拳交流展示活动。

【重点项目】 市总工会职工学校项目位于住龙镇建平村，总用地面积2.3万平方米，建筑面积1.95万平方米，总投资概算为9384.5万元。项目建成后，可一次性容纳600余人学习培训，200余人住宿。截至2020年底，三幢主体建筑全部结顶，完成投资额4500余万元。

【清廉工会建设】 2020年，市总工会针对浙江省委巡视组及龙泉市委四轮巡察中发现的多家单位工会账务管理不够规范问题，牵头组织整改，并将规范工会经费使用管理作为一项重要内容助力“清廉机关”建设，得到市纪委监委的肯定。

【疫情防控工作】 2020年，疫情发生后，市总工会立即发出抗击新冠肺炎疫情的倡议书，号召全市各行各业的广大职工、劳模工匠和各级工会干部勇于担当、主动靠前，积极投身抗击疫情一线，并筹措17万余元资金，走访慰问疫情防控一线工作人员400余人；组织单位志愿服务队参加交通卡口监测、社区防控等220余人次，开展社区网格排查1000余人次。复工复产期间，成立3个服务小组，深入企业开展工会系统惠企政策宣传，缓减或全额返还工会经费190余万元，惠及企业382家。（白 蕾）

## 共青团龙泉市委员会

【概况】 2020年，龙泉市共有下级组织1046个，其中基层团委33个，团工委12个，团总支21个，团支部856个，团员11942名，其中初中毕业生团青比为16.05%，高中毕业生团青比为46.29%。

【青少年思想政治引领】 团市委动员团员青年参与共37期的“青年大学习”，开展全市基层团组织“青年大学习”线上学习评比活动。组织清明节网上祭祀、“团委书记上团课”云团课、“同讲抗疫故事、践行青年担当”主题团日、重阳节看望中国人民志愿军老战士等活动。利用“龙泉新青年”“龙泉青少年宫”微信公众号，定期推送特色网络作品、报送内外宣信息，共计420条推送，阅读量共计432238次。

【青年创新创业】 2020年，龙泉市出台了《龙泉电商发展“十四五”规划》和电商政策。全市农村电商累计销售额40.25亿元，同比增长27.2%。新冠肺炎疫情期间，共兑现年度电商扶持专项补助资金申报495.32万元。举办电商培训15期，服务电商人员1241人次。争取省财政乡村数字经济培育专项资金400万元、浙江省青少年发展基金会“扬帆工程”抗疫专项无息贷款50万元，建成总投资1300万元的“菜鸟云仓镇网融合”项目。推广“银企合作”项目，争取青年创业贷款2.75亿元，与市农商银行签订今后3年不少于10亿元授信额度的战略合作协议。龙泉市杨志杰家庭农场被评为2020年省级示范青创农场，芳野村和河星村被评为2020年浙江省电子商务示范村，8个服务点被评为2020年浙江省农村电商示范服务店。

开展“三服务”关爱行动，进驻网智信息园、龙谷青创园、甲乙电商大楼3大电商园区，协助园区复工复产，并联合青企协认购并捐赠口罩2.4万个。抓“地摊经济”，开展“青探店”“后备箱集市”等特色活动，举行“青春网红、公益助农”直播活动4期，累计助农销售9.5万余元。承办第三届世界青瓷大会子活动——“BEAUTY LIFE·上茶街造物创意集”，集结江西省景德镇陶溪川与龙泉市本土的200名优质商户，销售总额超过120万元。组织开展第四届“中国创翼”创业创新大赛龙泉市选拔赛暨2020年龙泉市“奇思妙想·创赢龙泉”创业创新大赛、第五届农村电子商务金牌系列技能比武大赛——“金牌打包手”和“金牌美工”、丽水市乡村振兴网红视频电商巡讲——龙泉站等活动。邀请字节跳动公司、微

2020年5月30日，“青春网红、公益助农”直播带货活动 （施晨辉／供图）

2020 年 12 月 10 日，“BEAUTY LIFE•上茶街造物创意集”活动　（周致远 / 供图）

拍堂公司，召开“电•定新未来”龙泉直播电商峰会，成立龙泉市网红人才联盟、龙泉市直播电商人才孵化基地。

【青年帮扶】 2020 年，“爱心助学”工作被列入龙泉市政府“十件民生实事”，新对接争取到浙江省青少年发展基金会助学金 20 万元，共资助学生 239 人，资助率占 57%，合计197.07 万元，其中申请的低保低边户家庭学生 71 人，全部落实资助。持续开展“五类”重点青少年群体排查核实及走访，关注农村留守儿童。依托“亲青帮”平台，开展“三禁三防三治”、一日营、微心愿等活动 13 场，辐射青少年 7000 余人次。“亲青筹”平台为 21 名低保低边户农村留守儿童筹集“微心愿助学金”1.05 万元；开展“99 公益日”活动为山区留守儿童筹集彩虹活力包 106 个。对接浙江省青少年发展基金会，落实 100 万元捐赠资金援建雷峰塔希望小学（龙泉市南秦小学）图书楼。选派 1 名优秀青年电商赴四川省广元市昭化区挂职专技人才。疫情期间，牵头筹集 8 万元资金购买 100 部手机捐赠给四川省广元市昭化区困难学生用于线上课堂学习。市青少年宫承办四川省广元市昭化区骨干教师培训业务 2 期，为新疆维吾尔自治区阿克苏市新河县的幼儿园捐赠图书、书架、玩具等，共计价值 10 万余元。

【校外教育】 2020 年，市青少年宫组织开展“剑瓷娃心向党”、关爱贫困生留守儿童夏令营、平安自护、家庭成长教育等主题系列活动，以及新春送祝福、防疫征文、全民阅读节、红领巾网络课堂、网络知识问答等活动，共计活动场次 61 场，阵地活动 170 场，流动少年宫活动 9 场，讲座类活动 13 场，夏令营、冬令营活动 6 场，主题教育活动 28 场，服务青少年 3 万余人次。构建红领巾阵地网，各红领巾分院活动开展常态化，服务少先队 2 万多人次。全年素质培训 3300 余人次，收入 200 余万元。西新小学董梓轩入选浙江省“新时代好少年”，另有 10 名学生入选“丽水市新时代好少年”。荣获丽水市级各类评比活动优秀集体 4 个、优秀个人 34 个。

【志愿服务】 2020 年，团市委组织志愿者参与“人才之春”晚会、市“两会”、南大洋河段净滩活动、“创新引领 智汇龙泉”人才科技峰会、2020 环浙骑游百山祖国家公园龙泉总决赛暨第四届江南之巅天空骑行安豫线挑战赛等活动。第三届世界青瓷大会共招募“小清泉”志愿者 312 位，参与志愿服务近 1000 人次，共计志愿服务时长 1 万余小时。协助组建创建文明城市志愿服务队伍，共帮助全市各单位组建 103 支队伍，并不定期开展志愿者培训会。蜂鸟义工协会招募 200 名市民组建创建省级示范文明城市市民观察团，每月 5 日、20 日组织志愿者进社区开展全民清洁日活动。组建百人志愿服务队助力百山祖国家公园创建，组织志愿者开展“五进”（进社区、进学校、进企业、进农村、进家庭）宣传志愿服务活动。龙泉蜂鸟义工队被评为“2020 年一季度丽水好人（抗疫专场）志愿服务团队”，志愿者王怡武成为丽水市第一位“绿谷分”个人信用评级 AAA 级市民，龙泉市知联会守护“星星的孩子”志愿项目——“融合”，获得浙江省青年志愿者服务项目大赛铜奖。

【疫情防控】 疫情期间，团市委招募 200 余名“小清泉”志愿者，参与志愿服务 1220 余人次，跑腿员出动车辆 234 驾次，总服务群众 2.1 万余人次，并为抗疫人员子女减免青少年宫学费。开展“青春战疫献热血”志愿献血活动，成功献血 118 人，献血总量达 3.19 万毫升。团市委 1 名干部被评为“疫情防控和复工复产一线表现突出的党员”。　（尹彤彤　刘银平）

## 龙泉市妇女联合会

【概况】 2020 年，龙泉市有妇女组织 296 个，其中乡镇妇联组织 15 个，街道办事处妇联组织 4 个，村（社区）妇联组织249个，机关企事业单位妇委会28个。

【巾帼助力疫情防控】 疫情发生后，市妇联向全市249个基层妇联组织、14万余名妇女发出“立即行动，投身疫情防控”号召，动员1630名巾帼志愿者参与疫情防控工作，充分发动各级妇联组织和广大妇女群众为抗击疫情贡献巾帼力量。组织35名巾帼志愿者做好医护人员“一人一专班”服务保障。发动“特别的爱给特别的你”活动，通过市巾帼创业创新促进会、市来料加工经纪人协会筹集善款9.6万元，为103名女性医务人员和68名医务人员家庭孩子送去关爱。推进“春风行动”，实施“六心关爱”▲，为76个来料加工点送去口罩等物品，助力复工复产。

▲“六心关爱”：精心摸需求、热心讲政策、诚心来牵线、细心做指导、贴心搞服务、暖心解疑惑”。

2020年2月，市妇联给医务人员家属送温暖 （市妇联／供图）

【来料加工】 2020年，市妇联继续把促进来料加工创新发展作为城乡妇女创业就业重要工作。该年全市发放来料加工费3.1亿元，培养来料加工队伍2万余人，发放来料加工资金补助74.6万元。举办第四届来料加工技能比武大赛，完成来料加工经纪人协会第二届会员大会换届工作。举办来料加工经纪人培训班1期、青瓷饰品创新能力培训班1期，提高来料加工经纪人在新经济背景下专业技能和创新意识。

【创业创新】 市妇联坚持“党建带妇建”工作模式，立足引领服务联系职能，创新工作思路，注册“龙泉娜妮”工作品牌，印发《“龙泉娜妮”品牌创建工作实施方案》，推动党建与业务同频共振，筑牢党联系服务妇女群众的桥梁纽带。通过组织开展“龙泉娜妮”气质提升（旗袍）培训班、第一届“龙泉娜妮”温情伴手礼大赛、“龙泉娜妮说龙泉”演讲比赛、“龙泉娜妮”青瓷饰品征集大赛等一系列主题活动，充分展现有态度、有拼劲、有温度的“龙泉娜妮”形象。同时，在市委市政府的大力支持下，将西街33号350平方米场地建设为“龙泉娜妮·创客空间”，为广大创业女性提供产品展示、学习、交流、直播的空间。

【山海协作】 市妇联与嘉兴市秀洲区妇联、杭州市萧山区妇联签订山海合作协议，通过妇联纽带，深化与两地的合作。组织来料加工青瓷饰品经纪人赴上海参加“问海借力·沪享龙泉”健康生活畅享季活动，为来料加工青瓷饰品经纪人提供宣传展示平台和学习交流机会。

【女性帮扶】 市妇联加强与公、检、法、司、民政等部门合作，形成事前调解、依法调解、事后跟踪为一体的工作机制。在矛盾纠纷调处中心设立婚姻调解室，成功争取办公用房设立女性维权接待室，为女性维权上访提供更专业的服务。该年，共接待群众来信来访18件，其中涉及婚姻家庭类12件，开出法律援助单6张，信访办结率达100%。通过“爱云慈母基金”，对龙泉域内急需帮助的贫困母亲实行精准帮扶，该年补助贫困母亲48人，补助金额16万元。在结对乡镇查田镇开展“两癌”公益筛查活动，惠及110多名农村女性。

【关爱妇儿】 市妇联做好关爱“三留”人员（留守儿童、留守妇女、留守老人）工作，确定20个“三留”工作重点村并下达浙江省妇女儿童发展专项资金10万元。“六一”节期间，与19个乡镇（街道）妇联、20个村妇联及龙泉市巾帼创业促进会携手开展关爱留守儿童走访活动，送出“六一”礼物价值6.17万元。春节前，开展“把爱带回家”活动，与龙泉市创业创新促进会会员前往上垟、八都、锦溪等乡镇，为贫困妇女儿童送去暖心包和慰问金。建成1个妇女儿童服务中心、15家“儿童之家”、15家“妇女微家”，成

2020 年 12 月 10 日，“龙泉娜妮·创客空间”正式开放。图为“龙泉娜妮”气质提升培训班合影
（市妇联 / 供图）

功创建浙江省级儿童之家 2 家。

【家庭教育】 市妇联成立家庭教育指导中心，邀请有丰富家庭教育工作经验的退休校长徐承宪担任中心主任，每周一下午在妇联办公室为有需求的家长提供面对面咨询服务。召开家庭教育工作推进会，各部门共同解读《浙江家庭教育工作条例》内容，探讨家庭教育工作重点和发展方向，开拓家庭教育事业发展新局面。在疫情特殊时期，启动家家讲堂“云课堂”，开讲 45 场。开展线下家长能力训练营 28 场，推送家家讲堂“微课堂”16 期，惠及家长 5000 余人。

【家风文明】 市妇联启动“家家幸福”综合服务平台，统筹和创新推进家庭创建工作，确保“家”字文章步步深入、环环相扣。组织开展“幸福居家”创意大赛，形成家庭居家抗疫浓厚氛围；开展最美系列评选活动，选树最美抗疫家庭 12 户、征集最美家书 12 封（组）；常态化开展平安家庭、最美家庭、绿色家庭等特色创建活动，并在西新社区举办“相伴童行、家庭家教家风基层宣讲”活动 1 场。张明跃家庭被评为“全国五好家庭”，周志发家庭被评为“浙江省最美家庭”，张小青家庭被评为“浙江省绿色家庭”，25 户家庭荣获丽水市级绿色家庭称号，同时创建龙泉市级绿色家庭 100 户。 （张舒玲）

## 龙泉市文学艺术界联合会

【概况】 2020 年，龙泉市文联发挥“团结引导、联络协调、服务管理、自律维权”新职能，积极探索新时代符合文联特点，团结动员全市广大文艺工作者，为营造健康向上的人文环境提供精神产品，推动文化繁荣兴盛。该年，完成 28 个协会（学会、研究会）换届工作；组织文化志愿者做好中心工作文化服务 161 人次，送文化下乡和文艺进基层（文化礼堂）活动 221 人次。完成龙泉剑瓷文化研究院（莫言文学苑）建设项目软硬件建设，开展龙泉宝剑礼仪文化、“水上青瓷”之路、龙泉窑历代碗研究等活动，举行“瓷留印记”作品展、龙泉窑碗事特展，举办《龙泉窑各个时期的艺术特征》讲座，出版《天下龙泉·龙泉窑碗事》专著。

【文艺队伍建设】 市文联借协会（学会、研究会）整体换届之机，重新梳理、登记协会（学会、研究会）会员，吸收一批文艺新人，充实文艺队伍。开展文艺培训 10 次，加强文艺新群体建设，壮大一批在丽水市、浙江省、甚至全国产生影响的优秀创作群体，1 人入选浙江省“文艺名家孵化计划”导师团队，3 人进入浙江省“文艺名家孵化计划”孵化对象团队；4 人入选浙江省造型艺术青年人才培养“新峰

2020 年 6 月 6 日，“消逝与存在”《东街》读书分享会 （市文联 / 供图）

2020 年 7 月 29 日，市文联文化在五星村开展志愿服务　（市文联 / 供图）

计划”；1 人加入中国作协、1 人加入浙江省作协、1 人入选浙江省“新荷计划”人才库；11 人加入浙江省民间文艺家协会，2 人加入浙江省诗词与楹联学会。

【文艺平台建设】 2020 年，市文联编辑出版《龙泉》人文杂志 4 期，龙泉书画院、龙渊印社举办 3 次展览展示，吸引外地文艺家经常性交流 25 余次。龙泉剑瓷文化研究院（莫言文学苑）建设项目完成软硬件建设，“文艺家之家”面积 2000 余平方米。

【文艺活动与创作】 2020 年，市文联策划组织文学、摄影、书画、音乐、戏曲等系列文艺活动。组织“两山 15 年，我是见证者”摄影比赛、“龙泉撤县设市三十周年”主题摄影比赛、“我与龙泉 30 年”文学征文比赛、“衢宁铁路杯”摄影大赛、“全面小康·绿色光影”龙泉农业农村摄影大展等文艺创作比赛 5 次，开展文艺活动（含创作采风）89 次，入选 2020 年丽水市文艺精品扶持项目 1 个，获得丽水瓯江文化奖提名奖 1 人，出版专著 5 部，一批作品在丽水市级以上发表、获奖。开展“名人名家进龙泉”系列活动，多批次名家走进龙泉创作采风。

【“撤县设市三十周年”系列活动】 2020 年是龙泉撤县设市 30 周年，市委宣传部、市文联联合举办庆祝撤县设市 30 周年系列活动。7 月，市文联以“龙泉撤县设市 30 周年发展成就”为主题，主办“我与龙泉 30 年”征文比赛，共收到作品 58 篇，经过初评和终评，评出金奖 2 篇，银奖 6 篇，铜奖 9 篇，优秀奖 20 篇；11 月，市文联主办、市书法家协会承办“庆祝撤县设市 30 周年系列活动之书法展”，选出 30 幅作品入展；12 月，市委宣传部、市文联、市教育局偕同市书法家协会、美术家协会、摄影家协会，在人民广场举办”庆祝龙泉撤县设市三十周年书画摄影展暨现场展示活动”。

【龙泉窑“碗事”特展】 12 月，市文联配合第三届世界青瓷大会，以龙泉窑碗作品为主线举办“天下龙泉·龙泉窑碗事特展”，古代展厅展出北宋至明代龙泉青瓷碗作品 60 件，当代展厅展出青瓷作品 36 件，参观人数达10 万以上人次。与展览配套书籍《天下龙泉·龙泉窑碗事作品集》，由浙江摄影出版社公开出版发行，印行 2000 册，并在 12 月 10 日举办的“天下龙泉·龙泉窑碗事特展”开展仪式上首发。复旦大学科技考古研究院教授沈岳明以“龙泉窑各个时期的艺术风格”为主题，在市文联多功能厅做学术性专题讲座。

【结对帮扶工作】 7 月 16 日，根据《2020 年度市直单位主要负责人包村走村暨“百村结对共学共做”活动方案》要求，市文联党支部与龙南乡五星村党支部联合开展主题党日活动。7 月 29 日，市文联在五星村组织“古树大屋·文化五星”综合采风创作活动，作家协会、戏剧曲艺家协会、摄影家协会等 10 余个传统协会（学会）主席（会长）、秘书长及骨干文艺家 30 余人参加采风创作活动。9 月 16 日，市文联组织作家协会、摄影家协会部分会员再次走进五星村岱根自然村，开展文艺志愿服务活动和文艺创作采风，市文联向五星村授牌“文学创作基地”“摄影创作基地”和“美术创作基地”。

（胡晓武）

## 2020年龙泉市文联所属各协会会员作品发表、获奖情况表

表14

| 编号 | 作品名称/获奖者 | 奖项名称 |
|---|---|---|
| 01 | 支持、毛俊钦、叶传应、徐志伟 | 入选省造型艺术青年人才培养“新峰计划” |
| 02 | 邹叶 | 入选省“新荷计划”人才库 |
| 03 | 徐朝兴 | 入选省“文艺名家孵化计划”导师团队 |
| 04 | 李震、杨小秋 | 入选省“文艺名家孵化计划”孵化对象团队 |
| 05 | 《糖婚:人间慢步》蒋离子 | 入选中国作家协会重点作品扶持项目 |
| 06 | 《瓯江谣歌 · 娃娃鱼》莫子易 | 第三届“罗峰奖”全国非虚构散文大赛二等奖 |
| 07 | 《瓯江谣歌 》莫子易 | 发表在2020年12月17日《文学报》 |
| 08 | 《拐点还有多远》莫子易 | 发表在2020年第一期《浙江散文》 |
| 09 | 《住溪谣歌》莫子易 | 发表在2020年第五期《浙江散文》 |
| 10 | 《雨水1首》吴梅英 | 《2019中国年度诗歌》 |
| 11 | 《九龙山组诗4首》吴梅英 | 《诗歌月刊》第2期 |
| 12 | 《醒来3首》吴梅英 | 《浙江诗人》第1期 |
| 13 | 《父亲在医院》(小说)吴梅英 | 《江南》增刊 |
| 14 | 《在石隆》吴梅英 | 《浙江诗人•冬季特号》 |
| 15 | 《青瓷组诗》吴梅英 | 丽水市文学创作大赛铜奖 |
| 16 | 《云坞古村–下樟》曾伟光 | 入选2020“瓯江行”全国摄影大展 |
| 17 | 《构成》张有钢 | 入选2020“瓯江行”全国摄影大展 |
| 18 | 《希望之星》张晓华 | 入选2020“瓯江行”全国摄影大展 |
| 19 | 《百姓舞》专题 潘世国 | 《中国摄影报》7月17日专版 |
| 20 | 《立足本土,记录中国乡村现代化》潘世国 | 《中国摄影报》7月27日二版文章并配发图片 |
| 21 | 《山村节日》郑叶青 | 入选中国摄影报　2020“中国美味”全国摄影大赛 |
| 22 | 《龙泉宝剑制作》郑叶青 | 入选中国•青阳首届全国非物质文化遗产摄影大展 |
| 23 | 《笋干飘香》郑叶青 | 入选中国•青阳首届全国非物质文化遗产摄影大展 |
| 24 | 《长江源头》郑叶青 | 入选大众摄影“条子泥杯”•湿地风光全国摄影大展 |
| 25 | 《染秋》郑叶青 | 入选“美丽中国”2020旅游风光全国摄影大赛 |
| 26 | 《竹海人家》张有钢 | 入选“醉美金华”全国旅游摄影大展 |
| 27 | 《瓯江帆影》《童话乡村》组照 | 入选“诗画浙江”全省风景摄影大展 |
| 28 | 郑叶青 | 入选“诗画浙江”全省风景摄影大展 |
| 29 | 《中国青瓷小镇》潘世国 | 入选“诗画浙江”全省风景摄影大展 |
| 30 | 《眼神》张晓华 | 入选第三届浙江西湖国际摄影大展 |
| 31 | 《菇香万里》张晓华 | 入选全国抗疫战争影像公益活动广州图片展 |
| 32 | 《昴山雪后风光》殷小明 | 浙江省“走两山路 赏森林风景”主题摄影大赛铜奖 |
| 33 | 《初春》张有钢 | 入选浙江省“走两山路 赏森林风景”主题摄影大赛 |
| 34 | 《最美卵石滩》钟云光 | 入选浙江省“走两山路 赏森林风景”主题摄影大赛 |
| 35 | 《凤阳山风光(组)》王志江 | 入选浙江省“走两山路 赏森林风景”主题摄影大赛 |

续表14

| 编号 | 作品名称/获奖者 | 奖项名称 |
| --- | --- | --- |
| 36 | 《绿谷丛林》张有钢 | 入选浙江省“走两山路 赏森林风景”主题摄影大赛 |
| 37 | 《凤阳山风光》张有钢 | 入选浙江省“走两山路 赏森林风景”主题摄影大赛 |
| 38 | 《村晚纪实》张有钢 | 入选浙江省扶贫成就作品展 |
| 39 | 《蒸蒸日上》张有钢 | 入选浙江省扶贫成就作品展 |
| 40 | 《龙泉下樟》组照 张有钢 | 入选浙江省扶贫成就作品展 |
| 41 | 《古老香菇秘技》金成树 | 丽水市百山祖国家公园主题摄影大赛一等奖 |
| 42 | 《绿谷之春》潘世国 | 丽水市百山祖国家公园主题摄影大赛一等奖 |
| 43 | 《凤阳绿林菇民好汉》王镇西 | 丽水市百山祖国家公园主题摄影大赛二等奖 |
| 44 | 《凤阳湖柳杉群》张路明 | 丽水市百山祖国家公园主题摄影大赛二等奖 |
| 45 | 《西洋殿里唱大戏》吴少平 | 丽水市百山祖国家公园主题摄影大赛三等奖 |
| 46 | 《凤阳湖秋色 》张有钢 | 丽水市百山祖国家公园主题摄影大赛三等奖 |
| 47 | 《龙南木偶戏》组照郑叶青 | 丽水市百山祖国家公园主题摄影大赛三等奖 |
| 48 | 《农旅结合》殷翔耿 | 丽水市十三届乡村艺术节视觉艺术大比拼铜奖 |
| 49 | 《古村秋晒》童水云 | 丽水市十三届乡村艺术节视觉艺术大比拼铜奖 |
| 50 | 《肖像系列》张晓华 | 入展宁波摄影周 |
| 51 | 《黄家大院》张晓华 | 第二十二届全国艺术摄影大赛工业建筑摄影类铜奖 |
| 52 | 《701标房》张晓华 | 入展北京国际摄影周 |
| 53 | 《千年弥陀寺》张晓华 | 入选百名摄影家看武宁全国摄影邀请赛 |
| 54 | 《山村之春》张晓华 | 入展第20届平遥国际摄影大展 |
| 55 | 《留守者》张晓华 | 香港第十届全国摄影艺术展评委会大奖,中国摄影金龙奖 |
| 56 | 《喜柿多多》郑叶青 | 入选2020第22届全国艺术摄影大赛三等奖 |
| 57 | 《瓯江往事》郑叶青 | 入选2020欢乐春节--全球华人新春摄影大赛 |
| 58 | 《竞速、角逐冠军》廖传松 | 入选2020浙江省杭州马拉松摄影大赛 |
| 59 | 《我运动,我健康》徐国桢 | 入选2020浙江省老年摄影大赛 |
| 60 | 《明天会更好》张有钢 | 入选中国科普摄影大赛 |
| 61 | 《野外灵芝栽培》 祝坚军 | 入选第九届中国科普摄影大赛 |
| 62 | 《披云山风光》蔡锦伟 | 入选全国第二十二届艺术摄影大赛风光类优秀奖 |
| 63 | 《酿出新生活》殷小明 | 《人民日报》2020年7月9日第十一版 |
| 64 | 《别样生活》张晓华 | 入编中国日报社《百名摄影师聚焦COVID-19》画册 |
| 65 | 《梯田晨韵》张晓华 | 《旅游世界》第23期 |
| 66 | 《希望之星》张晓华 | 《旅游世界》第23期 |
| 67 | 《防疫宣传队》蔡远寿 | 《浙江画报》 |

# 法　　治

## 政法工作

【概况】 2020年，龙泉市政法系统以打造"全国最平安县级市"为目标，坚持目标导向、问题导向和绩效导向，推进政法平安综治维稳等各项工作，打赢各类重点时段维稳安保硬仗，保障各类重大活动顺利举行。龙泉市连续十六年获浙江省"平安县（市区）"称号，荣获浙江省首批"一星平安金鼎"，获评丽水市综治优秀市。龙泉市委政法委荣获浙江省平安护航中华人民共和国成立70周年工作成绩突出集体、浙江省扫黑除恶专项斗争成绩突出集体等称号。

【新时代"枫桥经验"】 2020年，市委政法委会同相关责任单位坚持和发展新时代"枫桥经验"各项工作。深化矛调中心建设，规范建设市、乡、村三级矛盾纠纷调处化解队伍，形成警调、诉调、人民调解以及其他专业化调解为一体"大调解体系"。市法院联合人民银行、金融监管机构、司法局等5部门联合调处金融纠纷，建立"金岗社区微法庭"，延伸诉讼服务触角。市检察院联合公安、法院等部门出台检察长列席法院审委会、认罪认罚从宽等10余项制度，形成法律监督合力，并构建"分级护航·检爱相随"工作体系，创建"向日葵"未检工作室，引导"问题少年"改过自新，回归社会。市公安局深化"枫桥式公安派出所"建设，推出"网格+警务"模式，构建起基层网格"二防三控四联"工作机制，其中安仁镇安和小区"三治融合"、永和义警工作站的经验做法被《人民公安报》《法治日报》等媒体广泛宣传报道。市司法局建立健全医疗事故、道路交通、劳动纠纷、物业管理等9个行业性专业性调委会，相关专职人民调解员入驻矛调中心开展常态化调解，加强"枫桥式"司法所建设，完成龙泉市人民调解员等级评定工作。

【学习贯彻政法工作条例】 2020年，市委政法委组织政法各单位抓好《中国共产党政法工作条例》及浙江省委5个配套规定贯彻落实。结合龙泉实际，牵头研究修订《中共龙泉市委政法委员会工作规则》，实行干部重大事项报告制度，开展领导干部个人重要事项每月备案和个人兼职事项、违规借贷等自查报告。落实政治轮训制度，政法委牵头统一组织政法各部门、乡镇（街道）政法委员等370余人分5批次开展2020年度龙泉市政法系统学习贯彻习近平新时代中国特色社会主义思想暨政法干警综合素能提升培训。于3月12日、8月6日、12月3日召开2020年度龙泉市委政法委员会全体（扩大）会议，组织各政法部门开展一次专题学习、一次廉政谈话、一次短板查摆、一次集中整治、一次警示教育"五个一"活动，狠抓条例贯彻落实。

【平安龙泉建设】 2020年，市委政法委牵头政法各单位及平安办成员单位落实平安建设月评、月报、月例会等制度，开展平安建设各项工作，整改浙江省平安办两轮暗访检查发现11个场所存在19个问题，在全市范围内组织开展暗访检查5次，检查各类场所近190家（次），排查并督促整治各类隐患问题80多项。开展平安建设百日攻坚行动，进行道路交通安全、消防、安全生产等重点领域专项检查整治工作；研究制定平安建设宣传活动方案，发动各乡镇（街道）、市直各单位等以"线上+线下"方式开展平安建设宣传，动员"党政军民、工农商学"投身平安建设宣传活动，开展平安志愿者常态化大巡防和市直机关党员干部每周三固化参与集中大巡防，重点敏感时段和春节除夕夜期间市四套班子领导带队参与大巡防。

【打击违法犯罪】 2020年，市委政法委（市扫黑办）牵头各相关单位加大工作力度，以"六清"▲行动为目标，"十大专项行动"▲为抓手，推进扫黑除恶专项斗争。该年共办理九类涉恶案件31起，刑事拘留88人，逮捕28人，移送起诉88人，提起公诉5件5人，判决8件17人，立案查处党员干部和公职人员涉黑涉恶问题2件，给予党纪政务处分4人。疫情防控期间，政法委联合政法各单位在丽水率先发布《龙泉市政法机关服务保障企业复工复产八条措施的通告》等，依法打击涉疫违法犯罪，处置涉疫警情963起，侦破涉疫诈骗、妨碍执行公务等涉疫案件52起，行政处罚179人，刑事拘留1人，教育训诫320人，办结丽水首例虚假出售口罩诈骗等案件。

2020年，该市共接警44031起，同比增长-10.05%；立刑事案件866起，查处治安案件900起，刑拘310人，取保候审299人，移送起诉487人，逮捕123人，行政处罚1005，接处警、刑事发案、治安发案分别同比下降16.27%、11.72%、7.8%；侦获2011年“6·1”命案积案，实现连续17年命案全破，1小时破获“9·7”故意杀人案；在册社区服刑人员266人，其中缓刑239人，假释25人，暂予监外执行2人，收监执行7人，警告6人。

▲“六清”行动，即线索清仓、逃犯清零、案件清结、伞网清除、黑财清底、行业清源。

▲“十大专项行动”，即依法打深打透大案要案专项行动、线索核查清仓见底专项行动、案件诉讼提质增效专项行动、“打伞破网”深挖彻查专项行动、黑恶罪犯教育改造和检举揭发专项行动、行业乱象治安乱点整治专项行动、基层组织建设薄弱地区整治专项行动、网络空间滋生漏洞整治专项行动、舆论宣传报道正面引导专项行动、长效常治机制巩固建设专项行动。

【维护社会稳定】 2020年，市委政法委健全各类安全稳定工作机制，督促检查并保障常态化运转。春节期间，迅速启动疫情防控工作，政法委牵头组建79支（428人）专职督导队开展全天候疫情防控督导工作，共督导2.8万余人次，劝导群众8000余人次，督查防疫检查点600余处，督查服务业场所800余处，督导活禽售卖及犬、猫等宠物管控1000余次。

市委政法委联合政法各单位在丽水率先发布《龙泉市政法机关服务保障企业复工复产八条措施的通告》等，依法打击涉疫违法犯罪，维护疫情防控工作顺利推进；强化对特殊利益群体疏导、教育、稳控，对以信访为由滋事扰序违法犯罪行为进行依法打击处置。注重源头治理和风险防控，完成重大决策风险评估工作62项，该年无因风险评估不到位而发生不稳定问题。开展涉稳问题集中摸排化解专项行动3次，排查出不稳定因素65起，化解59起，暂时无法化解的全部落实稳控责任；深化“快速反应、分类处置、部门协同、长效保障”四项非正常死亡案事件处置机制，68起（涉及71人）非正常死亡事件得到妥善处置；开展防范打击邪教组织专项行动和反邪教宣传活动，引导广大人民群众“崇尚科学，反对邪教”，抵制邪教渗透，筑牢反邪防线。

【执法监督】 2020年，全市政法系统深入开展执法司法规范化水平提升年活动，并取得明显成效。活动期间，全市政法机关共排查执法司法方面存在问题697个，全部完成整改。在丽水市委政法委2020年度专项工作指标中，龙泉市执法司法规范化水平提升年活动工作考核排名位列丽水第一；该年发放司法救助资金28.81万元，使相关涉法涉诉信访人息诉罢访，信访案件得到及时有效化解。

【深化基层治理】 2020年，市委政法委会同相关职责单位因地制宜推进党建统领“一中心四平台一网格”建设，创新打造共建共治共享“网格+警务”共同体基层治理模式，得到丽水市委副书记、政法委书记李锋批示肯定。市委政法委统筹推进“雪亮工程”、智安小区、义警工作站等建设，打造“12345”热线“一个号码对外”综合性便民服务热线平台，深化“二防三控四联”、铁路护路联防工作等，深化“基层治理四平台”、全科网格深度融合机制，深入推进八都镇“一支队伍管执法”改革试点（浙江省38个之一、丽水唯一）建设。突出网格员在基层治理中作用，6名网格员因在疫情防控中表现突出被火速提拔为村党支部副书记，得到浙江省委政法委肯定。2名网格员获评2020年浙江省第三届“优秀网格员”。

【推进县域社会治理现代化】 2020年，龙泉市成立以市委书记为组长、市长为副组长的社会治理现代化工作领导小组，领导小组办公室设在市委政法委。市委、市政府印发《龙泉市关于推进县域社会治理现代化的实施意见》，市委政法委（社会治理现代化工作领导小组办公室）牵头制定《龙泉市“县域社会治理现代化”责任分解清单》，通过月报、实地督查等机制，开展县域社会治理现代化各项工作，落实丽水市“全国市域社会治理现代化试点”工作任务。结合龙泉实际，推进一批重点项目建设，如因地制宜推进“一中心四平台一网格”建设、深化矛盾化解“最多跑一地”、推进“心防工程”“雪亮工程”“消除陈尸（冰尸）”等各项重点工作，提升龙泉市县域社会治理现代化水平。在丽水市委政法委2020年度专项工作指标中，龙泉市“全国市域社会治理现代化试点”工作考核排名位列丽水第一。

【化解矛盾纠纷】 2020年，市委政法委组织相关职责单位推广省矛调协同应用系统，强化矛调中心建设，推进矛调纠纷化解“最多跑一地”。7月23日，浙江省委常委、政法委书记王昌荣一行到龙泉调研指导，对龙泉市新时代调解工作与矛调中心规范化建设给予充分肯定。9月25日，龙泉市委书记吴松平代表龙泉作为浙江省7个县(市、区)之一在全省县级社会矛盾纠纷调处化解中心建设互学互比第二次交流会暨治理重复信访交办会上作题为《聚焦律师调解“三化”建设 打造新时代调解工作样本》交流发言。推进乡镇综治中心建设，创新打造八都镇“4+X”▲联调模式、安仁镇“永和说事”等一批本土特色调解工作平台，并从突发事件处置、山林纠纷治理、心理防护等多个领域，探索推广龙泉“矛调八法”,《浙江法制报》对该做法进行专题宣传报道。同时，深入开展“消除陈尸(冰尸)”专项行动，提前完成全部工作任务，7具陈尸(冰尸)火化清零，并实现案结事了。

▲“4+X”联调模式：“4”是指镇干部、村干部、司法所工作人员和公安民警，“X”是指法律顾问、乡贤力量、相关职能部门等人员。　(雷　蕾)

## 公安工作

【概况】 2020年，市公安局紧扣公安工作高质量发展这一中心，推进战疫情、防风险、保稳定、护发展等各项工作，实现“五个未发生”(未发生重特大刑事治安案件、重特大政治事件、重特大安全生产事故、重特大网络舆情事件、赴省进京上访事件)。该年，立刑事案件866起，查处治安案件900起，刑拘310人，取保候审299人，移送起诉487人，逮捕123人，行政处罚1005人，接处警、刑事发案、治安发案分别同比下降16.27%、11.72%、7.8%；成功破获“8·14”特大假冒注册商标案，得到公安部以及新华网、人民网等8家央级媒体实地调研、宣传报道，并被浙江省副省长、公安厅长王双全批示肯定；推出“网格+警务”模式得到丽水市委副书记李峰批示肯定。2020年，市公安局被授予浙江省队伍正规化建设优秀单位称号、丽水市警卫大型活动工作优胜单位称号，7人获浙江省级先进称号，5个集体、8人获丽水市级先进称号，5个集体、18人立三等功，9个集体和43个人受到嘉奖，4人获浙江省公安厅通报表扬，1人获二等荣誉奖章。

2020年，市公安局通过“大数据+网格化”精密智控、“卡点+执勤点”点位管控、重点场所全封闭管控等举措，梳理、研判各类数据5万余条，核查线索2353条，追踪重点人员1898人，排查在龙泉的外籍人员411人，检查车辆4.07万辆、人员9.98万人次，劝返车辆1016辆，集中隔离人员751人，确保龙泉未发生确诊病例和疑似病例。办理拒不执行政府紧急状态决定、扰乱单位秩序、阻碍执行职务等干扰疫情防控案件26起，行政处罚53人，刑事拘留1人，教育训诫167人。开展“百万警进千万家”“民警进企业、助力开复工”活动，推出钉钉信息线上申报等机制，帮助企业解决问题180余个。

【社会治安】 2020年，全年接警44031起，同比增长-10.05%，上报重大警情143起，非正常死亡65起，交通事故死亡20人。完成大型安保和重要警卫工作任务40余场次，牵头处置城东农贸市场专项整治、“两直”补助引发上访等事件，处置“7·18”衢宁铁路工人季某某非正常死亡等66起非正常死亡事件。梳理调查核对本辖区内常住人口、流动人口、境外人员基本情况，建立健全档案资料，统计该市户籍人口288847人，流动人口20700人，持港澳台居民居住证31人，外籍人员394人。

【户籍管理】 2020年，龙泉市总人口288847人。市公安局办理第二代居民身份证14999张和临时身份证2929张；变更、更正户口项目4万余人次(变更包括主项变更和辅项变更，其

2020年2月，窗口民警在为群众办理户口业务　(钟伟伟／供图)

## 2020年龙泉市公安系统先进集体名单一览表

表15

| 受表彰(先进)单位 | 荣誉称号/所获荣誉 | 发文单位 | 发文号 | 发文时间 |
|---|---|---|---|---|
| 龙泉市公安局 | 全省队伍正规化建设优秀单位 | 浙江省公安厅 | 浙公网传〔2020〕32号 | 2020年3月6日 |
| 龙泉市公安局 | 全省示范数字档案室 | 浙江省公安厅<br>浙江省档案局 | 浙公办〔2020〕14号 | 2020年3月31日 |
| 龙泉市公安局 | 平安时报宣传考核三等奖 | 省公安厅新闻传媒中心 | 工作通报 | 2020年9月1日 |
| 龙泉市公安局治安大队 | 集体三等功 | 丽水市公安局 | 丽公令〔2020〕1号 | 2020年1月11日 |
| 龙泉市公安局交警大队 | 集体三等功 | 丽水市公安局 | 丽公令〔2020〕1号 | 2020年1月11日 |
| 龙泉市公安局行动侦查大队 | 2019年度全市技术侦查业务优胜单位 | 丽水市公安局 | 丽公网传〔2020〕19号 | 2020年1月23日 |
| 龙泉市公安局 | 2019年警卫大型活动工作优胜单位 | 丽水市公安局 | 丽公网传〔2020〕32号 | 2020年2月6日 |
| 龙泉市公安局治安大队 | 打击整治枪爆违法犯罪专项行动优胜单位 | 丽水市公安局 | 丽公办〔2020〕13号 | 2020年3月31日 |
| 龙泉市公安局治安大队 | 打击整治黄赌违法犯罪专项行动优胜单位 | 丽水市公安局 | 丽公办〔2020〕13号 | 2020年3月31日 |
| 龙泉市公安局督察大队 | 全市公安督察微课程比武一等奖 | 丽水市公安局 | 工作通报 | 2020年12月22日 |
| 龙泉市公安局大沙派出所 | 集体三等功 | 丽水市公安局 | 丽公令〔2020〕16号 | 2020年12月25日 |
| 龙泉市公安局安仁派出所 | 集体三等功 | 丽水市公安局 | 丽公令〔2020〕16号 | 2020年12月25日 |
| 龙泉市看守所 | 集体三等功 | 丽水市公安局 | 丽公令〔2020〕17号 | 2020年12月25日 |
| 龙泉市公安局 | 丽水市公安局三微大赛：一等奖1个，二等奖2个，3等奖2个 | 丽水市公安局政治部 | 丽公网传〔2020〕293号 | 2020年12月14日 |
| 龙泉市公安局西街派出所 | 2019年度消防安全工作先进单位 | 龙泉市消防安全委员会 | 龙消安委〔2020〕2号 | 2020年2月18日 |
| 龙泉市公安局交警大队 | 2019年度政协工作先进集体 | 政协龙泉市委员会办公室 | 龙政协办〔2020〕1号 | 2020年1月6日 |

## 2020年龙泉市公安系统先进个人名单一览表

表16

| 受表彰(先进)个人 | 荣誉称号/所获荣誉 | 发文单位 | 发文号 | 发文时间 |
|---|---|---|---|---|
| 曹樟伟 | 浙江省抗疫先进人物 | 中共浙江省委 | 浙委发〔2020〕24号 | 2020年11月11日 |
| 杨春晓 | 全省打击电信网络诈骗犯罪专项行动突出个人 | 浙江省人民政府 | 内部通报 | 2020年1月22日 |
| 陈超毅 | 全省打击整治跨境网络赌博犯罪“断链”行动突出个人 | 浙江省公安厅 | 内部通报 | 2020年1月22日 |
| 张　琦 | 全省禁毒情报研判比武中被评为优秀个人 | 浙江省公安厅 | 工作通报 | 2020年3月27日 |
| 徐鑫华 | 110工作成绩突出个人 | 浙江省公安厅 | 工作通报 | 2020年12月31日 |
| 钟李佳 | 平安时报优秀通讯员 | 浙江省公安厅 | 工作通报 | 2020年9月1日 |
| 林家驹 | 丽水市政府嘉奖 | 浙江省公安厅新闻传媒中心 | 丽组〔2020〕4号 | 2020年2月21日 |
| 杨孔发 | 龙泉市深化改革工作先进个人 | 中共丽水市委组织部组织部 | 龙委发〔2020〕6号 | 2020年3月24日 |
| 管筛筤 | 龙泉市美丽城乡工作先进个人 | 丽水市人力资源和社会保障局 | 龙委发〔2020〕6号 | 2020年3月24日 |
| 杨朝伟 | 龙泉市美丽城乡工作先进个人 | 中共龙泉市委 | 龙委发〔2020〕6号 | 2020年3月24日 |
| 陈铭华 | 龙泉市美丽城乡工作先进个人 | 中共龙泉市委 | 龙委发〔2020〕6号 | 2020年3月24日 |
| 周培光 | 龙泉市文旅兴市工作先进个人 | 中共龙泉市委 | 龙委发〔2020〕6号 | 2020年3月24日 |
| 杨朝伟 | 龙泉市重点工作先进个人 | 中共龙泉市委 | 龙委发〔2020〕6号 | 2020年3月24日 |

续表16

| 受表彰(先进)个人 | 荣誉称号/所获荣誉 | 发文单位 | 发文号 | 发文时间 |
|---|---|---|---|---|
| 潘立 | 龙泉市政府产业培育大比拼、项目建设大比武活动嘉奖 | 龙泉市人民政府 | 龙政发〔2020〕2号 | 2020年3月30日 |
| 兰玉珍 | 个人三等功 | 丽水市公安局 | 丽公令〔2020〕1号 | 2020年1月11日 |
| 郭　慧 | 个人三等功 | 丽水市公安局 | 丽公令〔2020〕1号 | 2020年1月11日 |
| 项欣洋 | 个人三等功 | 丽水市公安局 | 丽公令〔2020〕1号 | 2020年1月11日 |
| 叶庆庆 | 个人三等功 | 丽水市公安局 | 丽公令〔2020〕1号 | 2020年1月11日 |
| 杨　建 | 个人三等功 | 丽水市公安局 | 丽公令〔2020〕1号 | 2020年1月11日 |
| 曾光磊 | 个人三等功 | 丽水市公安局 | 丽公令〔2020〕1号 | 2020年1月11日 |
| 金志鹏 | 2019年度全市公安出入境涉外案(事)件办理先进个人 | 丽水市公安局 | 丽公网传〔2020〕14号 | 22020年1月16日 |
| 吴叶靖 | 2019年度全市公安出入境先进个人 | 丽水市公安局 | 丽公网传〔2020〕15号 | 2020年1月16日 |
| 练志超 | 三等功 | 丽水市公安局 | 丽公令〔2020〕4号 | 2020年4月20日 |
| 李　杰 | 二等治安荣誉奖章 | 丽水市公安局 | 丽公发〔2020〕7号 | 2020年5月18日 |
| 夏　涛 | 个人三等功 | 丽水市公安局 | 丽公令〔2020〕16号 | 2020年12月25日 |
| 蔡涛涛 | 个人三等功 | 丽水市公安局 | 丽公令〔2020〕16号 | 2020年12月25日 |
| 胡逢伟 | 个人三等功 | 丽水市公安局 | 丽公令〔2020〕16号 | 2020年12月25日 |
| 季鹏飞 | 个人三等功 | 丽水市公安局 | 丽公令〔2020〕16号 | 2020年12月25日 |
| 刘文彬 | 个人三等功 | 丽水市公安局 | 丽公令〔2020〕16号 | 2020年12月25日 |
| 陆庆棠 | 个人三等功 | 丽水市公安局 | 丽公令〔2020〕16号 | 2020年12月25日 |
| 叶俊勇 | 个人三等功 | 丽水市公安局 | 丽公令〔2020〕16号 | 2020年12月25日 |
| 罗晓波 | 个人三等功 | 丽水市公安局 | 丽公令〔2020〕16号 | 2020年12月25日 |
| 叶　斌 | 个人三等功 | 丽水市公安局 | 丽公令〔2020〕16号 | 2020年12月25日 |
| 王俏乐 | 个人三等功 | 丽水市公安局 | 丽公令〔2020〕17号 | 2020年12月25日 |
| 黄　奕 | 个人三等功 | 丽水市公安局 | 丽公令〔2020〕17号 | 2020年12月25日 |
| 黄林俊 | 2020年度全市公安机关派出所好所长 | 丽水市公安局 | 丽公网传〔2020〕305号 | 2020年12月31日 |
| 吴坚剑 | 2020年度全市公安机关派出所好民警 | 丽水市公安局 | 丽公网传〔2020〕305号 | 2020年12月31日 |
| 曾光磊 | 2020年度全市公安机关派出所好民警 | 丽水市公安局 | 丽公网传〔2020〕305号 | 2020年12月31日 |
| 林德胜 | 2019丽水市征兵政审先进个人 | 龙泉市消防安全委员会 | 龙消安委〔2020〕2号 | 2020年2月18日 |
| 毛钰烨 | 2019年龙泉市消防工作先进个人 | 龙泉市消防安全委员会 | 龙消安委〔2020〕2号 | 2020年2月18日 |

中主项变更包括姓名、出生日期、性别、民族，辅项变更包括照片、地址、学历、籍贯、婚姻状况等)，其中变更姓名358人，变更民族5人，更正出生日期6人；办理户口迁移5100余人，其中(龙泉)市外迁入登记648人，龙泉市迁出注销1473人，出生登记2225人，死亡注销2127人，重复户口删除24人；办理各类行政许可事项51件，其中边境通行证29件；办理各类证明(电子证明)4000余人次。5月1日起，龙泉市正式实施《浙江省常住户口登记管理规定》，废止《龙泉市城镇户口迁往农村暂行规定》以及“大中专毕业生回原籍”业务办理。6月1日起，龙泉市正式实施《丽水市租赁房屋户口迁移暂行规定》(丽公通字〔2020〕15号)，将租赁房屋纳入合法稳定住所范围，放宽城镇租赁房屋落户政策。

【“云上公安、智能防控”】　2020年，市公安局试点先行建成13个智安小区、20个智安单位，织密信息感知网，做到来人来车留痕、识别、预警，建设经验被丽水在全市推广。稳健实施“雪亮工程”，完成“雪亮工程”一期项目验收，有高清监控探头2360路，整合社会监控资源6015路，依托“雪亮工程”已抓获各类违法犯罪嫌疑人130余人，破获案件150余起，帮助群众300余次，在打击犯罪、治安管理、服务民生、疫情防控等方面都发挥重要作用。

**【“百万警”进千万家】** 2020年，市公安局深化“百万警进千万家”活动，常态开展矛盾纠纷化解、风险隐患排查，构建无刑事案件、无信访诉讼、无群体性事件、无邪教、无黑恶势力“五无村居”，打造重点人员清、基础要素清、风险隐患清、矛盾纠纷清、群众需求清“五清报表”，宣传派出所“好民警、好故事”，发表“好所长”稿件5篇、“好民警”稿件10篇、“好故事”稿件32篇。

**【刀剑管理】** 2020年，市公安局多次牵头召开刀剑管理部门商讨会、刀剑生产恳谈会，出台《龙泉市公安局管制刀具专项治理工作方案》，排查梳理刀剑生产、销售企业、电商底数，明确“一企一警”责任清单，落实管制刀具销售实名登记制度，整治非法生产、销售刀剑现象，办理发布有害信息等案件22起，取缔1家非法制造销售管制刀具窝点，对25家单位（个人）予以行政处罚，特别是其中1家企业依据反恐法被罚款5.5万元，收缴管制刀具2000余把。

**【村社组织换届】** 2020年，市公安局坚持严字当头、贴靠护航，打防管控同步推进，护航村社组织换届选举工作，成立“局长+政委”双组长村社组织换届工作领导小组，出台《龙泉市公安局村（社区）组织换届选举工作实施意见》，制定《龙泉市公安局村（社区）组织换届期间不稳定因素集中排查化解工作方案》《龙泉市公安局关于龙泉市村级组织换届选举期间“一村一警”工作方案》等3个方案，发挥“一格一警”工作机制优势，联系民警进社入村开展排摸，排摸出可能破坏、扰乱选举秩序重点人17人，约谈教育53人。

**【黄赌毒整治】** 2020年，市公安局出台《龙泉市公安局2020年打击黄赌毒恶违法犯罪暨娱乐场所专项整治行动方案》等文件，打击一批利用“游戏茶苑”App开设网络赌场的典型案件，集中对金狮小区区块涉黄案件进行集中统一收网，办理涉黄涉赌刑事案件47起，行政案件64起，采取刑事强制措施53人，移诉起诉60人。

**【交通管理】** 2020年，市公安局接到交通类警情6140起，办理各类交通事故3630起，其中亡人交通事故21起，死亡22人，侦破交通肇事逃逸事故2起，侦破率达100%。查处各类交

2020年8月，市公安局入户开展“百万警进千万家”活动　（郭陈燕／供图）

2020年5月22日，市公安局交警大队开展“一盔一带、文明有礼”交通安全宣传活动
（程文泉／供图）

通违法162915起，同比下降7.4%，其中现场处罚53502起，非现场处罚109413起，同比分别下降18.3%和1%。2020年，市公安局交警大队业务考核位列丽水市第一名。市公安局交通大队顺利完成元旦、春节、“五一”、“十一”等重要节点交通安保工作，完成高(中)考等重大活动交通安保，组织警卫45场次，护航高考4次，开设绿色通道73次，出动警力4022人次。交警大队利用浙江省示范文明城市创建、国卫复审等工作载体，开展“赠送小黄帽、安全伴你行”宣传活动、“创文明交通、治秩序乱象”整治活动、秋冬季道路交通安全整治百日会战等活动，共举办各类文明宣传教育活动75次、交通安全知识讲座145场次，发放宣传材料11万份。

【车辆管理】 2020年，市车管所办理机动车业务54262辆次，其中新车注册5638辆次，注销登记808辆次，转移登记4941辆次，变更登记979辆次，抵押登记2143辆次，转入业务1665辆次，其他业务4788辆次。检验监管审核机动车30460辆，其中大型汽车248辆，小型汽车26919辆，其他车辆368辆，摩托车2925辆。办理机动车驾驶人管理业务17036人次，其中本地初领2666人次，外地初领290人次，增驾申领1392人次，驾驶证转入430人次，补证换证10555人次，注销登记32人次，满分学习541人次，驾驶人审验933人次，驾驶证转出128人次，其他业务1002人次。市车管所被浙江省公安厅评为一等车管所，系丽水市唯一。

【交通基础设施】 2020年，龙泉市投资1200多万元，完成国大路口渠化改造，环城东路、中山路、剑川大道道路硬隔离更新升级，打通龙福路，铺设华楼街与龙翔路、环城东路路口人行道，安装、更新、施划标志、标线、减速带和爆闪灯共36处，新增35套电子监控、电子警察。投入500万元，对全市79所中小学及幼儿园安装电子监控和交通安全设施，实现校园周边交通安全设施全覆盖。

【隐患排查与治理】 2020年，市公安局交警大队对2019年省级事故多发点段治理情况组织回头看，协同相关单位推进省级事故多发点段治理，在9月30日前顺利完成528国道K187+950—K188+400路段(宏山炉田工业区)处省级事故黑点整治工作任务。交警大队隐患治理工作领导小组牵头对公路事故多发点段和隐患路段开展动态排查，治理安仁镇(双岙村至上坑村路段)、八都镇玉园小区门口等道路小隐患36处。

【打击违法犯罪】 2020年，市公安局共立刑事案件866起，同比上升11.6%；其中侵财刑事案件594起，同比上升8.2%；入室盗窃139起，同比下降26.84%，破64起，破案率46.04%；电信网络诈骗刑事案件396起，同比上升0.51%，破28起，同比上升47.37%；四类侵财案件195起，同比下降34.12%，破69起，破案率为35.38%。全市共发七类恶性案件(故意杀人、故意伤害致人重伤或死亡、强奸、爆炸、绑架、投毒、放火)8起，破8起，破案率100%。

推进“六清”行动，打好扫黑除恶专项斗争收官战，受理涉黑涉恶线索17条，办结22条，共办理九类涉恶案件31起，刑事拘留88人，取保候审28人，逮捕28人，移送起诉88人。2018年以来，共办理九类涉恶案件114起，刑事拘留311人，取保候审42人，移送起诉313人，逮捕126人，办结涉黑涉恶线索86条，打掉涉黑涉恶团伙4个。

【禁毒工作】 2020年，市公安局移诉涉毒犯罪嫌疑人18人，查获吸毒人员18人次，强制隔离戒毒10人，缴获冰毒150余克，麻古13颗，铲除毒品原植物罂粟169株(治安处罚2人)，破获省目标案件1起，完成监所挖隐11起。在丽水市禁毒情报研判比赛中获团体第一名，在浙江省第三期禁毒情报综合应用典型案例和优秀技战法评比中获三等奖，破获省目标案件(编号“2020-26”)，受到丽水市公安局通令嘉奖。

【打击经济违法犯罪】 2020年，市公安局开展“云端”行动，核查云端下发线索15条，荣获丽水市“云端”专项行动第一名；办理“董某某等人非法经营案”“王海彭等人涉嫌合同诈骗案”“728非法经营案”等案，发起4起全国集群战役，排名丽水市第一；推进“猎狐”行动，劝投“云剑2020”行动全国首名境外命案逃犯，荣获丽水市“猎狐”专项行动第二名。受理经济类案件30起，其中立案15起，不予立案16起；抓获犯罪嫌疑人47人(包括网上逃犯4人)，其中刑拘25人，逮捕12人，取保候审22人，移送起诉51人。

【打击食药环违法犯罪】 2020年，市公安局通过开展“2020雷霆行动”“昆仑2020”专项行动暨“护美”行动，共立食药环案件27起，移送起诉涉食药环违法犯罪嫌疑人33人。

【羁押管理】 2020年，市看守所(拘留所)致力于监管和队伍“双安全”创建，确保监所无安全事故、无负面舆情、无队伍违法、无监内病亡，实现连续23周年无安全责任事故目标。大力开展"挖隐行动"计划，提供有效线索18条，抓获犯罪嫌疑人14人，其中涉毒线索11条，抓获涉毒人员11人。疫情防控期间，市看守所(拘留所)启动战时勤务模式，实行全封闭式勤务模式，严格执行战时纪律，完成疫情封闭执勤，累计测体温2万余人次，监管场所消毒1000余次，核酸检测1400余人次。

【铁桶工程】 2020年，市看守所(拘留所)落实《全省公安监管场所推进"四防一体化"建设打造安全"铁桶工程"实施方案"》，完成"铁桶工程""磐石工程"相关改造项目，成为丽水市最早通过监管支队和武警支队联合验收县级看守所。

【拘学同步】 2020年，市看守所(拘留所)联合人民医院、法院、疾控中心、司法局等多个部门作为"拘学同步"协作单位，开发并应用现场授课课程21门，受教学员1325人次，涉及疫情防控、艾滋病防治教育、心肺复苏培训、急救包扎、交通知识、防火器材使用指导、爱国主义教育等内容，收到学员守法承诺书238份。市看守所(拘留所)被丽水市监管支队确定为丽水市"拘学同步"试点单位。

【矛盾化解】 2020年，封闭执勤期间，拘留所克服疫情封闭执勤限制，通过电话、视频等联络方式，化解各类矛盾纠纷16起，成功化解14起，调解成功率达87.5%，涉及资金8万余元，其中司法拘留收拘5人，司法债务纠纷调解5起，提前解除拘留2人，收到感谢信18封、锦旗4面。

【森林公安】 根据中央机构改革的有关决定，2020年12月，市森林公安局划转至市公安局直接领导管理，并更名为市公安局森林警察大队，调整后，森林公安职能保持不变，业务接受林业局指导。该年，办理森林类案件103起，其中刑事案件19起，行政案件84起，处理各类违法犯罪人员108人，收缴罚没款150余万元。

【管控野生动物源头】 2020年，市公安局森林警察大队开展野生动物源头管控工作，向33家陆生野生动物人工繁育基地和34家经营单位下发《关于停止野生动物及其制品经营活动的通知》。1月21日起，每日联合林业、市场监管等部门对经营野生动物农贸市场、饭店等交易场所进行巡查、宣传，出动民警350余人次，检查农贸市场等各类经营场所300余家。 (周璐琳)

## 法院工作

【概况】 2020年，龙泉市人民法院新收各类案件5505件，办结5664件(含旧存)，同比分别下降9.58%和9.20%，法官人均结案数248件，同比上升2.15%，办案效率、质量和效果指标保持良好态势。1名干警被最高院评为"全国法院办案标兵"，立案庭被浙江省委政法委评为全省政法系统"执法办案成绩突出集体"。通过开展"控增量减存量优质量"专项行动，提升办案效率和办案质量。

【助力疫情防控】 2020年，市人民法院联合公安、检察、司法等5部门出台严厉打击涉疫犯罪通告，审结丽水市首例利用疫情虚假出售口罩诈骗案。出台司法服务保障企业复工复产意见17条，开通涉企纠纷绿色通道，走访企业30余家，收集意见建议100余条，协调解决难题60余个。开展无接触式办案，引导当事人通过移动微法院等网上平台参与诉讼，实现司法服务不打烊，公平正义不止步。组织党员干警参与基层联防联控119人次，齐心协力筑牢基层联防联控防线。

【刑事环资审判】 2020年，市人民法院新收刑事案件239件，审结246件，判处罪犯423人，其中，判处五年以上有期徒刑22人。审结涉黑恶案件8件17人。高效审结浙江省高院指定管辖衢州市常山县公检法、监委四名科级干部充当黑恶势力保护伞职务犯罪"窝案"。大力惩腐肃贪，审结李某某等职务犯罪案件9件12人。审结故意伤害、强奸、"黄赌毒"案件53件90人；审结聚众斗殴、寻衅滋事、危害食品药品安全案件20件38人；审结交通肇事、危险驾驶案件21件21人；审结诈骗、"两抢一盗"、非法吸收公众存款案件47件71人。推进认罪认罚从宽制度全面规范实施，适用认罪认罚案件234件404人；坚持宽严相济刑事政策，对238名犯罪情节较轻被告人依法适用非监禁刑；强化人权司法保障，为44名可能被判处三年以上有期徒刑被告人指派律师出庭辩护。

2020年，市人民法院坚持"5G绿境"生态司法品牌理念，承办浙江省首个以流域(瓯江)为体系跨区域生态司法协作机制启动仪式及系列活动，入选丽水市首届"十大法治事件"。成立浙江省首个驻县级河长制办公室巡回审判点并创设"护河法官"制度。出台助力国家公园创建14条意见，贯彻修复性司法理念，借力龙泉山生态保护联络站、彩色森林生态修复教育实践基地和百山祖国家公园宣教中心，督促当事人以增殖放流、补植复绿等方式进行生态修复。依托覆盖该市5个巡回审判点，坚持进村入企，开展环资案件巡回审判，审结涉污染环境、滥伐林木等案件17件。

【民商事审判】 2020年，市人民法院新收民商事案件2382件，审结2493件。审结买卖、承揽、运输、合伙等合同纠纷案件309件；审结涉房屋买卖、建设工程、租赁、物业等案件154件；审结人身损害赔偿、医疗纠纷等各类侵权案件173件；审结劳动就业、交通事故等涉民生案件249件，为劳动者追回欠薪378万元；审结婚姻家庭、继承纠纷等家事案件176件，发出人身安全保护令2份；审结涉企、投资消费等各类商事案件1006件、标的4.2亿元。发挥破产府院联动机制和破产专项基金作用，完善“立转破”“审转破”“执转破”等机制，稳妥审结破产案件2件，化解银行不良资产389万元，盘活工业用地15.88亩、厂房1.09万平方米、企业存量资产581.8万元。出台个人债务集中清理意见44条，成功办结龙泉市首例个人债务集中清理案件，化解执行案件15件、标的11.7万元。

【执行工作】 2020年，市人民法院新收执行案件2203件，执结2251件，执行到位金额1.39亿元。建立财产保全引导机制，办理保全案件285件。加强执行强制性，执行案件违法制裁率11.16%，其中罚款719人次，拘留7人次，以涉嫌拒执罪移送公安机关15人，追究刑事责任7人。加强信用联合惩戒，将1715人次纳入失信被执行人名单，限制高消费2369人次，限制出境1755人次。实体化运行执行指挥中心，全方面优化执行措施运用，及时冻结款项872.2万元。开展“六稳”“六保”专项执行行动，审慎适用查封、扣押、冻结财物等措施，为162家企业执行到位金额2920.19万元。

【立案与调解工作】 2020年，市人民法院网上立案3927件、网上开庭1108件、网上调撤853件，无纸化网上立案率、精细化编目率、智能送达率等指标均达100%，居丽水法院前列。法院调解团队成建制入驻社会矛盾纠纷调处化解中心，诉前纠纷化解率66.2%，居浙江省前十。开展金融纠纷类型化诉源治理，发布金融审判白皮书，联合人民银行、金融监管机构、司法局等5部门联合调处金融纠纷，建立“金岗社区微法庭”，延伸诉讼服务触角。开展民间借贷协同治理，将36人纳入“职业放贷人”名录，相关部门对“职业放贷人”采取限制信贷、征税等措施，民间借贷案件同比下降22.69%。加大虚假诉讼打击力度，对9起虚假诉讼进行民事制裁，罚款34.5万元。

【机制构建】 2020年，市人民法院坚持数字赋能，推行类案检索、完善审委会议事规则、发挥专业法官会议作用，统一裁判尺度。严格落实员额法官办案规定，院庭长带头办案，办结各类案件3774件，占结案总数66.6%。出台院庭长监督管理案件和“四类案件”监督管理办法，将“四类案件”细化为34种类型，将10项程序性事项以及审限管理纳入院庭长监管范围，实现充分放权与有效监管平衡。认真贯彻《中国共产党政法工作条例》，出台重大案件重大事项报告制度，制定请示报告制度责任分工表，明确各类重大事项请示报告内容24项。建立健全比学赶超机制，参与市委比选竞争，向党政机关推荐年轻干部。 （朱德宇　陈柳杨）

## 检察工作

【概况】 2020年，龙泉市检察院受理各类案件791件，办结769件，其中2个案件获评最高人民检察院典型案件，9个案件获评浙江省检察机关精品优秀案件，2个案件获评丽水市检察十大精品优秀案件，获评案件数位居浙江省检察机关前列，创历史新高。积极投入疫情防控，成立疫情防控工作领导小组，打造“疫情防控党员先锋队”等3支队伍投身防疫一线，入户排查682户1344人次，协助人员登记2600余人次，参与各类志愿活动310余人次，被丽水市检察院荣记集体三等功。

【刑事检察】 2020年，市检察院批准逮捕各类刑事犯罪131人，提起公诉409人，监督立案10人，提出抗诉3件，纠正违法10件次。起诉涉黑恶犯罪10人，办理浙江省检察院交办涉及常山县公检法、监委系统4名科级干部涉黑恶“窝案”；打击严重暴力犯罪，起诉故意杀人、抢劫、强奸等犯罪12人；参与“断卡”行动，起诉非法买卖电话卡、银行卡违法犯罪37人，帮助群众挽回直接损失120余万元。开展剥夺政治权利刑罚执行专项检察监督，针对部分罪犯未建档管理、未依法办理宣告解除手续等情形，纠正违法19人次，服务基层村社组织换届选举工作。依法办理公安部挂牌督办刘某某等22人非法经营案、毛某某等人非法吸收公众存款案。

【民事行政检察】 2020年，市检察院大力开展虚假诉讼“亮剑行动”，加强与公安、法院等部门沟通协作，建立线索移送、办案协同等制度。出台《虚假诉讼举报奖励办法》，摸排各类线索30条，审查后发出（再审）检察建议11件，办理虚假人民调解协议监督案1起，获评浙江省检察机关民事检察优秀案件。开展行政非诉执行专项监督，办理案件36件，其中办理龙泉某竹木厂违法占地行政非诉执行监督案件，促使企业退还3600余平方米违法占地，违法建筑拆除没收，助力“龙商鞋产业回归工程”顺利推进，获评浙江省检察机关行政检察优秀案件。

【公益检察】 2020年，市检察院办理公益诉讼诉前程序61件，其中重特大案件14件，公益诉讼立案数、重特大案件占比等5项数据位居丽水市检察机关首位。在丽水率先探索民事公益诉讼诉前和解，对5个涉案数额小、当事人愿意承担生态损害赔偿责任案件，通过诉前和解及时修复受损生态环境，节约诉讼成本。开展“舌尖上的安全”“古窑址”保护等专项行动，督促11个部门开展专项整治行动或出台相应工作机制，帮助挽回直接损失158万余元。落实《关于全面禁止非法野生动物交易、革除滥食野生动物陋习、切实保障人民群众生命健康安全的决定》，提出浙江省首份涉“野”公益诉讼诉前检察建议，推动有关部门开展专项执法，获评最高人民检察院涉疫典型案件。

【融入县域治理现代化】 2020年，市检察院出台《关于切实发挥检察职能助力龙泉复兴的实施意见》，整合打造以案释法“五进活动”、诉源治理“七大举措”等20项检察产品，联合公安、法院等部门出台检察长列席法院审委会等10余项制度，形成法律监督合力。参与“最多跑一地”改革，12309检察服务中心入驻市矛调中心，稳妥处理群众来信来访208件次，做到7日内程序性回复、3个月内办理过程或结果答复率两个100%。

【新时代检察“枫桥经验”】 2020年，市检察院在浙江省首推案件分类分流改革，简易案件平均办理周期由23天降至12天。联合公安、教育等部门出台《关于对罪错未成年人开展分级干预工作的规定》，构建“分级护航·检爱相随”工作体系，对22名未成年人进行分级干预，经帮教15人成功就业升学。制定《关于有效降低“案—件比”切实提升检察质效的实施意见》，加大提前介入力度、强化报捕案件跟踪等十项措施，“案—件比”从年初2.25降至1.50。在浙江省率先推行公开听证制度，召开各类公开听证（审查、宣告）会议17次，邀请代表委员、人民监督员等150余人次，对19起敏感复杂、社会关注度高案件公开听证释疑。

【“瓯江源”生态检察品牌】 2020年，市检察院开展“和谐共处”野生动物资源保护、守护“美丽河湖”等专项行动，起诉破坏环境资源犯罪45人。发挥浙江龙泉生态环保教育基地、瓯江源增殖放流基地等“四大基地”平台作用，开展生态修复、普法宣传等工作，督促当事人缴纳生态损害赔偿金6.45万余元、补植复绿1.5万余株、投放鱼苗7万余尾。百山祖国家公园公益诉讼检察创新实践基地入选浙江省首批试点。联合庆元、景宁两地检察院出台《关于服务保障百山祖国家公园检察区域协作的实施细则》，建立跨区域生态保护协作机制，司法护航百山祖国家公园创建。

【检察文化建设】 2020年，市检察院制定出台《检察文化建设活动方案》，推行文化育检工程，精心打造院史长廊、干警之家等文化阵地，展示“剑瓷·匠心·检魂”主题检察文化，获得浙江省检察院检察长贾宇“龙泉检察文化走在前列”充分肯定。（林　瑶）

## 司法行政

【概况】 2020年，龙泉市荣获2020年度法治丽水（法治政府）建设优秀县、2020年度法治浙江（法治政府）建设先进单位称号，龙泉市司法局荣获浙江省“七五”普法优秀组织奖、丽水司法行政系统2020年度公证考评第一名、丽水市文明单位称号、丽水市指导人民调解工作成绩突出单位称号、龙泉市2020年“社会治理”工作先进集体称号、龙泉市2020年度“生态经济大追赶”活动服务优秀奖，并在龙泉市2020年度部门综合考核中被评为二等奖。

2020年，市司法局调解各类矛盾纠纷2316件。其中，镇村两级排查化解各类矛盾纠纷1856件，化解成功1856件，化解率100%；调解中心受理化解44件；市行政复议局（设司法局）收到行政复议案件23件，结案率86.9%；行政应诉案件收案29件，同比下降36.96%，审结31件（含不予受理、上期结转），败诉2件，败诉率6.45%。行政机关负责人出庭率100%；市法律援助中心接待来访来电咨询1959人次，受理援助案件380件，其中，刑事案件85件、民事案件295件。在册社区服刑人员266人，其中，缓刑239人，假释25人，暂予监外执行2人；累计接收210人，解除177人，完成审前社会调查评估60件，收监执行7人，警告6人，脱漏管人员0人，严重再犯罪人员0人。律师人数30人，同比增长42.86%，办理业务2265件，同比增长7.91%。

【助力疫情防控】 2020年，市司法局落实疫情防控与复工复产工作，根据《浙江省人民代表大会常务委员会关于依法全力做好当前新型冠状病毒感染肺炎疫情防控工作的决定》规定，向丽水市人民政府报备涉及临时管控措施文件67份，提出意见11条，未发现有问题文件产生。社区矫正中心落实刑满释放人员“必接必送，无缝对接”措施。构建监狱探亲“云会见”模式，在远程视频会见帮教中心对接单位55个，安排服刑人员会见184人次，亲属545人次，提审16次。开展防疫情、促生产活动，成立企业大走访工作领导小组及宣传、体检、防范3个行动小组，拍摄制作“保护野生动物、拒绝野味”法治宣传片，在该市220余块LED屏和200余台电梯终端上滚动播放。

【法治建设】　2020年，龙泉市深入推进法治龙泉（依法行政）建设工作，将法治建设纳入市委巡察内容，通过抽查行政执法案卷、查看台账、听取工作汇报、开展个别谈话等方式，对12家单位开展巡察。推进乡镇（街道）合法性审查全覆盖工作，明确19个乡镇（街道）审查工作责任人，编制规范指南，组织业务工作培训会。落实法治监督员制度，选聘法治监督员50人。

规范行政规范性文件制发备案程序，审查政府（市府办）行政规范性文件22份，提出合法性审查意见40余条。对重大行政决策事项开展合法性审查，提出审查意见4条。对非规范性文件进行合法性审查，审核非规范文件200余件，提出书面审查意见50余条，口头审查意见100余条。开展行政机关合同审查管理工作，提出审查意见50余条。开展重大行政机关合同规范化备案管理，收到各乡镇（街道）、市直部门所签订标的额200万元以上行政合同14份。落实规范性文件清理责任，对现行有效317份行政规范性文件开展全面定期清理。组织开展对不符合《优化营商环境条例》《浙江省民营企业发展促进条例》规定行政规范性文件专项清理，以及野生动物保护领域、涉及民法典行政规范性文件等专项清理工作，清理存量文件397件。

规范内部办理流程，提升行政复议决定质量，通过省级行政复议规范化建设评估验收。开展一审行政诉讼案件发案量和败诉率“双下降”百日攻坚专项行动，建立行政复议与行政审判联席会议制度，化解败诉风险案件8件。建立行政复议机构与监察委员会沟通协作机制，依法处理行政复议案件审理中发现失职渎职问题。在行政复议案件办理中主动运用和解、调解等方式，促使双方当事人有效沟通，争取化解行政争议，受理前经调解申请人不再申请复议1件，受理后经调解申请人撤回复议申请15件，复议调解率达80%。

加强行政执法事中事后监管。开展疫情期间行政执法监督工作，该市各行政执法单位有行政处罚案件2335件，其中，疫情相关行政处罚案件47件。落实行政处罚月报制度，加大行政执法案卷抽查评查力度，采取实地查看、查阅案卷等方式，对全市行政执法单位报送的131个行政处罚案卷、150个行政许可案卷、11个行政强制案卷逐件开展评查。评选出优秀案卷3卷，不合格案卷14卷，发出行政执法监督通知书17份。开展行政执法主体资格审核确认工作，确认第二批行政执法主体资格单位22个。加强执法证件审核、清理、管理工作，该市应持证人数1382人，已持证1382人，持证率100%。

【公共法律服务建设】　2020年，市法律援助中心建立健全“最多跑一地”、首问责任、服务承诺、值班律师、法律援助异地协作等制度。司法服务窗口接待来电来访咨询1959人次，受理法律援助案件380件（其中民事295件、刑事85件），为各类收援对象追回、挽回经济损失1099.65万元，值班律师该年办理法律帮助案件404件。针对特殊群体落实便民措施，通过援调机制等措施对农民工群体维权案件做到当天受理、当天指派，受理农民工群体维权案件215件。以一个中心、19个乡镇（街道）站点进行窗口受理，249个村（社区）实现法律顾问“一对一”服务，为经济困难公民提供“家门口”法律咨询及法律援助初审等服务。推行“互联网+”模式，引导群众进行法律服务线上咨询办理、预约办理。

2020年，市司法局依法办理各类公证事项819件，其中国内民事、经济公证704件，涉港澳台公证8件，涉外公证107件。“最多跑一次”办理84件，开通“绿色通道”，上门公证13件，为政府、企业办理现场监督类、保全类公证36件。与市自然资源和规划局合作，对网上土地拍卖招标进行公证，合作57件，减免公证费用15531元。为10余所学校招生摇号提供现场监督公证。

2020年，市司法局深入开展律师办理涉黑涉恶犯罪案件专项督查指导4次，律师代理涉黑涉恶案件0件，收到备案案件1件，旁听案件0起。组织辖区律师和法律工作者开展送法进企业服务工作，成立龙泉市企业家协会法务部，覆盖经济开发区、回归工程等市场主体，涉及企业251家，提供法律咨询19次，法治宣传1场，调处矛盾1个，提供法律服务指引19份。成立法律服务团，开展民营企业“法治体检”活动，线上线下体检企业512家，调处企业矛盾纠纷350次。开启线上线下双普法模式，为企业发放宣传册5000余份。为村（社区）组织换届选举工作提供法律服务，对127个村（社区）换届选举方案开展合法性审查，参与修订村规民约154次，解答群众法律咨询472人次。5月6日，浙江剑瓷律师事务所正式挂牌营业。

【社会稳定维护】 2020年，市司法局做好社区矫正重点对象管控工作。各级社区矫正机构组织集中教育2180人次，组织公益劳动2468人次，个别谈话教育3078人次，开展心理咨询42人次，落实临时性救助221人，技能培训9人次，帮助就业或就学60人次。开展“弟子规”教育等系列修心教育活动。与团市委联合发文开展“阳光志愿者”行动，提供“邻里守望”式志愿服务，组建“阳光矫正”志愿者服务队伍，深入开展志愿者服务活动。探索社区矫正对象精准教育帮扶模式，建成使用集华数电视、安卓手机、苹果手机、社区矫正综管平台“四端一体”的社区矫正“阳光教育”帮扶平台，实现学习、互动、考核线上一体化流程与教育矫正融合。

发挥人民调解在加强诉源治理工作作用，人民调解入驻市矛调中心，成立联合调解室，建立预警排查、情况通报、分析研判工作机制。该年受理人民调解案件2316件，全部调解成功。整合“专职人民调解员+专业调解力量+特约调解指导员”三级人民调解员队伍，引导重点行业性专业性调委会入驻市矛调中心并发挥实质作用，做法受到浙江省委常委、政法委书记王昌荣肯定。查田镇人民调解委员会被评为全国模范人民调解委员会。19个乡镇（街道）调委会均配备2人以上专职人民调解员。开展涉企矛盾纠纷排查，该市受理民营企业纠纷总数106件，成功调处106件，成功率100%。

【普法依法治理】 2020年，龙泉市认真总结验收“七五”普法工作，扎实谋划部署“八五”普法工作。11月6日，召开市委全面依法治市委员会守法普法协调小组全体成员（扩大）会议，迎接浙江省、丽水市“七五”普法考核验收和“八五”普法调研工作。在浙江省“七五”普法成果展中，获得优秀组织奖。印发2020年龙泉市《普法依法治理要点》《市直单位法治宣传教育责任清单》《法治宣传教育主题活动》，落实44家重点单位普法任务清单、56个法治宣传教育主题活动。建立健全以案释法机制，推进基层法治实践，成功创建龙泉市首个宪法文化普法宣传平台——龙泉·查田宪法文化主题公园。创建“民主法治村（社区）”省级3家，丽水市级16家；丽水市级“诚信守法企业”2个、“普法农家院”2个。培育“法治带头人”268人，“法律明白人”433人。完成2000余名公务员三年轮训最后一期培训，开展领导干部任前法律知识考试2场次，近7000名干部职工参加普法建档考试，参与率、合格率均达到100%。开展青少年法治教育活动50场次，小梅素质教育培训中心组织开展学员培训30期，受教育达3万余人，龙泉三中税收普法教育基地被浙江省普法办命名为浙江省法治宣传教育基地。开展各类送法进企业活动30余场次，走访企业200余家，提供法律咨询150余人次。开展形式丰富的第7个宪法日和第3个宪法周活动，在兰巨乡组织开展“青春酷跑、与法同行”活动，在查田宪法公园开展文艺演出，在龙泉青瓷博物馆召开民法典讲座，在住龙镇开展“宪法进万家”“关爱残疾人”法律服务。在“12·4”宪法日，开展模拟法庭、环浙骑游等普法宣传活动。推进《民法典》宣传活动，全年开展各类宣传98余场，7万余人参与。 （赵颖莹）

2020年5月，查田宪法文化主题公园 （李倩雯／供图）

# 军　事

## 人民武装

【概况】　2020年，龙泉市人民武装部（以下简称市人武部）在丽水军分区党委和龙泉市委、市政府领导下，以党的十九大、十九届五中全会精神为引领，认真贯彻中央军委和习近平主席系列重要指示精神，适应国家、军队深化改革和军事战略需要，紧紧围绕强军目标，探索新时代下加强民兵建设思路与方法，坚持“建用一致”原则，提高国防动员建设质量，完成上级赋予的各项工作任务，为国防和后备力量建设打下良好基础。

【党管武装】　4月20日，龙泉市委议军会议召开，听取市人武部武装工作情况汇报、研究解决驻龙部队提出的有关问题。5月中旬，完成对19个乡镇（街道）、行业系统基干民兵整组点验任务。10月13日，龙泉市委武装工作会议暨龙泉市国动委第22次全体会议召开，总结2019年度全市武装和国防动员工作，分析武装工作面临形势任务，部署2020年度工作。

【政治理论教育】　2020年，市人武部用习近平新时代中国特色社会主义思想武装全体干部职工，统一思想、凝魂聚气，扎实做好思想教育这篇“文章”。严格落实党委中心组带机关理论学习、每周一夜学、党内学习交流等机制，开展“坚定信仰信念、锻造忠诚品格”专题教育、“传承红色基因、担当强军重任”主题深化思想政治教育、“严明党纪军纪、严格守法守纪”集中教育整顿等活动。结合“八一”建军节、国家公祭日、抗美援朝70周年等重大时间节点，多措并举，依托观看纪录片、参观国防教育基地见学、新闻学习等形式开展思想教育。

【战备工作】　2020年，市人武部紧贴新形势下备战打仗任务，培塑现役干部、文职人员、职工、专武干部、基干民兵“时刻准备打仗”思想状态，加强军地联合指挥机构建设，修订完善日常战备方案和12个非战争行动预案。每季度结合形势任务变化，组织应急通信演练。

【军事训练】　2020年市人武部按纲落实首长机关军事训练，党委班子成员带头整训备战，分批组织专武干部、民兵连长、民兵应急连和专业分队民兵军事训练，精选专武干部和民兵骨干参加全省第三届民兵岗位练兵大比武（丽水分赛区）；对标推进民兵工作调整改革基础性工作落实，重点抓实应急、专业、特殊三类队伍建设。

【国防教育】　2020年，市人武部发挥住龙镇住溪村、城北乡上田村省级国防教育基地作用，挖掘岩樟乡坑源底村中共龙泉县委旧址、安仁镇季山头村季步高烈士故居等红色资源，重点抓好国防教育示范学校培育打造。以纪念龙泉撤县设市30周年、抗日战争胜利75周年、全民国防教育日、征兵宣传、民兵点验大会、学生军训等重大时间节点为契机，组织广大干部、民兵观看《为了人民——人民军人支援地方疫情防控纪实》《为了和平》等国防教育纪录片，听国防教育讲座，祭扫革命烈士陵园，重温入党、入队誓词等活动，不断创新教育活动载体，拓展全民国防教育空间。

【国防动员】　2020年，市人武部推进民兵工作调整改革，完成基干民兵整组任务，同步落实入队训练、政治教育、离队欢送、组织生活等“四项工作”落实。立足军委国防动员部《深化民兵调整改革检查考评标准》要求，以现地走访调研为手段，联合地方卫健、住建、经商、交通等单位，核准民兵编组潜力，摸清编组底数，推动调整改革走深走实；依托基层“评星挂牌”考评，精心培育基层建设样板，小梅镇、八都镇武装部成功获评“五星级”基层人民武装部，规范化建设标准得到明显提升。

【兵员征集】 2020年市人武部严守征兵工作各项规定，把牢病史调查、体格检查、政治考核、廉洁征兵等关键环节，依托网上登记摸清适龄青年底数、面向高学历青年宣传发动、役前训练打牢入伍基础等手段，完成新兵征集任务。

【整肃治理】 2020年市人武部立足前期“三项整治”、财务大清查、“五个领域”整治、全面停止有偿服务、四个行业风气整治等方面清理整治成果，落实浙江省军区后勤重点行业领域整肃治理专项检查工作要求，深入巩固整治成效，构筑长效机制。

【安全管理】 2020年，市人武部以学习贯彻新《军队基层建设纲要》为契机，推动正规化建设，规范重要岗位人员和要害部位人员政治考核与《保密责任书》签订机制。严格安全管理制度，把安全教育纳入年度政治学习教育计划，将“防火”“防暴”等安全训练纳入年度训练计划。结合上级检查负面清单与本级自查负面清单，“定时、定人、定点、定位”即时开展安全问题清理清查；常态围绕“人车枪弹密、水火电酒油”等关键环节，进行逐人逐级、逐库逐室、逐点逐位拉网式隐患排查。指定专人重点围绕17个方面安全问题，完善季普查、月自查制度，区分类别、明确分工、落实责任，不断提升干部、文职人员、职工安全防范能力。

【财经管理】 2020年，市人武部坚持财经规范化管理，严格执行经费管理制度，经费使用重点向中心工作倾斜。争取地方财政支持，协调相关单位，推进完善各类基础设施建设，完成人武部营区双回路电源、办公楼电梯安装、民兵训练靶场与营院外道路改造建设。

【后装保障】 2020年，市人武部适应后备力量保障新要求，健全营区生活社会化保障机制，深入开展节约型机关活动，配合做好正规化建设各项工作。完善物资集中采购模式；落实零星工程、定点服务、民兵和车辆保险招投标及政府采购等管理制度；严格落实车辆维修、加油审批制度，做到定点定车定卡；按照上级要求规范机关食堂日常管理，严控公务接待标准；做好民兵训练基地维护管理工作，完善保障模式，为各项演训活动提供坚强的服务支撑。 （李一夫）

## 武警工作

【概况】 2020年，武警龙泉中队（以下简称中队）以习近平新时代中国特色社会主义思想为指导，贯彻习近平强军思想和新时代军事战略方针，按照上级党委工作部署，牢牢把握“争创武警部队‘四铁’先进中队”目标。坚持政治建军、改革强军、科技强军、人才强军、依法治军，抓看齐、谋打赢、厚底蕴、强党建、当标兵，按照“补短板、促提高、抓落实”工作思路，致力打造“四铁”（铁一般信仰、铁一般信念、铁一般纪律、铁一般担当）先进中队。

【思想政治建设】 2020年，中队扎实推动“不忘初心、牢记使命”主题教育常态化制度化，解决“四个检视”问题。从严加强党风廉政建设，用好基层风气监督员，严防“微腐败”。搞好经常性帮建指导，认真筹划工作、理清思路、找准短板、定实措施。及时抓好传达学习三级党委扩大会议精神、“两会”精神宣讲辅导和政治能力专项训练；严肃党内政治生活，盯紧学党章、交党费、过党日和“三会一课”制度，抓好组织生活制度落实。更加注重举旗铸魂、聚焦中心、强基固本、从严治党、改革创新，培养有灵魂、有本事、有血性、有品德新一代革命军人。组织开展岗位练兵，不断增强“四个素质、一个能力”。组织开展月评好干部，半年述职、年终述职和民主测评活动，提高干部工作事业心责任感。每月主动了解干部实际困难，依靠组织协调解决，确保干部队伍安心尽心。

【军事训练】 2020年，中队严格落实军事训练“八落实”和新军事训练大纲、支队2020军事训练指示和要求，按照总队“三学一进”（学大纲、学教材、学指导法，大纲、教材、指导法进训练场）要求扎实开展活动。根据支队季度军事训练计划和大队月训练计划，制定周工作安排表，明确训练内容和时间。坚持全员参训，全天候施训，科学组训，严格教练员培训考核，分科目、分层次施训细训，提高正课训练质量。着眼提高单兵单哨应急处置能力，突出哨位研究和方案研究，加强专勤专训，强化官兵以射击为主要内容的基础体能、技能训练，同时每周落实后勤人员轮流参训一天、落实军事训练会操，做好军事训练成绩登记。中队干部重点抓好勤务研究、组织指挥能力、组训任教训练和自身军事体能素质训练，中队警士重点对组织指挥、基本科目、教学法科目的训练，并积极参加支队组织的冬季体能对抗赛、群众性大练兵竞赛等活动。

【后勤保障】 2020年，中队认真修订后勤相关保障计划和方案，做好后勤保障、卫生防病工作。扎实开展汽车驾驶员专项教育整顿活动和总队“修方案、学方案、推方案”活动；参加选派官兵总队基层司务长集中培训、炊事员士兵职业技能鉴定、装备管理人员业务技能培训和后勤专业兵比武；突出抓好中队自身“四小工”(小泥瓦工、小水电工、小园艺工、小土木工)和网络维护员培养，完成每班一名“四小工”、人人能当通信员的预期目标，实现多点开花创新型后勤建设。坚持支部月理财制度，严格执行大项经费研报、审批制度，确保财务管理达到“三好五无”要求；军人委员会落实每月底经费核查工作，确保每一笔开支用得公正、用得公开、用得合理。后勤管理突出储藏室、给养库、卫生室等重点后勤场所安全管控，始终做到整洁、清爽、安全。结合新兵下队、老兵退伍等时机，组织授装接装仪式，每月进行一次管装爱装教育，每周结合武器擦拭工作组织一次装备知识学习，加强官兵护装能力。突出抓好干部和军械员装备知识学习，每半月利用半天时间进行装备操作训练，确保官兵人人达到“四会”要求。 (陈尚武)

# 教　育

## 综　述

【概况】 2020年，龙泉市有各级各类学校（包括幼儿园）86所，其中幼儿园45所，小学31所，初中6所，普通高中2所，中等职业学校1所，特殊教育学校1所。教职工2663人，其中幼儿园141人（未包括民办幼儿园非在编人员），小学1246人，初中646人，普通高中339人，中等职业学校285人，特殊教育学校6人。在校生38497人，其中幼儿园7614人，小学15658人，初中7957人，普通高中3797人，中等职业学校3418人，特殊教育学校53人（未包含随班就读人数）。

该市深入贯彻落实深化教育综合改革“10条意见”、教育提质行动四年计划、学前教育补短提质改革实施方案和深化产教融合发展实施意见等一系列政策文件，成立龙泉市人民政府教育督导委员会及其办公室，健全党委教育工作领导小组工作统筹协调机制。深化公办初中发展共同体和普通高中发展共同体建设，实施初中壮腰工程和小学集团化办学改革。龙泉青瓷宝剑技师学院正式获批成立，成为丽水市第一所技师学院。

龙泉市2020年各级各类学校情况一览表

表17

| 类别 | 学校数（所） | 毕业生数（人） | 招生数（人） | 在校生数（人） | 班数（个） | 教职工总数（人） | 专任教师数（人） |
|---|---|---|---|---|---|---|---|
| 总计 | 86 | 10452 | 10973 | 38497 | 1065 | 2663 | 2444 |
| 学前教育 | 45 | 2604 | 3179 | 7614 | 258 | 141 | 114 |
| 义务教育 | 37 | 5653 | 5321 | 23615 | 635 | 1892 | 1768 |
| 小学 | 31 | 2778 | 2605 | 15658 | 454 | 1246 | 1166 |
| 初中 | 6 | 2875 | 2716 | 7957 | 181 | 646 | 602 |
| 普通高中 | 2 | 1247 | 1260 | 3797 | 87 | 339 | 303 |
| 特殊教育 | 1 | 0 | 0 | 53 | 5 | 6 | 5 |
| 中等职业教育 | 1 | 948 | 1213 | 3418 | 80 | 285 | 254 |

2019年9月9日，“孔子奖”十大模范教师表彰现场　（市教育局／供图）

【德育教育宣传】 深入贯彻落实《关于新形势下全面落实立德树人根本任务的实施意见》，加强思政课领导和中华优秀传统文化教育，弘扬践行浙西南革命精神，实施剑瓷文化进校园，开展青少年法治宣传教育工作，开展“法治第一课”宣讲活动。12月4日，在人民广场设点，发放青少年普法教育漫画、瓷娃带你学宪法、预防诈骗宣传手册等资料。12月5日，开展“立善法于天下，则天下之治”2020年模拟法庭活动。组织选送作品参加丽水市“青春护航 法润成长”法治微课大赛，获得一等奖1名、二等奖2名、三等奖5名。组织学生参加丽水市“珍爱生命 远离毒品”主题公益手抄报征集大赛，获得一等奖3名、二等奖7名、三等奖8名；组织开展“传承红色基因 培育时代新人”红色主题活动，推行红色教育理念活动“仪式感”，让少先队员在满满的“仪式感”教育中接受理想信念熏陶，增强听党话、跟党走思想意识和行动自觉。

【疫情防控工作】　教育系统领导干部形成联防联控体系，落实落细疫情防控措施。局机关和各中小学校建立志愿服务团队14个，162名党员深入13个社区，入户开展重点人群排查、科学防护宣传等疫情防控工作，全年参与卡点及社区宣传、检查、检测、走访、隔离、消杀工作1000余人次。通过龙泉教育微信公众号、工作群等及时发布权威防疫知识，全年推送微信文章96篇，发布原创宣传文章49篇，在各类媒体刊发稿件45篇。《为了给学生上好课，浙江龙泉的老师太拼了》等5个视频被“学习强国”浙江省学习平台录用。

疫情期间线上教学情况，市教育局专门成立线上教育工作专班，整合行政、教研、技术等力量，开发录制网络课程，统一安排线上教学计划、教学进度和教学评估，做好在线教学技术服务与技术保障。抽调名优骨干教师，集中开展空中课堂授课，多渠道搭建学习平台，保障学生在线教学网络。开展疫情期间学生行为习惯养成研讨，合理安排疫情防控、居家运动、心理健康和主题班会等课程，培养学生生活和运动习惯。教研培中心统筹全市教科研和名师力量，组织486位教师录制1029节精品公开课和微课，实现优质教学资源共享。推出中小学教师线上教学“六步法”和学生自主学习“六步骤”，指导网络备课授课、学科资源选择、作业布置与反馈评价等工作。

受疫情影响，2020年，龙泉市中小学校春季学期延期开学，市教育局制定《关于开展2020年春季开学准备工作专项督查的通知》，局机关干部及全体责任督学组成8个督查组，分四个阶段对全市中小学、幼儿园、教育培训机构进行开学准备工作专项督查。督导组对照《龙泉市学校卫生防疫工作检查清单（现场督查版）》55条，逐一认真检查，列出整改清单，要求限期整改，未整改到位不得开学。4月中下旬，各中小学、幼儿园陆续开学。

【重点项目建设】　2020年，完成教育固定资产投资14698万元，其中义务教育校舍维修改造项目780万元，学前教育园舍维修改造项目100万元。4月，龙泉四中扩建工程开工建设；8月底，南秦小学新校区、城东小学完成竣工验收，9月顺利投入使用；10月底，第五中学新建工程、龙泉二中扩建工程（二期）开工建设；6月底，安仁幼儿园开工建设，11月底，完成主体工程，江滨北岸小区配套幼儿园装修工程同时顺利完工，提供学位540个。龙泉二中扩建工程（二期）、教育信息化工程等项目，争取到义务教育薄弱环节改造和能力提升工程等上级资金2687万元，完成争资任务。

【教育经费投入】　2020年，龙泉市教育经费总投入95922万元，比上年90487万元，增加5435万元，同比增长6.01%。其中，公共财政预算教育经费投入85405万元，占总投入89.04%；政府性基金预算投入2427万元，占总投入2.53%；事业收入7669万元，占总投入8%；其他收入420万元，占总投入0.44%。该年，争取省补助经费8433.33万元，其中教育发展专项资金643万元，支持学前教育发展专项资金308.69万元，扶困助学专项资金997.21万元，义务教育经费保障机制补助经费2813万元，改善基础教育办学条件专项资金1574万元，支持市县民办教育发展专项资金429万元，义务教育薄弱环节改善与能力提升补助资金845万元，省教育现代化推进工程第一批中央基建投资资金800万元，其他教育专项23.43万元。

【智慧校园建设】　2020年，中小学教育技术装备投入1430万元。其中，投入480万元，新建新型教学空间24个；投入55万元，新建东升旭日机器人创新实验室1个；投入302.5万元，增加（更新）触控式多媒体一体机105套；投入213.2万元，更新计算机464台；投入150万元，完成教育考试平台建设；投入47万元，建设新生网上报名系统；投入91.7万元，完成10所学校的网络提升改造；此外，校园广播、电子显示屏、校园监控设备等其他投入90.5万元。获省补书香校园建设资金12.8万元，配备图书一万册。小梅镇小、查田镇小、兰巨乡小、住龙镇小、宝溪乡小、双平小学等6所学校通过丽水市智慧校园达标校评估，东升教育集团本部通过丽水市智慧校园示范校复评。该年，全市20所中小学创建为丽水市智慧校园，比例为52.6%，其中示范校1所，优质校2所，达标校17所。

【党风廉政建设】　2020年，市教育局出台《龙泉市教育系统三年轮审计划》，督查学校内部审计整改及财务

龙泉市智慧校园一览表

表18

| 序号 | 学校名称 | 类型 | 创建时间 |
|---|---|---|---|
| 1 | 龙泉市第一中学 | 达标校 | 2019年 |
| 2 | 龙泉市第二中学 | 达标校 | 2019年 |
| 3 | 龙泉市第三中学 | 达标校 | 2019年 |
| 4 | 龙泉市第四中学 | 达标校 | 2019年 |
| 5 | 龙泉市民族中学 | 达标校 | 2019年 |
| 6 | 龙泉市实验小学教育集团本部 | 优质校 | 2019年 |
| 7 | 龙泉市东升教育集团本部 | 示范校 | 2019年 |
| 8 | 龙泉市绿谷教育集团本部 | 优质校 | 2019年 |
| 9 | 龙泉市西新教育集团 | 达标校 | 2019年 |
| 10 | 龙泉市南秦教育集团 | 达标校 | 2019年 |
| 11 | 龙泉市江南小学 | 达标校 | 2019年 |
| 12 | 龙泉市八都镇中心小学 | 达标校 | 2019年 |
| 13 | 龙泉市安仁镇中心小学 | 达标校 | 2019年 |
| 14 | 龙泉市供村小学 | 达标校 | 2019年 |
| 15 | 龙泉市小梅镇中心小学 | 达标校 | 2020年 |
| 16 | 龙泉市查田镇中心小学 | 达标校 | 2020年 |
| 17 | 龙泉市绿谷教育集团兰巨校区 | 达标校 | 2020年 |
| 18 | 龙泉市住龙镇中心小学 | 达标校 | 2020年 |
| 19 | 龙泉市宝溪乡中心小学 | 达标校 | 2020年 |
| 20 | 龙泉市双平小学 | 达标校 | 2020年 |

制度落实情况。健全完善《龙泉市中小学食堂管理办法》《龙泉市中小学食堂财务管理规定》《龙泉市中小学食堂会计核算办法》《龙泉市中小学爱心营养餐工程管理办法》，开展扶贫领域腐败和作风问题专项治理，实施中小学校阳光食堂工程，确保政务公开；将学校食堂管理工作作为学校发展性评价考核重要内容，采用年终监督、抽查，年终考核方式加强学校食堂管理工作。对10所学校进行校长离任、经济责任及“小额工程、工会、食堂”专项审计。

制定《龙泉市教育系统“清廉学校”建设三年行动计划(2020—2022)》，东升教育集团等11所学校被确认为龙泉市第一批“清廉学校”，龙泉四中、八都镇小食堂确认为“清廉食堂”。推进城区小学新生、公办幼儿园“阳光”招生及“公民同招”。开展谢师宴、阳光招生、教育民生资金发放、有偿补课等专项督查11次。该年，撤销职务1人、诫勉谈话1人、批评教育7人。

2020年，小梅青少年清廉文化教育基地培训教育系统师生及其他单位参训学员8000余人次，获评丽水市廉政教育“六进”示范单位和浙江省青少年法治教育基地。东升小学“党建引领　齐心共建清廉学校”党建品牌在省教育厅“之江教育”微信公众号清廉学校专栏宣传报道。

【履行教育职责考核】　10月27–28日，浙江省人民政府教育督导委员会办公室组织督查专家组，对龙泉市人民政府2019年度履行教育职责情况开展实地督查。督查组听取龙泉市政府关于履行教育职责情况汇报，实地督查16所学校，随机访谈40人，查访教育、发改、编办、财政、人社等5个职能部门，核查相关数据、文件等佐证资料。根据评价办法，龙泉市人民政府履行教育职责工作优秀，总体评价为A等。

【语言文字规范化县评估验收】　2020年，龙泉市开展“语言文字规范化乡镇”创建工作，采取“摸排+培训”方式，深入各创建单位调查存在问题，针对性提供整改方案30余次，开展一线专题培训20余次，语言文字规范化知识培训20余次，促进一线创建人员逐步成长为本单位本行业语言文字工作专家能手。建立健全语言文字事业经费投入机制，专项投入30余万元。完成县域内19个乡镇(街道)语言文字规范化创建工作，建成语言文字规范化街19条，并在每个乡镇(街道)设立1个以上示范岗，规范化达标校61所、规范化示范校24个。12月14—15日，浙江省语言文字规范化县创建验收专家组对龙泉市创建浙江省区域语言文字规范化县工作进行评估验收，通过实地检查、查阅相关档案和听取工作汇报等方式，对龙泉市语言文字规范化工作进行评估，顺利通过浙江省区域推进语言文字规范化县创建工作评估验收。

【学习实践活动】　教育系统结合教育工作实际，召开龙泉市教育系统“聚焦‘重要窗口’、聚力龙泉复兴”学习实践活动动员部署会，成立7个巡回指导组，制定《教育系统“聚焦‘重

2020 年 10 月，东升教育集团数字星球教学空间　（龙泉市教育局 / 供图）

要窗口’聚力龙泉复兴”学习实践活动的实施意见》等文件，举办《习近平谈治国理政》第三卷读书分享会暨校长（园长）学习研讨会。查摆教育系统短板问题 4 项，制定 14 项对策措施，明确整改时限和责任领导。各学校梳理问题清单 30 余份，列出问题 100 多个，制定对策措施 200 余项。《联盟办学促发展　凝心凝力兴教育》入选全市“聚焦‘重要窗口’聚力龙泉复兴学习实践活动”典型选树十大创新实践。

**【教育教学提质】**　深化初中、普高 2 个发展共同体建设，抓住“常规落实”关键，抓好校长、名优教师、青年教师、班主任 4 支队伍建设。制定《龙泉市精准课堂的实施评价意见》《龙泉市初中创新人才培养实施方案》，修订《龙泉市初中发展共同体教研办法》，逐步将顺风实验学校纳入共同体，初步实现初中学校抱团发展。开展“落实常规　提质增效”专项教学视导调研，组织开展教师集体备课活动和业务考试，指导龙泉二中、龙泉三中完成丽水市教育局第二轮初中强校调研，开展各学科“周末空中课堂”教师录课和学生观看组织工作。教育研究培训中心获评丽水市教育提质工作突出贡献集体。

**【争资争项】**　龙泉二中扩建（二期）争取改造资金 561 万元；中职校（龙泉青瓷宝剑技师学院）积极创建国家级高技能人才培训基地，申报《国家级高技能人才培训基地建设项目方案》，向上级争取项目资金 500 万元；南秦教育集团争取到浙江省青少年发展基金会图书楼项目资金 100 万元。龙泉市教育局获得 2020 年龙泉市“生态经济大追赶”活动项目提效——争取资金（集体嘉奖）。

**【创新实践联盟办学】**　龙泉市引进杭州望原启文教育集团、杭州市建兰中学和上海翔宇教育集团，开展江南小学、龙泉二中、龙泉浙大中学学校托管工作，实现龙泉与民办教育集团优质品牌“嫁接”与“联姻”。9 月 3 日，龙泉市政府与杭州建兰中学合作办学签约仪式在龙泉市第二中学举行；9 月 8 日，龙泉市政府与启文教育集团合作办学签约仪式在江南小学举行；10 月 29 日，龙泉市政府与上海翔宇教育集团合作办学签约仪式在龙泉浙大中学举行。同时，龙泉一中与宁波镇海中学达成合作意向。

**【平安校园建设】**　龙泉市不断深化平安校园建设，该年建设“智安校园”4 家。提高学校食堂硬件标准化建设水平，加强学校消防安全基础设施建设，提升民办幼儿园消防水平，投资 500 余万元用于校园周边交通、治安环境提升改造。开展校舍安全、在建工地安全、食品交通安全、消防安全、扫黑除恶、防范电信诈骗、防溺水、防汛防雷防台等宣传教育。加强与政法、公安、行政执法、市场监管等部门合作对接，对各类涉校安全隐患进行排查，净化优化校园及校园周边环境，维护广大师生生命安全和身体健康。2020 年，龙泉市教育局获评丽水市教育系统安全生产目标责任制考核优秀单位、龙泉市消防安全工作先进单位、龙泉市防范电信诈骗工作先进单位。

**【心理健康阳光工程】**　2 月 11 日，市教育局发布《龙泉市教育局关于做好疫情防控时期中小学师生心理援助工作的通知》，成立市级心理援助小组。推出“防疫心理微课程”，其中 3 节微课入选“学习强国”，4 节微课入选“浙江省中小学疫情防控心理微课”，8 节入选“丽水市心理防疫微课”。各中小学校共开通 67 个防疫心理热线，开展心理家访工作，实行“一生一表一结对”清单式管理，龙泉三中作为学校心理健康教育典型案例在丽水市教育局长会议上作工作汇报，南秦小学成功创建“浙江省心理健康教育示范点”。

**【智能阳光厨房建设】**　6 月，龙泉市启动“智能阳光厨房”项目建设，投入资金 13.122 万元；8 月，完成全部建设任务;10月,通过项目验收。此项工作浙江省、丽水市下达龙泉该年要建成中小学校和等级幼儿园"智能阳光厨房"15家,实际完成18家,其中高中段4家、初中1家、小学1家、幼儿园12家,受益学生1万余人。截至2020年,全市中小学(幼儿园)有阳光食堂71家。

【扶困助学】 2020年,龙泉市投入教育资助资金975.489万元,受益学生18569人次。其中,减免幼儿保育费47.81万元,受益幼儿443人次;补助义务教育营养改善计划经费211.45万元,享受免费营养餐学生4229人次;补助义务教育蛋奶工程经费126.87万元,享受免费蛋奶学生4229人次;发放义务教育困难寄宿生和非寄宿生生活补助174.4986万元,受益学生4236人次;发放普通高中免学费168.393万元,受益学生1080人次;发放普通高中国家助学金109.5万元,受益学生1095人次;发放职业高中国家助学金64.4万元,受益学生644人次;发放民族教育券67.29万元,受益学生2417人次;社会资助学生196人次,资助金额5.7万元。减免职业高中学生学费806.26万元,受益学生6540人次。

## 学前教育

【概况】 2020年,市教育局深入贯彻落实《龙泉市人民政府办公室关于印发龙泉市学前教育补短提质改革实施方案的通知》(龙政办发〔2019〕40号),建立、完善各项学前教育经费保障机制。根据《龙泉市财政局 龙泉市教育局关于建立龙泉市学前教育生均经费制度的规定》(龙财行〔2018〕339号)等文件精神,将学前教育专项经费从900多万元提高到1400多万元,学前教育经费占同级财政性教育经费比例为5.23%。

2020年,全市有幼儿园45所,其中公办幼儿园20所,在园幼儿7614人。等级幼儿园44所,等级幼儿园比例为97.78%,等级幼儿园覆盖率为96.38%。幼儿园教职工总数1001人(在编141人),教师总数557人,其中专任教师504人,大专以上学历473人,占95.83%;持有教师资格证557人,占100%。

【薄弱园扩容改造】 稳步推进薄弱园扩容改造,撤并薄弱园5所和3个教学点,加快推进公办园建设步伐,努力实现每个乡镇(街道)至少有1所公办幼儿园。2020年9月,江南幼儿园和八都镇公办幼儿园投入使用,新增公办幼儿园学位720个。推进安仁镇中心幼儿园、江北幼儿园、凤凰幼儿园新建工作,可新增学位630个。

【省级示范性幼儿园创评】 滨江幼儿园成功创评浙江省一级幼儿园,机关幼儿园瓯江分园等3家幼儿园成功创评浙江省二级幼儿园。截至2020年,全市有浙江省一、二级园18所,占比40%,覆盖率达69.34%,提升18.91个百分点,提升幅度在丽水排名第一;等级园比例达到97.78%,比上一年度提高3.9个百分点;普惠性幼儿园占比95.56%,覆盖率达93.96%。

【幼儿园课程改革】 机关、水南2所幼儿园进行"安吉游戏"试点工作,滨江、森林、龙渊等19所幼儿园率先进行"基础课程+云和木玩游戏"实践探索,开发建设以游戏为主园本课程,形成"一园一品""一园多品"课改格局。

【幼儿园师资情况】 2020年,补充幼儿教师39名,其中公开招聘非编教师29人,保育员28名,保健员2名。幼儿教师大专以上学历率提高到95.83%,比上年提高3.66个百分点;幼儿教师资格证持证率为100%,比上年提高3.92个百分点。3名教师荣获丽水市教学能手称号,3名教师荣获丽水市教坛新秀称号,5名教师荣获丽水市教坛新苗称号。3次组织"英才名师" 班学员到丽水跟岗学习,组织187名龙泉市骨干教师参加"百人千场"赴龙泉送教活动。149名教师(园长)参加90学时培训,538名教师(园长)参加24学分培训,培训经费全部由专项资金支付。

【幼儿园托管服务】 5月20日,市教育局等四部门联合颁布《关于印发〈幼儿园放学后园内托管服务工作实施方案〉的通知》(龙教〔2020〕34号);6月5日,市发展和改革局、教育局、财政局联合出台《关于公布龙泉市幼儿园放学后园内托管服务收费标准的通知》,全市有托管服务需求幼儿园开展放学托管服务。

【幼儿园秋季招生工作】 根据《教育部关于印发县域学前教育普及普惠督导评估办法的通知》精神,市教育局规范幼儿园办园行为,结合"最多跑一次"改革精神,幼儿园秋季招生实行网上报名。6月11日,出台《龙泉市2020年幼儿园秋季招生工作实施办法》(龙教〔2020〕44号),构建公开、公平、公正的学前教育招生制度,规范学前教育阶段幼儿园招生行为,有序实施幼儿园招生入学工作,网上投报幼儿2690名,录取幼儿2605名。

## 义务教育

【概况】 2020年,龙泉市有义务教育学校37所,其中初中6所(含民办1

2020 年 5 月，机关幼儿园瓯江分园　（学前教育管理中心 / 供图）

2020 年 12 月 19 日，“五心德育”品牌推进会班主任特别贡献奖表彰现场　（吴冰 / 供图）

所），小学 31 所（含民办 1 所）。义务教育阶段在校生人数共 23615 人，其中初中 7957 人、小学 15658 人。龙泉市义务教育段外来务工人员随迁子女 2104 人，占学生总人数的 8.91%，其中就读公办学校 1964 人。

2020 年，市教育局组织开展首届“五心德育”创新品牌大赛，评出 6 项“五心德育”创新品牌。“五心德育”品牌助力教学提质做法，受到浙江省教育厅关注。龙泉教师参加长三角地区班主任基本功大赛，获初中组一等奖，实现丽水市该项赛事一等奖零的突破。

2020 年秋季，龙泉市实行公民同招政策，即公办民办学校同步报名、同步开展录取、同步注册学籍。经网上报名，招收一年级新生 2609 人，招生收初一新生 2718 人，民办学校招生全部实现摇号录取。9 月，南秦教育集团本部实现整体搬迁，南秦教育集团宏山校区生源全部并入南秦教育集团本部就读。同月，城东小学开始招生，城东小学与东升教育集团本部实行双学区制。

【素质教育】　因疫情原因，龙泉市 9 月开始恢复体育赛事，举办龙泉市中小学生篮球、足球、田径运动会、校园文化艺术节等各类体育、艺术赛事。8 月 28 日，第十三届校园文化艺术节“剑瓷之风·美术”比赛举行，评出学生一等奖 74 个、二等奖 151 个、三等奖 212 个，优秀指导师 51 个，教师一、二、三等奖分别达 33、66、92 个，推荐美术作品参加丽水第十届“绿谷之秋” 比赛作品达 148 幅。12 月 21 日，第十四届校园文化艺术节“剑瓷之韵·文艺”比赛举行，评出学生一等奖 8 个，二等奖 11 个，三等奖 12 个，实现比赛覆盖面更广和参赛作品数量更多。12 月 30 日，龙泉市教育局举行第十四届中小学校园文化艺术节颁奖晚会。11 月 6—8 日，2020 年中小学生田径运动会举行，24 个学校代表队、500 余名运动员在五个组别 120 余个项目上展开竞技角逐，最终龙泉三中、东升教育集团本部、八都镇小分别获得初中组、城区小学组、乡镇小学组团体总分第一名。同时，该市学子在浙江省中小学生艺术节获奖达 11 个，其中一、二等奖 8 个，数量居丽水第二；在第九届丽水“绿谷之秋”比赛中，共获奖 220 个，其中一、二等奖 106 个，比例达 48%以上。龙泉三中篮球队获丽水市中小学生篮球联赛初中组亚军。

上垟镇小、实验小学教育集团（本部）、绿谷教育集团（本部）、江南小学、西新教育集团（本部）、东升教育集团（本部）、竹垟乡小等 7 所学校创成丽水市艺术教育实验学校；东升教育集团（本部）、绿谷教育集团（本部）、实验小学教育集团（本部）、龙泉四中等 4 所学校 5 项艺术特长类“达

2020 年 11 月 6 日，龙泉市中小学生田径运动会开幕式　　（吴冰 / 供图）

标标准”入选丽水“达标标准”项目库。住龙镇小创成浙江省级绿色学校。西新教育集团被评为丽水市中小学劳动教育示范校，东升教育集团、杭州建兰教育集团龙泉二中等 6 所中小学被评为丽水市中小学劳动教育试点学校。实施中小学劳动教育清单管理，龙泉市民族中学劳动教育清单获丽水市一等奖，兰巨小学、查田小学、安仁中学等获三等奖。

2020 年，龙泉市 30279 名中小学生参加体质健康检测，其中优秀人数为 2643 人，优秀率为 8.73%；良好人数为 13731 人，良好率为 45.35%；合格人数为 13163 人，合格率为43.47%，总达标率为 97.55%。

【思政教育】 3 月 12 日，龙泉市召开“线上教学”交流研讨会；4 月 9 日，召开龙泉市 2019 学年第一学期七、八年级社会•法治学科教育质量分析会；5 月 14 日，召开龙泉市九年级社会•法治学科中考复习会；5 月 28 日，在龙泉三中组织初中毕业学业考试复习会暨一模质量分析会教研活动；6 月 18 日，为确保 2020 年七、八年级社会•法治学科复习教学工作扎实有序开展，分别在龙泉二中、龙泉三中召开七、八年级社会•法治学科复习研讨活动；8 月 26—27 日，在龙泉三中组织开展集体备课活动；9 月 3 日，为总结交流 2019 学年初中社会•法治教学经验，在龙泉三中组织召开 2019 学年第二学期初中社会•法治成绩分析会；9 月 10 日，在龙泉三中举办 2020 年龙泉市道德与法治优质课评比活动；9 月 24 日，开展龙泉市初中社会法治创新人才培养工作，交流创新人才培养经验，在顺风实验学校微格教室组织七年级社会法治创新人才培养研讨会；10 月 29 日，在龙泉二中召开初中七年级历史与社会、道德与法治学科基于课标精准教学专题研训——暨工作室活动；11 月 26 日，在龙泉三中微格教室举行初中历史与社会、道德与法治学科基于课标“四课”研讨专题研训活动。推进初中历史与社会、道德与法治学科统编教材教学实施，提升初中历史与社会、道德与法治教师对教材把握；12 月 9—10 日，在顺风实验学校开展初中社会•法治晒课评优活动，龙泉市抽签组和推荐组 12 位社会法治教师参加此次比赛。12 月 29 日，杭州市西湖区教育发展研究院初中道德与法治学科教研员华银亚带领名师团队送教龙泉，活动在龙泉三中举行。

【省示范文明城市创建】 教育系统积极参与浙江省示范文明城市创建，城区各中小学、幼儿园作为重点创建单位全部参加创建工作。5 月 9 日，召开教育系统浙江省示范文明城市工作推进会；10 月，召开台账工作专题部署会，对城区所有中小学、幼儿园开展创建督导 40 余次，开展抽测 20 批次校均抽测 4 次，开展专项整改 30 余次；11 月，城东小学、龙泉浙大中学等学校接受现场抽查，在城区学校系统开展学校卫生、校园文化、周边环境整治、垃圾分类、公筷公勺行动、健康教育、社会主义核心价值观教育等工作，以学校文明水平提升助力示范文明城市创建。2020 年，市教育局荣获龙泉市经济社会发展（美丽环境）集体嘉奖。

【初中壮腰工程】 市教育局实施初中壮腰工程，深化联盟办学，优化办学机制，激发办学活力。开展薄弱学科补短、做好课程督查等教学服务工作，扎实做好模拟监测、网络三项评比等教学研究工作。制定《创新人才培养方案》，以全员晒课为载体推动实施精准课堂评价。小学、初中质量监测水平在丽水争先进位，初一初二年级总分平均分均位列丽水第四。健全初中强校带弱校机制，实施初中创新人才培养计划，推动顺风实验学校加入初中发展共同体，形成壮腰合力。推进初中基础性课程分层走班教学。

【课程改革】 龙泉市开设编写拓展性课程，上半年征集到红色课程、劳动教育课程和美育课程共 7 门。8 月，实验小学教育集团《闪闪红星映龙泉》、龙泉四中《剑池学子爱劳动》课程获丽水市第七届精品课程。9月，龙泉二中毛红兰老师获评丽水市地方课程课堂教学评比一等奖。管爱平、毛远琴、陈小红、毛伟珠、曾信、何素云等老师参与王文军老师主编的浙江省中小学精品课程案例丛书《青瓷》编写工作。

## 高中教育

【龙泉一中】 2020年，龙泉一中有48个班级、1916位学生。为龙泉二中、龙泉三中、龙泉四中、顺风实验学校等4所学校授龙泉一中创新型后备人才早期培养基地牌，开启龙泉市初高中联合培养创新型人才时代。2020届龙泉一中高考一本上线247人，985院校录取14人，211以上院校录取40人，省属重点院校166人，省外重点院校录取29人，合计一本录取人数234人，本科上线率92.9%。该校被评为第一届浙江省文明校园、丽水市教育提质突出贡献集体奖。

2020年，龙泉一中有191位教职员工，其中浙江省特级教师1人，全国优秀教师3人，浙江省级先进教师11人，正高级教师1人。该年，龙泉一中加强对中青年教师培养力度，制订青年教师成长方案，教师在省级以上发表或获奖论文31篇，丽水市级43篇；丽水市课题立项和结题共3项。浙江省优质课评比二等奖1人，丽水市优质课评比一等奖8人。新增丽水市教坛新秀2人，新增丽水市杰出教师等市级教师荣誉25人，国家级学科辅导优秀指导师等荣誉8人，省级学科辅导优秀指导师等荣誉3人。学生参加数理化生学科竞赛获省级奖9人，英语等其他学科国家级竞赛获奖15人、省级获奖56人。

积极探索分层分类教学，实施网络巡课制度，强化集体备课制度，在精准备课、选题、讲解、辅导上下功夫，强化教师月考核，督促教师研究学情，精准施教。实行龙泉一中题库建设工程（第一期），采用大数据精准分析学情，实现精编校本纠错本，切实提高校本作业精准性和学生学习有效性；加强德育精准引导，通过班主任俱乐部活动、各种主题班会和个体谈话等方式，有针对性开展团体和个体心理辅导。

匠心打造精品社团，开展英语单词大赛、经典诗文朗诵大会、“国旗下”演讲比赛、时政评论大赛、数学组解题比赛、理化生实验操作大赛、化学分子结构模型制作大赛等活动，把育人和育才有机结合。组织主题实践活动，如寻找最美龙泉人、寻美龙泉、图书馆社会实践之“我是小小调研员”等研学活动；号召全体同学参与“五心德育”之“五个一百”（即读100本书，品100首名曲，评100个时政要闻，晓100个心理故事，知100个大学专业）工程；探索并筹建与高考学科紧密相关兴趣社团，发挥社团辅助教学重要作用。8月，学生参加第七届全国青少年模拟政协活动，获得最佳团队、最佳调研报告、最佳创意制作、优秀提案、优秀提案展示团队、优秀社团等6个团队奖，以及最佳领导力、最佳新闻发言人、最佳创意制作、最佳风采个人、优秀风采个人、优秀模拟记者、优秀模拟政协委员等单项奖10人次。

大力拓展办学渠道，加强开放办学，扩大对外交流。与义乌中学、富阳中学等名校对接，实施首席学科指导师制度，邀请名校骨干教师为该校首席学科指导师，对学校课程建设提出指导性建议。选送年轻教师到名校进修，2020学年下半年选送数学教师叶婷婷、英语教师江景霞赴义乌中学进行为期一学期跟岗学习；邀请学军中学数理化教师来校教授示范课，通过交流与观摩提升理科教师课堂思维和教学专业技能；邀请浙师大生物实验教师到校做实验教学指导，提高学校生物教师实验操作教学能力。

【龙泉浙大中学】 龙泉浙大中学有教学班39个，招收新生621人，毕业学生609人，在校学生1881人，教职工147人。学生代表队在省市篮球联赛、丽水市田径运动会和艺术节等比赛中屡获佳绩，校学生篮球队在2020年浙江省青少年三人制篮球锦标赛上获得冠军，该校获评2020年“全国青少年校园篮球基地学校”。

2020年，龙泉市政府与上海翔宇教育集团举行合作办学签约仪式，龙泉浙大中学由龙泉市政府委托翔宇教育集团管理。实行学校托管后，龙泉浙大中学更新管理理念，实行分管校长领导下年级段长负责制，提高年级段管理实效。建立具体工作项目化管理机制，开展项目建设具体研究。开展课堂改革试点工作，推行“导学案”和“主讲+助教”教学改革；开展阶段性过程考核，制定激励性评价方案和质量保证行动实施方案。开展教师职称自主评聘试点工作。加强与温州翔宇中学联系交流，提升教师业务学习能力。江晓军获“新时代美丽幸福好龙泉·十佳优秀教师”称号，30余位教师获龙泉市级以上荣誉称号。

丰富党建活动形式，发挥党员先锋作用，积极助力疫情防控、文明城市创建、平安巡防活动等工作，开展线上党风廉政、疫情防控、心理健康等多个主题学习教育，与结对村党支部开展联合主题党日活动。加强党风廉政建设，细化完善学校各项规章制度，推进“清廉学校”建设，被评为2019学年龙泉教育系统“清廉学校”，入选第一批“清廉学校”示范点。加强师德师风教育，组织开展“教师大讨论”活动、“美的”主题系列评比等活动。2020年，龙泉浙大中学出版校本选修课程教材《烽火弦歌——浙江大学在龙泉》。

## 职业教育

【概况】 龙泉市中等职业学校(龙泉青瓷宝剑技师学院)占地162000平方米，校舍建筑总面积112637.5平方米，教学班80个。2020年，学校在编教职工总数285人，副高级职称97人，中级职称69人，初级职称63人。该校顺利完成浙江省现代化学校建设和浙江省“中职名校”建设项目验收，成功入选浙江省高水平职业院校建设单位。

学校开设9个中级工专业、7个高级工专业和2个技师专业。其中，青瓷工艺为省级示范专业、省特色专业、省“三名工程”首批立项优势特色专业；数控技术应用为省示范专业、省骨干专业、省“三名工程”首批立项品牌专业。校内建有6个实训基地和1个创新创业园，其中机电实训基地和青瓷工艺实训基地为省级示范实训基地。学校实行学部制管理，分设剑瓷学部、机电学部、经贸学部、服务业学部。2020年，学校毕业生946人，毕业率100%，升入高一级院校就读学生764人。

【青瓷宝剑技师学院成功摘筹】 6月29日，浙江省人民政府发文，龙泉青瓷宝剑技师学院正式获批设立，这也是丽水市第一所技师学院。该校充分发挥龙泉青瓷、龙泉宝剑两大“非遗”品牌优势，强化两大“非遗”专业建设，通过特色专业课程建设、标准制定、企业新型学徒制试点、科研创新、教师“双轨制”发展、“产教融合、校企合作”合作交流等举措创新人才培养，做大做实做亮剑瓷人才培养文章。从2015年7月到2019年12月，经过四年多筹建，学校的办学方向、办学模式及机制体制全面接轨技工教育，正努力朝着“非遗传承传播全国一流、特色引领示范全国一流”目标坚实迈进。

【师资队伍和德育品牌建设】 2020年，市中等职业学校(龙泉青瓷宝剑技师学院)建成3个省级技能大师工作室，1个名师工作室，名优教师和“双师型”教师数量递增较快。《产教融合 双轨并进 构筑专业教师成长生态链》典型案例获评全国“双师型”师资队伍建设百个典型案例；重视“思政”课程建设，《文化唤醒，实践浸润，培育剑瓷匠》德育品牌在2020年浙江省德育品牌评选中立项，编写2本德育教材；12月14日，在衢州市举办的浙江省中小学生艺术节上，该校选送的舞蹈《瓷·语》和戏剧《芳野的烽火岁月》双双获得一等奖。

【产教融合】 2020年，市中等职业学校(龙泉青瓷宝剑技师学院)加强与行业及地方企业合作力度，通过引校入企、引企入校、引协入校等方式，进一步拓宽校企合作深度与广度，该年，召开规上企业座谈会13次，走访企业25家，与38家企业签订产教融合办学协议。从岗位需求出发，培养创新型技术人才，刀剑专业与蒋氏刀剑、青瓷工艺专业与南宋哥窑、数控专业与浙江毅力汽车空调有限公司进行联合培养，设立蒋氏刀剑、剑瓷新力量联盟、浙江汽配专项奖学金，培养产业需求紧密型人才，《蒋氏刀剑校企共同体》《汽配企业学院三方协同校企共同体》入选省级校企共同体。同时，建设“付忠亮企业创业创新工作室”校外创业创新基地。

【学校培训服务工作】 2020年，市中等职业学校(龙泉青瓷宝剑技师学院)获评国家级高技能人才培训基地，确定为全国职业技能等级认定试点单位、中国陶瓷行业特有工种职业技能鉴定基地和龙泉市首批创业培训定点机构。以培训、服务为两翼，构建政府、行业、企业、学校“四位一体”发展模式，全年共培训11121人次，达到在校生3.2倍；为企业解决技术难题21个，申请发明专利15项。

2020年12月14日，龙泉市中职校学生在浙江省中小学生艺术节上表演舞蹈《瓷·语》 (叶华青/供图)

## 成人教育

【概况】 2020年，龙泉市有成人文化技术学校5所，分别是城区区域成技校、安仁区域成技校、八都区域成技校、小梅区域成技校和锦溪区域成技校，覆盖7个乡8个镇4个街道，覆盖率100%。其中，安仁区域成技校和小梅区域成技校已经创建成为浙江省现代化成人学校，其他3所为浙江省标准化成技校，浙江省标准化成技校100%。5所成技校现有专职校长4人、兼职校长1人、专职教师25人、兼职教师58人，负责成人教育、社区教育、老年教育培训工作。小梅区域成技校成功创建“浙江省现代化成人文化技术学校”，安仁区域成技校“黑木耳栽培培训”被评为浙江省社区教育“优秀工作品牌”，小梅区域成技校“油菜种植技术培训”、八都区域成技校“现代青瓷烧制技艺”创成丽水市成教品牌项目；城区、八都、安仁、锦溪区域成技校各创建1个“丽水市老年教育特色基地”。

【社区教育】 2020年，龙泉市举办电子商务、育婴师、保育员等各类职业技能考证培训共20多个班次，培训学员1200多人次，参加各类职业技能考证考级363人，通过率达到98%。做好浙江学分银行龙泉分中心工作，录入学分银行成果数50238条，比2019年增长一倍以上，完成学分银行录入考核任务。龙泉电大（社区学院、老年开放大学）与社区教育成员单位同心协力，密切配合，超额完成上级要求新增老年学位2500个任务，新增老年学位3125个。

【开放教育和远程合作办学】 龙泉电大发挥电大系统办学优势和功能，在继续教育和现代远程教育中发挥重要作用。2020年，电大开放教育招收学员419人，超额完成年度招生计划任务，比上年增长64.96%，增长率居全省第三，受到浙江省电大招生表彰。继续推进高校之间合作办学，与中国医科大学、大连理工大学、福建师范大学进行合作，借助院校师资力量，努力建设龙泉电大远程教育学习基地，促进人才培养质量提高和服务地方经济发展能力提升，形成多方共赢局面。该年完成远程办学计划招生143名。

【农民大学生培养】 2020年，龙泉电大开展“农民大学生培养工程”，免费录取45名农民大学生入学就读专科、本科。实施“村干部学历提升计划”，录取74名具有高中、职高、中专、技校及以上学历村干部入学，建设农民大学生队伍。依托教学资源和学习方式，以远程开放教育形式，解决农民大学生学历层次偏低、知识获取途径不畅、脱贫攻坚人才缺乏等问题，提高农民大学生综合素质，使他们成为当地农业经济和农业生成发展带头人、农村科技致富带头人和发展农村先进文化带头人。

## 师资队伍建设

【概况】 2020年，龙泉市在职教职工总数2663人（其中专任教师2444人）。其中，正高级1人，高级职称415人，省特级教师1人，浙派名校长培养对象3人，丽水市名校长培养对象11人，丽水市级教学（德育）名师14人（其中德育名师2人），丽水市学科（德育）带头人84人（其中德育带头人7人），龙泉市学科带头人48人，龙泉市德育带头人4人，龙泉市农村学科带头4人。

6月，根据《关于加强高层次创业创新人才队伍建设的意见》《龙泉市教育系统高层次人才津贴绩效考核细则（试行）》等文件精神，该市对499名高层次人才2019年履职情况进行考核，拨付奖励资金295.69万元；8月，引进高层次人才14人，其中硕士研究生2人。招聘教师27人，2016级13名定向培养小学全科教师、2015级（五年制）中职专业定向培养2名教师正式入编。确定2020年定向培养教师20名，其中小学全科5名、初中语文4名、初中数学1名、初中英语1名、高中语文4名、高中数学2名、高中物理1名、高中化学1名、高中政治1名。选派龙泉一中蔡三芳（高中物理）、龙泉三中梅景伟（教育管理）赴四川省广元市昭化区支教；选派局机关陈春娥（幼儿教育）、中职校项伟平（电子商务）和南秦教育集团李龙建（英语）3名同志赴新疆阿克苏新和县支教。

【教师培训】 2020年，龙泉市大力实施教师专业发展培训，举办龙泉市初中校本研修能力提升工程等培训班30个，培训教师4845人次，完成培训总学分274474，教师人均培训学分96.85，教评学满意率100%，学评教满意率98.38%。组织400余人参加山海协作远程培训，组织各校参加浙江省“教师教育十百千工程”优秀故事和案例征文推选活动，组织教育系统后备干部第三阶段即兴演讲培训，组织省百人千场名师送教4个学科16场次培训活动。推荐龙泉二中夏旭霞、龙泉四中余明和及其管理团队（除正职校长外的相关校级管理者，2—4人）开展省级全员培训。

【教育科研】 2020年，市教科所优化教育科研管理机制和工作方法，加强教育科研组织和科研骨干队伍建设，完善教育科研专项研究活动，通过专

2020年12月，浙江省"百人千场"名师送教下乡活动走进龙泉 （般 平/供图）

项视导研究，开展各级课题过程管理、多项教育科研专项活动。该年，浙江省规划课题立项1项，丽水市规划课题立项24项，浙江省疫情课题申报3次共49项，龙泉课题立项126项，疫情课题立项37项。1篇论文获长三角家校合作论文三等奖；丽水市基础教育成果一等奖1项，二等奖3项；丽水疫情课题获一等奖1项，三等奖1项；丽水教研、规划课题一等奖3项，二等奖5项，三等奖12项；龙泉市评出一等奖15项，二等奖27项，三等奖63项。

【班主任队伍建设】 2月，小学班主任工作室推出《同上一堂课——主题班会》，播出《小肩膀大责任》；3月，利用钉钉线上直播平台，开展《拒绝舌尖上的野味》《自律者赢未来》《让生命之花绽放》主题班会。5月，在顺风实验学校开展"525"心理健康系列活动，工作室成员设计心理健康小报、健康宣传展板，帮助解决疫情期间学生心理健康问题；课题组负责人周慧贞的课题《疫情背景下"五心"德育主题班会课的开发与实践》被确立为丽水市重点课题。6月，课题组负责人张小花的课题《疫情下科学进行在线教育反馈的实践与研究》被确立为龙泉市教育教学研究课题。8月，张慧娟、郑慧燕、叶丽芬、钱海丹、徐欢获得丽水市班主任基本大赛一等奖，周泽男获二等奖。10月，初中工作室成员参加"生命教育"主题班会课研讨活动。11月，叶丽芬获得长三角班主任基本功大赛一等奖，陈宣何获得长三角班主任基本大赛二等奖。12月，班主任工作室全体成员在市实验小学参加《规范成就梦想 习惯引领未来》工作室研修活动。黄晓华负责的课题《立足学生 以自主为核心 打造"4+1"模式促进学生发展》获得丽水教育科学规划2019年度一等奖，范海燕负责的课题《二胎家庭教育之教养策略研究》荣获浙江省家庭教育"十三五"规划课题研究成果三等奖。

【青年教师成长行动计划】 市教育局对2020年新入职教师，进行一周理论培训和为期一个月实践跟岗培训，并根据《龙泉市青年教师专业发展培养方案》，对往届新教师进行跟踪培养。组织开展2019年入职教师"一年起好步"备课、说课、粉笔字考核，2018年入职教师"两年过一关"课堂教学评比，2017年入职教师"三年上台阶"命题、班主任工作等一系列专项培训考核，120名教师获得一、二、三等奖。

【全员晒课评优活动】 8月至12月，市教育局以"精准教学理念指导下的高效课堂"为研讨主题，组织全市中小学（幼儿园）教师开展全员晒课评优活动，2266名中小学（幼儿园）教师参加校级晒课。各校（幼儿园）推荐86名教师和随机产生91名教师开展市级晒课，有3277人次借助"小鱼易联"收看本次晒课直播，共有31名教师获一等奖，57名教师获二等奖，89名教师获三等奖；顺风实验学校、龙泉三中、龙泉二中、东升教育集团、实验教育集团和南秦教育集团等6所学校被评为首届中小学教师全员晒课评优活动团队优胜奖。

【优秀教师和集体评选】 6月，市教育局组织市级优秀教师（优秀教育工作者）评选工作，授予刘成富等60人2019学年龙泉市优秀教师荣誉称号；授予刘根和等22人2019学年龙泉市优秀教育工作者荣誉称号；授予周伟超等61人2019学年龙泉市优秀德育导师荣誉称号；授予李静等41人2019学年龙泉市优秀班主任荣誉称号。杨善珍等19人被评为丽水市教育提质先进个人，小梅镇清溪小学蒋晓媛被评为浙江省"春蚕奖"，市发展和改革局局长余盛全被评为浙江省"绿叶奖"。龙泉一中、龙泉四中、实验小学和教研培中心（初中部）被评为丽水市教育提质工作突出贡献集体。

【教师职评工作】 11月，经龙泉市中级评审会评审，推荐高级28人，评审通过中级82人，评审通过初级1人，高级推荐率90%、中级通过率75.9%、初级通过率100%。在龙泉一中、龙泉浙大中学开展高级及以下职称自主评聘改革试点，在龙泉二中和实验小学教育集团（含凤鸣校区）开展中级及以下职称自主评聘改革试点，4所学校试点工作开展顺利。

【教育工会】　市教育工会下辖34个工会组织，在编会员2716人。组织开展师德论文评选、第22届龙泉市中小学教师自制多媒体教育软件评比、龙泉市中小学趣味运动会、“清廉教育”国画比赛、“最美教育”主题摄影比赛等系列活动。慰问艰苦岗位一线教师8人，春节送温暖及困难救助21人。实验小学教育集团被评为浙江省先进工会组织、浙江省“三育人”岗位建功先进集体，龙泉浙大中学被评为丽水市先进工会组织，机关幼儿园被评为丽水市“三育人”先进集体。

## 学校选介

【东升小学】　2020年，东升小学有57个教学班，在校生2600余人，在职教师154名，其中高级教师21人，丽水市学科带头人、丽水市优秀班主任、龙泉市学科带头人、丽水市教学能手、教坛新秀等30多人。科技体育、乡愁文化、羽毛球为学校三大特色，乡愁馆、家风家训馆、非遗馆、红色主题馆、海丝图为学校传统文化教育体验特色阵地。该年，学校组织编撰的传统文化传承校本课程丛书《龙泉记忆》由浙江教育出版社出版发行，新建的航模训练基地、“虚拟机器人”创新实验室正式投入使用。

2020年，该校先后获得浙江省文明单位、全国青少年篮球特色学校、丽水市中小学劳动教育试点校、丽水市中小学智慧校园示范校、龙泉市平安等级校园4A学校、龙泉市校园安全管理先进单位、龙泉市党建示范点、《处州晚报》小记者组织工作先进集体等荣誉称号。6位教师被评为丽水市学科带头人，3位教师在丽水市绿谷名教师评比中被评为教学能手，2位教师被评为教坛新秀，2位教师被评为德育新苗，4位教师被评为高级教师。学校5项课题在丽水市评比中获奖，其中《记住乡愁，传统文化我传承》获丽水市创新品牌项目二等奖；9项课题在丽水市评比中获奖，其中《好习惯100分》获评龙泉市品牌德育项目；同时65篇教学论文、课例在浙江省、丽水市获奖。

2020年9月，龙泉市东升小学　（张路明／供图）

2020年7月，该校组织学生参加浙江省科技体育教育竞赛，获航海模型F5-280、F5-400男、女组4个冠军。7月，参加2020RoboCom（睿抗）城市联赛暨“智能亚运•科技抗疫”主题挑战赛，获2个一等奖、1个二等奖。10月，参加丽水市第七届中小学绿谷之光科技大赛，获团体一等奖。10月，参加2020年“浙里制造”浙江省科技体育创新大赛，获3个一等奖、4个二等奖、11个三等奖。11月，参加浙江省航海模型“象山杯”公开赛，获F5-400项目团体第一名，并包揽个人赛前8名。11月，组织学生参加2020世界机器人大赛华东地区选拔赛，获得2个冠军、2个二等奖和2个三等奖。12月，组织学生参加世界机器人大赛总决赛，获一等奖1个、二等奖2个。

【龙泉二中】　2020年，龙泉市第二中学有教职工119人，其中丽水市学科带头人4人、龙泉市学科带头人3人；有33个班级，学生1535人，招收初一新生541人，毕业生538人，其中40人进入重点高中，60人进入龙泉浙大中学，255人进入职业高中。

2020年9月，龙泉市政府与杭州建兰教育集团签订合作办学协议，龙泉市第二中学改名为杭州建兰教育集团龙泉二中，杭州建兰教育集团特级教师马志坚任校长。该年，学校有91人次在龙泉市级以上教学比武中获奖，其中叶丽芬老师在长三角地区班主任基本功大赛中获初中组一等奖，吴维珍老师在丽水市初中数学课堂教学评比中获一等奖，毛红兰老师在丽水市地方课程课堂教学评比中获一等奖。33篇教师论文、课件获奖，2个精品课程在龙泉市级以上获奖，42人次获得龙泉市级以上荣誉。

2020年9月，该校扩建项目一期工程交付使用。一期项目用地面积27.3亩，建设内容为新建综合教学楼1幢12473平方米，包括12个专用教室，2个合班教室，风雨操场、阅览室、自行车库等附属设施，并在综合教学楼顶上新建一个300米环形塑胶运动场。10月，扩建项目二期工程开工建设，建设内容为1号、2号学生宿舍楼（包括架空层）、室外球场，二期用地内场地道路、绿化、给排水管线及场地室外供电、挡土墙、边坡工程等。（郑旭民）

2020年9月，龙泉市第二中学（项一民／供图）

# 卫生健康

## 综　　述

【概况】 2020 年，龙泉市有医疗机构 226 家，其中公立医院 2 家，疾病预防控制、妇幼保健计划生育服务专业机构各 1 家，乡镇卫生院（社区卫生服务中心）19 家，卫生分院（社区卫生服务站）25 家，民营医院 2 家，诊所、医务室和卫生所 61 家，村卫生室（巡回医疗点）115 家。共核定床位数1208 张，每千人床位数 5.05 张，民营医疗机构床位数 306 张，占比 25.3%。有执业（助理）医师 884 人，每千人医生数 3.69 人；注册护士 716 人，每千人护士数 2.99 人。2019 年成立以龙泉市人民医院、龙泉市中医院为牵头单位两大医共体，龙泉市人民医院医共体含 9 个分院，15 个服务站，中医院医共体含 11 个分院，9 个服务站。医疗机构人员核定编制 1713 人，实际在岗人数 1541 人（编内 1110 人，编外 431 人）。其中人民医院定编780 人，在岗 716 人（编内 513 人，编外 203 人），离退休人员 228 人；中医院定编 325 人，在岗 166 人（编内 131 人，编外 35 人），离退休职工 84 人。在编卫生技术人员中，高级职称 138 人（正高 36 人，副高 102 人），其中人民医院 89 人（正高 30 人，副高 59 人）。

【人才培养】 2020 年，龙泉市医学人才培养以健康龙泉为引领，牢固确立新时代大健康人才观，加大招聘力度并酌情放宽部分岗位招聘条件，向社会公开招聘 67 名医务人员。增加定向委培生力度，加强技术人才储备，该年完成定向委培招生 60 人，本科 50 人，同比去年录取分数进一步提高，生源质量上升。该年完成人才引进 44 人，其中人民医院 24 人，中医院 20 人。人民医院医共体开展自主评聘，新增正高级职称 5 人，副高级职称 11 人。其他医疗机构送丽水进行卫生高级专业技术职务评审，新增副高级职称 4 人。从基层医疗机构开展专技人员进城公开选调 22 人到市人民医院、中医院工作。

【医教科研】 2020 年，龙泉市继续实施基层卫技人员素质提升工程，组织开展岗位培训、继续医学教育等培训。市人民医院建立基层医疗卫生人才培训基地，依托浙大二院、丽水市人民医院等优质资源开展同质化培训，重点加强基层紧缺岗位、乡村医生、护士执业资格考前培训等培训，完成各类培训千余人次。住培基地现有规培学员 52 人，执助技能考核通过率 69.23%，结业理论考试通过率 90%，结业实践技能考核通过率 88.9%。妇

2020 年 8 月 19 日，新入职医生在龙泉市第三个“中国医师节”庆祝大会上宣誓
（陈志萍 / 供图）

计中心、疾控中心等单位针对各自业务需要定期开展专业人员培训，切实提升其业务能力。该年，共立项丽水市级以上继续教育项目4个，龙泉市级以上继续教育项目5个，继教项目为教学研究、技术推广应用带来良好效果。

【中医药管理】 加强基层中医药服务场所和中医药文化传播基地建设，在浙江省中医药管理局的大力支持下，已建成16家中医馆，其中剑池街道社区卫生服务中心、竹垟畲族乡卫生院、小梅镇中心卫生院、安仁镇中心卫生院的中医馆被评为“示范性中医馆”，2020年，中医诊疗人次达13.22万人次。借助“龙泉—萧山”山海协作工程，争取萧山区中医院优质医疗资源下沉，强化骨伤科、口腔科等重点科室建设。实施“中医中药中国行”——中医药健康文化推进行动，促进中医药与健康养老、旅游产业等融合发展。建设“中小学生中医药社会实践基地”，把中医药文化贯穿国民教育始终。

## 医政管理

【县域医共体建设】 2020年，龙泉市持续推动县域医共体建设，聚力抓重点、补短板、促发展，按照省定48项任务，深化“一家人”“一本账”“一盘棋”改革。以薪酬制度改革为契机，在确保政策延续性的基础上，以2家医共体为单位，开展分院主要负责人年薪制管理试点，剑池分院和八都分院的负责人通过竞聘已经任命上岗，进行年薪管理。2家医共体开通智慧结算功能，实现基层医院与牵头医院号源共享、同步于浙江省健康导航平台、检查分时段预约等功能。人民医院医共体、中医院医共体在14个分院设立全—专科联合门诊，牵头医院医生每周有1—3天到分院排班坐诊和指导，全年下派专家856人次到各分院开展业务指导、质控检查、疫情防控培训、临床治疗、入户随访等工作。

【最多跑一次】 2020年，市卫生健康局扎实推进“中医中药一网通、双向转诊一键办、院前院内一体化”三项工作和“两卡融合、一网通办”建设、线上预约诊疗、刷脸就医、云胶片服务等工作。市人民医院完成智慧停车场改造，增加泊位数量，实现扫码支付，缓解群众看病停车难问题。推出“床边智慧点餐”服务，就餐者可通过扫描床头二维码点餐，点餐系统与医院HIS系统对接，可根据医嘱为病人生成专属营养餐。开展新生儿“五证联办”，实现公民身后“一件事”一站式联办。联合市残联为残疾人进行现场评定、现场审核、现场办证服务，该举

2020年7月11日，龙泉市召开医共体薪酬制度改革试点主要负责人竞聘面试
（陈志萍／供图）

2020年4月，龙泉市人民医院专家医生下沉乡镇卫生院坐诊 （李沈晟／供图）

措被浙江省卫健委作为“最多跑一次”改革亮点向全省医疗单位全面推广。依托市人民医院建立区域检验中心开始运行,基层医疗机构样品统一物流收集配送到区检中心,实现检验同质化。

【“双下沉、两提升”工程】 2020年,市卫生健康局以“双下沉、两提升”为主线,创新开展省市县乡四级医疗融合体建设,市人民医院与浙大二院、丽水市人民医院、萧山区第一人民医院、丽水市第二人民医院开展紧密合作,与上海宝山区中西医结合医院、丽水市中医院开展专科合作,与上海市复旦大学附属华东医院签订帮扶合作协议,并与华东医院逐步开展远程影像诊断;市中医院与浙大四院、杭师大附属医院、萧山区中医院、丽水市中医院开展紧密合作,与上海市奉贤区中医医院签订帮扶合作协议,奉贤区中医医院多次组织人员赴该市中医院开展帮扶指导工作。在省、市专家帮扶下,市人民医院开展新技术新项目47项,新增6个科室和8个专家门诊。10月10日,龙泉市委市政府与温医大签订战略合作框架协议。

【医疗纠纷调处理和医疗保障】 2020年,市卫生健康局推行“人民调解+保险理赔”运作模式,实现医患纠纷人民调解和保险理赔互为补充、互相促进良性发展。全年处置医疗纠纷20起,市卫生健康局参与15起,司法确认20起。完成市委市政府交办医疗保障工作任务,承担大型活动医疗保障27次,派出医护人员98人次,救护车37车次,保障15400余人次。规范院前急救,市人民医院派出救护车2225余车次,抢救病人3837人次。

【无偿献血】 龙泉市积极组织开展无偿献血系列宣传活动,2020年计划献血量880L,血小板180单位,累计献血3138人次,献血量达972.89L,完成该年献血计划106.2%,位列丽水第一,超额完成献血任务,无偿献血占临床用血比例104.85%。

2020年4月1日,龙泉市开展“疫情无情人有情 无偿献血我先行”活动

(季盛财/供图)

## 疾病控制

【概况】 2020年,龙泉市疾控中心严格落实预防控制重大传染病职责,有序开展卫生应急、传染病防控、国家免疫规划、卫生监测和健康教育等工作,特别是面对新型冠状病毒肺炎疫情,市疾控中心科学研判、积极应对,成立应急领导小组和流调、消毒、检验检测、健康教育、后勤保障5个应急处置小组,依据防控方案、疫情变化及时制定应对措施。该年,应急小组出动399人次;排摸流调密切接触者、发热待排病例、密接的密接、企业返岗员工、监狱返回龙泉人员、红黄码等人员2944人;采集外环境、食品新冠样本1860份,人新冠样本2732人份,合计4592份,该年龙泉市未发现新型冠状病毒肺炎确诊和疑似病例。报告突发公共卫生相关事件2起,均为学校诺如病毒感染,得到及时处置。组织新冠疫情防控现场流行病学培训和演练1次,60余名医务人员参加培训和演练。

【传染病监测】 2020年,龙泉市采集手足口病标本17份,其中阳性10份,阴性7份;禽流感外环境采集监测点外环境标本60份,实验室检测出A型阳性标本0份;采集养殖、屠宰、厨师等群体接触牛、羊、猪人员血清31份,送丽水市CDC进行布鲁氏菌病检测,结果均为阴性;市人民医院皮肤科每季度上报“浙江省皮肤病可疑症状病例转诊单”,全年上报皮肤病可疑症状人数21人,可疑症状病例排查率100%。

【放射卫生】 2020年,龙泉市对各医疗单位从事X光放射工作人员进行个人剂量检测,共检测9家医疗单位合计53人,其中市人民医院33人,市红十字医院3人,谢徐敏中西医结合诊所1人,谢氏骨伤医院8人,锦溪卫生院1人,民生医院2人,中医院3人,新华口腔诊所1人,韩伟良口腔诊所1人，个人剂量均在国家标准值内。

【消毒质量监测】 2020年，龙泉市对市内10家医疗机构、10家托幼机构、2家其他类型单位共抽样143份样品，检测的项目类型有室内空气、物体表面、医护人员手拭子、使用中消毒液、口腔用水、内镜、消毒柜、消毒液、紫外线灯等，检测项目为细菌菌落总数和致病菌（铜绿假单胞菌、金黄色葡萄球菌、大肠菌群）。

【狂犬病流行与防控】 2020年，龙泉市发现狂犬暴露总数2040例，其中暴露于狗1405例（均为一犬伤单人，未发生一犬伤多人事件），暴露于猫466例，其他169例。免疫接种情况：单用疫苗1687例，联合应用（狂犬疫苗+免疫球蛋白）352例，1例拒绝接种狂犬疫苗。

【疟疾监测】 2020年，市人民医院、市中医院对疑似疟疾病例、临床诊断疟疾病例及不明原因发热病人开展实验室疟原虫检测，监测数170例，达常住人口0.59‰，已达到省级要求的按常住人口数0.5‰的监测要求，各医疗机构无疟疾病例报告。

【法定传染病疫情】 2020年，龙泉市报告甲、乙、丙类传染病17种883例，年报告发病率299.03/10万，无死亡病例报告。甲类法定传染病无病例报告，乙类传染病报告发生13种331例，丙类传染病报告发生4种552例。流行性感冒223例、其他感染性腹泻病211例、手足口病118例、肺结核84例、梅毒61例、乙肝53例、淋病79例、猩红热20例、流行性腮腺炎18例、出血热11例、戊肝1例、艾滋病6例、丙肝1例、伤寒+副伤寒2例、布病2例、登革热1例、肝炎（未分型）1例。

【儿童计划免疫管理】 2020年，龙泉市各接种门诊有新生适龄儿童2110人，建证2110人，建证率100%。新生儿乙肝疫苗接种率97.3%，首针及时接种率99.25%，卡介苗接种率96.7%，脊髓灰质炎疫苗接种率96.2%，百白破疫苗接种率96%，白破疫苗接种率95.7%，麻风疫苗接种率96.5%，麻腮风疫苗接种率96.2%，A群流脑疫苗接种率95.5%，A+C流脑疫苗接种率96%，乙脑疫苗接种率95.9%，甲肝疫苗接种率95.8%，疫苗全程接种率达95.5%，各类免疫规划监测报表报告准确率、及时率达100%。根据浙江省卫生厅、教育厅《浙江省入托入学儿童预防接种证查验工作规范》，龙泉市卫生健康局、教育局《关于做好幼儿学生入托入学查验预防接种证工作的通知》文件要求，每年7—8月暑期放假和春秋两季学年开学期间开展辖区学校、托幼机构入托入学预防接种证查验和查漏补种工作，各类疫苗补种率均达95%以上。该市疑似预防接种异常反应（AEFI）监测系统共报告预防接种一般反应47例，无死亡病例和群体性反应报告，未发生疫苗接种安全事故，报告覆盖率100%。对市人民医院、中医院2家公立医院门诊病例和住院病历开展AFP病例主动搜索，未发现AFP病例漏报。该市各预防接种门诊开展全程信息化预防接种工作。

【艾滋病、性病防控】 2020年，龙泉市HIV抗体免费检测77252份，本地新增确认HIV抗体阳性8份。其中自愿咨询检测906人，阳性1例，检出率0.11%；接受梅毒检测897人，阳性29例，阳检率3.23%。男同性人群干预检测171人，阳性1人；被监管人员艾滋病干预检测400人，HIV抗体阳性0人；男性老年人HIV抗体检测10980人，阳性病例报告0例。开展市区娱乐场所预防艾滋病、性病预防知识宣传和娱乐场所从业人员HIV抗体检测10171人，阳性0例。对24例单阳性家庭配偶进行HIV抗体、梅毒抗体检测，未发现阳性病例。为94例符合抗病毒治疗条件艾滋病病人提供免费抗病毒治疗，辖区抗病毒治疗99例，治疗率94.95%。

【结核病防治】 2020年，龙泉市定点医院结核病门诊接诊初诊病人237例，免费摄胸片237例，免费查肝功能243人次，免费痰检1221人次，免费痰培养91份（液体91份）。按现住址报告肺结核患者和疑似患者333例（结防机构报告286例、非结防机构报告47例），重卡38例，到位265例（转诊16例、追踪到位242例、其他到位7例），住院病人7例，追踪未到位3例（已死亡），转诊追踪总体到位率达100%。新登记结核病人85例，其中肺结核74例（涂阳31例、仅培阳8例、分子生物阳性6例、病原学阳性1例、病原学检查阴性28例），肺外结核1例，结核性胸膜炎10例。与上年同期相比，肺结核登记数下降15%，免费使用一线抗结核药品（FDC）达70%以上，规则服药率达90%以上。疑似耐药肺结核患者49例，耐药推送49例，快速耐药筛查49例，快速耐药筛查结果录入49例（对R和H敏感48例），耐药筛查率100%。

5月，参与中疾控关于新冠期间结核病防治工作开展情况调查，调查2月末、6月末、强化期患者各6例。龙泉市是承担国家对浙江省评价“十三五”浙江省结核病防治规划患者经济负担调查、结核病漏报漏登调查、结核病诊疗质量调查2个县(市)之一,按照国家、浙江省、丽水市有关要求和统一部署,该市在规定时限内完成各项工作任务,培训调查员40余人、完成调查问卷42份,为"十三五"结核病防治规划终期评估提供依据。

2020年,学校肺结核疫情处置4起,其中学生3例,老师1例(安仁小学2例、巴学教育机构1例、江南小学1例),所有疫情都及时反馈处置措施及筛查结果,筛查率100%。对乡镇(街道)卫生院结核病监测、疑似病人发现、转诊、病人管理、人员培训、结核病防治知识健康教育等工作开展情况进行定期督导,共督导市级医疗单位和乡镇卫生院60次、参与督导60人次、医疗机构督导覆盖率达100%。

【鼠疫监测】 2020年,龙泉市捕鼠650只。捕获野鼠以黑线姬鼠和东方田鼠为主,占总数32%、33.07%;捕获家鼠以褐家鼠为主,占总数8.3%;对650只鼠进行检蚤,染蚤鼠1只,共检获蚤1匹,染蚤率为0.15%,蚤指数为0.002;布放粘蚤纸1950张,染蚤0张,染蚤率为0,共粘获蚤0匹,蚤指数为0;650份鼠肝脾样本进行病原分离培养,结果均为阴性;F1抗体检测650份鼠血清,结果均为阴性。开展媒介病原学监测,检验数为1匹不等单蚤,结果为阴性。开展鼠疫"疫情三报"工作,无不明原因病、死鼠(动物)、疑似鼠疫和急死病例报告。

【死因、慢性病监测】 2020年,龙泉市平均人口数289380人,其中男性147395人,女性141985人,男女性别比1.04:1。全年报告死亡个案总数1909例,死亡率为659.69/10万,男1138例、女771例,分性别死亡率为:男772.06/10万、女543.02/10万。其中,肿瘤528例(恶性肿瘤527)、循环系统疾病583例、呼吸系统疾病169例,三类慢性非传染性疾病占全部死亡数67.01%;损伤和中毒外部原因死亡216例,占全部死亡数11.31%;传染病和寄生虫病死亡14例(病毒性肝炎8例、艾滋病2例、肺结核1例),占全部死亡数0.73%;起源于围生期某些情况死亡2例,占全部死亡数0.1%。全年报告龙泉市户籍出生数1938人,其中男995人、女943人。

【地方病防治】 按东南西北中划分抽样片区,随机抽取安仁镇、锦溪镇、八都镇、西街街道、剑池街道5个乡镇(街道),在五地各抽取1所小学,每所小学抽取8—10周岁非住校学生42人进行尿碘、盐碘含量检测。检测学生家中食用盐213份,结果:非碘盐10份(小于5毫克/千克),合格194份(18—33毫克/千克),合格碘盐食用率91.08%,碘盐覆盖率95.31%(大于5毫克/千克),盐碘中位数23.90毫克/千克;尿样213份,结果:中位数达217.6微克/升,其中低于100微克/升24份,占11.27%,低于50微克/升6份,占2.82%,最大值为674.8微克/升。对前来妇保所产前检查的孕妇进行尿碘、盐碘含量检测,收集孕妇食用盐样106份,尿样106份,结果:孕妇随机尿碘中位数178.15微克/升,孕妇盐碘中位数22.84毫克/千克。

开展饮水型氟中毒监测,完成9个监测村生活饮用水氟含量监测调查表。在已改水病区行政村,每村采集1份末梢水样品,测定水氟含量,结果:水氟含量均未超标。对监测村8—12周岁的260名儿童进行氟斑牙检查,结果:轻度氟斑牙1人,可疑7人。

【麻疹疫情监测】 按照《全国麻疹病例监测方案》要求,指导医疗机构开展麻疹病例主动搜索,每旬要求报告麻疹监测病例(包括"零"病例报告),该年无麻疹、风疹病例,麻疹排除病例6例,监测率为2.49/10万,已达到省级按常住人口数2/10万监测率的要求。所有疑似病例均按照麻疹监测方案要求,对疫情报告、调查、风险评估等工作及时采取相关应急和控制措施,并通过麻疹监测信息报告管理系统报告调查处置信息。

【健康教育与健康促进】 2020年,开展各类健康教育业务培训7次,深入

2020年11月30日,学生防治结核病核心知识培训开展 (李维/供图)

医疗机构、学校、社区、单位等开展健康教育检查和业务指导工作 90 次，同时积极开展“世界结核病防治日”“全国儿童预防接种宣传日”“全民营养周”“世界无烟日”“全国高血压日”“世界精神卫生日”“世界艾滋病日”等主题线上宣传活动。继续开展“健康中国行活动”，扎实推进合理膳食、科学健身、无烟生活、慢病防治、传染病防治、中医保健等健康教育讲座“五进”活动（进农村、进学校、进社区、进机关、进企业），圆满完成省市级三场公民健康素养大讲堂活动，全年举办各类健康知识讲座 120 场，受益 6800 余人次。同时，在本地媒体、“龙泉健康教育”微信公众号开设健康教育专栏，共推送健康教育文章 379 篇，电视播放总时长约 20 小时，报纸专版 6 个，编印宣传资料 14 种 29.73 万份，内容包括新冠防控、健康素养 66 条、控烟、救灾防病、登革热防控、流感防治、艾滋病防治等。该年，成功创建健康促进学校浙江省级金牌 2 所、丽水市级银牌 2 所、龙泉本级铜牌 6 所，创建无烟党政机关 111 家，创建健康家庭 820 户。完成 2020 年度居民健康素养和烟草使用监测工作，居民健康素养水平为 27.30%，15 岁以上人群吸烟率为 22.46%。

【肠道门诊监测】 开展霍乱监测工作，采集甲壳类、海鱼类等海产品 150 份，各类卤制品熟食 30 份，水体 120 份，苍蝇 2 份 30 只；采集动物宿主（鸡、鸭、鸽）粪便 100 份，开展霍乱、O157:H7、伤寒、副伤寒检测，未发现阳性样本；O157:H7 腹泻病例检索 91 份，无阳性病例。该年，肠道门诊共上报腹泻病例 165 例，未发现霍乱病例。

【食品卫生】 开展食品安全风险监测，采集肉与肉制品、水产及其制品、食用菌、蔬菜及其制品、寿司、甜品、干豆类及豆腐、菌类、谷物及其制品、桶装水、直饮水等 10 个类别 255 个样品，微生物合格率 99.32%，理化合格率 100%，总合格率 99.67%。哨点医院（龙泉市人民医院/龙泉市中医院）上报病例信息及病例 323 例、样本 206 例，如期按量完成月指标数量。检测沙门氏菌、副溶血性弧菌、致贺氏菌，食源性致病菌阳性菌株 17 例，均为沙门氏菌，阳性率 8.25%。该年，未发现疑似食源性异常病例/异常健康事件报告病例；发生 1 起食用口水鸡（变形杆菌）引起食源性疾病暴发事件。

【学校卫生与营养宣教】 2020 年，龙泉市学生常见病防治督导覆盖率 100%。对瀑云小学、上垟小学、八都小学开展教学环境监测，检测 18 个教室，2000 余项目参数。抽取 4401 名学生开展近视调查筛查。开展“全民营养周”宣传活动，在 15 个乡镇、4 个社区督导开展人群合理膳食指导和营养改善工作，普及膳食营养知识，督导率达 100%。完成中小学生（安仁中学、锦溪小学）营养午餐调查反馈及督导工作。完成养老机构 60%、幼儿机构 55.6%、学校 60%的营养干预宣传工作。

【环境卫生监测】 完成 19 个乡镇生活饮用水抽样监测，市自来水厂和岩樟溪水源水、瓯江水源水、二次供水、管网水等监测，丰水期和枯水期及加强水质监测，该年监测水样 180 余份，检测项目 6120 个。龙泉市疾控中心获得浙江省饮水卫生监测工作质量评估优秀单位称号。

【职业卫生】 2020 年，龙泉市辖区网络直报单位用户授权率及开通率双达到 100%，辖区内职业病体检机构重点职业病监测危害因素体检个案卡上报率 100%。2020 年，上报 31 例中毒信息卡，与网报信息一致，上报职业有毒有害健康监护卡 10 张，完成职业病危害因素监测 27 家单位，完成 200 家重点危害因素企业现状调查工作。

## 妇幼保健

【孕产妇保健】 2020 年，龙泉市活产数 1938 人，早孕建册人数 1858 人，早孕建册率 97.23%；孕产妇系统管理人数 1842 人，系统管理率 95.05%；产后访视人数 1894 人，产后访视率 97.73%；产前血清学筛查人数 1141 人，高风险 59 例（52 例 21 三体，其中 1 例合并 NTD 高风险，2 例 18 三体，6 例 NTD），其中 29 人作羊水诊断，无创基因检测 25 例，三维超声 6 例，确诊 21 三体引产 1 例，其他染色体异常引产 1 例。无创 DNA 筛查 443 例，21 三体高风险 2 例，确诊引产 1 例，1 例未确诊于孕 19 周死胎引产。严格按照浙卫办〔2018〕6 号文件精神落实高危妊娠五色分级管理，筛查出橙色以上高危孕产妇 289 人。增补叶酸预防出生缺陷，服用叶酸人数 1893 人，其中免费发放叶酸 521 人，自费购买服用 1372 人。

确定市妇计中心、人民医院、中医院、三家社区卫生服务中心为孕产妇提供艾梅乙检测和咨询服务，妇计中心专人负责追踪管理。2020 年，分娩产妇总数 1252 人，艾梅乙检测 1252 人，均为孕期检测，检测率为 100%。发现梅毒产妇 5 人，孕期规范治疗率 100%，新生儿均予预防性治疗，定期随访，未发生先天梅毒病例。乙肝表面抗原阳性产妇 54 人，新生儿 54 人均予免费注射乙肝免疫球蛋白，预防率 100%。

感染艾滋病孕妇1例，规范治疗于孕早期人工流产。

【儿童保健】 2020年，新生儿访视1926人，访视率达99.38%；7岁以下儿童数17833人，健康管理人数17438人，健康管理率97.79%；3岁以下儿童6907人，系统管理人数6600人，系统管理率95.56%；0—36个月儿童数6907人，中医药健康管理5351人，管理率77.47%；5岁以下儿童死亡率2.06‰，婴儿死亡率1.55‰，新生儿死亡率1.55‰；6个月内母乳喂养率96.48%，5岁以下儿童中重度贫血患病率0.13%，以上各率均达到目标要求。接诊乡镇转诊Ⅱ类高危儿165例，新筛高危儿101例。对全市托幼机构新生开展入园体检，该年两学期应检1803人，实检1803人；组织各乡镇（街道）对辖区幼儿园进行一年一次的“六一”儿童体检，应检人数7550人，实检人数7550人。

【民生实事】 2020年，市卫生健康局、财政局联合出台可疑胎儿产前诊断心脏超声检查和0—12月龄婴儿耳聋基因筛查民生实事长效机制，项目资金由财政全额保障。2020年，完成0—12月龄耳聋基因筛查1419例，筛出耳聋基因阳性48人，GJB2阳性31例、GJB3阳性2例、SLC26A4阳性12例、mtDNA阳性3例，其中双耳中度听力障碍1例。可疑胎儿心脏超声检查137例，筛出阳性病率8人，余未见明显异常，均随访中。可疑患儿先天性心脏病双指标法1089例、心脏超过筛查16例，筛出阳性8例。8月，市妇计中心成立婴幼儿照护服务指导中心，负责全市3岁以下婴幼儿照护服务工作实施推进、3岁以下婴幼儿照护服务技术指导，包括婴幼儿健康管理、发育监测筛查、托育机构保育员保健员培训、婴幼儿家长健康学校等实训。2020年，新增幼儿园办托班公办幼儿园1家、民办托育机构2家、托位125个，超额完成民生事实任务。

【“两癌”检查】 2020年，该市完成宫颈癌筛查人数8995人，HPV阳性1458人，阳性率16.21%；TCT检查人数1130人，阳性率32.86%；阴道镜已查510人，宫颈癌9人；生殖道感染1345人，其中滴虫性阴道炎138人，念珠菌性阴道炎199人，其他阴道炎1009人。乳腺癌筛查人数9190人，乳腺良性疾病50人，乳腺癌11人（0期1人，1期4人，2期6人）。宫颈和乳腺筛查出的其他疾病，也已随访并得到治疗，部分异常病例继续跟踪随访。

【婚前孕前保健】 市卫生健康局加强出生缺陷防控，加大优生科普知识宣传教育和孕前优生优育检查，强化出生缺陷一级预防，预防出生缺陷关口前移。2020年，完成婚前医学检查2028人，婚检率90.1%，其中孕前优生健康检查人数1178人，优检率98.16%，高风险率12.1%。高风险人数男性25人，女性118人，高风险率12.13%。梅毒2人，尿液常规异常172人，血液常规异常84人，血糖异常26人，生殖系统疾病32人，甲状腺疾病25人，肝功能异常63人。婚前疑难病例26人，对参检结果及时做出评估建议告知书，依据评估结果分为一般人群和高风险人群，给予相应咨询指导，告知存在风险因素及可能给后代带来的危害，提出诊断、治疗或转诊建议和干预措施。

【避孕药具管理】 市卫生健康局规范药具账册，统一使用丽水市卫健委提供避孕药具免费发放登记本和收发账，对免费发放避孕药具进行规范管理，要求做到账账相符、账物相符。做好一年2次乡镇药具管理人员和乡镇卫生服务中心妇幼人员督导工作，加强产后访视时避孕指导并提供避孕工具，及时落实避孕措施，减少非意愿妊娠。利用“三八”妇女节、“9•26”世界避孕日、“12•1”世界艾滋病日等节日契机，普及科学避孕、优生优育、国免检测等健康知识，发放相关宣传资料。2020年，发放避孕套24.8万只，短效药931板，外用药428盒，向各医疗服务机构发放宫内节育器555套。

【健康教育】 每月开办孕妇学校、育儿学校各1期，采用线上线下结合模式，内容涉及计划生育新政策、健康养生、宫颈癌乳腺癌防治、更年期保健、出生缺陷预防、小儿常见传染病识别与预防、青春期心理健康、孕产妇保健、儿童保健等，普及人数达7000余人，覆盖人群包括育龄群众、青少年、学生、孕产妇等。针对婚检对象、二胎备孕妇、已孕妇等发放健康教材3000余份，现场咨询100余人。通过孕妇学校、育儿学校、生育关怀大课堂以及健康教育进企业、社区、学校等形式，开展各类健康教育课20期。

## 卫生监督

【概况】 2020年，龙泉市卫生监督所抽到国家卫生监督“双随机”执法任务120家，浙江省“双随机”执法任务50家，完成率均达到100%。完成各类卫生许可现场核查277家。接到投诉举报2起，立案查处2起，其中医疗卫生类1起，公共场所卫生1起。该年度未发生公共场所、饮用水等突发公共卫生事件。

2020 年 4 月，市卫生监督所开展“双随机”检查 （田 瑛 / 供图）

【医疗卫生监管】 对中小医疗机构开展依法执业监督检查工作。6 月，召开中小医疗机构负责人动员培训部署会，完成医疗机构自查工作；开展打击非法行医活动，排查辖区内非法行医窝点，未发生非法行医致人死残情况；2 个非法行医案件顺利移交市法院，开启移交法院强制执行先例。同时，开展新冠疫苗预防接种专项、母婴保健技术服务、计划生育技术服务、打击“两非”等监督检查工作。

【传染病防治】 对各级各类医疗机构传染病疫情报告、疫苗接种单位预防接种、医疗废物收集处置、消毒管理、病原微生物实验室生物安全等传染病防治工作开展监督检查。开展医疗机构传染病防治分类监督综合评价工作，完成传染病防治分类监督综合评价纸质检查表并录入浙江省卫生监督管理系统综合评价模块。疫情防控期间，严厉打击违法行为，立案 11 起，其中非法行医 4 起，公共场所 7 起，罚没款 2.45 万元；在 46 家公办医疗机构和 2 家民营医院开展预检分诊督查，关停个体诊所（门诊部）43 家，筛查发热病人并转到市人民医院发热门诊；严格执行公共场所、医疗机构“一码一测一口罩”等防疫制度，检查落实高速、省道等卡点口罩专用收集处置箱，对市人民医院、各集中隔离点医废、污水等进行严格管理检查。

【公共场所卫生】 在国家、浙江省卫生监督“双随机”执法中，抽取美容美发场所、住宿场所、游泳场所等 76 家公共场所（集中空调 8 家除外），关闭 11 家，卫生检测不合格 9 家，合格 50 家，一般程序立案 19 件，简易程序 21 件，公共场所“双随机”任务全部完成。7 月，对 3 家游泳场所水质进行抽样检测，检测结果全部合格；11 月，落实完成游泳场所水质在线检测任务（龙泉市耀火体育发展有限公司）。对公共场所进行监督检查，指导经营业主做好人员健康证和公共用品用具清洗、消毒、保洁等。

【学校卫生】 积极探索卫生监督新模式，市卫生监督所、市疾病预防控制中心联合组成校园公共卫生巡回指导工作组，分组分批次对辖区内 41 所学校、50 所幼儿园进行服务指导和监督巡查，出具卫生监督意见书 19 份，排除隐患 8 处。完成返学期间疫情防控专项执法检查和服务指导工作。完成 8 家国家“双随机”监督检查和抽检工作，2 家浙江省级“双随机”监督检查工作，对检测结果不合格的 6 家学校进行行政处罚。2020 年，学校卫生隐患自查率 100%，41 家学校均开展综合评价工作。

【饮用水卫生】 按要求每季度对 7 家供水单位取水、制水、供水开展全程监督监测，水质监测结果予以公开，接受群众监督，抽检信息同时录入浙江省卫生监督信息网。结合第三季度浙江省“双随机”饮用水监督检测工作，对 7 个集中式供水单位出厂水开展全分析水质检测（检测 92 项），抽检出厂水 7 份，合格率 100%。9 月 8 日，对辖区内 4 家 B 级单位（龙泉市乡镇供水站安仁分站、小梅分站、八都分站、岭根分站）完成量化工作，2 家 C 级单位（龙泉市乡镇供水站凤鸣分站、茶丰分站）完成量化工作。9 月 9 日，对 9 个二次供水单位水质进行采样检测，结果均合格。

每月对城区 4 个社区 20 个监测点进行快速检测，检测指标为：臭和味、肉眼可见物、浊度、pH 值、余氯 5 项，全年合格率达 100%，检测结果同时在社区公示栏中公示。对农村供水单位及设施所涉及饮用水卫生安全产品开展卫生监督检查，包括生活饮用水输配水设备及防护材料、生活饮用水化学处理剂等，检查 25 个农村集中式供水设施，未发现使用无卫生许可批件涉水产品的情况。

【职业（放射）卫生】 对辖区内职业病危害严重企业（安仁镇、础石街道），通过实地发放职业卫生宣传资料、与企业签署职业病危害告知书等方式，对企业进行指导和宣传。结合职业病防治法宣传周、安全生产月等特殊节点，在市人民广场、经济开发区等地开展集中宣传。对辖区内从事放射诊疗工作的19家医疗机构（均为X射线影像诊断）进行执法检查，重点检查放射诊疗许可证持有情况、放射诊疗建设项目职业病危害评价情况、设备状态检测情况、放射工作人员个人剂量监测及防护情况等，该年处罚立案1起。

【食品安全】 龙泉市辖区内有餐饮具集中消毒单位1家，2020年出动执法人员28人次，检查6次，监督抽样检测消毒后餐饮具6批次60份样品，合格60份，合格率100%。按要求拓展检测项目，开展大肠菌群、感官指标项目检测，增加洗消剂残留和致病菌检测指标，结果全部合格，达到餐桌安全治理规划目标要求。配合上级部门做好食品安全标准日常备案、管理人员食品安全国家标准及规范宣传培训工作，并按要求开展食品安全国家标准跟踪评价工作。

## 卫生应急

【概况】 2020年，龙泉市突发公共卫生事件报告及时率、处置及时率100%。突发公共卫生事件相关信息报告2起，均为学校诺如病毒感染聚集性疫情，报告及时率、事件原因查明率均100%。开展风险评估4次，其中新冠病毒专题评估1次。在疫情防控中，龙泉市卫健局科学防控，精密抓细抓实各项防控工作，龙泉成为浙江“零确诊”的县（市）之一，荣获浙江省抗疫先进集体称号。

【项目建设】 9月27日，龙泉市公共卫生应急救治中心和公共卫生综合服务中心开工建设。龙泉市公共卫生应急救治中心项目总用地面积约为24.45亩，总建筑面积约为4.5万平方米，总投资约3.08亿元（已争取到国债资金1.65亿元）。龙泉市公共卫生综合服务中心是集疾控中心、妇计中心、红十字医院为一体的医疗综合体，占地面积约51亩（预留二期发展用地17亩），建筑面积2.7万平方米，总投资为2.4163亿元。

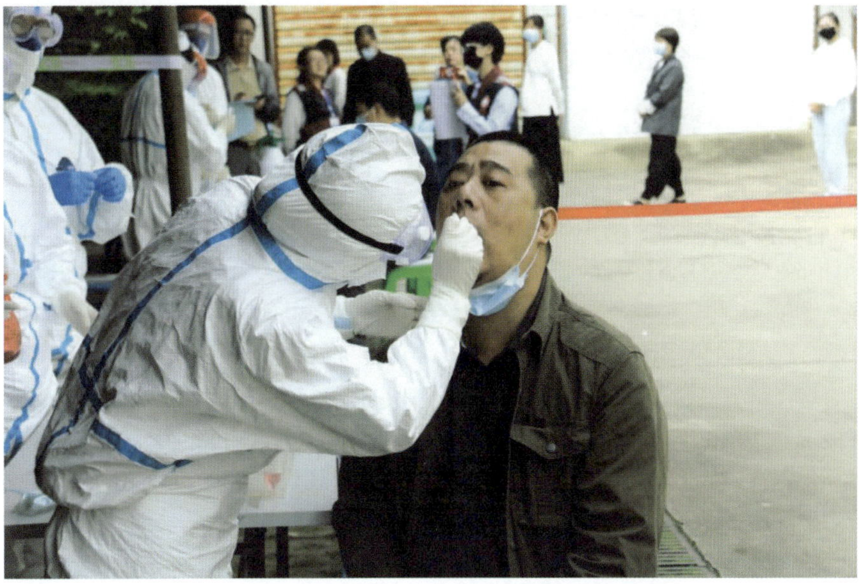

2020年9月25日，龙泉市秋冬季新冠肺炎疫情防控培训和演练现场

（沈爱娟 / 供图）

## 医疗保障

【概况】 2020年，龙泉市基本医疗保险参保人数26.46万人，其中一档职工4.61万人，二档城乡21.85万人。基金总收入54919.6万元，总支出40063.2万元，年末结存50656.07万元。该年1月1日起，生育保险和职工基本医疗保险合并实施，职工医保（含生育）收入22721.9万元，支出15115.32万元，年末结存21136.35万元，其中个人账户累计结存16276.5万元；城乡医保收入32197.7万元，支出24947.88万元，年末结存29519.72万元。

龙泉市医疗保障局严格落实“两个确保”要求（确保患者不因费用问题影响就医、确保收治医疗机构不因支付政策影响救治），向市人民医院预拨付基金500万元。开辟绿道、减半征收、缓缴保费，为企业复工复产纾困解难，2—6月，医保减征政策惠及2935家企业，医保减征金额1416.45万元；为19家受疫情影响生产经营出现严重困难、无力足额缴纳社会保险费的企业缓缴医保费。

【医保扶贫】 1月，市医疗保障局、财政局、民政局、残疾人联合会联合下发《关于进一步做好因病致贫医疗救助工作的通知》，明确因病致贫救助对象为特困供养人员、最低生活保障家庭成员、最低生活保障边缘家庭成员、困境儿童、重点优抚对象。2020年，救助困难人员12286人次，救助金额1653万元；城乡居民医疗保险费实行困难群众免征缴，在册医疗救助对象14616人，低保10451人，低边3636人，特困529人，资助576.07万元。8月，三类困难人员在丽水市外省内医疗机构实现医疗救助待遇“一站式”结算。

【医保基金监管】 开展“打击欺诈骗保、维护基金安全”宣传月活动。查处违法违规定点医药机构45家，追回医保基金28.78余万元；查处参保人员违规报销1例，追回违规金额2.42万元。智能网审违规单据1635.9万条，拒付医保基金37.83万元。（方雨平）

## 人民医院医共体

【概况】 2020年，龙泉市人民医院门急诊病人406335人次，出院病人18563人次，医疗收入27862.86万元。组建领导管理团队，任命教授、硕士导师、主任医师方炳木为龙泉市人民医院党委书记，温州医科大学硕士生导师、博士、主任医师曹卓为龙泉市人民医院副院长；聘请丽水市中医院党委副书记、院长邱伟文，丽水市人民医院党委委员周小庆为龙泉市人民医院名誉院长。2020年，龙泉市人民医院在疫情防控中表现优异，被评为“丽水之干”模范集体，感染科被评为“丽水市抗击新冠肺炎疫情先进集体”，内科党支部被评为“在疫情防控阻击战中事迹突出的党组织和党员”，1人被评为“逆行援鄂杰出医师”，3人被评为“浙江省抗击新冠肺炎疫情先进个人”。

【人才队伍和学科建设】 2020年，市人民医院签约主任医师、硕士、本科医学生等24名卫技专业人才，完成护士长竞聘工作。组织自主评聘，5人聘为卫生技术人员正高级职称，11人聘为卫生技术人员副高级职称。深入推进“山海协作”工程，与复旦大学附属华东医院、上海宝山区中西医结合医院签订帮扶协议，与浙大二院消化内科主任蔡建庭教授签订合作协议并举办基层医院消化内镜实用技术论坛，成立宋伟宏院士、徐守宇教授、蔡建庭教授、郑伟教授专家工作站。

卒中防治中心通过国家心脑防办认证，已实施静脉溶栓50例，DNT（入院到溶栓治疗时间）平均39.5分钟。成立龙泉市超声医学质控中心，开设龙泉中医馆。申报龙泉市科技计划自筹项目5项，丽水市自筹项目4项；申报和举办丽水市级继教项目12期，浙江省级继教项目1期。

【医共体建设】 1月21日起，市人民医院医共体以各分院为主，配属总院机动力量，展开交通卡点测温检查工作，做好医共体内及属地乡镇（街道）防疫物资保障工作。派出4家分院及服务站负责人，承担疫情防控及复工复产工作。落实疫情防控相关制度，常态化督促指导，坚持各成员单位预检分诊关口前移，强化“一码一测一口罩”、强化应急处置流程。开展复工复产、驻学驻企工作，派出104名医护人员为254家企业4071名外省职工解决285个问题，派遣60余名防疫指导员为辖区学校提供一对一指导。完成剑池分院班子年薪制改革工作。

【东西部医疗对口帮扶工作】 3月，市人民医院选派放射科主任医师陈正华赴四川省昭化区人民医院开展为期18个月的结对帮扶。5月11日，选派科教科干部周雪珍、妇产科主任医师龚慧珍、血透室副护士长周爱珍赴昭化区人民医院开展结对帮扶，促进医疗帮扶由“输血型”向“造血型”转变。同时，昭化区医疗卫生机构派出儿科、骨科、普外科、急诊科、口腔科共5名医师，到龙泉市人民医院进修学习。

【“最多跑一次”改革】 制定2020年龙泉市人民医院“最多跑一次”改革提升工程实施方案，完成病区门禁、门诊诊间健康码智能核验、流行病史自助预检分诊、医保DRGs点数付费数据上报、区检LIS、电子病历、慢病随访管理中心、护理管理、医务管理、智能停车、金苗等30余个系统的改造升级工作，开通住院预缴款线上缴费查询、微信端上线点点就医、院前急救信息化调度、线上居家护理预约服务、智能停车无感支付、手机App点餐、浙里办预约挂号等20多项功能。联合市残联推出“一件事”联办服务机制，设立“残疾人证办理”服务窗口，由专人负责为残疾人提供残疾评定受理、残疾状况检查、评定和办证、出证一站式服务。专家、专科门诊实行分时段预约服务。

## 中医院医共体

【概况】 2020年，龙泉市中医院总收入5406.19万元，同比增长1.8%，其中医疗收入4170.83万元，同比增长5.6%。急诊人次180168人次，同比增长9%；出院人数2419人次，同比增长29%。骨伤科、针灸推拿科、口腔科、肛肠科、妇产科为重点专科。该年，医院荣获浙江省、丽水市“党建示范点”“无烟单位”“先进党支部”等称号。

【学科建设】 强化中医院特色科室发展，该年建立浙江省名中医骨伤科全仁夫工作室、中医内科黄常新工作室、中医妇科冷贵兰工作室。重点学科消化内镜中心，开展胃肠镜检查2000余人次，消化系统手术200余台。新开展CT和乳腺钼靶检查，医院综合医疗服务能力不断提升。

【“最多跑一次”改革】 对医院信息系统进行升级改造，成功接入浙江省

2020 年 11 月 1 日，浙江省名中医骨伤科全仁夫教授龙泉工作室落成并开展义诊
（刘　潇 / 供图）

互联网医院平台，实现互联网诊疗、药事、护理服务。完成自助机、医生站健康码智能核验系统，开通异地医保直接刷卡结算服务。医共体分院门诊号源统一纳入总院号源池，具备诊间预约牵头医院号源功能，实现基层与牵头医院相关临床科室远程视频会诊、转诊一键办、中医中药一网通等便民服务。

【山海协作】 2020 年，杭州师范大学附属医院派出肛肠消化内科、耳鼻咽喉科、心血管内科、肝病科、甲乳外科、妇产科等专家 60 余人次到市中医院帮扶坐诊带教。萧山区中医院派出骨科、针灸推拿科、放射科、口腔科、护理等专家 6 人次开展为期 3 个月驻点帮扶。上海市奉贤区中医院派出中医专家 9 人次到医院帮扶指导。

【东西部对口帮扶】 2020 年，市中医院派出康复科、脾胃病科医师到四川省昭化区中医院开展为期 3 个月的驻点结对帮扶，昭化区中医院同时派出针灸推拿科、内镜中心医务人员到龙泉开展为期 3 个月的进修学习。

【医共体建设】 市中医院根据《2020 年龙泉市县域医共体建设重点任务清单》，推进县域医共体建设各项工作，建设医共体内部九大管理中心并开始实体化运行。推出全一专科门诊，总院医师团队下沉分院，定期进行家庭医生签约、慢病随访服务。按照“两员一中心一团队”制度，开展医共体公共卫生服务各项工作，对医共体成员单位开展年度绩效考核工作，并在八都分院开展管理团队年薪制改革试点工作。　（彭慧敏）

## 红十字会

【概况】 龙泉市红十字会有乡镇（街道）红十字会 19 个，学校红十字会 26 个，村（社区）红十字会 62 个，志愿服务队伍 3 支。

【助力疫情防控】 2020 年 1 月 25 日，市红十字会全面启动参与疫情防控工作。疫情期间，畅通募捐渠道，累计收到捐款 109.97 万元，接收捐赠物资 27.4 万元，其中市建筑协会捐款 51.1266 万元。截至 7 月，完成所有疫情防控事业捐赠资金和物资拨付工作。同时，承担城东社区第五网格疫情防控、摸排等工作任务，派出干部对网格内 1789 户居民进行入户摸排登记，每天 2 次对网格内居家隔离户开展上门巡查，并组织社区志愿者在第五网格设置三个卡口，发放防疫宣传资料 2000 余份。

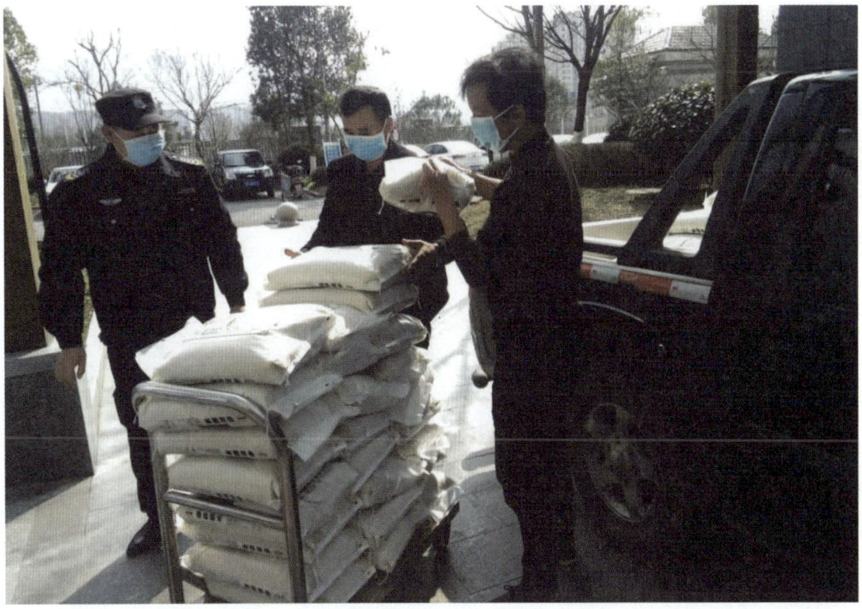

2020 年 1 月 30 日，爱心人士捐赠大米 1000 公斤　（市红十字会 / 供图）

**【应急救护培训】** 2020年，市红十字认真组织开展应急救护培训工作，共普及应急救护知识6362人次，培训救护员792人，救护培训进校园30余场，进文化礼堂20个，救护培训进企业15家。5月6日，到龙泉市中等职业学校开展现场应急救护培训，61名学生通过理论和操作考试，取得救护员证书；5月8日，组织志愿服务队、救护师志愿者，到龙渊街道三村开展红十字应急救护知识培训及宣传活动；在西街街道、西新社区，龙渊街道、龙渊街道一村、三村等乡镇、村(社区)，组织开展现场应急救护知识进农村、进文化礼堂工作；6月，组织开展龙泉市复工企业安全员救护培训；7月5日起，组织开展龙泉市农家乐、民宿业主及从业人员现场应急救护培训专题培训班；围绕“疫情下的急救”主题，到岩樟乡、市中等职业学校、住龙小学、龙泉大酒店等地，开展AED(自动体外除颤器)操作、止血、包扎、固定、搬运等操作技能知识培训。

2020年9月8日，市红十字会在岩樟乡组织开展应急救护培训（市红十字会／供图）

**【生命关爱】** 2020年，市红十字积极开展困难学子爱心助学活动，接收爱心助学捐款2.85万元。9月16日，召开爱心助学活动座谈会，与14位品学兼优的困难学生结对，发放爱心助学基金2.8万元。严格按照浙江省、丽水市红十字会工作要求开展人体器官(遗体)捐献登记、造血干细胞捐献等业务工作，3月24日，在龙泉务工因意外事故死亡的湖南人胡春林成为龙泉市首例人体器官捐献者，让5位患者重获新生；完成造血干细胞志愿者血样入库25人。（李廖珍）

# 文化 旅游 体育

## 综　　述

【概况】 2020年，龙泉市文广旅体局统筹文旅领域疫情防控和复工复产各项工作，全年旅游总收入达124.4亿元，恢复至2019年92.9%。疫情稳定后，举办了45场体育活动、32场乡村文化漫游节、20场“不灭窑火”、3场长三角青瓷宝剑巡展，以及2020长三角“龙泉论剑”武术大赛、江南之巅·天空越野赛等500余场文旅体活动，举办了瓯江山水诗路启动启航仪式、“岁月如歌”庆祝撤县设市三十周年文艺晚会、第五届小城文化艺术周等大型活动。全年组织开展送戏下乡115场、送书18604册、送展览培训191次，引进艺术剧目5场，建有4个城市书房、1个主题图书馆，提升道太乡、城北乡、西街街道等9个乡镇（街道）的村文化活动中心。市文化馆开展免费培训172次，市图书馆接待读者共计47.45万人次，龙泉青瓷博物馆接待游客24.86万人次。

2020年，龙泉市入选浙江省全域旅游示范县、浙江省AAAA级景区城、浙江省首批文旅产业融合试验区，龙泉青瓷文化生态保护区入选浙江省级文化传承生态保护区创建名单，龙泉青瓷文化山地休闲度假发展试点入选浙江省首批山地休闲度假发展试点名单，屏南越野小镇入选浙江省（2021—2023年）运动休闲旅游优秀项目，龙泉宝剑、“不灭窑火”入选浙江省文化和旅游IP▲，“江南之巅、剑瓷龙泉”休闲避暑自驾线路入选长三角精品自驾游线路，住龙镇、兰巨乡分别入选第四批浙江省旅游风情小镇创建名单、第五批浙江省旅游风情小镇培育名单。龙泉青瓷文化省级旅游度假区通过浙江省文旅厅2018—2019年度考核，沈广隆宝剑厂通过浙江省级工业旅游示范基地复核。新增旅行社2家，红豆林酒店、龙泉国际大酒店、金沙温泉酒店分别创成银鼎级特色文化主题饭店、银树叶级绿色饭店、银桂品质饭店等浙江省级品牌饭店，宝溪乡“陌上归人”民宿被评为浙江省银宿级民宿。宝溪乡溪头村支部书记曾志华入选文化和旅游部2020年乡村文化和旅游能人支持项目。

▲文化和旅游IP：文旅融合背景下，在文化和旅游发展中具有独特精神内涵和知识产权特征，得到广泛传播和应用，并产生良好经济和社会效益的文化符号和品牌形象。

龙泉市A级旅游景区一览表

表19

| 序号 | 景区名称 | 等级 | 景区地址 | 电话 |
|---|---|---|---|---|
| 1 | 龙泉市龙泉山旅游区 | AAAA | 龙泉市凤阳山自然保护区 | 7755888 |
| 2 | 中国青瓷小镇·披云青瓷文化园景区 | AAAA | 龙泉市上垟镇 | 7322281 |
| 3 | 龙泉宝溪景区 | AAAA | 龙泉市宝溪乡溪头村 | 7421339 |
| 4 | 龙泉白云岩景区 | AAA | 龙泉市西街街道下樟村 | 7763657 |
| 5 | 龙泉宝剑厂 | AAA | 龙泉市大沙工业区 | 7218369 |
| 6 | 龙泉青瓷博物馆 | AAA | 龙泉市剑川大道258号 | 7129071 |
| 7 | 龙泉兰巨现代农业观光园景区 | AAA | 龙泉市兰巨乡 | 7761663 |
| 8 | 龙泉住龙红色小镇景区 | AAA | 龙泉市住龙镇住溪村 | 7181306 |

续表19

| 序号 | 景区名称 | 等级 | 景区地址 | 电话 |
|---|---|---|---|---|
| 9 | 浙江龙泉唯珍堂农业科技有限公司 | AAA | 龙泉市西街街道周村村 | 7311888 |
| 10 | 龙泉沈广隆剑铺 | AAA | 龙泉市广通街88号 | 7122257 |
| 11 | 龙泉凤羽山庄 | AA | 龙泉市龙南乡西呑 | 7124999 |

龙泉市星级、绿色饭店一览表

表20

| 序号 | 饭店名称 | 星级 | 地　址 | 备注 |
|---|---|---|---|---|
| 1 | 龙泉大酒店 | 3 | 龙泉市新华街83号 | 银树叶级绿色饭店 |
| 2 | 龙泉香溢大酒店 | 3 | 龙泉市贤良路218号 | 银树叶级绿色饭店，银鼎级特色文化主题酒店 |
| 3 | 龙泉市南国花园酒店 | 3 | 龙泉市剑川大道155号 | 银树叶级绿色饭店 |
| 4 | 龙泉市将军大酒店 | 3 | 龙泉市东茶路668号新人民医院对面 | 银树叶级绿色饭店 |
| 5 | 龙泉市信用宾馆 | 2 | 龙泉市农资路口 | |
| 6 | 龙泉市山水商务酒店 | 2 | 龙泉市环城东路201号 | |
| 7 | 龙泉市供销商务宾馆 | 1 | 龙泉市中山西路74号 | |
| 8 | 龙泉市红豆林酒店 | | 龙泉市清风路2号 | 银树叶级绿色饭店，银鼎级特色文化主题饭店 |
| 9 | 龙泉市金沙温泉酒店 | | 龙泉市金沙路26-1号 | 银树叶级绿色饭店，银桂级品质饭店 |
| 10 | 龙泉国际大酒店 | | 龙泉市剑池东路29号 | 银树叶级绿色饭店 |

龙泉市星级、绿色饭店一览表

表21

| 序号 | 旅行社名称 | 等级 | 旅行社地址 |
|---|---|---|---|
| 1 | 龙泉市龙城假期旅行社 | ★★★★ | 龙泉市龙翔路66号 |
| 2 | 龙泉山水旅行社 | ★★★★ | 龙泉市苍松路149号二楼（万客缘超市楼上） |
| 3 | 龙泉凤羽旅行社 | ★★★ | 龙泉市新华街83号 |
| 4 | 龙泉市龙泉起点旅游文化发展有限公司 | ★★★ | 龙泉市体育馆起点文化 |
| 5 | 龙泉市旅游集散中心 | ★★★ | 龙泉市欧冶大道299号（新车站） |
| 6 | 浙江华严文化传播有限公司 | | 龙泉市剑池街道大沙一区A21幢2单元301室 |
| 7 | 龙泉市龙渊文化旅游有限公司 | | 龙泉市华楼街251—253号 |
| 8 | 龙泉游象户外运动有限公司 | | 龙泉市中山东路77号 |
| 9 | 龙泉市海创文化旅游有限公司 | | 龙泉市剑池街道香菇博物馆1楼 |
| 10 | 浙江金腾旅行社有限公司 | | 龙泉市剑池街道工业园区湾头区块15—1双益菇业 |
| 11 | 丽水途美旅游文化发展有限公司 | | 龙泉市龙渊街道环城东路196—1号 |
| 12 | 浙江宇鹏旅行社有限公司 | | 龙泉市剑池街道大沙一路31号4幢201—202室 |
| 13 | 红豆林旅行社有限公司 | | 龙泉市新华街83号 |

【疫情防控工作】　新冠肺炎疫情防控期间，市文广旅体局第一时间关停所有文化和旅游场所，取消文旅活动100余场，指导督促各级公共文化场馆、文旅企业常态化执行防控措施，确保文化和旅游市场秩序井然。制定出台《应对疫情支持旅游企业共渡难关的十二条措施》，提前拨344万元2019年度文旅企业奖补资金，暂退156万元旅行社旅游服务质量保证金，推动党员干部下沉61家文旅企业开展“三服务”，纾解文旅企业经

营困难。发放3000万元大礼包，通过景区整合营销、区域串线合作、旅游消费券等多种手段，催热文旅市场。

## 文化事业

【文化基因解码工程】 5月，龙泉市根据浙江省文化基因解码工作要求，成立“文化基因解码工程”领导小组，制定实施《龙泉市“文化基因解码工程”实施方案》。第一轮文化元素普查共收集文化元素268个，涉及2个主类、22个亚类、62个基本类型，覆盖中华优秀传统文化、革命文化等类型。建立龙泉文化基因元素库，完成青瓷文化、宝剑文化、菇民文化、浙江大学龙泉分校旧址4个重点元素解码。

11月6日，丽水市“文化基因解码工程”工作推进会在龙泉市召开；12月30日，龙泉市召开文化基因解码工程研讨会，结合该市文化历史实际情况和文化基因解码工程具体要求，根据元素普查结果，初步筛选龙泉青瓷烧制技艺、龙泉宝剑锻制技艺、香菇文化、大窑龙泉窑遗址、石马抢灯（丁）习俗、龙渊龙舟等10个重点文化元素。

【文艺工作】 2020年，龙泉市有在册文体团队85余支，团队成员2100余人。通过星级团队评选确定25支星级团队，其中五星级团队5支、四星级团队6支、三星级团队14支。该年，共开展各类文艺工作培训172次，参与4917人次。市文化馆围绕“聚焦‘重要窗口’、聚力龙泉复兴”、文化战“疫”等主题，广泛开展文艺创作，组织专业文艺干部、社会文艺团队深入生活、深入基层，挖掘地方特色文化，打造文艺精品。

文化基因解码元素一览表

表22

| 序号 | 元素名称 | 产生年代 | 常见/罕见 |
|---|---|---|---|
| 1 | 龙泉宝剑锻制技艺 | 三国两晋南北朝时期 | 常见 |
| 2 | 龙泉青瓷传统烧制技艺 | 三国两晋南北朝时期 | 常见 |
| 3 | 上田战斗遗址纪念馆 | 当代 | 罕见 |
| 4 | 梧桐口毛主席批录纪念碑 | 当代 | 罕见 |
| 5 | 浙江大学龙泉分校旧址 | 中华民国 | 罕见 |
| 6 | 龙泉市革命烈士陵园 | 当代 | 罕见 |
| 7 | 徐仰山烈士故居 | 中华民国 | 常见 |
| 8 | 郑玉奎烈士故居 | 清朝 | 常见 |
| 9 | 李逸民故居 | 中华民国 | 罕见 |
| 10 | 季步高烈士故居 | 中华民国 | 罕见 |
| 11 | 塘源红军挺进师师部会议旧址 | 中华民国 | 罕见 |
| 12 | 溪头中共工农红军北上抗日先遣队随军银行旧址 | 中华民国 | 罕见 |
| 13 | 碧龙中共龙遂县委旧址 | 中华民国 | 罕见 |
| 14 | 苍坛红军挺进师政委会会址 | 中华民国 | 罕见 |
| 15 | 彭兰摩崖题刻 | 明朝 | 罕见 |
| 16 | 官浦垟摩崖石刻 | 明朝 | 罕见 |
| 17 | 徐仰山烈士墓 | 中华民国 | 罕见 |
| 18 | 曾氏宗祠 | 清朝 | 常见 |
| 19 | 何氏宗祠 | 清朝 | 常见 |
| 20 | 清修寺 | 清朝 | 常见 |
| 21 | 平水王社庙 | 明朝 | 常见 |
| 22 | 下田菇神庙 | 清朝 | 常见 |
| 23 | 龙井菇神庙 | 清朝 | 常见 |

续表22

| 序号 | 元素名称 | 产生年代 | 常见/罕见 |
|---|---|---|---|
| 24 | 金村码头 | 宋辽西夏金时期 | 罕见 |
| 25 | 炉岙村古矿洞址 | 明朝 | 罕见 |
| 26 | 上田战斗遗址(东书遗址) | 中华民国 | 罕见 |
| 27 | 云水渠(蒋西堰) | 宋辽西夏金时期 | 罕见 |
| 28 | 道太青瓷窑址 | 宋辽西夏金时期 | 常见 |
| 29 | 大白岸青瓷窑址 | 宋辽西夏金时期 | 常见 |
| 30 | 石隆青瓷窑址 | 宋辽西夏金时期 | 常见 |
| 31 | 龙泉窑制瓷作坊 | 清朝 | 常见 |
| 32 | 安仁窑址 | 宋辽西夏金时期 | 罕见 |
| 33 | 大窑龙泉窑遗址 | 宋辽西夏金时期 | 罕见 |
| 34 | 大窑青瓷古道 | 宋辽西夏金时期 | 罕见 |

2020年获奖文艺作品一览表

表23

| 序号 | 作品名称 | 获奖名称 |
|---|---|---|
| 1 | 书法作品《行书》(吴根明作) | 丽水市第十三届乡村文化艺术节视觉艺术大比拼活动铜奖 |
| 2 | 书法作品《行书》(连仁海作) | 丽水市第十三届乡村文化艺术节视觉艺术大比拼活动铜奖 |
| 3 | 书法作品《篆书》(臧渭龙作) | 丽水市第十三届乡村文化艺术节视觉艺术大比拼活动铜奖 |
| 4 | 《逐梦》 | 丽水市第十五届原创歌曲大赛表演金奖、创作铜奖 |
| 5 | 《时代之梦》 | 丽水市第十五届原创歌曲大赛表演银奖、创作铜奖 |
| 6 | 《梦回宝溪》 | 丽水市第十三届乡村文化艺术节村歌大赛铜奖 |
| 7 | 《记忆中的第一山》 | 丽水市第十五届原创歌曲大赛表演铜奖、创作铜奖 |
| 8 | 《大梅口之歌》 | 丽水市第十三届乡村文化艺术节村歌大赛铜奖 |
| 9 | 美术作品《大丰收》 | 丽水市第十三届乡村文化艺术节视觉艺术大比拼活动铜奖 |
| 10 | 美术作品《舍乡情》 | 丽水市第十三届乡村文化艺术节视觉艺术大比拼活动铜奖 |
| 11 | 美术作品《工笔花鸟》 | 丽水市第十三届乡村文化艺术节视觉艺术大比拼活动铜奖 |
| 12 | 摄影作品《农旅结合》 | 丽水市第十三届乡村文化艺术节视觉艺术大比拼活动铜奖 |
| 13 | 摄影作品《古村秋晒》 | 丽水市第十三届乡村文化艺术节视觉艺术大比拼活动铜奖 |
| 14 | 摄影作品《高山人家》 | 丽水市第十三届乡村文化艺术节视觉艺术大比拼活动铜奖 |

【文化市场管理】 2020年，市文化市场综合行政执法队出动检查人员811人次，检查各类文化(文物)市场经营单位619家次(处)，开展疫情防控、浙江省示范文明城市创建、非法小卫地整治、校园周边文化环境整治等专项行动10余次。该年，办理行政处罚案件5件，没收非法出版物153册，罚没款共计5000元。

## 文旅产业

【概况】 2020年，龙泉市完成涉旅项目投资额30.8亿元，同比增长15.36%。《龙泉青瓷文化省级旅游度假区总体规划》通过省级联席审查，《龙泉市文化和旅游发展“十四五”规划》《龙泉市景区城(城市旅游)发展规划》完成审查论证。

【文化旅游大融合活动】 龙泉市创新举办“文旅大融合”活动，由市委书记、市长担任组长，市政府分管领导担任办公室主任，下设专班，联动开展浙江省AAAA级景区城、浙江省全域旅游示范县（市）和浙江省文旅产业融合试验区创建，该项工作纳入龙泉市年度综合考核，根据考核结果综合评比产生先进单位和先进个人，获得一、二、三等奖单位分别获得30万元、25万元和15万元奖励。通过创新机制，该年三项工作全部创建成功。

【景区镇村建设】 2020年，共创成7家浙江省AAAA级景区镇（乡、街道），其中上垟镇、宝溪乡、竹垟畲族乡成功创建浙江省AAAA级景区镇，另因该市成功创建AAAA级景区城，城区4个街道（龙渊街道、西街街道、剑池街道、竝石街道）自动认定为同等级景区街道。共创建30个浙江省A级景区村庄，其中西街街道白云岩村下樟自然村成功创建浙江省AAA级景区村，另评定29个浙江省A、AA级景区村。

【项目建设】 有序推进城市文化客厅、瓯江文化休闲康养中心（城东综合体）、龙泉青瓷文化旅游度假区、龙泉宝剑小镇、氧吧长寿小镇一期、西街历史文化街区改造等一批重点项目建设。完成“文旅大融合”活动建设工程、上茶街二期提升改造工程、九姑山提升改造项目（绿道、观景楼）、瓯江绿道建设等文旅项目。其中“文旅大融合”活动建设工程，对照浙江省全域旅游示范县和景区城创建要求，对全域旅游标识标牌、旅游专线公交停靠站、旅游厕所等旅游基础配套设施进行完善提升。重点打造城市旅游，设计“一剑钟情·从瓷开始”城市旅游精品路线，开通城市旅游公交专线，新建全域旅游集散中心和5个景区城旅游咨询服务点，推出《龙泉市景区城全景图》《龙泉市全域旅游全景图》。

【旅游行业管理】 文旅领域行政许可改革有序推进，“一证办”“掌上办”，跑零次实现率、即办率、承诺期限压缩比、网办实现率、掌办实现率、材料电子化率“六大指标”全部实现100%；共受理行政许可34件，办结34件，办结率100%。认真抓好安全监管职责落实，市文广旅体局与各旅行社、星级饭店、A级景区等签订安全目标管理责任书，签订率达100%。开展非法卫星地面接收设施、“8·13”安全大检查、安全生产月、“安全万里行”安全大检查等整治行动，建立高效旅游投诉处置机制，及时、妥善处理游客投诉举报。严格落实安全播出制度，实现重要保障期安全播出“零事故”。培育新旅游市场主体，该年新增旅行社2家。

【品质提升】 通过评星和复评提升服务品质，对红豆林酒店特色文化主题酒店、金沙温泉酒店品质饭店、国际大酒店绿色饭店创建工作提前介入，指导参评酒店严格按照评定标准进行对标整改，完善软硬件设施，红豆林酒店成功获得浙江省银鼎级特色文化主题饭店称号，金沙温泉酒店获得浙江省银桂品质饭店称号，龙泉国际大酒店获得浙江省银树叶级绿色旅游饭店称号。举办A级景区村讲解员业务培训、乡村旅游统计人员培训、旅游饭店服务技能大赛、导游人员素质提升培训、全域旅游人才培训等系列活动，共计培训10870人次。12月29—30日，开展龙泉市优秀导游评选活动，最终评选出优秀导游10名，最佳旅游线路奖3名，最佳理论知识奖、最佳才艺展示奖、最佳旅游线路推广奖各1名。

## 文旅推介

【旅游营销】 2020年，市文广旅体局积极推动文化旅游“走出去”“请进来”，组织相关旅游企业开展“一月一城”文旅推介活动，先后组织旅游企业参加南京、苏州、福州、上海、杭州等11个城市文旅推介活动，参与杭州、上海、义乌等5个城市推介展会。主动对接长三角主客源市场，邀请上海、武夷山、温州等客源地旅行社到龙泉踩线。4月1日，组织500名本地游客开展“一剑钟情·从瓷开始”——龙泉人游龙泉市民免费游活动，参与体验“一剑钟情·从瓷开始”城市旅游精品路线。8—9月，在上海市组织开展“一剑钟情·从瓷开始”万人游龙泉活动。8月以来，日均引进在龙泉过

2020年4月1日，“龙泉人游龙泉”市民免费游活动启动 （市文广旅体局/供图）

夜游团队数20多个、日均过夜游客量1000多人。

【区域合作】 2020年，与嘉兴市秀洲区文旅局、上海市奉贤区文旅局建立战略合作关系。4月24—26日，龙泉市和嘉兴市秀洲区联合主办"山海并利 山海共赢——秀洲·龙泉文化旅游活动"，通过"品尝特色菜——安仁鱼头""参观龙泉AAAA级景区""探访古龙窑""体验特色畲族婚嫁"等活动，展示龙泉特色文化旅游资源。5月18日，龙泉与省内其他10个新冠肺炎"零确诊""零疑似"县（市、区）联手建立浙江安心游"零零联盟"，通过开展省内旅游互推、学习各地抗疫成功经验、展示优质旅游资源，树立诗画浙江"安心游"品牌形象，推动浙江旅游市场复苏发展。7月28—30日，牵头组织衢宁铁路沿线各地赴福建省福州市、宁德市联合开展推广活动。8月2日，在上海启动"问海借力·沪享龙泉"健康生活畅享季活动，通过龙泉青瓷龙泉宝剑精品展、8090青年艺术展、衢宁铁路"绿巨人"列车首发仪式、龙泉生态康养产品展销、龙泉投资环境暨水资源及产品推介等11个主题系列活动，向上海市民派送了1000万元消费"大礼包"，让龙泉高品质文化旅游产品、健康农特产品"走出去"，把上海的游客、上海优质的资源要素"请进来"。

【文旅宣传】 2020年，"不灭窑火"传统龙窑烧制活动、"江南之巅"天空越野赛、丽水瓯江山水诗路启动启航仪式、"天下龙泉"衢宁铁路品牌专列首发仪式等大型活动，吸引20多家国内各大主流媒体的宣传报道。与浙江经视合作，在《新闻深呼吸》栏目开展特约标版、品牌广告、片尾贴片，提高龙泉旅游品牌曝光度。截至2020年，"龙泉旅游"微信公众号有粉丝13万人，"天下龙泉"抖音号推出50条以上原创视频，其中"天下龙泉 匠心开物"第三届世界青瓷大会系列视频浏览量超240万人次，"不出龙泉拍大片"系列视频浏览量超30万人次，"衢宁铁路通车"系列视频浏览量破6.2万人次。

【龙泉（上海）文化旅游推广中心】 8月3日，龙泉（上海）文化旅游推广中心在上海湾谷科技园天域生态总部正式揭牌。该中心是龙泉对接上海产业资源、产业招商、招才引资、文化旅游展示推介、乡贤价值挖掘与乡贤经济回归的重要窗口和桥梁。成立以来，该中心积极在沪宣传推广龙泉文旅线路产品，为龙泉涉旅企业牵线搭桥，开拓长三角主客源市场。充分用好龙商在沪创业酒店平台，该年在6家上海龙泉籍人士经营的酒店大厅植入"天下龙泉"文旅元素，成为展示龙泉文旅重要窗口。

【"天下龙泉"衢宁铁路品牌专列】 与上海铁路部门达成合作，在衢宁铁路打造"天下龙泉"品牌专列，大力宣传龙泉剑瓷文化、秀美山水、人文风情。专列全车头片、海报、桌贴、品牌天幕等均充满浓厚的龙泉旅游元素。同时，还有100块宣传展示龙泉历史文化、旅游资源的海报分布在其他10列"绿巨人"上，宣传范围全面覆盖长三角。9月28日，"一剑钟情·从瓷开始"——"天下龙泉"品牌专列首发仪式在上海南站举行，列车于当天13时02分正式发车，近200名沪籍游客专程登上"天下龙泉"品牌列车，开启3天的龙泉之旅。

【旅游消费券】 4月13日至5月16日，龙泉市发放200万元"龙泉旅游消费券"，刺激疫情后龙泉旅游市场消费，恢复旅游市场活力。"龙泉旅游消费券"包含三大类，即20元无门槛景区消费券、满100元减50元住宿消费券和满100元减50元餐饮消费券，可在参与活动的景区、精品民宿、酒店、特色餐饮企业等场所凭消费券享受优惠折扣。消费券分五批派发，共发放61058张，实际核销192万元，核销率高达96%，直接带动消费500余万元，拉动消费约1500万元。

## 图书管理

【概况】 2020年，龙泉市图书馆外借文献13.35万册次，借阅7.5万人次，总流通人次47.45万人次；新增读者1281人，累计有效读者20411人。投入购书经费70万元，采购本馆新书0.9万册，馆藏总量24.9万册，其中馆藏地方文献4650种计5985册。2020年，送书下乡图书1.2万册，为分馆、农家书屋、图书流通点送书1.8万余册。开展线上线下读者活动130余场次，参与读者14.7万余人次，内容涉及阅读推广、展览、讲座、公益培训等；重点开展"龙渊讲堂""家家讲堂"等品牌活动，举办"龙渊讲堂"31场，参加1700余人次，"家家讲堂"家庭教育讲座25场，参加1020余人次。

【阵地建设】 开展数字图书馆建设，依托丽水市公共文献信息资源共享系统，完成龙泉市图书馆管理转系统工作，将原有力博图书管理系统转为图创图书管理系统，升级优化通借通还"一卡通"服务，即读者凭借"一卡通"借阅卡可以在丽水九县（市、区）任一公共图书馆借阅和归还图书、查阅馆藏信息和借阅信息。完成瓯江花园城市书房、新华书店城市书房和八都小镇书吧装修工程验收工作并对外开放，2020年城市书房共接待读者 34.3 万余人；建成住龙红色主题图书馆并对外开放，公共图书馆总分馆服体系逐步完善。提升图书馆主馆少儿图书室，新开辟儿童绘本阅读专区，每周开展线上线下少儿绘本讲座。

【全民阅读活动】 4 月至 12 月，市图书馆通过“图书馆+互联网”形式，在全市范围内开展“4•23”世界读书日、长三角阅读马拉松(龙泉站)、图书馆之夜、“第 16 届浙江省未成年人读书节”龙泉站活动、公共图书馆服务宣传周、“我们的节日”主题活动、“抗击疫情，我们在一起”征文活动、“我陪你读”系列活动、数字文化进礼堂活动、“天天免单”现场借书等丰富多彩的全民阅读活动，参与人数达 6000 余人。

【基层图书服务】 加强基层图书馆(室)建设，按照“资源共享、协调发展”目标，市图书馆先后为市纪委监委、龙泉一中、八都镇、宝溪乡、住龙镇等单位开展线上线下业务辅导，竭力为城乡居民提供文献信息和文化休闲服务。加强特殊群体服务，针对老年人举办“爱满重阳节、浓浓敬老情”重阳敬老活动，组织小朋友们走进敬老院陪老人谈心、读报、讲故事。联合市青少年宫赴八都镇中心小学举办“健康龙泉 文明有我”2020 年暑期“春泥计划”公益夏令营活动，该校 200 余名学生参加活动。

2020 年龙泉市图书馆讲座一览表

表24

| 序号 | 时间 | 主　题 | 主讲人 |
|---|---|---|---|
| 1 | 1月7日 | 该发力了！加油！ | 张伟刚 |
| 2 | 1月9日 | 如何帮助孩子制定计划 | 董慧聪 |
| 3 | 1月13日 | 我们是孩子选对的父母 | 季伟翔 |
| 4 | 2月24日 | 孩子，我该怎么爱你？一 | 杨　墨 |
| 5 | 2月25日 | 孩子，我该怎么爱你？二 | 杨　墨 |
| 6 | 3月3日 | 如何让孩子爱上学习 | 邹小辉 |
| 7 | 3月10日 | 行为背后的真相 | 卢艳芳 |
| 8 | 3月17日 | 破解孩子行为问题的真相 | 刘金石 |
| 9 | 3月24日 | 疫情期间孩子学习习惯问题 | 杨　悦 |
| 10 | 3月31日 | 中国梦 复兴梦 | 赵原野 |
| 11 | 4月14日 | 在家庭教育中如何培养孩子的情绪 | 周祉汐 |
| 12 | 4月30日 | 绘本故事会——小施老师带你一起读《挖鼻孔的大英雄》 | 施昊斯 |
| 13 | 5月9日 | 绘本故事会——小施老师带你一起读《妈妈你好吗？》 | 施昊斯 |
| 14 | 5月15日 | 绘本故事会——小施老师带你一起读《我不会走丢》 | 施昊斯 |
| 15 | 5月15日 | 亲子沟通的八大技巧 | 王　玲 |
| 16 | 5月16日 | 如何构建孩子的自信 | 闫绍博 |
| 17 | 5月23日 | 绘本故事会——听小施老师讲红军的故事《粟裕六进拔云山》 | 施昊斯 |
| 18 | 5月29日 | 绘本故事会——小施老师带你一起读《友谊的种子》 | 施昊斯 |
| 19 | 6月1日 | “新型冠状病毒肺炎”知识讲座 | 施昊斯 |
| 20 | 6月12日 | 绘本故事会——小施老师带你一起读《梦里的小船》 | 施昊斯 |
| 21 | 6月14日 | 培养阳光心态 轻松冲刺高考 | 许　毅 |
| 22 | 6月22日 | 绘本故事会——小施老师讲革命故事《曙光照耀丽水城》 | 施昊斯 |
| 23 | 6月30日 | 绘本故事会——小施老师绘本阅读《好想爸爸啊》 | 施昊斯 |
| 24 | 7月22日 | “知子.爱”健康心理教育讲座 | 沈建明 |
| 25 | 7月25日 | 健康心理教育讲座 | 高　玉 |

续表24

| 序号 | 时间 | 主　题 | 主讲人 |
|---|---|---|---|
| 26 | 7月30日 | 绘本故事会——小施老师绘本阅读《别忘了叫我起床》 | 施昊斯 |
| 27 | 8月8日 | 把文字当泥巴玩——兼谈《论语》予写作启示 | 周大彬 |
| 28 | 8月14日 | 垃圾分类主题讲座 | 施昊斯 |
| 29 | 8月20日 | 绘本故事会——小施老师绘本阅读《牛郎织女的传说.七夕节》 | 施昊斯 |
| 30 | 8月30日 | 绘本半小时第四期——《礼物》 | 施昊斯 |
| 31 | 9月19日 | 国学公益课堂 | 刘　欣 |
| 32 | 9月26日 | 绘本半小时第五期——《我们的节日.中秋》 | 施昊斯 |
| 33 | 9月26日 | 轻书少年国学亲子活动公益培训讲座 | 刘　欣 |
| 34 | 9月30日 | 绘本故事会——小施老师绘本阅读《中秋节快乐》 | 施昊斯 |
| 35 | 10月2日 | 《系好扣子塑好品格》 | 沈建明 |
| 36 | 10月13日 | “从生涯规划视野，看今天的孩子需要什么样的教育”讲座 | 施永忠 |
| 37 | 10月26日 | 绘本故事会——小施老师绘本阅读《重阳节》 | 施昊斯 |
| 38 | 10月27日 | 中华人民共和国民法典培训讲座 | 吴文庆 |
| 39 | 10月30日 | 绘本故事会——小施老师绘本阅读《万山民兵护矿斗争》 | 施昊斯 |
| 40 | 11月7日 | 绘本半小时第六期——《你不知道的三个朋友》 | 施昊斯 |
| 41 | 11月14日 | 轻书少年国学亲子活动公益培训讲座 | 刘　欣 |
| 42 | 11月21日 | 绘本故事会——小施老师绘本阅读《凤生义勇救乡亲》 | 施昊斯 |
| 43 | 11月24日 | 《怎样的鼓励才有效》公益讲座 | 徐承宪 |
| 44 | 11月24日 | 绘本半小时——小读者为大家讲绘本 | 宋妍希 |
| 45 | 11月26日 | 《解决亲子沟通问题的步骤》教育讲座 | 季伟翔 |
| 46 | 11月27日 | 绘本故事会——小施老师绘本阅读《坪坑村不屈的脊梁》 | 施昊斯 |
| 47 | 11月29日 | 《亲子沟通的技巧》公益讲座 | 季伟翔 |
| 48 | 12月2日 | 《国际视野下的中国梦》 | 赵原野 |
| 49 | 12月3日 | 《让孩子爱上学习》 | 季伟翔 |
| 50 | 12月5日 | 绘本半小时——《我不是不敢做，我只是很小心》 | 施昊斯 |
| 51 | 12月7日 | 《养好习惯幸福一生》 | 季伟翔 |
| 52 | 12月8日 | 《规矩，让爱更持久》 | 周志发 |
| 53 | 12月10日 | 《让孩子爱上学习》二 | 季伟翔 |
| 54 | 12月16日 | 《做情绪的主人》一下午 | 宋　奇 |
| 55 | 12月16日 | 《做情绪的主人》二晚上 | 宋　奇 |
| 56 | 12月19日 | 绘本半小时——二十四节气之画说冬至 | 施昊斯 |

## 文化活动

**【概况】** 2020年，龙泉市开展各类演出活动400余场，其中线上活动113场，“文化走亲”55场，乡村漫游节32场，品牌节庆活动42场。同时，坚持免费开放培训，开办面向未成年人、成年人、基础文艺骨干等不同群体，时间覆盖暑期及长期，涵盖美术、书法、摄影、音乐、舞蹈、戏曲、器乐等各门类艺术培训班172场。

**【瓯江山水诗之路启动起航仪式】** 12月11日，丽水瓯江山水诗路启动启

## 2020年龙泉市重点文化活动一览表

表25

| 序号 | 活动类型 | 活动时间 | 活动名称 |
|---|---|---|---|
| 1 | 文艺演出 | 1月10日 | “人才之春”走进医共体——瓯水相依•情满龙泉文艺晚会 |
| 2 | 文艺演出 | 1月21日 | 2020新春团拜会 |
| 3 | 文艺演出 | 8月14日 | 庆祝龙泉撤县设市30周年——浓情夏乐民族器乐音乐会 |
| 4 | 文艺演出 | 10月24日 | “凝聚孝爱力量 共创健康中国”九九重阳节公益联欢晚会 |
| 5 | 文艺演出 | 12月26日 | “岁月如歌”龙泉撤县设市三十周年文艺晚会 |
| 6 | 文艺演出 | 12月29日 | 文化让龙泉更美好•第五届小城文化艺术周暨“银耀之江”浙江老干部活动中心艺术团志愿服务走进龙泉文艺晚会 |
| 7 | 文艺演出 | 12月30日 | 文化让龙泉更美好•第五届小城文化艺术周暨“民族魂•中国梦——阳光下成长”龙泉市第十四届“剑瓷之韵•文艺”中小学生艺术节颁奖晚会 |
| 8 | 文艺演出 | 12月31日 | 文化让龙泉更美好•第五届小城文化艺术周暨“天下龙泉•匠心开物”2020年全市优秀文艺作品展演 |
| 9 | 艺术展览 | 5月29–30日 | 在上垟镇、岩樟乡、龙渊街道举办“文旅大融合 美丽乡村游摄影作品展” |
| 10 | 艺术展览 | 10月1日–10月3日 | “抗疫情.见辉煌”书画展 |
| 11 | 艺术展览 | 11月23日–26日 | 浙江省“江浙之巅•剑瓷龙泉”剪纸艺术作品展、“千峰翠色”——青瓷大师系列摄影作品展巡展 |
| 12 | 艺术展览 | 12月2–8日 | “辉煌三十载 书画展宏图”---- 庆祝龙泉撤县建市三十周年老年书画展 |
| 13 | 文化培训 | 7月4–10日 | 健康龙泉 文明有我2020年“艺教”公益夏令营 |
| 14 | 文化培训 | 9月22日–11月17日 | 秋季“文化嘉年华”公益成人艺术培训 |
| 15 | 文化培训 | 10月30日–11月26日 | “琴棋书画”课程培训 |
| 16 | 文化活动 | 12月11日 | 丽水瓯江山水诗路启动启航仪式 |

航仪式在龙泉举行。丽水市委书记胡海峰出席仪式并宣布丽水瓯江山水诗路通航，代表丽水九县（市、区）和丽水经济开发区的10艘花船在瓯江畔开展巡游活动，直观展示各地山水资源、非遗文化等特色。仪式上，还举行丽水瓯江山水诗路项目签约仪式，发布《丽水瓯江山水诗路旅游联盟宣言》，聚力打造瓯江诗路黄金旅游带和“诗画浙江”鲜活样板。

**【撤县设市30周年文艺晚会】** 12月26日，“岁月如歌”庆祝龙泉撤县设市三十周年文艺晚会在龙泉大剧院精彩上演。整场晚会分为序《时光印记》、第一篇章《往日情怀》、第二篇章《峥嵘岁月》、第三篇章《时代高歌》、尾声《春色满园》四大部分，共12个节目，演绎乡音乡愁，品味剑瓷魅力，向所有为龙泉建设发展作出贡献的人致以崇高敬意。

**【第五届小城文化艺术周】** 12月27—31日，第五届小城文化艺术周在龙泉大剧院举行。该届艺术周以“文化让龙泉更美好”为主题，分别举行“岁月如歌——第五届小城艺术周开幕式暨龙泉撤县设市三十周年文艺晚会”“银耀之江——浙江老干部活动中心文化走亲走进龙泉”“阳光下成长——第十四届中小学生艺术节颁奖晚会”“天下龙泉•匠心开物——2020年龙泉市优秀文艺作品展演”四场晚会，近800名中小学生、退休干部、文艺

2020年12月29日，浙江老干部活动中心艺术团志愿服务走进龙泉文艺晚会

（市文广旅体局／供图）

骨干参加，是龙泉市群众文化发展的成果联展。

## 文物保护

【概况】 2020年，龙泉市严格遵守《中华人民共和国文物保护法》《中华人民共和国文物保护法实施条例》及《丽水市大窑龙泉窑遗址保护管理条例》等法律法规，有序开展文物保护工作。加强大窑龙泉窑、浙江大学龙泉分校旧址等国保单位保护利用，完成浙江大学龙泉分校旧址修缮工程现状测绘与方案设计工作，提交浙江省文物局审批，并对旧址西侧附属建筑西墙木构作支撑加固处理。完成季山头村季步高烈士故居、孙坑村双溪桥、竹垟畲族乡坤德桥、下基坑尾龙窑、杨山头村余家大屋等5处省保的修缮工程，并通过初步验收。完成小梅镇瓦窑路窑址保护展示工程内部陈列工程、麻连岱红军标语附属建筑修缮工程、清修寺大门修缮工程、大舍村元公祠门楼修缮工程等4处龙泉市保工程。完成础石街道文澜阁四库全书藏书遗址修缮工程现状测绘与方案设计。完成国保黄南古溪桥、垟顺村顺德桥、安仁镇永和桥，省保宝溪乡陈家窑，市保均益村福星桥、北河街八角大门民居维护加固工作。

2020年，龙泉市博物馆举办“龙行万里——海上丝绸之路与龙泉青瓷展览”“天下龙泉——龙泉青瓷 宝剑传承与创新展”“春风又绿江南岸·龙泉青瓷再出发”(百名龙泉青瓷工匠作品展)等临时展览共10次。2020年，龙泉市博物馆可移动文物藏品13212件(套)，其中一级文物6件(套)，二级文物85件(套)，三级文物358件(套)。完成2021版《故宫龙泉日历》编辑和出版工作，完成《天下龙泉》卷三、卷四编辑和出版工作，完成《巧剜明月——浙江古代青瓷茶具鉴赏与研究》书籍编辑出版工作。

【大窑龙泉窑国家考古遗址公园】 3月1日，《丽水市大窑龙泉窑遗址保护管理条例》正式施行。龙泉市先后在小梅镇大窑村举办以“海丝”申遗与《丽水市大窑龙泉窑遗址保护条例》宣传主题送戏下乡活动和“文化和自然遗产日”法制宣传活动。2020年，大窑龙泉窑国家考古遗址公园建设有序推进，完成溪口瓦窑垟窑址保护展示工程及内部陈列工作，充实遗址公园内容；完成源口窑遗址保护展示工程计划书编写工作，并获国家文物局立项批复；大窑龙泉窑遗址应急修缮工程获市发改立项批复，将对枫洞岩至垟岙头村口段古道进行恢复。

【文博展览】 1月13日，“青色于众——亚洲国际陶瓷交流营展”开幕式在龙泉青瓷博物馆举行，汇集了韩国和我国台湾地区、龙泉本土艺术家的作品，以及中国美术学院、韩国弘益大学、韩国国立传统文化大学、台南艺术大学、广州美术学院、上海工艺美术学院、丽水学院中国青瓷学院、龙泉青瓷宝剑技师学院等高校师生作品，共计65件。

9月29日，“龙行万里——海上丝绸之路上的龙泉青瓷”展览在中国(海南)南海博物馆开展，来自首都博物馆、浙江博物馆、福建博物馆等国内11家博物馆的253件套龙泉青瓷，首次在海南集中展出。

10月20日至12月，“天下龙泉——龙泉青瓷·宝剑传承与创新展”在上海奉贤区博物馆、上海大世界、土山湾博物馆进行巡展，巡展展品萃集160余件古今龙泉青瓷、宝剑作品。巡展期间，还组织龙泉青瓷、宝剑大师开展主题讲座，现场表演拉坯、刻花、烧瓷等系列匠艺活动。

12月26日，为庆祝丽水撤地设市20周年、龙泉撤县设市30周年，“春风又绿江南岸·龙泉青瓷再出发”百名龙泉青瓷工匠作品展和“龙泉青瓷30年”论坛在丽水市博物馆举行。该次展览共展出展品113件，以传承、新生、展望三个主题，全面展示龙泉青瓷文化传承创新和文化思潮。

## 非物质文化遗产

【概况】 龙泉非物质文化遗产丰富，全市共有非物质文化遗产代表性项目61项，其中“人类非遗”项目1项、国家级项目2项、省级项目10项、丽水市级35项；共有非物质文化遗产代表性项目代表性传承人199名(6人已过世)，其中国家级5名(1人已过世)、省级20名(2人已过世)、丽水市级67名(3人已过世)。2020年，启动龙泉市第五批非物质文化遗产代表性项目和非遗传承人评选，共评选出7个代表性项目和41位传承人。联合国教科文组织人类非遗项目龙泉青瓷传统烧制技艺“3+N”▲保护行动按计划推进，举办“不灭窑火”传统龙窑烧制技艺活动20场。

▲ “3+N”：“3”即每年要制定1个针对项目的年度保护计划、开展1次针对性地保护传承工作座谈、递交1份专项年度保护工作总结。“N”即在做好规定动作的基础上，因地制宜，创造性的实施多个保护措施或保护活动，探索非遗项目的保护路径，形成区域经验，为人类非遗项目保护工作提供浙江实践。

【“非遗”保护和传承】 6月8日，2020“文化和自然遗产日”，龙泉市举办“不灭窑火”传统龙窑烧制系列活动和“非遗购物节”文化遗产日活动，并

龙泉市非物质文化遗产代表性项目名录(省级及以上)一览表

表26

| 名称 | 级别 | 时间 | 类型 | 备注 |
| --- | --- | --- | --- | --- |
| 龙泉青瓷传统烧制技艺 | 人类非遗 | 2009年 | — | — |
| 龙泉青瓷烧制技艺 | 国家级第一批 | 2006年 | 传统技艺 | — |
| 龙泉宝剑锻制技艺 | 国家级第一批 | 2006年 | 传统技艺 | — |
| 龙泉青瓷 | 省级第一批 | 2004年 | 民间造型艺术 | — |
| 龙泉宝剑 | 省级第一批 | 2004年 | 民间造型艺术 | — |
| 炼火 | 省级第一批扩展名录 | 2009年 | 民俗 | 龙泉、云和 |
| 高机与吴三春传记 | 省级第二批扩展名录 | 2009年 | 民间文学 | — |
| 龙泉窑传说 | 省级第三批 | 2009年 | 民间文学 | — |
| 凳　花 | 省级第三批 | 2009年 | 传统体育、游艺与杂技 | — |
| 开天门 | 省级第三批 | 2009年 | 传统体育、游艺与杂技 | — |
| 香菇砍花技艺 | 省级第三批 | 2009年 | 传统技艺 | 龙泉、庆元 |
| 菇民防身术 | 省级第四批 | 2011年 | 传统体育、游艺与杂技 | 龙泉、庆元、景宁 |
| 龙泉石马“抢灯(丁)”习俗 | 省级第五批 | 2016年 | 民俗 | — |

龙泉市非物质文化遗产代表性项目代表性传承人名单(省级及以上)一览表

表27

| 姓　名 | 级别 | 时间 | 项目名称 | 备注 |
| --- | --- | --- | --- | --- |
| 徐朝兴 | 国家级第一批 | 2006年 | 龙泉青瓷烧制技艺 | — |
| 沈新培 | 国家级第一批 | 2006年 | 龙泉宝剑锻制技艺 | — |
| 毛正聪 | 国家级第四批 | 2012年 | 龙泉青瓷烧制技艺 | — |
| 夏侯文 | 国家级第四批 | 2012年 | 龙泉青瓷烧制技艺 | — |
| 张绍斌 | 国家级第五批 | 2018年 | 龙泉青瓷烧制技艺 | — |
| 陈阿金 | 省级第一批 | 2008年 | 龙泉宝剑锻制技艺 | — |
| 翁清泉 | 省级第三批 | 2009年 | 高机与吴三春传记 | — |
| 赖火林 | 省级第三批 | 2009年 | 开天门 | — |
| 季大科 | 省级第三批 | 2009年 | 凳花 | — |
| 叶时木 | 省级第二批 | 2009年 | 香菇砍花技艺 | — |
| 项木松 | 省级第三批 | 2009年 | 炼火 | — |
| 陈坛根 | 省级第四批 | 2013年 | 龙泉青瓷烧制技艺 | — |
| 徐定昌 | 省级第四批 | 2013年 | 龙泉青瓷烧制技艺 | — |
| 陈爱明 | 省级第四批 | 2013年 | 龙泉青瓷烧制技艺 | — |
| 卢伟孙 | 省级第四批 | 2013年 | 龙泉青瓷烧制技艺 | — |
| 郭家兴 | 省级第四批 | 2013年 | 龙泉宝剑锻制技艺 | — |
| 郑国荣 | 省级第四批 | 2013年 | 龙泉宝剑锻制技艺 | — |
| 周有平 | 省级第五批 | 2017年 | 菇民防身术 | — |
| 沈　州 | 省级第五批 | 2017年 | 龙泉宝剑锻制技艺 | — |
| 龚益华 | 省级第五批 | 2017年 | 龙泉青瓷烧制技艺 | — |

组织参加"秀文创 潮非遗"秀洲区文化遗产之旅系列活动。9月14日,浙江省非遗保护协会宝剑锻制技艺专委会第二届会员代表大会在龙泉市博物馆学术报告厅召开。12月12日,龙泉市政府与浙江省非遗中心共同举办"大家一起烧龙窑"活动,并举办"2010—2020十年龙窑精品回顾展"和"龙泉青瓷传统烧制技艺及审美标准"研讨会,邀请30余名全国知名专家参会。12月18日,在大窑龙泉窑国家考古遗址公园金村龙窑举办"致敬非遗'不灭窑火'集体烧龙窑暨纪中窑烧制活动",并举行线上作品拍卖活动。

【中外文化合作交流】 2020年,龙泉市人民政府与文化和旅游部中外文化交流中心深化战略合作,根据《深化战略合作实施协议》,共同开展综合展览、线上线下互动体验、讲座、培训、媒体宣传、中外文化交流活动基地建设等系列项目。中秋节期间,龙泉青瓷、龙泉美景和龙泉中秋民俗以虚拟演播形式参加2020"天涯共此时——中秋节"线上文化周活动。12月2日,"中国—摩洛哥旅游论坛"暨"重返伊本·白图泰访华之路"旅游推介会以线上形式成功举办,龙泉市在线上作文旅推介,龙泉文旅工作者、非遗传承人和文旅企业代表团队在龙泉分会场参加活动。12月10—12日,第三届世界青瓷大会期间,双方共同策划举办龙泉青瓷文创海外推广展,在韩国首尔、西班牙马德里中国文化中心设立"龙泉青瓷展示角",53件龙泉青瓷作品以永久收藏方式落户2家中国文化中心。12月13日,双方共同举办数字文化和旅游产业创新发展论坛,以实现创造性转化和创新性发展为目标,围绕"讲好中国故事"、推动与"一带一路"沿线国家合作、优化产品供给等内容进行探讨,为龙泉开展青瓷宝剑海外展览提供指导性意见。同时,在《中外文化交流》月刊每月用中英文版宣传龙泉"非遗"项目及"非遗"传承人,推动剑瓷文化走向世界。

【龙泉青瓷(省级)文化传承生态保护区创建】 2020年,龙泉市加快推进龙泉青瓷(省级)文化传承生态保护区建设工作,认真落实浙江省政府决策部署与浙江省文旅厅关于省级文化传承生态保护区建设意见。7月,赴浙江省文旅厅参加答辩;9月,入选浙江省文化传承生态保护区(创建)名单;12月,委托浙江师范大学编制完成《龙泉青瓷文化传承生态保护区规划(2021—2030)》。市文广旅体局积极与市委编办对接设置龙泉青瓷文化传统生态保护区管理中心,并确立"三定"方案(草稿)。

## 旅游产品选介

【旅游企业】 龙泉国际大酒店是浙江省第二批"诗画浙江·百县千碗"美食体验店、银树叶级绿色旅游饭店。酒店斥资2.6亿元打造,营业面积43578平方米,拥有独立无柱多功能厅、中小会议室和首长接见厅8个,附设豪华餐饮包厢30间及风味中餐厅、中西式婚宴宴会大厅3个,可同时容纳1500人用餐。酒店6—21楼为客房区域,共有各类客房220间(套),床位400个,其中16、17楼为无烟楼层、健康智能客房。11月28日,该酒店承办龙泉市服务技能大赛,并在本次大赛中获得团体一等奖,前厅和客房5名参赛选手分别获得一等奖、二等奖,餐饮部获得1个二等奖。

龙泉红豆林酒店是银树叶级绿色饭店,银鼎级特色文化主题饭店。该酒店是一家按四星级标准打造,集疗休养、会议培训、旅游度假等综合功能于一体的高端商务度假酒店,占地面积4195平方米,建筑面积7862平方米。酒店拥有各类精致房、豪华房、复式房、民宿等63间客房(床位97个),每个房间均有独立小阳台。酒店设有1000多个中西餐位(其中包厢12个,可容纳170余人用餐)、1000多平方米停车场和多个精良配套设施多功能会议厅(大型会议室1个,中小型会议室2个),主题宴会厅2个。

【旅行社】 龙泉市旅游集散中心有限公司是龙泉市长途汽车运输公司下属旅游公司,是丽水市文广旅体局授权的规范、整合散客旅游市场,2019年创成三星级品质旅行社。龙泉市旅游集散中心和龙泉市汽车客运站连为一体,紧接公交车站和高速公路出口,是以组接团、散客、商务旅游为主,以航空机票、旅游汽车、旅游广告、旅游客运等相关业务并举的综合性旅游服务企业。公司现有员工15人,其中持国家导游证11人。

【旅游景点】 白云岩是国家AAA级旅游景区,位于龙泉市西街街道下樟村,距龙泉市5公里,交通极为便利。东至白水桥头,西止白云寺,北邻云坞古村。环线区域总面积约5平方公里,统称白云岩风景名胜区,总面积约7900亩,海拔216—535米。景区内以森林、飞瀑、峡谷、绝壁、田园风光、千年古民居等景观为特色,由龙泉问剑、剑川侠缘、七星濯井、桃花探园、绿谷野营、白云飞瀑、田野牧歌、云坞古村8个风景区组成。景区内还建设有龙泉首座网红玻璃栈道、玻璃吊桥以及玻璃环道,是一处集观光旅游、休闲度假为一体高品质生态旅游度假区。

【旅游商品】 2020年，龙泉市成功创建3家“诗画浙江·百县千碗”特色美食体验店，分别是龙泉国际大酒店、龙泉市金沙温泉酒店、龙泉大酒店。龙泉特色十大美食有茶丰泥鳅火锅、安仁鱼头、紫苏土豆饼、牛奶藤炖土鸡、竹笋墨鱼丝、龙泉和菜、年味豆腐肉、清炒苦槠干、椴木香菇盅、群菌荟萃。1月，市文广旅体局组织龙泉青瓷、龙泉宝剑相关企业或传承人，参加第二届浙江省优秀旅游商品评选活动，最终龙泉玉德青瓷有限公司和五七青瓷文化有限公司的“比翼鸟”杯和“舒云杯”入选。

【旅游精品线路】 2020年，龙泉市设计推出“一剑钟情·从瓷开始”龙泉城市旅游精品路线一日游。第一站，龙泉青瓷博物馆，该馆是目前国内最大的青瓷专业博物馆，可以了解龙泉青瓷发生、鼎盛、衰落和复兴完整历史，参与寻宝活动，感受龙泉青瓷文化魅力。

第二站，龙泉宝剑厂，重现千百年传统宝剑精湛工艺流程，可体验DIY宝剑彩绘、观看舞剑表演，还可以换上古装，穿越成江湖侠客。

第三站，双益菇业，该企业生产的菌菇是G20杭州峰会浙江特色专供食材，可以品尝健康养身菌菇小火锅，在基地内观看到金针菇从制种拌料到采菇包装完整过程，还可以亲自制作灵芝盆景。

第四站，金宏瓷厂，该企业是一家以瓷器酒瓶、日用瓷生产为主的龙头文化企业，可以参观工厂化生产的青瓷制作工艺流程，也可以体验青瓷3D打印技术，定制DIY青瓷。

第五站，西街国家历史文化街区，参观老街、老行当，了解修复瓷器技艺。

第六站，壹号码头，尝龙泉风味美食，乘丰荷号画舫游船，赏龙泉夜景，听龙泉故事。 （张 羽）

2020年3月，龙泉青瓷博物馆 （市文广旅体局／供图）

2020年3月，龙泉宝剑厂 （市文广旅体局／供图）

2020年6月，双益菇业 （市文广旅体局／供图）

2020 年 3 月，金宏瓷厂　（市文广旅体局 / 供图）

2020 年 7 月，夜游瓯江　（市文广旅体局 / 供图）

## 体育事业

【概况】 2020 年，龙泉市坚持以人民为中心的发展理念，扎实推进群众健身设施、组织网络、赛事活动和科学健身指导等建设。2020 年完成城区百姓健身房——龙泉市体育馆，乡镇百姓健身房——八都镇章府会村、查田镇溪口村、城北乡东书村，龙渊街道城东社区、小梅镇梅三村、八都镇长安村等 3 个多功能运动场，南大洋小学 1 个室内游泳池，以及 12 个小康体育村的升级工程建设。举办群众体育赛事活动 45 场，举办体育公益培训 10 次。

【竞技体育】 龙泉市青少年业训取得较好成绩，排球运动员倪梦洁、沙排运动员刘郭宝成功转为浙江省队试训运动员，成功引进车辆模型运动员 11 名、航海模型运动员 3 名。7 月 23—29 日，参加 2020 年浙江省青少年沙滩排球锦标赛，荣获沙排男乙第五名、女甲第七名；8 月 4—12 日，参加 2020 年浙江省青少排球锦标赛，荣获女甲第四名、女丙第六名；8 月 10—14 日，参加 2020 年浙江省少年儿童田径冠军赛，荣获 1 个第二名 、1 个第三名、3 个第四名、3 个第五名、3 个第六名、1 个第七名、3 个第八名；10 月 4—7 日，参加 2020 年浙江省青少年航海模型锦标赛，雷宇昊荣获 F3-E项目比赛第三名、F3-V 项目第一名；朱浚铭荣获 F5-E 项目第一名、F5-S 项目第二名。

【体育产业】 创新推动体旅融合，2020 年，龙泉宝剑小镇、中国越野小镇等一批体育产业项目建设推进。屏南越野小镇作为龙泉户外（越野）运动素质拓展基地，在丽水中小学社会实践基地网络平台成功上架，并入选“2020 年浙江省运动休闲旅游优秀项目”。2019“龙泉论剑”传统武术大赛入选 2020 年度浙江省体育产业发展资金项目库，龙泉市体育公园入选第一批丽水市运动健身示范场馆名单。

【品牌赛事】 10 月 17 日，2020 江南之巅•天空越野赛在龙泉市兰巨乡大赛村开幕。本次赛事主要分 100KM 终极组、60KM 高级组、35KM 进阶组三个组别，来自全国各地近 700 名超跑爱好者报名参赛，是参赛选手最多的一届越野赛。在赛事基础上，龙泉市还同步策划开展 “寻瓷问剑•巅峰自驾”“屏南晚秋”越野拉力赛、越野狂欢晚会、越野文化节摄影展等系列越野文化节活动，推动“体育+文化+旅游”发展。该赛事被中国知名杂志《户外探险 OUTDOOR》评为 2020 年户外运动爱好者心目中“十大最有影响力的国内越野赛”。

2020 年 10 月 17 日，江南之巅·天空越野赛　（周　琛 / 供图）

11 月 6—8 日，2020 长三角“龙泉论剑”武术大赛在龙泉市举行，来自全国各地的 1000 名武术爱好者参赛。本届比赛升级为长三角武术大赛，选手人数更多、覆盖范围更广，且拳种设项广，包含武术套路各拳种，各流派拳术，器械（刀、剑类）的单练、双人练、对练、集体项目，武术功法类，对抗搏击、技法对拆项目展示类和团体综艺项目等，并特设非物质文化遗产展演和刀剑名师评选 2 个精彩传统文化展示项目。赛事期间，主办了“龙泉论剑——聚焦新时代产业融合发展”专题研讨会，邀请浙江省、丽水市武术协会相关领导，文化、体育、旅游等多个领域的专家大咖以及地方政府代表、产业协会和民间工艺大师参会，为龙泉产业融合发展，尤其是宝剑产业发展提供新视野、新思路和新方法。

12 月 13 日，2020 环浙骑游百山祖国家公园龙泉总决赛暨第四届江南之巅天空骑行安豫线挑战赛在龙泉市举行。本次竞赛全程 87 公里，其中最高海拔 1249.5 米，与起点海拔落差近千米，吸引来自全国各地 500 余名骑友齐聚龙泉，共同穿行百山祖国家公园，再战长三角第一高峰。活动共设 2020 环浙演唱会“唱响龙泉复兴之歌”、“2020 环浙骑游百山祖公园最美安豫骑游精品线”授牌仪式、“2020 环浙骑游百山祖国家公园龙泉总决赛暨第四届江南之巅天空骑行安豫线挑战赛”启动仪式及颁奖仪式、诗画浙江龙泉“四美”乡村浪漫集市活动、“诗画浙江百县千碗安仁鱼头宴”地方特色美食活动五大版块。

**【群众体育】** 2020 年，龙泉市体育协会争取到 2020 年浙江省五人制足球冠军联赛（浙西赛区）、2020 年浙江省气排球节、“环浙·登顶 11 峰”、2020 丽水市老年人乒乓球交流活动等大型体育赛事在龙泉举办。6 月以来，策划举办了 2020“全民健身日”暨全民健步走活动、“工会杯”全民篮球联赛、美丽乡村生态跑、“撤县设市”三十周年太极拳大型交流活动等群众体育赛事活动 45 场，举办太极拳（剑）培训、社会指导员培训等公益培训 10 余次。

市老年体协组织网络不断健全，老年体育健身经费得到有力保障，各乡镇（街道）基本实现办公有场地，活动有经费，健身有队伍。市老年体协乒乓球队荣获 2020 浙江省老年人乒乓球交流活动优胜奖、2020 年丽水市老年人乒乓球交流活动第一名，市老年体协柔力球（竞技）队荣获浙江省柔力球（竞技）交流活动县区组第三名，市老年体协健身秧歌队荣获浙江省健身秧歌交流优胜奖，市老年体协气排球队荣获 2020 年丽水市老年人气排球交流活动女子组第一名、男子组第三名，市老年体协门球队荣获 2020 年丽水市老年人门球交流活动优秀奖，市老年体协木球队荣获 2020 年丽水市老年人木球交流获得优秀奖。

**【群众体育赛事】** 5 月30 日，“我爱诗画浙江”全民公益毅行暨“美丽大

2020 年 11 月 6 日，长三角“龙泉论剑”武术大赛开幕式　（周　宇 / 供图）

花园号开进龙泉岩樟”漫游周活动正式开幕，来自全国各地的400余位志愿者在岩樟集合，以步行山路的方式，倡导健康生活。本次毅行活动线路长达12公里，全程设有2个补给点，为志愿者提供当地特产土蜂蜜水和野生红茶。毅行途中，每人手持环保袋，身体力行开展环境保护宣传。

8月8日，2020“全民健身日”活动启动仪式暨龙泉市全民健步走活动在壹号码头举行，龙泉市民用“健步走”方式庆祝全国第12个“全民健身日”。腰鼓、军鼓等8支健步走方阵队伍沿着瓯江绿道进行健步走，以行动号召市民走出家门、走向室外，培养健康向上生活方式。同时，龙泉“最美绿道”大联跑活动、亲子越野赛等“全民健身日”系列活动也吸引众多市民踊跃参加。

10月13日，龙泉市“工会杯”全民篮球联赛在龙泉市体育馆开幕，比赛划分为乡镇(街道)甲组、乙组，行政、事业单位甲组、乙组，来自17个乡镇(街道)、党政机关、大型企业、医院、学校等工会的37支队600余名运动员参加比赛。最终，公安局、供电公司、查田镇、上垟镇分别夺得本次篮球联赛行政事业甲组、行政事业乙组、乡镇(街道)甲组、乡镇(街道)乙组冠军。

2020年12月13日，2020环浙骑游百山祖国家公园龙泉总决赛暨第四届江南之巅天空骑行安豫线挑战赛 （市文广旅体局／供图）

2020年8月8日，亲子越野赛 （章福泉／供图）

# 农业农村

## 综　　述

【概况】 2020年,龙泉市在应对新冠肺炎疫情及各项不稳定因素过程中稳住经济底盘,农业农村经济运行平稳增长,全市农林牧渔业总产值25.3亿元,同比增长2.3%,农林牧渔业增加值16.3亿元,同比增长2.3%。打赢低收入农户同步高水平全面小康攻坚战,实现"两不愁三保障"突出问题、"8000以下"农户、集体经济薄弱村"三个清零"。全年农村居民人均可支配收入达到25476元,同比增长8.6%,增幅位居丽水第二;低收入农户人均可支配收入增幅连续九年保持在14%以上,达到12397元,26县发展实绩考核"五连优",低收入农户增收工作连续2年获浙江省政府督查激励。龙泉市成功创建浙江省首批农业绿色发展先行县,"龙泉灵芝""龙泉茄""龙泉四季豆"入选全国名特优新产品。1月3日,全国暨浙江省文化科技卫生"三下乡"集中示范活动在竹垟畲族乡举行,农业农村部副部长张桃林出席启动仪式并对龙泉工作给予高度肯定。

【复工复产】 提升政策富农惠农水平,出台《龙泉市关于抓好当前"三农"领域疫情防控全力恢复农业生产保障市场供应的通知》《龙泉市疫情防控期间春耕备耕和农业生产恢复技术方案》《龙泉市疫情期间茶叶企业外出招收采茶工的补助政策》等政策文件,14家重点农业企业、112家重点产业规模主体、361家农家乐民宿和21个扶贫项目及时顺利复工复产。

## 农业科技服务

【农业农村数字化】 龙泉市深化"数字三农"引领,共建成信息进村入户益农信息社240个,覆盖19个乡镇(街道)236个行政村,覆盖率100%。完成丽水市"数字乡村·智慧三农"云平台55个行政村信息采集、录入,6个720度全景行政村拍摄工作。根据服务区域半径、人数和特色农业类型,建立相应农技推广机构,配备相应农业专业技术人员。

【农业绿色发展】 2020年,龙泉市成功创建浙江省首批农业绿色发展先行县,建成农业绿色发展示范区13个,其中省级农业绿色发展示范区4个,培育农业绿色发展示范主体120家,"肥药两制"试点主体109家。创建农业高品质绿色科技示范基地12个,培育农业科技示范主体120家、示范户1000名;筛选、推介发布主导品种182个、主推技术52项。

【市校合作】 龙泉市深化市校合作发展战略,依托"浙江大学龙泉市现代农业技术合作推广中心",聘请浙大汪炳良、毛碧增、张金枝、胡福良4名教授分别为龙泉蔬菜、中药材、畜牧、中蜂养殖首席专家。2020年,市农业农村局共指导农业生产主体对接教授专家10名,开展市校合作项目9个,其中获浙江省级以上立项项目5个;委托浙江农林大学定向培养基层农技员17名。

【绿色农产品认证】 2020年,龙泉市累计认证"三品"(品种培优、品质提升、品牌打造)生产基地176个,认证主体数127家,产品230个,面积20.3867万亩,其中,无公害农产品137个、绿色食品42个、有机食品51个。农业农村部农产品地理标志认证1个、面积4.65万亩,地理标志保护产品2个、面积0.03万亩,原产地域产品保护1个、面积0.8万亩,生态原产地保护产品1个、面积2.25万亩。开展龙泉中蜂蜜农业农村部农产品地理标志认证培育工作。全市农业标准化覆盖率66.36%,主要食用农产品"三品"比率61.22%。

【农民素质培训】 市农业农村局深入实施"千万农民劳动力素质培训工程",因需开展多渠道、多层次、多形式的农民培训，为“三农”发展提供人才支撑。2020年，共完成农民培训6360人，其中高素质农民132人，农村实用人才642人，普及性培训5586人，开展农广校中专学历培训109人。

## 农村经营管理

【村经济合作社建设】 2020年，龙泉市完成村经济合作社换届工作，全市236个行政村共选举产生经济合作社成员776名，其中党员528名，占总数68.04%，村两委兼任554名，平均年龄48.86岁。236个村经济合作社社长由村党支部书记兼任，监事会与村监会由同一套班子担任。

【农村“三资”管理】 2020年，龙泉市在竹垟畲族乡开展“农村集体经济数字管理系统”试点工作。4月9日，竹垟畲族乡盖竹村、际上村“农村集体经济数字管理系统”网上申报银直支付试运行成功，丽水市“农村集体经济数字管理系统(农村“三资”管理系统)”成功试点上线。

【农民负担监管】 2020年，龙泉市核准公布2020年度筹资筹劳工价标准为100元/日工。开展县级农民负担交叉检查，对5个乡镇、12个村、80户农户、3家农民专业合作社、15家家庭农场负担情况开展例行监测，完成审核上报工作。

【培育新型农业主体】 2020年，龙泉市规范提升浙江省级示范家庭农场2家，新申报龙泉市级示范家庭农场9家，其中休闲家庭农场3家；提升社会化服务组织35家，培育提升家庭农场(种养大户)110家，培育农创客20名；培育提升龙泉市规范化农民专业合作社1家。

【农村土地承包管理】 2020年，龙泉市开展农村承包地确权登记颁证“回头看”工作，切实巩固完善农村承包地确权登记颁证成果，强化日常管理。完善农村土地经营权流转市场，完成农村产权交易平台农村土地流转50宗。

【生态精品示范创建】 2020年，龙泉市出台现代农业产业发展扶持政策，深化“一产一策一专家一团队”机制，实施食用菌产业振兴、茶叶全产业链培育、高山蔬菜双增双拓等项目计划，着力推进省级现代农业园区、省粮食生产功能区、食用菌全产业链建设项目、种植业“五园创建”▲省级示范基地、省特色茶优势产区、高山精品蔬菜产业带、水果产业高中低梯次集聚区、中药材康养示范基地、中华蜜蜂谷等建设工作，成功创建生态精品示范乡镇12个、示范企业27家、示范合作社27家、大学生创业典型18个、示范农产品231个。2020年，全市农林牧渔业总产值25.3亿元，同比增长2.3%，农林牧渔业增加值16.3亿元，同比增长2.3%。

▲五园创建：生态茶园、精品果园、放心菜园、特色菌园、道地药园。

## 农业生产安全监管

【生态农业建设】 2020年，龙泉市开展全国蔬菜有机肥替代化肥试点工作，出台有机肥补贴政策和主要化肥定额制施用方案，完成商品有机肥推广超15000吨，绿肥种植面积达到2.2万亩；对标欧盟，落实最严“肥药”管控措施，实行农药、化肥实名制购买制度各54家，第四批28种禁用农药全部退市；推进水稻、茶叶、柑桔、蔬菜等农作物病虫害绿色防控示范区建设与技术推广工作，建成浙江省级统防统治与绿色防控示范区2个、统防统治与绿色防控示范点7个，全市绿色防控覆盖率达到49.2%，专业化统防统治率47.9%，危害损失率在3%以下。加强农村疫情防控，做好重大动物疫病防控工作，严格防控非洲猪瘟、猪口蹄疫、高致病性猪蓝耳病、高致病性禽流感等动物疫病，全市没有发生区域性重大动物疫病和畜产品质量安全事故。

【农业机械化】 2020年，龙泉市拥有农业机械总动力18.08万千瓦。其中，耕作机械7220台、42300千瓦，种植机械36台、532千瓦，排灌机械13941台、19712千瓦，植保机械654台、535千瓦，收获机械112台、4460千瓦，收获后处理机械4238台、10138千瓦，农产品加工机械3892台、23200千瓦，畜禽业机械197台、853千瓦，渔业机械794千瓦，林果业机械226台、930千瓦，茶叶机械625台、1900.5千瓦，食用菌机械15265台、40807千瓦，运输机械29台、293千瓦，农田基本建设机械214台、20303千瓦，其他农业机械1837台、14038千瓦。

全市机械耕作面积16.25万亩，其中春耕10.46万亩，夏耕3.72万亩，冬耕2.08万亩；机播面积0.59万亩，机电灌溉1.98万亩，机械植保面积0.104万亩。机械收获面积4.94万亩，其中机收水稻4.58万亩，油菜0.35万亩。粮食烘干9720吨，农机跨区作业面积1.1万亩。水稻耕种收综合机械化率达到52.83%。

【农业标准化建设】 2020年，龙泉市推进“农安龙泉”智慧监管和食用农产品“一证一码”标牌标识示范创建工作，对接浙江省农产品质量安全追溯平台和农产品质量安全智慧监管系统，将县级以上237家处于正常运营状态的示范农民专业合作社、龙头企业、家庭农场等农业生产经营主体纳入监管系统，基本达到"生产有记录、流向可追踪、质量可追溯、责任可界定"追溯管理目标，2020年累计开出"追溯码"或合格证163373余张，实现农产品可追溯信息化管理。制定食用菌（木耳、香菇）、茶叶、蔬菜（四季豆、番茄）等农作物标准生产模式图，开展蔬菜、茶叶、食用菌、畜牧业等主导产业推广全程标准化生产，农业标准化实施程度达到65%，主要食用农产品中"三品一标"（品种培优、品质提升、品牌打造和标准化生产）比率为61.22%。

【农业行政执法】 2020年，市农业行政执法大队共出动执法人员850次，检查农业投入品经营点120余次，农产品生产单位160余次，监督抽检农业投入品70批次，其中种子10个、农药30个（含隐性成分检测）、肥料10个、兽药5个、饲料15个；立案查处违法案件16起，其中肥料案件3起，农产品案件2起，兽药案件1起，畜牧案件1起，渔业案件9起，收取罚没款9.4万元。

【农产品质量检查】 2020年，市农业农村局开展部省级各类农产品质量抽检252批次，丽水市级各类农产品质量抽检139批次，龙泉市本级农产品质量安全定量监测319批次，省级农产品质量安全例行抽检合格率保持在99%以上，不合格产品处置率达100%。市本级动态监测蔬菜1480批次，合格率98.8%（定性检测）；瘦肉精监测1984份，结果全部为阴性。屠宰场监测瘦肉精1503份，结果全部为阴性。

【农机安全】 落实农机安全生产责任制，做好牌证核发，开展农机安全生产宣传教育、农机安全生产月、外省籍拖拉机专项整治等系列活动，农机事故四项指标全面下降，未发生拖拉机道路交通安全事故，安全生产形势明显好转。开展平安农机创建工作，创建"平安农机"示范合作社2个。开展高耗能农业机械报废补偿工作，在册变型拖拉机仅余10台。

【农机服务组织】 2020年，龙泉市有农机化服务组织23个，其中农机合作社3个，农机户5659个，农机维修厂及维修点20个，农机修理人员26人，农机销售机构7个，乡村农机从业人员4095人，农机经营总收入达6073万元。

【农机技术推广】 2020年，龙泉市购机补贴新增各类农业机械1005台，总购机额895.3404万元，共拨付补贴资金290.5775万元，其中中央补贴资金229.0775万元，省级补贴资金54.906万元，县级补贴资金6.594万元。争取粮食地方产业资金15万元用于补贴新型、适宜、高效粮食（油料）机械，推广水稻生产机械13台。成功创建农业"机器换人"示范合作社2个。

## 粮食作物

【概况】 2020年，市农业农村局制订《2020年粮食生产工作实施意见》，落实各项粮食生产扶持政策，科学指导粮食生产，全市粮食播种面积11966公顷，总产量7.06万吨，实现粮食产值2.14亿元。其中晚稻7842.9公顷，亩产489.9千克，总产5.763万吨。大力发展旱粮作物，其中玉米1436.8公顷，豆类1147.9公顷，薯类1381.5公顷。落实中央支持保护补贴（耕地地力保护）政策1401.72万元，耕地地力保护面积12459.73公顷，受益农户54299户。

【粮食绿色高产创建】 2020年，建成粮食生产功能区范围内水稻高产千亩示范片5个，番薯、马铃薯旱粮生态精品百亩示范方5个，较2019年，新增上垟镇五都垟村玉米百亩示范基地（浙甜10号、浙甜11等品种）、西街街道河平村马铃薯百亩示范基地（新疆3号）、小梅镇梅二村大豆基地（浙鲜12）等3个旱粮百亩示范方。向省农业农村厅争取粮食生产功能区提标改造项目专项资金354万元，修建机耕路9.55千米，修建水渠1.38千米，完成粮食生产功能区提标改造建设任务1万亩。完成冬季绿肥种植23000亩，其中紫云英1.2万亩，油菜1万亩，黑麦草、三叶草等1500亩。完成核心示范播种面积1500亩。

【粮食主导品种和主推技术】 2020年，龙泉市结合示范片生产、区域生态等特点，经专家组论证确定粮食主导品种为单季晚稻，主推"中浙优8号""甬优1540号""嘉丰优2号""泰两优217"4个主导品种，其中水稻高产创建千亩示范片良种覆盖率达到100%。玉米推广"浙甜2018""金银208""浙糯玉6号""浙甜11号""浙甜10号"高产品种；大豆种植推广"浙鲜12""浙鲜9""开心绿"等大豆新品种；马铃薯选用当地优质传统品种；番薯推广"浙薯13"高产、出粉率高品种。水稻生产主要推广强化栽培和单季晚稻"五改"（改品种、播摘季节、种植密度、施肥方法、水分管理）高产栽培技术。选用大穗型品种，小苗移栽，培育壮秧，宽行少本足苗，精确定量施肥，实行干湿交替，绿色综合防病虫等技术配套应用。

【优质米品牌化发展】 大力培育优质稻米品牌，龙泉市稻米生产向优质化、生态化、品牌化和专业化方向发展。2020年，该市拥有品牌包装种植大户13户，规模种植“嘉丰优2号”“中浙优8号”“明珠4号”等优质品种面积约3000亩，自主销售优质优价大米超700吨，种植户自有大米加工设备5家。11月，龙泉市组织企业参加“2020丽水好稻米”评比活动，获得“2020丽水好稻米”金奖2个，“2020丽水好稻米”优质奖2个；12月，组织企业参加“2020浙江好稻米”评比活动，龙泉市双樟家庭农场“双樟大米”荣获优胜奖。

【规模种粮大户】 2020年，龙泉市30亩以上规模种粮农户逐年增加，符合政策补贴条件规模种粮大户212户，水稻种植面积1472.8公顷（不包括垦造水田和旱改水项目种植面积）。其中，30—50亩种粮大户30户，水稻种植面积73.2公顷；50亩以上种粮大户182户，居丽水市首位，水稻种植面积1399.6公顷；50亩以上旱粮（玉米、甘薯、马铃薯）种植大户18户，旱粮种植面积112.88公顷；50亩以上油菜种植大户37户，连片油菜种植面积330.95公顷，主要集中在西街街道、小梅镇、兰巨乡、查田镇、安仁镇、锦溪镇、竹垟畲族乡、八都镇、道太乡、宝溪乡等10个乡镇（街道）。

## 经济作物

【概况】 2020年，龙泉市茶、菌、蔬、果、药等特色农业产业蓬勃发展，全市茶园总面积6.46万亩，茶叶总产量3530吨，产值5.23亿元，同比分别增长7.6%、8.4%。其中，红茶产量1620吨，产值2.93亿元，同比分别增长6.6%、6.7%。龙泉市荣获“2020年度茶业百强县”称号。

食用菌栽培量18450万袋，产量21万吨鲜品，同比增长8%，总产值11.6亿元（不含灵芝），同比增长7.3%，产量及产值持续位居浙江省第一。其中，香菇4500万袋，与2019年持平，产量3.6万吨鲜品，同比增长4.35%；黑木耳1.26亿袋，与2019年持平，产量17吨鲜品，同比增长9.08%；金针菇1080万瓶，鹿茸菇270万瓶，新增灵芝5000立方米。

蔬菜播种面积10.9万亩，同比增长2.9%，产值5.45亿元，同比增长7.3%。商品蔬菜播种面积6.18万亩，同比增长4.4%，产值4.33亿元，同比增长7.6%。新冠肺炎疫情对龙泉蔬菜产业没有造成较大影响，蔬菜产量和价格比往年都有较大幅度增长，其中高山四季豆、“龙泉茄”丰产又丰收。

【技术培训与交流】 5月13—16日，龙泉市组织茶叶企业赴武夷山桐木关举办第四期红茶加工培训，8家合作社和家庭农场负责人参加。8月7日，浙江省茶产业团队红茶与黄茶组会议在龙泉市金观音庄园召开，与会专家就红茶、黄茶产业发展现状及前景进行交流与探讨，并举行浙江省茶产业团队红茶组专家工作站授牌仪式。同时，组织制茶能手参加各类技能比赛，该市选手徐平表现优异，先后夺得2020年度浙江省农业职业技能大赛茶叶加工项目一等奖、全国茶叶加工（精制）职业技能竞赛第12名，荣获“浙江省技术能手”“全国农业技能能手”称号。

【新冠肺炎疫情期间茶叶生产】 2月12日，茶类特早生品种——乌牛早开采。受疫情及2月16日开始的低温霜冻天气影响，茶园全面开采时间提早，3月初，春茶生产步入正常生产秩序，夏秋茶生产较为平稳。为解决茶叶企业采茶工紧缺问题，龙泉市及时出台《龙泉市疫情期间茶叶企业外出招收采茶工的补助政策》（龙农字〔2020〕38号），多渠道帮助企业“外引内招”。引导推荐茶企茶农使用淘宝网、赶街网、京东等线上交易和现代物流手段，推动春茶市场正常运行，最大程度降低疫情对春茶生产影响。2020年，共发放补助资金38047.5元。

春茶采摘 （市农业农村局／供图）

【项目建设】 深入实施现代农业产业发展茶叶项目以及省茶叶产业团队项目，2019年现代农业产业发展项目——茶产业相关项目通过验收。

落实2020年度项目资金，主要用于新建茶厂、茶厂提升、上茶街（一期）店面补助，以及杭州国际茶叶博览会、武夷山海峡两岸茶博会、龙泉红茶茶王赛、浙江绿茶博览会等活动。2020年，成功创建浙江省级生态茶园示范基地2家，浙江金福茶业有限公司和龙泉市陈氏家庭农场获评2020年浙江省级生态茶园示范基地。

【上茶街】 2020年，上茶街（二期）项目建设全面完成，68间店面统一租赁、腾空和招商工作，二期共有30家商铺进驻，经营业态主要有茶叶、茶器及茶衍生品、康养类（石斛、孢子粉、蜂蜜）、酒吧等。12月，历时3年打造的"茶瓷水相融"特色茶文化商业街——上茶街全面投入运营，街区全长570米，以经营茶叶及相关联产业为主，康养、休闲产业为辅，共开设店铺57家，利用店面115间，其中茶叶及相关产品销售39家，灵芝、蜂蜜等养生产品4家，茶服及青瓷饰品3家，酒庄5家，其他6家。

【品牌推介活动】 5月21日，在上茶街举办"迎国际茶日品龙泉红茶"免费饮茶活动。5月30日，在岩樟乡开展岩樟桃园评（品）茶活动，专家们对岩樟源、工源、金柳等岩樟乡茶叶企业选送的茶样进行审评并提出改进意见。8月6日，在龙泉市食用菌研究所举办2020"龙泉红"杯第四届斗茶赛活动，42家单位84个茶样参赛。10月15—19日，"龙泉红" 首次亮相厦门国际茶博会，浙江金福茶业有限公司、浙江龙泉地阳红生态农业有限公司、龙泉市安青山茶叶合作社、龙泉市岩樟源茶叶专业合作4家企业参展，龙泉红茶受到业内人士认可和消费者喜爱。

【黑木耳液体菌种】 2020年，龙泉市通过浙江省食用菌产业技术团队项目《黑木耳液体菌种关键技术示范》和浙江省食用菌重大技术协同推广计划项目《黑木耳液体菌种配套技术》的实施，成功探索出黑木耳液体菌种生产、检测和应用技术。黑木耳液体菌种应用于生产后，表现出液体菌种生产时间短、菌棒发菌快、菌丝纯度高、出耳整齐等优势。2020年，全市建成黑木耳液体菌种示范点5个，示范栽培液体菌种短包8万包，成为浙江省内第一个成功实现黑木耳液体菌种生产应用县（市）。浙江省农业农村厅先后两次在龙泉召开现场推进会，向全省同行推介龙泉黑木耳液体菌种模式。

【竹屑栽培黑木耳】 2020年，丽水市农林科学院应国华老师团队在龙泉开展竹屑栽培黑木耳试点工作，先后在八都镇、兰巨乡等乡镇进行试验种植，栽培竹屑黑木耳3万多袋。据兰巨乡大巨村试验点统计，优选配方竹屑黑木耳产量达100克/棒，产量较高、产品品质好，标志着竹屑栽培黑木耳技术初获成功，成为浙江省内第一个成功实现黑木耳竹屑栽培生产应用县（市）。

【黑木耳特色农产品优势区】 2020年，龙泉市推广黑木耳黑山品种、设施化养菌、免除草剂防治杂草以及架晒干制等新品种、新技术、新模式，先后培育集黑木耳为主的食用菌种植、加工、销售于一体农业龙头企业11家，其中国家级重点农业龙头企业1家，浙江省级骨干农业龙头企业4家。黑木耳产品线上线下销售网络覆盖全国29个省（市），浙闽赣食用菌交易中心年交易额最高达35亿元，成为南方最大黑木耳集散中心。成功引进、推广黑木耳黑山等新菌株，良种覆盖率达95%以上。成功探索黑木耳液体菌种生产应用，打造省级特色菌园3个、省级菌棒工厂化生产技术示范点3个。龙泉市黑木耳特色农产品优势区被浙江省农业农村厅认定为省级特色农产品优势区。

【参与《柞水宣言》】 9月17—18日，中国食用菌协会组织全国木耳十大主产县（区、市）在陕西柞水县召开全国食用菌产业发展暨柞水"小木耳大产业"招商大会。龙泉市作为浙江省唯一黑木耳主产基地县参加会议，并参与发布《柞水宣言》。龙泉市被授予"全国木耳十大主产基地县"荣誉称号。

【龙泉灵芝】 9月，经丽水市级、浙江省级农业农村部门农产品质量安全（优质农产品）工作机构审核，农业农村部农产品质量安全中心组织专家技术评审确认，并经中国农产品质量安全网公示，"龙泉灵芝"入选全国名特优新农产品名录。

【"菜篮子"保供】 2020年，龙泉市成立蔬菜保供小组，对市郊各蔬菜生产基地种植品种、面积和库存量等情况进行全覆盖式调查摸底，每日对各大农产品批发市场、农贸超市进行巡查，了解市场供求信息，引导农户合理种植、及时采收，促进产销信息有效对接，对供货短缺蔬菜品种和销售市场第一时间进行调度，3个蔬菜集约化育苗中心比往年提早一个月播种番茄、茄苗等160多万株。疫情期间，该市每日宰杀生猪100头，供应牛羊肉类1.8吨，禽蛋1500公斤，禽肉1000公斤，蔬菜5万余斤。

【种子种苗工程建设】 2020年，龙泉市大力推广集约化育苗、嫁接苗等工作，累计培育各种蔬菜瓜果种苗572

万株，其中嫁接苗260万株，嫁接苗推广量同比上年增加80万株，各种实生苗252万株。在龙南乡上田村建立全省海拔最高的标准化、规模化、专业化、智能化、数字化、集约化嫁接育苗基地。

【平台助推产业发展】 2020年，龙泉市积极组织实施2019—2020年浙江省蔬菜产业技术专家团队项目和龙泉市2020年蔬菜有机肥替代化肥试点项目，推广蔬菜有机肥8000吨，建立肥水同灌示范基地22个1200亩，带动全市10万多亩蔬菜生产水平提升，增加绿色优质农产品供给。加强技术服务保障，通过制作培训视频、现场指导等多种培训方式，对种植户进行技术培训，全年开展蔬菜技术集中培训6次。

【水果生产】 2020年，龙泉市园林水果面积1213.4公顷，同比增长7.1%。其中，柑桔372.7公顷、李65公顷、杨梅141.6公顷、梨137.3公顷、桃242.8公顷、猕猴桃134.7公顷、枇杷14.4公顷、青梅5.2公顷、葡萄21.4公顷、蓝莓21.5公顷，其他水果(樱桃、枣、柿、苹果、火龙果、果桑、树莓等)56.8公顷。柑桔类中早熟温州蜜柑126.5公顷、中晚熟温州蜜柑14.6公顷、椪柑18.8公顷、甜橙9.1公顷、杂柑180.6公顷、柚23.1公顷。水果总产量4574吨，同比增长8.8%，总产值5336.2万元，同比增长7.7%。组织编制《龙泉柑橘生产技术规程》地方标准，成立龙泉市水果产业协会，首批申请入会会员54名。选送3个猕猴桃样品参加2020年丽水市猕猴桃优良单株评选活动，获评“丽水市十佳猕猴桃优良单株”。龙泉瓯泉水果专业合作社生产“瓯泉牌”东魁杨梅获评“丽水市十佳杨梅”。

【中药材生产】 2020年，龙泉市(草本)中药材种植面积10336亩，产量1269吨，产值8500万元。其中新增种植面积1252亩，新增600基地650亩，面积、产量、产值同比分别增长7.9%、17.9%、8.88%。深入开展浙江省食药物质示范县创建工作；开展首届龙泉市“十大药膳”“十大提名药膳”评比活动，“包氏羊肉”获第二届浙江省“十大药膳”称号。龙泉市秉松中药材合作社“八都高大门三叶青基地”列入浙江省种植业五园(药园)示范基地，龙泉市山水家庭农场道地黄精林下套种基地获丽水市道地中药示范基地称号，龙泉市野生石斛研究所铁皮石斛养生园获丽水市中药材养生园称号。龙泉唯珍堂小微田园综合体获丽水小微田园综合体称号，浙江唯珍堂农业科技有限公司“铁皮石斛防控关键技术集成与示范应用”与浙江渊健生物科技有限公司“林间套作中药材灵芝示范推广”项目入选浙江省第三轮中药材技术团队实施项目。开展林下套种三叶青、黄精等示范推广，取得较好成效。

## 畜牧业

【概况】 2020年，龙泉市畜牧业生产稳步发展，生猪饲养量18.3万头。其中，生猪存栏7.61万头，同比增加7.18%，生猪出栏10.69万头，同比减少17.9%；牛羊饲养量3.46万头，同比基本持平。家禽饲养量227.65万羽，其中，家禽存栏50.05万羽，同比增加0.64%，出栏177.6万羽，同比减少5.48%。肉类产量13027.3吨，同比减少15%。

【生猪增产保供】 2020年，龙泉市建立生猪增产保供专班，统筹抓好生猪增产保供工作。制定生猪规模养殖场复产(增产)保供方案和生猪增产保供扶持补助政策，16家生猪养殖企业1609头母猪引种补贴80.45万元，500—5000头规模猪场建设贴息补助金额13.5万元。制订领导干部挂钩联系生猪增产保供工作方案，联系服务9家设计出栏3000头以上养殖场，打造复养增产示范点。加大选商引资力度，2020年新建11家规模养殖场，投产后年新增出栏生猪10万头以上。

【畜牧业绿色发展】 2020年，龙泉市按照“场区布局合理、设施制度完善、生产全程清洁、产出安全高效、资源循环利用、整体绿化美化”标准，建成美丽牧场4家。深入实施畜牧业绿色发展示范县项目，实现养殖废弃物资源化利用率98%以上、病死畜禽无害化处理率100%，基本形成美丽生态绿色发展方式、种养结合绿色发展机制和废弃物生态循环利用模式。

【中蜂产业发展】 2020年，龙泉市广泛种植蜜源植物，推广中蜂活框养殖技术和特种蜂箱养殖中蜂，全市中蜂养殖量达3.5万群，建成美丽蜂场20家，蜜蜂大观园3个，蜂蜜SC加工基地1个，并在上茶街建成集中蜂文化、科普、产品展示展销为一体龙泉市中蜂产业服务(销售)中心。

【重大动物疫情防控】 2020年，龙泉市统筹安排资金163万元，对117家规模养殖场及1家生猪屠宰场动物防疫设施进行提升改造，全面落实非洲猪瘟常态化防控措施，提高生猪闭环风险管理水平。认真贯彻落实动物疫病防控“早、快、严、小”四字方针，抓好四季疫病防控，实现免疫密度和免疫抗体合格率双达标。统筹抓好牛结节性皮肤病、奶牛结核和布氏杆菌病排查，未发生可疑病例。根据养殖场自愿原则，推广4家规模养殖场实行“先打后补”。

## 渔业渔政

【概况】 2020年，龙泉市总水域面积6200公顷，渔业可利用面积4340公顷。其中，水库和河道面积约为3807公顷，占可利用面积87.7%，山塘、池塘等渔业面积占12.3%左右。溪涧性鱼类、湖泊性鱼类、河流性鱼类共有80多个品种、20多科，其中主要经济鱼类40多种，其他水生生物有河蚌、螺蛳、田螺、鳖、虾、蟹等，住龙镇、屏南镇、龙南乡等地山涧中还有棘胸蛙、大鲵等珍稀野生水生动物。

【渔业产业发展】 2020年，龙泉市在稻田养鱼、池塘生态化改造和尾水处理、休闲渔业、特种水产种苗繁育场建设等方面进行全面布局，2020年渔业项目立项9个，其中稻渔综合种养建设2个、石蛙养殖基地扩建3个、溪鱼养殖基地建设2个、休闲渔业基地2个，创成浙江省级稻渔综合种养示范基地1个、浙江省级健康养殖示范场1个。水产养殖面积302公顷，水产品总产量3793吨，其中养殖产量2745吨，同比增长5.6%，捕捞产量1048吨，同比增长3.6%。养殖产量中，池塘养殖产量1603吨，水库养殖813吨，其他养殖产量39吨，稻田养殖产量290吨，分别占养殖总产量59%、30%、1%、10%。养殖产量主要以“四大家鱼”、鲤鱼、鲫鱼、鳊鱼等常规鱼，以及溪鱼、石蛙等特色品种为主。

【初级水产品安全】 2020年，龙泉市开展食品安全市创建工作，严格贯彻落实《中华人民共和国农产品质量安全法》，与各水产养殖主体签订责任书31份，抽检水产品42个批次，抽检合格率为100%。没有发现使用禁用鱼药和使用禁用饲料添加剂现象，没有发生水产品安全事件。

【渔船安全生产】 2020年，龙泉市认真做好渔业机动渔船安全检查工作，与各渔船主及相关乡镇（街道）签订《渔业安全生产责任书》193份。定期排查渔船安全隐患，开展渔船安全生产检查96次，未发生人员伤亡事故。

【开展春秋两季禁渔】 3月20日至6月20日，开展春秋季封河禁渔工作，安排专人分段负责管理，广泛宣传禁渔工作，出动执法车辆沿河进行宣传，发放宣传单3000多份。2020年，共出动执法人员330余人次，车辆50余辆次，执法船25余艘次，共检查渔船188艘，共查处各类渔业违法案件10起，移送司法机关（含联合执法查处涉刑案件）7起。共放流各种鱼类1580万尾，总投资93万元，其中，中央资金34万元，浙江省级资金49万元，丽水市级资金10万元。 （程荣龙）

# 水利水电　气象

## 综　　述

【概况】　2020年，龙泉市水利局以增强水利项目支撑保障能力为主线，着力扩大水利投资，加强重点水利工程建设，提升防汛抗旱保障能力，强化水生态治理，深化水利改革，推进水利高质量发展。建立149个山洪灾害防治重要村落、危险区域清单，修编完成县、乡、村三级山洪灾害防御预案修编。开展农业水价综合改革，新增改革实施面积13.3万亩，总投资370万元，并完成农业水价综合改革县级验收工作。开展执法行动出动巡查445人次，办理水行政案件10件。兰巨宏山休闲绿道被评为第四届“浙江省最美绿道”，系丽水唯一；小梅金村溯源绿道被评为第二届“丽水最美绿道”。“供排一体 建管并重——打造农村供排水一体化建设”项目获评浙江省2020年度地方水利改革创新十佳实践案例。龙泉市在浙江省第22届水利“大禹杯”竞赛中荣获提名奖。

【政务服务改革】　2020年，市水利局开展政务服务2.0建设工作，收件总数68件，网上受理率100%，跑零次率100%，承诺时限压缩比100%，即办率100%。受理群众和企业办事事项607件，其中行政许可事项95件、服务事项512件，收取规费834.94万元，办结率和上缴率均100%。

【水利工程】　2020年，市水利局实施建设水利项目36个，其中续建项目20个，新建项目16个，重点建设项目4个，省级民生实事工程1个。水利固定资产投资45788万元，完成年度目标任务125.83%。完成瓯江绿道建设投资3.4亿元，建设里程118千米。

【美丽河湖创建】　2020年，市水利局通过河湖景观、滨水绿道、基础设施配套等项目建设，完成兰巨乡、锦溪镇、住龙镇3个乐水小镇创建，龙星村、住溪村、水塔村、西井村、建明村、建平村等17个水美乡村创建，住溪、梅溪2条美丽河湖创建。

【水利风景区创建】　2020年，该市完成大贵溪水利风景区创建工作，大贵溪水利风景区位于龙泉城区北面，范围以大贵溪溪流水体为主，包括沿岸两侧山体集雨区及景观资源，北至南溪，南到紧水滩水库入库口，规划总面积4.63平方千米。景区立足当地生态优势和猕猴桃特色品牌文化，依托当地供水供电服务、网络服务、卫生服务等良好基础设施条件，以休闲旅游为主题，提供住宿、餐饮、娱乐等综合服务。

2020年，梅溪风光　　（市水利局／供图）

【水土保持大事记】 2020年，市水利局完成蛟垟溪、大贵溪2个生态清洁型小流域建设项目。完成年度水土流失治理面积6.8平方千米。受理审批生产建设项目水土保持方案69件，征收水土保持补偿费156.29万元。对26个在建生产项目进行水土保持监督检查，其中19个项目检查2次，7个项目检查1次。根据水利部统一部署及图斑解译成果，该市共有图斑数量77个，经现场核查后需认定图斑23个，经核查认定，23个图斑均为合规。

## 水　政

【概况】 2020年，龙泉市降水量为1833.76毫米，水资源总量为34.2038亿立方米，产水模数为111.8万立方米/平方千米，低于多年平均值。人均年拥有水资源量为13744立方米，城乡人均用水量35.8立方米，农灌亩均用水量255.41立方米。万元GDP用水量为55.57立方米，水资源利用率2.39%。

【水资源管理】 2020年，龙泉市取水许可证存量120本，地表水取水许可量为364390.678万立方米，其中，水力发电99本，许可取水量为362030.2万立方米；工业取水许可证8本，许可取水量218.568万立方米；城乡供水取水许可证13本，许可取水量2141.91万立方米。完成龙鑫化工、世保竹木、溪源饮用水等项目水资源论证工作。征收水资源费643.918万元。完成水利行业节水示范机关创建，省级节水小区创建；开展县级饮用水水源地安全保障达标建设工作，完成岩樟溪饮用水水源地达标建设并开展自评估，经省审核，2020年各项指标总分达到“优秀”。

【水法宣传】 2020年，市水利局结合“3·22”世界水日和中国水周、送法下乡、宪法日等主题活动，积极组织开展法律法规宣传活动，发放《浙江省河道管理条例》《中华人民共和国水土保持法》以及相关宣传资料、宣传品2000余份；走进校园，开展节水专题画展，通过“国旗下讲话”和节水课，向广大学生宣传节水意义。

## 水　文

【概况】 2020年，龙泉市境内设有水文站1处，水位站1处，国家基本雨量站16处，陆地水面蒸发站2处。水文站测验项目有水位、流量、水温、水质、降水量、蒸发量，全年完成流量测验63次，采集收集水位、雨量、蒸发、水温等各类水文资料8000余份；完成25个站点“5+1”（包括预报双提升工程、通信双保障工程、站网优化工程、直属站示范工程、综合平台工程以及水文应对超强台风暴雨洪水的能力提升工程）补短板工程，1个流量站点以及14个小型水位站。

【雨水情监测】 2020年，龙泉市区域年降水分布不均，降水量相对集中在梅雨期。据该市18处雨量站降水资料统计，4—8月降水量占2020年54.8%，龙泉溪流域洪水主要发生在梅雨期，台风雨对龙泉溪影响相对较小，但局部地区小流域台风雨灾害偶有发生，域内7月9日发生大洪水，水位197.62米，流量1250立方米。1月6日，南大洋水文站实测年最低水位193.9米，最小流量4.07立方米每秒。南大洋水文站年平均流量37.9立方米每秒，径流量11.97×10亿立方米，径流深986毫米。据南大洋水文站监测统计资料表明，2020年平均水温19.5℃，8月21日出现最高水温31℃，12月19日测得年最低水温7.3℃；年蒸发量843.5毫米，9月6日出现年最大日蒸发量6.9毫米，1月10日出现年最小蒸发量0.1毫米。

## 水　电

【概况】 2020年，龙泉市农村水电站在运行97座（总装机22.128万千瓦）、在建2座，全年总发电量4.6575亿千瓦时，上网电量4.6214万千瓦时，发电收入2.3122亿元，上缴发电税金约0.3019亿元。完成19座农村水电站安全生产标准化复评，全部为二级单位；完成瑞垟一级、三溪、潘床口、住龙、梨树坪、双良等6座绿色小水电示范电站创建；完成47座水电站竣工验收备案、20座运行25年以上电站安全检测等工作。

【农村水电站增效扩容改造项目】 2020年，龙泉市“十三五”增效扩容改造项目共涉及6座水电站和7条河流（支流）生态修复，治理减脱水段8315米，新增装机容量5300千瓦，新增电能1560万千瓦时，总投资4292万元，其中生态改造118.5万元。利用中央补助资金1785万元，省级补助资金570万元。6座水电站增效扩容改造项目完成任务，达到设计目标，通过水利部增效扩容绩效考核，获得2020年中央清洁能源发展专项奖励资金50万元。完成大庄水电站增效扩容改造项目（自筹资金），原总装机2060千瓦，改造后总装机2800千瓦，新增装机容量740千瓦，新增电能71万千瓦时。完成青井、黄皮、青石、梅村、大赛三级等水电站自动化技术改造，以及兰狮畈水电站进水口自动清污机改造。

【小水电清理整改】 2020年，龙泉市完成《龙泉市农村水电绿色发展规划环境影响报告书》编制。根据《龙泉市小水电清理整改“一站一策”实施方案》，完成小水电清理整改销号16座，其中整改类12座，退出类4座，安装生态流量监控设备9处。9月，完成小水电清理整改销号任务92座，其实整改类82座，退出类10座，通过小水电清理整改省级复核。水电站建立“一站一档”，生态流量实时监测、视频监控接入丽水市水利局智慧水电平台。

## 重点水利工程

【瑞垟引水工程（一期）】 龙泉市瑞垟引水工程（一期）为该市第一个采用PPP模式水利项目，2018年4月完成社会资本方招投标，同年12月26日开工建设，概算总投资2.16亿元，引水管道全长约为12.6千米。2020年，项目累计完成工程量62%，完成投资6710万元。

【竹垟一级水库及供水工程】 龙泉市竹垟一级水库及供水工程是《瓯江流域防洪规划》《浙西南（丽水）大中型水库研究方案》推荐实施项目，概算总投资4.44亿元，以防洪、供水为主，结合灌溉及改善生态环境等综合利用。该工程位于瓯江水系龙泉溪支流八都溪上游竹垟溪上，坝址位于狮坑上游700米。水库总库容879万立方米，正常蓄水位508米，为小(1)型。水库拦河坝采用混凝土面板堆石坝，坝顶长222米，最大坝高75.5米，供水管线全长8.9千米，接入八都水厂。2020年，完成可研批复、初步设计报告批复，道路改建工程招投标等工作。

【黄灌防洪堤景观工程】 龙泉市黄灌防洪堤景观工程是新城最大的一个综合性城市中央公园项目，位于东大桥——茶寮河道北岸，全长约2.3公里，工程批复概算1.34亿元，分两期实施，其中一期工程于2017年竣工验收，二期工程于2018年开工建设。2020年，二期工程完成橡胶坝上游段绿化、铺装等建设，完成投资669万元。

【溪河综合治理工程】 龙泉溪治理二期工程是浙江省“百项千亿”治理项目，工程主要建设内容包括：新建堤防、护岸长度为7.5公里，新建堰坝1座，改造橡胶坝1座，以及龙泉溪流域综合治理“武潭——五梅垟段”生态修复工程建设项目。工程总工期38个月，可研阶段估算总投资32412万元。2020年，完成新建防汛通道1200米，综合治理河长2公里，完成投资4500万元。

梅溪河流综合治理工程起于小梅金村，止于西街河村，治理河长38.5公里，项目建设期36个月，可研批复估算总投资27521万元。2020年，完成溪口——河村段Ⅰ标段主体工程；溪口——河村段Ⅲ标段完成砊湖店段、砊湖段、淤头段基础浇筑和水下部分挡墙砌筑，竹舟堰坝、砊湖汀步完成堰体主体工程浇筑；完成骆庄——溪口段Ⅰ标段建设内容，完成投资4500万元。

八都溪河流综合治理工程范围为龙泉市八都溪流域，包括八都溪干流以及瀑云溪、竹垟溪，综合治理河长约30公里，可行性研究报告批复估算总投资2.8亿元，项目建设工期3年。2020年，基本完成Ⅰ标段主体工程、Ⅱ标段招投标，完成投资3600万元。

岩樟溪流域综合治理工程是对岩樟溪、锦溪整个干流以及岩樟溪、锦溪与龙泉溪汇合三江口进行综合性治理的水利工程，治理河长23.57公里，项目建设期为36个月，可研批复估算总投资21059万元。2020年，完成三江口区块河道整治工程；里下畈上凉亭区块河道整治工程牛头岭村左岸新建护岸153米，右岸新建护岸180米，里下畈村新建亲水平台100米；河道治理工程Ⅳ标段招投标，完成投资3510万元。

【农村饮用水提升工程】 2020年，龙泉市农村饮用水达标提标行动共投入5136万元项目建设资金，其中争取省级补助资金3000万元，地方配套资金2136万元。完成19个乡镇(街道)405个项目建设，改善提升6.3万农村群众饮水条件，完成农村饮用水达标提标行动任务，成为丽水市首个实现农村饮用水达标提标建设“全兜底”县(市)。

【世行贷款项目】 2020年，龙泉水利实施世界银行贷款项目第九批、第十批农村生活污水处理工程，建设锦溪、八都、小梅、查田、兰巨等集镇供排水工程及运维中心工程，完成年度投资6208万元，全部工程均已完工，各项目正常推进项目验收、审计结算等工作。

【水利工程修复项目】 2020年，龙泉市水毁水利项目涉及9个乡镇(街道)14个行政村，堤防修复2360米，堰坝修复5座，总投资975万元。

【山塘整治工程】 2020年，市水利局完成中央财政水利发展资金小型农田水利项目——兰巨下田及查田墩头山塘综合整治工程，该工程为兰巨下田山塘和查田墩头山塘，其中兰巨下田山塘主要内容为对原有大坝坝顶、上游坝坡面及溢流堰进行处理，新建人行道205米；查田墩头山塘主要内容为山塘坝体加固、新建溢洪道、放水系统改造、增设水位观测设备及附属上

2020 年，大贵溪风光　　（市水利局 / 供图）

坝道路和排水沟。　（郑子丹）

## 气　象

【概况】　2020 年，龙泉市平均气温 19.1℃，比历年值偏高 1.1℃；年极端最低气温-4.3℃，出现在 12 月 31 日；年极端最高气温 39.4℃，出现在 8 月 14 日。终霜日出现在 2 月 19 日，初霜日出现在 12 月 8 日。春季日平均气温稳定通过 10℃，初日出现在 2 月 11 日；秋季日平均气温稳定低于 22℃，初日出现在 9 月 19 日。年总降水量 1633.7 毫米，比历年值偏少 0.9%；年日照总时数 1376.9 小时，比历年值偏少 15.1%。2020 年，龙泉市气象局发布气象服务材料 249 期，启用“12379”国家突发公共事件预警信息发布平台发布气象灾害预警信号 54 次，启用云 MAS 移动短信发布平台发布天气预警短信 182 次，接收量达 72 万人次。

注：历年值统计时段为 1981—2010 年30 年资料。

【重大天气气候事件】　2020 年，龙泉市年平均气温历年最高，日照显著偏少；2 月及年底，出现大范围寒潮天气；3 月，局地暴雨过程多，月底出现春汛；入梅早、出梅迟，降水集中期持续时间长、暴雨强度强；梅中有伏，6 月及 6 月中旬，平均气温为历年最高；台汛期间，影响龙泉的台风少，7 月，无台风影响，为中华人民共和国成立以来首次；秋季降水前多后少，9 月，暴雨范围广、强度强，出现明显秋汛，10—11 月，晴多雨少，气象干旱范围大、持续时间长。

【生态气象服务】　2020 年，龙泉市暴雨精细化监测预报预警工程开工建设；3 台地面烟炉增雨作业系统完成安装调试。市气象局开展“直通式气象服务”，每周以短信方式向新型农业经营主体发布天气预测，不定期发布农业气象服务产品。与龙泉市电视台《剑川热土》栏目合作，发布一周天气趋势及农事建议。完成龙泉市首届乡村气候养生基地论证，公布龙泉市气候养生基地 3 个，气候养生乡村 6 个。

【气象安全社会管理】　2020 年，市气象局深化气象行政审批“最多跑一次”改革，完成中国青瓷小镇、龙泉宝剑小镇（省级以上平台）区域雷评工作；完成 18 个省级气象防灾减灾示范村创建，公布 111 家防雷安全重点单位；完成易燃易爆危化品场所、防雷安全重点单位、AAA 级以上景区防雷安全检查全覆盖。　（叶　美）

# 林　业

## 综　述

【概况】 2020年，龙泉市森林面积385.58万亩，森林覆盖率84.42%，活立木蓄积量2166.2万立方米。凤阳山—百山祖区块等区域按“一园两区”架构，与钱江源国家公园整合为钱江源—百山祖国家公园，作为中国首批十处国家公园试点之一，并于9月通过国家林草局专家组评估验收和实地核查。谋划竹产业、林下经济和森林康养等“两山”激励资金3500万元，省级美丽林相建设资金2000万元，省级森林古道建设资金320万元，百山祖国家公园建设资金1000万元，竹产业特色示范县建设资金1000万元，申请乡村振兴基金2.59亿元。高质量完成全省首批国土绿化任务，新增绿化面积14847亩，5个村被命名为首批国家森林乡村，建成省级“一村万树”示范村5个。林木采伐、林地征占用、国土绿化全面实现落地上图，森林资源量质齐增，松材线虫病防控实现市域清零，森林防火形式总体稳定，没有因山林纠纷而发生群体性上访和械斗事件。公益林数字化建设工作和集体林地地役权改革入选全国第一批16个《集体林业综合改革试验典型案例》。龙泉市林业局被评为浙江省林业产业先进集体。

## 森林生态体系建设

【概况】 2020年，龙泉市林业科学研究院生产以高世代为主杉木良种1058.5公斤、木荷良种69.5公斤。培育轻基质容器苗木174.4万株，其中珍贵彩色树种苗木92.4万株。申报丽水及龙泉市科技资金项目3个，获浙江省科学技术进步奖二等奖1项，申报杉木良种审定2个，出版专著1本。新增林下套种黄精、灵芝等林下经济示范基地592亩，其中林下三叶青、铁皮石斛、灵芝年亩均收入1.5万元。

【美丽林相建设】 2020年，龙泉市完成百万亩国土绿化14726亩、造林更新面积19167亩、平原绿化580亩、四旁植树33万株，新植珍贵树86.7万株。完成美丽林相建设11.1万亩，其中彩色森林1.7万亩，珍贵树种1.4万亩，大径材1.8万亩，森林抚育6.2万亩。完成信义农家乐休闲山庄、灵芝养生山庄、哈蟆砝山庄、清明湖山庄和临江山庄5个违建拆除山庄的复绿工程，面积83.256亩；完成兰巨到城区瓯江绿道段5个重要节点的美丽林相建设，面积300亩；完成龙泉青瓷博物馆边小竹园改造，面积80亩。编制并实施《瓯江两岸龙泉城区美丽林相建设规划初步设计》，以棋盘山为重点建设区，以凤凰山为辅助建设区，在瓯江两岸龙泉城区段开展美丽林相建设工程，总面积3994亩。

【森林系列创建】 2020年，西街街道白云岩村、八都镇章府会村、上垟镇源底村、小梅镇金村村、屏南镇周铺垟村等5个村被命名为第一批国家森林乡村。龙渊街道村头村、础石街道炉地垟村、龙南乡龙溪村、道太乡雁川村、上垟镇源底村等5个村成功创建省级“一村万树”示范村。同时，建成“一村万树”推进村58个，分别为上垟镇木岱口村、五都楼村、汤源村，兰巨乡五梅垟村、河川村，宝溪乡龚岭村、半岭村，住龙镇水塔村、周调村，岩樟乡何坑村、石坑村、芭蕉村，小梅镇半边月村、孙坑村、高坑村，安仁镇岩头村、坑下村、大舍村、李登村，查田镇石隆村、新丰村、下堡村，屏南镇地畲村、梧树垟村、周岱村、瑞竹垟村，八都镇樟溪村、溪平村、小告村、枫锦村，锦溪镇乌岙村、中锦村、贵坑村、黄永村，城北乡黄庄桥村、溪下村、小岩村、陂川村，竹垟乡金田村、山溪口村、良溪村，龙南乡曲岱村、庵边村、麻竹坑村、下田村、底村、上田村、岭后村、大庄村，道太乡源口村、大苏村、夏安村、坑口村，龙渊街道临江村，剑池街道吴处村、曾家村，西街街道里下畈村、周村村。

【美丽森林建设项目】　2020年，该市投入省以上财政资金100万元，完成中央造林补贴项目迹地人工更新5000亩；投入省以上财政资金299.55万元，完成森林抚育8972亩，其中国土绿化面积4663亩；投入省以上财政资金63.38万元，完成大径材培育1023亩；投入省以上财政资金354.1万元，完成珍贵树种造林3398亩，其中国土绿化造林1815亩；投入省以上财政资金230.4万元，完成油茶造林1404亩、香榧造林900亩；投入省以上财政资金59.2万元，建设黄精等林药基地592亩。

2020年12月，第五届"龙韵杯"国际（龙泉）竹木产品创新设计大赛评审人员合影

（市林业局／供图）

## 林业产业

【概况】　2020年，龙泉市实现林业总产值109.31亿元，同比增长3.09%，其中，一产产值25.74亿元，同比增长3.27%；二产产值43.7亿元，同比增长3.09%；三产产值39.87亿元，同比增长2.98%。

【竹木产业】　2020年，该市投入财政资金5亿元，开展竹木电商园和森林经济创新服务综合体建设，推荐浙江省龙泉市竹木产业园申报国家龙泉竹木产业示范园区，建设森林经济综合体、林业经济示范县。组织验收2019年林区道路建设项目，新建林区道路28.8公里，路面硬化7.41公里，下放计划补助资金286.4万元。林道立项114余条，计划建设长度188.02公里。举办第五届"龙韵杯"龙泉市竹木产品创新设计大赛。开展竹木加工企业安全生产专项治理攻坚行动，排查出一般隐患192项并完成整改。

【竹木产业发展有限公司】　2020年5月，成立国有独资公司——龙泉市竹木产业发展有限公司，注册资本金5000万元，业务主管单位为林业局。公司职责为竹木电商园的资产管理、运营及仓储服务；竹木电子商务平台建设和运营管理；竹木业统一公用品牌建设、运营、管理；开展竹木业营销活动；森林经济综合体建设、运行、维护、管理等。

## 林业改革

【概况】　2020年，龙泉市深入推进全国集体林业综合改革试验区建设，林地流转（113.53万亩）、林地经营权流转证（6.62万亩）、林权抵押累计贷款（53.73亿元）、林权抵押贷款余额（11.18亿元）等四项指标浙江省第一，超额完成"两山银行森林分行"市场化运营交易任务。率先在全国开展公益林数字化建设，100%完成所有权公益林数字化管理工作，该项工作得到浙江省委常委、政法委书记王昌荣，浙江省委常委、纪委书记许罗德，丽水市委副书记、市长吴晓东批示肯定。率先在全国推出集体林地地役权改革和"益林贷"模式，4月10日，浙江省委书记车俊向龙泉颁发全省首本集体林地地役权登记证明。

【数字化公益林建设】　2020年，该市完成所有权落界15886宗地，面积173.15万亩，经营权（承包权）分配到户共3万余户10万余林农。发放公益林森林生态效益补偿资金7052万元，解决公益林矛盾纠纷600多起，补发因纠纷暂缓发放公益林补偿资金360万元。财政部浙江监管局重点资金绩效评价组对龙泉市数字化公益林管理工作中精准发放补偿资金精细化管理给予充分肯定。公益林信息化管理工作入选全国集体林业综合改革试验典型案例（第一批）、浙江省公益林管理机制创新案例，列入2020年丽水市深化"最多跑一次"改革推进政府数字化转型工作实施方案改革内容。"大数据一张图破解公益林基层治理全国性难题"入选"聚焦'重要窗口'、聚力龙泉复兴"学习实践活动典型选树十大创新实践。"区域公益林权属融合管理及信息平台建设"项目获浙江省"科技兴林奖"三等奖。

**【集体林地地役权改革】** 2020年，龙泉市以百山祖国家公园创建为载体，率先探索集体林地地役权改革，在不改变集体林地权属的基础上，建立科学合理补偿和共管机制，推进自然资源资产统一有效管理，实现生态、经济和社会效益"三赢"。4月10日，浙江省委书记车俊考察凤阳山时，在官埔垟村向百山祖国家公园管理机构（龙泉）颁发全省首本集体林地地役权登记证明。2020年，发放不动产权证书242本、地役权登记证明237本。通过这项改革，龙泉片区每年可拿到地役权补偿金1429.15万元，其中，村集体可获得补偿金280.52万元，平均每个村20万元，最高的村可达66万元；农户人均866元、户均3850元，最高一户可达2.5万余元。同时，推出"益林贷"金融创新产品，制定《龙泉市林地地役权补偿收益质押贷款管理办法（试行）》龙银发〔2020〕41号，贷款额度以最高不超过年度林地地役权补偿收益20倍为限，每亩可质押贷款964元，盘活资产3亿元，惠及1.65万林农。8月14日，在兰巨乡官埔垟村举行首批林地地役权补偿收益质押贷款发放仪式，授信金额250万元，发放首批林地地役权补偿收益质押贷款412万元。2020年，龙泉市集体林地地役权改革入选全国集体林业综合改革试验典型案例（第一批）。

**【"最多跑一次"改革】** 2020年，市林业局大力推进浙江政务服务网电脑端、"浙里办"App的应用和推广，通过线上、线下多渠道宣传，引导办事群众在掌上端、电脑端办事。疫情防控期间，推出网上办、掌上办、代理办等服务举措，全力保障群众和企业办事需求。2020年，办结"最多跑一次"事项2354件，其中群众"零跑""代办"达577件，群众满意度达100%。

## 林业安全

**【概况】** 5月至9月，市林业局根据浙江省林业局统一部署要求组织开展2020年森林督查图斑现地自查工作，抽调40多名业务骨干组成县级检查队伍，完成森林督查图斑483个。开展2020年遥感即时监测图斑核查工作，完成2期监测图斑共计27个，对涉嫌违法行为依法查处整改。10月至11月，根据林业"双随机、一公开"工作制度要求，对林木采伐许可等审批事项进行"双随机"抽查。此次检查随机抽取匹配执法人员34名，组成检查组17个；随机抽取检查对象110个，其中林木采伐对象87个、林地使用许可事项5个、林木种子生产经营许可事项5个、食用林产品质量安全及投入品使用检查1个，陆生野生动物驯养繁殖和经营利用11个，自然保护地1个。检查情况在林业"双随机"抽查系统平台上录入和公示。

**【森林资源管理】** 5月至10月，市林业局开展2020年森林资源管理"一张图"年度更新工作，结合森林督查、森林资源年度更新和整合公益林区划落界成果等多项工作任务，完成龙泉市2019年度森林资源管理"一张图"年度更新县级成果数据库。此次年度更新成果显示：森林覆盖率84.42%，与上年度相比提高0.03个百分点；林木蓄积量2166.20万立方米，与上年度相比净增92.80万立方米；乔木林单位面积蓄积6.46立方米/亩，与上年度相比增加0.26立方米/亩。

**【自然保护地整合优化】** 3月，市林业局按照要求浙江省、丽水市要求开展自然保护地整合优化工作，摸清市域内每个自然保护地情况。制定龙泉市自然保护地调整方案，以国家林业和草原局调查规划设计院为技术支撑单位，开展自然保护地整合优化评估工作，编制完成龙泉市自然保护地整合优化预案及分述报告，并完成相关图件资料上报浙江省林业局审查工作。

**【森林植物检疫】** 2020年，市林业局对市域范围内马尾松林和黄山松进行松材线虫病春秋两季普查。其中，

2020年3月，林业人员正在给松树注射松材线虫病免疫剂　（市林业局/供图）

春季共调查松林面积61万亩，占总面积100%，调查小班7107个，发现枯死松木147株，涉及5个乡镇(街道)10个行政村20个小班，共计2889亩；秋季，调查松林面积61万亩，占总面积100%，调查小班7107个，发现枯死松木976株，涉及14个乡镇(街道)37个行政村81个小班，共计7759亩。2020年，清理枯死松木7793株，防治面积7759亩。对市内挂牌古松树、森林公园、自然保护区、农村风水树及路边山场内较大松树进行注干防治，保护6453株。开展虫情调查，调查面积254万亩次，防治病虫害面积46409亩，保护名木古树350余株。完成“四率”指标，成灾率0%，无公害防治率100%，测报准确率95.2%，种苗产地检疫率100%。开展林业检疫执法专项行动，组织行动8次，检查涉松企业41家，培训企业和业主35人次，销毁房前屋后疫木6320公斤。同时，龙泉市林业有害生物防治采用企业化运作，通过政府招投标向社会购买服务来化解责任风险，坚持常年清理和集中清理相结合防治模式也得到浙江省林业局肯定和推广。

【森林消防】 2020年，龙泉市发生森林火灾1起、火情6起，由于处置及时，均未成灾，年森林火灾受害率控制在0.8‰以内，火灾控制率在6公顷/次以内，辖区内未发生较大森林火灾，未发生人员死亡和群死群伤事故。全市生态公益林森林火灾保险投保率100%，其中，投保政策性林木火灾保险160.9781万亩，投保政策性林木综合保险12.1734万亩。2020年，森林防火专项资金50万元，其中省级资金20万元，生态公益林管护资金——森林防火资金30万元。采购6台水冷式高压水泵，分发至兰巨官浦垟、道太乡双平、安仁大丘另区域性义务森林“引水灭火”消防队伍。 （陈金勇）

## 百山祖国家公园龙泉保护中心

【概况】 2020年，根据中央办公厅、国务院办公厅《建立国家公园体制总体方案》精神和国家公园管理局关于钱江源国家公园中期评估意见，按照“一园两区”创建要求，不再保留浙江凤阳山—百山祖国家级自然保护区管理局凤阳山管理处，设立钱江源—百山祖国家公园百山祖管理局龙泉保护中心。

【百山祖国家公园创建】 2020年，浙江省按“一园两区”思路建设钱江源—百山祖国家公园，下辖百山祖国家公园和钱江源国家公园2个园区，并进入首批国家公园设立序列。百山祖国家公园整合凤阳山—百山祖国家级自然保护区、庆元国家森林公园、庆元大鲵水产种质资源保护区等自然保护地及其周边优质自然资源进行创建，规划总面积50529.46公顷，分为龙泉、庆元和景宁3个片区，规划面积占比是5:4:1。龙泉片区公园规划范围涉及屏南、龙南、兰巨3个乡镇14个行政村，总面积24906.61公顷，其中核心保护区面积13230公顷，总面积、核心保护区面积均占丽水最多。3月13日，龙泉市召开创建百山祖国家公园百日会战动员大会，全面推进创建各项工作。年内，完成龙泉分区兰巨主入口及配套设施建设工程（一期），其中，国家公园入口驿站（大寨村）建设仅用23天就完成，创造“龙泉速度”。9月，钱江源—百山祖国家公园通过国家林草局专家组评估验收和实地核查。

【生物多样性保护】 2020年，龙泉保护中心与浙江大学生命科学学院全域生态研究所合作，率先提出建设野外博物馆，丰富多彩的野生生物和自然景观构成了野外博物馆的自然展品。该做法得到百山祖管理局的肯定，向百山祖国家公园全域推广，9月，建成全国首个野外博物馆——百山祖国家野外博物馆，共有8条展线，其中龙泉片区4条。2020年，龙泉完成黄茅尖、绝壁奇松2条展线，瓯江源、龙泉大峡谷2条展线正在建设中。

6月，“5G绿境”生态司法宣教中

2020年，屏南镇上畲村 （市林业局／供图）

心在龙泉保护中心挂牌成立。9月，“百山祖国家公园野生动物救助站”在兰巨保护站挂牌成立。11月，“百山祖国家公园生态保护公益诉讼检察创新实践基地”在凤阳山大田坪挂牌成立。完成《百山祖国家公园蝴蝶图鉴（第一卷）》编撰出版工作，该卷以凤阳山为主，记载百山祖国家公园蝴蝶5科283种。发现特产于凤阳山自然保护区大湾、凤阳湖至黄茅尖下、屏南高漈下一带的浙江荚蒾属植物新种——凤阳山荚蒾，该植物花絮洁白、果序红艳，可供园林绿化观赏。同时，发现二级保护野生植物九龙山榧在凤阳山分布的新记录。（王　丹　刘胜龙）

2020年10月，凤阳山荚蒾　（刘胜龙／供图）

# 工业　经济开发区

## 综　　述

【概况】　2020年，龙泉市落实“六稳”“六保”任务要求，坚持疫情防控和复工复产“两手抓、两战赢”，经济运行呈现“全面回升、企稳向好”的积极态势。全市实现规模以上工业产值80亿元，同比增长6.7%，规模以上工业增加值19亿元，同比增长7.3%。新增亿元企业3家，新增规模以上企业18家（净增21家，总数达139家），创建省级“隐形冠军”培育企业3家，通过清洁生产企业验收8家，淘汰落后产能涉及企业7家，完成“低散乱”企业整治50家。

【结构优化】　2020年，龙泉市战略新兴产业、高新技术产业、装备制造业、数字经济核心产业增加值和新产品产值分别同比增长11.5%、10.5%、8.7%、23.5%、6.1%，汽配、竹木、剑瓷行业产值分别增长4.6%、1.54%、15.09%。

实现社会消费品零售总额76.5亿元，同比增长9%；网络零售额48亿元，同比增长20%。规模以上工业规上工业投入研发费用3.48亿元，同比增长20%，研发费用占主营业务收入比重为5.2%。

规上企业缴纳税费3亿元，同比下降34.8%，亩均增加值增长6.9%，亩均税收下降15.2%（落实减税政策4.1亿元背景下）。完成工业投资13.7亿元，同比增长5.5%。工业用电量4.21亿度，同比下降3.2%。对外出口总额19.5亿元，同比下降20%。

2020年完成新空间拓展525亩，低效闲置用地处置554亩，分别完成年度目标105%、185%。加快龙商鞋产业基地（一期）项目、小微企业园等一批新建项目落地开工。以汽车空调零部件产业省级智能化技术改造试点为契机，推进新劲、三田、毅力等一批智能化技术改造项目建设；推进国镜药业省级项目、新普不锈钢技改项目等一批重点项目建设。

【小微企业园】　2020年，市经济商务局编制《龙泉市小微企业园区高质量发展五年规划（2018—2022）年》，出台小微企业园基础设施建设、厂房建设、运维管理、企业培育等四个方面扶持政策，持续加大小微园建设力度。续建项目：青瓷产业创业园完成竣工验收，新建厂房6.9万平方米，入驻企业101家，并获得省级认定；八都镇溪坪区块小微企业园一期、查田镇街头桥竹木加工小微企业园B区块、上垟镇泗源竹木小微园一期、上垟镇青瓷产业小微园创新工坊天丰区块、小梅镇青溪竹木加工小微园等5个小微企业园完成厂房主体工程建设，新建厂房7.85万平方米。新建项目：安仁昌文小微园一期等3个新建设项目均已经完成土地招拍挂，确定投资主体，进入施工阶段。芳野小微园获评浙江省数字示范小微企业园。

【数字经济“一号工程”】　2020年，龙泉市数字经济发展指数59.6，全省排名第66位，丽水排名第3位。“两化”融合发展指数67.8，首次进入全省第2梯队，丽水市排名第2位。数字经济核心制造业增加值同比增长23.5%，排名丽水市第3位。鼓励企业做大做强，对新上规数字经济核心企业给予30万元奖励；鼓励企业科技创新、智能化生产，6个项目入选丽水市信息经济示范试点项目，4个项目获得丽水市信息经济示范试点项目补助资金40万元。完成浙江省“两化”深度融合国家综合性示范区试点建设，建成数字工厂示范企业9家、制造业与互联网融合新模式示范企业2家、“双创”平台示范企业1家、“两化”融合管理管标体系企业5家、省级数字化车间1个。深入实施“企业上云”行动，上云企业842家，实现工业规模企业“上云”全覆盖。加快智慧城市建设，编制《龙泉市通信基站专项规划（2020—2025）》，成立龙泉市5G新基建工作专班，2020年开通380个5G站点，完成年度目标101.6%，在丽水政府数字化转型综合绩效评价工作中获得满分。提升无线网络系统服务数字经济发展能力，建成公共场所三期免费 WiFi 项目，开展衢宁铁路(龙泉段)站前区块公共 WiFi 网络建设，实现站前重点区域无线网络全覆盖。

【开拓海外市场】 2020 年，市经济商务局优化外贸政策支持方向，出台《关于进一步稳定外贸发展的若干意见》，加大对线上展会、防疫物资出口、外贸回归等支持力度，兑现政策资金 967 万元，同比增加 61.4%，兑现时间提早 4 个月。采用政府统一投保方式，实现对所有出口额 100 万美元以下小微企业统保政策全覆盖，企业风险抵御能力大幅提升。指导企业开拓市场，组织企业参加 30 余场浙江出口商品网上交易会系列专场，举办全省首个县级汽配专场网上交易会，促成 40 多家企业与俄罗斯、埃及、台湾等国家和地区客户达成 600 万美元的意向成交额。南宋哥窑、玉德青瓷参加第三届中国进口博览会“非遗暨老字号”展，南宋哥窑《守幸》《纳福》两件作品成功入选进博会非遗、老字号联名款衍生品并成为该项目服务商。2020 年，全市出口总额达 20.29 亿元，其中，生产企业出口额 10.92 亿元，占全市总出口 53.82%，比 2019 年提高 8.09 个百分点。

【减轻企业负担】 2020 年，龙泉市出台《“战疫助企、暖春行动”二十一条》及补充意见、《支持企业用工十条》等政策文件，落实各级党委政府支持企业复工复产政策，简化政策申报程序，加快政策兑现。2020 年，为企业落实减负政策 8.58 亿元，完成年度目标 161.8%，本级财政兑现各项工业扶持政策 13175.2 万元。出台《“战疫助企、暖春行动”金融服务保障政策清单》，切实解决企业融资难、融资贵问题，2020 年制造业贷款余额 24.8 亿元，同比增长 15.5%；为 22 家疫情防控重点保障企业发放新增低息再贷款 1.45 亿元，给予财政贴息 163.2 万元；转贷中心为 282 家企业提供政策性转贷 403 笔，转贷金额 15.4 亿元，并对企业实行转贷减半收费，金融机构累计降息减息 0.9 亿元。

【聚焦企业服务】 深入推进精准服务企业“365”专项行动，35 名副处级以上领导干部、131 名派企服务长、186 名驻企服务员共结对帮扶 116 家规上工业企业、34 家重点商贸物流企业、20 家外贸外资企业、7 家农业重点企业、20 个重点工程项目，选派 23 名业务骨干到企业担任总经理助理，收集企业难题 615 件，办结 563 件，办结率 91.54%。建立涉企执法检查备案制度，行政执法部门对涉企行政执法活动一律报司法部门备案，未经备案不得擅自进入企业开展行政执法活动。在企业家协会设立法务部，聘请律师常驻企业家协会，指导帮助企业防范法律风险，化解法律纠纷。

用好“问海借力”金钥匙，组织企业赴宁波杭州湾新区、宁德海西区等发达地区学习考察，组织举办各类培训班，不断提升企业家综合素质。开展财务统计、文秘、安全员、电子商务等各类企业职工技能培训，加快高技能人才队伍建设。指导成立龙泉市阀门行业协会和工程机械行业协会，引导行业规范快速发展。

【企业安全生产】 建立完善企业安全生产管理长效机制，层层落实监管责任。及时传达贯彻上级关于安全生产检查、专项整治、应急救援、防震减灾、重大活动及节假日维稳等相关文件精神，组织各项安全生产检查。借助安全生产管理专业机构力量，为企业提供专业化指导服务，确定安全生产隐患及时整改到位。2020 年，经济商务系统未发生较大安全生产事故，安全生产形势保持稳定。

## 产业发展

【精密制造产业】 2020 年，龙泉市聚焦高端装备、高端基础件，注重培育发展汽车空调零部件、工程机械、高端不锈钢、精细阀门等精密制造产业，重点发展与新能源汽车、整车配套的高端汽车(空调)零部件。2020 年，精密制造行业有企业 213 家，其中规上企业 65 家，实现规上产值 37.59 亿元，其中汽车(空调)零部件产业规上企业总产值 18.8 亿元。

【经典时尚产业】 2020 年，龙泉市重点培育发展竹木制品、青瓷宝剑、时尚鞋业等经典时尚产业，推进竹木制品向现代时尚产业转型提升和推进剑瓷产业“三化”(物化、深化、转化)，重点打造青瓷小镇、宝剑小镇和鞋产业基地。2020 年，经典时尚行业有企业 348 家，其中规上企业 37 家，实现规上产值 16.83 亿元，其中竹木加工产业规上企业总产值达 14.6 亿元，青瓷宝剑产业规上企业总产值 2.2 亿元。

【健康医药产业】 2020 年，龙泉市重点培育医药药品、保健食(饮)品、健康器材等健康医药产业，加快推进医药头部企业国镜药业的发展壮大，形成以医药药品、保健食品为主的健康产业基地。2020 年，健康医药行业有企业 31 家，其中规模以上企业 6 家，亿元企业 2 家，主要生产加工香菇、黑木耳、灵芝、纯净水、生物制药等绿色食品、养生保健品和药物制品；实现规上产值 6.4 亿元。

## 青瓷宝剑产业

【概况】　2020年，龙泉市青瓷宝剑行业新增上规企业1家，上限企业3家，个转企31家，实现营业收入23.4亿元，产业增加值7.47亿元，占GDP比重5.1%；7家规上企业实现产值22236万元，同比增长15.09%；剑瓷电商销售额（含龙泉青瓷宝剑商城）16.9亿元，同比增长33.2%；剑瓷出口额3196万元，同比增长38.06%。龙泉青瓷宝剑商城入驻企业113家，销售额2.79亿元。

【项目建设】　2020年9月，总投资2.2亿元的龙泉市青瓷产业园项目竣工并交付使用，该项目规划总用地面积43亩，总建筑面积7万余平方米，集青瓷文化创意研究、青瓷生产制作、产业孵化、信息交流、展览展示、工业旅游等功能于一体，是龙泉市首个工业地产项目。龙泉宝剑小镇项目（一期）加快推进，小镇客厅、文创商业街、风情街、体验社区、体验街完成总工程量40%，宝剑大师园第一批次6个地块的主体工程全部建成并完成验收。

【行业管理】　2020年，龙泉市建立健全宝剑行业与寄递企业顺畅物流渠道、降低物流成本合作机制，开展管制刀具专项整治、刀剑“二维码”推广等行动，破解刀剑管制难问题，有力助推企业畅通销售，如龙泉市华光美术刀剑有限公司线上批发日均超过800单，逆势增长近一倍。通过协商破解航班中断、通关难、未入驻义新欧专列等问题，发展跨境电商贸易，专营跨境电商超过150多家，日均发货量超过400多单，全年超过5万单，外贸出口同比增长28.37%。全域打造“天下龙泉”品牌，制定出台《“天下龙泉”商标使用管理办法（试行）》《在青瓷宝剑个展、参展及经营店中规范推广使用“青瓷宝剑、天下龙泉”标识》，发布“规范青瓷宝剑市场价格行为”倡议书，规范市场发展和品牌管理。

【剑瓷文化弘扬】　2020年3月28日，浙江省支援湖北荆门市医疗队完成防疫任务，在荆门市举行的欢送仪式，浙江向荆门捐赠了一把龙泉制造的“披荆斩疾”剑和一个“国色天香”青瓷盘。5月5日，龙泉青瓷大师李震创作的“三叶草燔瓷香插”搭载中国长征五号B载人飞船环游太空，这是迄今为止，龙泉青瓷文明第一次登上太空。7月31日至8月8日，《时代与经典——龙泉青瓷龙泉宝剑精品展》和《一代龙泉——8090青年艺术展》在上海宝库中心举行，展出76件国家级、省级大师作品和178件青年艺人作品。9月26日，夏侯文、毛正聪、陈永德等国家、省级大师，瓯江青瓷、圆德青瓷等企业的作品入驻衢宁铁路龙泉市站贵宾室。12月11日，“香远•溢青”——青瓷香器主题展开展，该展览共展出82位青瓷匠人89组作品，涵盖龙泉窑香炉经典器型，其中中国工艺美术大师作品2件（徐朝兴、毛正聪），中国陶瓷艺术大师作品5件（徐定昌、董炳华、陈爱明、叶小春、毛丹阳），中国工美行业艺术大师作品1件（张晞），浙江省工艺美术大师作品2件（黄长伟、毛伟杰）。

## 企业选介

【浙江新劲空调设备有限公司】　2020年，浙江新劲空调设备有限公司有员工人数280人，实现产值1.11亿元，上缴税费717万元。企业注重科技创新，与浙江大学、中科院理化所、上海理工大学、中国计量大学等高校院所建立紧密协同创新关系，拥有浙江省新劲汽车热管理智控企业研究院、企业技术中心、博士后科研工作站等企业科创平台。产品通过IATF16949和ISO 14001国际管理体系认证，主导产品热力膨胀阀、电磁阀、电子膨胀阀等是一汽、上汽、长安等主要汽车厂家配套体系，是全球主要新能源汽车热管理智控元件供应商和解决方案服务商。

2020年3月28日，浙江省向荆门市赠送“披荆斩疾”剑　（市青瓷宝剑产业局／供图）

【浙江恒祥玩具有限公司】 浙江恒祥玩具有限公司是一家专业生产出口木制玩具的国家高新技术企业，坐落于安仁镇溪西工业园区，旗下拥有恒旺、恒吉、巧艺三家子公司和浙江世顺进出口贸易有限公司。2020年，有职工600余人，实现产值1.8亿元，上缴税费830余万元。企业年产200万套木制玩具生产线6条，产品2000多品种，远销美国、欧洲、东南亚等国家和地区。公司还专注于研发婴幼儿智力开发产品，有“巧艺人”注册商标1个，国家专利76项。

【天和农业集团】 天和农业集团是国家农业产业化重点龙头企业、全国扶贫重点龙头企业、全国供销社重点龙头企业、全国“五一”劳动奖状获得企业、国家食药用菌产业技术创新战略联盟副理事长单位、中国土畜产进出口商会食用菌分会副会长单位、中国食用菌协会理事单位、全国食用菌行业十大龙头企业。2020年，企业有职工180人，实现产值1.9亿元，上缴税费334万元。企业在全国多地建设标准化香菇、木耳等食用菌基地20余个，带动1.5万余农户增收致富，并与中粮集团、首旅集团、百盛集团等世界500强企业建立战略合作伙伴关系，产品远销北美、欧盟、澳洲及日本、新加坡、韩国等国家和地区。

【龙泉瓯江青瓷有限公司】 龙泉瓯江青瓷有限公司是一家集创意、研发、设计、生产、销售、工业旅游为一体的日用青瓷制造企业，研发生产餐具、茶具、工艺品、旅游产品、文化产品、佛教产品、酒店产品“七大系列”近3000种产品，是浙江省高新技术企业、浙江省首批成长型文化企业。2020年，企业有职工132人，实现产值2480万元，上缴税费208万元。近年来，企业坚持传统技艺和现代科技结合、坚持多元化和专注日用青瓷器领域创新，成为《日用青瓷器国家标准》起草单位，拥有国家专利46项，产品设计获40多项大奖。

## 工业产品选介

【储液干燥器】 储液干燥器是组成汽车空调制冷系统的主要部件，安装于冷凝器与膨胀阀之间，处于制冷系统高压端。储液干燥过滤器作用，主要是储存和供应制冷系统内液体制冷剂，以便工况变动时能补偿和调节液体制冷剂盈亏；吸收密封空调管路中水分，同时过滤掉管路中微小杂质，保证压缩机和制冷系统正常运行。

【冷凝器】 冷凝器是一个热交换器，将制冷剂在车内吸收热量通过冷凝器散发到大气当中。小型汽车冷凝器通常安装在汽车前面(一般安装在散热器前)，通过风扇进行冷却(冷凝器风扇一般与散热器风扇共用，也有车型采用专用冷凝器风扇)。冷凝器的作用主要是对压缩机排出的高温高压制冷剂蒸气散热降温，使其凝结为液态高压低温制冷剂。

【无刷电子控制器】 主要用途有三，一是用于汽车空调系统，控制冷暖风机转速控制，实现对温度闭环调节和节能减排。二是用于新能源汽车电机、电池冷却系统水泵无极控制，实现高效降温控制和长寿命。三是用于智能电动汽车执行器控制，实现控制多样化和智能化。 (季 奕)

## 经济开发区

【概况】 2020年，龙泉市经济开发区有入园企业256家，国家高新技术企业47家。其中：规上企业80家，规上企业实现工业总产值43.34亿元，占全市工业产值比重55%，规上工业增加值10.47亿元，同比增长9.3%，占全市规上工业增加值比重57%；高新技术产业增加值同比增长11.6%；完成有效投资12.34亿元，增速11.7%；规上工业高新技术产业、装备制造业、战略性新兴产业增加值分别实现6.49亿元、4.93亿元、3.34亿元，增速分别为11.6%、10.1%、12.2%；数字经济核心制造业增加值增速23.6%；新产品产值率37.6%，新产品产值同比增长1.5%，研发费用2.03亿元，同比增长15.5%。

开发建成“六大区块”，分别是大沙五金汽配科技园、芳野竹木制品园、松溪弄综合开发区块、炉田开发区块、浙商“回归工程”和青瓷宝剑园区，总面积16.62平方公里，核心区块面积为12.5平方公里，总建成面积10平方公里，2.34平方公里低丘缓坡开发区块已基本开发建成，目前可利用空间面积0.61平方公里。2020年，开发区荣获丽水经济开发区考核二等奖，被浙江省经济和信息化厅评为中小微企业培育工作成绩突出集体。

【产业发展】 2020年，开发区重点发展五金汽配、竹木加工、青瓷宝剑、健康产业四大主导产业，共有亿元企业11家，五金汽配行业实现产值18.77亿元，竹木制品行业实现产值6.59亿元，健康产业实现产值6.45亿元。2020年，完成投资项目备案44个，备案投资额达6.9亿元。制定出台《“厂中厂”问题整治提升行动方案》《低效及闲置土地三年行动计划》《僵尸企业处置三年行动计划》，完成20家出租宗地企业整改或关停搬离，41家低产闲置企业处置，盘活用地0.37平方公里，整改提升23家亩均万元以下企

2020 年 5 月，龙泉经济开发区　（林子馨 / 供图）

业，处置 8 家僵尸企业，盘活用地 0.12 平方公里，盘活厂房 0.09 平方公里。五金汽配产业链入选浙江省“链长制”试点，获评浙江省美丽示范园区。

【招商引资】 2020 年，开发区深化“八个一”招商工作机制，分组、分批、分任务“走出去”招商，以招引五金汽配、竹木加工、健康医药、工程机械等延链补链强链产业为主，以“龙商回归”为纽带，聚焦上海、杭州、广州、宁德等重点区域，“走出去”招商 21 次。7 月，正式出台《中国龙泉鞋城鞋产业辅料生产企业招商政策》，创新运用“云招商”、线上 3D 招商地图、H5 招商宣传等数字化手段，吸引企业来龙泉投资设厂。成立龙泉市工程机械行业协会，新引进孔山、创丰、鹤思、未来已来 4 个大项目，二产招商一枝独秀。2020 年，开发区新引进项目 20 个，完成年度任务指标 117.65%；完成实际利用内资 11 亿元，完成年度任务指标 100.9%；新落地项目 19 个，投产项目 17 个。

▲“八个一”招商工作机制：1.一个产业招商委。2.一张任务清单。3.一个项目库。4.一张作战图。5.一个例会制度。6.一张项目签约落地流程图。7.一个内部考核办法。8.一本宣传手册。

【产城融合】 丽水生态产业集聚区——生态产业低丘缓坡开发项目龙泉区块规划总用地面积 2.34 平方公里。2020 年，东岭及塆头区块边坡治理、林岭线提升改造项目（一期）、道路提升改造和基础设施完善工程全面完工，浙大路（二期）项目已完成总工程量 20%，开工建设基础设施完善工程 20 个，通过竣工验收 13 个。大沙井窟区块“以房换地”试点成功，完成 382 植农民联建房协议签订，已挂牌出让；翁仁金畈（三期）“以房换地”地块签约率 100%，完成 40 植农民联建房协议签订；完成炉田村 51.68 植联建房回购协议签订。开展“金融机构走进开发区”活动，探索制定“托底回购”政策，引导银行信贷资金向重点企业倾斜，已为 27 家企业争取授信 2.615 亿元，帮助企业解决转贷资金 11.65 亿元，新增银行贷款 5.83 亿元。调解工伤保险待遇案件 17 起，其中疑难复杂案件 4 起，涉及 17 人，共调解金额 74.8 万元，调处率达 100%。

【环境整治】 2020 年，开发区扎实开展污水零直排“回头看”、蓝天保卫战、环保助企“三服务”、环保督查“回头看”等工作，辖区内所有主干道完成动态走航监测，22 家企业柴油车完成 OBD 远程数据采集系统安装，完成 VOCs 治理 2 家，臭气异味治理 1 家，拆除生物质锅炉 2 台。全面启动危险废物（固废）中转站建设，推进排污许可证申领，基本实现排污许可“全覆盖”。开展各类安全消防监督检查 224 次，消除各类隐患 834 项。升级扩建原有安全（消防）实践中心，开展培训演练“三服务”活动，组织大型安全消防培训 6 期，应急演练 4 期，培训演练人次 700 余人。组织开展“百万员工”大培训行动，线上线下培训企业员工 3650 人次。以“优秀”等次提前通过省级循环化改造试点项目验收。

2020 年 6 月 20 日，开发区组织开展消防演习培训　（沈资超 / 供图）

【服务企业】 2020年，开发区制定出台《大企业培育战略计划》，遴选14家企业列入培育清单，组织召开大企业培育动员会、点评会、交流会，帮助纾解金融帮扶、政策兑现、产权证办理、市场开拓等各类问题40余件；制定干部联系企业“双覆盖”机制，开展助企“三服务”活动，帮助企业协调解决各类问题190余件。2020年，14家大企业实现产值19.1亿元，占开发区70家规上企业比重44.1%，完成投资1.18亿元；完成“小升规”培育企业13家，申报省科技型中小企业17家，新认定国家高新技术企业7家、重新认定14家，高新技术企业研发中心2家，省级企业研究院2家。帮助企业降本减负消除疫情负面影响，实现政策兑现3002万元，落实光伏项目安装补助286.4万元；落实疫情期间企业包车接回员工补助5.75万元，电费补助167万元；标准厂房、创客园及其他园区工业用房通过直接减免3个月租金或延长3个月租期方式，为53家租户减免租金220万元。组织相关部门和专家进行厂区建筑方案评审18家，办理建设用地规划许可证18件，办理建设工程规划许可证30件，办理规划验收核实意见32件，临时搭建申请处理33件。

【项目建设】 2020年，开发区开展“产业培育大比拼、项目建设大比武”活动，以并联推进工作机制，成熟运用EPC模式推进重点项目建设，全年实施政府性投资项目8个，统计投资额3.26亿元。鞋产业链回归工程一期项目整鞋企业生产区块已完工，金岗三期项目辅料企业生产区块已完成总工程量的60%；市政项目（一期）已出让地块周边道路及砭石连心桥建设，已完成桥梁桩基浇筑63%。国镜药业建设项目（二期）采用“企业供地、政府垫资”新模式，完成建设方案意见征求工作和初步设计等工作，正进行场地平整。龙泉市综合电商中心项目通过龙泉市城乡规划委员会审查论证，竹木电商智能物流中心区块已完成农转用工作和地质勘察工作，建筑方案编制工作基本完成。

【小微园建设】 龙泉市首个青瓷工业地产项目——龙泉青瓷产业（孵化）园总投资2.2亿元，9月，一期项目通过竣工验收并交付使用，进驻青瓷企业超100家；二期项目纳入综合电商中心项目，统一规划、分期建设，已完成建筑方案评审、设计条件出具等前期工作。10月21日，五金汽配小微园完成土地挂牌工作。芳野五虎垟小微园引入云上数字化平台，申报青瓷创客园，入选2019年新认定省级“众创空间”，获评省级数字化小微园示范园区。八都小微园建设项目开发总投资0.95亿元，完成6幢标准厂房主体建设工程。安仁木制玩具小微园（一期）桩基础已完成。

【山海协作】 2020年，萧山—龙泉“科创消薄”飞地项目萧龙科创园建设项目，完成地下室主体结构和部分主体建设。平湖—龙泉产业园建设项目，完成EPC招标前期工作。

2020年7月，萧龙科创园施工现场 （叶振阆／供图）

# 经济　商贸

## 发展和改革工作

【概况】 2020年，龙泉市发展和改革局深入开展“生态经济大追赶”活动，统筹推进“两手硬、两战赢”，“十三五”规划主要目标任务基本完成，与全省同步高水平全面建成小康社会。2020年，实现地区生产总值147.16亿元，同比增长3%，分别较一季度、上半年和前三季度回升3.2、1.2和2.3个百分点；三次产业结构调整为11颐34.7颐54.3；全省26县发展实绩考核连续5年列入第一档次。

【规划管理】 2020年，市发改局梳理筛选《科技创新发展“十四五”规划》等43项发展规划，纳入龙泉市2020年度规划编制计划，安排规划编制经费999.75万元。完成《龙泉市国民经济和社会发展第十四个五年规划基本思路》和《龙泉市国民经济和社会发展第十四个五年规划及2035年远景目标纲要》编制，启动“十四五”重点类规划编制工作。

【计划管理】 2020年，龙泉市制定《关于龙泉市2019年国民经济和社会发展计划执行情况及2020年国民经济和社会发展计划草案报告》，提交龙泉市第十六届人民代表大会第四次会议审议通过。调整和完善重点企业监测网络，及时反映企业动态，针对经济运行中重大问题及热点、难点、焦点，深入分析研究，提出月度、季度经济运行分析材料，为市委市政府决策提供科学依据。

【社会发展】 2020年，龙泉市加大民生投入，省、市、县三级民生实事全面完成，民生支出占一般公共预算支出比重77.1%。实现农村常住居民人均可支配收入5476元，同比增长8.6%，城镇常住居民人均可支配收入50473元，同比增长4.2%；实现低收入农户收入12397元，同比增长16%，低收入农户增收工作连续两年获浙江省政府督查激励，系全省唯一；实现年家庭人均收入8000元以下情况、“两不愁三保障”突出问题、集体经济薄弱村“三个清零”。

2020年，龙泉城镇化率提升至65%以上，大花园建设工作获浙江省政府督查激励通报，入选浙江省“大花园示范县”建设十大优秀典型案例；获评浙江省首批农业绿色发展先行市、浙江省实施乡村振兴战略优秀县，创成浙江省生态文明建设示范县、示范文明城市，通过国家卫生城市复评。成功举办第三届世界青瓷大会，全面推广“天下龙泉”城市品牌，龙泉宝剑、“不灭窑火”入选浙江省文化和旅游IP库，龙泉青瓷成为首批“浙江文化印记”；成功创建省级AAAA级景区城、全域旅游示范县（市、区），入选浙江省文旅产业融合试验区、浙江省文化传承生态保护区，上榜全国县域旅游发展潜力百强县。

2020年，龙泉青瓷宝剑技师学院正式获批设立，成为国家级高技能人才培训基地。江南幼儿园、南秦小学新校区、城东小学投入使用，第五中学开工建设，龙泉四中、龙泉二中扩建和安仁镇幼儿园新建项目稳步推进。市卫健局获评浙江省县域医共体建设成效十大突出集体，市中医院迁建工程有序推进，龙泉市公共卫生应急救治中心和公共卫生综合服务中心开工建设，安泽园公墓建设项目完成土地出让。新增城镇就业3369人，城镇登记失业率1.84%。推广全民健康补充医疗保险“浙丽保”，基本医疗保险、养老保险参保率分别达99.65%和99.17%。

【世行贷款项目】 2020年，龙泉市完成世行贷款项目所有子项目合同包实施建设工作，启动验收、审计、结算等扫尾工作。采购金额累计3.337亿元，付款金额2.698亿元，提款报账金额3241.26万美元。6月，举行农村饮用水集中通水仪式，成为丽水市首个实现农村饮用水达标提标“全兜底”县(市)。

【能源工作】 2020年,龙泉市家庭屋顶光伏项目并网186个,装机规模2238.39千瓦;工商业屋顶光伏项目并网25个,装机规模9413.01千瓦;村集体经济光伏项目并网11个,装机规模429.57千瓦,其中5个光伏“消薄”项目成功申报纳入2020年度国补、省补指标。组织开展清洁能源示范县第二批项目补助申报工作,下达省级补助资金约481万元。10月15日,云和——龙泉天然气管道工程(龙泉段)全线贯通;10月,里下畈站、上垟站、临江站3座综合供能服务站正式投运;12月,完成大洋加油站增加充电桩改造。组织各公共机构推进节约型机关创建工作,19家单位被命名为龙泉市第一批“节约型机关”,龙泉市民族中学获得浙江省2019—2020年节约型公共机构示范单位称号。

2020年,里下畈站综合供能服务站 (市发改局/供图)

【省大花园示范县创建】 2020年,龙泉市扎实推进浙江省大花园示范县创建工作,十大标志性工程、21个重点项目、5个美丽载体、4项改革创新有序推进,29项先进性指标基本完成,4个省大花园重点项目超额完成年度任务,其中1项已完工。全面开展大花园示范县建设宣传活动,参加全省“诗画浙江、美丽大花园”高铁定制宣传活动,第12节车厢是龙泉主题推广专属车厢,并通过直播、新闻报道等方式同步推广。该市《以大花园建设助推山区高质量发展》案例入围浙江省高质量发展智库论坛——浙江县域和企业高质量发展创新案例、《打造剑瓷大花园 促进古城文旅兴》案例入选浙江省大花园示范县建设优秀典型案例。龙泉市获浙江省政府督查激励,在全省大花园示范县建设年度评估中获得“优秀”等次,市发改局荣获2020年度大花园建设先进集体称号。

【服务业发展】 2020年,龙泉市实现服务业增加值79.84亿元,同比增长5.7%,服务业增加值占GDP比重达54.3%。围绕统筹推进疫情防控和经济社会发展这一主线,市发改局上报疫情防控重点保障企业名单,使用央行支持重点防疫企业专项再贷款6358万元;着眼疫情发展新环境,通过云招商、云签约等模式,加快总部经济招商进度,完成天策、星空野望、金恒等6家总部经济企业签约。稳步推进《龙泉市现代服务业“十四五”发展规划》编制工作,完成浙江省服务业综合评价工作,评价结果位列丽水第一。新增服务业规上(限上)企业(个体户)20家,兑现2019年度服务业专项扶持资金364万元,较上一年度增长133%,民营企业占比95%左右,完成专项资金绩效评价,获得评价等级“优”。开展浙江省物流示范县、千年古城等试点申报工作,伟林快递服务有限公司入选2020年浙江省物流新业态新模式发展试点,系丽水市唯一。龙泉市城市文化会客厅等一批服务业重大项目开工建设,衢宁铁路正式通车,龙泉人民翘首以盼“铁路梦”成为现实。

【特色小镇规划建设】 2020年,龙泉市3个省级特色小镇规划建设完成投资12.67亿元,实现税收2.37亿元,接待游客161.13万人次。顺利通过2019年度省级特色小镇考核,其中青瓷小镇、宝剑小镇位列创建类“良好”等次,汽车空调小镇位列培育类“优秀”等次。宝剑小镇核心区项目(一期)全面铺开,宝剑大师园、风情一条街等项目快速推进,小镇规模初具雏形;汽车空调小镇产业创新服务综合体新建1.36万平方米检测楼和综合楼,打造展示中心、汽配云大数据中心等“八大中心”建设,落实全链条“一站式”办理。

【价格管理】 2020年,龙泉市落实疫情期间供电、供水和供气优惠政策,助力复工复产,降电价减负2028万元,降水价减负57万元,降天然气价减负31.24万元。增设幼儿园放学后园内托管服务,核定月托管服务费用为200元/生,其中江南幼儿园、八都中心幼儿园实行430元/生和360元/生试行价。规范乡村公益性公墓使用费,基准价为3000元/穴,浮动幅度50%。农业水价改革全覆盖,24.57万亩农田农业水价为0.05元/立方米,精准补贴为17元/亩。理顺绿谷、顺风等私立学校的学费基准价，核定绿谷为5500元/生•学期，顺风为6200元/生•学期。供水成本监审核减250.98万元。完成污水处理费成本、机动车检测收费、白云岩景区门票、阳光福利中心养老收费等成本监审调查，清理30家协会收费。增加监测频次和监测品种，及时反映市场价格动态。

## 粮食购销

【粮食保供稳价】　2020年，市发改局按照市疫情防控指挥部后勤保障组要求，全力做好粮食保供稳价工作。1月26日，龙泉市丰穗粮油公司复工，开始粮食加工，截至3月9日（报表截止日），共加工粮食954吨，向各超市、定点单位食堂和乡镇（街道）配送大米1075吨。疫情防控期间，粮食供应基本保持平稳。

【五优联动示范县】　2020年，市发改局、财政局、农业农村局联合制订《龙泉市粮食安全“五优联动”试点工作实施方案》，加快实施优粮优产、优粮优购、优粮优储、优粮优加、优粮优销，打造优质粮食产业链，为构建可持续粮食安全保障体系提供有力支撑。2020年，通过“粮食订单”收购2029吨中浙优8号，收购价格为142元/百斤，比浙江省最低收购价高12元，农户每亩增收270元。认真执行订单粮食奖励政策，以晚稻谷奖励20元/百斤为标准，共发放政府价外补贴款121万元，惠及农户680家。

【浙江省粮食收购工作成绩突出单位】　2020年，市发改局牢固树立为农服务意识，坚持把保护农民利益放在第一位，严格遵守“五要五不准”▲粮食收购守则，并打出多套政策“组合拳”，认真落实为农优质服务活动，为保护农民种粮积极性、保持粮食市场总体稳定作出积极贡献，获评2017—2019年浙江省粮食收购工作成绩突出单位。

▲“五要五不准”粮食收购守则：要敞开收购，随到随收，不准折腾农民；要公平定等，准确计量，不准克扣农民；要依质论价，优质优价，不准坑害农民；要现款结算，不打白条，不准算计农民；要优质服务，排忧解难，不准怠慢农民。　（季　鑫）

## 经济合作交流

【概况】　2020年，龙泉市新引进项目48个，其中大项目12个，完成年度任务120%；实际利用内资26.5亿元，完成年度任务132.5%；新落地项目39个，完成年度计划195%；投产28个，完成年度计划186%。

【山海协作】　2020年，龙泉市山海协作类招商引资新签约项目15个，协议投资金额63.26亿元，50亿元大项目1个即温州鞋产业回归项目，累计到资20.32亿元（含龙泉—萧山山海协作产业园）。争取到位帮扶资金1200余万元，实现农特产品消费帮扶销售1800万元，劳动力协作培训技术人才745人次，获得萧山、秀洲年度“消薄”资金1493万元。

与萧山区方面：萧山—龙泉“飞地”产业园（萧龙科创园）一期累计完成总工程量的32%；萧山区捐助330万元用于续建两地共建乡村振兴示范点（安仁镇张畈村）；萧龙青瓷文化艺术研究院落户萧山湘湖金融小镇。与秀洲区方面：秀洲—龙泉“飞地”产业园（秀龙山海智造园）正式开园；秀洲—龙泉18年山海协作工程成就入选浙江日报“接力小康”大型融媒体采访活动山海协作类唯一主题；《小粽叶形成大产业　秀洲—龙泉粽叶基地产业化助力消薄增收》案例入选全省15个山海协作升级版最佳实践案例之一。与杭州湾新区方面：杭州湾新区援建110万元用于续建两地共建乡村振兴示范（八都镇松渠村），杭州湾新区管委会组织企业捐赠50万元用于八都镇松渠村养老服务中心项目建设。

【招商引资】　2020年，结合疫情形势，市经合中心（招商服务中心）开展线上招商，推出两批重点对外招商项目合计33个，并制作宣传册、专题宣传片，突出宣传龙泉疫情低风险区域的生态优势和产业优势。组建龙泉上海制造业、龙泉上海服务业、汽车（空调）零部件产业、工程机械、竹木产业、水产业等6支招商小分队，重点对准长三角、海西区开展精准招商。8月，启动上海宣传季活动，强化会展招商，11个项目在启动仪式上成功签约。开展重点项目跟踪盯引工作，组建重点项目招商专班60余个，通过专班推进实现12个大项目签约、26个项目落地、12个项目投产。　（徐　强　徐子豪）

## 供销合作

【概况】　2020年，龙泉市供销社系统经营总收入3.63亿元，其中批发零售销售额2.94亿元，电商销售额2859万元，社办农产品销售额4085万元，品牌营销带动产业销售额3亿元。

【山海协作】　5—6月，龙泉市分别与温州市、宁波市农合联签订战略合作框架协议，通过股份合作等途径，探索现代农业发展建设新模式，共建质检体系、产销平台、信用机制、交易准则和处罚规则等一系列为农服务项目，并优先向各自成员企业、农民合作社等推荐合作，初步形成一定规模合作。

【公共服务中心及数字化服务平台】 4月，市供销社与阿里巴巴公司签订《龙泉市公共服务中心及数字化服务平台建设合作协议》，围绕高山蔬菜和菌菇两大类产品，建设县域农业产业公共服务中心及数字化服务平台，统筹建立农产品数字化营销体系——高山蔬菜新零售公共服务中心和食用菌（灵芝）产业电商公共服务平台。整体项目贯穿农业生产、加工、检测、物流、销售、产业孵化、电商运作、人才培育、金融服务全产业链，通过精准赋能农业全链路，为龙泉特色农产品进行全方位数字化升级。同时，结合“龙泉农师”区域公共品牌塑造，把龙泉建设成生态智慧农业示范地。项目计划投资2920万元，其中省级资金1313万元、地方财政配套金额为1500万元、自筹资金107万元，实际协议金额为2698万元，至12月底，投资额已达2530万元，完成计划总投资93.77%。

【高山蔬菜新零售公共服务中心】 2020年，高山蔬菜新零售公共服务中心依托龙泉供销e城APP，打通与阿里巴巴数字化平台链接，建成1300平方米农产品SC认证平台，融合浙江省政采云扶贫馆及丽水山耕品牌服务站建设，完善产品包装冷链配送环节。在上海、杭州、宁波、温州、衢州等地设立高山蔬菜新零售中心，构建完善农产品营销体系。该项目计划投资1468万元，其中省级资金690万元，自筹资金778万元，至12月底，投资额已达1311.657万元，完成计划总投资89.35%。

2020年，龙泉高山蔬菜新零售杭州服务中心　　（市供销社／供图）

【高山集约化智能化育苗中心】 2020年，龙泉市在龙南乡蛟垟村上田自然村建设高山集约化自动化智能化育苗中心，由市农合联全面管理和主导。项目占地100多亩，总投资1500万元，是目前全省乃至长三角海拔最高的规模化育苗基地，建有玻璃智能化温室、连栋大棚、溯源监控体系等，并聘请专业嫁接团队经营。2020年，试验期产值60多万元，达产后产值可超1500万元。

【政策性农业信贷担保服务创新工作】 4月，龙泉被列入浙江省10个基层政策性农业信贷担保服务创新试点县（市）之一。该项工作由供销社组织实施，浙江省农业融资担保有限公司龙泉办事处具体承担，以农合联会员为对象，为粮食、蔬菜、食用菌、茶叶、中蜂、山茶油、笋竹等重点扶持产业提供农业生产相关信贷担保服务。6月，市供销社、财政局发文《龙泉市基层政策性农业信贷担保服务创新试点工作实施方案》，联合农商银行、邮储银行、农业银行，围绕龙泉农业特色优势产业发展和新型农业主体培育，设立政策性农业信贷担保风险池，构建起“政银担合作、省县（市）

2020年，高山集约化智能化育苗中心　　（市供销社／供图）

协同”农担服务机制和风险分散机制。(瞿津津)

## 烟草专卖

【卷烟营销】 2020年,龙泉市烟草专卖局(分公司)巩固提升“互联网+营销”新模式,销售额、重点品牌销量保持双增长,实现年销售额52335.82万元,同比增长3.44%;实现单箱销售额4.35万元,同比增长4.38%;重点品牌销售9609.07箱,同比增长1.14%。通过“香溢零售”品牌化打造、数字化终端打造,推进平台深度落地,完成终端标识改造436户,建成香溢合作店22户,建成现代终端473户,实现全商品扫码客户300余户;支付宝口碑开户数491户,占比28.73%,支付宝结算活跃客户比值83.5%,位列丽水第一。推进双屏机落地安装,完成386台双屏机终端入驻,推动店铺管理从卷烟管理到整店管理升级。全面开启非烟商城,通过订货数据跟踪、商城数据分析,推进非烟业务提升。

【专卖管理】 2020年,市烟草专卖局查处各类违法案件104起,查获违法卷烟22412.25条。联合公安部门共查获运假专车7辆,抓获犯罪嫌疑人11名,累计查获假烟17443条,案值高达337.8万元;参与协助拦截运假车辆8台,参与协助查获假烟30398条,抓获犯罪嫌疑人9名。查获真烟案件93起,涉案卷烟4933.24条,案值67.2509万元,其中查获省外来源卷烟1177.6条。协助市纪委开展烟票、天价烟专项整治行动,对零售户开展相关宣传,重点排查、确定重点关注对象,建立健全整治长效机制。推进“最多跑一次“改革,共办结行政许可事项1341件,其中新办申请473件,同比增长81.92%,网上受理率达99.67%。 (陈家琳)

2020年11月27日,市烟草专卖局党员干部到住龙镇开展“初心之行•汲取奋进力量”主题党日活动 (杨仲明/供图)

# 财政 税务

## 财政工作

【概况】 2020年，龙泉市实现生产总值147.16亿元，同比增长3%。其中，第一产业增加值16.18亿元，第二产业增加值51.13亿元，第三产业增加值79.84亿元，三次产业结构比为11.0:34.7:54.3。按常住人口计算，人均生产总值59132元，下降0.6%。全市财政总收入14.64亿元，下降2.9%，其中一般公共预算收入9.17亿元，下降6.3%，税收收入7.47亿元，下降5.3%。实现一般公共预算支出50.6亿元，下降11.7%。2020年财政收支平衡。

2020年，市财政局加强与税务、资规局等部门沟通协作，一般公共预算收入占地区生产总值的6.2%，一般公共预算收入占财政总收入62.6%，税收收入占一般公共预算收入81.5%。深化统一公共支付平台应用，通过平台网上缴款25.86万笔，收缴金额39.81亿元。完成地方政府非税收入32.13亿元，增长29.4%，其中纳入一般公共预算管理非税收入1.71亿元，下降10%。

【支持经济发展】 2020年，市财政局积极助力疫情防控和复工复产，开通防控设备采购绿色通道，出台实施“抗疫助企·暖春行动”21条，兑现财政补助、减免、缓缴、返还等各类资金2.68亿元，出台小微企业和个体工商户纾困政策，“直通兑付”纾困资金2397万元，受惠市场主体2708户。推动传统制造业改造提升、工业空间拓展、小微企业园建设、数字经济发展、国际国内市场开拓等重点工作，兑现各类惠企助企资金1.49亿元，科技开发与应用专项资金支出4104万元。加快产业基金运作，支持重点招商引资项目和科技企业转型升级，安排4900万元专项资金联合社会资本设立科创基金，2020年投资3家科技企业共3300万元。安排人才发展专项资金1200万元，支撑人才科技发展。

【乡村振兴】 2020年，市财政局探索建立涉农资金统筹整合长效机制，制定并以市政府名义出台《龙泉市人民政府关于建立健全涉农资金统筹整合长效机制的实施方案》，全面助力乡村振兴。2020年，一般公共预算农林水支出8.2亿元，重点保障“大搬快聚、富民安居”工程、生活垃圾治理、安全饮水、古村落保护等农村事业。筹措资金6000万元，重点支持实施食用菌产业振兴、茶叶全产业链培育、高山蔬菜双增双拓、水果产业梯次集聚区等项目，推动农业产业转型升级。统筹下达财政专项扶贫资金8200万元，落实产业扶贫、就业扶贫、资产收益扶贫等政策，开展“幸福菜单”“万人万元”绿色扶贫车间等特色项目。

【民生事业】 2020年，龙泉市民生支出39亿元，占一般公共预算支出77.1%。其中，教育投入8.21亿元，继续保障“蛋奶营养餐”“空调进教室”“周末接送车”等教育民生实事，支持引进启文、翔宇教育集团和杭州建兰中学开展合作办学，推进第二中学扩建、第五中学新建等教育基础设施建设。卫生健康投入5.54亿元，支持创新实施医疗融合体和医共体建设。文化传媒与体育投入1.44亿元，支持开展文化旅游宣传、世界青瓷大会、群众体育赛事、普惠性文化场馆免费开放、小城文化艺术周等文旅事业。社会保障投入6.34亿元，用于落实城乡居民最低生活保障、临时救助、优抚抚恤补助、城乡居民医疗保险等民生政策。

【深化财政改革】 2020年，市财政局深化预算管理改革，完善全口径政府预算体系，制定《龙泉市预算绩效评价(执行)结果运用办法(试行)》，对2020年执行率低项目，根据结余比例分类分档核减，将预算单位整体执行率与公用经费核减额度相挂钩。推进专项资金管理改革，坚持“投入+贡献”绩效观和“扶强扶优”原则，加大资金统筹整合力度，整合盘活财政资金 5.75 亿元。深化财政专项资金项目库运用，遵循“未制定管理办法、未纳入项目库，一律不得分配”原则，管理模式从“资金等项目”转变为“项目等资金”，提升财政专项资金分配使用绩效。推进政府采购数字化转型，运用政府采购云平台，2020 年经平台实施电子化政府采购交易额 4.57 亿元，增长 38.9%，节省企业费用 660 万元。推进财政电子票据改革，142 家单位开通财政电子票据业务，累计开票 72万余张，开票金额 4.59 亿元。精准下达“两直”资金，实行专班运作，细化分配方案，建立惠企利民资金池，100%兑现直达资金 3.96 亿元。

【财政监管】　2020 年，市财政局全面推行绩效管理。量化绩效目标，设为预算安排前置条件，随同部门预算同步下达、同步批复，对 552 个项目共 26.37 亿元实行绩效目标管理，实现预算编制有目标；首次开展部门整体绩效评价工作，完成自评项目 777个，抽评项目 78 个，重点评价项目 7 个，实现预算完成有评价；加大预算绩效执行和评价结果运用力度，削减或取消 48 个低执行、低绩效项目，实现绩效结果有应用。强化政府债务管理，实施防范化解地方政府隐性债务风险专项行动，按照“五年任务三年完成”目标，100%完成地方隐性债务化解任务，并通过浙江省财政厅核查专班审核。申请限额内新增债券发行额度，发行新增债券 15 亿元。

（毛智东　金梦雅）

## 税务工作

【概况】　2020 年，龙泉市税务局组织各项税收收入 25.05 亿元，同比下降 2.47%。入库税收收入 13.63 亿元，同比下降 2.42%，其中县级收入 7.52 亿元，同比下降 3.60%。入库社会保险费 10.91 亿元，同比下降 2.62%。入库非税收入 0.51 亿元，同比下降 0.68%。

2020 年，市税务局根据新出台支持疫情防控和经济社会发展税费优惠政策形成减税 1.11 亿元，2019 年新增政策在 2020 年继续实施形成减税 4.13 亿元，合计 5.24 亿元，助力企业复工复产。加快出口退税办理速度，出口退税办结时间缩短至 1.56 天，短于全省平均办理时间（5 个工作日），办理出口退税 1.38 亿元，办理免抵调库 8200 万元，助力外贸企业盘活资金。

【以税辅政】　2020 年，市税务局立足税收职能，推出 5 大类 36 条税收新举措，涵盖生态、经济、文化、城市、交通、民生等领域，助推龙泉高质量绿色发展。该做法得到龙泉市委书记吴松平肯定批示。同时，立足地方发展实际，挖掘税收数据价值，撰写税情分析报告，从税费总体规模、分行业、税种、五大主导产业、重点税源、减税降费等多角度开展分析，从税收结构折射经济结构，当好地方经济发展参谋。

【纳税服务】　2020 年，市税务局开展“非接触式”办税缴费服务，采取延时办、网上办、线上办、预约办“四步走”方式，网上办税率达 97.84%。联合多部门推出“新开办企业‘零成本’”惠企政策，自 2020 年 3 月 1 日起，新办企业均可获赠企业印章和税控盘。推出《新办纳税人办税指南》，免费发放税务 Ukey 并提供后期技术支持。创建税务服务品牌，拍摄《“四力”助企行　共赴花开时》主题辅导宣传片并荣获浙江税务短视频大赛三等奖。深入开展企业“三服务”和“问需求、优服务”活动，了解企业涉税需求，走访纳税人 2500 余户。开通“云辅导”，开展“云访千户”线上走访活动，通过征纳沟通平台向纳税人精准推送税收政策 13.5 万户次，提供各类税收政策咨询近 5000 次。做好纳税信用评价工作，推进纳税信用评价结果社会化应用，打造“银税超市”，2020 年通过“税易贷”“银税贷”帮助企业获得贷款 1.5 亿元。做好小微个体“两直”补助工作，完成 7000 多户数据审核，助力中央财政资金直达基层，惠企利民。

【征收管理】　2020 年，市税务局推进增值税普通发票电子化，开展增值税专用发票电子化试点，增值税普通发票电子化率达 63.83%。开展税电基础数据比对工作，与经济开发区共享税电数据，助力 10 余户企业完成“小升规”。推进异常扣缴申报数据清理，建立网格化管理责任制，引导纳税人错峰办理汇算。强化各税费种征管，推行“网格+税种+事项”机制，构建分税种、分区域、分行业、分事项网格化税收管理和服务方式，提升税收征管效能。主动对接人社、财政、医保等部门，建立“社保—税务—财政”联动机制，合力推进社保费征缴工作。顺利完成 4 项非税收入征管职责划转。成立企业所得税后续审核团队，筛选 151 户次企业进入企业所得税后续审核自审阶段，并根据企业自审情况，将其中不能排除疑点 16 户企业再列入税务机关审核。创新“交叉审核+两张工作底稿”工作方法，采集涉税信息，分析被审核企业经营情况，定位涉税疑点，调整应纳税所得额 1608 万元，调减弥补以前年度亏损 424 万元，减少本年度亏损 416 万元，补缴税款 120.7 万元。加强小水电行业税收征管，设置小水电行业所得税预警率，按销售收入、税负率（利润率）将企业分为纳税提醒类和税收风险类纳税人，辅导纳税人进行自查，一期补缴税款413万元，提升征收率，堵塞税收征管漏洞。

【依法治税】 2020年，市税务局严格落实“三项制度”▲，向社会公开行政许可、行政处罚、行政征收等税收执法信息937条。推进执法全过程记录制度，新增10台执法记录仪，新建1个标准约谈室。建设网格化内控机制，设置18个内控网格，64个风险岗位，涉及1402个风险数。打造“税润”法治教育生态圈，立足不同受众群体，融宣传、示范、普法、教育、体验于一体，进一步推进龙泉税收共治全新格局，校园税收普法联盟项目获评丽水市首届“十佳普法项目”。推进风险应对，设定重点行业增值税、所得税税收健康指标体系，对“亚健康”指标及时推送至企业进行自纠。

▲“三项制度”：指行政执法的公示制度，行政执法全过程的记录制度，重大执法决定的法制审核制度。

（王 潜）

# 金融管理

## 综　述

【金融主要指标】　2020年，龙泉市金融机构各项存款余额229.21亿元，比年初增加17.19亿元，余额同比增长8.11%，存款总量列丽水市第5位。各项贷款余额196.36亿元，比2020年初增加24.94亿元，余额同比增长14.55%，贷款总量列丽水市第4位。余额存贷比85.67%，高于丽水市平均水平7.53个百分点，列丽水市第3位；新增存贷比145.03%，高于丽水平均水平41.76个百分点，列丽水市第4位。银行不良贷款余额1.9亿元，不良贷款率0.97%，列丽水市第3位。2020年末，龙泉市制造业贷款余额为24.79亿元，比2020年初增加3.33亿元，制造业贷款余额占总贷款比重为12.62%，高于丽水平均水平1.05个百分点，余额同比增长15.52%。

【金融体制机制】　2020年，市委编办印发《龙泉市金融发展中心职能配置、内设机构和人员编制规定》，市金融发展中心机构改革工作有序推进，并完成人员转隶工作。惠农担保组织建设稳妥推进，全市有村级惠农担保合作社17家，累计担保笔数4981笔、担保金额2.2346亿元。深入推进丽水政策性融资担保公司市县一体化建设，3月20日，丽水市政策性融资担保有限公司龙泉办事处揭牌启动，2020年累计承保金额超1亿元，为龙泉34家企业办理融资担保共8085万元，涉及制造业、科学研究和技术服务业、农业产业、批发零售业等多个领域，总承保金额已达到丽水市担保公司各区域担保总额20%。

【金融助企成效】　2020年，市金融发展中心认真贯彻落实各级党委、政府对金融工作决策部署，加强对疫情防控重点保障企业金融服务，做好疫情防控和复工复产，出台《龙泉市“战役助企、暖春行动”金融服务保障政策清单》《关于鼓励支持银行保险业在疫情期间助力稳企业稳经济稳发展的实施意见》《关于进一步加大金融支持帮助小微企业和市场主体渡过难关的意见》等政策文件，将各银行在疫情影响期间对清单内企业新增贷款、减免利息、转贷展期、延期付息等进行考核，并作为公款竞争性存放评标加分项，将加分项结果应用到4月初、9月初财政5.8亿元、14.8亿元公款竞争性存放评标考核中，促进小微企业和市场主体发展，稳定地方经济。

推进1万亿元央行再贷款低息资金落地、建立“双保”应急融资支持机制、加大对中小微企业信贷支持、延长工业用地不动产权证建设工期和有效抵押期限等作出规定和要求，帮助小微企业渡过难关。各金融机构落实中央对实体经济普惠金融政策，采取展期续贷、降低利率、减免逾期利息等措施，企业融资成本下降。2020年，龙泉市银行业金融机构累计减息10410.32万元，完成年度目标任务325.32%；享受基准利率优惠制造业贷款企业377家，贷款余额11.74亿元；建行、农商行等银行为企业实施2.82亿元“无还本续贷”；龙泉市政府与社会资本合作应急转贷基金办理转贷403笔、转贷户数282户、转贷金额15.39亿元，应急转贷基金办理转贷3025笔、转贷户数1842户、转贷金额96.69亿元，有效缓解企业转贷难题。

【农村金融改革】　2020年，龙泉市推进金融支持乡村振兴农村金融改革28项主要工作目标落实落细，“生态贷”新增8665万元，“两山贷”新增3631万元，“三权”抵押贷款新增4591万元，林权抵押贷款新增2536万元，列丽水第一位。建成农村金融服务点264个，其中“两山”转化金融服务站10个、乡村振兴金融服务站示范站10个。指导农商行创新推出纯信用贷款产品“生态通”，“生态通”贷款产品授信378户4536万元，发放贷款136笔1632万元。以百山祖国家公园创建为契机，指导农商行创新推出林地地役权补偿收益质押贷款产品，2020年向符合条件村民发放该项贷款产品21笔，累计金额385万元。

【保险助推扶贫】 2020年，龙泉市实现财产保险保费收入1.9亿元，人身保险(剔除万能险)保费收入2.99亿元。认真落实扶贫小额信贷、扶贫信贷保证保险和扶贫信贷项目补充保险政策，全面落实《关于做好龙泉市农村小额保险工作的通知》(龙政办发〔2019〕30号)文件，各乡镇(街道)农村小额保险工作有序开展。

【金融监管工作】 2020年，龙泉市把金融风险专项整治工作作为重点工作，出台《龙泉市开展金融放贷行业领域专项整治行动方案》(龙金融办〔2020〕24号)，全力推进"行业清源"。3月，市金融发展中心牵头，政法委、公安局、市监局等多部门联合，集中拆除市区、开发区大沙区块等20余块非法金融广告牌，强势推进金融秩序专项整治工作；5月，组织文艺演出队进企业、进农村、进社区，开展防范非法集资宣传巡回演出9场；7月，集中开展非法集资风险排查工作以及防范非法集资宣传工作，向广大市民宣传普及金融基础知识，并在人民广场组织集中宣传活动，向市民发放《防范非法集资违法犯罪活动社会宣传小册子》860份，防范非法集资宣传纪念品500余份。同时，协同金融机构、相关企业妥善解决贷款转贷、担保责任分割、资产处置等问题，防控佳和矿业集团、金中利、易之星、三和、施克、金丰机械、国立包装、亚盛汽配、金浪五金等企业引发担保圈"两链"风险。加强小贷公司日常监管，指导小贷公司制定重组自救方案，加快贷款清收，防范小贷公司经营风险扩散。2020年，该市金融机构共处置不良资产2.84亿元，不良贷款余额1.9亿元，不良贷款率0.97%。 (翁勇俊)

## 人民银行

【概况】 2020年，中国人民银行龙泉市支行(以下简称人行龙泉市支行)指导、协调全市金融机构贯彻落实稳健货币政策，支持企业复工复产，推进金融服务乡村振兴，助力地方经济社会高质量发展。截至12月底，金融机构本外币各项存款余额229.21亿元，比年初增加17.19亿元，同比少增8.95亿元，余额同比增长8.11%；本外币各项贷款余额196.36亿元，比年初增加24.94亿元，同比多增7.91亿元，余额同比增长14.55%；余额存贷款比为85.67%。

【支持实体经济】 2020年，人行龙泉市支行通过加强督导与核查力度，深化融资畅通工程，支持疫情防控和地方经济复苏，推动央行专项再贷款、支农支小再贷款再贴现政策落地落细。运用5000亿元再贷款再贴现政策支持复工复产，为辖内70家企业发放优惠贷款9500万元，加权平均利率4.35%。在1万亿元普惠再贷款额度中，辖内2家法人金融机构共投放符合再贷款条件贷款2.85亿元，发挥再贷款政策支持小微企业和农户直达、普惠效应。用好2项创新直达实体经济货币政策工具，龙泉市法人金融机构使用贷款延期还本付息金融支持工具办理延期本金4.1亿元，延期率97%，居丽水第二位；发放普惠小微企业信用贷款2.85亿元，占比46.8%，居丽水第一位。开展2个专项行动，结合"百地千名行长进企业送服务"行动，推动"首贷户拓展专项行动"，提升金融服务实效性。2020年，各金融机构累计走访企业450余家，为93家复工企业发放普通低息贷款290笔5.51亿元，其中纯信用贷款107笔1.37亿元。

【经理国库】 2020年，人行龙泉市支行搭建防疫资金"绿色通道"，为抗疫提供强有力国库资金支持，全力配合

**2020年龙泉市金融机构本外币主要指标一览表**

表28　　单位：万元

| 项　目 | 各项存款 | | | 各项贷款 | | |
|---|---|---|---|---|---|---|
| 机　构 | 年初余额 | 年末余额 | 比年初新增 | 年初余额 | 年末余额 | 比年初新增 |
| 工　行 | 269370 | 296238 | 26867 | 208902 | 215605 | 6702 |
| 农　行 | 145393 | 173808 | 28415 | 173243 | 203511 | 30269 |
| 中　行 | 123664 | 119403 | -4260 | 164233 | 192646 | 28412 |
| 建　行 | 187678 | 206954 | 19277 | 174706 | 189411 | 14705 |
| 农商银行 | 824866 | 873454 | 48588 | 580936 | 712653 | 131717 |
| 邮储银行 | 280872 | 278318 | -2554 | 104549 | 120119 | 15569 |
| 泰　隆 | 107283 | 108601 | 1318 | 142886 | 144990 | 2104 |
| 稠　州 | 58125 | 73708 | 15583 | 42889 | 54576 | 11687 |
| 浙　商 | 21441 | 57561 | 36120 | 9689 | 24372 | 14683 |
| 民　泰 | 101474 | 104056 | 2582 | 112161 | 105669 | -6492 |
| 合　计 | 2120165 | 2292100 | 171935 | 1714195 | 1963550 | 249356 |

地方财税部门，严格落实小微企业“减税降费”与“两直”资金拨付政策。办理疫情拨款12笔1632万元，“减税降费”退库业务793笔12.33万元，完成“两直”资金拨付2708笔3.11亿元。开展“人民银行经理国库35周年”系列宣传活动，牵头组织金融机构开展国库知识进社区、进农村等宣传，扩大国库知识普及面。

【现金服务】 2020年，人行龙泉市支行现金投放10.94亿元，回笼11.26亿元，净回笼0.32亿元。推进整治拒收人民币现金工作，组织开展“百城千家万名”整治拒收现金宣传活动，提高公众认识度和参与率。通过明察暗访，对辖内重点场所进行摸排，引导商户正确看待现金地位和作用，规范现金收付行为。做好大额现金管理试点工作，推进农村小面额人民币服务提升工程。

【支付服务】 2020年，人行龙泉市支行加强移动支付应用推广，成功创建“移动支付应用示范县”。指导辖内金融机构进行银联标准二维码改造和POS机具升级，宣传推广“云闪付”App和“手机PAY”，完成公交、医院、农贸市场等行业移动支付应用推广，青瓷小镇、华楼街、贤良路成功创建示范商圈(街区)。截至12月末，该市移动支付活跃用户数13.2万个，交易笔数93.13万笔。

【征信服务】 2020年，人行龙泉市支行为满足群众个人信用报告查询需求，在行政服务中心、农商银行和邮储银行营业部各增设1台征信报告自助查询机。推进信用体系建设成果转化，推动信用村“银村合作、整村批发”小额信贷业务，发展农村普惠金融。继续发挥应收账款融资服务平台对小微企业融资支持作用，完成融资对接58笔，总额67.55亿元。

【打击违法犯罪行为】 2020年，人行龙泉市支行开展防范打击电信网络新型违法犯罪和跨境赌博“资金链”治理工作，加强与公检法、各银行机构联系，通过建立机制、排摸线索、清理信息等系列措施，提升联防联控能力，提升打击治理防范能力，营造安全稳定金融环境。参与“断卡”行动，结合各银行机构堵截冒名、可疑开户案件进行整理分析，严格落实账户实名制，严厉打击贩卖银行卡违法犯罪活动。 (周佳静)

## 银保行业监管

【服务实体经济】 2020年，龙泉监管组通过召开座谈会、开展实地督导等方式，抓实抓好当地金融助力企业复工复产工作，利用问卷星设计金融支持复工复产调查问卷，在供需两端进行测试，了解政策传导落实情况和金融助力情况。12月末，辖内银行机构通过浙江省金融综合服务平台办理贷款授信904笔，办理抵押登记业务1480笔，实现抵押登记机构全覆盖。龙泉监管组赴偏远乡镇调研金融服务现状，引导机构下层服务重心，延伸服务触角，做好金融助力乡村振兴工作。引导辖内银行机构加强产品创新，农商银行创新推出“粮链通”“生态通”“领雁贷”，民泰村行推出“复工贷”，有力服务实体经济发展。

【风险管控】 2020年，龙泉监管组探索建立县域法人机构标准化管理清单，逐条列出重要监管事项事前事中事后整套时间、流程、机制，推动辖内法人机构监管精细化管理工作。结合信访投诉实际，建立机构信访投诉情况清单，通过约谈机构主要负责人等形式，压实主体责任。截至12月末，受理信访投诉18件，均得到妥善解决。

【金融知识宣传】 2020年，龙泉监管组分别到邮储银行、农商银行、民泰村行面向全体员工开展合规授课，牵头组织各金融机构在龙泉经济开发区、19个乡镇(街道)开展宣讲活动。截至12月底，各机构开展金融知识进企宣讲会273场。 (邱思诗)

## 工商银行

【概况】 2020年，中国工商银行龙泉支行(以下简称“工行龙泉支行”)各

2020年龙泉市主要险种保费收入及增速情况表

表29

| 险　种 | 保费收入(万元) | 同比增长(%) |
|---|---|---|
| 机动车辆保险 | 14508.54 | -3.24 |
| 农业保险 | 889.21 | -2.69 |
| 企业财产保险 | 782.95 | 12.36 |
| 意外伤害保险 | 754.25 | 19.9 |
| 责任保险 | 579.2 | -38.70 |
| 健康险 | 531.8 | 10.93 |
| 工程保险 | 363.01 | 3.83 |
| 家庭财产保险 | 195.09 | -62.21 |

项存款余额29.62亿元，比年初增加2.69亿元，其中对公存款余额13.13亿元，储蓄存款余额16.49亿元，各项存款余额居“工、农、中、建”四大行第1、增量居第2；各项贷款余额21.56亿元，比年初增加0.67亿元，其中公司贷款余额8.34亿元，个人贷款余额13.22亿元，各项贷款余额居“工、农、中、建”四大行第一、增量居第四。实现拔备前利润8639万元，比上年增加710万元，净利润6638万元，比上年增加1835万元。年末不良贷款余额852万元，比上年下降1382万元，不良率0.54%，比上年下降0.67个百分点。该行被工行浙江省分行评为2020年度先进支行、被工行丽水分行评为2020年度特别贡献奖，并顺利通过省级文明单位复评。

【金融服务“六稳六保”】 2020年，工行龙泉支行推动金融服务实体经济，信贷资源重点投向民营、制造业和普惠金融领域。制造业贷款余额6.33亿元，比年初增加5185万元，制造业客户85户，制造业贷款余额和企业户数均居“工、农、中、建”四大行第一。银保监口径普惠贷款余额6.24亿元，比年初增加1.76亿元，普惠贷款增速达32.6%，高于各项贷款平均增速29.4个百分点，普惠贷款余额和增量均居“工、农、中、建”四大行第一。

【支持地方建设】 2020年，工行龙泉支行积极对接政府项目，审批完成萧山——龙泉山海协作“飞地”产业项目，授信2.4亿元，发放贷款5300万元；审批完成大搬快聚项目，授信8亿元；审批完成鞋产业基地标准厂房一期项目，授信30000万元，发放贷款5500万元；审批完成龙泉天然气三期项目，授信3500万元。

## 农业银行

【概况】 2020年，中国农业银行龙泉支行（以下简称“农行龙泉支行”）本外币存款余额17.08亿元，营业收入6293万元，实现利润4423万元。各项贷款余额20.35亿元，其中：制造业贷款余额26448万元，不良贷款余额637.36万元，比年初下降6.68万元，不良贷款率0.31%。

该行强化风险防控，加强贷前审查、贷后风险排查管理工作，及时发现、化解风险隐患；加强内控合规、运营质量监督管理，提高反洗钱合规意识，全面完成客户信息治理目标；加强消保、安全保卫和疫情防控工作，严格落实“人防、物防、技防”三到位，确保安全经营无事故。

【保障防疫企业金融服务】 2020年，农行龙泉支行全力支持疫情防控重点保障企业、民营小微企业复工复产，深入挖掘丽水市金融支持疫情防控重点保障企业清单，对清单内企业逐一对接，及时掌握企业生产和融资需求，向防疫重点企业清单内3家企业发放专项贷款2665万元。支持民营企业实体经营，新增民营企业贷款30户，发放贷款9300余万元。减费让利，降低企业融资成本，90户小微企业享受优惠政策，减息让利758万元。

【支持地方经济】 2020年12月30日，农行丽水分行与龙泉市人民政府签订融资意向100亿元战略合作协议，农行龙泉支行与市住建局签订提供30亿元意向性授信额度合作协议，用于江滨南岸拆建一体项目建设。支持龙泉市重点项目贷款，主动对接国资、开发区、水利、交通、住建等单位，了解项目融资需求，为龙泉大搬快聚投放项目贷款2.34亿元、凤起路拆建一体投放项目贷款4亿元、南秦安置小区项目贷款授信2.9亿元。重视制造业贷款有效增长，制造业贷款增量地方同业保持前三、增速第一，政府制造业贷款考核综合评价得分明显提高。加强与浙江省担保集团、浙江省农担公司、丽水市政策性融资担保公司合作，推进“惠农e贷”业务增长，发放惠农贷款138笔10365万元。强化金融数字化创新，完成人行移动支付结算任务，实现线上收单二维码支付结算展码998户，线上支付金额3.82亿元。

## 中国银行

【概况】 2020年，中国银行龙泉市支行（以下简称“中行龙泉市支行”）切实做好金融支持疫情防控工作、普惠金融服务，履行支持民营企业和小微企业发展政治担当，各项业务取得稳健发展。截至12月末，各项存款余额11.94亿元、贷款余额19.26亿元。参与组建标准银团城市会客厅项目贷款，成功获批5亿元，系近三年获批的最大一笔资产业务。

【资产负债业务】 2020年，中行龙泉市支行资产业务实现高位运转，个贷余额较年初新增7040万元，累计新增总量位居“工、农、中、建”四大行第2，房贷累计新增总量位居四大行排名第1。疫情期间，为浙江省重点防疫企业浙江国镜药业有限公司发放纯信用贷款5000万元，切实解决企业生产资金难题。负债业务突破困境有思路，仅揽存南秦拆迁款项目笔数就超70余笔。

【业务经营】 2020年，中行龙泉市支行多项业务经营取得新突破，多项经营指标列居全辖前列，个金条线实现目标完成率 85.35%，排名龙泉第 1。坚持手机银行月活不放松，坚持厅堂与外拓并举，手机银行月活较上年新增 33.87%。

## 建设银行

【概况】 2020 年，中国建设银行龙泉市支行(以下简称“建行龙泉市支行”)一般性存款余额 20.76 亿元，各项贷款余额 18.94 亿元，不良贷款余额 340 万元，不良率 0.19%。12 月末，税前利润共计 5843 万元。新开立对公账户 421 户，计划完成率 106%，位居“工、农、中、建”四大行第 1；年度新增 287 户，位居“工、农、中、建”四大行第一。发放分行第一笔“双保”应急融资贷款、第一笔“供应链融资”、第一笔福费廷转买业务，截至 12 月底，“普惠 8+1”余额 6.07 亿元，较年初新增 2.34 亿元。

2020 年，该行开展各类金融知识宣传活动，在营业机构、社区、乡村、企业开展“3•15”消费者保护、反假币宣传、送金融知识到乡村、金融知识普及月等活动。

【业务拓展】 2020 年，建行龙泉市支行成功签订龙泉市人民医院医共体建融慧学缴费大厅业务，“裕农通”普惠金融服务实现行政村全覆盖，“裕农通”服务点 257 个。上半年，成功获批龙泉市大搬快聚项目贷款授信 7 亿元，成为银团贷款牵头行，银团贷款承贷额 2.71 亿元。为城市文化会客厅项目贷款授信 3 亿元。此外，围绕信用快贷、抵质押快贷和平台快贷等，拓展小微金融、农村金融、社区金融等普惠金融业务。

## 邮政银行

【概况】 2020 年，中国邮政储蓄银行龙泉市支行(以下简称“邮政银行龙泉市支行”)各项存款余额为 27.83 亿元，各项贷款余额为 12.01 亿元。该行被评为浙江省分行疫情防控工作先进集体，支行党支部被评为浙江省分行 2019 年度先进基层党组,支行团支部被评为浙江省分行 2019 年度五四红旗团支部。

【业务经营】 2020 年，邮政银行龙泉市支行常态化开展周三大走访活动，由行长带队赴企事业单位、社区走访，宣传个人储蓄、零售信贷、扫码收单等业务。通过邮银辅助贷款、客户经理团队建设、创新产品等方式，拓展各项贷款业务，7 月 30 日，支行自创产品“大师贷”首笔落地，金额 300 万元。开展“邮惠付”收单商户提质增效专项行动，根据非活跃收单商户明细，及时走访、维护，充分盘活和挖掘非活跃收单商户资源，提高商户活跃度、提升收单交易规模，2020 年发展收单商户 608 户，结存商户月日均联动净增 858.9 万元，双项指标超额完成。

【风险管控】 2020 年，邮政银行龙泉市支行加强风险管理工作，充分发挥党员先锋模范作用，带动员工牢固树立“合规就是底线、越线就是风险”理念。巩固和开展营业网点安全达标工作，加强安防、消防知识培训和预案演练，提升员工安保能力，加强现场、非现场检查和频次，及时发现和纠正违规行为，推进“平安邮储”建设。认真落实公安打击治理电信网络新型违法犯罪工作，成功堵截诈骗交易 4 起，为客户挽回直接经济损失 9.36 万元，协助 1 名客户成功追讨回抖音主播打赏款 3.43 万元，获评 2020 年度打击治理电信网络新型违法犯罪工作先进集体。

【服务乡村振兴】 2020 年，邮政银行龙泉市支行在原有银行卡助农服务站基础上，升级改造建成集小额取款、人民币反假和小面额券别兑换、金融消费者权益保护、农户基本信用信息采集、金融知识宣传、协助办理“三农”贷款等“六位一体”多功能农村金融服务站 2.0 版 10 家。6 月，以安仁镇张畈村多功能农村金融服务站为平台，联合监管单位、公安等部门共建首个乡村振兴学校。设立宣传窗口，通过开展送金融知识、送电影下乡等活动，对安全用卡知识、反假人民币知识、金融消费者权益保护、移动支付应用、非法集资、防范电信诈骗等金融知识进行宣传。10 月，改造升级建成 3 家“两山”转化乡村振兴金融服务站，其中盖竹村金融服务站被评为 2020 年度丽水乡村振兴金融服务站“优秀站点”。

## 农商银行

【概况】 2020 年底，浙江龙泉农村商业银行股份有限公司(以下简称“龙泉农商银行”)各项存款余额 87.34 亿元，较年初增加 4.86 亿元，增幅 5.9%；各项贷款余额 71.27 亿元，较年初增加 13.17 亿元，增幅 22.67%；贷款日均增长 11.66 亿元，增长率 21.97%；贷款户数总计 22727 户，其中个人贷款户数 22233 户、对公贷款户数 494 户。不良贷款指标有效控制，四级不良贷款余额比年初下降 1697 万元，比年初下降 0.35 个百分点，不良率为 0.26%；五级不良贷款余额 7051 万元，比年初上升 1400 万元，不良率 0.99%，比年初上升 0.02 个百分点。综合收息率 99.09%，比上年度下降 0.36 个百分点。

2020 年，龙泉农商银行实现营业总收入 5.56 亿元，比上年增加 0.35 亿元，增幅 6.75%；总支出 3.97 亿元，比上年增加 0.29 亿元，增幅为 7.81%；

营业净收入3.82亿元，比上年增加162.91万元，增幅0.43%；利润总额1.59亿元，比上年增加638.02万元，增幅4.18%；成本收入比37.86%，百元贷款收息率7.08%，付息率1.79%，不良贷款拨备覆盖率574.55%，资本充足率13.24%，每股净资产4.7元。该行荣获浙江省林业产业先进集体、基层农信担保服务先进金融机构、2020年度“业务成长十佳银行”、年度E类行社考核结果第一名、成长类（E类）考核一级（优胜）单位，在全省农信系统“走千访万”劳动竞赛中获得三等奖，并顺利通过全国文明单位复审，陈义达、刘紫波、汤伟强获评全省农信系统考核A级（优秀）领导。

【助力疫情防控】 2020年，龙泉农商银行全力支持疫情防控工作，1月28日，发布线上服务信息，提供24小时在线优质服务，保障金融服务顺畅，让市民足不出户就能办理购买理财、大额存单、生活费用缴纳等各种业务。1月29日，该行向龙泉市慈善总会捐款20万元，支持疫情防治工作。主动肩负起地方金融重任，以信贷投放为切入点，出台“众志成城抗疫情、龙泉农商在行动”9项金融服务承诺。2月19日，该行复工率达100%。

【落实“六稳六保”】 2020年，龙泉农商银行落实“六稳六保”要求，加强与组织部、宣传部、林业局、农业农村局、工商联等单位联系互动，全面推广“助企贷”“天使贷”“浙里贷——公积贷款”“新生贷”“助企贷”“归仓贷”“印刷贷”“太易贷”“码商贷”“畅行贷”等低息贷款产品。联合团市委、市妇联，开展青年创业贷款、妇女创业贷款，提升服务大众创业发展支持力度。加强“龙信宝”推广力度，扩大产品使用范围，减轻企业融资成本。用活用足人行金融政策工具，办理疫情防控专项再贷款3户、600万元，支小再贷款358户、2.75亿元，支农再贷款470户、0.94亿元，普惠小微信用贷款857户、2.85亿元。同时，对371户普惠小微企业办理2亿元贷款延期还本付息服务，为农户和企业减费让利5000万元。

【普惠金融】 2020年，龙泉农商银行积极对接市农业农村局，通过1场工作推进会、1次上门走访、1个电话、1条短信、1张业务告知书“5个1”工作机制，推进农户小额普惠贷款工作，提升农村普惠金融服务覆盖面。在全市60100户农户中，对符合授信条件的50881户农户100%进行5万—10万元不等无感授信，完成普惠建档覆盖率100%、普惠贷款授信服务覆盖率95%、行政村金融服务覆盖率100%目标，有感反馈工作稳步有序推进。

2020年1月29日，龙泉农商银行向龙泉市慈善总会捐赠抗疫资金20万元

（人行龙泉市支行/供图）

【林权抵押】 2020年，龙泉农商银行持续发力农村“三权”抵押贷款创新。联合林业部门创新推出“益林贷”，在全省率先发放首批林地地役权补偿收益质押贷款，“益林贷”采用林地地役权补偿收益权质押、林地地役权补偿收益反担保质押等方式，解决林农生产生活和产业发展融资问题。2020年，林权抵押贷款余额5.75亿元，农房抵押贷款余额1.71亿元，农村承包经营权抵押贷款1.21亿元。

【数字化改革】 2020年，龙泉农商银行开发线上大零售业务辅助决策平台，整合现有CRM系统、大信贷系统、风险预警系统、客户信息管理系统、生成标准化调查报告和利率定价测算，提升办贷效率；将系统内数据和第三方数据导入龙泉农商银行自建数据分析系统进行比对，实现精准营销；利用浙江省金融综合服务平台完成线上抵押登记378笔6.06亿元，受理对公贷款申请123笔1.66亿元，真正做到“让数据多跑路，客户少跑腿”；推进渠道获客数字化，结合“浙里贷”小程序，逐步推广“码商贷”“小微易贷”等线上信用贷款产品，提升全行移动化营销水平；在竹垟畲族乡盖竹村、际上村试点推广农村集体经济数字管理系统，在丽水农信系统率先上线“三资系统”。

【法人治理】 2020年，龙泉农商银行核心竞争力不断提升，获首个丽水办事处嘉奖令，丽水银行业银监复评获2B级；会计基础等级提升，获综合评价二级单位，支行会计基础工作一级单位3个、二级单位6个、规范化单位6个，二级资本发行获准。重视审计与安保工作，助推业务高质量发展，全年开展12个审计项目；落实安全防范责任，加强安保设施管理，加大检查教育力度，不断完善安全防范体系。

## 泰隆商业银行

【概况】 2020年，浙江泰隆商业银行丽水龙泉支行（以下简称“龙泉泰隆银行”）深化小微企业市场定位，探索符合当地实际信贷产品和模式，满足实体经济信贷需求，树立高效、优质、廉洁社会形象，各项业务得到平稳有序发展。截至年末，存款余额10.86亿元，贷款余额14.5亿元。

【服务地方经济发展】 2020年，龙泉泰隆银行加大制造业贷款及绿色信贷投放力度，大力支持龙泉经济发展。深化社区经营，从固化社区系列活动到立足社区增量拓面，多维度实现经营目标达标；提升综合经营，强化过程指标管理，做强做大客户产效；推行PAD金融移动服务平台，全面推广线上化作业提升服务质效，实现“一次不跑”；持续创新金融产品，推出“接力贷”等自助循环贷款产品，减轻客户资金周转成本；实行有效风险管理，全面落实总分行信贷关键动作，将风险监测指标有效落地，针对高风险客户提前管理和介入，减少和避免新风险发生。疫情期间，该行强化防疫支持，建立快速响应机制，主动减轻客户还贷还息压力，扩大业务办理线上化，努力提升金融服务水平。

## 稠州商业银行

【概况】 2020年，浙江稠州商业银行丽水龙泉支行（以下简称“龙泉稠州银行”）各项存款余额7.37亿元，贷款余额5.46亿元，其中制造业贷款余额1.17亿元。

【服务地方经济发展】 2020年，龙泉稠州银行对全市236个行政村进行调研，正式开业乡村振兴金融服务站7家，“乡村振兴贷”整村授信18个村，“乡村振兴贷”贷款户数119户，余额1155万元。积极打造具有丽水特色生态服务站，通过扩充服务站业务，以“互联网+党建、普惠、扶贫、文化”模式，全面服务农村市场，推助农村经济稳步增长。疫情期间，加强重点领域信贷支持，实地走访辖内重点企业，及时给予信贷支持，通过无还本续贷方式给予企业和个人信贷支持7399万元。

【减息助企】 2020年，龙泉稠州银行减息370.97万元，其中新增贷款让利226.45万元。大力降低中小微企业融资成本，加大制造业、批发零售业、住宿餐饮业、租赁商务服务业等行业中型企业以及普惠小微企业减息力度，减息130.55万元，利用央行再贷款利率优惠，减息13.97万元。

## 民泰村镇银行

【概况】 2020年，浙江龙泉民泰村镇银行（以下简称“龙泉民泰村镇银行”）优化信贷结构、强化业务发展、践行普惠金融、提升服务覆盖面，各项贷款余额10.57亿元，各项存款余额10.41亿元，缴纳各项税费总计710.71万元。

【服务地方经济发展】 2020年，龙泉民泰村镇银行积极服务地方发展，鼓励营销30万元以下小额贷款，优化信贷结构；开展“进百园、走千村、访万户”金融服务活动，做实小微业务；立足龙泉地方特色，在疫情期间推出“复工贷”“摊主贷”等信贷产品，为企业和农户复工复产提供金融支持；大力推广移动PAD上门办理无还本续贷、提前发起等优势产品，提升服务效能；大力践行普惠金融，全面助推乡村振兴战略实施。

## 浙商银行

【概况】 2020年，浙商银行丽水龙泉支行（以下简称龙泉浙商银行）坚持“服务实体经济、创新转型、合规经营、防化风险、提质增效”经营原则，各项存款余额5.71亿元，各项贷款余额2.44亿元。

【复工复产】 2020年，龙泉浙商银行响应号召，主动对接当地特色行业，全力支持企业复工复产。5月，联合市小水电协会、金融发展中心、水利局等部门举办小水电项目专场推荐会，成功给予当地小水电企业3140万元授信支持；6月，联合市企业家协会、经信局等部门举办出口型企业国际业务专场推荐会，与10余家出口企业进行一对一精准营销，提供优质金融服务和产品支持。 （周佳静）

# 经济管理

## 审计管理

【概况】 2020年，龙泉市审计局完成审计项目66个，其中计划内项目18个，计划外丽水市局、省厅统一立项项目2个，计划外遗留转型前投资审计项目5个，转型后2019年过渡期投资审计项目41个；查出违规金额188.18万元，管理不规范金额128140.54万元，投资审计核减工程价款5402.12万元，上缴财政165.05万元。出具审计报告和专项审计调查报告27篇，被批示、采用20篇；提交审计信息140篇，被批示、采用132篇；向社会公告审计结果21篇。2020年，市审计局获丽水市审计系统2020年度综合考核第4名，1个审计项目被评为浙江省优秀审计项目，2个审计项目被评为丽水市优秀审计项目，3个浙江省审计厅一般课题结题。

【财政预算执行审计】 2020年，市审计局采取“核心+专题”模式开展2019年度财政预算执行审计，开展财政同级审时，完成“三保”“就业政策”“减税降费”3个专题审计，并推通过“集中分析、分散核查大数据”审计方式，对公款竞争性存放等6个专项资金进行延伸审计，揭示预算编报、预算批复和追加、财政资金统筹等6大方面56个突出问题，上报《本市水土保持监督管理工作有待加强》等8篇审计报告和专报信息得到龙泉市委市政府领导批示，推动市政府、财政局出台《关于全面落实预算绩效管理的实施意见》等制度。9月，市审计局依法向市政府和市人大常委会报告财政同级审结果，市人大常委会下发审议意见；12月，在市政府统一部署下，对审计结果整改落实情况开展专项督查，并受政府部门委托，向市十六届人大常委会第46次主任会议做了专题报告。

【民生资金审计】 2020年，市审计局实施并完成扶贫专项审计、应对疫情防控资金和捐赠款物专项审计调查、残疾人社会保障情况专项审计调查等6个专项资金和审计调查项目，审计专项资金133345.05万元，查出主要问题资金30063.91万元，提出规范资金管理、提高使用效益的意见和建议20余条。在应对疫情防控资金和捐赠款物专项审计调查中，重点审计财政资金1031万元、捐赠资金289.55万元，首次启动容错免责机制。

【经济责任审计和自然资源资产责任审计】 2020年，市审计局完成6个部门4个乡镇(街道)14名领导干部经济责任审计，查出主要问题金额63989万元，市政府主要领导对所有经济责任审计报告作出批示，要求被审计单位对审计发现问题及时整改到位。4—6月，市审计局在城北乡和市自然资源规划局开展领导干部自然资源资产责任审计，推动领导干部履行自然资源资产管理和生态环境保护责任。7—10月，配合浙江省审计厅对原市委书记王顺发、市长吴松平任期经济责任审计工作，成立审计专班，负责数据报送问题汇总、现场指导、初步验收、沟通协调工作，3次赴浙江省审计厅对接审计相关工作。9—10月，在全市范围开展生态产品价值实现机制专项审计调查。

【政策执行审计】 2020年，市审计局实施并完成扶贫专项审计、残疾人社会保障情况专项审计调查、生态产品价值实现机制专项审计调查等5个政策执行审计项目。在残疾人社会保障情况专项审计调查中，重点审计专项资金9636.58万元，发现4大方面问题，提出7条审计建议，上报8篇专报信息得到市委市政府主要领导批示。在生态产品价值实现机制专项审计调查中，发现存在试点工作政策部署及落实不够到位、部分单位试点工作和目标任务不够清晰、未建立健全生态产品市场交易体系、山海协作升级版推进滞缓等8大方面问题，提出审计调查建议6条。龙泉市2018年社会救助政策落实情况审计被评为全省优秀审计项目。

【内部审计】 2020年，市审计局积极协助市农业农村局落实《龙泉市创新农村审计工作运行机制的实施意见》，推荐4家单位的4名内部审计骨干参加浙江省内部审计高级专业人才遴选。在市自然资源规划局、凤阳山管理处等5家单位开展协同审计，共抽调20名内审人员参与国家审计。11月30日至12月4日，浙江省内审人员职业能力提升培训班在龙泉举行，邀请杭州电子科技大学、浙江省国有资本运营有限公司、丽水学院及丽水市委党校的教授、专家授课，来自全省各行业170余名内部审计人员参加培训。

【审计管理】 2020年，市审计局向市委市政府报送审计专报25篇，综合报告27篇，得到市委市政府领导批示61篇次。审计查出违规金额188.18万元，上缴财政165.05万元，移送处理事项3件，受到刑事判决4人，受到党纪政纪处分5人，推动市委市政府和相关部门出台制度11项。龙泉市政府向审计工作报告涉及的54项审计事项、25个单位制定和发放了整改清单。2020年，公告审计结果21个，督促被审计单位进行审计整改结果公告16个。2020年度应整改问题金额11936万元，已整改金额11686万元，问题金额整改率97.91%。 （叶君春 吴般子）

## 统计管理

【概况】 2020年，龙泉市统计局全面贯彻实施“一套表”统计制度，准确及时地完成工业、农业、批发零售住宿餐饮业、固定资产投资、综合、核算等30多项统计调查年报、季报和月报任务。加强对数据指标跟踪比对，加强与发改、经商、财政、农业农村等部门工作对接，共同分析经济发展状况，针对经济发展情况和行业发展状况做好专业预测预警分析和统计指标监测，对工业、固定资产投资、贸易、服务业等主要经济指标发展及时提出意见和建议，完成统计分析24篇，统计专报12篇。编发《数据龙泉》《龙泉统计信息数据》《龙泉市主要经济指标快报数据》等统计资料，及时发布月度、季度、年度统计数据，全年撰写69篇统计分析及信息。编撰完成《龙泉统计年鉴(2019)》。

2020年，市统计局精准指导企业“上下规”工作，组织召开企业上下规业务培训会，对各行业主管部门进行业务辅导培训。主动跟踪拟上规(限)企业经营情况及发展趋势，协助各行业主管部门认真做好新开业投产单位及“四下”升“四上”单位摸底、申报和退出工作。

【普查工作】 2020年，市统计局将第七次人口普查列为年度工作重点，抓好人口普查前期准备工作。完成县、乡、村机构组建，选聘、培训“两员”(普查指导员、普查员)1490名，开展普查工作。组织开展划市绘图、建筑物标绘工作，共标绘建筑物66381个。利用户外LED电子显示屏、官媒公众号、华数电视广告、户外广告牌、宣传海报、邮政网点LED显示屏进行广泛宣传，并组织文艺宣传巡回演出16场，发送短信140多万条。组织110名普查员参加综合试点，组织“两员”开展入户登记，完成短表和长表登记工作，已进入比对复查阶段。

【法治工作】 2020年，市统计局充分利用LED大屏幕、宣传车、报纸、电视、网络、手机短信等手段宣传统计法律法规，把统计法律法规学习作为专业培训会议上一个重要环节进行落实，制作印发《中华人民共和国统计法》《全国经济普查条例》和宣传折页，以通俗易懂的漫画形式宣传统计法律法规。加强统计数据质量管控，加强源头数据的查询、审核，对23家企事业单位开展“双随机”统计执法检查。推进法治政府建设，严格执行

2020年1月，市统计局开展第七次人口普查入户调查工作 （市统计局/供图）

行政执法“三项制度”(建立执法全过程记录制度、严格执行重大执法决定法制审核制度、推行行政执法公示制度),开展“政务+监管”工作,完善行政执法监督体系。（梅　丹）

## 统计调查

【概况】 2020年,国家统计局龙泉调查队(以下简称龙泉调查队)围绕全国统计工作会议和全省统计调查工作会议工作部署,以主题教育落实年、制度规范建设年、数据质量提升年、干部素质培养年为载体,坚持从制度入手,完成《中共国家统计局龙泉调查队党组议事规则》等48项管理制度和住户调查、畜牧业调查等10个主要专业业务规范化标准修订工作。综合统计调查和消费价格调查工作获浙江调查总队2020年度各专业业务工作考核“优秀”等次,农业统计调查等7个专业获“良好”等次。

【调研信息】 龙泉调查队参与浙江调查总队专项调研15次,独立撰写课题、调查分析、信息100余篇,其中国家统计局录用2篇,参与调研材料获国家级领导批示1次,省部级领导批示6次,独立撰写调研材料获龙泉市领导批示2次。1篇调查报告获浙江省调查队系统优秀青年报告二等奖,1篇调研信息获评优秀调查信息,2篇课题研究分获丽水市一等奖和三等奖。

【住户调查】 2020年,龙泉调查队负责龙泉市住户调查工作,有22个调查点,其中城镇调查点10个,农村调查点12个,共计样本户220户,每个调查点配备1名辅助调查员,由22名调查员承担调查工作。通过月度例会、季度走访、年度业务培训,以“请上来、走下去”相结合培训模式,实现业务指导全覆盖,2020年下点走访90余次,培训1000余人次,记账户记账规范提升。稳步推进样本轮换,顺利实现记账本二组轮换工作,完成样本户100%轮换。加快提升电子记账率,有181户样本户推行电子记账,电子记账率为82.3%。

【居民消费价格指数调查】 2020年,龙泉市有消价采价网点(包括共享)216个,采价员6名,代表规格品862个,每月采价笔数3277笔。疫情期间,采价员坚持深入调查网点,实地了解市场供需情况,准确采集市场真实价格。同时,通过各种渠道和方式获取网购、交通和宾馆住宿等价格,确保数据不断档。组织开展采价员互查,完善采价员考核办法,量化考核细则,规范考核结果。顺利完成消价基期轮换工作,确保数据有效衔接。

【粮食产量监测调查】 2020年,龙泉调查队负责粮食产量监测调查工作,设有调查样本村25个,全部为省级

2020年12月4日,龙泉调查队开展统计普法宣传　（周昌泉／供图）

疫情期间,采价员坚持深入实地开展采价工作　（陈雪君／供图）

样本点，调查样方（用于调查植物群落数量而随机设置的取样地块）75个，分布在14个乡镇（街道）。2020年，下乡走访30余次，覆盖所有样本村。完成春播、夏播和秋冬播3次面积调查，完成春粮实产调查、夏粮实产调查和单季晚稻实割实测调查3次单产调查，参与并完成无人机试点工作。

【畜禽监测调查】 2020年，龙泉调查队负责畜禽监测调查工作。截至12月底，全市共有生猪规模养殖样本户104个，家禽规模养殖样本户4个，羊规模养殖样本户2个，牛规模养殖样本户1个，抽中散养户样本村5个。聘用辅助调查员35人，召开培训会议2次，覆盖所有乡镇统计员和辅助调查员。常态化开展下乡走访，及时向养殖户了解畜禽相关信息，切实提高数据质量。（周昌泉）

## 应急管理

【概况】 2020年，龙泉市应急管理局扎实开展“五进”（进企业、进社区、进农村、进家庭、进学校）宣传教育活动，通过集中与流动宣传相结合、线上与线下宣传相结合，全面普及安全生产、防灾应急科普、森林防火、消防安全等应急科普知识。全年开展“五进”宣传教育活动50余次，宣传人数3.6万人，发放宣传资料3万多份。2020年，地方财政下拨应急管理和安全生产项目经费1160.5万元，其中防汛物资采购经费517万元。建立丽水首个政府购买服务“助企安”服务中心，通过公开招投标确定浙江高鑫安全检测科技有限公司作为第三方服务机构，保障经费175万元。

【基层基础建设】 2020年，市应急管理局强化应急队伍建设，提升应急救援能力，已建立综合应急救援队伍39支、1113人，“1+10+30”▲综合应急救援队伍体系建设总体框架基本形成。完成县、乡、村避灾安置场所规范化建设126个，并对232个应急避灾安置场所房屋结构进行安全鉴定，龙渊街道村头村避灾安置中心成为全国减灾示范社区。逐步完善应急物资储备，全年采购卫星电话221部、消防泵和抽水泵60台、发电机201台，实现防汛物资“三大件”乡、村两级全覆盖，采购76个品种应急救援设备，初步完成市应急物资储备中心建设，为救援突发事故提供物质保障。

▲“1+10+30”综合应急救援队伍体系：“1”即龙泉市消防救援大队，“10”即整合交通、电力、危化、矿山、建筑5支行业专业应急救援队伍，培育蓝天、民防等5支民间应急救援队伍，“30”即提升和巩固29支乡镇、村级森林消防队伍，市应急管理局新建1支应急保障队伍。

【防汛防台抗旱】 2020年，市应急管理局制定《龙泉市防指成员单位职责及有关工作制度》等文件，严格落实防汛防台主体责任。全年召集防指有关成员单位部署防汛工作9次，组织专题会商研判26次，启动IV级应急响应5次，提级为III级应急响应1次，下发各类预警信息53.1万余条。开展汛前准备和隐患排查工作，共出动检查人员296人次，检查点位262处，发现隐患35处，全部完成整改销号。成功预防和处置“黑格比”“米克拉”“美莎克”等台风恶劣天气。

2020年汛期，龙泉先后3次普降大到暴雨，4月15日至10月15日，面雨量共1268.2毫米，其中单日最大面雨量出现在7月9日，24小时平均面雨量达132毫米。受汛情影响，造成直接经济损失3.67亿元。特别是在“7•9”洪灾中，龙泉累计出动2100余人次，各类抢险车辆500余次，下拨基层紧急救灾资金115万元。

## 消防安全管理

【概况】 2020年，龙泉市消防救援大队建立健全较大及以上事故工作指南构建双重预防机制，统筹推进消防安全专项整治三年行动、护航复工复产安全生产攻坚行动、今冬明春火灾防控等各类消防安全综合治理工作，有序开展消防车通道、小微企业、校外培训机构、物流仓储等各类消防安全专项整治行动，完成消防安全三年翻身仗行动收官工作。2020年，完成嘉年华网络休闲会所、浙江启励文具有限公司2家重大火灾隐患单位的整改；检查单位506家次，督促整改火灾隐患751处，行政处罚67家，临时查封10处，责令停产停业18家，罚款34.48万元；发生火灾28起，直接经济损失969726元，同比分别下降12.5%、21.21%，无人员伤亡；接警97起、同比下降19.17%，出动111次（含增援）、同比下降8.26%，出动消防车202辆次、同比下降11.79%，抢救被困人员12人，疏散人员15人，抢救财产价值620.5万元。

【消防宣传】 2020年，市消防救援大队制定《应急救援新闻宣传方案》《消防应急宣传全媒体工作站建设方案》和《消防应急宣传全媒体工作站人员绩效考评标准（试行）》等制度性文件，全面加强新时代消防宣传工作。完成消防安全主题公园和示范街建设工作，推出丽水首辆消防主题公交车，并与当地主流媒体合作，挂牌成立龙泉市融媒体中心消防应急宣传全媒体工作站。依托龙泉市融媒体中

2020 年 6 月 22 日，消防人员在企业扑救火灾 （龙震海 / 供图）

2020 年 11 月 26 日，市消防救援大队在八都硃矿开展消防安全检查 （吴建标 / 供图）

心新媒体矩阵生产基地效应，制作消防安全系列短视频，强化消防知识宣传普及，单个视频单日阅读量最高达 37.8 万人次。全年开展服务活动 170 余次，发放各类宣传资料 2 万余份，播放宣传片 60 余场次，形成“人人讲防火、户户抓安全、村村保平安”消防工作良好氛围。

【安全生产】 2020 年是龙泉市开展消防安全专项整治三年行动的第一年，共排查隐患 13814 处，责令停产整顿 3 家，行政处罚 69 家次，罚款 63.535 万元。部署重点行业和领域安全专项治理，下发各类安全生产预警 4 次，事故警示 2 次，通报 1 次。由市应急管理局牵头，不定期对相关乡镇（街道）和有关重点单位开展安全生产督查和指导，组织 5 个巡查督查组对 30 多个单位的应急管理和安全生产工作落实情况开展巡查督查，督促各单位整改安全监管短板 70 多项，整改安全隐患 20 多项。

【森林防灭火工作】 2020 年，龙泉市发生 1 起森林火灾和 7 起森林火情，未发生重特大森林火灾，无人员伤亡。开展森林防灭火工作督查，共组织工作组 201 个，查出森林火灾隐患 113 个，整改落实 113 个，实现闭环管理。开展宣传教育活动 1220 场次，对零星农田和菜地违规野外用火 76 人次进行教育、处罚。同时，整合提升龙泉市综合应急（森林消防）队伍 23 支、611 人，开展森林防灭火培训演练 35 次。 （连君芳　叶朝芳）

## 市场监督管理

【概况】 2020 年，龙泉市市场监督管理局立足职能，战疫情、优服务、促发展、保安全、惠民生，工作稳中有进。2020 年，新设市场主体 6349 家，同比增加 42.99%，其中企业 757 户，个体工商户 5583 户；新设农民专业合作社 9 户；新增小微企业 674 家，其中“八大万亿”重点产业小微企业增加 120 家；新增“个转企”54 家。

【疫情防控】 1 月 20 日起，市市场监督管理局严格实施防控举措，禁止城乡农贸市场野生动物和活禽交易，严禁集体聚餐活动、暂停餐饮单位经营，严禁非法加工、制售野生动物及其制品，实施购买退热、止咳类药物实名登记报告制度，督促农贸市场落实疫情防控措施。全力保障物资供应，调动各方资源，协助配送米油菜等民生物资，为各市场主体办理“绿色通行证”400 余份，保障疫情防控物资通关“零延时”。指导企业转产口罩，加速取得医疗器械生产许可和应急注册批件。严厉打击哄抬价格、制售假冒伪劣防疫物资等违法行为，成功处理涉疫咨询投诉举报89条，涉及金额11.9万元，查处违法案件23起。精准帮扶企业复产复工，为企业解决实际问题，助企减负300余万元。6月24日，成立龙泉市疫情防控高风险冷链食品“物防”工作专班，落实“全受控、无遗漏”闭环管理要求，严格“三证一码”（检验检疫证明、消杀证明、核酸检测证明和“浙冷链”二维码）检查，推广使用“浙冷链”溯源系统，确保食品安全。

【营商环境】 2020年，市市场监督管理局深化企业开办全流程一日办结，推广“企业开办全程网上办”平台使用。实行企业开办“零成本”，为新办企业减免费用50余万元。实施经营范围规范化登记改革，将经营范围填报登记方式优化为“选条目”“概括式”，解决过去经营范围填报难、各地登记标准不一致等问题。推动企业注销便利化改革，简化注销程序、减少注销材料、降低注销成本，372家企业通过“企业注销一网平台”申请注销。深化审批改革，推进“证照分离”改革全覆盖试点工作，梳理涉企经营许可事项，优化告知承诺、审批下放、审批服务等举措。落实食品生产许可改革措施，完善优化审批流程，实现食品生产许可无纸化、网络化全新发证模式。维护市场公平秩序，实施公平竞争审查制度，清理废除妨碍统一市场和公平竞争政策性文件，共审查清理涉及市场经济主体文件215份。采取随机抽查和联合检查两种方式，对医疗机构、水电气价格、企业房屋租金、物流领域收费等涉企收费情况进行检查。成功创建4家商业秘密保护示范点。完善信用监管体系，推进“互联网+监管”，完成“双随机”检查任务256个，“双随机”抽查事项覆盖率、跨部门监管率、应用信用规则率均排丽水前列。落实浙江省小微企业三年成长和市场主体升级工作，抓好“个转企”，助力政府扶持服务总部经济。

【食品安全监管】 2020年，市市场监督管理局推进食品安全监管，落实食品安全工作党政同责，建立党委政府一把手领导机制。开展农村假冒伪劣食品整治、豆芽专项整治月、校园周边食品安全整治等系列专项行动，整治食品安全风险隐患，行政立案79起，移送案件11件。开展积压食品及原料专项清查行动，对850公斤积压食品及原料进行无害化处理。创新监管模式，公布“餐饮红黑榜”6期。加强食品质量追溯体系建设，建立龙泉市农产品质量安全可追溯平台。

【特种设备安全监管】 2020年，市市场监督管理局规范药品安全监管，实施药品、医疗器械、化妆品监管全覆盖，年度抽检300余批次，查处药械违法案件17起。加强不良反应监测，上报药械化不良反应100多例。开展特种设备安全专项整治三年行动，排查安全隐患249项，开展“清库扫盲”行动，核销“僵尸设备”74台，推广电梯责任保险，稳步推进电梯按需维保和检验检测方式调整试点工作。开展县域区块产业风险排查和分级分类监管，对电动车充电器、车用汽柴油、灭火器等45批次商品开展产品质量监督抽查，查处2起电动自行车相关案件。

【商标品牌建设】 2020年，市市场监督管理局推动知识产权建设和保护，指导企业利用知识产权进行质押融资，融资金额超过8600万元，向226家企业（个人、其他机构）发放专利专项补助资金290.7万元，促进专利申请扩量提质。新增注册商标791件、专利授权量1516件，有效发明专利230件，每万人有效发明专利拥有量9.62件，同比增长8.46%。推进区域特色商标品牌建设，协助妇联申报“龙泉娜妮”集体商标、农业农村局申报“龙泉灵芝”“龙泉灵芝孢子粉”地理标志证明商标。

【标准化工作】 2020年，市市场监督管理局开展对标达标专项行动，新增参与修订国家标准1个、“浙江制造”标准2项、地方标准规范5个、“品字标”企业2家，6家企业10个产品通过“丽水山耕”品牌认证。完成汽配特色产业质量专项提升工作，创成丽水市级质量管理创新项目2个、浙江省级QC优秀成果项目1个。建成质量基础“一站式”服务平台，开放实验室服务企业1005家次，“浙里检” 平台完成订单406单。

【市场秩序规范】 2020年，市市场监督管理局查办各类违法案件172起，罚没款项133万余元，移送公安部门12件。开展知识产权专项执法行动，严厉打击商标侵权和傍名牌行为，查处假冒专利案件1起、专利标识不规范案件1起、侵犯商标专用权案件10起，没收、销毁侵权商品326件。加强大众媒体广告监管和指导，建立大众媒体广告经营、广告发布、广告审查三分离机制，实现电视广告全覆盖全天候监测。疫情期间，严厉打击整治非法制售口罩等违法行为，核查案源线索58条，立案23件。5月至6月，开展浙江省防疫物资产品质量和市场秩序专项整治行动，共立案7起，其中产品质量类6起，虚假广告类1起，涉案金额达20万元，查获口罩2.5万个。开展“亮剑2020”系列综合执法行动，打击整治网络传销专项行动，常态化推进扫黑除恶专项斗争工作，铁腕治理社会乱象。

【民生实事】 2020年，市市场监督管理局完成6项民生实事任务，新增4个送药上山便民服务点，开展便民服务766次，惠及群众6933多人次；新建2个24小时“网订店送”药房，群众购药最快30分钟送达；建设农村家宴放心厨房8家、中小学和等级幼儿园“智能阳光厨房”18家；培育放心消费单位1039家，其中无理由退货承诺单位237家、放心工厂142家、放心消费街区1个；创建城乡放心农贸市场2家。有序推进市场提升改造，完成景赞农贸市场“五化”（便利化、智慧化、人性化、特色化、规范化）提升改造并通过验收。

【消费维权】 2020年，市市场监督管理局扎实开展“3·15”系列宣传活动，通过“四个一”举措（发布一封消费倡议书、刊发一期维权公众号、设置一路灯箱广告、张贴一批宣传海报），凝聚社会力量，形成共治氛围，打造放心消费环境。2020年，受理投诉举报1630件，消费投诉调解成功率100%，为消费者挽回经济损失50余万元。（刘 悦）

## 国资管理

【概况】 2020年，龙泉市行政事业单位资产总额合计39.53亿元，国有企业资产总额156.92亿元（纳入财务监管的龙泉市属国有企业）。完成资产调拨（含产权划拨）2756.65万元，资产核销（报废）3134.05万元。行政事业性国有资产收益上缴国库合计2831.95万元，其中行政事业单位国有资产出租出借收入376.99万元，资产处置收入75.87万元，其他国有资产（资源）有偿使用收入2379.09万元。2020年，租金收入约739.87万元，其中自有资产出租收入约410.8万元，代管资产出租收入约329.07万元。旧公务用车等废旧物资处置收入约64.46万元。

2020年，市国资办根据“战疫助企、暖春行动”21条意见要求，对承租国有资产类经营用房、园区用房及临时租用国有储备土地企业（含个体工商户）免租3个月，为504户承租户减免租金529.26万元，执行率100%。

2020年11月，景赞农贸市场 （吴菁菁/供图）

【国有企业市场化改革】 2020年，市国资办按照《龙泉市国有企业市场化改革方案》，构建6大集团组织框架结构，并根据公司功能定位和经营范围，明确集团公司内设机构。2020年，完成8家涉改企业清产核资审计报告、涉改企业资产清算和整合重组，搭建6大集团公司组织框架结构，明确各板块集团公司功能定位和主营业务，并完成4大集团公司法人选聘工作。梳理2020年政府投资计划项目，选取44个项目进行市场化融资，总投资约65.96亿元，2020年完成国有企业市场化融资14.15亿元。

【国企退休人员社会化管理】 2020年，市国资办按照浙江省、丽水市相关文件精神，制定《龙泉市国有企业退休人员社会化管理工作实施方案》，开展国有企业退休人员社会管理服务、党员组织关系、人事档案等移交工作。2020年，完成龙泉市本级社会管理服务移交人员660人，党员组织关系移交122人，人事档案移交643人，综合移交完成率为100%。接收中央企业和浙江省属企业退休人员496名，签订协议21份。

【国资监管工作】 2020年，市国资办累计审核（含审核报市政府审批）国有企业重大财务事项67项，累计金额30.44亿元。推进机关内部“最多跑一次”改革，实现线上办理事项5项，累计在线受理22件；出台《龙泉市国有企业人事管理办法（试行）》《龙泉市国有企业人员招聘流程》，建立涵盖企业人员招录、选拔任用、考核评价等全过程制度规范，2020年共招聘92人，其中关键岗位统一招考17人，特殊人才引进2人。

【秀洲——龙泉山海协作“飞地”产业项目】 4月24日，秀洲—龙泉山海协作“飞地”产业园通过竣工验收，7月31日，正式开园投产。开展“云上招商”，先后接待美国、西班牙、中国等海内外企业观摩考察团队11个。2020年，通过龙泉市国有资产经营有限公司下属子公司秀龙公司向秀湖集团收取租金1000万元，带动龙泉98个“消薄”村创收493万元。该项目入选“聚焦‘重要窗口’、聚力龙泉复兴”学习实践活动“十大创新实践”案例。

【办公用房管理】 2020年，市国资办对91家单位办公用房智能图形管理系统进行了修复、完善、数据核对和更新。开展机关事业单位办公用房使用管理检查，完成78家单位办公用房信息统计报告工作；实地抽查18家行政事业单位及下属单位办公用房使用情况，发放整改通知书5份，已全部整改到位；办理调剂协议4份，调剂面积812.22平方米，办理借用协议8份，借用面积1758.77平方米。（潘雨辰）

2020年7月，秀洲—龙泉山海协作“飞地”产业园（沈俊卿／供图）

2020年9月，市国资办开展机关事业单位办公用房使用管理检查（赵新格／供图）

# 交　通

## 综　述

【概况】 2020年，龙泉市交通运输系统完成交通固定资产投资7.0306亿元。开工建设G25长深高速（丽龙段）龙泉东互通改建工程、仙居至庆元公路龙泉下庄儿至兰头段工程等2个重大项目，加快推进村沈线提升改造工程、绕城东线项目一期工程等2个重点续建项目，完成G322安仁至西街段改建工程、塔石隧道应急工程、322国道八都至上垟公路改建工程。美丽经济交通走廊投资额6000万元，对国道322、国道528、县道安豫线3条线路的路面路况进行提升改造、逐段进行大中修工程和预防性养护工程。成功创建G322瑞友线38公里、G528龙广线30.5公里、安豫线24公里3条“美丽经济交通走廊”。龙泉市长运公司客运站行车组荣获“浙江省巾帼文明岗”称号。

【疫情防控】 1月21日至2月23日，市交通运输局按照市疫情防控指挥部统一部署，第一时间在各高速公路出口、国省道等主要入境关口设置10个道路设卡检查点，启动疫情防控道路设卡检查专项行动，守好疫情防控第一道防线。其间，参与行动800余人（包括抽调45名副科以上领导干部和192名年轻干部），共检查车辆43082辆、测量体温104046人次；劝返车辆1143辆、2102人；集中隔离267人、居家留观356人。

1月28日至2月18日，全市所有长、短途客运班车、旅游车、公交车、出租车、车辆检测站、汽校全部暂停运营，共停长途班车1652个班次、短途班车3388个班次、公交车6512个班次。疫情防控期间，长运公司还承担进入龙泉物资运输车辆人员隔离和车辆集中停放管理工作。

疫情稳定后，市交通运输局成立交通项目开复工领导小组，出台《龙泉市公路水运建设项目企业有序开复工和疫情防控指导意见》《龙泉市物流企业开复工工作方案（试行）》等文件，及时建立“战疫助企·暖春行动”服务工作专班，截至2月18日，4个重点交通项目、33家物流企业全部开（复）工。

【“四好农村路”建设】 2020年，龙泉市通自然村公路、断头路建设107.2公里，实施安全生命防护工程325.236公里，改造危桥病隧9座，通乡通景公路改扩建86.72公里，低等级公路提升改造398.984公里，建设改造乡镇运输服务站8个，渡口渡船提升改造42个，超额完成“四好农村路”▲三年行动计划任务总指标，并完成省级

2020年1月27日，疫情防控道路卡点临时党支部成立　（市交通运输局／供图）

“四好农村路”示范县考核工作。12月12—13日，2020环浙骑游百山祖国家公园龙泉总决赛暨第四届江南之巅天空骑行安豫线挑战赛在龙泉举行，仪式上还举行“2020环浙骑游百山祖国家公园最美安豫骑游精品线”授牌仪式。

▲“四好农村路”：建好、管好、养好、运营好的农村公路。

【民生实事】 2020年，龙泉市完成浙江省级民生实事目标任务，新建和改造提升农村公路173公里，新建美丽经济交通走廊110公里、农村港湾式停靠站30个、村级物流服务点192个，新改建公交站点2个。完成龙泉市级民生实事目标任务，新建美丽经济交通走廊90公里以上，新建农村港湾式停靠站35个，新改建公交站点2个。

【“最多跑一次”改革】 2020年，市交通运输局推进“互联网+监管”执法监管系统深化应用，完善抽查事项清单库和检查表单，动态调整执法检查人员名录库和健全完善检查对象库。监管事项主项覆盖率100%，开展掌上执法检查130次，监管行为及时率98%。开展“双随机”执法检查6次，其中跨部门监管5次，双随机抽查事项覆盖率100%、应用信用规则率100%、任务完成率100%、跨部门监管率83.3%。开展政务服务2.0建设，截至2020年12月，已上线120个政务服务2.0事项，平台收件比达82.05%，“好、差评”主动评价率89.1%。办事指南维护195项，材料事项数195项，准确率均达到100%。123个政务服务事项全部实现“跑零次”，即办率91.3%，时限压缩比96.99%，所有指标均达到省定目标。

【机构改革】 2020年，市交通运输局完成《龙泉市交通运输发展中心、龙泉市交通运输综合行政执法队、龙泉市交通项目服务中心、龙泉市公路养护应急抢险中心、龙泉市港行管理中心〈职能配置、内设机构和人员编制〉暂行规定》，龙泉市交通规划设计院撤销手续逐步推进。

11月17日，龙泉市交投公司成立全资下属子公司龙泉市交通物流服务有限公司，国有法人独资公司，注册资本金8000万元，核定人员20名（含站前运维6名）。公司经营范围包括仓储服务（不含危险品）、快递服务、物流服务、房屋租赁、场地租赁、装卸搬运服务、物流货运站场管理、道路普通货物运输配送、电子商务（不得从事增值电信、金融业务）、产业园区建设与管理、站前区域运维，采取独立运营与合作运营相结合运行模式。物流公司拟建三个中心，即龙泉市交通物流快递服务中心、龙泉市旅游集散换乘中心、龙泉市交通智慧物流港。

2020年11月，美丽经济交通走廊　　（孙　勤／供图）

【法治建设】 2020年，市交通运输局办理交通行政处罚共97件，其中公路74件、运管20件、港航2件、质监1件，行政处罚金额共计48.61万元，无行政诉讼案件。连续开展交通运输违法行为、货运车辆非法改装运输车辆超限超载、工程车“抛漏洒”违法行为等专项整治行动，共出动执法人员1341人次。加强与上级部门联系，启用“浙江省交通运输行政处罚管理系统”，做好案件受理、审查、处罚、法律文书制作，建立完善案件文书档案台账。开展法制宣传，深入开展以《中华人民共和国宪法》为核心，以《中华人民共和国民法典》、交通运输法律法规为重点的法律法规宣贯，覆盖公路、运输、工程等交通运输各个领域。

【交通治堵】 2020年，龙泉市新增清风路、清水路等城市道路长度0.8公里，建设东茶路联网道路1条。完成剑川大道（国际大酒店十字路口）改造提升工程，新增停车位500个（其中社会公共停车位75个），行政事业单位和国有企业向社会错时开放免费停车泊位201个。投入85万元对城区交通智能管控设备进行改造提升，主要增设电子警察2处、违停4处、机动车逆向行驶抓拍点位4处、行人闯红灯抓拍系统1处。开展治堵宣传活动，累计发放宣传漫画8000余张，宣传用品5000余份。

【勘察设计】 2020年，市交通运输局完成农村公路路面大中修工程、提升改善工程项目2个，共计338.52公里；完成水库道路改建、应急演练项目2个，路线长3.88公里（龙泉市竹垟一级水库道路改建工程、2020年浙江省公路交通突发应急演练工程）；农村联网公路项目4个，分别为兰巨乡朱坑至上寮农村公路联网工程、屏南镇车盘坑至地畲农村联网公路工程、屏南镇上畲至百步农村公路联网工程、砒石街道黄土至安峰农村公路联网工程。与浙江省交通规划设计研究院有限公司合作，完成G25长深高速（丽龙段）龙泉东互通改建工程施工图、仙居至庆元公路龙泉砒石至龙南段工程可行性研究报告编制工作。

## 运输服务

【公共交通】 2020年，龙泉市公共交通有限公司新增新能源公交车11辆，新增公交线路8条，即浙大中学（大沙）公交线路，龙泉至城北上田城乡公交线路，城区9路公交线路，白云岩景区公交线路，2条城市旅游观光公交专线，18、19路通往火车站龙泉市站公交线路。更新新能源出租车65辆。

【智慧便民】 7月22日，龙泉汽校新增摩托车驾培业务。7月31日，长运公司成立退役军人服务站（民兵之家）。11月起，客运站推出汽车票电子发票，不再提供原纸质汽车票。

【复工复产】 2月11日，市长运公司在丽水率先开通“三返”专线保障车，以“点对点”“一站式”运输服务，运送龙泉市返岗、返工、返学人员到丽水高铁站，保障重点群体安全顺利返程。2月23—27日，市长运公司返岗复工专车前往全国各地接送民工返岗复工，共计出动38辆（次）接送584名民工返岗。

## 公路管理

【概况】 2020年，龙泉市国省道公路技术状况指数位居丽水第3位，公路优良路率99.14%，全省排名第18位。境内公路总里程2650.341公里，其中高速公路88.676公里，普通国道150.053公里，普通省道50.597公里，县道589.936公里，乡道235.892公里，专用道35.664公里，村道1499.523公里；高速和一级公路91.075公里，占全市总里程3.44%，二、三级普通公路里程270.307公里，占全市总里程10.2%，公路网密度为86.64公里/百平方公里；公路桥梁471座35740.28延米，公路隧道67座54445.8延米，桥隧占该市公路总里程3.40%。完成2020年省级挂牌治理道路交通事故多发点段治理工程和县级道路交通事故多发点段整治工作。

【公路管养】 2020年，市公路局积极探索农村公路市场化养护管理机制，投入国省道公路小修保养1210万元、农村公路小修保养690万元、农村公路财产保险278万元。实施养护专项工程总投资3480万元，其中实施国省道路面大中修69.2公里，“四好农村路”路面大中修工程148.844公里、提升改善工程188.677公里，完成严山岭、凤凰山、西山隧道等12座隧道提质升级项目建设，改造完成南大洋大桥、大梅口梁桥、小梅小桥3座桥梁限高门架。创建省级农村公路规范化管理站1个，成功创建美丽经济交通走廊精品线110公里，工程项目合格率100%，大中修工程优良率90%以上，全年未发生安全责任事故。

【美丽公路建设】 2020年，市公路局持续巩固路域环境整治成果，新增绿化补植1.5万平方米，修剪行道树、绿化累计15万平方米。制止和查处各类违章行为727件，清理堆积物1238立方米，拆除非公路标牌131块，整治马路市场14次，提升辖区路域环境水平。完成浙江省级“四好农村路”示范县考核工作。

【公路建设】 2020年10月19日，G322安仁至西街段公路改建工程完工并全线顺利贯通，完成年度投资2.36亿元。322国道八都至上垟公路改建工程完成年度投资1.61亿元，路基工程、桥梁工程、隧道工程均全部完工，路面工程完成90%，交安、机电、绿化工程完成80%，花观垄隧道于6月17日顺利贯通。12月25日，砒石隧道应急工程交工验收并通车，完成年度投资1100万元。赵麻淤至下堡公路赵麻淤段公路改建工程完成年度投资800万元，龙梧桐线公路提升改造工程完成年度投资1200万元，绕城东线一期工程（小白岸连接线）完成年度投资0.41亿元，工程基本完工。村沈线提升改造一期工程（梧桐口至源口段），完成年度投资1.56亿元，路基工程完工。

## 道路运输管理

【客运市场管理】 2020年，市运管局认真做好简政放权，省内客运班车班次变更许可改为备案制。取消道路客运班车包车许可证明年度换发，简化客运班线站点变更许可程序。采取调

2020 年 6 月 17 日，花观垄隧道贯通　　（市交通运输局 / 供图）

度车辆、加开班车等措施，加大运力投入，进一步保障周末等特殊时段学生接送车安全，维护好客运站场周末学生接送秩序。淘汰 1 辆老旧农村客运车辆。

【维修行业】 2020 年，市运管局全面开展汽车电子健康档案数据联网工作，电子健康数据质量合格率达98%。推出了车主应用 App 软件、微信公众号评价系统，各项指标位均处于丽水前列。做好生态环境保护和污染防治工作，新增 1 家尾气治理维修企业（M 站）。

【货运物流发展】 2020 年，市运管局完善农村物流配送体系，构建市级物流配送中心、片区分拨中心、乡村服务网点三级物流网点体系，加快发展小件康庄小巴代运农村物流模式。8 月 20 日，浙江省加快推进初级农村物流点建设工作现场会在龙泉召开。

【行政执法】 2020 年，市运管局组织开展交通行政执法检查，共查获各类违法违章案件 27 件；组织开展“双随机”抽查，对机动车维修经营、道路危险货物运输经营、机动车驾驶员培训经营等事项进行随机抽查，在浙江省行政执法监管平台上开展抽查 5 次，共抽查企业 23 家，检查出问题 8 个，均已督促企业落实整改到位。完成 1 处 2 条非现场超限超载检测车道，建立公路路况实时监控、信息发布、指挥调度为一体的智能化公路系统，非现场执法网络体系基本形成。建立公路路域环境常态化联勤联防联动管控机制，开展公路安防工程试点，对 3 辆路政执法车辆安装 3G 车载动态取证系统平台，在 1 处车流量大地段安装可变情报板，在 32 处公路重点路段设置监控视频系统，提高路域环境管控绩效，优化公路营运环境。

## 水上交通管理

【概况】 2020 年，紧水滩龙泉辖区水域面积为 18.9 平方公里，航道（龙泉南大桥——武溪云和界）全长 39.5 公里，为 7 级航道。沿库共涉及剑池、龙渊、道太、安仁 4 个乡镇（街道），10 个行政村，涉及人口约 1.5 万人。辖区内现有码头 4 个、渡口 14 个、渡船 23 艘（490 客位）、客船 7 艘，持证渡工 26 人，年渡运量约为 3 万人次。2020 年，共检验船舶 28 艘，所有船舶均按时间检验，档案齐全。

【平安港航创建】 2020 年，市港航所加大安全教育培训工作，签订三级安全责任书，开展“消除事故隐患、筑牢安全防线”主题活动，加强对安全工作指导、教育。针对极端天气、重点时段，切实做好渡口、码头的安全生产和疫情防控等工作，加强现场安全监管，加大检查力度，排查整治各类安全隐患。深入开展“安全生产月”“宪法宣传日”等活动，特别是针对温岭“6•13”重大爆炸事故，第一时间开展水上交通危化品运输检查工作，严禁客运船舶携带危化品行为。2020 年，龙泉市水上交通安全形势良好，各项安全管理指标均控制在考核范围内，未发生安全生产责任事故。

【美丽航道创建】 2020 年，龙泉市“美丽航道”创建里程共计 23 公里（道太乡大白岸村—武溪村），工程列入浙江省交通“十大民生工程”之一，12 底完成工程建设任务。加强船舶防污联合整治，在大白岸码头安装船舶油污接收桶一个。规范水上交通执法，购置“浙海巡 0778”“浙海巡 0756”2 艘指挥艇。

## 国防交通

【概况】 2020 年，市交通运输局圆满完成春运、两会、疫情防控、三防、安全月等重点工作。开展雷霆行动、安全生产专项整治、交通事故多发点段治理、公路水运建设工程安全生产大检查，开展督促检查 400 余次，检查单位 300 余家次，排查整治安全隐患 100 余项。组织民兵参加丽水军分区第三届岗位练兵保交护路分队专业比武，并取得第一名；承办浙江省公路交通突发事件暨国防交通应急演练活动，龙泉市交通部门11名队员代表丽水队参加演练比赛，荣获综合比武一等奖。

## 交通项目选介

**【龙泉市通用机场】** 龙泉通用机场是《浙江省通用机场发展规划》《浙江省通用机场布局规划(2020—2035年)(修编)》的区域型通用机场，也是2018—2019年浙江省(市、县)长工程与省重点推进通用机场项目。项目分两期实施，一期工程拟按民航相关标准建设A1类通用机场，项目估算总投资5亿元，用地面积400000平方米；二期工程重点打造通用航空职业技术培训基地，估算投资20亿元，占地面积800000平方米。2020年度项目列入《浙江省通用机场布局规划(2020—2035年)(修编)》规划区域型通用机场，已编制完成工可报告与工可阶段飞行程序设计报告。

**【528国道龙泉西街至兰巨段改建工程】** 528国道西街至兰巨段改建工程主线起点位于西街街道西溪小区往东与现状G322平交处，终点位于兰巨乡独田村，连接线起点位于兰巨乡蜜蜂岭对应主线桩号K8+954处，终点位于龙泉市火车站站前广场。项目估算总投资为25.84亿元，总用土地约82.807公顷。

**【S227上垟岙隧道及接线工程】** S227上垟岙隧道及接线工程项目是龙泉“十三五”规划中期调整项目之一，项目路线全长6.454公里，采用二级公路标准建设，路基宽度10米，估算总投资3.68亿元。2020年，完成勘察设计招投标、初设编制，取得选址及用地预审批复，上报工可审批。

**【G25长深高速(丽龙段)龙泉东互通改建工程】** G25长深高速(丽龙段)龙泉东互通改建工程项目主要为龙泉东互通改造，其中龙泉东互通拟增设一对匝道与现有匝道形成完整T型互通，新增互通匝道全长1.48公里。长深高速丽龙段设计速度80公里/小时，新增匝道设计速度40公里/小时，单向单车道匝道路基宽度9米，单向双车道匝道路基宽度10.5米。丽浦线(砩石入城段)路线全长1.27公里(右幅计)，设计速度40公里/小时，工程估算总投资2.52亿元。2020年度项目已通过浙江省发改委立项，取得工可、初设及施工图批复，同时列入浙江省重点建设项目清单。

**【仙居至庆元公路龙泉下庄儿至兰头段工程】** 仙居至庆元公路龙泉下庄儿至兰头段工程项目主线全长15.1034公里(含1标长链1.89米、短链16.915米，及两标段间短链51.554米)，采用双向两车道二级公路技术标准设计，设计速度60公里/小时(困难路段采用40公里/小时)，路基宽度10—13米，工程估算总投资10.69亿元。2020年度项目已通过丽水市发改委立项，取得工可、初设及施工图批复，同时列入浙江省重点建设项目清单，并完成施工挂牌招标。

**【322国道龙泉安仁段改建工程】** 322国道龙泉安仁段改建工程项目路线全长17.61公里(包括安仁过境利用改造段4公里)，道路按照双向两车道二级公路标准建设，路基标准宽度10米，设计速度60公里/小时，总投资约8.3亿元。2020年度项目已完成选址、用地预审、永农占补平衡方案论证，上报工可至浙江省发改委审批，完成初设编制。 (毛旻茜)

# 网络　大数据

## 电子政务建设

【概况】 2020年，龙泉市使用公文交换系统单位196家，推广使用单位内部协同办公系统98家，协同办公系统用户数达4132人。全面推进"浙政钉2.0"系统，完成注册人数6654人，激活率100%，日活跃率达到60%。

"互联网+政务服务"提速提效，运用"一窗受理"平台、丽水市全域一证通办数据共享系统、投资项目在线审批监管平台、中介网上竞价网等互联网平台，实现"数据跑"代替"群众跑"。2020年，市跑零次实现率99.19%、即办率94.04%、承诺期限压缩比97.41%、网上办事实现率98.33、掌上办实现率96.87%、材料电子化率95.41%，办事指南基本信息准确率100%、主动评价率50.61%。通过浙江政务服务网和"浙里办"APP办理件数584855件，网办率达89.62%。

"互联网+监管"落实落细，通过建立一套任务体系、培训制度、考核体系，压紧压实任务目标。2020年，运用掌上执法系统开展检查8659次，掌上执法率100%，设置"双随机"检查任务254个，已完成抽查任务数247个，跨部门监管率27.16%，应用信用规则率88.6%；2020年度监管行为主项覆盖率（剔除处罚项）达到96.97%，事件处置率100%。

## 大数据发展

【花园云•城市大脑建设】 2020年4月11日，龙泉市出台《"花园云•城市大脑"建设工作"一办一平台X应用Y制度"工作机制》（试行），成立龙泉市"花园云•城市大脑"建设工作领导小组，领导小组办公室设在龙泉市大数据发展中心，承担日常工作任务。参照龙泉市行政服务中心管理模式，由"大脑办"统筹协调，按照扁平化管理、平战结合原则，各应用入驻牵头单位做好业务支撑工作，依托"城市大脑"建设有效运转，助推政府工作"一网统管"建设。

10月19日，按照龙泉市"花园云•城市大脑"（城市治理）试点攻坚工作方案，成立"花园云•城市大脑"城市治理工作专班，下设1+N小组（即1个专班办公室和N个工作推进小组，3个场景应用分别为：城市治理事件一张图、非现场执法、智慧市政管理），开展业务流程再造，业务数据归集等工作，实现多部门业务协同。

【城市治理项目建设】 2020年11月，龙泉市非现场执法系统上线试运行，该系统利用现有雪亮工程、原有监控等视频监控资源和增补部分点位视频监控资源，通过视频AI赋能，提升城市治理问题（占道经营、人行道乱停放、垃圾乱倒等）主动发现、及时处理能力，针对城市管理过程中非接触性执法类事件详细信息，通过数据分析，形成数据专题库。

12月，龙泉市城市事件治理系统上线试运行，该系统在"浙政钉""浙里办"App整合统一采集入口，将各类城市治理事件通过受理中心进行事件工单派发、催办、归档等操作，形成城市治理事件处置全流程信息化闭环以及部门联动城市管理体系。

12月，龙泉市智慧市政管理系统于上线试运行，该系统实现城市市政部件管理数字化，提供市政基础部件实时动态全流程管理功能，支持对城市部件类别、管辖片区等属性定义，支持城市市政部件从采购、布设、维护、整修、齐用全生命周期管理功能。

【机构改革】 2020年11月30日，龙泉市委编办印发《龙泉市大数据发展中心职能配置、内设机构和人员编制规定》（龙编委〔2020〕27号文件），明确龙泉市大数据发展中心为公益一类事业单位，机构规格相当于正科级，挂龙泉市城市智慧治理中心、龙泉市综合信息指挥中心牌子，归口龙泉市政府办公室管理。调整中心事业编制数，由原来7名增至12名，其中设主任1名，副主任2

名，总工程师 1 名，内设机构股级职数 4 名。新增为应急指挥、城市管理、基层治理、民生服务等各相关领域提供指挥场所和数据分析平台职能，入驻政法委、应急管理局、综合执法局等 3 个单位及“12345”热线工作人员。

2020 年 2 月，龙泉电信公司防疫志愿者队伍　（龙泉电信 / 供图）

## 电　信

【概况】 2020 年，中国电信股份有限公司龙泉分公司（以下简称“龙泉电信”）完成主营收入 4387 万元，用户总数 51733 户，宽带用户 34839 户。开通 5G 宏站 19 个，室分 5 个，勘察设计 10 个。新建设开通衢宁铁路沿线 C、L 网 RRU 合计 173 个，4GRRU 站点补盲 5 个，BBU 搬迁集中改造 55 个。完成 7 台老旧 C220olt 退网，旧网络 400 多条宽带、专线平稳迁移到 GPON 网络，新装开通 OLT-C600 合计 21 台。完成大沙接入网机房退网，实现 3000 多条宽带、100 多条专线顺利割接。新装 5G IPRAN B 设备 2 台。建立城东花苑区域“城中机房”，完成综合接入局站。

【通信保障】 2020 年，龙泉电信积极配合龙泉市疫情工作，紧急为 79 个房间安装固话，开通 2 套视联网视频会议监控网络、70 余部对讲机，完成 9 个卡点视频监控系统安装调试并投入使用。做好政府应急通信网络保障、应急设备配置、重点网络设备备份，以及与各单位的衔接，圆满完成疫情防控通信保障任务。同时，积极参加社区疫情防控工作，被龙泉市工商联授予“先进会员企业”称号。

## 移　动

【概况】 2020 年，中国移动通信集团浙江有限公司龙泉分公司（以下简称“龙泉移动”）用户总数超 22.45 万，4G 用户超 18.51 万，5G 用户超 2.23 万户，有线宽带用户数超 5.88 万户，建成 2/4 基站 1733 个，5G 基站 135 个，其中 4G 行政村覆盖率 100%，50 户以上行政村驻地网 100%覆盖。龙泉移动荣获龙泉市 2019 年度综合考核优胜奖，顺利通过省级文明单位复评工作；龙泉移动党支部被评为全省移动系统先进基层党组织，龙泉移动工会获评全省移动系统先进工会小组，并被授予“浙江移动员工书画摄影作品下基层示范点”称号。

【疫情防控】 2020 年 1 月 22 日，龙泉移动召开疫情防控和应对专题会议，成立应对疫情领导小组。疫情期间，发送防疫短信 256 万条，为市卫健局制作防疫视频彩铃 1700 户，“神灯疫扫”助力 30 余家企业复工复产。

【5G 网络建设】 2020 年 5 月 14 日，龙泉移动与龙泉市政府签署新基建（5G）战略合作协议，成为丽水市第一

2020 年 8 月 25 日，龙泉移动向青坑村捐赠帮扶资金 10 万元　（杨　蕴 / 供图）

个与当地政府签订协议的县分公司。根据协议，双方将在5G网络、大数据、工业互联网等“新基建”和应用领域建立全面战略合作伙伴关系。丽水移动公司党委书记、总经理郑武积，副总经理陆晔楠，龙泉市委副书记、市长吴松平，党组成员陈惠锋出席签约仪式。陆晔楠副总经理和党组成员陈惠锋分别代表双方签署协议。

【信息化城市建设】 2020年，龙泉移动与市公安局签订龙泉市公共安全视频监控建设联网应用项目（雪亮工程），推进平安龙泉建设；与市大数据发展中心签订政务云服务采购项目，推进办公数字化、智能化、信息化改革；与查田镇签订智慧园区云视频监控采购项目，与八都镇签约平山岭竹木小微企业园绿色发展改造项目，推进小微园智能化建设；与市教育局签订2020年中小学新型教学空间建设采购项目，加快“教育+互联网”应用场景建设，促进技术与教学深度融合，助力当地教育智能化建设。

## 联　通

【概况】 2020年，中国联合网络通信有限公司龙泉市分公司（以下简称“龙泉联通”）用户总数46532户，宽带用户9132户，建成3/4G基站485个，5G基站25个，建设宽带总端口3.5万个，新建开通衢宁铁路沿线站点95个，完成2G站点升级改造135个。龙泉联通被丽水市公司授予登峰行动优秀组织奖、标杆项目奖，并顺利通过省级文明单位复评工作。

【服务地方发展】 2020年，龙泉联通完成全省首个政府特色产业项目——汽配云平台建设，服务汽配企业200余家。完成龙泉智慧农业平台项目，其中在蔬菜大棚打造的水肥一体化自动灌溉系统，每亩每季可节约成本1000余元，增产率达到75%。建设大中小幼平安校园12所，平安校园用户突破1.5万户。 （刘　斐）

# 报刊 广播 电视

## 综　述

【概况】 2020年，龙泉市融媒体中心紧紧围绕市委市政府总体部署，积极推进媒体深层次融合，做大做强县级融媒体中心，巩固壮大舆论宣传阵地，新闻宣传出新出彩、干部队伍凝心聚力，为奋力打造一座独具匠心的文化名城提供精神力量和舆论支撑。

市融媒体中心统筹台、报、网及“两微一端”资源，全面构建传播效应更强的全媒体矩阵。2020年，编发《今日龙泉》报纸142期，栏目60余个，报道2536篇；编播《龙泉新闻》302档，报道2005条次，对农电视专题《剑川热土》126期，监督类电视栏目《龙泉聚焦》7期，广播《龙泉金土地》290期，少儿电视栏目《彩虹桥》13期；龙泉新闻网发布、转载新闻26073条；“掌上龙泉”官方公众号发稿3900条，“今日龙泉”官方公众号发稿918条，“天下龙泉”App发稿5600余篇，微博发文360多篇，抖音发布短视频346个，浙江卫视“蓝媒号”、《浙江日报》“天目号”发稿600篇。

2020年，市融媒体中心事业发展迅速，龙泉新闻网获批互联网新闻信息发布许可证；互联网视听节目服务获批信息网络传播视听节目许可证；《今日龙泉》报纸获批内部资料性出版物准印证。同时，业务成绩喜人，荣获第六届浙江农民创富大赛组织奖、浙江省广播电视新闻融合传播协作先进集体称号、浙江省广播电视对农节目服务工程建设考核电视鼓励奖；取得丽水市广电全媒体传播协作先进单位广播、电视双一等奖佳绩，系丽水市唯一；荣获2020年度浙报集团共享联盟合作奖、浙江在线优秀支站称号；获得丽水市2020年度县（市）转播台站安全播出先进单位、龙泉市“产业培育大比拼、项目建设大比武”活动服务突出贡献集体、龙泉市疫情防控和复工复产一线表现突出基层党支部等称号。

【融媒改革】 2020年4月，龙泉市委编办印发《龙泉市新闻事业发展中心机构编制规定》，市融媒体中心及其下属单位框架成型。9月，龙泉市委印发《中共龙泉市委关于建立龙泉市融媒体中心党组及洪汝锋等同志职务任免的通知》，龙泉市融媒体中心党组正式成立。与浙江日报、浙江广电、丽水日报、丽水电视台、浙江政务短视频九久联盟等建立合作关系，浙江日报县级融媒体中心共享联盟龙泉工作站、浙江广电“蓝媒联盟”龙泉协作站相继成立，省、市、县三级跨区域一体化融合格局逐渐成形。

【广播电视保障支撑】 2020年，市融媒体中心补充专职力量从事安全播出值班值守，开展网络应急演练和安全播出培训演练，投入200余万元做

2020年5月12日，浙江日报报业集团县级融媒体中心共享联盟龙泉工作站揭牌仪式举行

（市融媒体中心／供图）

好乡镇应急广播体系维护、机房硬盘播出系统改造、水南张家岗无线地面站电子围栏等重大安全保障项目建设，夯实了安全基础，完成11个共计49天安全播出重要保障期工作，实现安全播出连续7年“零事故”。

【市县广告经营联盟】 2020年，丽水首家市县媒体广告经营合作项目正式在龙泉市落地实施，龙泉市融媒体中心以“保底广告收入加超出利润分成”模式与丽水日报下属全资子公司进行广告经营合作，打造广告经营共同体，借助丽水市级主流媒体平台优势，实现宣传、广告、人才、直播等方面合作互通，全年媒体广告经营额达412万元。重视公益广告专题刊播，共刊发报纸公益广告版面48个，电视公益广告时长2530余小时，广播公益广告时长681余小时。

2020年，安全播出应急演练 （市融媒体中心／供图）

2020年1月19日，龙泉市与丽水日报报业传媒集团媒体深度融合战略合作签约仪式举行 （市融媒体中心／供图）

## 融媒宣传

【主题宣传】 2020年，市融媒体中心发挥新闻媒体在意识形态工作中的舆论引导作用，紧贴市委、市政府中心工作，重点围绕“两手硬、两战赢”、学习贯彻习近平总书记考察浙江重要讲话精神、“绿水青山就是金山银山理念”提出15周年、决胜高水平全面小康和决战决胜脱贫攻坚、“聚焦‘重要窗口’、聚力龙泉复兴”学习实践活动、衢宁铁路开通、撤县设市30周年等重大主题主线，在各平台共开设栏目60余个，推出一大批有深度、有分量、有看点的优秀报道，从不同侧面反映了龙泉经济社会发展成就，为全市中心工作营造了浓厚的舆论氛围。2020年，电视、报纸发稿4541篇（条），“天下龙泉”App发稿5600余篇，微信公众号发稿4818篇。

在疫情防控宣传报道中，市融媒体中心第一时间启动宣传应急机制，形成以新媒体为核心，报、网、台以及频道广播、农村应急广播齐联动的“大宣传”格局，为全市疫情防控工作取得全面胜利发挥了积极作用。据丽水市委宣传部2020年3月27日简报《市县新闻媒体应对新冠肺炎疫情防控宣传引导情况通报》：龙泉市原创报道量和原创新媒体作品量均位居丽水市第一，其中原创报道量占丽水市总量16%，原创新媒体作品量占该市总量18.7%。中心的公信力、权威性也得到极大体现，“天下龙泉”App3个月短时增粉4万人，“掌上龙泉”公众号增粉2万多人，策划推出融媒体爆款作品数居丽水县级首位，其中《宅家光荣合理抗疫》单条抖音播放量达470.6万人次。龙泉市广播电视台党支部获评龙泉市疫情防控和复工复产一线表现突出的基层党

2020 年 2 月，记者在疫情一线采访　（市融媒体中心 / 供图）

组织，另有 2 名党员干部分别获龙泉市委组织部、丽水市委组织部嘉奖。

在龙泉市委全会、2020 年市两会、“问海借力•沪享龙泉”健康生活畅享季活动、衢宁铁路运营通车、第三届世界青瓷大会等全市重要会议和大型活动中，中心充分运用移动传播平台准、新、微、快的特点，提高新闻时效和全网传播率。如在“问海借力•沪享龙泉”健康生活畅享季活动中，中心将移动宣传报道阵地移至上海一线，派出以全媒体记者骨干力量为核心的前方报道团队，利用 App、短视频、微信公众号打造的移动矩阵，全网传播率高，大大提升了活动的影响力和知晓度。活动 4 天，共推出微信稿件 15 篇，App 稿件 20 篇，图文直播 1 场，VLOG 制作 3 个、短视频 10 个，总阅读量达 30 万+，极大发挥融媒体平台建设作用，在社会各界引起巨大反响。着力推动习近平新时代中国特色社会主义思想在龙泉落地生根，在《今日龙泉》官微开设“微学习”专栏，推出理论学习 188 期，成为广大党员干部群众强魄铸魂的精神家园。

**【新媒体建设】** 2020 年，市融媒体中心深耕新媒体平台生产传播，重点在创新上动脑筋，媒体融合显成效。“龙泉新闻”抖音号粉丝突破 1 万；“天下龙泉”App 注册用户 38882 人，实际下载量超 9 万人次；“掌上龙泉”微信公众号粉丝量 116885 人，同比增长 12.8%；“今日龙泉”微信公众号粉丝量 14322 人，同比增长 22.5%。2020 年，新媒体爆款作品成为常态，阅读量 1 万+新闻稿件达 294 条，10 万+新闻稿件 26 条，100 万+新闻稿件 14 条，最高单条超过 460 万人次。在浙江“天目号”8 月、9 月传播力指数榜单中，中心位居全省第一，另有多个月位居全省前十。积极探索县域媒体框架下的全媒体转型，在疫情复工复产期间，连续策划 5 场助企助农直播带货，全网累计观看量近百万，单场直播 1.5 小时带货额逾 5 万元。11 月 1 日，“天下龙泉”App 进驻商场功能，与浙江广电旗下的电视购物频道好易购合作，开通农产品销售平台，当月入驻本地农特产品 20 多种。

**【小武会客厅】** 2020 年，市融媒体中心创新打造了浙江省县级融媒体中心首档融媒栏目《小武会客厅》，以人物访谈的形式折射龙泉文化底蕴，用独特视角展现龙泉风土人情和人文关怀。2020 年制作了《白衣逆行，守护生命！对话援鄂抗疫英雄》《我们的小康生活》《衢宁铁路开通特别节目》等各类主题节目 29 期，在新媒体各平台推送的同时，反哺电视端及网站端内容输出，形成多渠道、多窗口同步更新推送宣发格局。单期最高播放量逾 30 万人次，总播放量突破 200 万人次，成功实现了栏目符号化、品牌化。节目多次被中央、浙江省、丽水市媒体及各门户网站转载，作为全省县级融媒体中心首档访谈类节目被浙江城市广播电视报作典型报道，节目创办模式被丽水市委办信息采用，作为地方文化综艺类节目正能量探索实践成功典范在丽水市作经验交流。

2020 年 4 月，小武会客厅采访三名援鄂医护人员　（市融媒体中心 / 供图）

【对外宣传】　2020年，市融媒体中心深挖精选报道题材，讲好龙泉故事，在丽水市级以上媒体发表外宣稿件1446条。全年在上级广播电视发表稿件1080条：央视采用8条；浙江卫视采用66条，浙江之声27条；丽水台采用627条，广播352条；全省通用性电视对农节目素材录用数居丽水首位。全年在上级党报党刊发表新闻稿件366篇，其中《浙江日报》发稿5篇；《丽水日报》发稿110篇，头版头条3个；“学习强国”“浙江新闻”“浙江在线”“丽水发布”“丽水网”等上级新媒体平台采用251条。市融媒体中心还联合杭州文广集团融媒体中心、丽水电视台、九久联盟，开展了《爱上钱塘江——龙泉站》《飞跃丽水走进竹垟畲乡》《衢宁铁路龙泉市站通车》《第三届世界青瓷大会》《2020中国梦（浙江）网络视频大赛颁奖龙泉分会场连线》等系列融媒直播报道。　（李元超）

# 城乡建设与管理

## 综　　述

【概况】　2020年，龙泉市建设局实施政府投资项目61个，完成固定资产投资24.82亿元。城市文化客厅开工建设，城东综合体初见雏形，龙渊公园、城南火车站场建成投入运营，上茶街、西街历史文化街区发生美丽蝶变。衢宁铁路建成通车，东茶路、龙福路等城市"断头路"陆续打通，云和—龙泉天然气管网管道投入使用，建成区道路长达122.46公里，道路密度达7.85公里/平方公里，污水管网达207.1公里，雨水管网达125.6公里，燃气管网达43.5公里，建成区绿地率达35.74%、绿化覆盖率达38.9%，污水处理率达到97.5%以上。

2020年，龙泉被评为全省大花园建设示范县，创成浙江省AAAA级景区城、浙江省示范文明城市，通过国家卫生城市复评。城区迎宾大道被评为浙江省最美入城口，九姑山公园被评为浙江省级优质综合公园，剑川大道、松溪路等被评为浙江省级绿化美化示范路，瓯江花园、御锦苑等被评为浙江省级园林式居住区。

## 城市建设

【名城提质项目】　2020年，龙泉市名城提质项目累计完成投资32.09亿元，基本完工项目17个。城南火车站站前广场基本完成主体工程建设并投入使用，城东综合体单体项目鼎丰•万达广场顺利结顶，城市文化客厅项目已完成非保留建筑物拆除清理、桩基等建设，础石区块基础设施配套工程金岗三期完成总工程量60%，完成上茶街二期改造提升工程和国大、广济街2个道路路口改造提升工程。凤起路区块土地和房屋征收进展顺利，签约357户，签约率达99.7%。既有住宅电梯加装累计开工17台，完成13台。

【截污纳管污水处理】　2020年，市建设局持续推进截污纳管工作，完成宫头区块、镇府下路区块、卢埠弄区块等污水治理截污纳管项目，基本完成农业局宿舍、建行宿舍污水零直排小区污水改造，有效改善城市截污纳管不足问题。完成剑池西路排污管网综合改造工程（公园路至环城西路段），疏通城南污水治理主通道，内涝现象得到控制。完成新建、改造污水管网13.1公里，建设雨水管网7.7公里，建设雨水收集系统35处。溪北污水处理厂日处理污水能力达2.8万吨，排放标准达到一级A标准，全年共处理污水768万吨，COD去除量1532吨，氨氮去除量208吨。2020年，输送城市生活污水778.5万吨，处理厂清运

2020年，剑川大道与剑池路交叉口路口改造提升　　（胡捷克/供图）

污泥3987吨。

【历史文化名城】 2020年，市建设局完成《龙泉市西街历史文化街区保护规划》《龙泉市北河街历史文化街区保护规划》修编和《龙泉市东街历史文化街区保护规划》编制，并通过浙江省人民政府审批。完成《西街历史文化街区市政管网专项规划》《西街及北河街历史文化街区消防专项规划》专项规划编制工作，并通过龙泉市人民政府审批。开展《西街历史文化街区发展研究和业态规划》《北河街历史文化街区发展研究和业态规划》规划编制工作。

正式启动西街历史文化街区基础设施建设、三江口区块直管公房及林业车队房屋修缮工程、江滨北路西街段市政工程、江滨北路（杨碓弄段至披云桥）文化三化工程、江滨北路（公园路至杨碓弄段）提升改造工程、西街街区（文化路至披云桥段）里弄整治工程、三江口区块（杨碓弄至披云桥段）里弄整治工程、披云桥段至桃园巷弱电改造工程、市级文保单位邓家大屋保护性修建工程。按照"四不变"（建筑基底、建筑高度、建筑面积、建筑风貌）"修旧如故"原则，推进西街危旧房治理改造。11月，市建设局联合综合执法、市监等部门开展西街历史文化街区（新华街至公园路段）综合治理行动，精心挑选引入一批老字号店铺、特色文化商品、餐饮小吃以及街区历史文化展示，大幅提升街区风貌和文化品位。

【人民防空】 根据浙江省、丽水市人防办统一部署，于4月4日、5月12日、9月18日组织人防办、应急救援队队员实施警报试鸣工作。深入开展人防宣传教育"五进"活动（进机关、进学校、进社区、进企业、进网络），5月12日，联合应急管理局、消防大队、西街街道、西街派出所等单位，组织开展以"提升基层应急能力、筑牢防灾减灾救灾人民防线"为主题的综合防灾应急演练，街道基干民兵、应急救援队员、社区志愿者、群众共300余人参加演练。8月20日，市人防办、民防救援队赴龙南乡进行野外拉练，同时开展人防走村进乡宣传活动。

## 城市管理

【行政审批服务】 2020年，市建设局共办理各类许可891件，办结率、服务质量和群众满意率均达100%。开展"多合一"施工许可+图审承诺制改革，按照"一次申请、一套材料、一并审批、一个批件"模式，实现消防设计审查、应建防空地下室民用建筑项目报建审批、建筑工程施工许可、建设工程质量安全监督等事项"多合一"施工许可办理，对建设、人防、消防等事项实行图审承诺制办理。对除装修、改（扩）建以外建筑工程项目试行告知承诺制审批，取消行政审批阶段施工图审查要求，建立以诚信为基础的事中事后监管新模式。牵头开展"用水报装、用气报装、多证联办"3个事项全生命周期重要阶段"一件事"改革，全部完成后台维护并实现网上办理，2020年，完成自来水业务办理6370件，用气报装978件，多证联办137件。

【建筑业管理】 2020年，市建设局完成建筑业产值54.52亿元，完成纳税2.45亿元，同比增长13.08%。新开工办理监督手续项目102个，总建筑面积172.55万平方米，总造价45.9亿元。办理竣工验收备案项目57个，总建筑面积40.5万平方米，总造价6.9亿元。对全市203个在建项目进行检查，下发监督执法检查整改通知单357份。运用大数据创建智慧安监，实现新开工项目入平台率100%。制定出台《龙泉市关于进一步加快建筑业改革与发展的若干意见》，引导鼓励外地优质企业迁入龙泉，提高企业引进一周年内承接市外工程对地方综合贡献奖励力度，2020年完成23家企业申报奖励的审核工作。

【房地产业管理】 2020年，龙泉市完成房地产投资13.56亿元，完成商品房销售面积21.74万平方米，商品房均价10033.94元/平方米，住宅均价11402.96元/平方米。2020年房地产业从业人员352人，开盘预售项目有宝剑小镇、美林悦府、欣悦楼、天宸湾、天悦湾、欣南家园、雍华庭等，实现房地产税3.4亿元。出台《关于进一步强化龙泉市商品房预售资金监管工作的通知》等相关文件，将遏制住房"投机炒房"作为房地产调控首要任务，确保房地产市场平稳有序发展。

【住房保障】 2020年，龙泉市完成原国镜药业及周边区块棚户区拆迁改造，开工338户，完成开工建筑面积约为41.24万平方米；完成滨江壹号保障房112套人才公寓房源装修施工和家电家具配置；开工建设江滨南岸南秦安置房工程。公共租赁住房累计保障1452户，交付入住保障性安居住房931套。制定出台《龙泉市区2020年公共租赁住房保障标准》，开展精准保障工作，新增一线环卫工人、公交司机等重点保障对象58户。对参与疫情防控一线的医护、环卫、公交、物业等行业公租房保障对象，给予减租或增发补贴政策，共减免公租房房租20207

元，增发租赁补贴 6225 元。

【园林绿化管理】 2020 年，龙泉市建成区新增绿地 15.39 公顷，改造公共绿地 1.3 公顷，建成区绿化覆盖面积 623.63 公顷、绿化覆盖率 39.97%，人均绿地面积达 14 平方米。完成上茶街二期提升改造工程、花海公园西侧地块绿化景观工程，城区全年盆花更换约 9 万盆，时花更换约 200 万株，补植乔灌木约 25 万株，修剪灌木及绿地约 80 万平方米，完成安青山公园优质公园、松溪路绿化美化示范路申报工作。

2020 年 10 月，完成绿化提升的九姑山入口　　（季老五 / 供图）

【城市亮化管理】 2020 年，市建设局统一维护管理范围照明路灯 8291 盏，景观亮化 36 处，道路照明及景观亮化设施亮灯率达 98%以上、设施完好率达 96%以上，实现一般性故障投诉 24 小时内修复、投诉办结率达 100%。推行城市照明维护管理市场化服务，完成城区 2034 盏路灯（钠灯）LED 节能改造工作，完成西街街道九村联建房区块、剑池街道吕家屋、洋柏坞安置地块等城区背街小巷路灯安装。完成春节、中秋节、国庆、衢宁铁路开通等节庆活动氛围营造和亮灯保障工作。开展龙泉市城市夜景总体规划编制工作。

【市容环卫管理】 2020 年，市建设局将黄灌区块、东茶路、龙泉溪两岸游步道、二号码头、河阳公寓周边道路等纳入保洁范围，完成约 425 万平方米道路绿化，对 90 座公厕日常卫生保洁情况进行质量考评。6 月，龙泉市静脉产业项目——垃圾资源化协同处理工程完成并网发电，投入商业运行。龙泉市静脉产业灰飞处理工程持续推进，生活垃圾回收利用率 46.76%，无害化处理率 100%，城区生活垃圾总量增长控制在 0.16%以下。城区生活垃圾分类收集覆盖面 91.14%，创成高标准生活垃圾分类示范社区 2 个，定时定点投放和清运商业街 1条、社区 1 个。

【燃气供水管理】 2020 年，龙泉市新增天然气用户 733 户，新增中压管线约 5.1 公里，累计中压管线约 50 公里，基本覆盖龙泉瓯江两岸主要居民生活区及工业区域；完成管输气门站建设，连通天然气长输管网。新增用水户 3755 户，安全供水 1347 万吨；完成“一户一表”安装、改造 2822 户，完成 ND50 以上给水管道安装 13257 米；“浙里办”App 全面上线 14 项对外受理业务；对用水报装系统进行升级，实现内部办理无纸化流转。2020 年，源水、出厂水、管网水水质检测合格率 100%，水质综合合格率 100%，通过浙江省级卫生监督量化分级管理 A 级单位复审。　　（罗　亨）

## 美丽乡村建设

【美丽乡村建设】 2020 年，龙泉市深入推进浙江省级新时代美丽乡村和丽水市级花园乡村建设，新增浙江省级美丽乡村示范乡镇 1 个、特色精品村 3 个，创建新时代美丽乡村 76 个、花园乡村 25 个、精品花园乡村 6 个。创成丽水市级红色乡村振兴示范乡镇 2 个、示范村 3 个、进士名村 8 个，打造“清廉村居”示范村 10 个。美丽宜居示范村建设，完成署网村、荷上畈村、金田村建设任务并通过省督查组验收，完成上畲村、龚岭村项目建设任务并申请省督查组验收，安福村、双溪村、兴和村、半边月村完成项目招投标并启动建设；兰巨乡大巨村，龙南乡建兴村、大赛村，龙渊街道石马村等 4 个村被列入 2021 年省级美丽宜居示范村建设试点。实行农村人居环境“五个一”（“村一日一查”“乡一周一查”“部门一月一查”“市一季一查”“一年一考核”）督查机制，全面完成“三清三整三提升”整改问题 1372 个，圆满完成农村人居环境提升三年行动计划。

【历史文化（传统）村落保护利用】 2020 年，龙泉市完成第五批省级历史文化保护利用项目村建设并通过绩效验收，其中重点村安和村获优秀等次；成功争取第八批省级历史文化保护利用项目村 14 个，其中重点村 1 个、一般村 13 个，争取省补资金 1200 余万元。完成 18 个省级传统村落保护

2020 年，宝溪乡获评美丽城镇省级样板 （朱向晖 / 供图）

发展规划，完成 2019 年度 11 个传统村落风貌提升项目建设并通过验收，启动 2020 年度 9 个传统村落风貌提升项目，其中 4 个村已启动项目建设并完成总投资 50%以上，5 个村完成项目招投标并启动建设。

【农村生活垃圾分类处理】 2020 年，龙泉市围绕生活垃圾资源化、减量化工作目标，探索建立“户集、村收、乡镇运、市处理”城乡一体垃圾清运处理体系，21 个生活垃圾资源化处理站点纳入城乡一体运维管理。建设农村可腐垃圾处理站点、机器快速成肥处理站 27 个，配备农村生活垃圾中转站 21 座、农村生活垃圾移动压缩设备 21 套。建制村农村生活垃圾集中有效处理率达到 100%，生活垃圾回收利用率达到 45%以上、资源化利用率达到 90%以上。仙仁村、半边月村创成省级高标准农村生活垃圾示范村。

【农村危旧房治理】 2020 年，龙泉市制定出台《龙泉市 2020 年度农村困难家庭危房改造实施办法》等政策文件，着重解决农村低保户、农村分散供养特困人员、贫困残疾人家庭、低保边缘户等四类对象住房安全问题。全年完成农村 C、D 级危房鉴定治理 345 户，完成改造 350 户，其中救助无房户 5 户，拆除（新建）8 户，维修加固 329 户，其他解决方式 13 户，改造资金 784.13 万元，困难群众实时救助户完成开工率和竣工率均达 100%。实行“一户一档”管理模式，农村危房腾空率、巡查防控率达 100%，其中拆除修缮率达 96%。

【农村生活污水治理与公厕改造】 2020 年，龙泉市完成 147 个行政村农村生活污水治理设施运维，完成 15 个农村污水处理设施标准化运维并纳入省监管平台。新建农村生活污水设施 5 个、提升改造 5 个，开工建设 30 吨及以上处理设施提升改造项目 14 个。根据公厕类别、村庄现状、产业发展等需要，制定一般改造、重点改造、对标提升、对标改造和补缺新建（改造）五类农村公厕改造实施方案，全年新建农村公厕 50 座，改造 18 座，投入资金 600 万元。 （程荣龙 罗 亨）

## 美丽城镇建设

【美丽城镇】 2020 年，龙泉市根据浙江省委省政府“百镇样板、千镇美丽”工程要求，按照同步培育、分批创建、滚动实施、梯度推进原则，制定龙泉市美丽城镇建设三年行动计划，确定项目 139 个，投资额约 9 亿元。2020 年，15 个乡镇完成建设项目 82 个、完成投资额 4.49 亿元，其中宝溪乡、锦溪镇建设项目 25 个、完成投资额 9665 万元。制定出台《龙泉市美丽城镇建设项目资金管理办法》，建立县域首席设计师和驻镇规划师“双师”制度，确定 1 名县域首席设计师和 9 名驻镇规划师。完成样板创建乡镇“一镇一方案”编制，住龙镇、八都镇方案获评浙江省级优秀方案，宝溪乡、竹垟畲族乡、上垟镇获评丽水市级优秀方案。根据省美丽城镇办公布的考核验收结果，宝溪乡获评美丽城镇省级样板，锦溪镇获评美丽城镇基本达标城镇，美丽城镇建设实现良好开局。

【乡村振兴】 2020 年，龙泉市深入推进“大搬快聚·富民安居”工程，全年完成搬迁 4316 人。上凉亭异地搬迁安置小区一期项目 465 套住宅完成交房、二期项目 536 套住宅完工并通过初验，美林公馆前三批 469 套住宅预售率达 95%，欣南家园 422 套住宅基本售罄，兰巨氧吧长寿小镇（一期）生态居住小区开工建设。持续打好“产业兴农、改革惠农、就业富农、政策支农、服务助农”等促农增收组合拳，深入实施千斤粮万元钱、万袋菌万元钱、十箱蜂万元钱、百斤鱼万元钱、一亩山万元钱、新三宝万元钱、农合联万元钱、活产权万元钱“八个万元”系列富民增收行动，农村居民人均可支配收入 25476 元，同比增长 8.6%，增速排名丽水第二、山区 26 县第四；城乡居民收入比为 1.98，比上年同期缩小 0.08，与全省同步实现 2 以下历史性突破；低收入农户人均可

支配收入增幅连续 9 年保持在 14% 以上，达到 12397 元。（罗 亨）

## 城乡供电

【概况】 2020 年，国网龙泉市供电公司（以下简称“市供电公司”）完成固定资产投资 0.92 亿元，其中电网投资 8337.5 万元；售电量 7.88 亿千瓦时，同比增长 6.88%；营业收入 4.22 亿元，同比增长 0.21%；最高负荷 16.13 万千瓦，同比增长 3.4%。投产 35 千伏及以下配电线路 110.52 公里，新增变电容量 1.88 万千伏安。

全力服务地方经济发展，出台“21 条攻坚举措”，高水平优化电力服务，高质量加快电网建设。探索“党建+精准扶贫”，在兰巨乡、道太乡推进分布式能源利用和消纳，以发电收益带动帮扶结对乡年均增收 15.42 万元，受益群众 2513 人；采购扶贫农产品 25.3 万元，结对岩樟乡低收入农户 61 户，共捐赠帮扶资金 3.44 万元。疫情防控期间，组织 300 余人参与战疫保电工作，推出 25 项服务举措，助力 1083 家企业复工复产，累计减免电费 493 万元。动态监测复工复产电力指数，全力支撑政府决策信息。职工自发筹集 11.6 万元善款资援湖北武汉。

【安全生产】 2020 年，市供电公司深入开展“安全管理提升年”等专项行动，完善应急预案 28 项，实现连续安全生产 6124 天。强化供电保障能力，提升运检自动化有效覆盖率 75%，完成 14 条高故障线路综合检修，线路故障次数同比压降 42.97%。推行抢修指挥长模式，拓展四类复杂带电作业，户均停电时长同比下降 33.41%。科学应对洪涝、寒潮等灾害性天气，制定“模块化”抢修策略，确保电网安全平稳运行。

**2020 年龙泉市各行业售电量、售电到户均价一览表**

表30

| 行业分类 | 售电量（万千瓦时） | 售电到户均价（元/千千瓦时） | 到户均价同比（%） |
|---|---|---|---|
| 大工业 | 22295.83 | 697.73 | -22.89 |
| 普通工业 | 13606.17 | 646.23 | -66.34 |
| 农业 | 1167.89 | 609.53 | -87.88 |
| 居民 | 24860.20 | 530.83 | 0.33 |
| 商业 | 8083.31 | 647.82 | -68.21 |
| 非工业 | 8743.17 | 637.25 | -62.56 |
| 电力销售情况合计 | 78756.58 | 623.01 | -34.86 |

注：售电到户均价（元 / 千千瓦时）= 应收电费（元）/ 售电量（千千瓦时）。

【电网建设】 2020 年，市供电公司滚动修编“十四五”电网规划，储备项目 143 个，总投资 4.2 亿元。加速推进重点工程建设，完成 500 千伏丽西变、220 千伏龙南变、110 千伏查田变场地平整、土地农转用等前期工作，宝溪 35 千伏输变电工程竣工投产。高标准规划龙泉鞋城、八都平山岭二期、龙泉高铁站等电网配套工程，推进城区“双环网”高可靠性城市核心配电网以及安仁镇、八都镇等乡镇配电网建设。大力实施配网建设“大会战”，新建续建项目共计 82 个，10 千伏项边 132 线改造工程入选省供电公司 20 佳优质工程。

【优质服务】 2020 年，市供电公司创新推出“刷脸办电”业务，压减办电时长，高、低压业扩平均时限分别下降 60.71%、21.33%。全面落实电费优惠政策，推广“转供电费码”284 户，推出电费 95 折业务，惠及企业 1.8 万户，优惠金额 1482.97 万元。推动乡镇供电服务再提质，打造“无人营业厅”2 个；拓展综合能源服务，助力青瓷小镇“全电景区”项目建设，完成 1 座综合供能站建设，实施电能替代项目 15 个 2700 万千瓦时；主动服务清洁能源发展，积极配合大焦山、披云山等项目谋划建设，全市光伏容量突破 4.36 万千瓦。（何李晔）

2020 年 9 月 25 日，丽西变电站场平工程开工建设 （沈志远 / 供图）

## 综合行政执法

【概况】 2020年，龙泉市综合行政执法局（以下简称：市执法局）以学习报表、执法报表、服务报表“三张报表”大比武为抓手，全面推开非现场执法、律师驻队、八都镇综合行政执法改革三项省级试点工作，顺利完成综合行政执法事项划转，推进改革大落实、能力大提升、岗位大练兵。市执法局获评2019年度浙江省“无违建县（市、区）”创建工作先进集体。

疫情防控期间，第一时间组建疫情防控督导队，加强流动摊贩、疏导点、自产自销等点位交易活动督导。配合出台关于疫情防控期间宠物管控有关事项通告。对外包企业、便民疏导点、流动餐亭等开展常态化检查与监管，确保企业复工手续到位、防疫措施到位。同时，整合资源力量，协助社区开展疫情防控工作，下沉街道社区260余人次，排查人员500余户。

【综合行政执法体制改革】 11月30日，龙泉市人民政府发布《龙泉市人民政府通告》（〔2020〕第14号），将15个领域20个方面共300项行政处罚权、与行政处罚相关的行政调查权和行政强制权划转至市执法局行使，原《龙泉市人民政府通告》（〔2016〕第13号）、《龙泉市人民政府通告》（〔2018〕第9号）同时废止。12月4日，召开综合行政执法事项划转事权交接会，14个业务主管部门和市执法局签订《行政执法事项划转协定书》，明确双方职责、事项目录、三张清单（处罚事项清单、监管事项清单、职责边界清单）等内容。12月16日起，市执法局根据《龙泉市人民政府通告》（〔2020〕第14号）及《行政执法事项划转协定书》规定，行使20个方面共300项行政执法事项行政处罚权及与行政处罚相关行政调查权、行政强制权。

【综合行政执法】 2020年，市执法局强化执法办案，共办理一般程序行政处罚案件506件，简易程序案件389件，行政强制执行案件1件，强制拆除面积325.16平方米，人行道违停处理12665件。开展过户审查3673户，通过审查3255户。完成“三改”面积35.61万平方米，完成率197.83%，“一拆”面积67.83万平方米，完成率169.6%。开展餐饮油污整治工作，116家餐饮单位签订油烟设备单体机合同，15家餐饮单位签订一体机合同，为370余家餐饮单位登记、建档，为130余家餐饮店安装隔油池设施，完成一区块（大转盘—人民医院区块）、二区块（保中路—锦绣路—汇金路—龙翔路区块）、三区块（剑池东路—广源街区块）污水排放整治项目。开展露天禁烧整治，查处露天焚烧秸秆违法行为76起。开展工地扬尘治理，做到及时发现、及时整改，切实保障城市环境卫生，立案查处5件。

以创建浙江省示范文明城市和国家卫生城市复评为契机，实行“797”（即：早上7点到晚上9点，7天无休）工作制，对城区流动摊贩占道经营、沿街商户跨店经营等现象进行整治，解决小公路、江滨商业街跨店经营和乱搭乱建城市顽疾。科学管理城市交通秩序，依托“叮嗒出行”APP，对主城区内39个站点、1300辆公共自行车全面优化升级；实施“智慧停车”项目，1350个路侧停车泊位、5个停车场实现智慧化管理。常态化开展“牛皮癣”清理，委托外包公司负责“牛皮癣”清理整治，日均清理1500余张，并设立便民张贴栏24处。加强流浪犬只管控，投资29万元新建流浪犬管理基地1个，可容纳100多条流浪犬只；设立服务窗口，开展犬证办理专项工作，全年依法依规办理犬证374份。

【深化“三服务”】 2020年，市执法局开展流动摊贩“安家工程”，在不影响居民、不影响交通和不扰乱市容环境秩序前提下，设置疏导点12个、疏导亭29个、临时划线区4处，并绘制《城区疏导点分布图》，满足和方便流动摊贩入驻；全面摸排城区流动摊

2020年4月20日，市行政执法局校园驻点执勤室在龙泉市实验小学揭牌

（市执法局 / 供图）

贩，核实低保、低边、低收入农户以及残疾人40余人，优先安置在相应的流动摊贩疏导点；首创“执法蓝TV”视频带货，帮助困难摊贩销售产品，积极助力复工复产。开展“执法蓝护苗行动”，4月20日，市行政执法局首个校园驻点执勤室在龙泉市实验小学揭牌，执勤岗设立后，每次将至少安排2名执法队员在岗执勤，在上下学高峰期加强对学校周边商户占道经营、人行道违停等问题进行整治，确保学校周边市容环境和食品安全等问题得到有效管控。

【“非现场执法”工作】 2020年，市执法局持续推进“非现场执法”工作，有效破解城市管理中当事人不配合、调查取证不易等难题。上线蓝天卫士——秸秆焚烧烟雾智能识别监测系统，在城区鸿雁宾馆等10个重点区域安装高空摄像头，以高空视频监控巡查代替人工巡查，高效识别秸秆焚烧现象。利用城东农贸市场外围监控及噪声监测平台，接入城东农贸市场外围视频监控（16路摄像头），并在农贸市场东、西、南三个出口附近各安装一台噪声监测设备及显示屏，加强噪声扰民问题监管。建立执法装备监控及定位系统，对所有执法对讲机上线定位功能，完成69辆执法巡逻车视频监控安装及定位，其中云台监控4辆，四轮车辆（含机动车、四轮电瓶车）14辆、二轮车辆（含电瓶车和摩托车）51辆。

【“律师驻队”工作】 2020年，市执法局持续深化“律师驻队”工作，驻队律师提供法治宣传和培训、法律咨询、法制审查等全周期法律服务，城管执法变“单打独斗”为“专业集聚”。2020年，开展法制沙龙90余期；收到行政诉讼案件1件，驻队律师以代理人身份出面应诉，实现零纠错、零败诉。

【八都镇综合行政执法改革试点】 2020年7月，龙泉市八都镇被列入全省乡镇综合行政执法改革试点单位，着力破解基层治理“有责无权”“看得见的管不着，管得着的看不见”等问题。按照“精简、统一、效能”“人随事转隶不转”原则，组建八都镇综合行政执法队，并按照基层队所标准规范建设要求，落实八都镇综合行政执法队硬件设施配备和相关配套政策。10月15日，八都镇综合行政执法队正式挂牌成立，实现“一支队伍管执法”。（许积艳 曾力培）

# 自然资源管理和规划

## 综　　述

【概况】 2020年，龙泉市自然资源和规划局（以下简称"市资规局"）持续推进耕地保护，完成土地整治项目7245亩，其中垦造水田2944亩，垦造旱地1659亩，旱改水2306亩，建设用地复垦立项336亩；完成耕地保护以奖代补资金1121万元拨付工作；推进础石街道李山头村等6个全域土地综合整治与生态修复工程。矿产资源管理持续提质，联合浙江省第七地质大队对9家露天矿山整治情况进行检查；上垟镇黄渡村矿地综合利用采矿权试点项目在浙江省交易中心挂牌出让；联合代办队伍现场实地踏勘39处；争取计划指标1461亩。通过省级地理信息资源省、市、县共享，获取2019年全市域0.5米卫星影像图3044.8平方公里、2019年全市域0.2米航摄影像图3044.8平方公里。浙江省山区1:2000测图和地表精细模型建设项目（丽水区块：龙泉市自然资源和规划局）获2020年中国地理信息产业优秀工程金奖。

2020年，市资规局深入推进"最多跑一次"改革，受理各类业务64532件（份）。出具土地出让规划条件和规划设计条件27个，办理建设项目用地预审与选址意见书92个，办理用地规划许可证89件，办理建设工程规划许可证191件，办理临时建设规划许可证3个，完成建设项目竣工验收规划核实54个。开展"以房换地"工作，出台《龙泉市城区"以房换地"区块划定方案》，试点工作稳步推进。开展集体林地地役权改革，全年累计发放国家公园范围内集体林地所有权不动产权证书237本，集体林地地役权登记证明237份，国有林地使用权证5本。

2020年，市资规局联合浙江省地质第七大队全面开展地质灾害隐患点排查，列入地质灾害风险防范区183处，同时通过技术力量，联合乡镇（街道）到实地核实，涉及户籍人口3433人，其中常住人口1071人。投入180万元，对剑池街道芳野村等4处地质灾害隐患威胁开展全面处置。推进1:2000农村山区地质灾害风险调查。

【国土空间规划】 2020年，龙泉市全面进入《龙泉市国土空间总体规划》（2020—2035）规划编制阶段，截至2020年底，已完成前期土地数据整合分析、生态红线评估调整，基本完成龙泉市空间规划基数转换数据库，完成中心城区城镇开发边界研究、中心城区用地布局初步方案、城市功能定位研究以及产业平台新增拓展空间研究初稿。依据国土空间规划格局，着力构建"一园一带三景群"▲城乡布局，精心塑造"一江三城"▲城市形态，探索推进国土空间规划支撑"绿水青山就是金山银山"转化实践试点工作。中心城区面积由原来19平方公里调整为39.48平方公里，优化调整了生态保护红线，面积由原来1155.77平方公里调整为1092.83平方公里，生态保护红线面积占市域总面积比例由37.97%降到35.9%。

▲"一园一带三景群"：以百山祖国家公园为生态绿核，瓯江山水诗路为发展纽带，青瓷文化景群、红色文化景群、生态文化景群为联动圈层。

▲"一江三城"：瓯江＋文化城、健康城、智造城。

【测绘工作】 2020年，市资规局扎实做好测绘地理信息服务工作，紧紧围绕"规范使用地图、一点也不能错"主题，深入开展测绘法宣传日暨国家版图意识宣传周活动。8月29日，组织测绘学会及测绘资质单位在人民广场设立宣传咨询点，提供现场咨询服务，开展测绘法律咨询服务、国家版图知识问答等互动活动，发放《龙泉市地图》、环保袋、扇子等测绘宣传品2000余份。开展国家版图意识宣传教育"进学校、进社区、进媒体"活动，结合"开学第一课"主题，走进龙泉市西新小学开展国家版图意识宣传教育活动。

2020 年 9 月，在西新小学开展国家版图意识宣传教育活动 （赖 东 / 供图）

## 自然资源管理

【自然资源管理】 2020 年，龙泉市土地总面积 304417.55 公顷。各地类情况为：耕地面积 25535.84 公顷，占土地面积 8.39%。旱地 5659.64 公顷，占土地面积 1.86%。园地面积 1499.45 公顷，占土地总面积 0.49%。林地面积 257446.87 公顷，占土地总面积 84.57%。城镇村及工矿用地 4969.56 公顷，占土地总面积 1.63%。交通运输用地 2306.69 公顷，占土地总面积 0.76%。水域及水利设施用地 5286.12 公顷，占土地总面积 1.74%。其他土地 4755.36 公顷，占土地总面积 1.56%。

【矿产资源】 2020 年，龙泉市境内已探明地下矿藏有铅锌、铁矿、金银、萤石、叶蜡石、石英、大理岩、瓷土等。截至 2020 年底，铁矿储量 1502.64 千吨，金矿储量 634.07 千克，铅锌储量 35030.52 吨，铜矿储量 46.793 千吨，萤石储量 632.27 千吨，硫铁矿储量 318.8 千吨，叶蜡石储量 780.39 千吨，石英储量 1223.27 千吨，方解石储量 301.83 千吨，陶瓷土储量 891 千吨，主要分布于上垟瓷土矿 3 个矿段。2020 年，龙泉市有探矿权 4 宗，勘查项目 2 宗，采矿权 18 宗，大型矿山 1 家，中型矿山 4 家，地下开采矿山 10 家，露天矿山 8 家，其中国有矿山 1 家，有限责任公司 17 家。主要矿山有浙江佳和集团有限公司龙泉铅锌矿、龙泉市砩矿有限责任公司八都萤石矿、龙泉市龙阳矿业有限公司铁矿、龙泉市金城矿业有限公司。年产矿石总量 267.44 万吨，同比上涨 664%，年产值 29056.42 万元，利税总额 9475.35 万元。

## 耕地保护

【概况】 2020 年，市资规局严格落实耕地保护制度，推进永久基本农田划定成果调整完善工作，完成永久基本农田储备库成果上报及永久基本农田调整完善摸底调查工作。深入开展永久基本农田“田长制”“村级耕地保护监督员”“耕地保护补偿基金”等试点工作。尽快落实 2020 年度以奖代补资金，用于农田基础设施修缮、地力培育、耕地保护管理等，11 月，耕地保护以奖代补资金 1121.3781 万元拨付到位。在丽水市 2019 年度耕地目标保护考核中获得“良好”等次。

【全域土地综合整治与生态修复】 2020 年，市资源规局推进“山水林田湖草”整体保护、系统修复、综合治理，稳步推进砝石街道李山头村、八都镇溪坪村等 6 个全域土地综合整治与生态修复工程，完成安仁镇安严村全域土地综合整治与生态修复工程申报立项，全年完成土地整治项目 7245 亩，其中垦造水田 2944 亩，垦造旱地1659 亩，旱改水 2306 亩，建设用地复垦立项336 亩。

## 土地管理

【不动产登记“最多跑一次”改革】 2020 年，市资规局深化“最多跑一次”改革，完成本部门“最多跑一次”事项审查要点梳理 199 项，跑零次实现率 100%，网上办实现率 100%，掌上办实现率 100%，即办率 87.3%，承诺期限压缩比 91.19%，材料电子化率 100%。完成行政许可等审批事项 519 件，均在工作时限内予以办结，办结率 100%。办理抵押登记 9034 件，其中总对总办件 1317 件，线下登记 5406 件。完成二手房办理水电气联动过户、农房确权登记、企业不动产登记三个“一件事”平台建设。全年受理各类业务 64532 件（份），其中，发放不动产权证书 14604 本，不动产登记证明 8817 份，林权登记 460 件，办理注销登记 5993 件，办理查解封登记 1122 件，系统开具查档证明 22931 件，为相关部门出具登记信息 10605 件，办结率 100%。

【集体林地地役权改革】 2020 年，市资规局积极配合百山祖国家公园创建，联合相关部门、乡镇和技术服务单位，推动实施集体林地地役权改革。4月10日，时任浙江省委书记车俊在龙泉考察国家公园建设工作时，向百山祖国家公园管理机构颁发了浙江省首张集体林地地役权证。2020年，全市累计发放集体林地所有权不动产权证书237本，集体林地地役权登记证明237份，国有林地使用权证5本。

【用地管理】 2020年，市资规局联合代办队伍现场实地踏勘39处；开展仙居至庆元公路龙泉下庄儿至兰头段工程、322国道龙泉安仁段改建工程等项目前期相关工作，争取计划指标合计1461亩，其中农民建房专项计划指标227亩，挂钩奖励切块计划指标735亩，单独选址省留计划指标82亩，追加指标417亩。完成11个批次组件上报工作，涉及154个地块，用地总面积1082亩。完成划拨供地46宗，供应项目土地面积709.65亩。完成出让供地44宗，供应土地面积1123.2亩。完成批准使用集体土地建设项目19宗，面积28.95亩。着力推进盘活存量建设用地和城镇低效用地再开发，完成盘活存量建设用地497.36亩、城镇低效用地再开发392.87亩。丽水市自然资源和规划局批复同意龙泉市2019年基准地价更新成果，发布了《龙泉市2019基准地价更新成果》。

【执法监察】 2020年，市资规局常态化高压推进国土资源执法，出台《龙泉市农村乱占耕地建房问题专项整治三年行动实施方案》，发现违法用地22宗，完成违法用地线索核查16宗、立案14宗。作出处罚决定9件，用地面积26418.97平方米，其中耕地面积3328.03平方米，处罚款171131.6元；发现违法用矿1件，完成违法用矿线索核查1件，完成立案1件。

## 城乡规划

【概况】 2020年，市资规局完成《龙泉凤起路拆迁区块控制性详细规划》《0578-LQ-ZX-04地块控制性详细规划》编制工作，委托专业单位编制《龙泉市城东综合体北侧重点地块控制性详细规划及城市设计》《龙泉市火车站场区块控制性详细规划及城市设计》和《后沙路、东茶路立面改造设计方案》。组织召开规划评审会12个；协助召开7次城乡规划委员会，提交29个审议议题。完成龙泉体育场、汽车城、电商产业园、云仓库、竹木电商园等项目选址。

【项目审批及验收】 2020年，市资规局共出具土地出让规划条件和规划设计条件27个，涉及用地面积约65万平方米。办理建设项目用地预审与选址意见书92个，涉及应对面积约214万平方米。办理用地规划许可证89件，涉及用地面积约116万平方米。办理建设工程规划许可证191件，涉及建筑面积约169万平方米，停车位约6600个。办理临时建设规划许可证3个，涉及建筑面积约1340平方米。完成建设项目竣工验收规划核实54个，涉及用地面积7.75万平方米，建筑面积6.71万平方米，停车位约667个。 （赖 东）

# 环境保护

## 综　述

【概况】　2020年，龙泉市环境空气质量综合指数2.03，环境空气优良天数比例100%，均列全省第一。PM2.5平均浓度18微克/立方米，可吸入颗粒物(PM10)年平均浓度为30微克/立方米，分别位列全省第二。16个地表水断面水质全部达到地表水Ⅱ类标准，达标率为100%，其中岩樟溪集中式饮用水水源地水质达到Ⅰ类标准，龙泉市跨行政区域交接断面(龙泉—云和)年均水质达到Ⅰ类标准。声、辐射等环境质量总体稳定，完成四项主要污染物减排和降碳年度目标任务，生态环境质量持续保持全省、丽水领先水平，生态环境公众满意度位列全省第二，较上年提升8位。

2020年，龙泉市成功创建省级生态文明建设示范市、省清新空气示范区，入选省级水生态环境示范试点县，获评2020年美丽浙江考核优秀单位。开展绿色家庭创建工作，评定省级绿色家庭1户，丽水绿色家庭25户，住龙镇中心小学入选为省级绿色学校。

完成审查规划环评1个，审批建设项目环评32个，登记表备案项目435个，"区域环评+环境标准"改革备案项目30个。

【生态环境治理】　2020年，龙泉市精准治污、科学治污、依法治污。新建安仁、锦溪2个集镇生活污水处理厂，新增标准化运维农村污水处理设施15个，启动溪北污水处理厂清洁化排放提标改造。强化饮用水源地保护，建成611个农村饮水项目，划定12个"千吨万人"及5个乡镇级饮用水水源地保护区，开展保护区内环境问题整治。打好蓝天保卫战，淘汰落后产能企业7家，整治"低散乱"企业50家，新增清洁生产企业7家。完成云和—龙泉段天然气管道建设，淘汰建成区范围生物质锅炉2台。建成龙泉市机动车尾气遥感监测系统，新更换清洁能源公交车11辆、淘汰老旧柴油营运车辆56辆。完成23家重点行业企业用地土壤污染状况调查，落实农用地分类管理，完成耕地土壤环境质量类别划定。强化建设用地环境准入，落实用途拟变更前开展土壤污染状况调查措施，加强污染地块安全利用，9个地块纳入全国污染地块管理系统，实现相关部门信息共享、协同管理。完成龙泉市畜禽养殖禁养区划分调整工作。打好清废攻坚战，推进"无废城市"建设，成功创建省级资源循环化利用示范城市，完成经济开发区省级循环化改造。推进静脉产业飞灰处理工程、建筑垃圾处理回收利用项目、小微企业危险废物收集转运服务平台等项目建设，补齐处置能力缺口。

【生态环境管控】　2020年，龙泉市推进固定污染源排污许可清理整顿和排污许可发证登记工作，在丽水率先完成固定污染源排污许可发证登记工作，完成1126家企业登记，94家企业发证，8家企业整改后发证，实现排污许可全覆盖。11月22日，龙泉市出台"三线一单"生态环境分区管控方案，划定环境管控单元29个，其中一般管控单元1个，面积376.27平方公里；重点管控单元12个，面积56.66平方公里；优先保护单元16个，面积2612.13平方公里。

【生态环保督察】　2020年，龙泉市做好第二轮中央生态环保督察迎检，依法推进边督边改。该市共接收交办信访件10件，其中涉生态类4件，噪声类2件，水类1件，大气类2件，其他类1件，均得到有效办理。

【生物多样性保护】　2020年，龙泉市顺利完成市域生物多样性本底调查工作，共记录高等植物179科1315种，大中型兽类7目15科25种，鸟类18目54科217种，两栖动物2目9科29种，爬行动物1目11科38种，鱼类6目16科62种，底栖动物经28科79属100种，真菌19目49

科 186 种，基本摸清龙泉生物多样性家底。推进住龙镇生物多样性体验基地试点建设，被纳入省级生物多样性丰富地区绿色发展模式研究课题，共调查记录住龙镇生物物种 266 科 998 种，其中浙江省重点保护物种 10 种，国家二级保护动物 9 种，中国特有物种 1 种。

【生态环境执法】 2020 年，龙泉市探索监管新模式，开展“非现场执法”。建立企业正面清单制度，对纳入正面清单企业，可暂时免除现场执法检查，通过在线监控等非现场模式，加强对重点企业监管力度。2020 年，环境执法立案 8 起，处罚款 49.39 万元。完善公检法司环重大案件查办模式，建立健全区域环境联防联动机制，与云和、景宁联手打造丽水市首例区域生态环保联动联防体系。

【环境信访】 2020 年，龙泉市共受理各类环境信访投诉 140 件，同比下降 30.61%；重复信访件 15 件，同比下降 55.88%。按环境信访被投诉、举报行为类别分类，涉气类 59 件，噪声类 53 件，涉水类 23 件，固废类 1 件，其他类 4 件。办理生态环境保护类人大提案 1 个。环境信访形势总体保持平稳，未发生非正常越级上访和大规模群众集体上访事件。

【生态环境宣传教育】 “6•5”世界环境日期间，开展“两山 15 年，我是见证者”摄影比赛，评选出优秀专业作品 19 件，优秀随手拍作品 6 件。“7•29”丽水生态文明日，在“掌上龙泉”官媒微信公众号推出“美丽龙泉，你我共建”线上有奖问答活动，通过生态环保知识问答，提高群众知晓率，激发群众参与热情。2020 年，龙泉市生态环境公众满意度位列全省第二，较上年提升 8 位。

2020 年 6 月，“两山 15 年，我是见证者”摄影比赛成果展 （项松 / 供图）

【五水共治】 2020 年，龙泉市以集镇范围雨污分流工程为抓手，实行网格化管理、成片推进，结合排水许可证排查、排放口整治等专项行动，扎实推进“污水零直排区”建设，累计完成 2 个生活小区、4 个乡镇“污水零直排区”创建。抓好“美丽河湖”创建，推进龙泉溪治理二期工程、岩樟溪流综合治理工程、八都溪河流综合治理工程等系列水生态工程建设。完成龙泉溪（李家圩至后沙桥）、八都溪（上垟镇木岱村至八都镇政府）、岩樟溪（岩樟一级水库至西街街道宫头电站）3 条美丽河湖创建，总治理河长 51.8 公里。推进河（湖）长制提档升级和各级河长调整工作，将原 40 条县级河段

2020 年 8 月 6 日，违法建筑拆除现场 （梅炜刚 / 供图）

合并为16条河道，设置16名县级河长和相应联系部门。对19个乡镇(街道)村级河长进行调整，135名村级河长全部调整到位。 （项 松）

## 三改一拆

【概况】 2020年，龙泉市拆违面积67.8万平方米，“三改”面积35.6万平方米，推进火车站站前区块等重点区域、重点类型违建拆除，科学实施城市文化会客厅、宝剑小镇、上茶街等“三改”项目。19个乡镇(街道)全部创成“基本无违建乡镇(街道)”，17个乡镇(街道)创成“无违建乡镇(街道)”，龙渊街道、剑池街道、八都镇、小梅镇创成丽水市级“无违建乡镇(街道)”。

【存量违建销号】 2020年，龙泉市按照“该拆除的拆除、该处置的处置”原则，加快存量违建销号进度。针对2019年省委巡视指出龙泉存量违建多等问题，该市结合巡视整改顺势开展“存量违建亮剑清零大行动”，行动期间完成30余万存量违建销号，做到重点区域、重点类型存量违法建筑依法处置到位。

【违建防控治理常态化】 2020年，龙泉市用好联合巡查、联合制止、联合拆违、联合处置、联合验收防控体系，实现违建防控治理常态化，全年完成“新违”即查即拆100余处，拆违面积7000余平方米。严格执行《丽水市新发违法建设防控责任追究办法》《龙泉市创建“无违建县”工作责任追究办法》，强化乡镇(街道)属地直接责任主体和部门共同监管责任，做好新违管控。 （邱芸芬）

2020年，上茶街“三改”项目改造后风貌 （市“三改一拆”办/供图）

# 科学技术

## 综　述

**【概况】** 2020年，龙泉市高新技术产业投资额完成6.02亿元，同比增长26.8%，增速位列丽水第二；高新技术产业增加值完成8.19亿元，同比增长10.5%，增速位列丽水第三；规上工业企业研发费3.47亿元，同比增长15%，科技创新指标基本实现“争两优”目标要求。利用网上技术市场发布技术难题54条，登记技术合同51项，网上技术交易额达8473.48万元，登记科技成果22个。

2020年龙泉市上级科技项目汇总一览表

表31

| 序号 | 项目名称 | 承担单位 | 项目类别 |
|---|---|---|---|
| 1 | 国家火炬龙泉汽车空调零部件特色产业基地 | 浙江龙泉经济开发区管理委员会 | 国家火炬特色产业基地复核 |
| 2 | 26县绿色技术应用-山茶油绿色加工技术及高值化产品研制与示范 | 浙江山茶润生物科技有限公司 | 省重点研发计划立项项目 |
| 3 | 龙泉食药用菌星创天地 | 浙江世荣农业开发有限公司 | 省级星创天地 |
| 4 | 浙江省新劲汽车热管理智控研究院 | 浙江新劲空调设备有限公司 | 省级企业研究院 |
| 5 | 浙江省施克高性能汽车空调配件技术研究院 | 浙江施克汽车配件有限公司 | |
| 6 | 浙江广力高精密浮动油封省级高新技术企业研究开发中心 | 浙江广力工程机械有限公司 | 省级高新技术企业研究开发中心 |
| 7 | 澳利达高性能压缩机离合器环组件省级高新技术企业研究开发中心 | 浙江澳利达空调部件有限公司 | |
| 8 | 高新技术企业新认定 | 浙江泊客电子科技股份有限公司 | 新认定国家高新技术企业 |
| 9 | 高新技术企业新认定 | 浙江富瑞汽车配件有限公司 | |
| 10 | 高新技术企业新认定 | 浙江格铭工艺品有限公司 | |
| 11 | 高新技术企业新认定 | 龙泉市鸿达汽车空调配件有限公司 | |
| 12 | 高新技术企业新认定 | 龙泉市嘉文木业有限公司 | |
| 13 | 高新技术企业新认定 | 龙泉奥翔汽车空调有限公司 | |
| 14 | 高新技术企业新认定 | 浙江置信汽车部件有限公司 | |
| 15 | 高新技术企业新认定 | 浙江龙鑫化工有限公司 | |
| 16 | 高新技术企业新认定 | 浙江东龙工贸有限公司 | |
| 17 | 高新技术企业重新认定 | 浙江三田滤清器有限公司 | 重新认定国家高新技术企业 |
| 18 | 高新技术企业重新认定 | 浙江创新汽车空调有限公司 | |
| 19 | 高新技术企业重新认定 | 浙江毅力汽车空调有限公司 | |

续表31

| 序号 | 项目名称 | 承担单位 | 项目类别 |
|---|---|---|---|
| 20 | 高新技术企业重新认定 | 浙江伟林机械零部件有限公司 | 重新认定国家高新技术企业 |
| 21 | 高新技术企业重新认定 | 浙江国镜药业有限公司 | |
| 22 | 高新技术企业重新认定 | 浙江创立汽车空调有限公司 | |
| 23 | 高新技术企业重新认定 | 浙江三田汽车空调压缩机有限公司 | |
| 24 | 高新技术企业重新认定 | 浙江国立包装有限公司 | |
| 25 | 高新技术企业重新认定 | 浙江九诺汽车空调有限公司 | |
| 26 | 高新技术企业重新认定 | 浙江能福旅游用品有限公司 | |
| 27 | 高新技术企业重新认定 | 浙江科朗汽车配件有限公司 | |
| 28 | 高新技术企业重新认定 | 浙江方宏空调设备有限公司 | |
| 29 | 高新技术企业重新认定 | 龙泉市中泰汽车空调有限公司 | |
| 30 | 高新技术企业重新认定 | 浙江俊博汽车部件有限公司 | |
| 31 | 高新技术企业重新认定 | 浙江欧特立汽车空调有限公司 | |
| 32 | 浙江省科技型中小企业认定 | 龙泉市同益玩具有限公司 | 浙江省科技型中小企业 |
| 33 | 浙江省科技型中小企业认定 | 浙江昕雨五金配件有限公司 | |
| 34 | 浙江省科技型中小企业认定 | 龙泉市亿龙竹木开发有限公司 | |
| 35 | 浙江省科技型中小企业认定 | 龙泉市恒创数码科技有限公司 | |
| 36 | 浙江省科技型中小企业认定 | 浙江新派克制冷设备有限公司 | |
| 37 | 浙江省科技型中小企业认定 | 龙泉市龙生不锈钢管有限公司 | |
| 38 | 浙江省科技型中小企业认定 | 浙江龙泉威特异电机有限公司 | |
| 39 | 浙江省科技型中小企业认定 | 浙江佳信汽车零部件有限公司 | |
| 40 | 浙江省科技型中小企业认定 | 浙江瑞峰新型墙体材料有限公司 | |
| 41 | 浙江省科技型中小企业认定 | 龙泉市创惠家居用品有限公司 | |
| 42 | 浙江省科技型中小企业认定 | 龙泉银鑫竹业有限公司 | |
| 43 | 浙江省科技型中小企业认定 | 浙江宏阳精工科技有限公司 | |
| 44 | 浙江省科技型中小企业认定 | 浙江龙泉华泰液压配件有限公司 | |
| 45 | 浙江省科技型中小企业认定 | 龙泉市明新汽车空调有限公司 | |
| 46 | 浙江省科技型中小企业认定 | 浙江晟昱散热器制造有限公司 | |
| 47 | 浙江省科技型中小企业认定 | 浙江高金电子科技有限责任公司 | |
| 48 | 浙江省科技型中小企业认定 | 龙泉市金鼎木业有限公司 | |
| 49 | 浙江省科技型中小企业认定 | 浙江铁雄泵阀有限公司 | |
| 50 | 浙江省科技型中小企业认定 | 浙江万鸿高分子材料有限公司 | |
| 51 | 浙江省科技型中小企业认定 | 浙江硕朗机电配件有限公司 | |
| 52 | 浙江省科技型中小企业认定 | 浙江世荣农业开发有限公司 | |
| 53 | 发动机用高效降温降噪消音器 | 龙泉奥翔汽车空调有限公司 | 省级新产品试制计划 |
| 54 | 弯管式高强度低流阻消音器 | 龙泉奥翔汽车空调有限公司 | |
| 55 | 新能源汽车用自洁式消音器 | 龙泉奥翔汽车空调有限公司 | |
| 56 | 环保可调节型鞋架 | 龙泉市创惠家居用品有限公司 | |

续表31

| 序号 | 项目名称 | 承担单位 | 项目类别 |
|---|---|---|---|
| 57 | 高强度环保型免安装置物架 | 龙泉市创惠家居用品有限公司 | 省级新产品试制计划 |
| 58 | 新能源汽车用高耐磨离合器 | 龙泉市中泰汽车空调有限公司 | |
| 59 | 高精度汽车发电机单向皮带轮 | 龙泉市中泰汽车空调有限公司 | |
| 60 | 高性能电动汽车空调用热力膨胀阀 | 浙江博威汽车空调有限公司 | |
| 61 | 汽车空调用新型低噪声热力膨胀阀 | 浙江博威汽车空调有限公司 | |
| 62 | 抗震型小型汽车空调冷凝器 | 浙江创新汽车空调有限公司 | |
| 63 | 新能源冷藏车用耐腐蚀抑菌型蒸发器 | 浙江创新汽车空调有限公司 | |
| 64 | 新能源汽车冷凝风机 | 浙江创新汽车空调有限公司 | |
| 65 | 新能源汽车用高效冷凝器 | 浙江创新汽车空调有限公司 | |
| 66 | 耐水高强度胶合板 | 浙江东龙工贸有限公司 | |
| 67 | 抗变形环保多层胶合板 | 浙江东龙工贸有限公司 | |
| 68 | 车用两器一体式节能多效散热器 | 浙江基力思汽车空调有限公司 | |
| 69 | 自带油冷却器双瓣式冷凝器 | 浙江基力思汽车空调有限公司 | |
| 70 | 无泄漏高稳定性汽车空调储液干燥瓶 | 浙江欧特立汽车空调有限公司 | |
| 71 | 新能源汽车用的节能环保型消音器 | 浙江欧特立汽车空调有限公司 | |
| 72 | 新能源汽车用高效双层暖风水箱 | 浙江欧亚迪汽车空调器有限公司 | |
| 73 | 轻量化耐腐蚀微管车用冷凝器 | 浙江欧亚迪汽车空调器有限公司 | |
| 74 | 自动定宽修边锯 | 浙江千束家居用品有限公司 | |
| 75 | 炭棒自动切断设备 | 浙江千束家居用品有限公司 | |
| 76 | 高效长寿命液压油滤清器 | 浙江三田滤清器有限公司 | |
| 77 | 高压力液压油管道滤清器 | 浙江三田滤清器有限公司 | |
| 78 | 耐腐蚀节能型汽车空调组合式冷凝器 | 浙江松信汽车空调有限公司 | |
| 79 | 耐高压高效率新能源汽车空调冷凝器 | 浙江松信汽车空调有限公司 | |
| 80 | 新能源高性能抑菌型多层蒸发器 | 浙江松信汽车空调有限公司 | |
| 81 | 分体组装式曲轴 | 浙江伟林机械零部件有限公司 | |
| 82 | 轻型动力机械专用曲轴 | 浙江伟林机械零部件有限公司 | |
| 83 | 新能源系统用单向阀 | 浙江新劲空调设备有限公司 | |
| 84 | 新能源车用电子膨胀阀 | 浙江新劲空调设备有限公司 | |
| 85 | 新能源车用电磁阀 | 浙江新劲空调设备有限公司 | |
| 86 | 高强度阻燃竹胶板 | 浙江百茂板业有限公司 | |
| 87 | 高粘结抗弯曲竹胶板 | 浙江百茂板业有限公司 | |
| 88 | 高强度建筑模板 | 浙江百茂板业有限公司 | |
| 89 | 自保温加气混凝土砌块 | 浙江瑞峰新型墙体材料有限公司 | |
| 90 | 抗开裂加气混凝土砌块 | 浙江瑞峰新型墙体材料有限公司 | |
| 91 | 高强度抗压混凝土砌块 | 浙江瑞峰新型墙体材料有限公司 | |
| 92 | 防水型加气混凝土砌块 | 浙江瑞峰新型墙体材料有限公司 | |
| 93 | 高效低阻换热装置与生产装备研发及产业化 | 浙江创新汽车空调有限公司 | |

续表31

| 序号 | 项目名称 | 承担单位 | 项目类别 |
| --- | --- | --- | --- |
| 94 | 超耐磨易散热高扭力启动离合器 | 浙江俊博汽车部件有限公司 | 省级新产品试制计划 |
| 95 | 抗震节能型双向离合器 | 浙江俊博汽车部件有限公司 | |
| 96 | 新能源汽车用高扭矩长寿命电磁离合器 | 浙江俊博汽车部件有限公司 | |
| 97 | 高灵敏度绝缘降噪型离合器 | 浙江俊博汽车部件有限公司 | |
| 98 | 离合器JB100310 | 浙江俊博汽车部件有限公司 | |
| 99 | 工程车辆用节能型高效冷热两用蒸发器 | 浙江创立汽车空调有限公司 | |
| 100 | 大功率天然气发动机铝飞轮壳 | 浙江置信汽车部件有限公司 | |
| 101 | 大功率天然气发动机铝齿轮室 | 浙江置信汽车部件有限公司 | |
| 102 | 新能源汽车用高散热多通道扁管冷凝器 | 浙江龙泉凯利达汽车空调有限公司 | |
| 103 | 工程车用防震高密封车用空调冷凝器 | 浙江龙泉凯利达汽车空调有限公司 | |
| 104 | 微通道板式车用蒸发器总成 | 浙江龙泉凯利达汽车空调有限公司 | |
| 105 | 小体积高效率汽车空调冷凝器 | 浙江兰通空调设备有限公司 | |
| 106 | 防振型强冷汽车空调冷凝器 | 浙江兰通空调设备有限公司 | |
| 107 | 防漏水汽车空调顶置平行流蒸发器 | 浙江兰通空调设备有限公司 | |
| 108 | 复合式高效柴油水分离器 | 浙江三田滤清器有限公司 | |
| 109 | 小体积分离式汽车空调管路 | 浙江新兴汽车空调有限公司 | |
| 110 | 工程车用的高性能管路系统 | 浙江新兴汽车空调有限公司 | |
| 111 | 高性能汽车空调热交换管路 | 浙江南星汽车空调有限公司 | |
| 112 | 汽车空调用稳定型储液干燥瓶 | 浙江南星汽车空调有限公司 | |
| 113 | 驻车节能型电动空调铜管总成 | 浙江龙腾空调有限公司 | |
| 114 | 支重轮用组合密封式耐高压油封 | 浙江广力工程机械有限公司 | |
| 115 | 高密封性滤清器 FJ-3036 | 浙江立丰机械零部件有限公司 | |
| 116 | 高可靠耐冲击型储液干燥器 | 浙江施克汽车配件有限公司 | |
| 117 | 大流量耐压型储液干燥器 | 浙江施克汽车配件有限公司 | |
| 118 | 采用一步法制备而成带吊环直立式自收缩输液袋 | 浙江国镜药业有限公司 | |
| 119 | 龙泉青瓷产业创新服务综合体 | 龙泉惠博科技有限公司 | 丽水市级产业创新服务综合体 |
| 120 | 不同光照对浙江楠等珍贵树种生长特性影响研究与示范 | 龙泉市林业科学研究院 | 丽水市级自筹类公益性技术应用研究项目 |
| 121 | 腹腔镜联合胆道镜治疗胆总管结石合并胆囊结石在基层医院的应用 | 龙泉市人民医院 | |
| 122 | 一站式服务模式在基层医疗机构2型糖尿病管理中的推广应用 | 龙泉市人民医院 | |
| 123 | 脓毒症患者肺泡灌洗液Ang1、Ang2早期诊断ARDS研究 | 龙泉市人民医院 | |
| 124 | 医共体模式下胰岛素笔规范注射技术在基层医院医护人员的推广和应用 | 龙泉市人民医院 | |

【高新技术产业】 2020年，龙泉汽车空调零部件特色产业基地成功通过国家火炬特色产业基地复核。浙江山茶润生物科技有限公司“26县绿色技术应用——山茶油绿色加工技术及高值化产品研制与示范”项目列入省重点研发计划立项项目。新增省级星创天地1家、省级企业研究院2家、省级高新技术企业研发中心2家。新认定国家高新技术企业9家，重新认定国家高新技术企业15家。新增省级科技型企业21家、丽水市级产业

创新服务综合体1家。争取丽水市级自筹类公益性技术应用研究项目立项5项。

【科技宣传培训】 2020年，市科技局围绕“提升基层应急能力，筑牢防灾减灾救灾人民防线”主题，认真组织“5•12”全国防灾减灾日活动周活动，扎实开展防震减灾科普宣传工作。组织人员参加“国家宪法日”宣传活动，发放宣传资料5000余份。组织全市各有关单位做好科普统计调查工作，完成网上数据录入和统计。举办高新技术企业申报业务和高新技术产业投资项目入库培训班，宣传《中华人民共和国企业所得税法》《企业所得税法实施条例》和《高新技术企业认定管理办法》等法律法规。

【科技特派员】 2020年，龙泉市新增省、丽水市派驻农业科技特派员19人、工业科技特派员11人、省派科技特派员团队4个(中草药、果蔬、茶叶、汽车空调综合体)。实施农业科技特派员项目28项，引进果桑新品种4个，累计投入资金420万元。成功举办“人才科技”峰会，浙江省、丽水市派驻龙泉的5位农业科技特派员、5位工业特派员被评为“十佳科技特派员”。

【市校合作】 2020年，龙泉市坚持“背靠浙大、联姻高校、发展龙泉”战略，与国内外94家科研院校(所)开展产学研合作，建立合作专家教授383位，开展市校合作项目60个。与杭州电子科技大学签订合作共建“杭州电子科技大学龙泉创新中心”协议书，重点围绕智能制造、机器换人、数字经济和信息服务等领域，开展技术创新、项目攻关、成果转化、项目孵化、技术培训、继续教育工作。与秀洲区科技局签订山海协作协议，支持相关技术在陶瓷工艺、汽车零部件等主导产业开展合作研发，以科技专项形式确定研发项目2个。与杭州湾新区签订科技合作协议，依托宁波材料所杭州湾研究院为企业提供科技咨询、产品测试、平台规划、人才培养等服务。龙泉市金宏瓷业有限公司与浙江大学合作的“面向龙泉青瓷柔性生产关键技术研发与产业化”项目获得浙江省科技进步三等奖。

【防震减灾】 2020年，龙泉市成立科技发展中心，承担该市地震监测预报和地震监测台站管理工作。《浙江龙泉经济开发区区域地震安全性评价报告》项目通过浙江省地震局专家评审。与少年宫、消防救援大队、气象局等单位联合开展“秋季一日营”系列活动，200余名师生到科技局地震科普馆参观体验、参加专题讲座。

【综合体建设】 2020年，龙泉市产业创新服务中心建成主导产业展示中心，展厅面积4600平方米，一、二层为汽车空调展示区，三层为青瓷宝剑、竹木展示区，展示内容包括产业概况、科技创新、产品展示和互动体验。3月，完成对天津中汽研分包广汽新能源热泵实车空调系统研发检测；5月，承接新能源电动压缩机检验检测业务；5月底，与上汽集团建立合作关系，与上海蔚来汽车有限公司签署框架服务订单，开展检验检测业务合作；6月，龙泉市尚方信息有限公司与综合体签订入驻协议；12月，在杭州组织召开全国汽车标准化技术委员会车身分技术委员会2019—2020年度第二次工作会议暨标准审查会。龙泉青瓷产业创新服务综合体列入2020年丽水市产业创新服务综合体创建与培育名单。 (徐晓婷)

2020年，龙泉汽车空调产业创新服务综合体 (市科技局／供图)

## 科　协

【概况】 2020年，龙泉市科协下属及参加科协活动学会(协会、研究会)16个，企业科协4个，园区科协1个，乡镇(街道)科协19个。深入开展“百名专家联百村”科技帮扶工作，全年举办“科普讲坛”25场，发送科普手机短信50余条、共10万余人次。16名丽水市第三届“绿谷新秀(丽水三宝)”均通过丽水市级届满考核，其中3人获得优秀等级。评定和晋升农民技术人员职称18人，其中农民技师6人、农民技术员12人、农民高级技师2人。

认定2020—2022年度龙泉市农村科技示范户12户。社会经济学会会员邱有松入选浙江省首批志愿服务专家人才库。

【科普宣传】 2020年，市科协积极组织开展科普进农村、进社区、进企业、进学校等活动，9月9日至11日，“科普大篷车进校园”巡展活动走进双岭小学、剑湖小学、河村小学、安仁小学4所边远学校，通过有奖知识竞赛等互动环节，让科普宣传入脑入耳入心。9月20日，开展青少年“发现之旅”科技体验活动，组织近30名在省、丽水市青少年科技创新大赛中获奖的学生及优秀学生代表，到丽水市鱼跃酿造食品有限公司参观实践体验。浙江省“流动科技馆”长期进驻龙泉小梅素质教育实践活动中心，全年接待师生3700余名。联合龙泉市教育局、农工党龙泉市支部、龙泉市冬泳协会举办2场“防溺水救护”与“运动损伤预防、急救”主题培训班。

2020年9月20日，青少年“发现之旅”科技体验活动 （市科协 / 供图）

2020年8月26日，“防溺水救护”主题培训 （市科协 / 供图）

【青少年科技创新大赛】 2020年11月2日，市科协、教育局、科技局、团市委联合举办龙泉市青少年科技创新大赛，收到参赛作品204件，评出优秀作品110件，其中，一等奖16件，二等奖35件，三等奖59件，16名教师被评为龙泉市优秀科技辅导员。推送优秀作品参加丽水市青少年科技创新大赛，26件作品获得大赛一、二、三等奖，其中学生作品获得一等奖1件、二等奖9件、三等奖12件，辅导老师作品获得一等奖1件、二等奖1件、三等奖2件；水南小学兰芳、南秦小学张婷婷2人荣获丽水市优秀科技辅导员称号，西新教育集团荣获丽水市优秀组织单位称号。推送优秀作品参加浙江省青少年科技创新大赛，获得二等奖1件、三等奖4件。

【老年科技工作者协会】 2020年，市老年科技工作者协会共撰写建言献策类文章6篇，其中《龙泉市木本油料产业健康发展的调研报告》获龙泉市委书记吴松平批示，并获得浙江省老科协2020年优秀“建言献策”。积极开展送医送药健康咨询下村等“三服务”活动，全年共组织22批230人次，举办主题讲座70场。为700余名科技示范户和合作社专业人员举办技术培训班10期，提供培训科普书籍资料5000余份（册），为专业合作社推广新技术1项。老科协理事叶圣益获评浙江省基层农业技术推广“万向奖”杰出人物。 （黄冰梅）

## 社会科学

【概况】 2020年，龙泉市社科联连续第四年在全省社科联工作测评中获得优秀。积极组织各学会、协会、研究会参加省市社科联的社科普及活动，深入19个乡镇（街道）举办“学习贯彻十九大精神”“十九届五中全会精神”“弘扬践行浙西南革命精神”“礼赞新中国、奋进新时代”等主题讲堂50余场。在省级基地龙泉青瓷博物馆举办浙江省民间工艺“名家孵化”计划创作交流活动等19场，在披云青瓷文化园开展社科普及活动16场，在住龙苏维埃旧址开展爱国主义教育活动30余场。选送《国家考古遗址公园：大窑龙泉窑风采》《2020年故宫龙泉日历》等7部著作作品参评丽水优秀社科成果，立项社科课题32项。

【从下山脱贫到全面建成小康社会——习近平总书记“两山”理念提出15周年暨丽水大花园建设研讨会】 2020年7月20—21日，由浙江省社科联指导，丽水市社科联、龙泉市政府主办，龙泉市委宣传部、龙泉市社科联承办的“丽水之赞·龙泉实践”从下山脱贫到全面建成小康社会——习近平总书记“绿水青山就是金山银山”理念提出15周年暨丽水大花园建设研讨会在龙泉召开。浙江省社科联党组书记、副主席郭华巍到场致辞，省内外社科专家、有关领导50余人齐聚龙泉，讲述脱贫攻坚故事、大花园建设案例、探索全面小康发展良策，推动“绿水青山就是金山银山”理念向城乡全域辐射、向理论高地深化。

【浙西南革命精神研究】 2020年，龙泉市制定《2020年浙西南革命精神弘扬践行工作要点》《2020年浙西南革命精神弘扬践行主要工作计划》，市社科联积极对接丽水市“两山”研究院，围绕高质量绿色发展使命任务，研究探索浙西南革命精神弘扬、红色资源价值转化、浙西南革命文物保护利用和红色旅游发展融合转化，探索红色印记“亮起来”，助推红色价值“活起来”。积极组织“聚焦‘重要窗口’、聚力龙泉复兴”学习实践活动创新实践案例评选，共收集到94个创新案例。

（柯土荣）

# 社会生活

## 综　述

【概况】 2020年，龙泉市民政工作坚持以人民为中心的发展思想，在浙江省"民政30条"和丽水市"民政22条"基础上制定出台《关于推进新时代民政事业高质量发展的实施意见》，明确2020—2022年全市民政工作主要目标任务和工作措施。深化"最多跑一次"改革，有序推进"婚育户"一件事联办，实现"殡葬"一件事联办。市级生态公墓——安泽园项目建设顺利开工。全面完成村(社)换届选举工作。完善社会治理方式，培育社会组织、社会工作者等多元参与主体，搭建基层社会治理和社区公共服务平台，加快推进民政事业城乡一体化进程。龙泉市民政局获得2020年度丽水市民政系统工作评估三等奖。

2020年，市民政局下属事业单位完成机构改革，民政局下属事业单位由9个并为6个，社区工作服务中心和婚姻登记办公室整合为社会事务服务中心，火化殡仪馆和公墓管理所(龙泉市革命烈士陵园管理处挂牌)整合为殡仪服务中心，城区中心敬老院和老年活动中心整合为养老服务中心，保留民政行政执法大队、阳光老年福利中心、救助管理站。

2020年，市民政局成立新冠肺炎疫情防控领导工作小组，出台《疫情防控期间困难群众救助工作的通知》，全力做好疫情期间困难群众基本生活保障工作。开展民政业务掌上办、网上办，避免人群聚集。对全市养老机构、福彩销售厅、殡仪馆、公墓场所等实行"4个一律"封闭式管理，严格限制人员进出，取消集中活动。开展全面消杀工作，做好养老机构老人每日生命体征监测，关注休养老人的身体状况。居家隔离期间，安置流浪人员3人，其中救助站隔离2人，在龙泉市人民医院住院1人，由救助站工作人员24小时轮流值班，隔离结束后将流浪人员及时送回原籍。发动社会组织、社会工作者、爱心人士发挥自身专业优势，依法有序参与疫情防控工作，龙泉市慈善总会累计接收疫情防控捐赠资金293.9万元。全市13个社区发动3000多党员志愿者及74名社区专职工作者参与卡点值守，其中6名社区干部入选浙江省"城乡社区抗疫千名人物英雄谱"，3名社区干部入选浙江省"战疫群英"人物。

▲"4个一律"：无关人员一律不得进入办公场所，工作人员进入场所一律核查身份并检测体温，对发烧咳嗽患者一律进行医学隔离观察，不服从管理者一律严肃处理。

2020年初，新冠疫情隔离点送餐工作　　（吴冰玲／供图）

## 民政工作

2020 年 6 月 30 日，民政人员慰问困难群众　　（吴冰玲 / 供图）

2020 年，老年人在居家养老服务中心进行文娱活动　　（胡　欣 / 供图）

【社会救助】　2020 年，市民政局开展低保自查自纠专项治理“回头看”，2020 年在册最低生活保障对象 7092 户共 10454 人，最低生活保障边缘对象 1829 户共 3631 人，特困供养对象 529 人，孤儿和困境儿童 400 人。发放低保生活补助金和价格补贴共 7366 万元，特困人员救助金 856.4 万元，孤困儿童救助金 544.08 万元，临时救助 1741 人、发放临时救助金 243.91 万元。将低收入农户中的重病、重残对象单独列户纳入低保，纳入救助对象 2486 人。为刚脱贫的低保和低边家庭提供 1 年“缓冲期”，结合政策纳入低保低边渐退期对象 15 人。完成“焕新乐园”52 户，“添翼计划”5 人。印制社会救助政策汇编，各乡镇（街道）民政办窗口发放宣传折页 2300 份。逐乡分批次对乡镇民政助理员、分管领导进行座谈，并派出政策专家到乡镇进行业务培训授。加强城区流浪乞讨人员救助管理，救助流浪人员 191 人。因疫情影响，根据中国福利彩票中心统一安排，全面关闭中福在线营业厅。

【养老服务】　2020 年，市民政局完成 18 个城乡居家养老服务照料中心提升改造工程，235 个村（社区）居家养老服务照料中心综合保险投保工作。新建成 6 家乡镇居家养老服务中心，分别为八都镇章府会村、安仁镇安福村、小梅镇梅二村、屏南镇坪田李村、龙南乡蛟垟村、竹垟畲族乡山溪口村，建成 1 家社区嵌入式养老护理机构（城北乡上田村）。建成 7 家“儿童之家”，分别为实验小学、江南小学、础石小学、小梅小学、查田镇茶丰村、安仁镇、新华书店“儿童之家”，其中安仁镇、新华书店“儿童之家”为省级规范化“儿童之家”。完成养老护理员职业技能培训全覆盖，家庭照护者培训 300 人次以上。完成生活困难老人家庭适老化改造 60 户。为 1529 位 90 岁以上高龄老人发放 2020 年春节慰问金 30.8 万元，做好高龄老人一次性奖励金与高龄补贴审批发放工作。阳光老年福利中心（二期）照护中心 2、3 号楼投入使用，建成 1、2 号楼失能半失能护理康复区，3 号楼失智护理康复区。该市为 80 周岁以上老年人投保老年人意外伤害保险，支付保费 31.68 万元，由中国人民财产保险股份有限公司龙泉支公司承保。

【婚姻收养登记】　2020 年，市民政局推进婚育户“一件事”联办 486 件。办理结婚登记 1455 对，离婚登记 663 对，补发结婚登记证 390 件，补发离婚登记证 64 件。开展结婚登记免费颁证工作和婚姻家庭辅导工作，为新婚当事人免费颁证 203 次，为离婚当事人离婚前调解和辅导180次。认真执行《中华人民共和国民法典》，做好收养登记工作，办理收养登记16件。龙泉市阳光老年福利中心5名弃婴寄养在丽水市万地爱心儿童福利院，在院“三无”对象2人(1级残疾)。

【社会组织管理】 2020年，市委组织部、民政局联合开展社会组织“六星争创”活动，确定蓝天救援队党支部为2020年度社会组织党建示范建设单位，全市社会组织党组织组建率和党建工作覆盖率达到100%。规范社会组织公益创投资金管理，联合市财政局出台《龙泉市社会组织培育发展资金管理办法》。完成2020年度社会组织年检和社会组织等级评估，评选公益创投项目11个。完成2020年度社会组织“双随机”掌上执法检查，共检查29家社会组织(其中3家为跨部门检查)，未发现违规行为。2020年，登记在册社会组织456家，其中社会团体250家，民办非企业单位206家，涵盖经济、法律、教育、科技、文化、体育等各个领域，其中业务主管单位为民政局的公益类社会组织11家。

【殡葬管理】 2020年，市民政局、财政局联合出台《关于公益性公墓有关补助标准的通知》(龙民字〔2020〕13号)，市发改局出台《关于进一步规范乡村公益性墓地墓穴使用收费标准的通知》(龙发改费管〔2020〕210号)，规范公益性公墓建设与管理。对19个乡镇(街道)骨灰开展跟踪督查，确保骨灰安葬符合生态化要求，推行树葬、花葬、草坪葬等节地生态安葬方式，骨灰节地生态安葬率62.8%，新建4处乡镇级节地生态墓园。通过土地挂牌出让方式，于2020年12月开工建设安泽园项目(龙泉市级经营性公墓)，该项目占地36547.32平方米，

安泽园项目效果图　　(季兴高/供图)

主要建设普通墓区、骨灰存放楼、节地生态墓区、综合服务楼等。

【村社组织换届】 2020年11月8日，龙泉市启动村(社)换届选举工作。完成236个村委会换届选举，选举产生村委会班子成员973名，选民平均参选率96.85%，“一肩挑”人选(主任)平均得票率94.25%，村委会成员平均得票率84.25%，一次性选举成功村数211个，占比89.41%，25个行政村未一次性选举成功，已顺利通过另行选举产生足额村委委员；完成13个社区居委会换届选举，选举产生居委会班子成员57名，居民选民平均参选率达98.95%，主任平均得票率达99.92%，居委会成员平均得票率达99.4%。

【城乡社区建设】 2020年，龙泉市共有139个城乡社区，其中13个城市社区，126个农村社区，城市社区专职工作者69人。龙渊街道5个城市社区，有党支部11个，党员410人；社

2020年12月30日，金乐社区七色花服务团组织开展橙色关爱活动　(朱　剑/供图)

区专职工作者28名，党员16人。剑池街道4个城市社区，有党支部11个，党员371人；社区专职工作者21名，党员15人。西街街道有3个城市社区，党支部9个，党员307人；社区专职工作者17名，党员9人。础石街道有1个社区，党支部2个，党员21人；社区专职工作者3名，党员2人。出台《龙泉市关于进一步加强城市社区建设及激励关爱专职社区工作者的十条举措》，促进社区专职工作者管理规范化；组织社区专职工作者54人培训4次，完成2个社区办公用房提升改造，11个社区办公用房面积已达标；6名社区干部入选浙江省“城乡社区抗疫千名人物英雄谱”，3名社区干部入选浙江省“战疫群英”人物；4名社区干部入选丽水第三届“绿谷社工师”。

**【城乡社区党建】** 2020年，龙泉市社区党组织以“党建+”模式赋能基层社会治理，通过组建志愿服务团队等形式，引导社区居民参与社区自治，激发社区服务管理新活力。西新社区抓点示范项目扎实推进，成立1个社区服务工作站（室），打造1个社区志愿服务品牌，培育1批社区服务队伍，设计推出“社区家园卡”，设立“乡贤议事厅”“纠纷调解工作室”，组建“乡贤工作团”“乡贤理事会”。南大洋社区打造“阳光驿站”服务型品牌，创设以便民服务站、龙泉市汽车长途客运中心、青瓷宝剑苑为轴点的“便民驿站”“返乡驿站”“流动驿站”三大站点。大洋社区成立“夕阳红”服务队、“爱宠”志愿团和“解铃人”调解队。水南社区打造“五微共享·幸福社区”服务体系，创建浙江省残疾人无障碍社区和该市少数民族团结进步单位，达成“群众少跑一公里，服务居民零距离”目标。金乐社区党委大力推进“党建+爱在社区”，开展“七色花”志愿服务活动。

**【城乡社区活动开展】** 2020年，南秦社区“老年电大”教学点提档升级为圆梦学堂，以“学习+服务+娱乐”模式，组织开展走访慰问社区留守儿童、困难老人、残疾人等困难群体的服务活动。大沙社区创建大学生暑期社会实践基地，128位大学生为社区青少年、外来务工子女、留守儿童提供作业辅导等服务。清风社区“党员爱心超市”为辖区残疾人、低保户等特殊群体提供救助帮扶300人次，帮扶资金6万余元。东升社区持续深化“邻里驿站”品牌建设，开展“闲置换一换、生活大变样”周末夜市活动，盘活闲置物品利用率。白云社区组建“萤火虫”志愿者服务队，吸纳志愿者100余人。贤良社区打造“解忧小馆”品牌，推出“爱心菜单”“安心菜单”“舒心菜单”三菜单服务模式，为居民提供一系列针对性服务。

2020年7月，水南社区为高龄党员上党课（朱　剑／供图）

2020年4月13日，龙泉市企业家协会捐助口罩20万只（韩　君／供图）

【慈善工作】 2020年，市慈善总会共接收社会捐赠1622万元，上级慈善部门划拨项目款113.16万元，疫情防控捐款293.9万元。市慈善总会副会长骆美强、银龄协会会员周敏获评浙江省慈善、志愿服务、社会工作领域“千名战疫群英”优秀个人，市慈善总会获得丽水市“慈善工作创新奖”，市慈善总会副会长李绛被评为丽水市“慈善之星”，龙渊银龄互助爱心协会被评为丽水市“最美义工”。

2020年，市慈善总会科学规划“爱云慈母基金”“同心圆基金”“微孝夕阳”分会基金使用，2020年，用于龙泉市救助支出1640万元，其中龙泉市本级发放142万元，省(市)有关部门定向帮扶结对项目发放1498万元；用于四川广元昭化区的结对帮扶支出50万元。

2020年，市委统战部、市慈善总会联合在福建厦门举办“不忘初心·匠新同行”百名工艺美术师龙泉剑瓷作品爱心拍卖会，共拍出作品88件，获得拍卖款106万元，用于鼎丰助学公益金支出。同时，为龙泉年轻工匠提供平台，促进青瓷宝剑工艺水平提升。 （吴冰玲）

## 老促会工作

【概况】 2020年，龙泉市革命老区开发建设促进会(后面简称市老促会)大力传承弘扬浙西南革命精神，通过重走红军路、红色研学、主题党日等形式，在革命遗址、革命纪念地深入开展革命传统和爱国主义教育。为市直单位、乡镇党员干部、中小学校师生上党课，联合市老年艺术团为老区人民送戏下乡，全年上党课20多场次、演出10余场，受教育3000余人次。深入住龙、宝溪、竹垟、城北等12个乡镇（街道)、32个老区村走访调研，听取老区干部群众心声，指导革命遗址保护、修复、布展和村志审稿、写序等工作。联合市老科协卫生分会，到城北乡大贵溪村开展“送医送药”活动；配合民政部门，做好春节老区慰问工作。

【革命遗址修复】 市老促会结合美丽乡村建设，深入挖掘和开发革命老区红色资源，统筹规划做好革命遗址修复布展工作。2020年，在市老促会的指导和支持下，完成道太乡仙源村下乾红军墓、安仁镇胜利村支坪红军纪念亭、上垟镇双源村王贤进烈士墓等3处革命遗址的修缮工作，建成安仁镇金蝉湖村黄桶革命老区纪念廊，完成住龙镇红星村水塔中共处属特委纪念馆提升、城北乡麻垟桥村鹤溪红色陈列室、上垟镇双源村红色文化室的布展工作。 （卢书田）

## 残疾人事业

【概况】 2020年，龙泉市持有第二代残疾人证9492人，其中视力残疾989人，听力残疾2484人，言语残疾73人，肢体残疾3772人，智力残疾719人，精神残疾818人，多重残疾617人。在疫情防控期间，市残联严格落实“一码一测一口罩”防控措施，配备口罩、消毒液、耳温枪等防疫物资，做好残疾人康复机构、残疾儿童定点康复机构、残疾人托养机构和“残疾人之家”等恢复运行后的防疫工作。深化“两问两送”(问健康、送关爱，问需求、送服务)专项行动，对特殊困难残疾人家庭开展走访探视，落实各项纾困政策。

【残疾人小康】 2020年，市残联以小康路上“残疾人一个都不能少”为目标，组织开展残疾人惠残政策宣传落实、疑似残疾人员调查摸底及办证服务两大专项行动，掌握各乡镇(街道)持证残疾人和疑似残疾人基本信息情况，摸清摸实“残疾人底账”，提升惠残政策知晓率和后续服务精准率。龙泉市残疾人事业发展“十三五”规划提出的16项全面小康实现程度指标全部完成，其中有8项指标达到100%。

【残疾人民生实事】 2020年，市残联扎实开展困难残疾人家庭无障碍改

2020年4月，龙泉市残疾评定中心 （李沈晟/供图）

造、星级残疾人之家提升、助残康复服务三件浙江省、丽水市民生实事，完成困难残疾人家庭无障碍改造50户，完成任务数的125%；完成星级残疾人之家改造4家，完成任务率200%。在丽水市率先开发残疾人之家公益性就业岗位8名。

【残疾人兜底保障】 2020年，龙泉市享受困难残疾人生活补贴3483人，享受重度残疾人护理补贴3401人，双双突破3000人，约有1/3持证残疾人享受到“两项补贴”（生活、护理补贴）。为9名在校残疾大学生减免学费和住宿费，为97名残疾学生及残疾人家庭子女提供助学资助。严格执行重度残疾人单列低保政策，新增重度残疾人单列低保350名。

【残疾人康复服务】 2020年，市残联实施残疾人精准康复行动，累计为4695名有需求人员开展基本康复服务，配送辅具686件，其中，助听器配送331台，智能眼镜配送23台，完成上下肢假肢安装22人，轮椅配送272辆，护理床24张，防压疮垫14个。为934名精神残疾人免费提供基本抗精神病药物，残疾人家庭医生签约服务率达72%。贝爱儿童康复中心场所进行功能布局优化改造提升，全日制在训儿童场所容量从原来的60人提升至128人。102名0—7周岁残疾儿童获得康复服务补贴，完成任务率132.5%。深化与市人民医院合作，办好残疾人成人康复站，持证残疾人到中心康复训练给予30%优惠。实施康复服务能力提升行动，通过设立门禁系统、重新规划停车位、建立避雨车棚、设立无障碍标识、新建无障碍扶手等方式，优化残疾人康复中心基础环境设施。

【残疾人就业帮扶】 2020年，市残联持续抓实残疾人就业创业，获养老保险补贴、慈善危房改造、种养大户补助、残疾人贷款贴息达278人（户）；新增残疾人就业创业67人。实施残疾人职业技能提升行动，举办健康管理师、公共营养师、电子商务师3个班次培训，培训学员161人。组织残疾人参加浙江省、丽水市“素人直播”、网红直播等培训30余人次。推进东西部残疾人扶贫协作，贝爱儿童康复中心携手四川昭化区成功举办孤独症儿童康复及特教老师培训班，培训自闭症家长、儿童各3名，培养特教老师1名。

【无障碍环境建设】 2020年，市残联以丽水市无障碍环境“四进”（进社区、进示范村、进景区、进家庭）工作为载体，结合全省最美大花园和全国文明城市创建，完成无障碍进家庭50户，创成省级无障碍社区1个，丽水市无障碍示范村、景区各1个。实施住龙全国无障碍环境达标镇提升工程，完成主干道路盲道建设，公厕、便民服务中心、养老服务中心、卫生院、农商银行、红军学堂、廖氏祠堂等无障碍改造建设任务，2020年9月通过省级验收，成功创建住龙全国无障碍达标镇，成为目前丽水市唯一一个无障碍环境达标镇。 （毛利莹）

## 移民工作

【概况】 2020年，龙泉市共投入移民后期扶持专项资金4087万元，其中发放直补资金1395万元，投入项目资金2692万元。补助项目69个，其中基础设施类项目30个，投入资金1268万元，壮大移民村集体经济和促进移民致富增收等生产开发类项目38个，投入资金1424万元，生产开发类项目投入占比首次超过基础设施类项目。严格落实《龙泉市大中型水库移民精准扶持项目管理办法（试行）》，对低收入移民农户重大疾病、子女就学进行困难救助，共补助96人，52.82万元。2020年，共核减直补人口140人，其中死亡127人，行政、事业单位在编在职12人，犯罪服刑1人；补登1人（刑满释放1人）；复核移民直补人数2.12万人。追缴回13人违规领取直补资金7.52万元，实现

2020年10月，移民妇女技能培训现场 （吴珂娴／供图）

直补资金追缴清零。

【移民来信来访】 2020年，市移民工作中心持续开展“入百村访千户”活动，深入18个移民乡镇(街道)，走访了50余个重点移民村。全年共接待移民来访9人次，结报率100%，做到信访件一事一档，未发生移民群体上访、越级上访和群体性事件。

【移民技能培训】 2020年10月12日，市移民工作中心、妇联联合开展“妈妈的味道”移民妇女技能培训活动，通过挖掘龙泉库区、安置区移民美食小吃，宣传展示移民传统美食文化，共培训45人。

【遗留问题整改】 2020年，市移民工作中心以市委巡察回访检查和浙江省移办内部审计整改为契机，深挖根源，完成市委回访检查反馈意见3方面14个问题和省内部审计3大类10个问题整改，将直补资金追缴清零等6个遗留难题整改到位，推动移民工作上新台阶。 (沈 聪)

# 乡镇 街道

## 龙渊街道

【概况】 龙渊街道是龙泉的政治、经济、文化、商贸中心，下辖5个社区，15个行政村，59个自然村，140个村民小组。2020年，街道常住人口55227人，户籍人口31977人，户籍户数11956户。实现规上工业总产值约4.01亿元，完成固定资产投资2060万元，选商引资实际利用内资941万元。

2020年，街道各项工作取得明显成效，获得年度综合考核三等奖、江滨北岸凤起路区块旧城改造项目集体三等功、2020年度龙泉市经济社会发展(两战两赢)先进集体、2020年度龙泉市经济社会发展（社会治理、美丽环境）先进集体、衢宁铁路龙泉段建设工作成绩突出集体等荣誉称号；在2020年“生态经济大追赶”活动中，“项目提效—项目推进”“创新提能—科技创新”“项目提效—政策处理”三项工作成绩突出，被市委市政府表彰嘉奖；成功创成2019年度丽水市“无违建乡(镇街道)”；沙潭村成功创建2019年省级善治示范村，一村、三村、竹坑村、村头村获得“龙泉市新时代美丽乡村精品村”称号；街道干部金伟清获评“丽水之干先锋人物”，贤良社区干部汤小聪荣获“全省优秀网格员”称号。

【文明实践】 2020年，龙渊街道完成石马、小白岸村文化礼堂建设提升工程并通过验收，完成23个行政村、5个社区新时代文明实践站建设，并对街道新时代文明实践所进行提升建设。推荐街道辖区内好人12名，其中，拾金不昧黄包车师傅余林根入选“浙江好人榜”和“丽水好人榜”。

【疫情防控】 2020年，龙渊街道全力投入疫情防控工作，共排摸群众5860多户16500多人，排摸5885名龙渊籍持护照人员，排查出涉外人员424名。对1188人落实居家隔离措施，设置卡点72个，排摸出重点地区入(返)龙泉人员141人，全部人员都做到核酸检测“应检尽检”。

【民生实事】 完成2021年度城乡医疗保险参保15452人，参保征缴率98%以上。开展重点人群结直肠癌筛查、60岁以上老年人免费接种23价肺炎疫苗、70岁以上老年人免费接种流感疫苗等4项民生实事工作，完成直肠癌筛查调查问卷3865人，筛查发现阳性459人；完成结肠镜检查人数160人；完成23价肺炎疫苗接1360人；完成流感疫苗接种278人。辖区内老旧小区加装电梯9台。加强低收入户结对帮扶工作，辖区建档立卡低收入农户205户299人，其中低保170户247人、其他经济困难户35户52人。街道联合6个市直结对单位，通过资金帮扶、物资捐赠、政策帮扶等措施，全面消除年家庭人均收入8000元以下困难对象，实现“两不愁三保障”。15个集体经济薄弱村全部完成“消薄”任务，其中，村集体经济收入20万元以上、经营性收入10万元以上的有13个村，村集体经济收入10万元以上、经营性收入5万元以上有2个村。

【村社组织换届】 2020年，龙渊街道完成村（社区）党组织和村（居）民委员会换届工作。辖区内20个村和社区，除二村因工作需要，街道下派村支部书记外，其余19个村和社区全部实现书记、主任“一肩桃”。发展党员20人，确定入党积极分子13人。换届过程中，严格遵守换届纪律，对失职失责问题严肃处理，其中，党纪处分1人，诫勉2人，约谈提醒党员、群众26人次。街道纪工委共查办信访件5件，查办案件4起，开除党籍1人，党内警告3人，诫勉谈话2人。

【重点项目】 2020年，龙渊街道共承担30个龙泉市重点建设项目政策处理工作，其中市领导领办重点项目6

2020 年 2 月，衢宁铁路龙泉段项目建设现场　　（龙渊街道 / 供图）

个，名城提质重点项目 9 个，其他重点项目 17 个，街道层面谋划实施的重点项目 6 个。街道强化领导、建章立制，营造氛围、挂图作战，确保各个重点项目顺利推进。龙泉市（县）道村沈线公路提升改造工程一期（梧桐口至源口段）（瓯江绿道）、龙泉市公共卫生应急救治中心（龙泉市人民医院传染病防治中心）、绕城东线（小白岸村尾至溪儿门段）公路等项目顺利开工，江滨北岸凤起路区块、龙泉市第三人民医院（精神专科医院）等项目的土地和房屋征收任务圆满完成，东茶路（环城东路至华楼街段）市政工程顺利贯通，322 国道龙泉安仁至西街段改建工程、黄灌防洪堤景观工程基本贯通，龙渊公园及地下空间开发 PPP 项目开始运营，江滨北路（公园路至环城东路段）污水管网工程、变河路（中山路—东茶路）改造工程顺利完成，《决战城东"变不可能为可能"》入选龙泉市"聚焦'重要窗口' 聚力龙泉复兴"学习实践活动十大创新实践典型案例。

【环境整治】 2020 年，龙渊街道完成小白岸、砬步、白墓等 3 个村垃圾分类创建工作，辖区 15 个行政村实现垃圾分类全覆盖。完成村头村制砖厂工业炉窑重点治理项目督促拆除工作，以及建成区（城中村）生物质锅炉淘汰或实施超低排放改造任务。拆除临江杨连违建厂房 4000 余平方米，通过浙江省、丽水"四个山庄违建别墅"整治拆除验收，同步完成复绿工作。成功创建丽水市"无违建街道"。　　（吴燕萍）

## 西街街道

【概况】 西街街道辖区总面积约 66.2 平方千米，辖 11 个行政村、73 个自然村、114 个村民小组、3 个社区居委会，辖区总人口 21124 人；七村、八村、九村、宫头村 4 个行政村为城中村，是一个城市社区和城郊农村相结合综合性街道。

【历史文化名村】 西街街道白云岩村岩后自然村是南宋著名文学家、诗人叶绍翁的故里，1 月，该村入选首批国家森林乡村，3 月，入选浙江省第八批历史文化村落保护利用重点村。10 月，第二届"绍翁文化节"在岩后自然村举行，打响"绍翁文化"乡村旅游名片。

【历史文化街区改造】 2020 年，西街街道有序保障西街历史文化街区升级改造，三江口综合整治提升工程初具雏形，西街（新华街—公园路段）综合治理和提升工程、危旧房综合治理全面启动，街区居民主动申报危房改造 268 户，开工改造 48 户，其中 8 户完工准备验收，示范性完成西街 573

2020 年 12 月，西街国家历史文化街区旅游人气旺　　（叶春晓 / 供图）

号房屋改造修缮。第三届世界青瓷大会期间,“千年守艺 匠心如初” 西街风情活动吸引数万游客观光游览,成为该市又一“网红”打卡地。周边县(市、区)党政代表团多次到街区考察学习老街改造。

【疫情防控】 2020年,面对突如其来的疫情,西街街道迅速反应、提标提质、扩面排摸,共计摸排1131户1925人,为后期科学合理管控赢得宝贵“窗口期”。组织各党组织发挥党员先锋模范作用迅速投入疫情防控一线,成立街道疫情防控交叉检查组,对各村、社区防疫工作进行自查互查,落实落细,形成规范。号召西街乡贤会、蜂鸟志愿服务队、人大代表等参与疫情防控,募集13批次口罩、消毒液等紧缺物资。疫情形势转好后,成立复工复产工作专班,以“服务长+服务员”网格化全覆盖模式,深入辖区企业开展复工复产“三服务”活动,为企业提供紧缺防疫物资,解决3家企业员工返岗难问题,确保辖区内54家企业100%复工。

【村社组织换届】 2020年,西街街道聚焦“五好两确保”总体目标,实行“一日一通报、三日一分析、一周一研判”工作机制,始终把规矩和纪律挺在前面,高质量高标准推进村社组织换届工作。辖区11个行政村和3个社区如期圆满完成村社组织换届选举工作,选出新一届村(社区)两委班子成员98名,村社总体呈现组织班子结构进一步优化、干部梯队进一步完善特点,并实现党员参会率100%、“一肩挑”人选高票当选率100%、组织意图人选当选率100%三个百分百目标。

【重点项目】 2020年,西街街道圆满完成江滨北路(西街段)市政工程、杨碓弄至披云桥文化“三化”工程、市中医院迁建等11个重点项目的政策处理工作,确保如期开工。高效率推进乌石山区块坟墓迁移政策处理工作,30天“零纠纷”完成42穴坟墓的迁移工作;成功引进总投资2.7亿元的龙泉市能繁生态循环养殖示范基地项目。

【产业融合】 2020年,西街街道积极探索“基地+景点+产业”融合发展模式,大力推进构建集生态观光、文化探秘、养生休闲、农事体验为一体环形旅游线路建设,深度推动农文旅融合发展。2020年,街道接待游客达15万人次,实现营业总收入820余万元。

【民生保障】 2020年,西街街道抓好富民增收项目,深化与物产中大集团合作,打好“消薄”攻坚战,11个村均已实现总收入达到20万元以上、经营性收入达到10万元以上,高质量完成“消薄”任务。落实落细精准扶贫政策,为辖区内低收入农户建档立卡,及时动态更新低保户信息,确保数据准确性,规范实施临时救助,2020年开展低收入农户结对帮扶185人,同时常态化开展扶贫领域腐败问题自查自纠,通过核查,取消低保户46户58人、低保边缘户11户17人,并为2户符合低保条件的低保边缘户申请低保。落实落细惠民保障政策,有序开展城乡居民医疗保险、政策性水稻保险、住房保险、失业保险、男女安康保险等普惠性保险。

【民生实事】 2020年,西街街道高质量推动社会事业发展,顺利完成街道年度7项民生实事。推选产生了45名居民议事员并组织召开了第一届居民议事会,丰富了居民议事协商形式,激发社区居民参与社区事务管理的热情。重视退役军人服务站阵地建设,投入专项资金近15万元完成乡镇(街道)级首批“新时代枫桥式退役军人服务站”试点创建任务并顺利验收,完成周村等4个村(社)服务站创建。

【环境整治】 2020年,西街街道聚力改善人居生活环境,持续打好“三改一拆”“五水共治”、综合环境整治组合拳,全年完成违建拆除总面积23120平方米、完成率105.09%,顺利完成2020年三改任务河村中波台项目建设,新发违建“零增长”。对岩樟溪(宫头新村段)两岸防洪堤进行修复提升,对省级文保单位云水渠(上段)开展保护修缮。 (陈 鸿)

## 剑池街道

【概况】 剑池街道区域面积37.5平方公里,辖11个行政村、4个社区。2020年,街道总人口23379人,其中农业人口14607人。2020年,剑池街道公卫第四团队荣获2020年浙江省“优秀家庭医生团队”称号,南秦村、松溪弄村、芳野村上榜2020年淘宝村。龙泉市图书馆城市书房瓯江花园分馆开馆,龙泉市首台既有住宅加装电梯在剑池街道开工建设。

【疫情防控】 2020年,剑池街道打好新冠肺炎疫情防控阻击战,集结辖区内村(社区)青年志愿者、民兵、妇联、共建单位、在职党员等力量,共计排查18197户53519人,武汉、温州等重点疫区返回龙泉112户239人,其中1012户2129人为居家观察对象。执行一天两走访,做好志愿服务工作。开展华人华侨调查摸底,做好涉外疫情防控工作。派出驻企干部联心助力企业复工复产，第二季度起经济指标实现由负转正。实行“一联一”责任干部制，做好涉外疫情防控工作。全面部署秋冬季、冬春季疫情防控工作，做好高、中风险地区到龙泉返回龙泉人员排摸，加强疫情防控常态化管理。

【村社组织换届】 2020年，剑池街道辖区11个村委会、4个居委会圆满完成换届选举，选举产生新一届村（社区）党（总）支部书记15名，大专及以上学历7名，党（总）支部成员67名，大专及以上学历32名。选举产生新一届村（居）委会主任15名，大专及以上学历6名。村（居）委会成员61名，其中，女性23人，占37.7%；党员35人，占57%；大专及以上学历29人，占47.5%。选举产生新一届村（居）务监督委员会主任15名，大专及以上学历6名。新一届村（社区）组织班子成员文化程度、年龄结构均有较大改善。

【民生保障】 2020年，剑池街道扎实做好低收入农户帮扶工作，经调查走访、联合评议，新增低保33户39人、低保边缘5户11人、困境儿童6户6人、特困供养1户1人，注销低保11户18人、低保边缘6户18人。制定2020年度干部结对帮扶方案，由7个结对帮扶单位以及2名结对市领导结对113名低收入农户，“一户一策一干部”制度落实到位。完成2020年度3个扶贫发展项目的申报、验收、资金拨付工作，涉及扶贫资金74万元。完成2020年度菜单式扶贫项目申报、验收工作，共发放补助资金1.758万元。为3名符合条件的学生发放“雨露计划”助学补助9000元。发放光伏补贴三批，共计64余万元，惠及150余户村民。关心关爱老年人，为辖区4名困难老年人进行适老化家庭个性化改造，为5名缺乏自理能力困难老年人进行居家养老服务补贴申报、发放，为4名失智老年人申请配备防走失手环，并在春节前对辖区内88名90岁以上高龄老人进行春节慰问。

【重点项目】 2020年，剑池街道承担涉及34个建设项目政策处理工作，其中新建项目14个，续建项目14个，新增项目6个。全面完成衢宁铁路及站前区块政策处理，完成17个“小三改”项目和131亩临时用地复垦工作，站前拆迁安置地块平整交地。南秦原国镜药业周边区块、七星井区块、市公共卫生综合服务中心林户区块征收工作实现100%签约。打通城区至兰巨瓯江绿道连接线，宏山兰巨段绿道被评为浙江省“十大最美绿道”。城市文化客厅、第五中学等重点项目顺利进场施工。此外，浙大路、龙福路、瑞垟引水工程、第四中学扩建、础石隧道应急工程等一批新建重点项目顺利推进。

【衢宁铁路建设】 9月27日，衢宁铁路龙泉市站正式通车。在这项民生工程中，剑池街道完成红线及站前区块1680余亩土地、146户113幢房屋征收和400余穴坟墓及41座高压电力铁塔迁移工作，疫情期间，为确保衢宁铁路龙泉段工人及时返工、安全返工，街道又安排专车全程接送、医院同步核酸检测、专区统一隔离等复工复产举措，为衢宁铁路龙泉段和火车站前广场建设顺利施工和开通付出艰辛努力、打下坚实基础。

【美丽环境】 2020年，剑池街道开展卫生环境治理40余次，国卫复审专项整治行动完成交办单1800余张，清理僵尸车145辆，完成创建浙江省示范文明城市交办单问题数113个。开展秸秆焚烧专项整治行动，对重点区域、重点时段进行不间断巡查检查。开展创建无烟街道活动，打造无烟健康环境。4个村成功创建2020年度新时代美丽乡村，其中水南村、曾家村为精品村，周际村、宏山村为达标村。完成2条森林古道路修复计划，推动落实瓯江两岸龙泉城区段美丽林相建设、棋盘山美丽林相建设及基础设施建设。做好“三改一拆”工作，拆除违法建筑点位90个，拆除违法建筑面积13万平方米，完成三改面积13.85万平方米，对2幢D级危房进行原拆原建，对6幢联建房进行验收处置。做好土地节约集约利用工作，完成卫片执法点位整改5个，完成垦造旱地51亩。

【平安剑池】 2020年，剑池街道平安建设信息上报4042条，综治工作上报772条，办结率100%。排查各类矛盾纠纷777件，成功调处775件，调处率99.23%，办理信访件246件、“12345”来电信访215件。创建瓯江花园智慧安防示范小区，成为丽水市智安小区建设现场推进会观摩点。街道27个网格42名网格员全面落实网格员100项工作清单，上报网格信息4816条，办结率100%。组织开展平安志愿者大巡防，2000余人次参加巡逻。（徐名宇）

## 础石街道

【概况】 础石街道区域面积109平方公里，下辖1个社区、11个行政村、68个自然村。2020年，总户数2979户，人口8890人。街道是丽水闻名的工业强乡，辖区内金岗工业园区以不锈钢产业为主，素有“浙西南不锈钢产业基地”之称，2020年工业产值达14.99亿元，农民人均收入21345元，村集体经济总收入292782.57元。街道先后荣获浙江省教育强乡（街道）、体育强乡（街道）、卫生乡（街道），丽水市文化强镇（街道）等荣誉。

【民生保障】 2020年，础石街道民生项目稳步推进，总投资270余万元的垟畈应急避灾中心顺利竣工验收并投入使用，为林垟片区群众提供新应急避灾场所。全面推进农村饮用水提升工程，2020年完成6个村农村饮用水提升工程，实现饮用水提升工程覆盖所有行政村。社会事业协调发展，持续深入开展低收入农户调查工作，构建“联系领导+驻村干部+村干部+网格员”调查队伍，排摸低收入农户330户。及时申报并实施临时性救助42户，救助资金30万余元。申办重病、重残最低生活保障125户，申办最低生活边缘户32户。申报残疾人养老保险补贴3人，争取浙江省慈善助残危房改造项目3户，补助资金16.5万元。临时救助3人，贷款贴息补助1人，申报困难残疾人生活补贴35人，护理补贴18人，完成残疾人生活和经济状况动态更新入户调查320户。基层治理平安有序，建立健全预测预警机制，落实疑难信访案件领导包案制度，对街道20件疑难信访案件实行“一对一”跟踪，化解18件，稳控2件；排查出各类矛盾纠纷142起并成功调处，调处成功率达100%。

【党建工作】 2020年，础石街道以村（社区）换届工作为抓手，推动基层党组织建设全面进步、全面过硬。引导大学毕业生、乡贤、退伍军人等人才回流，新村（社区）两委班子平均年龄45周岁，大专以上学历16人，其中研究生1人，实现年龄、学历结构双优化。建立流动党员管理机制，约谈警示长期未参加党员活动的党员；抓好“培源”工作，吸收入党积极分子47名，其中大专及以上学历人数26人，32周岁及以下人数18人。在“两新”党建领域，共选派党建指导员1名，走访企业38家，新吸收入党积极分子6名，预备党员1名。完善党建责任捆绑机制，明确党建责任清单和任务清单，建立双整推进评估机制和常态化考评制度，约谈对党建工作重视不够、双整工作推进缓慢“蜗牛村”。开展“党建+”品牌创建工作，提升街道党建整体水平。

【工业平台拓展】 2020年，础石街道积极推进工业新平台建设，腾空拆除鞋产业区块（一期）房屋，完成鞋产业回归工程一期1150亩土地的政策处理扫尾工作。以鞋产业辅料基地政策处理为契机，成功化解多方复杂林地纠纷15起，完成金岗三期（鞋产业辅料基地）250余亩林地征收工作。完成巨泰区块僵尸企业170亩闲置土地处置工作，并以控规详规完善规划引领人口聚集。

【环保督查迎检】 2020年，础石街道联合市经济商务局、丽水市生态环境局龙泉分局等单位组建工作专班，通过“一企一专班一方案”，以动态化整改方案和销号式制度倒逼企业转型升级，园区环保问题整改共计220余处，做好中央环保督察迎检工作。创新方法，制定环保风险分级管控制度，邀请环保专家对园区进行全方位环保风险评估，根据各企业生产废水、生活污水及雨水走向制定“环境监察图”，推动园区环保技改。

【乡村振兴】 2020年，础石街道秉持“一村一品”发展理念，在“工业城东”基础上，加快推进“休闲城东”建设，构建了炉地垟村生态茶叶、南弄村有机茄子、瞿源村生猪养殖和有机水果、垟畈村铁皮石斛、李山头村菜籽油、秋丰村盆景的生态产业带。引导鼓励农业企业“机器换人”，炉地垟村地阳红生态农业有限公司引进半自动化设备，日均生产干茶突破750公斤。推进一产选商引资工作，与上市公司禾丰牧业共谋生态牧场，与生态农业基地、生态种植产业联合打造生态产业综合体，拉长重点果蔬、茶叶、

2020年3月，李山头村梯田美景 （祝坚军／供图）

农产品衍生品、高端农产品生态产业链，基本构筑一、二、三产融合发展的生态产业新格局。 （叶淑婷）

## 八 都 镇

【概况】 八都镇是全国重点镇、省级中心镇，镇域面积142.8平方公里，辖22个行政村。2020年，户籍人口25174人，外来人口6451人。该镇工业实力强劲，是龙泉“一区四园”工业发展战略布局中重要节点，以生产竹胶板材、竹木家居家具和重竹板材等竹木产品为主工业功能区；农业特色鲜明，是浙南毛竹第一镇，也是龙泉市黑木耳、大棚蔬菜主产区；商贸物流繁荣，有特色商业街1条，商铺300多家。2020年，八都镇创成2020年度丽水市“无违建乡镇”，完成浙江省示范文明城市创建乡镇考察点迎检任务，美丽城镇建设行动方案获评浙江省2020年度第二批样板创建城镇行动优秀方案。八都镇人大代表联络站成为丽水市示范性人大代表联络站，八都镇武装部获评2020年度省级“先进基层武装部”、丽水市“5星”基层武装部。在全省率先试种成功黑木耳液体菌种，高大门村昌根水果基地被认定为省级高品质绿色科技示范基地。八都镇残疾人小康阳光庇护中心提升为三星级。

【疫情防控】 2020年，新冠肺炎疫情发生后，八都镇努力破解“人口基数大、流动人口多、防控难度大”等难题，对1974名市外返乡人员进行居家健康监测，设置减少人员流动大小卡口153个，确保群众安全。2月18日，全国疫情形势好转后，该镇迅速启动复工复产工作，积极开展“战疫助企、暖春行动”，安排镇领导、年轻干部担任派企服务长、驻企服务员，帮助企业解决招工困难、外地技术员工返工困难、原材料短缺等问题。严格按照疫情防控部署，为每家企业安排一名责任医生，严格落实“一码一测一口罩”制度，并对外市返回龙泉的员工进行免费体检，做到复工复产安全有力又有序。仅一周时间，83家企业实现全面复工，10天后企业复产率达84.5%。

【民生保障】 2020年，八都镇紧紧围绕“两不愁三保障”目标，实施农村饮用水提升工程点位13个，完成困难群众危旧房改造44户，“大搬快聚、富民安居”工程搬迁211户760人，完成社会救助兜底保障765户1036人，申请助学补助26人7.8万元、“菜单式”扶贫补助资金120户29.2万元，发放临时救助资金49.79万元。农村养老保险、医疗保险参保率分别达到98.5%、99%以上。全面推广全民健康补充医疗保险“浙丽保”。

【村社组织换届】 2020年，八都镇紧扣“五好两确保”总目标，坚持早预判、早谋划、早推动，制定“一村一预案”，通过主动让贤一批、合理调岗一批、优化配置一批、矛盾化解一批，实现换届选举高质量。该次换届选举产生新一届村党组织班子成员97名、新一届村委会班子成员95名（交叉兼职23名）、新一届村务监督委员会班子成员67名（交叉兼职22名）、新一届村经济合作社班子成员69名（交叉兼职45名），其中35周岁以下年轻干部25人、大专以上学历干部34人。22名新当选村党组织书记中，致富带富能手11人、优秀复转军人3人、优秀回引人才1人。

【生态工业】 2020年，八都镇推进平山岭工业园区基础设施改造提升工程，启动溪坪区块区间道路建设工程；完成平山岭工业园区（五期）基础设施附属道路工程、平山岭竹产业小微园区间道路工程。实施精准招商、以商招商，成功与龙泉市明嘉竹木制品有限公司签订总投资2200万元“年产10万立方米竹制砧板（半成品）生产线建设”项目；会同上海招商小分队共同招引唐山曹妃甸典邦装饰工程有限公司，签订“年产5000套高端展柜生产线”项目投资意向协议书。完成平山岭工业区（五期）工程、溪坪区块（一期）工程2个工业空间拓展项目，共计14公顷。完成工业投资5900万元；实际利用内资7750万元，完成任务额129.2%；实现规上工业产值4亿元，同比增长15.44%；工业企业上缴税费4088.8万元。

【竹产业小微园综合扶贫项目】 2020年，八都镇谋划溪坪区块竹产业小微园综合扶贫项目，成功争取省级综合扶贫试点资金3000万元。该项目位于八都镇平山岭工业园区（五期），规划面积约42.74亩（道路8亩），拟建钢结构标准厂房5幢，建筑面积约13065.08平方米，配套建设厂区内道路、管网、绿化、给排水工程等，总投入约3759万元。项目由八都镇工农业综合开发有限公司负责实施，建设工期为2020年4月至2021年12月，项目建成后收益主要用于扶持7个扶贫重点村集体经济增长和低收入农户增收。2020年，竹产业小微园综合扶贫项目完成厂房独立基础建设。

【综合执法体制改革】 2020年，八都镇按照“精简、统一、效能”原则，通过综合行政执法局下沉、4个市级业务主管部门派驻、镇政府调整持证人员的形式，组建成立丽水市首支乡镇（街道）综合行政执法队伍。此项工作系省级试点，行使发改、经信、教育、公安、自然资源、生态环境、住建、水行政、农业农村、文化旅游、应急管理、市场监管、人防、林业、地震、气象等16个条线533项行政处罚权，以及与之相关行政检查权、行政强制权，实现“一支队伍管执法”，解决乡镇“看得见管不了”难题，以及各职能部门“多头管、重复管、无人管”困境。

【文教卫体事业】 2020年，八都镇全面完成文化服务阵地“四馆三房一广场”（四馆即善好馆、章溢纪念馆、清风馆、青瓷展览馆，三房即小镇书房、健身房、舞蹈房，一广场即思贤文化广场）建设。举办乡村文化漫游暨“善好杯”体育文化周活动，参赛人员达300余人。举办文艺演出31场，开展文化培训20余期，农村群众精神文化生活日益丰富。八都民族中学获得丽水市初中学校教学质量进步奖、龙泉市教学质量考核二等奖，八都中心小学获得丽水市健康促进银牌学校称号、龙泉市教学质量考核三等奖，瀑云小学获得龙泉市教学质量考核一等奖，教育综合实力不断增强。推进“健康八都”建设，完成直肠癌筛查2597人，接种肺炎疫苗1122人、流感疫苗234人，动员胃癌前期筛查111人。　（雷　颖　孙梦丹）

## 上垟镇

【概况】 上垟镇地处浙闽赣边界，镇域面积162平方公里，辖上垟和泗源2个管理区，12个行政村，56个自然村，165个村民小组。2020年，全镇总户数5316户，总人口17245人；工业企业19家，其中规上企业4家，2020年实现规上工业产值1.48亿元，产值增加率11.5%，增加值率33.5%，位居龙泉市第一。该镇青瓷产业兴旺、毛竹资源丰富、旅游产业发达，有百年曾芹记古龙窑、源底古民居建筑群、省级非遗经典旅游景区中国青瓷小镇等丰富的文旅资源，是浙江省首批特色小镇、十大中国最美小镇、第一批中国特色小镇、全国美丽宜居小镇和全国文明乡镇。2020年，上垟镇被全国爱国卫生运动委员会命名为2017—2019周期国家卫生乡镇，创成浙江省AAAA级景区镇、污水零直排乡镇、语言文字规范化乡镇，荣获龙泉市“生态经济大追赶”活动（产业提升——生态工业）集体嘉奖，成功化解一积案并获龙泉市平安办发文通报表扬，青瓷小镇2019年度省级特色小镇考核获评良好等次，上垟镇中心小学荣获2019学年综合考核一等奖、教学质量考核一等奖。

2020年12月，八都镇小镇书房　（八都镇／供图）

【疫情防控】 上垟镇地理位置特殊，是龙泉的西大门。疫情期间，该镇摸排重点人员1714名，设立卡口23处，其中省际、县际卡口5处，登记进出人员2130人次；发动党员、网格员332名，完成卡点执勤3650人次、人员排摸2350人次，为村民群众开展代买代办服务585人次；收到社会各界防疫捐赠资金5.25万元、口罩3600余只。2020年，上垟镇全面抓实“双整”（整乡推进、整县提升）工作，申报党建示范点5个、党建重点项目2个，整顿转化后进党组织1个，建设清廉村居2个。

【村社组织换届】 2020年，上垟镇在村级组织换届选举工作中创新提出三个“全覆盖”，即走村入户“全覆盖”、竞职演说“全覆盖”、过堂会审“全覆盖”。12个行政村均一次性选举成功，除源底村、五都垟村2个村因工作需要下派镇干部担任村支部书记外，其余10个村全部实现村支部书记和村委会主任“一肩挑”，呈现选民参选率高、一肩挑得票率高、党员参会率高（达99%）特点。

【民生保障】 2020年，上垟镇新增低保113户、低边5户，退出低保49户、低边12户；残疾人两项补贴享受人数331人；实施临时救助27人，发放救助金额8.4万元；结对帮扶低收入农户404户637人，通过“菜单式”扶贫帮助42户低收入农户增收11.77万元。城乡医保参保1.43万人，“浙丽保”参保率超85%，养老保险待遇生存认证2894人次，提供农村养老、医疗保险服务4562人次，农村住房保险参保率达99%。组织开展重点人群免费流感疫苗接种149人，23价肺炎疫苗接种720人，结直肠癌初筛2019人，结直肠镜检查246

人。新建昌岗村文化礼堂，至此，12个行政村已建成11个村文化礼堂，基层群众文化需求不断得到满足。源底村文昌学堂完成方案设计，上垟镇中心小学荣获2019学年综合考核一等奖、教学质量考核一等奖，创历史最好成绩。

【重点项目推进】 2020年，上垟镇各项重点项目建设全面推进。青瓷小镇产业园30天完成政策处理813亩，农户签约率100%，协同林业、国土等部门15天内完成组件上报，争取土地指标400多亩，并于12月20日开工建设，创造“上垟速度”。11月9日，首批省级综合试点项目源底田园综合体正式开园，文昌学堂、乡愁果园二期、精品民宿、精菜馆、乡创汇功能区块提升等配套工程正在加快推进。省级重点项目322国道改建工程完成全部土地征收政策处理工作，青瓷小镇产业园项目开工建设。泗源管理区拆除旧有笋竹加工厂房超3000平方米，新建泗源竹木小微园，实现厂房主体建设和企业招商入驻同步完成。

【文旅融合发展】 2020年，上垟镇坚持不移走农文旅融合发展之路，成功创建浙江省AAAA级景区镇，双源村、木岱口村分别成功申报浙江省A级、AA级景区村，青瓷小镇在2019年度省级特色小镇考核获评良好等次。在上海成立龙泉（上海）产业创新孵化中心，打造对接上海资源、开展文旅推介的重要窗口。10月，青瓷小镇景区因上海道铭控股有限公司存在债务纠纷停止投资宣布闭园，11月，由龙泉市青瓷小镇投资发展有限公司接管经营并复园，景区在受疫情和闭园影响下，仍然保持良好发展态势，全年接待游客25.3万人次，实现营业收入8872万元。举办“上垟寻瓷•梦回宝溪”乡村漫游节、第三届世界青瓷大会子活动“世遗青瓷•鼓舞东方”大型演出等文旅活动，同步开展研学游活动，全面打响青瓷小镇旅游品牌。截至2020年12月，全镇有农家乐（民宿）40家，其中龙泉山居2家、精品民宿1家，成功创建“丽水山居”农家乐综合示范项目1个。（汤　剑）

2020年，云台山冬季雪景　（王习宇/供图）

## 小梅镇

【概况】 小梅镇是海上丝绸之路始发地，也是浙江省历史文化名镇、浙江省粮食生产功能区，镇域面积102.44平方公里，辖14个行政村，99个村民小组。2020年，全镇总户数3854户，总人口12228人，其中，农业人口11977人，居民人口251人；农业总产值1.553亿元，财政总收入5792.53万元，村级集体经济总收入531.17万元，农民人均纯收入22804.5元。

【疫情防控】 1月25日（正月初一），小梅镇紧急召开镇村干部防控部署会议，全体镇村干部到岗到位，对镇域内流入人口进行系统摸排，实施26处硬隔离和8处卡口管控，共摸排外来返乡人员1701人，其中来自武汉、温州等重点地区人员152人，牢牢守住龙泉“南大门”，为龙泉成为浙江省11个“零病例”县贡献小梅力量。

【民生保障】 2020年，小梅镇14个行政村高质量完成集体经济薄弱村清“零”工作，年平均总收入达33.19万元、年平均经营性收入达12.64万元。光伏小康工程初见成效，大梅、大窑、半边月每村有5万元的收益分红，全镇低收入农户每位有460元的收益分红，共计337680元。结合“大走访”活动，通过“菜单式”扶贫帮助226户申请补助资金58.77万元。全年办理临时救助80人次，帮扶资金共24.42万元，减轻因病因学致贫人员支出压力。投资45万元的小梅镇居家养老服务中心完成建设，创建“枫桥式”退役军人服务站1个，完成秋季征兵任务。“大搬快聚、富民安居”工程有序推进，完成上凉亭异地搬迁安置小区二期第一批安置对象11户48人，拨付资金64.23万元；完成农村危旧房治理19户。2020年

“雨露计划”符合申报条件对象24人，申请补助资金7.2万元。为16名青年发放创业信贷，扶持资金共计720万元。

【村社组织换届】 10月30日至11月5日，小梅镇开展村级党组织换届选举工作，14个行政村党组织班子换届顺利完成，党员到会率均实现100%。新产生59名支委委员，其中56名满票当选，当选“一肩挑”书记满票率87%，副书记满票率100%，各项选举指标均列全市第一。12月7—11日，开展村委会换届正式选举工作，14个行政村全部一次性选举成功。村民平均参选率为95.9%，“一肩挑”人选平均得票率为94.38%，其中半边月村“一肩挑”人选得票率为100%。

【云上粮仓】 10月10日，小梅镇举办“电商助农迎丰收•南方稻香飘四方”活动，助力特色农产品销售。该镇与龙谷青创园携手合作，实施“云上粮仓”计划，注册“南方稻香”小梅大米区域品牌，通过龙谷云尚商城App和小程序，以高于米厂20%以上价格向农户收购稻谷。龙泉市云尚电子商务有限公司与小梅镇种粮大户签订稻谷收购协议，当天预定出“南方稻香”新米7.6万余公斤，全年新增大米销售近15万公斤。

【文旅融合】 6月13日，“海丝瓷源•文化小梅”2020第九届龙泉市乡村漫游节（小梅站）在金村村精彩开幕，通过金邨窑传统龙窑点火仪式、篝火晚会、传统青瓷制作体验、农特产品展销、亲水活动、海丝码头探秘等一系列活动，吸引一千余名市内外游客前来打卡体验，当天实现营业收入近10万元。

【小梅镇派出所及便民服务中心提升改造工程】 2020年，小梅镇政府投资500万元，将小梅镇便民服务中心与派出所办公用房互换，包括主体建筑与附属楼层整体搬迁使用，改造总建筑面积约1800平方米。新便民服务大厅投入使用后，新增群众办事等候休息区，开放服务残联、社保、医保等5个窗口，统一配备电脑等便民设施，“一站式”办好群众身边事。

【创建“无违建乡镇”】 7月，小梅镇通过丽水市“无违建”乡镇创建验收组验收，获得“无违建乡镇”称号。2013—2020年，小梅镇完成拆违面积401676.04平方米，拆后利用面积320157.262平方米，拆后利用率达82.29%，完成旧住宅区改造262164.17平方米、城中村改造80006.07平方米、旧厂区改造46339.89平方米，累计完成三改总面积388510.13平方米。（王忠伟）

2020年3月，黄南村油菜花海　（雷钰秋/供图）

## 查田镇

【概况】 查田镇是丽水市级中心镇，也是龙泉“一区四园”工业重点镇，为龙泉五金汽配产业发祥地。镇域总面积122.36平方公里，辖17个行政村。2020年，户籍总人口16904人，总户数4981户，其中农业户籍人口16568人，非农业户籍人口336人。该镇紧盯经济发展目标，统筹推进疫情防控和经济社会发展，实现地方生产总值9.32亿元，其中工业总产值7.1亿元，农业总产值2.22亿元；农民人均纯收入达24522元，同比增长10%。各项工作争先进位，获得龙泉市26县发展实绩考核工作成绩突出集体、“生态经济大追赶”活动集体一等奖、衢宁铁路成绩突出集体、深化改革先进集体、社会治理先进集体等荣誉和称号，查田镇人民调解委员会获评“全国模范人民调解委员会”。

【疫情防控】 2020年，查田镇建立健全驻村干部、网格员、医护人员、公安干警“四联一”专班管控模式，排摸外来返乡人员2326人，累计解除居家观察人员1506人。牢牢抓住人和车两大重点，设置硬隔离23处，卡口26个，实行24小时值守，严密控流、严防输入。利用广播、滚动屏幕、方言版“小喇叭”等方式，全面宣传消毒防护知识。坚持"两手抓、两战赢"，严格落实《"战疫助企、暖春行动"二十一条意见》、"一长两员两车"等服务机制，13名班子带队下沉到各厂区开展驻企服务，帮助企业解决困难和问题80多个，全镇27家工业企业实现全面复工，产能恢复指数在全市名列前茅。建立《查田镇疫情防控常态化工作机制》，严格落实"测温+亮码+口罩"等小门管控措施，持续落实入境排查管控、劝侨稳侨、村社后续管控等工作机制，有力保持生产生活平稳有序。

【重点项目】 2020年，查田镇按时完成衢宁铁路龙泉段临时用地复垦、小三改工程等工作，为9月铁路全线通车提供坚实保障。全力推进11万伏输变电工程、瓯江绿道等13个镇重点项目，开工建设悦来大桥，进一步拓宽集镇发展格局。青坑底矿泉水项目完成勘探建井工程，进入动态监测阶段，初步探明日出水量可达1800吨以上。完成三大安置小区基础设施建设，开发欣悦楼商品房项目，50余套商品房基本售罄。"污水零直排"项目高分通过丽水市级验收。

【环境整治】 2020年，查田镇发动干群集中开展环境综合整治行动30余次，完成集镇区域散乱差整治工作，拆除违建2.7万平方米，清理河道近30公里，整治废水直排隐患点395个。完成茶丰工业污水处理厂提升改造，实现零超标排放。抓好小查田村等村生活垃圾分类处理，推动茶丰村等7个市级"美丽乡村"示范村建设。

【平安查田】 2020年，查田镇共协调解决矛盾纠纷185件，破解信访积案、历史遗留问题11件，"平安三率"抽样调查群众安全感满意率达91.24%，查田镇人民调解委员会获评"全国模范人民调解委员会""丽水市成绩突出人民调解委员会"。建成龙泉市首个宪法文化主题公园，全面开展普法教育。深化"最多跑一次"改革，精准开展企业"三服务"，街头桥小微园B区块建设实现全程代办"零"次跑，推动群众办事"上门代办""掌上办"。开展安全生产检查、食品药品监管、防火防汛等督查20余次，群众安全感、满意度不断提升。

【村社组织换届】 2020年，查田镇顺利完成17个行政村党组织换届，党员参选率达100%，所有党委主职意图人选均实现一次性高票当选，"一肩挑"书记平均得票率为97.%，选举共产生党总支书记5人，党支部书记26人，党(总)支部副书记17人，党(总)支部委员35人。在村委换届方面，16个行政村选举一次性成功，参选率为98.1%，村委会成员平均得票率为92.16%，"一肩挑"主任平均得票率为98.35%。新当选71名村两委干部平均年龄为44.86岁，新引回优秀人员32人，占比45.07%，全面实现行政村大学生进班子和35岁以下人员进班子2个100%高质量目标。

2020年，查田镇全貌 （查田镇/供图）

【生态工业】 2020年，查田镇实现规上工业产值2.73亿元，投入项目研发经费916万元，2家规上企业获评浙江省科技中小型企业。金圩小微园6家企业厂房全部结顶，其中4家投入生产。街头桥小微园A区块有效运行并实现"双增"，B区块1.3万平方米标准厂房建成并顺利招租。溪口小微园成功引进2个工业项目，其中亿元项目浙江祥泰建材实现当年引进、当年落地开工。

【生态农业】 2020年，查田镇完成粮食播种面积1.4万亩，发展种粮大户42户。发展溪西茄子、圩头茭白等蔬菜基地，在竹舟村发展中药材基地400余亩，完成小查田300亩甜橘柚和葡萄柚基地种植，葡萄柚入选"丽水山耕"品牌。促成年出栏15万头仔猪万山生猪养殖项目落地，建成后将成为龙泉市最大的生猪养殖项目。

【文旅产业】 2020年，查田镇完成查一、查二2个A级景区村庄创建，茶丰村圩头素质拓展基地与果蔬基地农旅融合项目有序推进。举办以"查田馄饨"品牌推广为内容的乡村漫游节，为19家市内外馄饨店发放补助金11万元，提升查田馄饨品牌知名度和影响力。举办"不灭窑火"系列活动暨溪口黑胎哥窑传统技艺复烧活动，溪口瓦窑垟遗址保护公园展陈工程（哥窑博物馆）通过验收。2020年，接待游客31万余人次，实现旅游收入900余万元。

【民生实事】 2020年，查田镇投入135万元，完成隆丰村农田机耕路硬化等5个扶贫发展项目建设。推进"大搬快聚、富民安居"工程，全镇109户476人实现零星搬迁，超额完成全年指标任务。完成农村饮用水达标提标、集镇路灯改造和提升、"污水零直排区"建设"三大民生工程"建设，并高效有序投入使用。做实做细重点人群免费接种流感疫苗、结直肠癌筛查、"浙丽保"等民生工作，"浙丽保"参保率达88.8%。实现"消薄"双达标目标，17个行政村经营性收入达239.28万元，总收入达399万元。 （陈玮歆）

## 屏南镇

【概况】 屏南镇为百山祖国家公园中心地带乡镇，镇域面积285平方公里，下辖屏南、瑞垟、均溪3个管理区，9个行政村28个自然村。2020年，户籍人口10163人。该镇平均海拔超800米，年平均气温14℃—16℃，负氧离子密集丰富，是浙江省农业绿色发展示范区和丽水市摄影创作基地。

【疫情防控】 2020年，屏南镇全力打好疫情防控阻击战，通过各种形式广泛开展宣传，引导全镇村民做到不串门、不集会、不聚餐，积极营造全民抗疫浓厚氛围。运用"大数据+网格化"手段，共排摸出外出返回龙泉人员871人，迅速成立工作专班，严格落实医学观察管控措施。设立4个镇级控流点，其中3个县界控流点，28个村级控流点，成立党员防控志愿服务队，强化卡点值班，守好"大小门"，筑牢疫情防控"铜墙铁壁"。

【民生保障】 2020年，屏南镇全面落实困难群众救助措施，对建档立卡的385户668人开展"一户一策一干部"结对帮扶，实施"菜单式"帮扶项目43户、补助资金8.66万元，精准提高低收入农户收入，实现"消除8000"农户工作目标。全面落实医疗养老保障，城乡农民医疗保险参保率99.4%，"浙丽保"参保率88.7%，养老保险参保率87.5%。顺利完成乡镇级居家养老服务中心建设和均益、地畲居家照料服务中心提升工作，新建镇级退役军人事务站1个、村级退役军人事务站3个，新建乡镇级应急避灾点1处、村级避灾点1处。完成6个自然村农村垃圾分类村创建；危旧房改造8户，拆违6000余平方米，完成"集镇污水零直排"项目验收。

【村社组织换届】 2020年，屏南镇第一时间组织工作专班，开展村级组织换届政策宣传、人选排摸报名和选情研判，整个换届选举过程平稳有序，各村"一肩挑"人选均实现组织意图。新当选村两委主要负责人有着经商、外出务工、自主创业等经历，其中具有大专及以上学历4人，占比44.44%。新当选的村两委班子成员共68人，35岁以下年轻干部13人，占比19.1%；大专学历以上14人，占比20.6%；全面实现每村至少一名35岁以下年轻干部，每村一名大学生，村干部结构得到优化。

【生态产业】 2020年，屏南镇构建高山蔬菜新型产销模式，大力推行"合作社+农户"合作种植模式，合作社兜底农户经营效益，在有效保障农户收益基础上，降低合作社经营成本，提升产品市场竞争力，已培育出规模较大、效益较好、种植品种多样专业合作社2家，单个年产值达200万元以上。大力发展茶产业，加大"云涧屏南"茶青品牌推广力度，全年茶青采摘量达12.5万余公斤，产值

2020年7月，屏南四季豆采摘上市 （徐建伟/供图）

达1000余万元。培育壮大蜂蜜产业，中蜂养殖规模达到840箱，较上年增加31%，为农民增收50万元。赏花、避暑经济效益明显，3月，前往车盘坑村观赏百年梨花的游客络绎不绝，夏季来屏南避暑度假人数2万余人次，较上年翻两番。9月，举办农民丰收节。10月，举办"江南之巅·天空越野赛"暨屏南越野文化节，越野跑（龙泉屏南越野小镇）入选浙江省运动休闲旅游优秀项目。

【百山祖国家公园创建】 2020年，屏南镇凝心聚力攻坚百山祖国家公园创建工作，各行政村将国家公园创建工作和理念纳入《村规民约》，成为丽水市首创。全力攻坚集体林地地役权改革工作，全面推进地役权改革落界指界、二决议四委托和合同签订等工作，共完成100个村民小组地役权改革工作，104块林地两证办理工作。屏南天空（避暑）越野小镇作为百山祖国家公园屏南片区主体项目，完成规划编制。 （庄承杰）

## 安仁镇

【概况】 安仁镇是龙泉市首个省级中心镇、国家经济综合开发示范镇、中国十佳历史文化名镇和全国新农村建设示范点，是省级文化示范镇、省级体育强镇、省级教育强镇、省级生态镇和省级卫生乡镇，镇域面积208平方公里，辖14个行政村。2020年，户籍户数6578户，人口19214人，常住人口17622人。安仁镇是龙泉"一区四园"工业重点镇，2020年，实现工业总产值18亿元，木制、泵阀产业逆势上扬，规上工业企业产值7.5亿元，新上规企业1家；村级集体经济总收入为1033.55万元，经营性收入282.71万元。安仁镇退役军人服务站被评为首批全国"示范型退役军人服务中心（站）"全省"新时代枫桥式退役军人服务站"。

【疫情防控】 2020年，安仁镇统筹推进疫情防控和经济社会发展工作，按照"人群筛查+分类隔离+流动监测"工作模式和三级联防联巡制度，共排摸返乡人员3000余人次，设置控流卡点40余个，构筑坚实疫情安全屏障。率先推进规上企业复工复产，高效落实"战疫驻企"暖春行动，积极帮助企业解决通行难、物资缺、人手紧问题，兑现电费等补助88.4万元，短时间内实现复工率100%。开展冬季疫情防控工作，不定期对辖区内集贸市场、超市等人员密集场所进行检查，及时摸排境外返乡人员，全面禁止大规模人员集聚活动。严格落实公共场所疫情管控措施，加强小门管控和日常督查，落细落实各项疫情防控举措。

【项目建设】 2020年，安仁镇共有政府投资项目7个，新建项目5个，续建项目2个，投资总额1.19亿元。昌文一期基础设施建设项目稳步推进，昌文二期基础设施建设、集镇绿道等项目全面启动，昌文小微园项目开工建设。原忠港二期（大窟区块）项目实现"腾笼换鸟"，成功招引浙江恒宁玩具有限公司总投资1.2亿的年产500万套木制玩具生产线项目落地。选商引资实到资金6000万元，新签约亿元项目1个，意向签约3亿元项目1个，落地项目2个。规上工业企业完成技改投入1583.39万元，开展泵阀行业补链延链强链整治，华星、麦斯凯等10家企业完成环保设施提升改造，其中8家已通过验收。安仁镇中心养老院项目通过验收，安仁镇中心幼儿园项目、安仁镇卫生院综合楼项目、安仁镇残疾人阳光庇护中心提升项目有序推进。

【乡村振兴】 历史文化村落保护及利用工作稳步推进，张畈村获评浙江省级美丽乡村特色精品村，争取到"山海协作"项目资金1077万元；季山头村创成丽水市红色乡村振兴示范村；李登村完成2020年度历史文化村项目建设；安福村被列入浙江省级美丽宜居村创建名单。开展违建整治专项行动，成立领导小组，制定行动方案，坚持"处置存量、遏制新增"两手抓，分步分类开展存量"清零"，坚决遏制"顶风违建"，坚决刹住、扭转安仁镇违建高发频发之风。水利供水设施建设全面推进，共申报建设农村饮用水达标提标项目建设点位44处，各建设点位均已投入运行。稳步推进"污水零直排区"创建和溪西溪东工业园区工业污水提升改造项目，有效提高园区内工业污水处理能力。

【村社组织换届】 2020年，安仁镇通过分析研判、实地调研、多轮认证，顺利完成14个行政村村级组织换届选举工作，实现组织意图与党员群众意愿结合。村党支部书记换届选举中，党员参选率达98%，14个行政村均一次性选举成功，共选举产生65名支委委员，委员平均得票率达79%，"一肩挑"组织意图人当选委员得票率89%，千人以上行政村均有大学生进入党组织班子队伍。村委会换届选举中，选民参选率97.2%，14个村均顺利完成选举工作，一次性选举产生59名村委成员，其中专职女委员14人，"一肩挑"人选均高票当选。村务监督委员会、经济合作社管理委员会、共青团、妇联等村级配套组织，均按要求完成换届。同时，做好后期档案整理工作，对相关文件资料进行分类整理，严格执行“一村一档”，确保村级组织换届选举工作档案齐全、完整、规范。

【学习实践活动】　2020年，安仁镇深入学习贯彻龙泉市委十四届九次全会精神，深入开展“聚焦‘重要窗口’、聚力龙泉复兴”学习实践活动，抓实抓深活动规定动作，做新做好具有安仁特色自选动作，以学习实践活动为契机撬动安仁各项事业向好发展。开展“走街串户、脚印万家”贴近群众大走访活动，以“1412”（1名走访领导+4名走访组员+1名镇属部门干部+2名村干部）工作机制，组织动员镇、村两级干部利用业余时间深入村户，详细掌握村情民意，排查各类矛盾隐患，拉近党群干群关系，完成走访1500余人次，收集意见建议600余条。

【乡风文明】　2020年，安仁镇扎实推进新时代文明实践站所建设，构建“一所五点”（安仁镇新时代文明实践所，季步高爱国主义教育基地、安仁中学、安仁镇中心小学、安仁镇成人技校、永和义警新时代文明实践点）格局，实现14个行政村文明实践站全覆盖。完成安严村、大舍村、安源村文化礼堂建设。党员、干部带头全面推进“移风易俗”，引导广大群众更新思想观念、革除陈规陋习，推动社会文明程度不断提高。积极选树模范典型，天平村季山头自然村季明善、季子娥夫妇获评2020年“最美诚信浙江人”并入围“中国好人”，黄砈村村同项文其、张畈村村民吴桂华上榜第三季度“龙泉好人”，金蝉湖村民沈汉英上榜第四季度“龙泉好人”。

【民生保障】　2020年，安仁镇统筹推进惠民安民工作，全面消除年家庭人均收入8000元以下现象，集体经济薄弱村全面清零。完成困难群众危旧房改造27户（其中C级危房24户、D级危房3户），2户无房户得到妥善安置。实施扶贫项目11个，“菜单式”扶贫387户，“雨露计划”扶持43人，976户1641名建档立卡低收入农户全部脱贫摘帽。实现残疾人“三项”保险全覆盖，686人享受残疾人补贴。独生子女家庭意外险参保率达100%，农村医疗健康保险参保率达99.69%，养老保险参保率达98.92%，“浙丽保”参保率达88.99%。扶持青年创业75人，爱心救助贫困学生17人。

【基层治理】　2020年，安仁镇以“党建统领四平台”为抓手，不断创新发展新时代“枫桥经验”，探索建立“网格+警务”新型治理模式，大丘另村、安仁联勤警务站、安和小区成为丽水市智安小区建设现场推进会参观考察点，“永和义警工作站”、安和小区治理模式作为龙泉典型进行交流发言。依托“永和义警工作站”，建立安仁镇社会矛盾纠纷调处化解中心，整合十余个部门，形成专职调解员、司法、派出所人员长期入驻，其余部门轮驻的工作机制，2020年接待到访群众300余人次，受理各类矛盾纠纷案件46件，化解成功率达95.6%。大力推进巡察反馈问题整改和重大遗留问题处置，完成整改47个，稳妥推进高速公路拆迁安置等难题化解。依法规范信访行为，化解信访积案3件，各类矛盾纠纷60余件。

【退役军人服务站建设】　2020年，安仁镇扎实开展退役军人服务站创建活动。开展“轮值站长”自愿服务活动，围绕“服务不缺位、保障全覆盖”目标，切实为退役军人及军属提供个性化、差异化、多方位服务，在思想政治教育、帮扶援助、权益维护、就业创业等方面取得积极成效，服务保障能力不断提升。安仁镇退役军人服务站被评为首批全国“示范型退役军人服务中心（站）”和全省“新时代枫桥式退役军人服务站”。征兵工作氛围浓厚，实征人数超应征任务80%，大学生入伍比例达到100%，获评丽水市征兵先进工作单位。　（徐佳雯）

2020年11月，安仁镇退役军人服务站　（吴程轩／供图）

## 锦溪镇

【概况】 锦溪镇镇域面积约162平方公里，下辖10个行政村，87个自然村。2020年，户籍户数4047户，人口10932人，其中，外来人口9人。2020年，全镇财政总收入5390.88万元，同比增长15.71%，其中，地方财政收入2051.23万元；上缴国税、地税61万元，同比增长21.72%；农民人均纯收入1.92万元，同比增长9.2%。实现“8000以下”和“两不愁三保障”突出问题“双清零”，提前完成村级集体经济巩固提升三年任务，10个行政村全部实现年总收入20万元以上且经营性收入达到10万元以上目标。锦溪镇获评“丽水市星级平安金鼎工作突出贡献集体”、龙泉市“美丽环境”工作先进集体，成功创建丽水市“乐水小镇”。

【疫情防控】 2020年，锦溪镇按照“坚定信心、同舟共济、科学防治、精准施策”总要求，外防输入、内防扩散，科学精准有序推进疫情防控工作。第一时间成立疫情防控指挥部和村级领导小组，建立战时指挥体系，迅速组织动员党员干部在全镇范围内对省外、市外返回龙泉人员展开地毯式排摸，及时落实隔离管控。以“十村联防”为工作机制，在全市率先设立省道卡口，对村实行封闭式管理，构筑起群防群治、联防联控铜墙铁壁。根据形势变化，迭代升级防控措施，在国内疫情得到有效控制后，及时有效开展涉外疫情防控工作，及时掌握侨胞回国动态，为龙泉成为浙江省11个疫情零病例县之一贡献锦溪力量。

【民生保障】 2020年，锦溪镇应急消防站建成并投入使用，配备一辆消防车，落实一支应急消防队伍，提升3个村级避灾安置点，发放10台海事卫星救援电话，加强防灾减灾能力。动态服务低保对象365户502人，低保边缘对象98户209人，困境儿童10人，贫困大学新生7人，发放各类资金补助350余万元，并向133名困难群众发放临时困难补助8万余元。开展城乡居民养老保险、医疗救助、社保卡发放、“浙丽保”等工作，全镇基本医疗保险参保率99.64%、基本养老保险参保率99.04%，浙丽保参保率88.27%。基层治理综合信息平台共受理事件7688件，便民服务平台共接待群众2万余人次，办理业务6000余件，事件流转处置满意率100%，发挥村级网格员巡查末梢作用，及时排查化解矛盾纠纷270余件，获评“丽水市星级平安金鼎工作突出贡献集体”。

2020年6月，锦溪镇应急消防站开展消防演练　　（锦溪镇／供图）

【村社组织换届】 2020年，锦溪镇在10个行政村党组织换届中，“一肩挑”组织意图人选全部成功当选，平均得票率达95%，其中百里、肖庄、岭根三个村得票率为100%，党员平均参选率达97%。在村委换届中，“一肩挑”组织意图人选全部成功当选，平均得票率达92.8%，选民参选率达96%。各行政村干部队伍在年龄结构、文化层次等方面明显优化，综合素质、履职能力大幅提升，为全镇经济社会发展奠定稳定基础。

【经济发展】 2020年，锦溪镇面对经济下行压力，全力做好“六稳”“六保”工作，下好援企稳岗“先手棋”，打好政策帮扶“主动仗”，经济发展稳住基本盘。及时做好小微企业和个体工商户“两直”补助政策宣传，组织51家企业和个体户完成申报，发放补助资金30余万元；扎实推动“三服务”精准高效落到企业急需处，2020年走访企业25家、80余次，发现并解决问题7个；持续加强金融帮扶，推动技术创新，开展7场科技科普宣传培训活动，帮助23家企业、个体户申请770万元小额贴息贷款；全力以赴招商招才、争项争资，如期完成全年既定各项目标任务，其中上报招商引资重要信息2条，招商项目包装、签约、落地并投产1个，协议利用内资完成签约2329万元，实际利用内资完成签约1200余万元，固定资产实际投资5572万元，完成率122%。

【产业发展】 2020年，锦溪镇中锦村上垟区块竹木加工小微园项目一期工程启动建设并基本完工。秀洲——龙泉山海协作乡村振兴示范点创建有序推进，相继建成奶牛托养牧场、四季生态牧草基地等项目，初步形成乡村振兴“下锦模式”。启动浙西南特委书记许信焜烈士纪念馆修建项目，梳理文澜阁《四库全书》三迁龙泉历史，加快推动五九基地招商引资。积极抢抓“龙泉人游龙泉”政策机遇，完善“江南蜜蜂谷”“泉灵谷”游客接待设施，10月举办“灵秀山水、康养泉灵”乡村漫游节，提升全国森林康养基地知名度。2020年，该镇接待游客17万人次，实现旅游经济收入260余万元。

【集镇建设】 2020年，锦溪镇在成功创建小城镇环境综合整治省级样板镇的基础上，持续推进美丽城镇建设，在中锦村实施建设人居环境改造工程，集镇主街道檐栏、节点小品更加精美，集镇环境卫生清理设施更加完备，成功创建新时代美丽城镇建设达标乡镇，被评为龙泉市“美丽环境”工作先进集体。同时，弛而不息抓实“五水共治”工作，辖区全年断面水质监测均为Ⅱ类以上水质，成功创建丽水市“乐水小镇”和省级“污水零直排区”。

## 住龙镇

【概况】 住龙镇镇域面积约269.7平方公里，下辖6个行政村，全域均为钱江源自然生态保护红线区。2020年，户籍户数2010户，人口6183人。住龙镇统筹抓好疫情防控和经济社会发展工作，2020年各项事业取得新的发展，被评为全国无障碍环境达标镇，系丽水唯一上榜乡镇；成功创建国家卫生乡镇，入选浙江省红色旅游教育基地、浙江省首批总工会职工疗休养基地、浙江省关心下一代教育基地、丽水市法纪教育基地和丽水市生态价值转化试点乡镇。

【疫情防控】 自新冠肺炎疫情发生以来，住龙镇始终将群众生命安全放在首位，坚持排查全覆盖、管控全覆盖、服务全覆盖、宣传全覆盖，召开防控会议10余次，累计排摸外来返乡人员942人，发放各类资料6000多份，设立各级卡点9个，切实阻断疫情传播途径。有效织密防控网，落实“外防输入、内防反弹”要求，通过网格管理、分层负责，抓好重点环节、重点场所、重点人群常态防控，严格开展健康监测。提升精密智控度，优化“大数据+网格化”防控模式，坚持“一码一测一口罩”，健全预警评估、闭环管控、快速响应等举措，实现了零确诊病例、零疑似病例和零无症状感染者。精准推动复工复产，积极宣传和落实《抗疫助企·暖春行动二十一条意见》等政策，深化“三服务”，落实驻企指导员、项目联络员制度，统筹做好员工返岗、社保返还、“两直”补助等帮扶工作，全镇复工复产速度和比率位居全市前列，生产生活秩序有效恢复，被评为龙泉市“两战两赢”突出贡献集体。

【民生实事】 2020年，住龙镇围绕“两不愁三保障”，开展结对走访300余人次，动态管理帮扶低收入农户78户119人，新增残疾人“两项补贴”25人；完成14户低收入群众危旧房改造；拨付临时救助16户64人次，救助金额23.9万元；引导26名困难群众实施低收入农户产业发展项目。同时，主动宣传惠民政策，农村居民养老保险参保率98%，农村医疗保险参保率99.66%，“浙丽保”参保率90.81%；超前保质完成结直肠癌筛查、23价肺炎疫苗接种、流感疫苗接种、低保胃癌筛查四项民生工程。

完成镇养老服务中心“公建民营”转型，实行市场化养老和政府孤老供养双轨并行，集中供养5人，开展送餐养老15人。农村饮用水达标提标行动顺利完成；新建公厕2处，提升改造15处；扎实推进“大搬快聚、富民安居”行动，完成搬迁36户158人。超额完成年度征兵任务，获评丽水市征兵工作成绩突出单位；建成退役军人服务站并投入使用。

【村社组织换届】 2020年，住龙镇6个村顺利选举产生69名素质优良、能力过硬、群众公认村级班子成员，高质量实现“四个百分百”，即“一肩挑”人选实现比例100%、党组织换届党员参选率实现比例100%、一村一年轻干部实现比例100%、一村一大学生实现比例100%。换届后第一周，举办为期2天的新一届村干部履职培训班，进一步统一思想，凝聚力量。

【“红绿”融合】 2020年，住龙镇积极应对疫情负面影响，依托丰富的红色资源，完善红色文化游、山水生态游、农旅融合游、健康养生游等特色旅游线路，拓宽客源新市场。以“一剑钟情·从瓷开始”——龙泉人游龙泉和万人游龙泉活动为契机，举办中共处属特委纪念馆开馆仪式暨住龙镇2020年乡村漫游节，协办国潮联盟乡村行、“艺脉相传·花开万家”系列展演等活动，进一步强化“红绿山水、淳美住龙”影响力。同时，引导农户开展老屋改造行动，新开业精品民宿2

家。2020 年，住龙镇接待游客 13 万人次，旅游收入近千万元，并成功创省首批总工会职工疗休养基地、省红色旅游教育基地、省关心下一代教育基地、丽水市法纪教育基地。

【生物多样性本底调查工作】 2020 年，住龙镇全面完成生物多样性基础调查工作，共发现生物物种 1270 种（变种），隶属于 330 科，掌握 1000 多种珍贵生物物种资源分布和种群现状等一手宝贵资料，并通过丽水验收，系浙江省首个完成该项工作的乡镇。该项工作被纳入浙江省生态环境厅“绿水青山就是金山银山”理念理论研究和案例研究三大课题之一“生物多样性丰富地区绿色发展模式课题研究”。

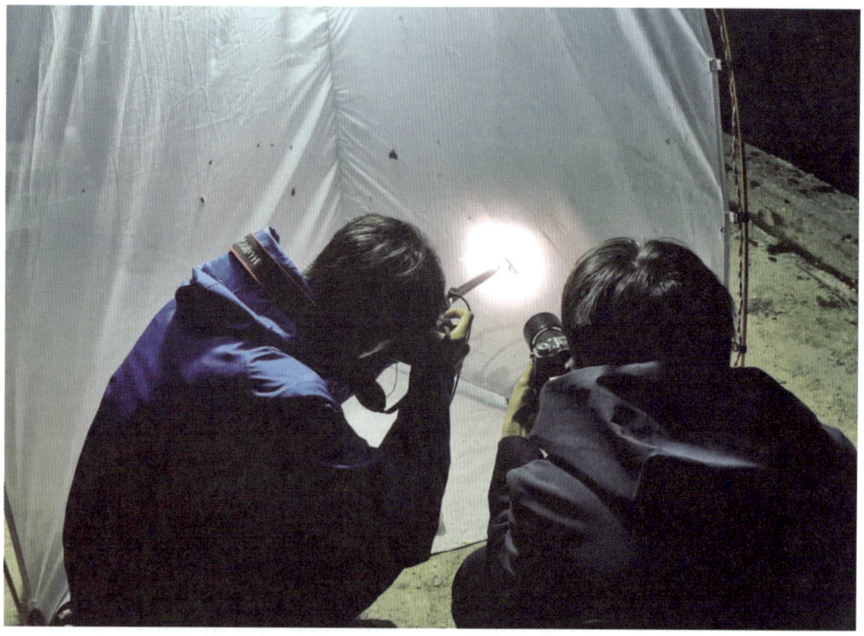

2020 年 11 月，专家团队针对昆虫物种进行灯诱捕获调查　（住龙镇 / 供图）

【美丽城镇创建】 2020 年，住龙镇成功列入浙江省首批美丽城镇样板乡镇创建名单，编制创建行动方案获评浙江省首批美丽城镇创建优秀方案。该镇以“专人专项、专班专干、全员压上”的决心和力度，系统推进项目，挂图清单作战，加速推进美丽城镇创建。同时，同步推进全国红色旅游示范小镇、国家 AAAA 级旅游景区、省 AAAAA 级旅游景区镇、省级旅游风情小镇等创建，进一步推动生活环境宜居与生态底色优美并肩齐行。2020 年，开展集中整治行动 3 批次，办理销号事项 59 项，实现集镇整体面貌大提升，为后续创建打下坚实基础。

【项目建设】 2020 年，住龙镇以全国红色旅游示范小镇创建为契机，启动红色革命旧址修复、省级爱国主义教育基地等项目建设，推进并完成中共处属特委旧址、红军街氛围提升、红色雕塑群、浙西南书苑等项目建设。围绕高等级景区建设，完成旅游集散中心（一期）、标识标牌提升、智慧导览系统、智慧灯杆、三星级旅游公厕等旅游基础设施提升改造工程，以及省级森林特色小镇中樱花主题森林公园基础设施、擂鼓山古道、林农产品品牌打造等项目建设。同时，生物多样性体验馆、青少年素质拓展基地、擂鼓山栈道等完成初步规划和政策处理，并顺利通过丽水专家组评估。开展长江经济带绿色发展示范工程、小微企业园等项目先期谋划，完成住龙田园综合体项目初步规划编制。

（周　鹏）

## 兰 巨 乡

【概况】 兰巨乡总面积 155.7 平方公里，辖 18 个行政村。2020 年，全乡总户数 6052 户，总人口 18037 人。兰巨乡抢抓百山祖国家公园创建等重大历史机遇，聚力实干，奋发有为，2020 年实现固定资产投资 1.1 亿元，同比增长 50%，农业总产值 2.88 亿元，同比增长 6%，规上企业总产值 6958 万元、同比增长 12%，成功创建省级美丽乡村示范乡镇、丽水市“乐水小镇”，获得龙泉市 26 县发展实绩考核工作集体嘉奖，并连续第五年获得龙泉市年度综合考核一等奖（生态经济型）。大巨村、砭湖村、南山村创成省级卫生村。

【疫情防控】 2020 年，兰巨乡统筹推进“两手抓、两战赢”，组建志愿服务队 24 支 800 多人，设置检查卡口 54 个，摸排返乡人员 2026 人，从严落实重点地区人员集中和居家管控措施 988 户，核酸检测重点地区返乡人员 49 人，劝停乔迁、婚庆等各类活动 46 场，协助关停庙宇 63 所。健全境外人员“一码一库一平台一指数”精密智控体系，实时保持与 93 名境外人员联系。疫情稳定后，积极协助各市场主体（重点项目）复工复产，派驻指导员 65 名，发放宣传资料 300 余份，配合打击恶意阻工行为 1 次。持续助力春耕备耕，协助乡属部门、学校做好物资储备、环境消杀、常态防控等工作，确保农业稳产增产、农民稳步增收，各部门、学校生产教学秩序正常运行。常态化开展"扫码+测温"工作，加强疫情防控和爱国卫生运动宣传，有效阻断疫情传播风险，切实保障群众的生命健康安全。

【民生保障】 2020年，兰巨乡认真开展"8000以下"低收入农户排查，完善低收入农户精准识别、动态管理机制，新增低保对象189户227人，低保边缘对象27户56人，特困人员1户1人，困境儿童3户3人。落实营养餐资助、蛋奶工程、雨露计划等帮扶政策，帮扶学生135人次，帮扶金额达20万余元。开展"大走访、大调研、大帮扶"活动，结对帮扶低收入农户603户，落实帮扶资金6.56万元。重要节日期间慰问困难对象185户，发放慰问补助金近30万元。落实"菜单式"扶贫增收项目193个，低收入农户直接受益28.77万元，择优选取29个项目建立2020年度扶贫项目库，补助资金364万元。高质量完成"消薄"工作，18个村集体经济总收入达到828.2万元，其中经营性收入达228万元。

接种23价肺炎疫苗760人、流感疫苗158人，组织胃癌筛查36人、结直肠癌筛查1997人。农村城乡居民养老保险参保率达到98.77%，城乡居民医疗保险参保率达到99.67%，"浙丽保"参保率达到90.11%。完成残疾人动态数据更新574人，推进无障碍设施进家庭建设5人。扎实推进"大搬快聚、富民安居"工程，完成搬迁16户56人，实施零星搬迁2户10人，申报审核异地搬迁安置小区购房补贴35户147人。

【文明创建】 2020年，兰巨乡扎实开展爱国卫生运动和控烟宣传，大巨村、砝湖村、南山村创成省级卫生村。深入推进精神文明建设，新增文化礼堂2个，提升改造新时代文明实践点1个，仙仁村邱宗金获评"长寿之乡乡贤人物"、汤思连获评"2020年全国敬老爱老助老模范人物"。

【党建工作】 2020年，兰巨乡推进独田等12个党建示范点创建，新建五梅垟等3个村党群服务中心，完成炉田村至官埔垟村党建示范带项目建设。探索建立"443制创新基层党组织标准化管理模式""党员政治生日"等基层党建品牌。树立"为事业选干部、凭实绩用干部"鲜明导向，圆满完成村级组织换届选举工作，选举新一届支委65人，村委71人，选拔产业链上人才35名，回引人才27名，下派干部2名。以防控一线为考场，识别提拔村级后备干部2名，火线入党1名。

【项目建设】 2020年8月，省(市、县)长重点工程兰巨乡氧吧长寿小镇一期项目开工建设，1号区块1260平方米商住酒店大堂和套房公寓完工并对外展示，13栋合院(商住楼)完成结顶，建设工程量达到50%以上，年度投资总额超亿元。推进衢宁铁路安置小区、农民新区房屋建设，完成集镇东路口提升改造及世行项目五梅垟路、笔架山路建设，集镇基础设施框架初步形成。持续助力百山祖国家公园创建，完成集体林地地役权改革确权登记工作，全国首张集体林地地役权证在官埔垟村发放；用时23天建成大赛驿站，推动国家公园主路口有序建设；正式启动南山村横坑儿自然村、空坑头自然村整村搬迁工作。推进瑞垟引水工程(一期)、世行供排水、衢宁铁路、龙祥观道家养生园建设、绿道建设(梅溪、龙泉溪绿道兰巨段)等项目，实施传统村落2个、"一村万树"示范村2个、农田机耕路项目10余个、垦造耕地项目8个500余亩，完成建设用地复垦项目2个23亩、衢宁铁路临时用地复垦项目7个区域180.78亩。建成大巨、蜜蜂岭、五梅垟、南山等村委综合楼4幢，完成上湾大搬快治道路挡墙治理和下沙桥地质灾害治理工程，加快推进上湾大搬快治小区、龙祥观安置小区及蜜蜂岭地质灾害安置小区等建设。

【乡村振兴】 2020年，兰巨乡开展人居环境提升百日攻坚、景区沿线环境卫生集中整治、全域大洁净等行动，实现农村环境卫生保洁市场化运行，建设垃圾分类处理村7个，建成省级

2020年2月，施工中的氧吧长寿小镇 (兰巨乡/供图)

高标准农村生活垃圾分类示范村1个。新建公厕7座，提升改造1座，整治环境卫生问题点位约320处，拆除违建2万余平方米。改善农村人居环境，审批农民建房100户，美丽庭院创建260多户，修缮治理困难群众危房27幢，拆除并新建D级危房4幢。实施道路拓宽改建15公里，森林古道修建20公里，美丽林相改造700亩。该乡成功创建省级美丽乡村示范乡镇、丽水市“乐水小镇”，创成丽水市“水美乡村”6个、省级美丽乡村特色精品村1个、AA级景区村1个、A级景区村1个。

2020年6月21日，仙仁长寿节　　（兰巨乡/供图）

【生态产业】 2020年，兰巨乡结合丽水市生态产品价值实现机制示范乡镇创建工作，统筹推进粮食生产功能区和现代农业综合区建设，建立以粮经结合、水旱轮作、设施栽培为特征新型农作制度，形成“黑木耳+水稻”“大棚蔬菜+水稻”“稻田养鱼”等轮作和增收生产模式，建成粮食生产功能区1万多亩，千亩示范畈3个，育秧（烘干）中心3个。巩固提升茶果菌蔬油产业，深化“三万工程”（万亩生态茶园、万亩美丽田园、万亩精品果园）建设，蔬菜总量达1.1万吨，中药材321.6吨，茶叶755吨，水果4523吨；水（干）果产业总面积约5218亩，大棚设施近200亩，产业主体26家，产业基地40余个；千亩以上水果基地2个，主导产品为桃行李、甜橘柚、红美人、火龙果、葡萄等。推动形成优势特色产业集群和优质农产品品牌建设，龙泉市添力水稻专业合作社“玉针香”和双樟家庭农场“中浙优8号”获得2020丽水好稻米优质奖，隆欣家庭农场“寿得宝”牌黑木耳获2020年浙江精品香菇奖金奖，年年丰家庭农场“项永年牌”灵芝孢子粉获评中国长寿之乡养生名优产品。

【乡村旅游】 2020年，兰巨乡抢抓全域旅游和国家公园创建发展契机，以园区景区化、农旅一体化为导向，推进“农家乐（民宿）+采摘园”“采摘园+景点”“产业基地+景点”等深度融合发展，涵盖精品水果采摘、休闲避暑体验、养生产品等多种类型，获评中国长寿之乡乡情体验基地，正式列入浙江省旅游风情小镇第五批培育名单，官埔垟村入选首批浙江省职工疗休养基地。打造文旅融合精品路线，先后举办“青春酷跑、寿乡探秘”、仙仁长寿节、何氏寻亲拜祖节、水果采摘节等4场乡村文化漫游节活动，协助举办江南之巅天空越野赛、环浙骑游百山祖国家公园龙泉总决赛、山水诗路绿道健步赛等活动，打响兰巨“长寿”“养生”旅游品牌。全乡共有农业基地（场）150余个，特色家庭农场和专业合作社60家，农家乐（民宿）55家。　（吴静雯　刘莹）

## 宝溪乡

【概况】 宝溪乡总面积148平方公里，辖6个行政村。2020年，全乡总户数2335户，总人口7807人，农村常住居民人均可支配收入25476元。2020年，宝溪乡获评美丽城镇省级样板，溪头村跻身全国文明村。

2020年，溪头村星空帐篷酒店夜景　　（朱向辉/供图）

【疫情防控】 宝溪乡第一时间成立乡村两级肺炎疫情防控领导小组，率先在省际交界、入乡入村等地点设卡，对来往车辆人员进行登记、测温，做到不漏一车一人。认真开展排摸，严格把控隔离关，组织党员干部100余人进村排摸40余次2300余户，梳理龙泉市外返乡人员922人，全乡实施居家隔离922人，集中隔离5人。1月27日，制定《告乡民书》《居家隔离告知书》《隔离人员告知书》《离乡申请书》等，对卡口管控严格规范、对外问询统一口径、居家隔离从严落实、隔离人员谢绝拜访，并成立以党员干部为主、热心群众为辅的乡村两级督导队伍14支，在全乡各村进行督导巡逻。和龙泉市康家有害生物防治有限公司签订合同，每月定期开展消杀，有效灭杀传染源，巩固国家卫生乡镇创建成果，助力疫情防控。积极推动复工复产，在疫情得到有效控制后，全乡各联系领导、驻村干部点对点结对帮扶乡属各小微企业，走访联系30余次，帮助企业主解决实际困难20余件；加大“三农”帮扶政策推广力度，鼓励各村种养殖大户广播粮、勤畜牧，稳定发展高山蔬菜1000亩以上。同时，成功对接工会疗休养，助力民宿（农家乐）迅速复产。

【民生保障】 2020年，宝溪乡大力开展扶贫领域工作，全面完成消除集体经济薄弱村任务，彻底消除“8000以下”低收入农户5户9人，以项目、资金、政策等多渠道帮扶形式，结对帮扶低收入农户274户438人，完成低收入农户C级危房13户改造任务，完成低收入农户发展项目7个，继续实施菜单式扶贫，帮助42户低收入农户增收6.8万余元。深入实施“大搬快聚、富民安居”工程，实现下山脱贫49户、210人。以乡级四个平台指挥中心为核心，各村网格员为延伸，在全乡构建大网格服务体系，让群众办事“仅跑一次、只到一站”，2020年，乡便民服务中心为民办事500余件，综治办成功调解矛盾纠纷9起，各村级网格员完成事件报送处置3000余件。积极开展“一域一试点”工作，提炼总结溪头村治村经、村民议事厅、老娘舅调解机制等好做法，探索实践村域治理现代化新路子，获评丽水市公共管理创新十佳案例。

【村社组织换届】 2020年，宝溪乡6个行政村按照法定程序，选举产生村两委干部49人，“一肩挑”人员4人，下派干部担任村组织书记2人，其中一名下派干部为乡党委委员。在新一届村两委干部中，年龄在35周岁以下8人，大专及以上学历14人，有创办企业经历24人；党组织换届阶段共产生党组织班子25人，其中党组织书记6人，2名为下派干部，大专及以上党组织书记4人，占比66.7%，35周岁及以下党组织书记2人，占比33.3%。

【文旅融合发展】 2020年，宝溪乡积极探索市场化运营模式，成立溪头村一村人旅游发展有限公司，引进丽水禾田曼谷旅游开发公司，开启“政府托营+村庄经营+市场运营”模式，加快乡村旅游发展步伐，并与丽水途美研学、浙江指尖风云达成三方战略合作，培养网红电商和市场推广人才。深化文旅融合发展，开展“不灭窑火”传统龙窑烧制活动10余场，举行浙闽两省毗邻六乡镇老区文化节、“名城·名镇·名村”匠心之旅研学季活动，联合上垟镇、旅行社共同开展“上垟寻瓷、梦回宝溪”省级旅游度假区、AAAA景区乡村漫游节活动，溪头村成为丽水市中小学生研学实践教育基地、龙泉市中小学剑瓷之行社会实践基地。2020年，该乡接待游客量约12万人次，实现旅游收入1000余万元。

【生态农业】 2020年，宝溪乡加快土地流转，深化推进千亩香榧康养产业园项目建设。主动对接“丽水山耕”等线上销售平台，创新推出窑乡小礼、窑工小食系列，拓展高山蔬菜、天然野茶等农特产品线上线下销售渠道，初步走出一条产业化、规模化、品牌化发展道路。截至2020年12月底，该乡已发展农业专业合作社42家，家庭农场47家，高山蔬菜基地1200余亩。

【美丽城镇】 2020年，宝溪乡深入推进美丽城镇建设，投资1200余万元开展美丽城镇建设项目，完成帐篷酒店、接待中心改造提升、田头轻吧、古巷花街等工程建设。同步推动美丽庭院、美丽街区建设，组织开展专项环境整治活动20余次，清理河道10余次，清理乱堆乱放100余处。春季造林900亩，四旁植树1万株，中央、省级财政森林抚育600亩。全力修复“7·9”洪灾灾毁设施，共争取上级灾毁补助资金400余万元，实施时光隧道桥修复、宝鉴村防洪堤修复、各村沟渠清理、龚氏龙窑修复、各乡村水毁道路修复等工程，村容村貌向好发展。优化打造优质赶集市场，成功实施逢五集改造提升。积极推动健康乡镇建设，开设中医养生馆，有效加强卫生服务能力。全面完成宝花公路、住溪至上垟红色旅游通景公路（宝溪——宝更段）建设。2020年，美丽城镇建设成功通过省级验收并被评为省级样板。

【全国文明村】 2020年，溪头村以争创全国文明村为目标，大力推进红色文化挖掘、红色景点打造及革命精神传承，落实未成年人思想道德建设和新时代文明实践所（站）建设等工作，让群众共享共建文化惠民成果。在乡村主要入口设置文化展陈，开展新家风家训传承、小城镇文明行动、文明好习惯、普及知晓率等活动，成功上榜第六届全国文明村。（何国远）

## 龙南乡

【概况】 龙南乡总面积212平方公里，辖15个行政村，91个自然村。2020年，全乡总户数7546户，总人口21176人。龙南乡紧紧围绕农耕文化小镇建设，抢抓百山祖国家公园创建、衢宁铁路通车机遇，坚持以党建为抓手，不断探索“生态经济化、经济生态化”发展新路子。2020年，全乡实现村集体经济总收入768.18万元、经营性总收入220.14万元，获龙泉市综合考核三等奖及26县发展实绩先进集体、“两战两赢”先进集体、文化旅游大融合先进集体、经济社会发展（美丽环境）先进集体称号。

【疫情防控】 2020年，龙南乡统筹推进疫情防控和复工复产，实现“两手硬，两战赢”。自1月26日（大年初二）起，乡村干部、医务人员、网格员、民兵、志愿者等连续24天在际头、庵边坑等6个卡口日夜值守，并成立2个临时党支部，调动519名党员干部参与防疫工作，切实做好外防输入、内防扩散。克服人户分离、山上山下居住分散等种种困难，对居家隔离对象实行区块管理，对境外人员实行报备管理，党员群众带头捐助防疫物资，共同构筑起疫情防控坚固防线。

【民生保障】 2020年，龙南乡完成医疗保险21325人，参保率99.59%，完成养老保险16410人，参保率99.50%。广泛宣传城乡居民医疗保险新政策，完成“浙丽保”参保人员15599人，参保率达90.25%。高质高效完成第七次全国人口普查工作。完成普查建筑物绘图6595处。多措并举建设“四好农村路”，完成青庄至安仁里皮下公路硬化3.6公里、麻竹坑至黄万岱公路硬化3公里等道路建设。

【村社组织换届】 2020年，龙南乡顺利完成村级换届选举工作，选举平均参选率高达95.18%，共产生新一届村两委班子成员132人，交叉任职18人，其中产生党组织书记15人，主任15人，副书记17人，副主任15人，委员70人，除下派村（兴川村）外，其余14个村均实现党组织书记和村委主任“一肩挑”。男干部112人，女干部20人，大专及以上学历20人，35周岁以下14人，年轻干部与高学历结构相对上一届得到明显优化。

【百山祖国家公园创建】 龙南乡是百山祖国家公园核心乡镇之一，创建工作涉及4个行政村8个原毗邻村，共1486户，33.61平方公里。5月15日，顺利完成确权落界、集体经济组织委托、行政村决议、村小组决议、农户委托、村民小组委托等地役权改革相关工作。7月25日，百山祖国家公园•乡村文化漫游节暨龙南乡避暑季活动开幕式上，举行友好社区自愿服务队授旗仪式。

【生态产业】 2020年，龙南乡立足高山生态禀赋，加大力度培育高山果蔬种植、高山稻田养鱼等优势产业，开发“高山900”品牌农产品，提升纯天然、无公害生态高山蔬菜基地3500余亩。推动粮食规模化和集约化生产，申报水稻种植大户1户，玉米种植大户1户。龙南优质高山大米在丽水、龙泉市“好稻米”评选中均获金奖。引进龙泉市云田农业有限责任公司，建立全省海拔最高的高山蔬菜智能化集约化育苗中心，实现当年引进、当年落地、当年投产，填补省内高山番茄育苗空白。9月24日，全省高山集约化育苗嫁接苗现场观摩会在龙南乡召开。与杭州医学院、省农科院、中国香榧研究院合作，打造野生香榧深加工联建基地，大力发展野生香榧产业，成功研制野生香榧油、香榧酒和香榧精油面膜等产品。持续加大“龙南粉皮”品牌建设，龙南粉皮获评丽水十大名小吃。

【项目建设】 2020年，龙南乡完成固定资产投资552万元，完成500万以上项目统计入库1个、“十四五”重大项目报送3个，谋划5000万元以上大项目2个、美丽城镇建设项目入库3个、2021年美丽城镇建设项目2个。凤阳村（原安和村）省级历史文化重点村落建设项目通过验收并获省级优秀，完成5个村新时代美丽乡村项目建设。全力推进国家公园（龙泉次入口）、全省“县乡公路最高点”观景台等项目建设。

【乡村振兴】 2020年，龙南乡成功举办创建国家公园•献礼撤县设市30周年、百山祖国家公园•乡村文化漫游节暨龙南乡避暑季活动、龙庆景毗邻乡村第十一届香菇文化节暨龙（泉）台（湾）两地共祭吴三公活动，2020年，过夜游14831人、入境游159403人，农家乐营业收入935万元，文旅人气指数完成率高达150%，在龙泉市“文旅大融合活动”中年度得分位列乡镇（街道）第四名。完成生态公益林落界9万余亩，补助资金380余万元。持续推进“三改一拆”

“五水共治”“人居环境整治”等工作，完成罗坪坑水库隐患点治理及道路建设、自来水工程提升项目50个点、8个村公厕建设。完成龙南乡乡贤馆建设、新时代文明实践所提升，以及4个村的文化礼堂建设，2020年上榜“龙泉好人”4人，“丽水好人”1人，“浙江好人”1人。（叶静琳）

## 道太乡

【概况】 道太乡总面积351平方公里，辖19个行政村、232个自然村、260个村民小组。2020年，全乡总户数4618户，总人口15056人，实现村级集体经济总收入525万元。

【民生保障】 2020年，道太乡创成锦安A级景区村、供村小康体育村，完成锦安、双平、际头、外垟、黄金坑5个村文化礼堂建设，重修仙源村无名红军烈士墓。夏安村中国传统村落项目建设全面完成并通过验收，荷上畈村省级美丽宜居示范村项目、堰坝堤防工程通过验收。完成双平片区联片供水、供村片区联片供水项目建设，19个行政村共94个点位农村饮用水达标提标工程。建成道太乡退役军人服务站和6个村级退役军人服务站，并顺利通过验收投入使用。

【村社组织换届】 2020年，道太乡顺利完成村级组织换届工作，19个行政村产生新一届村两委成员134人，其中35周岁以下22人、大专及以上学历33人，村党组织书记大专以上学历占比21%，干部队伍结构得到优化。

【项目建设】 2020年，道太乡完成衢宁铁路、G322（原53省道）改建工程等政策处理工作，完成衢宁铁路龙泉段临时用地复垦项目10个，村沈线提升改造工程一期（梧桐口至源口段）道太境内各类土地征收面积423.9亩，坟墓迁移60穴。推进补充耕地检查整改工作29.5个项目，完成12个项目验收，发放1100本不动产农房确权证。成功引进投资5千多万元的龙泉市致诚牧业有限公司生态养猪场建设项目，实现当年落地、当年开工建设，实际利用外资607.4万元。

【产业发展】 2020年，道太乡做优山茶油、中蜂、石蛙、生猪养殖等优势主导产业，有序扩大龙泉茄、西瓜等种植面积，新建美丽蜂场2家，发展西瓜种植300亩、龙泉茄100亩。落实粮食播种面积8400多亩。新增生猪规模养殖场5个，改造扩建2家，全年生猪出栏15000头以上，增幅超过50%。抓好光伏发电产业，对2019年建成屋顶光伏项目进行验收，完成2020年普通光伏发电国家补贴竞争性配置工作，光伏项目产值达3900余万元。

【民生保障】 2020年，道太乡完成村级增收项目5个，乡级联建项目1个，全乡19个行政村逐步形成有长期稳定收入产业，其中参与市级联建项目“飞地”建设40个，屋顶光伏发电项目10个，物业建设5个。19个行政村集体经济收入全部超过10万元，其中30万元以上村1个，20万元以上村2个；19个行政村集体经营性收入达260万元，总收入530余万元。全面落实“两不愁三保障”工作，扎实推进低收入农户增收，全年落实“菜单式”扶贫资金26余万元。推进偏远山区“大搬快聚、富民安居”工程，全年搬迁295人到城区、安仁镇等地落户。（洪 婷）

## 岩樟乡

【概况】 岩樟乡总面积101平方公里，辖4个行政村、45个村民小组。2020年，全乡总户数1551户，总人口4047人，常住人口829人。岩樟乡立足水源地功能定位，围绕“清水之源、桃源岩樟”定位，奋力推进升级版“又见桃花源”建设，各项事业呈现向好发展态势，首次荣获龙泉市综合考核二等奖，争先创优MEI指数获评“优秀”。

【疫情防控】 2020年，面对突如其来的疫情，岩樟乡闻令而动，党员干部风雨同行，一线并肩抗疫，筑起疫情防控坚固防线。率先在龙泉建立人员摸排“疫卡通”大数据库，更加精准、细致、高效地做好疫情防控工作。在常态化防疫下，成功举办3场文化漫游毅行活动，直播售卖农特产品取得突破性成效，有效助力农民增收。

【民生保障】 2020年，岩樟乡加强低收入户结对帮扶，辖区建档立卡低收入农户23户343人，其中低保160户235人、其他经济困难户63户108人，联合4个市直结对单位，通过资金帮扶、物资捐赠、政策帮扶等措施，实现结对帮扶全覆盖，全面消除年家庭人均收入8000元以下困难对象，实现“两不愁、三保障”。完成城乡医疗保险参保3476人、参保征缴率99.83%，“浙丽保”参保人数3277人、参保率94.41%。完成结直肠癌筛查651人次，筛查发现阳性77人，完成结肠镜检查人数26人、23价肺炎疫苗接178人、流感疫苗接种38人。完成集体经济薄弱村消除工作，4个村集体经济收入20万元以上，经营性收入10万元以上。

【村社组织换届】 2020年，岩樟乡依法依规开展村级组织换届选举，全程未出现信访问题，“一肩挑”意图人选全部顺利当选，村两委选举全部一次性成功，村两委参选率达98%以上，村委会主任平均得票率达91%，村监会、村经济合作社以及群团等配套组织全部配齐。完成坑源底清廉村居建设，并依托郑庄村的清廉文化，推出岩樟“清廉茶”系列茶产品。

【水源保护工作】 2020年，岩樟乡深入推进“五水共治”工作，落实“河长制”，并把全域不用除草剂等环境保护内容写进村民公约，全力呵护一溪清水。成功争取2.4万亩水源地毛竹林人工抚育资金补助政策，列入市本级财政预算，推动毛竹林人工抚育补偿成为常态化机制。开展中央环保督察迎检工作，辖区内水质达标率100%，常年达到或优于Ⅱ目标水质，治水做法作为典型经验在《人民日报》上刊登。在石坑、坑源底、金源、金坑、芭蕉等5个自然村实施农村饮用水提升工程，切实保障村民饮用水安全。

【生态农业】 2020年，岩樟乡坚持因地制宜、特色发展，提升发展岱岭油茶、坑源底猕猴桃、郑庄蜜桃、金坑蔬菜、柳山头香椿等五个“百亩基地”，全力构建茄子、四季豆、野茶、中蜂“四个全域”产业体系，加快推进农业产业高质量发展。创新营销渠道，探索与“盒马鲜生”等新零售业态合作，试水蔬菜“社区团购”模式，打响“水源地”农产品品牌，拓宽产业销售渠道。

【文旅融合】 2020年，岩樟乡做足“旅游+”文章，奋力打造世外桃源鲜活样板和生态文化旅游目的地。成功举办“我爱诗画浙江”全民大型公益毅行活动暨龙泉“美丽大花园号”开进岩樟漫游周活动，线上实时收看直播达到180万人次，直接带动农产品销售2万多元。举办“摘桃品茶”漫游周活动，岩樟桃子以高于市场价2倍价格在10天内售罄，实现营业额10万元。推出岩樟一日游、二日游旅游产品，通过与多家旅行社联盟合作，岩樟成为自驾游热点路线，“又现桃花源”品牌越来越响亮。 （般声志）

## 城北乡

【概况】 龙泉市城北乡地处龙泉市北面，因而得名“城北”。东连道太乡，南邻龙渊街道，西接岩樟乡，北与遂昌、松阳毗邻，227省道贯穿全乡。城北乡原为城北区，由黄鹤、上东、盛溪三乡组成，因而现城北乡下辖黄鹤、上东、盛溪三个管理区。全乡面积232.1平方公里，下辖14个行政村（村调前35个）133个自然村。乡政府所在地河里村，距龙泉市区27公里。2019年，城北乡户籍人口1.2万人，其中常住人口0.4万人。共有耕地面积986公顷，生态公益林7332公顷，毛竹林2465公顷，森林覆盖率87.2%。

2020年，城北乡扎实开展新冠肺炎疫情防控，确保辖区内零病例和零疑似。累计排查返乡人员2349人、境外1336人，实施居家隔离2334人，集中隔离15人。设立市乡控流点25个、硬隔离4处，按照婚事缓办、丧事简办的指导原则，实行婚丧嫁娶的全面管控，关停各类公共场所80余处，取消村级春晚7台。成立乡村两级督导宣传队，采取应急喇叭、村级广播、宣传车等形式开展宣传。疫情大考面前，全乡党群空前团结，共同抗疫，全乡党员累计捐款69313元，乡贤捐款81388元。

2020年1月29日，城北乡黄庄桥卡点执勤情况 （城北乡／供图）

【民生保障】 2020年，城北乡实现“两不愁三保障”突出问题、家庭人均年收入8000元以下情况、集体经济薄弱村“三个清零”。荣获26县发展实绩考核工作成绩突出集体嘉奖。建设河坑塘小黄牛养殖基地，提升河坑塘农产品展销中心，新增吴岱、麻垟桥等5个村参与秀洲“飞地”项目，完成皂口果蔬交易点（农旅观光园）项目建设并投入运行。推进“大搬快聚富民安居”工程，成功搬迁37户155人，累计发放异地搬迁农户购房补助116.25万元。投入215万元完成方西源、金黄鹤、新宏等村共9个扶贫项目建设，为205户低收入农户发放项目补助资金41.73万元。推进原李后村山林第二期处置工作。6月，省农业农村厅蔡元杰副厅长带队在城北乡开展“不忘初心、决胜小康”主题党日活动，走访调查农户101户，并对该乡低收入农户高水平全面小康攻坚、产业帮扶等工作予以肯定。

2020年，城北乡养老服务中心获得“全国敬老文明号”荣誉称号。养老服务更加完善。组织专职保姆集中培训,更新专职保姆专用包，添置健康检测设备。2020年累计服务留守老人1.6万人次，为60周岁以上老人免费理发1.3万余人次。成立爱心洗衣房22个，解决1700余名老人被服换洗难问题。民生保障更加巩固。全年发放残疾人“两项补贴”416人97.63万元，临时救助72户20.95万元，慈善救助24户1.5万元，雨露计划16人4.8万元。完成结直肠癌筛查1743人，完成率143.81%；完成60周岁以上肺炎疫苗接种530人，流感疫苗接种114人，完成率均为100%。完成农村小额保险2785人、两性安康保险2358人。基本养老保险、基本医疗保险参保率分别为98.67%和99.69%，浙丽保参保率86.26%。社会事业更加进步。高效推进基层治理，认真开展党员责任区规范化建设试点和四平台“上报村社”试点。“最多跑一次”一窗受理375件、一证通办1.29万余条，“四平台”上报信息7451条。大力开展安全生产、食品安全领域专项治理、扫黑除恶专项行动，全乡未发生一起群体性事件、越级上访事件、涉黑涉恶案件和安全生产事故。年度征兵4人，顺利完成第七次人口普查。

【基层组织建设】 城北乡按照市委组织部的统一安排部署，精心准备、依法依规有序推进村级组织换届工作，14个行政村的四套班子换届选举顺利完成，全面实现“一肩挑”。党组织换届选举，党员平均参选率98%，“一肩挑”书记平均得票率88%，全部实现高票当选、支委委员全部选足，选举村党支部书记14名，党支部成员46名，文化程度和年龄结构不断优化。村委换届选举，平均参选率达95%，党支部书记全部成功当选为村委会主任，平均得票率92%，顺利产生新一届村委会委员73人，其中主任14人，副主任14人，委员45人。选出村监会、村经济合作社班子共84人，支部书记兼经济合作社社长，支部副书记兼村监会主任，共、青、妇、民兵连长等配套组织一一配齐，村级组织有序运转。

【生态农业】 2020年，打造高山精品蔬菜产业集群，全乡共种植高山蔬菜2000余亩，其中种植茄子1500余亩，年产值达到1500万元。鼓励部分种植户赴海南种植茄子，有效抢占冬季茄在长三角的市场份额。持续推动茶产业发展，新建河坑塘茶叶基地80余亩，小书家庭农场选送的“黄金芽”茶叶荣获“龙泉红”杯第四届斗茶赛银奖。继续增强猕猴桃产业病虫害防治能力，新建避雨大棚2.2万平方米。元俫公司依托“问海借力 沪享龙泉”健康生活畅享季活动，向全国推广有机大米。全面推进生态林业建设，发放生态公益林补偿1.15万亩401.14万元，补助森林抚育、人工造林等5553.5亩251.89万元，补助竹林机耕路新建和硬化资金21.9万元。生态旅游后劲增强。推动农文旅发展再融合，成功举办龙泉市乡村文化漫游节城北站暨2020年猕猴桃采摘季活动，有效做活乡村旅游。稳步实施村庄景区化建设，完成原盛山后A级、大贵溪2A级景区村建设。不断推进旅游节点打造，做深做精做特原皂口、东书等旅游景区村，持续打造红色旅游路线。深入开展招游引客行动，全年入境游人气指数列全市首位。产业服务力度加大。夯实产业发展根基，新建农田灌溉堰坝1座、修复2座，新建排灌渠1000余米。投入150万元在东莱村实施河道水土保持项目建设。9月，龙泉市山地茄子有机肥替代化肥、山地轨道车现场观摩会在东书村顺利召开，展示推广有机肥替代化肥、绿色防治等栽培技术成果。全力争取产业发展项目，共申报农业发展专项资金项目24个。

【美丽乡村】 乡村品质日趋提升。投入200多万元完成城北乡14个行政村的农村饮用水达标提标工程。2020年5月1日起，龙泉市第一条城乡公交线龙泉—城北双溪开始试运行，有效破解村民出行问题。乡村风貌日趋美化。扎实推进“五水共治”工作，交办整改清单20个，投放鱼苗10余万尾，开展皂口段美丽河道创建，定期开展农村生活污水大检查。深入实施“三改一拆”工作，提前完成年度拆违任务2000平方米，完成率120%，重点处置违建2处。巩固环境卫生成果，成功创建国家卫生乡，定期开展环境卫生督查考核，完成季岱、吴岱等6个省级卫生村复审申报工作。投入36万元完成原方西等八个自然村的垃圾分类基础设施建设，建成河里村垃圾分类一条街。持续推进“厕所革命”“美丽庭院”建设，新建公厕3座，提升改造星级公厕1座。乡村文明日趋深化。加强公共文化场所建设，建成麻垟桥、川溪、双溪3个村文化礼堂，提升上田、东莱等6个村文化礼堂及相应新时代文明实践站(点)。挖掘发现辖区好人好事,推荐3人上榜龙泉好人。积极创建方西源、川溪等4个新时代美丽乡村和上田村清廉村居。加强新闻宣传报道,在市级以上主流媒体发布宣传报道150余篇,其中丽水市级以上67篇。

项目建设日趋深入。推进土地整治,完成垦造耕地400亩和建设用地复垦任务,完成两次核查整改补充耕地项目。农业产业方面,投入59万元完成金黄鹤、双溪村粮食功能区项目,投入50万元完成河坑塘、河里等村的盛溪山区小流域结余资金项目,复垦大贵溪粮食生产监测点农田40余亩。投资60万元修复南溪、鹤场、万坑等农业基地的水毁设施。投资25万元建设大贵溪、麻垟桥等粮食生产功能区的农田水利设施。交通设施方面,稳步推进投资3.68亿元的S227省道龙泉上垟岙隧道及接线工程前期。投入100多万元完成大斜至文坑道路连接线项目,投入60万元完成季岱客货运一体站项目,完成溪大线K4+100处弯道工程项目。乡村建设方面,投资300万元开展盛山后国家传统村落项目建设。投资180万元的双溪村省级美丽宜居示范村项目顺利推进。投入50万元的季岱村省级历史文化村落保护利用项目一期顺利完工。完成东书下山脱贫小区一期项目建设。此外,2020年城北乡遭遇了百年一遇的"7·9"暴雨,全乡干部积极投身灾后重建工作,第一时间抢修原方西、库武等通村道路,共计争取救助资金570万元用于抢修道路和水利等工程。 (雷 斌)

## 竹垟畲族乡

【概况】 竹垟畲族乡总面积101.5平方公里,辖8个行政村、96个村民小组。2020年,全乡总户数2325户,总人口7726人,其中畲族2398人。竹垟乡以打造"全省最美畲乡"为目标,聚焦乡村振兴,服务特色发展,实现竹垟发展新跨越,荣获国家级卫生乡镇、"丽水之干"模范集体、丽水市创建星级平安金鼎工作突出贡献集体等荣誉称号,获得龙泉市"生态经济大追赶"活动(项目提效—项目谋划)集体嘉奖,创成浙江省AAAA级景区镇,盖竹村获评全国文明村,金田村创成省级美丽宜居示范村。

【民生保障】 2020年,竹垟畲族乡新建村级文化健身广场2个,山溪口村文化礼堂、居家养老服务中心投入使用。完成退伍军人摸底调查信息建档185人,民兵组织整顿集结点验率96%。确认零星搬迁实施对象7户27人,发放补助23.73万元;上凉亭异地搬迁安置小区(二期)第一批安置对象11户45人,房价补助面积825.58平方米,补助资金60.99万元。农村综合整治项目实施对象13户64人,发放补助30万元。复核大中型水库移民后期扶持人口550人,发放直补资金41万元,发放移民灾后缺粮补助和突发事件应急缺粮补助资金5000元。

围绕"两不愁三保障",新建档困难家庭143户,新纳入低保25户,核查退出低保7户,临时救助11户,完成农村困难户危旧房改造13户。结对帮扶低收入农户261户,完成扶贫项目6个,项目资金215万元,完成低收入农户"菜单式"扶贫项目53个,发放补助资金15余万元。养老保险扩面率99.37%,医疗保险扩面率99.75%,"浙丽保"参保率88.81%,农民健康体检率70%,两性安康保险投保1396人、完成率148%。完成2020年村公益性岗位开发和上岗工作,实现89%人员专职在岗,罗墩村创成龙泉市高质量就业村。竹垟乡中心小学列入丽水市首批艺术教育实验学校。

【村社组织换届】 2020年,竹垟畲族乡共选出支委31名,选举产生8个村党组织书记、副书记,均满票当选。罗墩、金田、五四、良溪、际上、盖竹等6个行政村"一肩挑"人选得票率100%,罗墩、金田、五四、良溪、际上等5个行政村其他支委成员得票率100%。8名村党组织书记中,连任书记4名,下派干部1名,大专及以上学历4名。31名支委委员中,10名为新进班子成员,5名女性干部。选出村委会成员28名,其中兼任党组织成员8名,"一肩挑"干部7名,回引优秀人才5名,有企业创办经历8名,产业链结构人员12名,大专以上学历9名。

【产业发展】 2020年,竹垟畲族乡粮食总产量4758吨,发展规模种粮户4家,食用菌1100万袋,茶叶总产量66吨。检测农产品308批次,合格率100%。创成省级美丽牧场1家,龙泉市农产品旅游地商品1家。全年实现农业总产值13324万元,工业总产值5236万元。

【美丽乡村】 2020年,竹垟畲族乡乡、村两级河长定期巡河875次,发现整改问题9个。拆除违法建筑面积40918.02万平方米。发放生态公益林、天然林停伐保护补助4万亩134万元。完成垦造耕地项目3个、建设用地复垦项目1个,新增水田面积105亩、旱地60亩,完成高标准农田建设(提升类)项目4268亩,完成红坞镉铅污染土地治理585亩,竹垟乡获得龙泉市土地保障大比武集体嘉奖。盖竹村创成丽水市花园乡村精品村，金田村创成省级美丽宜居示范村，并列入丽水市花园乡村创建。

【风情旅游】 2020年，竹垟畲族乡承办“丽水撤地设市二十周年大型融媒直播”，实时点击量7.3万余人次。引进美林公馆等3家企业出资联合举办泼水节，2万余名游客感受竹垟水文化和畲族文化魅力，人民网、新华网等20余家媒体纷纷点赞。举办首届竹垟杨梅节，畲韵文化旅游公司推出畲族婚嫁体验和中小学生研学游，2020年接待婚嫁体验团队200余个，研学活动30余场。建成文创产品展示体验中心，注册“畲小妹”公用品牌，系列包装设计荣获2020年龙泉特色农产品包装设计大赛二、三等奖。竹垟乡创成浙江省AAAA级景区镇、丽水市红色示范乡镇，金田村创成AA级景区村、山溪口村创成A级景区村，全年接待游客14万余人次。

2020年8月1日，竹垟畲族乡夏日泼水狂欢节 （钟方忆／供图）

【富民强村】 2020年，竹垟畲族乡完成2个粮食功能区基础设施建设，总投资200余万元。建成浙江省首个液体接种菌棒加工基地，总投资1200余万元，增加村集体经济收入10余万元。新引进水果采摘休闲园项目，精品果园、民宿等建设有序推进。畲乡农业循环生态观光园持续扩建升级，累计投入资金2400余万元，依托雅莹集团、丽水职业技术学院结对帮扶，全年销售农产品90余万元，增加村集体经济收入10余万元；八村联建厂房项目顺利竣工并出租，2020年6个村实现集体经济收入超20万元，7个村集体经营性收入达10万元。开展农村集体经济网上申报银直支付运行试点工作，累计发放畲情贷484笔3613万元，发放乡贤贷720万元，节省农户利息80余万元。 （周仁亮）

# 人物　名录

## 新任市领导

【蓝景芬】 女，1979年2月出生，畲族，浙江景宁人，1997年8月参加工作，1998年12月加入中国共产党，大学学历。历任共青团景宁县委书记、党组书记，景宁县大漈乡党委副书记、乡长兼大漈省级风景名胜区管委会主任，景宁县大漈乡党委书记、人大主席兼大漈省级风景名胜区管委会党工委书记，景宁县大漈乡党委书记兼大漈省级风景名胜区管委会党工委书记，景宁县委常委，温岭市委常委、副市长（挂职）。2020年11月任龙泉市委副书记，同年12月任龙泉市委副书记、市委政法委书记。

【李　舜】 男，1981年10月出生，汉族，浙江缙云人，2006年4月参加工作，2006年8月加入中国共产党，在职博士研究生学历。历任中华全国供销合作总社国际合作部（台湾事务办公室）干部、副主任科员、主任科员、外事处（联络处）副处长，庆元县委常委、副县长，缙云县委常委，丽水生态产业集聚区（丽水经济技术开发区）管理委员会副主任、党工委委员。2020年11月任龙泉市委常委、常务副市长。

【雷　蕾】 女，1976年4月出生，畲族，浙江景宁人，1998年8月参加工作，1998年5月加入中国共产党，大学学历。历任丽水日报社编委会委员、记者部（摄美部）主任，丽水市广播电视总台副台长、党委委员。2020年7月任中共龙泉市委常委、宣传部部长。

## 机构及负责人名录
## （2020年）

【中共龙泉市委员会】

市委书记：王顺发（—2020.8）
吴松平（2020.8—）
市委副书记：吴松平（—2020.8）
翁志鸿
蓝景芬（2020.11—）
市委常委：熊勇军（—2020.11）
李　舜（2020.11—）
诸葛春杰
雷　超
徐达伟
王　凡（—2020.7）
雷　蕾（2020.7—）
廖卫民
郑建青
周吾灿（—2020.11）
邹海亮

【龙泉市人大常委会】

主　任：叶砝仙
副主任：叶新亚（—2020.4）
叶学明
苏一中
何登新
陈有南（2020.4—）
叶伟玲（2020.4—）
党组书记：叶砝仙
党组副书记：叶新亚（—2020.4）
叶学明
党组成员：陈有南
叶伟玲（2020.03—）

【龙泉市人民政府】

市　长：吴松平（—2020.8）
常务副市长：熊勇军（—2020.11）
李　舜（2020.11—）
副市长：周吾灿（—2020.11）
张长山
黄国勇
杨洪斌
徐怀坤
廖旭青
占雅静
余华明（挂职）（2020.11—）
杨摄智（挂职）（2020.11—）
党组书记：吴松平（—2020.8）
副书记：熊勇军（—2020.11）
李　舜（2020.11—）
党组成员（保留副县级）：陈惠锋
市长助理：熊树生
陈思宇

【龙泉市政协】
主　席：刘赤波
副主席：曹新民
陈吉明(—2020.3)
雷丽亚
童巧隽
卢士俊
徐东华(2020.4—)
党组书记：刘赤波
副书记：曹新民
徐达伟(2020.3—)

【其他副处以上领导】
市人民法院院长：罗　沛
市人民检察院检察长：周　翔
人武部部长：葛基传
凤阳山管理处处长：
叶伟玲(—2020.01)
丽水生态产业集聚区龙泉分区管理委员会主任(高配副县级)：连浩松

【龙泉市人大常委会机关】
监察和法制(内务司法)委员会
主任委员：苏一中
副主任委员：周光明
项光年
财政经济委员会
主任委员：叶学明
副主任委员：陈龙根
徐钢平
社会建设委员会
主任委员：叶新亚(—2020.7)
副主任委员：唐　军
机关办公室
主　任：徐东华(—2020.11)
季文峰(2020.11—)
副主任：余良德
叶　伟
监察和法制(内务司法)工作委员会
主　任：周光明(—2020.11)
柳盛华(2020.11—)
副主任：钟建友
财政经济工作委员会
主　任：陈龙根
副主任：廖莞歆
教育科技文化卫生工作委员会
主　任：吴　敏(—2020.11)
副主任：李青羽
农业与农村工作委员会
主　任：陈光霞
副主任：谢立生
城乡建设与环境资源保护工作委员会
主　任：方晓龙
副主任：陈亦雄
代表与选举任免工作委员会
主　任：罗观荣(—2020.11)
邓红华(2020.11—)
副主任：邹国琼
社会建设工作委员会
主　任：唐　军
副主任：何　昀
保留正科级：周光忠(—2020.10)
余华良

【龙泉市政协机关】
秘书长：杨新根
机关办公室
办公室主任：叶有根
办公室副主任：张海燕
张　韬
提案委员会
主　任：王继春
副主任：叶晓芳
季少峰
经济委员会
主　任：徐双喜
副主任：曾伟光
胡建清(2020.11—)
农业和农村委员会
主　任：张元汉
副主任：曾为文
张兆林
吴照培(2020.11—)
社会法制和民族侨台委员会
主　任：董庆文
副主任：刘　芳
文化文史和学习委员会
主　任：陈小龙
副主任：张兆明
委员工作委员会
主　任：邹迎春
副主任：李根通

【龙泉市纪委(监委)】
纪委书记：郑建青
纪委副书记：游金元
季文峰
纪委常委：邓红华(—2020.11)
钟祥奎(—2020.11)
任　炜
张刚超
金　伟(2020.11—)
办公室主任：谭海军
干部室主任：周良俊
宣教室主任：方小萍
党风政风监督室主任：王　丹
信访室主任：吴丽霞
案件监督管理室主任：雷露生
案件审理室主任：杨　杰
第一纪检监察室主任：叶　勇
第二纪检监察室主任：陈　辉
第三纪检监察室主任：吴宝霖
第四纪检监察室主任：徐松有
机关党委专职副书记：周丽丽
市监察委员会
主　任：郑建青
副主任：游金元
季文峰
委　员：钟祥奎(—2020.11)
任　炜
杨　宇
余海敏
市纪委监委派驻机构
派驻第一纪检监察组
组　长：金　伟(—2020.11)

叶伟平(2020.11—)
副组长:赖铁霞
沈惠萍
派驻第二纪检监察组
组　长:包成俊(—2020.11)
吴邦南(2020.11—)
副组长:杜绍均
吴昌淼
派驻第三纪检监察组
组　长:吴邦南(—2020.11)
甄　峻(2020.12—)
副组长:项光来
派驻第四纪检监察组
组　长:陈清龙(—2020.11)
吴伟影(2020.11—)
副组长:王鹤武
派驻第五纪检监察组
组　长:叶敦全
副组长:吴长辉
派驻第六纪检监察组
组　长:钟章华
派驻第七纪检监察组
组　长:华盛强
派驻第八纪检监察组
组　长:季美莲(—2020.11)

### 派驻市委组织部纪检监察组

组　长:叶伟平(—2020.11)
包成俊(2020.11—)
副组长:王　红

### 派驻市人民法院纪检监察组

组　长:吴伟影(—2020.11)
黄亚荣(2020.11—)

### 派驻市人民检察院纪检监察组

组　长:黄亚荣(—2020.11)
钟祥奎(2020.11—)

### 派驻市公安局纪检组

组　长:蔡道高

### 市委巡察工作领导小组办公室

主　任:邓红华(—2020.11)
金　伟(2020.11—)
副主任:陈智发

### 市委巡察组

市委第一巡察组
组　长:刘朝友
副组长:王　菲
市委第二巡察组
组　长:杨良泽
副组长:叶鹏飞(—2020.8)
市委第三巡察组
组　长:张晓芳(—2020.11)
陈清龙(2020.11—)
副组长:郭　健
市委第四巡察组
组　长:胡龙军(—2020.12)
刘小东(2020.12—)
副组长:陈章田
副科级巡察专员:
管　策
赖利平
夏剑峰(2020.11—)

## 【中共龙泉市委员会工作部门】

### 市委办

主　任:李先顶
副主任:王卫东
吕　俊
连福茂
项伟青(兼)
机要局(密码管理局)局长:柳　欣
保留副科级:刘黎明

### 市委台湾工作办公室(市政府台湾事务办公室)

主　任:李先顶
副主任:张亦梅

### 市委党史研究室

主　任:季庆祯
副主任:鄢　鸣(2020.10—)

### 全面深化改革服务中心

副主任:季时斌(2020.11—)
项建飞(2020.12—)

### 市委组织部

部　长:雷　超
常务副部长:李　力
副部长:郑高隆
项伟剑
罗新海(兼)(—2020.11)
王仁学(兼)
刘宝华(兼)
周光洪(兼)(2020.11—)
保留副科级:林邱平(—2020.12)
杨桂兰

### 市委新经济与新社会组织工作委员会

书　记:项伟剑
副书记:吴德宝
金益民(兼)(—2020.11)
李春花(兼)

### 市委直属机关工作委员会

书　记:雷　超(2020.5—)
常务副书记:项伟剑(2020.5—)

### 市公务员局

局　长:李　力(2020.7—)

### 市委宣传部

部　长:王　凡(—2020.7)
部　长:雷　蕾(2020.7—)
常务副部长:胡盛锋
副部长:王振春

### 文化产业和文明实践指导中心

主　任:吴　敏(女)
副主任:周华俊
赵永长(2020.11—)
市委对外宣传办公室主任:柳建松
市文化创意产业办公室(新闻出版科)主任:陶晓丽
市社会科学界联合会副主席:
项庆标(—2020.10)
邱振昌(2020.11— )

### 龙泉市互联网信息办公室

主　任:王庆龙(2020.10—)
保留副科级:曾志伟

### 市委统战部

部　长:徐达伟
常务副部长:杜作秀
副部长:许积高
寿如尧(—2020.11)
金益民(兼)(—2020.11)

### 市民宗局

局　长:许积高(2020.06—)

市委政法委

书　记：翁志鸿（—2020.11）
蓝景芬（2020.12—）
常务副书记：林晓军
副书记：熊勇军（—2020.11）
李　舜（2020.11—）
钟元根（—2020.12）
吴谨杰
刘小东（—2020.12）
梅舒伟（2020.12—）
政治处主任：徐龙伟
保留副科级：梅舒伟（—2020.12）

市委编办

主　任：王仁学
副主任：姚淡珍

信访局

局　长：项伟青
副局长：毛秀梅
叶淼军
刘　煜
信访督查专员：柳　青（2020.9—）

老干部局

局　长：刘宝华
副局长：李德菊
关工委专职副主任兼老干部局副局长：
陈方顺

【龙泉市政府组成部门和机构】

市政府办公室

主　任：叶伟林（—2020.11）
林先龙（2020.11—）
副主任：周建敏
骆营彪
张　平
桂　滨
杨良泽（巡查组）
余盛云（—2020.10）
杨慎荣（2020.11—）
万莉莉
练　敏（2020.9—）
刘世映（兼）（—2020.10）
党组书记：叶伟林（—2020.11）
林先龙（2020.11—）
党组成员：周建敏
骆营彪
张　平
桂　滨
杨良泽（巡查组）
余盛云（—2020.10）
杨慎荣（2020.11—）
万莉莉
练　敏（2020.9—）
保留副科级：卢品龙（—2020.11）

发展和改革局

局　长：余盛全
副局长：王永卢
夏应文（—2020.12）
项吴亮
任　晔
金夏鼎（挂职）（2020.12—）
重点办主任（高配副科）：
周世娟（—2020.12）
党组书记：余盛全
党组成员：吴建胜（—2020.12）
王永卢
任　晔
周世娟（—2020.12）
金夏鼎（挂职）（2020.12—）
保留副科级：吴建胜（—2020.12）

经济商务局（龙泉市中小企业局）

局　长：汤克豪
副局长：王　萍（—2020.12）
刘雪波
周美娟
郑绍武
总工程师：吴忠明
党组书记：汤克豪
党组成员：王　萍（—2020.12）
刘雪波
周美娟
郑绍武
吴忠明
张菊花

教育局

局　长：沙永龙
副局长：连国芬
赵永长（—2020.12）
林　峰
王少燕（2020.12—）
龙泉市人民政府教育督导室专职副主任（高配副科）：王少燕（—2020.12）
党委书记：沙永龙
党委委员：连国芬
赵永长（—2020.12）
林　峰
黄武友（—2020.5）
保留副科级：黄武友（—2020.11）

科学技术局

局　长：叶亚东
副局长：李文英
张　伟
刘　渊（2020.11—）
吴艳芳（挂职）（—2020.3）
党组书记：叶亚东
党组成员：张　伟
刘　渊（2020.11—）

产业创新服务中心

主　任：季丽友（2020.12—）
保留副科级：柳兆鹏（—2020.06）

公安局

局　长：邹海亮
政　委：季春宝
副局长：杨孔发
叶有林（—2020.11）
许建华（—2020.11）
徐起金
季明龙
副政委：徐樟明
何伟高
政治处主任：陈志斌
应急联动指挥中心主任：
潘　立（—2020.12）
交通警察大队大队长：林　俊
交通警察大队教导员：吴遇有
森林警察大队负责人：

季伟明(2020.10—)
书　记:邹海亮
副书记:季春宝
杨孔发
党委成员:蔡道高
叶有林(—2020.11)
许建华(—2020.11)
徐樟明
黄培文(—2020.12)
陈志斌
何伟高
徐起金
季明龙
潘　立(—2020.12)
林　俊
保留副科级:黄培文(—2020.12)
李　勇(—2020.12)
曾保兴(—2020.12)
吴杨敏
李汉清
何春荣(—2020.12)
张　荣(—2020.12)
蒋一豪
吴长征(2020.10—)

民政局

局　长:林先龙(—2020.11)
副局长:毛金廷
季向平
党组书记:林先龙(—2020.11)
党组副书记:毛金廷
党组成员:季向平
刘伟林

司法局

局　长:张　炜
副局长:叶必忠
江建美
党组书记:张　炜
党组副书记:叶必忠
党组成员:江建美
保留副科级:刘晓刚(—2020.12)

财政局

局　长:吴小波(—2020.11)
叶伟林(2020.11—)
副局长:商越敏
邵仲昕
杨春花
总会计师:张云英
财政监督局局长(高配副科):
朱光泉
党组书记:吴小波(—2020.11)
叶伟林(2020.11—)
党组副书记:商越敏
党组成员:邵仲昕
杨春花
张云英
朱光泉
叶春定
保留正科级:邵仲昕
保留副科级:姜苏民(—2020.11)
陈徐明(—2020.11)

人力资源和社会保障局

局　长:周光洪(2020.11—)
罗新海(—2020.9)
副局长:叶伟军
包伟明
周欧蕾
练敏(—2020.9)
社会保险事业服务中心主任:姜旭彤
党组书记:周光洪(2020.12—)
罗新海(—2020.11)
党组副书记:叶伟军(—2020.12)
党组成员:包伟明
周欧蕾
姜旭彤

自然资源和规划局

局　长、党委书记:张永呈
副局长:张志勇
季文杰
柳伟明
总规划师:李福兴
不动产登记中心主任:胡萃利
国土资源执法监察大队大队长(高配副科):毛传登
工业园区国土分局局长(高配副科):
赵利龙
土地储备中心主任:吴伟健
保留副科级:吴洪刚

住房和城乡建设局

局　长:周光洪(—2020.12)
付建伟(2020.12—)
副局长:张金树
叶培进
李乐平(2020.11—)
党组书记:周光洪(—2020.12)
付建伟(2020.12—)
党组成员:张金树
叶培进
李乐平(2020.11—)
王务明
胡卫青
保留副科级:胡卫青

交通运输局

局　长:付建伟(—2020.12)
副局长:李林涛
蒋伟平
叶春龙
总工程师:柳春峰
交通战备办公室专职副主任:方维强
党组书记:付建伟(—2020.12)
党组成员:李林涛
蒋伟平
叶春龙
柳春峰
陈善长(—2020.8)
徐敏勇
季春达(—2020.8)
徐洪亮
保留副科级:张伟仁(—2020.11)
公路管理局局长:季春达(—2020.9)
公路管理局书记:徐敏勇
道路运输管理局局长:
陈善长(—2020.9)
道路运输管理局书记:
陈维平(—2020.10)

水利局

局　长:曾春一

副局长：洪长胜
吴维祺（—2020.12）
总工程师：管为平
党组书记：曾春一
党组副书记：洪长胜
党组成员：管为平
吴维祺（—2020.12）
马百庆（—2020.9）
保留副科级：马百庆（—2020.9）

农业农村局

局　长：张晓峰
副局长：潘余海
林德永
吴芝龙
总农艺师：叶松生
党组书记：张晓峰
党组成员：潘余海
叶松生
林德永
吴芝龙
保留副科级：王鹤松（—2020.11）

林业局

局　长：洪一浩
副局长：吴照培（—2020.10）
尹　斌
吕建勇（2020.11—）
党组书记：洪一浩
党组副书记：吴照培（—2020.10）
党组成员：吕建勇（2020.10—）
叶茂平
季伟明
防火办主任（高配副科）：叶茂平
森林公安局局长：季伟明（—2020.10）
森林公安局教导员：吴长征（—2020.10）
保留副科级：季利民（—2020.11）

文化和广电旅游体育局

局　长：胡武海
副局长：朱秀亮
张国华
潘水平
李苏敏（—2020.12）
党组书记：胡武海
党组副书记：朱秀亮
党组成员：张国华
潘水平
王　岗（—2020.12）
李苏敏（—2020.12）
夏剑峰（—2020.11）
周玛瑾（—2020.4）
保留副科级：王　岗（—2020.12）
夏剑峰（—2020.11）

卫生健康局

局　长：夏　卫
副局长：叶华荣
庄承玲
钟积水
党委书记：夏　卫
党委副书记：钟积水（2020.8—）
保留副科级：叶伟娟（—2020.11）
计生协会专职副会长：叶华荣

退役军人事务局

副局长：季清海
季　瑜（2020.5—）
党组成员：季清海
季　瑜（2020.5—）
保留正科级：季　瑜

应急管理局

局　长：黄培松
副局长：林必力
管　乐（2020.5—）
毛义文
总工程师：钟王林
书　记：黄培松
党委委员：林必力
管　乐（2020.5—）
毛义文

审计局

局　长：周欣波
副局长：余盛宽
任永红
书　记：周欣波
党组成员：余盛宽
任永红
章建华（—2020.10）
保留副科级：钱昭君

市场监督管理局

局　长：叶宪森（—2020.9）
季岩平（2020.9—）
副局长：胡建清（—2020.10）
毛建伟
李春花
李浙龙
邝　捷
党组书记：叶宪森（—2020.9）
季岩平（2020.9—）
党组副书记：胡建清（—2020.10）

国有资产监督管理办公室

主　任：吴　敏
副主任：陈正松
总会计师：章俊武（2020.12—）
党组书记：吴　敏
党委委员：陈正松
章俊武（2020.12—）

统计局

局　长：刘世映
副局长：王　萍（2020.12—）
项周华（—2020.12）
华伟珍
总统计师：龚荣芬
党组书记：刘世映
党组成员：王　萍（2020.11—）
林卫中（—2020.10）
华伟珍
龚荣芬
陈许法
项周华（—2020.11）
社会经济调查队队长：
陈许法（2020.12—）

医疗保障局

党组书记、局长：陈正成
副局长：沈又红
党组成员、副局长：
陆明杭（2020.12—）

综合行政执法局

局　长：蔡章辉
副局长：金建武

谢海根
陈志敏
蒋继尔（—2020.12）
党组书记：蔡章辉
党组副书记：金建武
党组成员：谢海根
陈志敏
蒋继尔（—2020.12）

青瓷宝剑产业局

局　长：季向阳
副局长：邱张平
钟马馨
党组书记：季向阳
党组成员：邱张平

丽水市生态环境局龙泉分局

局　长：李小龙
副局长：邱水强
项朝友
党组书记：李小龙
党组成员：邱水强
项朝友
吴　慧

丽水生态产业集聚区龙泉分区（浙江龙泉经济开发区）管理委员会

书记、主任：连浩松
（浙江龙泉—萧山山海协作产业园管理委员会常务副主任）
副书记：潘财军（2020.11—）
吕锦豹（—2020.11）
周英和
副主任：吕锦豹（—2020.12）
（浙江龙泉—萧山山海协作产业园管理委员会副主任）
党工委委员、副主任：
李　强
（浙江龙泉—萧山山海协作产业园管理委员会副主任）
郑　魁（浙江龙泉—萧山山海协作产业园管理委员会专职副主任）
张　伟
周　涛
党工委委员：吴炳炎（—2020.11）
副主任：吴炳炎（—2020.12）
党工委委员、总工程师：徐志伟
党工委委员、保留副科级：
张金炎（—2020.9）

【龙泉市人民法院】

院　长：罗　沛
常务副院长：黄　明（—2020.8）
副院长：郑向东
王庆生（—2020.11）
王　伟
吴新宇（2020.11—）
政治部主任：姜伟忠
审判委员会专职委员：
季红英（—2020.11）
邓雪蓉
执行局局长（高配副科）：陈国树
党组书记：罗　沛
党组副书记：黄　明（—2020.8）
党组成员：吴伟影（—2020.12）
黄亚荣（2020.12—）
王庆生（—2020.11）
王　伟
吴新宇（2020.11—）
姜伟忠
邓雪蓉
陈国树

【龙泉市人民检察院】

检察长：周　翔
副检察长：吴孝龙
季土元
吴新宇（—2020.11）
熊旭红
王庆生（2020.11—）
政治部主任：王　乐
检察委员会专职委员：
赵丽萍（—2020.10）
林　晶
党组书记：周　翔
党组副书记：吴孝龙
党组成员：黄亚荣（—2020.8）
季土元
吴新宇（—2020.11）
王庆生（2020.11—）
熊旭红
王　乐

【群众团体】

总工会

主　席：曾高平
副主席：李利珺
党组书记：曾高平
党组成员：李利珺

共青团龙泉市委

书　记：胡观胜
副书记：李伯韬
吴冰寒

妇女联合会

主　席：周池梅
副主席：李伟娟
胡小红（—2020.10）
曾　云（2020.11—）
党组书记：周池梅
党组成员：李伟娟
曾　云（2020.11—）
潘芳红
保留正科级：曾　云

文学艺术界联合会

主　席：王振春
党组成员、副主席：徐笑霞
保留副科级：季金强（—2020.12）

工商业联合会（总商会）

常务副主席、副会长：
金益民（—2020.11）
副主席（副会长）：周火松
副主席（副会长）：伍　英（—2020.11）
党组书记：金益民（—2020.11）
党组成员：周火松
伍　英（—2020.11）

科学技术协会

主　席：徐　伟（—2020.12）
党组书记：金建满

党组成员、副主席：季慧伟

**残疾人联合会**

党组书记：吴炳森（—2020.12）
胡龙军（2020.12—）
理事长：郑夏来
理　事：刘红星
党组成员：刘红星（—2020.11）
保留副科级：刘红星（—2020.11）

**红十字会**

会　长：占雅静
常务副会长：柳盛华（—2020.11）
张晓芳（2020.11—）
党组书记：柳盛华（2020.5—2020.11）
张晓芳（2020.11—）

**【龙泉市直属事业单位】**

**市委党校**

校　长：雷　超
常务副校长：郑高隆
教育长：项庆标（2020.10—）
副校长：胡昌富
杨素馨
党委书记：郑高隆
党委委员：项庆标（2020.10—）
胡昌富
杨素馨

**档案馆**

馆　长：魏晓霞
副馆长：毛明库（—2020.12）
钱照武
徐菊霞
党组书记：魏晓霞
党组成员：毛明库（—2020.12）
钱照武
徐菊霞

**移民工作中心**

党组书记、主任：周火培

**供销社**

理事会主任：范建伟
理事会副主任：季利民
王伟东
叶华科（—2020.11）
周伟元（2020.11—）
党委书记：范建伟
党委委员：季利民
周伟元（2020.10—）
王伟东
叶华科（—2020.10）

**行政服务中心**

主　任：周品旺
副主任：华志平
周世娟（2020.12—）
书　记：熊勇军（—2020.11）
李　舜（2020.11—）
副书记：周品旺
党组成员：周世娟（2020.12—）
程有芬

**丽水市住房公积金管理中心龙泉分中心**

主　任：管忠新
副主任：杨惠珍
保留正科级：管忠新
保留副科级：金永元
杨惠珍

**新闻传媒中心**

主　任：洪汝锋（—2020.9）
总编辑：项　敏
副主任：姜爱华
鄢　鸣（—2020.10）
党组书记：洪汝锋（—2020.9）
党组副书记：项敏（—2020.9）
党组成员：姜爱华（—2020.9）
鄢　鸣（—2020.9）

**广播电视台**

副台长：姚逸群（—2020.9）
潘一小
总工程师：潘　宣

**融媒体中心**

主　任：洪汝锋（2020.9—）
党组书记：洪汝锋（2020.9—）
党组成员：项　敏（2020.9—）
姜爱华（2020.9—）
鄢　鸣（2020.9—2020.11）
潘　宣（2020.9—）

**机关事务保障中心**

主　任：徐一桂（2020.12—）
党组书记：徐一桂（2020.11—）
党组成员、副局长：叶继清

**大数据发展中心**

主　任：卢劲松
副主任：林卫中（2020.11—）
叶　俊（2020.11—）
党组成员：林卫中
叶　俊

**经济合作交流中心**

主　任：徐一桂（—2020.11）
副主任：张福回
瞿茂荣（—2020.8）
叶紫燕（2020.8—）
刘松伟（2020.12—）
王　凯（挂职）（—2020.12）
商浩伟（挂职）（2020.11—）
党组书记：徐一桂（—2020.11）
党组成员：张福回
叶紫燕（2020.8—）
刘松伟（2020.12—）
王　凯（挂职）（—2020.12）
商浩伟（挂职）（2020.11—）
项从林

**凤阳山管理处**

处　长：叶伟玲（—2020.01）
副处长：丁予琪
季新良
余　英
总工程师：叶立新
党组书记：叶伟玲
党组副书记：丁予琪
党组成员：季新良
余　英

**土地房屋征收与储备中心**

主　任：卓敬良（2020.11—）
书　记：陈维平（2020.11—）
党组成员、副主任：
廖卫阳（—2020.11）
邱振昌（—2020.10）
汪　伟（2020.5—）

曾光义
浙江广播电视大学龙泉分校
校　长：季华欣
项目建设服务中心
副主任：马百庆（2020.9—）
瞿茂荣（2020.9—）
廖卫阳（2020.11—）
党组成员：马百庆（2020.9—）
廖卫阳（2020.11—）
金融发展中心
副主任：叶　纬（2020.10—）
青瓷宝剑产业服务中心
主　任：叶永平（2020.11—）
农业农村产业服务中心
党组成员、副主任：
吴炳炎（2020.12—）

【龙泉市直属企业单位】
医药资产管理有限公司
董事长：张青元
副董事长：袁灵丰
张启元

【龙泉市管非直属事业单位】
人民医院
院　长：邱伟文（—2020.9）
副院长：徐　宇
周小庆
曹　卓（2020.9—）
周永海
汤　慧
张东伟（2020.12—）
潘晓荣
周　翔（2020.12—）
党委书记：邱伟文（—2020.8）
方炳木（2020.8—）
党委副书记：徐　宇
中医院
院　长：张东伟（—2020.12）
龙泉第一中学
校　长：孙方鸿
副校长：徐建军
潜银亮
连东初（2020.12—）
党总支书记：孙方鸿
党总支副书记：章晖
中等职业学校
校　长：曾国健
副校长：陈建敏
龚君艳
陈颖慧
季明华
党委书记：曾国健
纪委书记：徐海之（—2020.5）
党委委员：陈建敏
龚君艳
季明华
蒋雅萍
浙大中学
校　长：吴水华
副校长：兰盛华
周光辉
陈祝斌
范荣富

【垂直管理部门】
国家统计局龙泉调查队
队　长：桂　滨
副队长：涂韶军
纪检组长：徐祖波
党组书记：桂　滨
党组成员：涂韶军
徐祖波
丽水海关查检二科
科　长：季少华
副科长：徐　旸（2020.7—）
国家税务总局龙泉市税务局
局　长：潘黎松（—2020.06）
胡来安（2020.06—）
副局长：项旭明
夏永平
李志光
季秉伟（—2020.7）
李饮源（—2020.7）
徐先花（—2020.7）
纪检组长：刘　森
中国邮政集团公司浙江省龙泉市分公司
总经理：曾鹏翔
副总经理：张鑫乐
连剑伟（2020.9—）
党委书记：曾鹏翔
纪委书记：张鑫乐
党委成员：连剑伟
吴　健
气象局
局　长：刘伟儿
副局长：何建成
方江英
党组书记：刘伟儿
党组成员：方江英
王亚茜
烟草专卖局
局长、经理：陈小龙
副局长：季必平
副经理：赵挺伟（—2020.7）
傅臻宇（2020.7—）
党组书记：陈小龙
党组成员：季必平
赵挺伟（—2020.7）
傅臻宇（2020.7—）
丽水银保监分局龙泉监管组
副组长（主持工作）：
邹　剑（—2020.02）
朱邦建（2020.02—）
中国人民银行龙泉市支行
行　长：汤晓元
副行长：周尔华
汪朝晖
党组书记：汤晓元
工商银行龙泉支行
行　长：王爱军
副行长：陈玉飞（—2020.8）
陈赤霄（—2020.12）
行长助理：管明俊
张丽春（2020.8—）
丰　晨（2020.12—）
党总支书记：王爱军

农业银行龙泉支行
行　长：林　峰
副行长：邱　剑
　　陶学梅（2020.9—）
党委书记：林　峰
纪委书记：陆建云
中国银行龙泉支行
行　长：邓　琳
副行长：李　丹
　　方　乐
党总支书记：邓　琳
中国建设银行股份有限公司龙泉支行
行　长：刘文庆
副行长：周　婵
　　项晓峰
综合管理部总经理：叶志明
党总支书记：刘文庆
浙江龙泉农村商业银行股份有限公司
董事长：陈义达（2019.12—）
行　长：刘紫波（2019.12—）
监事长：梁海斌
副行长：汤伟强
　　金小红（2019.12—）
党委书记：陈义达（2019.11—）
纪检书记：梁海斌（—2020.12）
邮政储蓄银行龙泉支行
行　长：张军武
副行长：柳　翀（—2020.11）
　　黄玉叶（2020.12—）
国网龙泉市供电公司
总经理、党委副书记：
　　范　甬（—2020.9）
　　汤俊峰（2020.9—）
党委书记、副总经理：杨劭炜
四级职员、党委委员：胡　标
党委委员、纪委书记、工会主席：季宁军
副总经理、党委委员：凌　军
副总经理、党委委员：毛正回
副科级协理员：陈　武
副科级协理员：杨文杰
中石化龙泉分公司
经　理：季爱俊
中国电信股份有限公司龙泉分公司
总经理：卓敬东
副总经理：吴璟瑜
党组书记：卓敬东
党组成员：吴璟瑜
　　朱俊鹏
中国移动通信集团浙江有限公司龙泉分公司
总经理：郭伶伶（—2020.01）
　　何　宏（2020.01—）
副总经理：陈　林
　　胡观华
联通公司龙泉分公司
总经理：郑贤波
副总经理：叶伟勇（2020.3—）
龙泉传输分局（部、办）
局长（主任）：钱林强
中国农业发展银行龙泉市信贷组
信贷组主任：王晨烨
　　（2020.01—2020.10）
龙泉专班负责人：王晨烨（2020.11—）
银河证券
总经理：杨　烨
副总经理：刘日光
中国人保财险龙泉支公司
总经理：吴根长（—2020.9）
　　王建学（2020.9—）
副总经理：陈　靓
人寿保险龙泉支公司
总经理：俞众（—2020.7）
金跃群（2020.7—）
副总经理：谢　韫
中华联合财产保险公司龙泉支公司
总经理：叶　鹰

## 乡镇（街道）领导名录

【龙渊街道】
党工委书记：张启平
主　任：叶龙森
人大工委主任：龚景春
人大工委副主任：项世和
党工委副书记：叶龙森
　　瞿璟峰
纪工委书记、监察办主任：
　　周相珍
常务副主任：叶永华
党工委委员：
　　刘伦明（人武部部长）
　　吴卫东（统战）
　　龚建胜（宣传）
　　项少艳（组织）
　　张建林
　　管筛筤（派出所所长）
副主任：项水泉
　　梅卫东
　　卓敬良（—2020.11）
　　曾　宇（2020.11—）

【西街街道】
党工委书记：叶庾杰
主　任：吴伟俊（—2020.10）
人大工委主任：饶秋平
党工委副书记：吴伟俊（—2020.10）
　　汤如库
纪工委书记、监察办主任：
　　项大华
常务副主任：李土长（—2020.9）
　　陈良平（2020.9—）
党工委委员：
　　沈世华（统战）
　　叶慧珍（宣传）（—2020.10）
　　潘　枫（宣传）（2020.10—）
　　连福龙（组织）
　　李海涛（派出所所长）
　　周光有（人武部部长）
　　吴发扬
人大工委副主任：季方善
副主任：周仁祥
　　徐志平
　　张翔翔

【剑池街道】
党工委书记：翁积文

主　任：吴明娟（—2020.9）
　　郑国民（2020.9—）
人大工委主任：张继友
党工委副书记：
　　吴明娟（—2020.9）
　　郑国民
　　叶兰华（2020.12—）
纪工委书记、监察办主任：
　　徐　建
常务副主任：叶兰华（—2020.12）
党工委委员：
　　杨　瑛（统战）
　　项火培
　　徐月霞（宣传）
　　杨　华（人武部长）
　　李和敏（派出所所长）
　　叶　纬（组织）（—2020.12）
　　金　鹏（组织）（2020.12—）
人大工委副主任：潘立高
副主任：叶根武
　　方廷树

【砖石街道】

党工委书记：余海清
主　任：翁远先
人大工委主任：游世德
党工委副书记：翁远先
　　丁金伟
纪工委书记、监察办主任：
　　周泽成
常务副主任：陈良平（—2020.8）
　　徐奇平（2020.8—）
党工委委员：张观秀（组织）
　　丁巧莺（宣传）
　　连巧平（统战）
　　张兆兴（人武部长）
　　杨建平（派出所所长）
人大工委副主任：
　　吴德友（—2020.10）
　　潘思源（2020.10—）
副主任：潘思源（—2020.11）
　　王慧平
　　曾光新
　　胡存有（2020.11—）

【八都镇】

党委书记：刘福明
镇　长：杨华锋（—2020.10）
人大主席：方　岳
党委副书记：杨华锋（—2020.10）
　　刘卫元（—2020.11）
　　潘财军（—2020.12）
　　叶志鹏（2020.12—）
纪委书记、监察办主任：
　　黄华森（—2020.12）
　　吴玉芳（2020.12—）
常务副镇长：吴孟秋（—2020.12）
党委委员：刘继军（组织）
　　蔡浪宁（宣传）
　　梅观龙（人武部长）
　　叶正方（派出所所长）
人大副主席：严焕红
副镇长：钟建平
　　徐春波
　　吴秉文（—2020.5）

【上垟镇】

党委书记：吴伟俊（2020.9—）
镇　长：陈伟平
人大主席：刘晓伟
党委副书记：陈伟平
　　骆驰宇
纪委书记、监察办主任：金旭波
常务副镇长：吴臻华
党委委员：张兆军（组织）（—2020.12）
　　连倩晖（宣统）
　　张光伟（人武部长）
　　蒋路琦（派出所所长）
人大副主席：季旭雄
副镇长：包立芬
　　钟水彬（—2020.8）
　　张成勇
　　吴德斌（2020.9—）

青瓷小镇管委会

党工委副书记、主任：
　　吴伟俊（2020.9—）
党工委委员、副主任：陆庆军
党工委委员、副主任：邹国锋
党工委委员、副主任：
　　罗　彬（2020.9—）

【小梅镇】

党委书记：李良忠
镇　长：魏　平
人大主席：孙　峰
党委副书记：魏　平
　　钟建飞
纪委书记、监察办主任：季菁萍
党委委员：梅雪晖（派出所所长）
　　管俊莉（组织）
　　刘　渊（宣统）（—2020.11）
　　张家伟（人武部长）
副镇长：方益彬
　　叶芳华
　　徐起金（—2020.12）

【查田镇】

党委书记：徐宗南
镇　长：叶　龙
人大主席：林　波
党委副书记：叶　龙
　　龚华锋
纪委书记、监察办主任：叶晓敏
常务副镇长：方浩平（—2020.12）
党委委员：季时斌（组织）（—2020.10）
　　巫素敏（组织）（2020.12—）
　　李健强（宣统）
　　余伟卫（人武部长）
人大副主席：沈上伟
副镇长：叶祖深
　　周建元
　　兰雪飞

【屏南镇】

党委书记：陈齐军

镇　长：曾　云（—2020.10）
　　杨金福（2020.11—）
人大主席：何伟俊（—2020.10）
党委副书记：曾　云（—2020.10）
　　杨金福（2020.11—）
　　赖　俊
纪委书记、监察办主任：兰　俊
常务副镇长：周慧文
党委委员：侯世昌（组织）
　　徐志效（人武部长）（—2020.5）
　　周子龙（人武部长）（2020.11—）
副镇长：张伟俊
　　李光海
　　郑　渊（—2020.5）

【安仁镇】
党委书记：季岩平（—2020.9）
　　练　斌（2020.9—）
镇　长：周建伟
人大主席：林宗德
党委副书记：周建伟
　　林少平（—2020.11）
　　张志伟
　　方浩平（2020.12—）
纪委书记、监察办主任：王文武
常务副镇长：叶新忠
党委委员：叶　莉（组织）
　　杨　勇（人武部长）
　　黄林俊（派出所所长）
人大副主席：叶火菊
副镇长：黄观宝
　　钟剑波
　　钟小伟

【锦溪镇】
党委书记：季　瑜（—2020.5）
　　杨华锋（2020.9—）
镇　长：甄　峻
人大主席：林　俊
党委副书记：甄　峻
　　翁正浩
纪委书记、监察办主任：何小珍
常务副镇长：彭兴龙
党委委员：徐　颐（组织）
　　刘远波（人武部长）
　　张敞长（派出所所长）
副镇长：张　意
　　张左娟
　　吕建勇（—2020.11）

【住龙镇】
党委书记：李　宣（—2020.7）
　　余盛云（2020.9—）
镇　长：张　震
人大主席：周夏荣
党委副书记：
　　张　震
　　李朝东
　　季卫民（挂职）（2020.3—）
　　叶小弟（挂职）（2020.6—）
纪委书记、监察办主任：
　　季　健
常务副镇长：叶志鹏（—2020.12）
党委委员：王　伟（组织）（—2020.5）
　　胡伟君（人武部长）
　　张　婧（组织）（2020.8—）
人大副主席：季礼云
副镇长：王　浩
　　徐奇平（—2020.8）
　　朱　艳（—2020.5）
　　项显兴（2020.9—）

【兰巨乡】
党委书记：练　斌（—2020.9）
　　吴明娟（2020.9—）
乡　长：胡立羽
党委副书记：胡立羽
　　包炳炎
　　梁彬彬（挂职）
纪委书记、监察办主任：张志军
常务副乡长：付良斌
党委委员：刘　斌（组织）
　　潘燕飞（宣统）
　　刘俊伟（人武部长）
　　（2020.12—）
　　刘礼岑（挂职）（2020.6—）
人大副主席：许建新
副乡长：汤旭日
　　毛卫英
　　张金根
　　王　昌（挂职）

【宝溪乡】
党委书记：何筱波
乡　长：管　乐（—2020.5）
人大主席：叶苏婧
党委副书记：管　乐（—2020.5）
　　侯兴怡
　　王　岗（2020.12—）
纪委书记、监察办主任：林　峰
常务副乡长：吴金美
党委委员：林　琪（组织）
　　张根荣（人武部长）
人大副主席：曾　强
副乡长：周卫平
　　宋志东
　　张平平

【龙南乡】
党委书记：戴积光
乡　长：汪　伟（—2020.5）
人大主席：杨金福（—2020.11）
党委副书记：汪　伟（—2020.5）
　　朱福军
　　林少平（2020.11—）
纪委书记、监察办主任：廖紫敬
常务副乡长：项和平
党委委员：周振培（组织）
　　（2020.11—）
　　何章根（人武部长）
副乡长：刘国龙
　　方慧萍
　　徐　畅（—2020.5）

【道太乡】
党委书记：胡丽香

乡　长：彭小军
人大主席：吴火荣
党委副书记：彭小军
　　　　刘　平
纪委书记、监察办主任：周　展
常务副乡长：毛传林
党委委员：叶卫平（组织）
刘俊伟（人武部长）（—2020.12）
柳世明（人武部长）（2020.12—）
徐来（派出所所长）（2020.12—）
人大副主席：连建伟
副乡长：何冬花
　　　　姜　浩

【岩樟乡】
党委书记：李小春
乡　长：李文秀
人大主席：周伟元（—2020.11）
党委副书记：李文秀
　　　　叶　俊
纪委书记、监察办主任：毛建军
常务副乡长：曾春亮
党委委员：殷声志（组织）
季毛俊（人武部长）
副乡长：熊　军
　　　　陈　婕
　　　　吴利花

【城北乡】
书　记：蔡章英
乡长：杨慎荣（—2020.12）
人大主席：李　平
党委副书记：杨慎荣（—2020.12）
　　　　刘美菊
　　　　张兆军（2020.12—）
纪委书记、监察办主任：徐志勇
常务副乡长：李乐平（—2020.11）
党委委员：徐　茜（组织）
沈笑峰（人武部长）
副乡长：刘　羽
　　　　金小伟
　　　　刘　翔

【竹垟畲族乡】
党委书记：杨惠民
乡　长：蓝幸杏
人大主席：许年冯
党委副书记：蓝幸杏
　　　　张海明
纪委书记、监察办主任：曹和松
党委委员：吴　宣（人武部长）
　　　　朱　翔（组织）
副乡长：余盛伟
　　　　李旭军
　　　　杨晓芬
人大主席：许年冯
党委副书记：蓝幸杏
　　　　张海明
纪委书记、监察办主任：曹和松
常务副乡长：徐　建（—2019.6）
党委委员：吴　宣（人武部长）
　　　　朱　翔（组织）
副乡长：余盛伟
　　　　李旭军
　　　　杨晓芬

## 浙江省抗击新冠肺炎疫情先进个人

【刘　胜】　男，汉族，1984年2月出生，预备党员，龙泉市人民医院呼吸与危重症医学科副主任。他工作10余年来，在呼吸道常见疾病及危重症治疗方面积累了丰富的经验，是中国中医药协会呼吸病药物专委会青年委员、浙江省医学会肺功能学组成员。2020年2月13日驰援武汉，先后战斗在武汉协和医院肿瘤中心重症监护室及武汉协和西院重症病房，连续工作47天，圆满完成了组织交办的所有驰援任务。他临危不惧，奋战最前线，与浙二援鄂医疗队成员共获“全国卫生健康系统防治新冠肺炎疫情先进集体”称号。

【何莉洁】　女，汉族，1981年5月出生，中共党员，龙泉市人民医院门诊部护士长。她参加工作近20年，在业务技能和团队管理上均得到单位的认可和肯定。2020年大年初一开始，她一直坚守在抗疫一线，负责龙泉集中隔离医学观察点工作，每天工作近16小时。2020年2月9日，和浙江省第三批援鄂医疗队一起驰援武汉，先后在黄陂区、江夏区、蔡甸区等三个方舱医院和一个定点医院开展确诊患者救治工作，连续工作49天。在武汉期间，她累计经管新冠肺炎患者1282人，累计治愈出院1067人。其所在的医疗队创下省援鄂医疗队了三个“最”——医疗队人数最多、收治患者人数最多、转战换防最多的队伍，并荣获“全国卫生健康系统新冠肺炎疫情防控工作先进集体”称号，她本人荣获丽水市委组织部嘉奖。

【李晓珍】　女，汉族，1976年10月出生，中共党员，龙泉市中医医院党委书记。她长期奋战在呼吸与危重症医学科临床诊治工作一线，带领龙泉市人民医院呼吸科团队于2014年取得浙江省县级龙头学科，2019年取得全国呼吸与危重症学科PCCM项目建设优秀单位，担任国家、浙江省、丽水市级等学术任职10余个。在疫情期间，作为龙泉医疗救治专家组组长，她不畏艰巨，抗击疫情，救治生命，制定疫情文件30余份，组织疫情应急演练20余次，参加发热门诊患者救治和隔离病房患者的会诊百余人次，组织并参与复工复产复学健康指导，为海外侨胞开展相关答疑及咨询等，始终坚守在抗击疫情的前线。

# 表格索引